Untact시대의 인사지침서

창조경영을 위한

# 인적자원관리, 길을 묻다.

전상길

도서출판 창명

# 제2판 머리말
PREFACE

2016년 여름에 본 서(書)가 출간된지 만 4년이 지난 지금, 다시금 개정판을 출간하게 되었습니다. 무엇보다도, 이 분야의 후발 주자이고 아직도 여러모로 부족한 본서에 대해서 많은 대학교와 국내외 주요 기업의 학습교재로 채택해 주신 전국의 강호제현(江湖諸賢)들께 깊은 감사의 뜻을 전합니다.

금번에 다소 이른 시기에 개정판을 내게 된데에는 몇가지 이유가 있었습니다.

첫째 지난 4년 동안 환경의 속성이 보다 위협적으로 바뀌었습니다. 끝이 보이지 않은 저성장터널은 더욱 깊어만가고, 4차산업혁명이 우리 기업들의 디지털변환을 엄중히 요구하는 상황 속에서  코로나19 바이러스(COVID-19)는 비대면 상황이 뉴노멀이 되는 '언택트(Untact) 시대의 인적자원관리'라는 새로운 화두를 우리 앞에 던졌습니다. 따라서 COVID 19를 비롯한 최근의 4차산업혁명이 주도하고 있는 디지털환경 변화까지 포함한 최신의 이론과 사례설명을 적극 반영해야 하였습니다.그래야 생동감과 현실성 있는 저서를 만들고자 하는 본서의 기본정신에 부합되기 때문이었습니다.

둘째, 초판에 대한 여러 건설적 제언을 적극 수용하게 되었습니다. 즉, 10장의 임금관리에서 소개된  심리학과 경제학기반의 이론적 설명이 너무 어렵고 복잡하다는 의견, 또 전체 페이지 분량이 너무 많다는 일부의 의견을 전적으로 받아들여  지나치게 복잡하고 전문적인 이론부분은 아쉽지만 과감하게 삭제했습니다. 또 책의 분량을 줄이기 위하며 기존의 장(章) 맨 뒤에 있었던 사례연구와 맞장토론을 과감하게 삭제하였습니다. 대신 본서를 교육용 교재로 쓰시는 분들에게 파일을 이메일로 전달해 드리기로 하였습니다. 이런 노력의 결과 초판에 비해 100여 페이지 정도를 줄일 수 있었습니다.

개정판을 내면서 두가지 바램이 있습니다. 이 책을 여는 순간, 인사 및 조직관리에 대한 이해의 출발이 될것이고, 이 책에 몰입하는 순간, 인사 및 조직관리에 대한 이해가 증폭될 것이며, 이책을 가지고 함께 토론하는 순간, 이 분야의 최고의 전문가로 여러분은 자리매김 될 것이라고 조심스럽게 말씀드리고 싶습니다. 그 결과 인적자원관리의 제 기능들이 이 시대에 절체절명의 창조경영을 구현하는 유용한 수단임을 다시 한번 깨닫게 해드리고 싶은 것이 저의 첫번째 바램입니다. 동시에 학생들에게 신대륙을 발견하라고 끊임없이 요구하면서 옛날 지도를 손에 쥐어주고 싶지 않은 것이 제 두번째 바램입니다. 다시 한번 강호제현의 날카로운 평가를 기다리겠습니다.

한편, 개정판 작업을 하면서 도서출판 창명 김사설 사장님과 편집팀에게 고마움을 전합니다. 본서의 격과 품위는 이분들의 헌신적 노력이 있어 가능했습니다. 또 마지막까지 오탈자를 세심히 찾아내 주었던 한양대 에리카 경영학부의 오세희 양과 박예빈 양에게 이 자리를 빌어 감사의 뜻을 전합니다. 본서에 대한 꾸준한 조언을 해주신 협성대 권혁남 교수와 삼성SDS의 이강민 박사께도 고마움을 전하며 학자로서 더 크게 성장하길 기원합니다.

끝으로 늘 힘찬 격려를 아끼지 않으면서도 이제 아빠와도 치열한 토론이 가능해질 정도로 훌쩍 커버린 소현과 예진에게도 그리고 코로나 광풍속에서 하루 세끼 밥차리느라 고생한 옆지기에게도 감사의 뜻을 전합니다.그리고 난치성 병마와 싸우면서도 아들의 성장에 눈물과 미소로 품어 주시는 병상의 어머님과 살아생전(生前)에 학자로서의 본분을 잃지 말라시며 늘 일깨워 주셨던 아버님을 생각하며 이 책의 집필에 임하였음을 고백합니다. 또 이 모든 것을 가능하게 하신 주 예수님의 은혜에 감사를 드리며 이것으로 개정판의 머리말을 마치고자 합니다.

2020. 8

한양대에리카에서 전상길 드림

# 제1판 머리말
PREFACE

## 여섯 가지 이야기

### STORY1: 나는 왜 이 책을 쓰게 되었는가

지금 우리 경제는 끝이 보이지 않는 저성장의 터널을 지나고 있고 그 암울한 경제 현실 속에서 우리 기업들 또한 언제 끝날지 모르는 생존의 경쟁을 벌이고 있습니다. 이제 창조적인 기업만이 생존을 보장받을 수 있을 것입니다. 사실, 우리 한국 기업은 그간의 성장과정을 돌아보면 창의성이 없는 기업이 아닙니다. 창의성을 발휘해야 할 환경적 압력을 받지 않았기 때문입니다. 지금 우리 앞에 놓여 있는 위협적 환경은 우리 기업들이 창의성을 바탕으로 다시 한번 성장하지 않으면 안 되는 상황을 만들어 놓은 좋은 기회라 생각합니다. 따라서 이 난관을 우리에게 부는 유리한 바람으로 만들기 위해서는 우리 기업들은 창의성을 기반으로 한 신성장동력을 조속히 발굴해야 합니다. 이를 위해서는 무엇보다도 '창조경영'의 철학을 기업 내부에 뿌리내려 지속가능한 혁신역량을 내재화 해야 합니다. 그것은 창조경영의 구현이 더 이상 구두선(口頭禪)에 그쳐서는 안될 정도로 작금의 현실은 절박하고 준엄한 상황이기 때문입니다. 사실상 창조경영을 구현하는 것은 가치 있게 대접받는 '사람'이며 이들 간의 사고와 행동을 지배하는 '인적자원관리 시스템'입니다. 사람과 이들의 사고와 행동을 지배하고 그리고 이들 간의 복잡한 이해관계를 조정할 수 있는 인적자원관리 시스템이야말로 새로운 환경을 선택하여 '환경창조'를 하고 과거에는 없던 차별화된 '전략형성'을 하는 강력한 수단임을 깨닫게 하고 싶었습니다. 비행기가 하늘을 날 때 대기권에서 성층권 돌파가 가장 어렵다고 합니다. 우리는 지금 이 성층권을 돌파해야 하는 상황에 처해있습니다. 본서는 '창조경영을 위한 인적자원관리, 길을 묻다'라는 주제로 그 돌파를 준비하고자 합니다. 오래 전부터 '살아 있는'그러면서도 '그런대로 깊이 있는'그런 인적자원관리 책을 써 보고 싶었습니다. 저자는 2015.3.1.-2016.2.28.까지 국립제주대학교 경상대 학에서 연구년을 보낼 기회를 가지게 되어 이 꿈에 도전하게 되었습니다. 청정 제주의 산하를 거닐며 지난 10여 년 동안 모아두었던 자료를 새롭게 재해석하고 최근 자료를 보완하면서 인적자원관리에 대한 생각을 '깊이'와 '폭' 측면에서 보다 확충하게 되었습니다.

## STORY2: 어떤 방식으로 책을 썼는가

'살아있는 책'을 만들기 위하여 몇 가지 장치를 준비하였습니다. 첫째는 살아있는 인적자원 관련 국내외 이슈들을 '창조경영의 구현'이라는 틀 속에서 담아 보았습니다. 그래서 각 장의 시작은 인적자원관리 각 분야 [도입사례]를, 각 장의 마무리는 [사례연구]를, 또 각 절마다 Wall Street Journal, Harvard Business Review, 동아비지니스 리뷰, 국내외 언론 기사 등과 같은 최근의 생생하게 살아있는 사례들을 각 장마다 적절히 배치하였습니다. 둘째는 제주도의 '올레길'개념을 이 책에 연결하였습니다. 원래 제주방언인 올레는 큰길에서 집의 대문까지 이어지는 좁은 길을 의미합니다. 각 장의 주제를 전개하는 과정에서 현장의 다이나믹한 사례가 필요한 경우 독자들로 하여금 '현장올레길'을, 고전의 지식을 빌려 온 경우 '고전올레 길'을, 좀 더 심화된 이론학습을 필요로 하는 경우 '이론올레길'을 걷게 하였습니다. 셋째는 각 장의 시작은 그 장의 주제와 관련하여 한 시대를 풍미했던 철학자나 경영자나 정치인들의 어록을 소개함으로써 깨달음으로 목말라하는 이 시대의 독자들에게 짧지만 오랜 여운의 감동을 주고자 하였습니다. 또 각 장의 맨 마지막에는 각 주제와 관련이 있는 시(詩)를 제시함으로써 메말라가는 우리 삶에 휴식과 '돌아봄'을 주고자 하였습니다. 특히 본서를 12장으로 구성한 것도 제주도에서 보낸 12개월을 상징하는 것이며 각 시에 있는 사진들은 저자가 월별로 찍은 최고의 사진을 앉힌 것입니다. 결국 독자들은 1월부터 12월까지의 제주의 여러 모습을 시와 함께 보게 되는 것입니다. 그리고 여기에 소개하는 시들은 저자가 서울시내 지하철 스크린 도어에 쓰여 있던 시들 가운데서 각 장의 주제와 관련된 시들을 중심으로 선정하였습니다.

또 '그런대로 깊이 있는'책을 만들기 위해서도 몇 가지 차별화된 접근을 시도하였습니다. 첫째는 이론을 소개함에 있어서 현장의 사례와의 연결을 통한 깊이 있는 재해석을 시도하였습니다. 전통적으로 이 분야의 적지 않은 책들이 법전을 읽는 것처럼 딱딱하여 독자로 하여금 지적 감홍을 주지 못하고 있습니다. 저자는 그 원인을 소개되는 이론과 그 이론의 이해를 뒷받침하는 사례를 적절히 연결시키지 못하는 데 있다고 보았습니다. 그것은 현실에서 효력을 발휘하지 못하는 이론은 무가치하다고 보는 제 개인의 신념에 기반하고 있습니다. 따라서 각 장에 소개되는 이론에 부합하는 국내외 사례들을 짜임새있게 연결시키고자 하였습니다. 또 그 과정에서 한 발 더 깊이 들어가는 재해석을 시도하고 문제의식을 갖도록 유도하였습니다.

그러한 문제의식을 가진 독자야말로 각 장의 끝에 제시한 단원이해를 위한 질문과 각 장의 맨 마지막에 제시한 사례연구의 DT(Discussion Topic)에 답을 할 수 있도록 하였습니다. 둘째는 [이론올레길]에서는 인적자원관리의 기법이나 기능의 이면에 숨어 있는 경제학, 심리학, 사회학의 제반 이론들의 관점을 포섭하면서 해당 이론의 설명을 다학문적 렌즈로 접근하였습니다. 독자들은 [이론올레길]을 읽으면서 인적자원관리 분야의 게이트웨이를 통하여 관련 타학문 분야와의 연계성을 조망하는 지적쾌감을 얻을 수 있을 것입니다.

## STORY3: 누가 읽으면 좋은가

본서의 독자는 기업인들과 학생들입니다. 이 부분에서 많은 고민이 있었습니다.두 개의 시장을 동시에 염두에 둔 저서치고 성공한 저서를 보지 못하였기 때문입니다. 기업인들에게 초점을 둘 경우 쉽게 읽을 수 있는 현실감있는 사례중심에 힘이 실리기 때문에 이론적 부분은 소홀해지기 쉽습니다. 반면에 학생들에게 초점을 둘 경우 특히 대학원생의 경우 아무래도 이론적 설명에 치우치기 쉽습니다. 그러나 기업인시장과 학생시장을 분리할만큼 학습환경은 정태적이지 않았습니다. 기업인들도 일정 수준의 이론을 학습해야 현실의 의사결정 속에서 예측가능성을 높일 수 있고 또 학생들도 현실의 다이나믹스를 알아야 이론에 대한 학습의 속도를 더 빨리 할 수 있습니다. 그래서 본서는 두 시장을 동시에 겨냥하는 모험을 택하였습니다. 결국 기업인과 학생들 모두 부담없이 읽을 수 있도록 현장의 재미있는 다이나믹한 예를 많이 동원하였습니다.

## STORY4: 이 책은 어떻게 활용하면 좋은가

본서는 2016년 2월말에 초고가 완성되었고 이 해 5월 말에 출판을 위한 그 모든 수정작업이 완성되었습니다. 그 즈음에 교육부에서 각 대학교에 2016년도 K-MOOC (Massive Open Online Course)사업에 참여할 대학의 신청을 받았고 저자가 소속한 한양대학교도 신청을 하였으며 동시에 대학본부는 이 사업에 참여할 교수진을 선발하였는데 지극히도 우연히 저자가 선정되는 행운을 입어 출판과 동시에 K-MOOC 사업에 참여하게 되었습니다. 따라서 본서를 읽는 독자들은 2016년 9월 1일부터 3년간 무료로 진행되는 K-MOOC(http://www.kmooc.kr)에 등록하여 본서의 내용을 보다 압축적으로 설명한 저자의 온라인 강의를 직접 들을 수 있습니다. 한편 본서는 크게 3부(部)로 구성되어 있습니다. 1부는 첫 번째 렌즈, 창조적 인적자원관리 시스템의 모습, 2부는 두 번째 렌즈, 창조적 인적자원전략의 모습, 3부는 세 번째 렌즈, 창조적 인적자원기능활동의 모습이 그것입니다. 각 부는 독립적으로 읽어도 무방합니다. 창조경영과 인적자원관리가 어떻게 연결되어 있는지 그 대강의 틀을 보고 싶으면 1부만 봐도 좋습니다. 또 창조경영의 구현을 위한 기반이 되는 틀을 학습하기 위해서는 2부만 봐도 좋을 것입니다. 또 모집선발부터 복리후 생까지 세부 기능 활동만을 보고 싶으면 해당 장만 보아도 좋습니다. 자기완결적으로 구성되어 있기 때문입니다. 또 요사이 각 대학에서 스마트학습의 일환으로 전개되는 소위 말하는 '거꾸로 학습'(Flip-learning)을 위해서는 이론은 학생들이 사전에 읽어 오고 수업시간에는 각장의 맨 뒤에 있는 단원이해를 위한 학습문제나 [사례연구]의 DT를 통하여 토론 중심으로 이끌어도 좋을 것입니다. 저자의 경우 학부와 대학원 수업에서 이들 심화 문제에 대한 해답을 학생들과 찾는 토론수업과정에서 교학상장(敎學相長)(저자주: 가르치고 배우면서 성장함)의 기쁨을 누리고 있습니다.

### STORY5: 누구에게 고마움을 전하고 싶은가

요사이 서울대학교 공과대학의 26명의 교수들이 집필한 '축적의 시간'이란 책이 세간의 화제입니다. 우리 사회에 가장 절실하게 필요한 것은 창조적 개념설계 능력이며 이것이 가능하게 위해서는 좌절과 시련을 통한 '축적의 시간'이 필요하다는 것입니다. 이 책의 책임교수인 서울대 산업공학과의 이정동 교수와의 대화에서 '축적의 시간'은 본서가 지향하는 바와 크게 다르지 않음을 깨달았으며 타 학문분야에서도 저자와 생각의 궤적을 같이 하고 있는 분이 있다는 사실에 우선 이교수께 감사함을 전하고 싶습니다. 다음으로 본서를 집필하는 데에도 많은 선배교수님들과 동료교수님들의 지식과 혜안이 '축적의 시간'을 만드는 데 밑거름이 되었습니다. 특히 1980년대 중반의 대학원과정 때부터 수십 년이 지나도록 계속되어 온 故김인수 교수님 제자들로 구성된 인문회세미나 회원들의 통찰과 분석적 사고능력은 본서의 내용을 보다 깊게 전개하는 데 있어서 크게 도움이 되었습니다. 또 초고가 완성되고 2016년 1학기 학부 수업(전략적 인적자원관리)와 대학원수업(전략적 인적자원관리 II, 창의적 인적자원관리)에서 본서가 지니고 있는 논리적인 문제, 형식적인 문제 그리고 세세한 교정을 보아준 학부 및 대학원생들에게 깊은 감사를 전합니다. 또 본서의 논리적인 문제를 중점적으로 검토해 준 네 명의 박사 제자, 권혁남 교수(협성대학교), 주시각 교수(선문대학교), 노진수 박사(대중소기업협력재단)에게도 또 동시에 본서의 중국어 출간을 준비중인 탕위(碧階園) 박사에게도 지도교수 이전에 인간적 고마움을 전합니다. 특별히 본 저서의 모든 파워포인트 작업을 맡아 해준 석사과정의 서상원 군과 학부 조교인 석현욱 군과 김창엽 군에게 깊은 고마움을 전합니다. 또 빠뜨릴 수 없는 분들로서 제주에서 연구년을 보내면서 제주가 안고 있는 현안문제에 관심을 갖게 되면서 알게 된 원희룡 도지사님과 강기춘 제주발전연구원장님의 든든한 후의에 늘 감사함을 가지고 있습니다. 또 제주대학교에서 집필할 수 있도록 도와주신 강영순 경상대학장님과 강석규 학부장님, 조부연 교수께도 뒤늦은 고마움을 전합니다. 또 늘 저자의 연구를 지원하고 본서가 나오기를 손꼽아 기다리고 있는 캐나다 빅토리아대학교 경영대학의 Elangovan 교수와 Smith 교수에게도 국경을 넘은 뜨거운 감사를 전합니다. 또 저자가 자문교수로 있는 미국 캘리포니아 오렌지카운티 한인상공회의소의 Joseph Kim 이사장님을 비롯한 여러 임직원 여러분과 저자에 대한 무한지지를 보내고 있는 오렌지카운티의 동창들께도 진한 고마움을 전하고자 합니 다. 그리고 저자를 끝까지 믿고 인내해 준 도서출판 창명의 김사설 대표님과 보다 멋진 책을 만들기 위해 헌신해 주신 직원분들께도 감사의 뜻을 전합니다. 이제 가족들에게도 감사의 뜻을 전하고자 합니다. 먼저 자식의 앞길을 위하여 늘 기도로 준비하시고 이 세상이 무너져도 마지막 버팀목이 되어 주시는 부모님께 사랑한다는 말씀을 이 자리를 빌어 전하고 싶습니다. 또 동생의 지난한 삶을 늘 굽어 살피는 누님내외분에게도 고맙다는 말씀을 전하고 싶습니다. 또 늘 미안한 마음 그지없는 소현과 예진에게 성실하게 살아가는 아빠의 모습을 이 책을 통하여 보여줄 수 있게 되어 기쁘기 한이 없습니다. 그리고 제주유배시절(?) 피곤한 학자를 옆에 서 내조하느라 애쓴 아내 순애에게도 이 자리를 빌어 고마움을 전합니다. 이외에도 이 자리에 옮기지 못한 많은 학문적 인간적 지인들에게도 감사의 뜻을 전하고 탈고(脫稿)하는 자의 기쁨을 같이 누리고자 합니다. 원래 탈고의 의미는 원고쓰기를 마치는 것을 의미하나 저자에게는 고생에서 벗어난다는 의미의 탈고(脫苦)를 의미 합니다. 이제 끝으로 저를 학자의 길로 안내하신 기술경영학의 세계적인 거목이신 故김인수 교수님께 뒤늦은 숙제를 보여드립니다. 학자로서의 모습도, 인간적인 모습도 그 어느 것 하나 교수님의 그림자도 닮지 못하는 수준임을 잘 알면서도 뒤늦게 흉내라도 내보려고 했습니다. 학부와 석 · 박사과정

동안 교수님으로부터 터득한 그 모든 학습역량은 저에게는 '축적의 시간'이었고 그 조그만 결과물을 오늘 이렇게 숙제처럼 바칩니다. 아마 B+ 이상의 학점은 주지 않으실 것입니다. 다시금 새로운 도전을 약속드리며 부족하고 부끄러운 이 책을 저의 영원한 지도교수이신 故김인수 교수님과 제가 다시 세상 가운데 일어설 수 있도록 품어주시고 사랑하여 주신 하나님께 바칩니다.

## STORY6: 머리말을 끝마치며 하고 싶은 말이 있다면

독일의 작가인 프란츠 카프카(Franz Kafka)는 "책이란 우리 안의 얼어붙은 바다를 깨는 도끼여야 한다"라고 언급한 바가 있습니다. 독자들의 바다가 어느 정도 깨어지셨는지 모르겠지만  본서가 독자들의 마음을 깨부술 도끼와도 같은 작품이 되길 저만의 골방에서 조심스럽게 염원하며 냉혹한 시장의 평가를 기다립니다. 더불어 1990년대 수많은 고초를 겪으며 얼굴 없는 시인으로 알려진 박노해 선생의 "사람 만이 희망이다"는 본서의 결론을 대변하고 있습니다. "희망찬 사람은 그 자신이 희망이다. 길 찾는 사람은 그 자신이 새 길이다. 참 좋은 사람은 그 자신이 이미 좋은 세상이다. 사람 속에 들어 있다. 사람에서 시작된다. 다시 사람만이 희망이다"

2016.7

산본 우거(寓居)에서 제주를 생각하며

**차례**
CONTENTS

## 제 3 장 인적자원관리 시스템 구축을 위한 영향요인



# PART Ⅱ » 두 번째 렌즈, 창조적 인적자원 전략의 모습

## 제 4 장 창조경영을 위한 인적자원계획



## 제 5 장 창조경영을 위한 직무분석

# PART 1

# 첫 번째 렌즈,
# 창조적 인적자원관리 시스템의 모습

# 제 1 장
# 창조경영과 인적자원관리

## 깨달음의 명언

- "우리는 달에 가기로 결정했습니다. 60년대 안에 달에 착륙하고 그 밖에 다른 여러 가지 일들도 실행에 옮기기로 결정했습니다. 그것이 쉽기 때문이 아니라 어렵기 때문에 하려는 것입니다. 이 목표는 우리가 가진 열정과 기술을 가장 잘 결속시키고 드러낼 것입니다. 이것은 우리가 기꺼이 해야 하는 일이고 결코 미루고 싶지 않은 것이며, 우리뿐만 아니라 다른 나라도 도전하려는 것이기에 더더욱 우리는 성취해 내려는 것입니다." **– 존 에프 케네디(미국 35대 대통령) –**
- "우리가 현재 대면하고 있는 문제들은 현재의 방식으로는 해결할 수 없다. 사고유형 자체를 바꾸는 새로운 사고방식을 배우지 않으면 안 된다." **– 알버트 아인쉬타인 –**

## 학습목표

1. 창조경영의 개념에 대한 이해를 분명하게 한다.
2. 왜 창조경영이 필요한지 그 이유를 Technology–S Curve를 이용하여 깨닫는다.
3. 한국 기업들의 현재 위치와 미래 조직 적응의 방향 그리고 창조경영의 필요성 간의 관계를 탐색한다.
4. 기술포트폴리오 분석과 창조경영 그리고 인적자원관리의 관계성을 파악한다.
5. 창조경영의 원리를 이해한다.
6. 창조경영을 위한 인적자원관리의 역사적/진화적 맥락과 사회적 맥락을 이해한다.

## 도입사례 1 미래를 지배할 가치: 창조적 파괴(Creative Destruction)

1927년 12월 13일 금요일. 이 날은 영국 해운 역사상 잊을 수 없는 대형 해운사고가 있었던 날이다. 이날 대형 범선 로손(Lawson)호는 필라델피아에서 파리핀유를 싣고 대서양을 건너 영국해협 시실리(Scilly) 제도 근해에 다다르게 된다. 이때 로손호의 터너(Tunner) 선장은 배를 통제할 수 없는 상황에 직면하였다. 결국 로손호는 시속 110Km가 넘는 바람을 이기지 못하고 암초에 부딪쳤으며 터너 선장은 기적적으로 목숨을 건졌지만 다른 선원들은 모두 실종되었다. 이 사고와 함께 범선의 시대도 막을 내렸다.

당시만 하더라도 대형화물을 운반하는 범선의 속력은 배에 몇 개의 커다란 돛을 다느냐에 달려 있기 때문에 범선을 제조하는 회사들은 모두 경쟁적으로 가급적 많은 돛을 달고자 치열한 경쟁을 벌였던 것이다. 1400년대 말의 성 가브리엘(St. Gabriel)호가 두 개의 돛을 선보인 이래로 1880년대에는 3개의 돛을 단 글레너브론(Glenavlon)호와 같은 쾌속 범선이 파도를 가로지르며 영국과 미국의 주요 항구에 화물을 실어 날랐다.

이렇듯 쾌속범선은 수백 년 동안 점진적으로 돛을 늘려가며 완성된 당시 최고의 운송수단이었다. 이미 1870년대에는 약 70년 전에 발명된 증기선이 범선의 자리를 위협하고 있었지만 초창기의 증기선은 화물적재 공간을 화물보다는 대부분 석탄연료가 차지하였기 때문에 증기선은 엔진의 효율성 측면에서 선주들로부터 그리 선호되지 못하였다. 그러나 1890년대에 이르러 증기선은 범선보다 저렴하게 제작할 수 있는 수준까지 이르게 되었다. 범선은 처음에는 증기엔진과 돛을 함께 단 혼합형 선박으로 운항하다가 나중에는 증기선에 시장을 빼앗기게 된다.

시장상황이 이러함에도 불구하고 범선소유자들과 이들을 지지하는 선박설계자들은 바다의 주도권을 포기하지 않으려 하였고 오히려 범선을 점진적으로 개량하여 증기선에 대항하고자 하였다. 그 결과 성능이 대폭 개량된 4개의 돛을 단 프랑스 2호가 등장하였고 앞서의 글레너브론호보다도 돛대가 하나 더 많았으며 흘수선(draft line; 수면에서 배의 밑바닥까지의 길이)도 더 길어졌다. 그래서 더 많은 화물을 더 빨리 운송할 수 있게 되었고 운임도 글레너브론 범선보다도 더 비쌌다.

범선과 증기선 사이의 기술대결은 계속되었고 1900년 초 5개의 돛과 긴 흘수선을 갖춘 프로이센호가 등장하면서 운임을 낮추는 방향으로 점진적 개선을 하여 나갔다. 하지만 증기선도 프로이센호가 등장하자 더욱 적극적으로 대응했다. 이후 범선 선박설계자들은 선박 개량에 더욱 몰두하였고 그 결실로서 7개의 돛을 단 로손호가 1920년에 등장하였던 것이다. 로손호는 돛의 수도 가장 많았거니와 흘수선의 길이를 늘려 더 빠른 속력을 낼 수 있었다. 그러나 이 시점에서 이르러 점진적 기술개선은 한계에 도달하였다. 로손호의 침몰로 점진적 혁신은 사실상 한계에 다다른 것이었다.

자료원: Foster, R. and Kaplan, S.(2001). *Creative Destruction*. McKinsey & Company.

## | 이 장을 시작하며 |

위의 사례는 근세기 초, 범선과 증기선의 기술대결 과정에서 범선이 증기선으로 대체되어 가는 과정을 정리한 McKinsey컨설팅회사의 Foster와 Kaplan(2001)의 저서, '*Creative Destruction*'에 토대를 둔 것이다. 이 사례에서 보듯 범선과 증기선의 기술대결에서 왜 범선의 제작업체는 증기선의 등장에도 불구하고 범선제작에 집착하였을까? 또 만약 범선제작업체의 창의적인 누군가가 증기선의 기술적 진보가능성을 간파하고 이에 대응하는 새로운 전략적 대안을 마련하였다면 어떤 일이 전개되었을까? 결과적으로 범선제작업체들은 증기선의 기술적 진보 가능성과 잠재성을 보지 못하고 범선의 점진적 개선에만 전념함으로써 '창조적 파괴'를 통한 신기술개발의 기회를 스스로 놓쳐버린 것이다.

오늘날에 이르러서도 한때 산업의 리더 역할을 하였던 기업들이 한순간에 산업의 주도권을 잃고 산업역사의 기억에서 사라진 사례는 허다하다. 한때 핸드폰 제조로 통신업계의 거인으로 자리 잡았던 Motorola는 Nokia에 그 위치를 내어 주더니 다시 삼성전자로, 연이어 Apple에게 자리를 빼앗기다 급기야는 최근 들어 인터넷 검색업체로 출발한 Google에 합병되어 구글로라(Googlerola)의 운명이 되고 만다. 반도체 칩 개발을 주도하였던 Fairchild도 Texas Instrument에게 시장을 내어 주다가 일본의 NEC에 뒤이어 삼성전자에 최종적인 승자의 위치를 내어 주게 된다. 또 자동차업계의 세계적 강자로 군림하여 왔던 Ford, GM, Chrysler도 일본의 Toyota에 자리를 빼앗기다 최근 들어 한국의 현대·기아차에 자리를 위협당하고 있는 실정이다. 또 가장 최근에는 130년의 역사를 지니고 있었던 미국의 Kodak사도 전통적인 재래식 필름산업에 집착한 나머지 디지털카메라로 방향전환을 하지 못하여 파산하고 만다. 이렇듯 산업의 부침을 경험하는 기업들은 한결같이 창조적 파괴의 가치를 내재화하지 못하고 일시적인 시장선도의 위치에 만족해야만 했다.

사실 기존 제품의 패러다임을 대체할 만한 새로운 아이디어를 발굴하고, 새로운 기회를 포착하며, 또 자율적으로 높은 수준의 몰입을 수행하는 주체는 가치 있게 대접받는 '사람'이다. 또한 이들이 주도적으로 이 같은 혁신작업에 동참하게 하는 것은 이들의 사고와 행동을 전략목표에 부합되도록 유도하는 '수준 높은 인적자원관리 시스템'이다. 본서(本書)에서는 한국의 기업들이 경쟁우위(competitive advantage)를 확보하기 위한 본원적 수단으로서 창조적 파괴를 기업 내에 착근(着根)시키기 위하여 인적자원관리 차원에서 어떠한 전략적 노력을 해야 하는지를 심층적으로 모색하고자 한다. 비록 한국 기업이 창조경영에 적합한 새로운 경영 및 관리시스템, 조직문화를 단시간에 갖추는 것은 매우 도전적인 과제인 것은 분명하지만 그 과제를 관리가능한 과제로 만드는 것이 이 시대 경영학계의 과제인 것이다.

# 1. 창조경영이란 무엇인가

## 1.1 창조경영의 정의

창조경영에 관한 여러 정의들은 협의의 의미와 광의의 의미로 살펴 볼 수 있다. 협의의 의미의 창조경영은 창의성과 상상력을 바탕으로 과거에 없는 새로운 것을 창조한다는 개념이다. 이 관점은 창조경영을 근본적으로 새로운 제품과 서비스를 창조한다는 관점에서 보고 있다. 예를 들어 전통타자기에서 워드프로세스로 진화한 것이나, 흑백TV가 대중화되었던 시절 컬러TV를 개발한 것이나, 피처폰시장을 스마트폰시장으로 대처한 것들이 여기에 해당한다. 반면에 넓은 의미의 창조경영은 '과거에 없는 새로운 제품과 서비스를 창조하는 것뿐만 아니라 기존의 제품과 서비스를 점진적으로 개선하고 혁신하는 활동'으로 보는 시각이다. 예를 들어 농심의 효자상품인 '신라면'은 '신라면 블랙', '진짜진짜라면' 등을 출시하여 매운의 강도를 점진적으로 강화하는 것이 여기에 해당한다. 이 관점은 앞의 협의의 정의를 포함하고 있다(도표 1-1 참조).

그러나 본 저서에서는 창조경영을 협의의 의미로 국한하고자 한다. 그 이론적 · 현실적 근거는 다음과 같다. 일찍이 20세기 초 하버드대학 경제학교수였던 슘페터(Schumpeter, 1934)는 "창조적 파괴는 단순히 기존의 것을 버리는 것이 아니라 과거의 수준을 뛰어넘는 새롭고 독창적인 변화, 즉 혁신(innovation)을 의미한다"고 하였다. 이 정의를 토대로 보면 창조경영이란 '의도적으로 창조적 파괴를 관리'하는 총체적 경영활동인 것이다. 다시 말하

**도표 1-1** 창조경영의 두 가지 의미

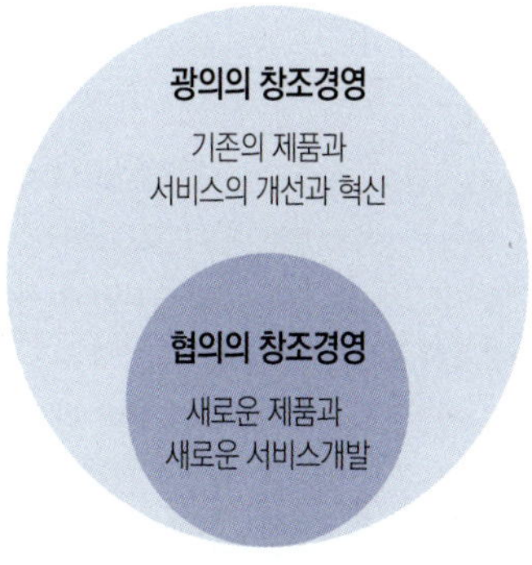


자료원: 김상수, 전상길, 강견현, 최은지(2008). 창조경영의 원리와 추진전략, K-books, p.20.

면 협의의 창조경영이란 전체 경영의 균형을 점진적으로 유지하면서 원가 및 비용을 점진적으로 줄이고 품질 및 서비스 그리고 기술수준을 점진적으로 향상시키는 균형상태를 유지하는 패러다임의 경영이 아니다. 오히려 원가제로, 비용제로, 시간제로, 세계 최고의 품질과 서비스, 탁월하고 획기적인 기술개발, 끊임없는 무한 수익창출과 같은 경이적인 성과창출을 목표로 하는 근본적으로 새로운 경영패러다임이다. 결국, 창조경영은 균형된 상태를 유지 또는 확대하는 것이 아니라 균형된 상태를 불균형 상태로 만드는 파괴과정인 것이다.

또한 현실적으로도 한국 기업은 전 세계적인 저성장경제 기조하에 치열한 생존경쟁을 펼쳐야 하는 긴박한 상황이다. 과거의 성장방식이나 경쟁방식으로는 더 이상 시장에서 선택받기 어려운 상황이다. 저성장의 위기를 돌파할 새로운 기술과 제품 그리고 이것들이 국내외 시장에서 고객들에게 자리 잡기 위한 차별화된 사업방식 및 경쟁방식이 과거 그 어느 때보다 절실하다. 따라서 이러한 이론적 · 현실적 인식을 토대로 *본서에서의 창조경영이란 '고객에게 새로운 가치를 제공하기 위해서 창의성과 상상력을 기반으로 새로운 제품 및 서비스를 창조하는 총체적인 경영활동'이라고 협의의 관점에서 정의하고자 한다*(학습목표 1).

## 1.2 창조경영과 기업가정신

창조경영에 대한 정의를 이상과 같이 하고 보면 창조경영이 가능하기 위해서는 최고경영진을 포함한 모든 구성원들에게는 [도표 1-2] 기술의 수명주기(Technology Life Cycle)[1]에서 보듯이 기존의 Technology S-Curve에서 새로운 Technology S-Curve로 뛰어드는 돌파사고(Breakthrough Thinking)를 필요로 한다.[2] 이를 위해서는 기존의 기술 및 시장에 대한 고정관념이나 기존의 경영패러다임을 타파하고 창조적 상상을 통한 현상타파를 지향하는 창조적 혁신능력이 요구된다. 슘페터는 이와 같은 *창조적 혁신은 기존 방식에 대한 주의*

---

1) 기술의 수명주기는 투입자금과 R&D성과의 관련성을 곡선으로 나타낸 것으로서 도입기-성장기-성숙기-쇠퇴기를 거치면서 보통 S자 커브 형태로 나타난다. 흔히 'Technology S-Curve'라 부른다.

2) 많은 학자들은 새로운 S곡선으로 뛰어드는 것과 같은 급진적인 혁신을 탐색(exploration)으로, 점진적인 혁신을 활용(exploitation)으로 개념화하고 있다. 탐색은 부상하는 신시장에 대해 민감하게 반응하고, 유연하게 대응하여 신시장에 적응하는 것이 강조되는 반면, 활용은 기존의 S곡선하에서 기존 시장에 효율적으로 대응하기 위해 조직 전체 활동 간 적합성을 높이고 통제 가능하게 만드는 것이 강조된다. 또 탐색은 기업이 급격한 환경 변화에 따른 위험에 처했을 때 돌파구를 마련하는 데 초점을 두고 있으며, 활용은 현재 시장에 대응하여 이익을 내는 데 초점을 두고 있다(O'Reilly & Tushman, 2004; Andriopoulos & Lewis, 2009).

**도표 1-2** Technology S-Curve에서 조명해 본 창조경영의 개념

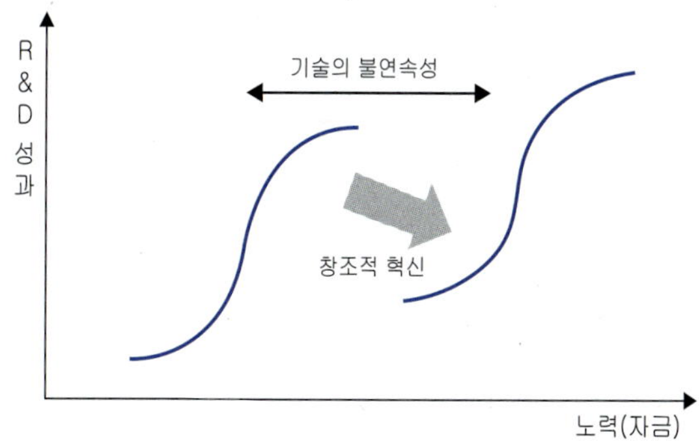


자료원: Foster & Kaplan(2001). *Creative Destruction*, McKinsey & Company 응용.

*깊은 관찰과 반성 그리고 혁신을 향한 열망, 단호한 결단이 수반되지 않고서는 단기에 이루어지기 어렵다고 하였다.* 그래서 그는 이러한 혁신을 가능하게 하는 주된 요소를 '기업가정신(entrepreneurship)'이라고 설파하였다. 즉, 기업가정신으로 충만한 기업들은 모험심으로 가득한 기업가가 예리한 통찰력과 창의적 마인드를 바탕으로 새로운 비전을 제시하고 이를 과감하게 추진하는 행위를 혁신의 근간으로 삼는다. 이러한 동력을 토대로 끊임없이 신기술 개발과 신시장 개척을 하게 되는 것이다(Schumpeter, 1934). 따라서 창조경영은 돌파사고를 통하여 창조적 혁신이 일어날 수 있게 하는 기업가정신까지 관리할 수 있는 포괄적인 개념이라 하겠다.

## 2. 왜 창조경영인가?[3)]

그렇다면 창조경영은 세계시장에서 치열한 경쟁에 직면해 있는 한국 기업들에 왜 중요한가? 그 원인에 대한 탐색을 위하여 [도표 1-2]의 Technology-S Curve를 이용하여 설명하고자 한다. 산업에 따라 다소간의 차이는 있지만 생명공학이나 신재생에너지 관련 산업을

3) 본 절은 김성수, 진상길, 강견헌, 허은지(2008)가 공동집필한 '창조경영의 원리와 추진전략'의 내용의 일부를 바탕으로 작성된 것임.

**도표 1-3** 창조경영의 필요성

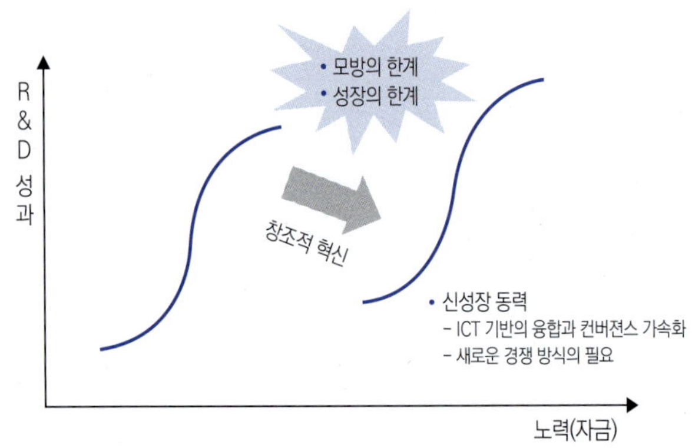


자료원: Foster & Kaplan(2001). *Creative Destruction*, McKinsey & Company 응용.

제외하고 대부분의 한국 산업들은 성장의 한계에 직면해 있다. 더구나 과거에는 쉽게 기술 이전이나 획득이 가능하였지만 지금은 선진국의 기술보호정책에 의하여 도입할 수 있는 기술도 매우 제한적이며 설사 기술 도입이 가능하더라도 막대한 이전비용을 지불해야 한다. 이것은 기술이나 그 기술과 관련한 사업방식의 모방도 한계에 봉착했음을 의미한다.

이제 우리 기업들이 지속가능한 생존을 영위하기 위해서는 신성장 동력에 대한 발굴이 그 어느 때보다 필요하다 하겠다. 신성장 동력에 대한 발굴을 위해서 우리 기업들은 우리의 전통적인 강점인 ICT를 기반으로 다양한 산업과의 융합과 새로운 경쟁방식을 생각하고 모색해야 한다. 이것이 한국 기업들에게 창조경영이 절실히 필요한 이유이다. 이상의 논의에 대해서는 [도표 1-3]으로 정리하였다.

## 2.1 성장의 한계

과거 한국 기업들은 저(低)원가에 기반을 둔 '빠른 추종자(fast follower) 전략'을 구사하여 후발 주자였음에도 불구하고 전자, 조선, 자동차 등 제조업에서 선진 기업을 추격하는 데 성공했다. 기술을 값싸게 사 오거나 모방한 후 낮은 인건비, 규모의 경제 등을 기반으로 원가를 낮추고 '점진적 혁신'을 통해서 기존 제품의 품질을 개선하며 차별화된 기능을 추가함으로써 경쟁력을 확보해 왔다. 최근 많은 한국 기업들은 주력 산업의 원가 경쟁력에서는 중국에 추월당하고 있을 뿐만 아니라 [현장올레길 1-1]에서 보듯이 중국 기업들은 적지 않은

**현장올레길 1-1** **'샤오미'는 대륙의 실수?... 대륙의 한수**

삼성전자 · LG전자의 아성인 한국 가전업계에 중국 샤오미 열풍이 불고 있다. 샤오미는 2010년 중국에서 창업한 IT(정보기술)업체다. 창업 10년 차의 샤오미는 삼성 · LG의 절반도 안 되는 가격에 준수한 디자인 · 성능을 앞세워 공기청정기, 로봇청소기 등 다양한 분야로 빠르게 영역을 확대하고 있다. 4~5년 전 샤오미 보조배터리가 인기를 끌 때만 해도 '반짝 인기' 정도로 치부하는 시선이 많았지만 최근에는 삼성 · LG 직원들 사이에서도 "샤오미의 가성비가 무섭다"는 말이 나온다. 한국에서 샤오미가 인기를 끄는 가장 큰 이유는 '대륙의 실수'라는 별칭에 걸맞은 '가성비'다. 청정 면적 60㎡짜리 삼성 · LG · 위닉스 공기청정기가 최소 40만 원 안팎(인터넷 최저가)인 반면 샤오미는 10만 원대에 살 수 있기 때문이다.

**삼성전자-샤오미 공기청정기 비교**

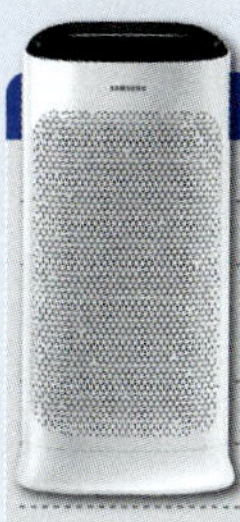

| 삼성전자 블루스카이5000 | | 샤오미 미에어프로 |
|---|---|---|
| 60m² | 청정면적 | 60m² |
| **99.9%** | 집진 효율 | **99.5%** |
| 지름 **1㎛** 극초미세 먼지 감지 | 센서 | 지름 **2.5㎛** 초미세 먼지 감지 |
| 50dB | 소음 | 미공개 |
| ○ | 공기청정협회 인증 | × |
| 1년(모터는 10년) | 품질보증 | 해외 직구는 불가, 1년(한국 총판 구매 시) |
| - | 기타 | 설명서와 제품 화면 중국어 표기, 변환 어댑터 필요 |
| **39**만원대(인터넷 최저가) | 가격 | **16**만원대(직구) **27**만**9000**원(한국 총판) |

자료원: 조선비즈, 2019.1.29.

제품 및 기술수준에 있어서 한국을 능가하기 시작하였다.[4] 또 한국 기업의 제품은 서서히 범용제품(commodity)화 되어 가면서 차별화가 더 이상 쉽지 않아 지속 가능한 경쟁 우위 확보에 큰 어려움을 겪고 있다.

또 충격적인 사실은 [현장올레길 1-2]에서 보듯이 10대 글로벌 완성차 업체의 영업이익률을 비교한 결과 현대차그룹이 최악의 실적을 기록하였다는 점이다. 판매대수만 보면 현대차그룹이 경쟁우위의 성과는 아니나 영업이익률은 10배 가까이 차이가 나는 참담한 성적표이다. 한국 대표기업의 제품위상이 심각하게 흔들리고 있다. 이는 한국에서 전통적인 자

4) 한국산업기술평가관리원의 조사결과에 따르면 2017년 중국은 스마트전자 · 스마트카 · 시스템반도체 등 13개 분야에서 한국과 기술격차를 크게 줄였다. 한 · 중 간 기술격차는 2013년 1.1년에서 2015년 0.9년으로 줄었다가 2017년에는 0.7년에 이르렀다. 기술은 한국이 다소 앞서 있지만 산업경쟁력은 이미 중국이 앞질렀다(중앙일보, 2019.1.22.).

5) 사명 샤오미(小米)는 '좁쌀'이란 뜻으로서 공동 창업자이자 최고경영자(CEO)인 레이쥔(雷軍) 회장을 포함한 창업 멤버 8명이 좁쌀죽을 먹으면서 꿈을 키웠다는 의미로 붙인 것이다(조선경제, 2019.1.29).

동차산업의 Technology-S Curve가 성숙기에 진입하여 성장의 한계에 다다랐으며 동시에 현대차그룹이 새로운 Technology-S Curve를 만들어 내는 '지식점프(Knowledge Jump)'를 전향적으로 추진하지 않으면 자동차산업의 글로벌 경쟁력은 더 이상 기대하기 어려울 것이다(이홍, 2004).

**현장올레길 1-2 현대차 1대당 36만 원 벌 때, 도요타는 279만 원**

10대 글로벌 완성차 업체의 영업이익률을 비교한 결과 현대차그룹이 주요 완성차업체 중 꼴찌를 기록했다. 8년 만에 최악의 실적이다. 영업이익률은 매출액 대비 영업이익을 뜻한다. 자동차를 판매해 번 돈에서 비용 등을 제외하고 실제로 벌어들인 돈의 비율이다. 2017년 현대차그룹의 영업이익률(4.7%)은 글로벌 10대 완성차 업체 가운데 일곱 번째였다. 하지만 2018년에는 현대차(1.2%)·기아차(0.8%·두 업체 모두 3분기 기준)보다 영업이익률이 낮은 완성차 업체가 없었다. BMW(11.0%)·도요타(9.3%)는 현대차그룹보다 영업이익률이 10배나 높다. 3000만 원짜리 승용차 1대를 팔았을 때 현대차가 36만 원을 벌면 도요타는 279만 원을 벌었다는 뜻이다. 판매대수만 보면 현대차그룹이 경쟁사보다 크게 안 팔리는 건 아니다. 현대차의 3분기(7~9월) 판매량(112만 1,228대)은 세계에서 여섯 번째로 많다. 기아차(68만 5,396대)를 더하면 현대차그룹은 세계 4대 완성차 업체가 된다. 하지만 실속은 적다. 도요타는 3개월 동안(올 2분기 기준) 6조 9,600억 원(6,826억 엔)을 벌었지만, 현대·기아차가 번 돈(4,662억 원·3분기 기준)은 도요타의 6.7%에 불과하다. 현대차그룹의 영업이익률은 2013년 9.2%에서 2016년 5.5%, 2018년 상반기 3.5%로 떨어졌고, 올 3분기 1.05%까지 내려앉았다.

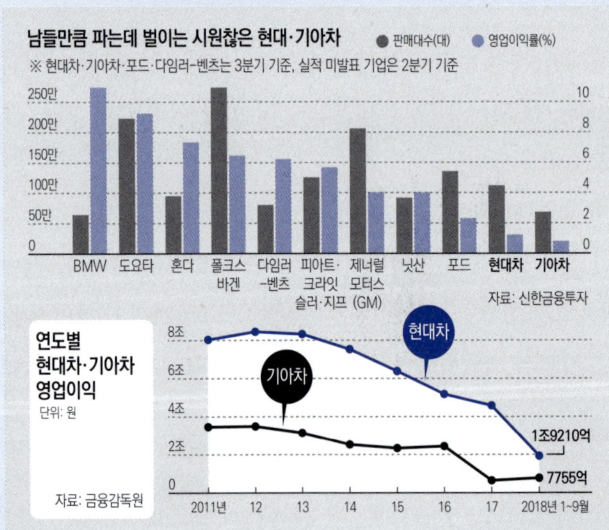


자료원: 중앙일보, 2018.10.29.

## 2.2 모방의 한계

더욱이 선진 기업에 의한 지적재산권 및 기술의 전략적 무기화, 그리고 한국 기업에 대한 견제 움직임이 심화되어서 삼성전자나 LG전자와 같이 전자산업의 특정 기술영역에서 이미 기술적 프런티어에 도달한 선도적 기업들의 경우 첨단기술을 사 오거나 모방하기가 점점 더 힘들어지고 있다. 실제로 마이클 포터가 "한국 기업들에게 모방전략보다는 독창성 있는 차별화전략으로 성장해야 한다"[6]고 조언한 것이나 GE 전 회장 잭 웰치가 "한국에서 아이팟처럼 독창적이고 혁신적인 제품이 나오는 것을 본 적이 없다"고 지적하였듯이(문화일보, 2006.12.16.) 한국 기업의 선진국 기술 및 사업방식의 모방에 대한 저항이 심해지고 있다. 모방전략이 후발주자에게 불확실성을 제거하고 성공 가능성을 높이며 비용도 절감할 수 있는 매력적인 전략임에는 분명하나 당분간은 우리 기업들은 우리 실정에 맞는 창조적 모방전략으로 승화하고 중장기적으로는 독자적 기술개발이나 사업방식 개발과 같은 독자영역을 구축해야 할 것이다.

## 2.3 신성장동력의 발굴의 필요성

이러한 모방의 한계와 성장의 한계의 문제를 극복하기 위해서는 전 세계 어떤 기업도 쉽게 제공할 수 없는 새로운 제품 및 서비스를 통하여 우리 기업만의 새로운 수익의 원천(new source of profit)을 탐색하고 발견할 필요성이 절대적으로 요청된다고 하겠다. 이러한 상황하에 기업별로 신성장동력을 탐색하기 위한 노력은 전 산업별로 추진되고 있다.

예를 들어 [현장올레길 1-3]에서 보는 바와 같이 현대차그룹의 정의선 수석부회장은 세계 최대 IT전시회인 라스베이거스 2020 CES서 현대차그룹이 설계하는 미래도시를 '신성장동력'으로 제안하였다. 이동수단인 자동차가 다양한 공간(카페, 병원 등)으로 변신하고 합체되면서 도시의 형태까지 바꾸고 있다. 이렇듯 기업의 신성장동력을 효율적으로 발견하기 위해서는 다음의 두 가지 사항이 전제되어야 한다.

---

6) 2012년 12월 하버드대학교 경영대학원의 마이클 포터 교수가 한국에 와서 주요그룹의 CEO들 앞에서 특강을 한 적이 있었다. 포터 교수는 한국 기업이 나아가야 할 전략방향을 얘기하는 과정에서 "한국 기업에는 전략이 없다"라고 비판하였다. 이에 많은 CEO들 모두가 한결같이 원가절감, 효율성 강화, 경쟁력 강화 등과 같은 전략을 구사한다고 하자 포터 교수는 그런 전략은 어떤 회사에서도 통하는 것이라며 "한국 기업들은 남들이 쓰지 않는 독보적이고 차별화된 전략이 필요하다"고 역설한 적이 있다.

**현장올레길 1-3** 현대차의 미래 모빌리티 혁신도시의 풍경

자료원: 조선일보, 2020.1.8.

### 1) ICT기반의 융합과 컨버전스의 가속화의 필요

ICT(Information & Communication Technologies)는 창조경제(Creative Economy)의 기반으로서 특히 ICT와 관련하여 최근에 BMW[7]가 화두가 되고 있다. 모든 서비스를 데이터로 치환하여 맞춤형, 개인형 서비스로 탈바꿈하여 제공하는 것은 이제 우리가 대중(Mass)의 시대에서 개인(Personal) 시대로 들어가는 기술적인 기반이 된다. 더 나아가 사물 인터넷(IoT: Internet of Things)은 인간과 인간 사이의 연결뿐만 아니라 인간과 사물의 연결, 사물과 사물의 연결도 가능하게 한다. 창조의 가능성이 무한하게 열려 있다 해도 과언이 아니다.

예를 들어 현대·기아차가 현재 세계 5위의 글로벌 자동차회사로 거듭났지만 앞으로 5년 이내에도 현대·기아차가 나사를 돌리고 부품을 조립하면서 자동차를 만드는 경쟁방식으로 세계적인 경쟁력을 확보할 수 있을까? 절대 아니다. 앞으로 우리가 해야 할 일은 중국이 만 불짜리 나사를 조여서 온 자동차에 차별화된 가치가 있는 어떤 SW를 탑재해서 무선인터넷으로 연결시켰더니 자동차가 주인을 알아보고 작동하며 주인의 건강상태를 체크

7) BMW는 빅데이터(Big Data), 모바일(Mobile), 웨어러블(Wearable)을 의미하는 신조어다.

하고 주인의 스케줄을 관리하는 움직이는 서비스의 'product'가 되어야 한다. 또 중국에서 만든 니케브랜드 운동화(www.nikei.kr) 뒷창에 우리 기업이 만든 SW를 탑재하여 운동화를 건강보조기로 쓰는 것입니다. 이 운동화를 신은 주인이 집으로 돌아오면 GPS가 이를 감지하고 클라우드(가상화공간)에 운동량을 저장하여 5년, 10년 이상 운동기록이 저장되고, 의사 진찰 시 의사는 맥박을 먼저 짚는 게 아니라 클라우드에 저장되어 있는 그 사람의 운동 히스토리를 먼저 짚어보고 건강상태를 체크하는 서비스를 제공해야 한다. 또 대부분의 세계적인 건설중장비업체는 건설경기의 침체로 심각한 구조조정을 경험하고 있지만 전통적인 건설장비제조업에 ICT기술을 접목하여 '똑똑한' 중장비업체로 변신에 성공한 미국의 캐터필러로부터 배워야 한다. 이 회사는 트랙터와 같은 건설장비 안에 인공위성과 교신하는 수십 개의 센서를 달아 운전 중 발생하는 장비데이터를 위성으로부터 받음으로써 사용자가 실시간 스마트폰으로 부품의 교체시기를 앎으로써 큰 고장을 사전에 예방해 수리비용을 절감하고 있다(http://blog.naver.com/kbsgoo dinsight/22064 1820628).

### 2) 경영패러다임 변화에 따른 새로운 경쟁방식의 필요

신성장동력을 효율적으로 발굴하기 위해서는 모방 위주의 '빠른 추종자 전략(fast-follower)'에서 창조적 혁신을 기반으로 한 '시장 선도자 전략(first-mover)'으로의 경영패러다임 전환이 절실히 요청된다. 시장 선도자 전략을 성공적으로 실행하기 위해서는 종래의 경쟁방식과는 근본적으로 다른 새로운 경쟁방식이 필요하다[현장올레길 1-4 참조]. 경쟁방식이 변해야 하는 것은 무엇보다 국가의 경쟁력 패러다임이 바뀌었기 때문이다. 국가의 경쟁력 패러다임 변화와 관련하여 다음의 두 가지 경쟁방식에 관한 변화를 인식해야 한다.

① 그동안의 효율성을 중심으로 한 대기업 중심의 경쟁방식이 창의성을 기반으로 한 중소·혁신기업 중심으로 바뀌었다는 사실이다. 실제 세계경제포럼(WEF: World Economic Forum)에서 제공하는 2018년 글로벌 경쟁력보고서(The Global Competitiveness Report, 2018)에 따르면[8] 국민소득수준별로 경제성장의 조건을 제시하고 있는데 1인당 국민소득(GNI)이 2천 달러 이하에선 충분한 자원과 노동공급이 중요하고 3천에서 9천 달러 사이에는 생산성을 높이는 것이 관건이다. 1만 7천 달러 이상에선 신기술을 통한 신시장의 개척이 산업성장의 주요 요건이 된다. 한국은 2018년 기준 1인당 국민소득이 3만 1,349달러로(통계청, 2019) 경제발전단계별로는 혁신주도형 국가인데도 불구하고 아직 우리 기업의 경쟁방식은 효율성 주도의 경쟁방식에서 벗어나지 못하고 있는 실정이다. 즉, 국가의 경제발전단

---

8) http://www3.weforum.org

계와 산업의 경쟁방식이 미스매치(mismatch)되는 딜레마에 놓여 있는 것이다(도표 1-4 참조). 창의성과 상상력을 기반으로 한 창조경영이 필요한 이유가 여기에도 있다.

이와 관련하여 최근 하버드 경영대학원의 탈레스 테이세이라(Thales S Teixeira) 교수는 '고객가치사슬 해체하기(*Unlocking the Customer Value Chain: How Decoupling Drives*

**현장올레길 1-4** 홈리스들도 사업방식을 바꾸고 있다

홈리스들은 먹고 살기 위한 생계 수단으로 깡통이나 모자에 지나가는 행인들에게 동전이나 지폐를 넣어달라고 구걸하는 것이 전형적인 생존방식이었다. 그러나 위 사람은 기존 사업방식에 대한 근원적인 성찰을 통하여, 호소나 구걸을 통한 자존심 훼손도 없고 또 별 수고 없이도 하루에 적지 않은 돈을 벌 수 있는 새로운 사업방식을 깨닫는다. 그것은 "어느 종교가 홈리스들을 가장 잘 돌보는지(Which religion cares the most about the homeless?)" 경쟁을 시키는 것이다. 홈리스들도 이러한 사업 및 경쟁방식의 변화를 꾀하는데 수많은 우수한 인재들로 가득한 우리 기업들이 새로운 사업방식 변경에 대한 성찰과 고민을 하지 않는 것은 기업의 생존과 지속가능성을 열망하는 대다수의 기업의 이해관계자들을 절망하게 하는 것이다. 성찰의 중요성이 그 어느 때보다 절실히 필요한 시점이라 하겠다.

자료원: http://gnetizen.dreamwiz.com/netizen/ netizen_content.php?gid=184628&page=1

**도표 1-4** 세계경제포럼(WEF: World Economic Forum)의 경제발전단계별 경쟁방식

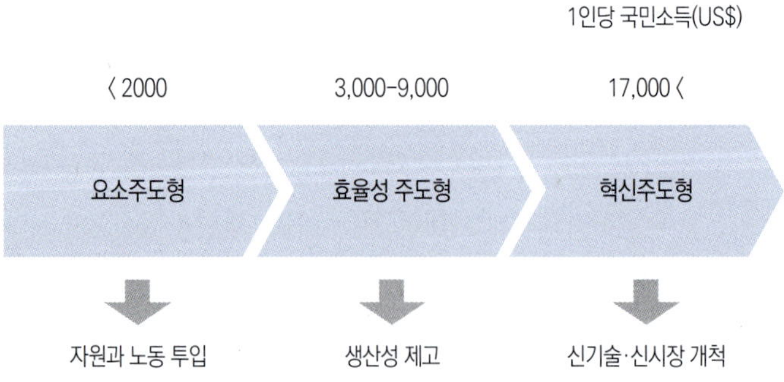


자료원: www.weforum.org.

*Consumer Disruption*)'라는 저서에서 창의성과 상상력이 기업의 파괴적 혁신에 핵심임을 다양한 사례들을 통하여 여실히 보여주고 있다. 그에 따르면 고객의 소비행동은 하나의 독립된 행위가 아니라 수많은 행동으로 연결된 거대한 가치사슬이다. 이 사슬의 변형, 추가 또는 분리를 뜻하는 디커플링혁신(decoupling innovation)이야말로 진정한 파괴적 혁신의 원천이다. 예컨대 승용차 소비 하나만 놓고 봐도 고객은 구매차량후보탐색 → 구입결정 → 대금지불 → 운전 → 각종 유지관리활동을 거쳐야 한다. 모든 과정에서 비용이 발생한다. 집카(Zipcar)는 '운전' 앞 단계의 모든 사슬을 파괴해 버렸다. 회원들은 월 $30을 내고 사용시간과 운행거리에 따라 시간당 $3~6만 내면 내 차처럼 원하는 차를 마음대로 사용할 수 있다. 또 모바일 가격 비교 앱(App)은 고객의 매장 방문단계를 생략시킨 것도 있지만 무엇보다 가격 비교기능을 통해 기존 오프라인 매장고객의 가치사슬을 붕괴시켰다.[9] 또 '자동차, 숙소, 사무실, 주방 등'을 같이 '공유'하는 공유경제[10]도 대상을 구매 또는 구입하는 전 과정을 해체시켜 버림으로써 비용을 현저히 절약하는 창조적 혁신 활동인 것이다.

② 또 개별 기업들끼리 벌였던 경쟁방식이 이제는 업종을 뛰어넘는 생태계 중심의 개방과 협력방식으로 바뀌고 있다. 이러한 경쟁방식의 변화에서는 한 기업이 연구개발, 생산, 마케팅 등의 모든 기능을 다 수행하려 하였던 종전의 경쟁방식에서 다른 기업보다 탁월하게 잘할 수 있는 핵심역량만 수행하고 나머지 기능은 생태계에 분산시키는 것이다. 이럴 경우 해당 기업도 적은 규모를 유지한 상태에서 혁신성을 유지할 수 있을 뿐 아니라 생태계 전체도 건강하게 된다. 이렇듯 기업경영의 수준이 기업수준에서 산업의 생태계수준으로 확장되면서 개별 기업의 연구개발(R&D: Research & Development)보다는 생태계 내부의 연결개발(C&D: Connect & Development)의 중요성이 대두되고 이러한 흐름은 폐쇄형 혁신(Closed Innovation) 대신 개방혁 혁신(Open Innovation)의 필요성을 앞당겼다(Chesbrough, 2003). 예컨대, 폐쇄형 혁신이 내부의 아이디어로 연구개발을 하여 고객들에게 서비스함으로써 수익을 창출해야 한다는 사고방식이라면 개방형 혁신은 내외부의 아이디어를 가리지 않고 최고의 아이디어를 가지고 좋은 비즈니스모델을 만들어 수익을 내는 사고방식이다

9) 사람들이 매장에 가는 이유 중 하나는 여러 물건을 눈으로 직접 보기 위해서다. 하지만 그 다음 단계로 지갑을 연다는 보장은 없다. 마음에 드는 물건을 봤어도 더 싼 곳은 없을까 하는 생각이 순간적으로 들게 된다. 그 순간 그는 앱을 클릭한다. 늘 사람들로 북적이는 오프라인 매장 매출이 오르지 않는 이유가 여기에 있었다.

10) 공유경제(共有經濟, 영어: sharing economy)는 물품을 소유의 개념이 아닌 서로 대여해 주고 차용해 쓰는 개념으로 인식하여 경제활동을 하는 것을 가리키는 표현이다. 1984년, 하버드대학교의 마틴 와이츠먼 교수가 〈공유경제: 불황을 정복하다라〉는 논문을 펴냄으로써, 공유경제의 개념이 처음으로 등장했다.

(Chesbrough, 2003; Poot, Faems and Vanhaverbke, 2009).

창조적 혁신을 연구한 대표적 조직경제학자인 슘페터(J. Schumpeter)를 비롯해 넬슨(R. Nelson), 윈터(S. Winter) 교수 등은 대부분의 혁신은 존재하지 않던 완전히 새로운 상품이나 기술을 창조하는 것이 아니라 기존에 존재하던 다양한 지식, 기술, 노하우, 아이디어들을 새로운 방식으로 재결합(novel recombination)하는 데서 온다고 주장한다. 최근 글로벌기업들은 바로 이런 논리에서 기업 내의 기술과 지식, 역량에만 의존한 연구개발과 혁신에는 한계가 있다고 보고 모든 경계를 넘어서서 조직 내외부의 다양한 요소들을 적극적으로 받아들여 창조적으로 재결합하는 개방형 혁신을 적극 활용하고 있다. [현장올레길 1–5]는 P&G사의 개방형 혁신사례를 소개한 것이다.

따라서 생태계를 구성하는 협력사나 공급업체와 같은 이해관계 기업들 간의 실질적인

**현장올레길 1–5** P&G(Procter & Gamble)의 개방형 혁신

개방형 혁신의 가장 대표적인 사례는 생활용품 업체인 P&G다. 이 회사 래플리 회장은 수년 전 충격적인 내부 보고서를 접했다. 연구개발비로 연간 15억 달러나 지출하고 엄청나게 많은 특허를 보유하고 있었지만, 상용화된 기술의 비율은 10%에도 미치지 못한다는 내용이었다. 충격적 현실을 목도한 래플리 회장은 R&D 전략을 완전히 바꿨다. 핵심 기술이 아니라면 누구라도 P&G의 특허를 이용할 수 있게 했다. 또 외부 전문가와의 협업을 강화했다. 내부 연구원은 7,500명이지만 외부 전문가는 150만 명이 넘는다는 판단에서다. 혁신적 상품의 50%를 외부에서 나온 아이디어로 만들겠다는 과감한 목표도 제시했다. P&G가 R&D 대신 C&D(Connect & Development)란 용어를 쓰는 것도 이런 맥락에서다.

개방형 혁신으로 성과를 낸 P&G의 '프링글스 프린트' 사례는 이제 케이스 스터디의 고전이 됐다. 감자칩 프링글스에 이미지를 새기는 작업은 매우 쉬워 보이지만 기술적으로는 난제가 많았다. 온도와 습도가 매우 높은 제조 과정 중에 프린트 작업이 이뤄져야 하고 식용 잉크도 개발해야 했기 때문이다. 과거 방식대로 내부 R&D에 의존했더라면 제품 개발에서 출시까지 2년은 족히 걸렸다. P&G는 대신 기술적 문제를 잘 정리해 외부 전문가에게 해결책을 구했다. 얼마 지나지 않아 이탈리아 제과점을 운영하던 한 대학 교수에게서 해답이 나왔다. 워낙 좋은 대안이 제시됐기 때문에 제품 개발에는 1년도 채 걸리지 않았고 이후 프링글스 매출은 두 자릿수로 뛰어올랐다.

자료원: 김남국(2009). "기업경계 허무는 4세대 R&D, 개방형혁신", 동아비지니스 리뷰, 45호, 2, 17-22

동반성장과 나아가서 생태계 내부에서 사회적으로 약자의 위치에 있는 기업들과 상생할 수 있는 공유가치 창출(CSV: Creating Shared Value)의 실현도 동시에 중요하게 평가받고 있다(Porter & Kramer, 2011). 그것은 약자의 위치에 있는 이들 기업이나 BOP(Bottom of Pyramid)의 위치에 있는 대다수의 사람들을 방치할 경우 이들 기업이 납품하는 불량부품이나 경제적으로 불안정한 가정 및 정신생활을 하는 사람들이 기업조직으로 유입될 경우 발생하는 비용요인이 제품의 생산비용보다도 더 큰 상황이 되는 것에 대한 인식이며 그것은 자본주의에 대한 성찰의 결과인 것이다(Porter & Kramer, 2011)(학습목표 2).

이렇게 세계적 수준의 기업들은 경쟁의 패러다임을 국가의 경제발전단계에 따라 적절히 바꾸어 왔지만, 한국의 기업들은 최근까지도 스스로를 고립된 갈라파고스 섬(Galapagos Island)[11]의 고유종처럼 고립된 환경 안에서 경쟁력을 잃어가고 있다. 현재까지 우리는 fast - follower, 그리고 world - class productivity전략을 바탕으로, 제조업 중심의 급성장을 성공적으로 이룩해 왔지만 이러한 성공방정식은 더 이상 우리의 경쟁력을 지속시킬 수 없다는 것을 깨달을 필요가 있다. The Global Competitive Report 2018에 따르면 현재 우리는 아시아에서도 글로벌경쟁력이 6위, 세계적으로도 15위에 랭크되는 위치에 불과하다.[12] 이는 2018년도 GDP(국내총생산, 명목기준)이 1조 6,190억 달러로서 11위에 랭크된 것을 무색하게 한다(IMF, 2018).[13] 세계경쟁력이 약화되면 GDP 또한 중장기적으로는 감소될 것이기 때문이다. 그래서 우리 기업들의 글로벌 경쟁력을 더욱 가속화시키는 것이 중요하다.

11) 갈라파고스 현상이란 갈라파고스 섬에는 육지로부터 멀리 떨어져 있어 독자적으로 진화한 종들이 서식하는 고유한 생태계가 형성되었으나, 육지와의 빈번한 교류로 외부 종이 유입되자 면역력 약한 고유 종들이 멸종되거나 멸종의 위기를 맞게 된 갈라파고스제도의 상황에 빗대어 이 용어가 만들어졌다. 즉, 외부세계와 단절된 채 독자발전을 꾀하다 국제표준에 뒤떨어져 시장에서 뒤쳐지는 현상을 말한다(NAVER 지식백과).

12) 참고로 The Global Competitive Report 2018에 따르면 아시아국가 중에서 세계적 글로벌 경쟁력은 조사국가 144개 중 싱가포르(2위), 일본(5위), 홍콩(7위), 대만(13위), 호주(14위), 뉴질랜드(18위), 말레이시아(25위), 중국(28위), 태국(38위), 인도네시아(45위)에 위치하였다.

13) 국제통화기금(IMF)에 따르면 2018년 GDP Top 10은 1위 미국(21조 4,102억 달러), 2위 중국(15조 5,437억 달러), 3위 일본(5조 3,622억 달러), 4위 독일(4조 4,168억 달러), 5위 인도(3조 1,552억 달러), 6위 프랑스(3조 601억 달러), 7위 영국(3조 226억 달러), 8위 이탈리아(2조 2,615억 달러), 9위 브라질(2조 2,569억 달러), 10위 캐나다(1조 9,085억 달러), 11위 대한민국(1조 6,190억 달러)이다(http://www.imf.org).

## 3. 한국 기업의 미래 조직 적응의 방향

이상과 같은 한국 기업의 현실을 Lawrence & Dyer(1983)가 제시한 전략적 조직적응모델(Strategic Adaptation Model)에 연결하여 설명하여 보면 [도표 1-5]와 같다. [도표 1-5]에 따르면 우리 기업들의 전략적 적응방향을 도출하기 위해서는 외부환경의 전략적 불확실성(Strategic Environmental Uncertainty)에 대한 이해[정보영역]와 조직 내부 자원의 희소성(Resource Scarcity)에 대한 이해[자원영역]가 필요하다.

외부환경의 전략적 불확실성은 우리 기업들이 안고 있는 환경요소가 얼마나 복잡한지(Environmental Complexity) 그리고 그 외부환경요소가 얼마나 역동적으로 변하는지(Environmental Dynamism) 그 수준에 달려 있다. 예컨대 경쟁업체의 변화와 다양성의 정도, 제품의 다양성과 변화의 정도, 소비자의 다양성과 변화의 정도, 유통망의 변화와 다양성의 정도, 정부규제의 변화와 다양성의 정도와 같은 외부환경요소들이 전략적 불확실성(혹은 정보복잡성)에 영향을 미친다. 또 조직 내부자원의 희소성은 인적자원이나 재무자원을 얼마나 획득하기 어려운가를 의미한다. 조직 내부의 자원희소성에 영향을 미치는 요인은 재무 및 인적자원의 획득 가능성, 경쟁업체가 자원획득에 미치는 영향, 소비자단체가 자원획득

**도표 1-5** 한국 기업의 미래 조직 적응의 방향

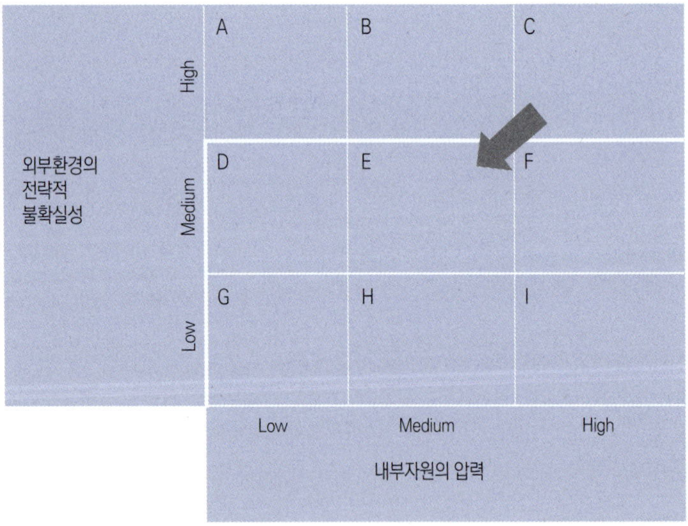


자료원: Lawrence, P. R. and Dyer, D.(1983). *Renewing American Industry: Organizing for Efficiency and Innovation*, New York: The Free Press 수정인용.

에 미치는 영향, 노조가 자원획득에 미치는 영향, 정부규제가 자원획득에 미치는 영향 등이 있다.

이런 기준으로 보았을 때 우리 한국 기업들을 둘러싸고 있는 외부시장 여건은 갈수록 혹독하고 급변하며 높은 수준의 불확실성에 처해 있다. 이는 세계 경제가 저성장시대로 가속화되고 있고 내수시장 및 글로벌 시장에서의 경쟁상황도 치열하게 전개되고 있는 사실에서 알 수 있다. 동시에 가용할 만한 재무 및 인적 자원 또한 획득하기가 매우 곤란한 상황이다. 전 세계 어디에다 투입시켜도 '탁월한' 능력을 발휘할 만한 인재도 부족하거니와(현장올레길 1-6 참조) 소수의 선진기업을 제외하고는 대부분의 기업들이 현금보유와 현금확보에 애로를 겪고 있는 실정이다(현장올레길 1-7 참조). 이러한 사실은 우리 기업들이 높은 외부 불확실성과 높은 내부의 자원압박 상태에서 피곤한 경쟁을 하고 있음을 의미한다. 즉, *현재 대부분의 한국 기업들은 안팎의 불확실성하에서 cell C의 위치에 있다고 하겠다. 이러한 현재 위치에서 우리 기업들이 지속적인 경쟁우위를 통한 생존을 하기 위해서는 시장불확실성이 줄어들고 내부의 자원압박이 완화된 상태인 cell E로의 전략적 위치이동이 절실히 요구*

**현장올레길 1-6** 인재 부족 국가 쏟아져 나오는 시대

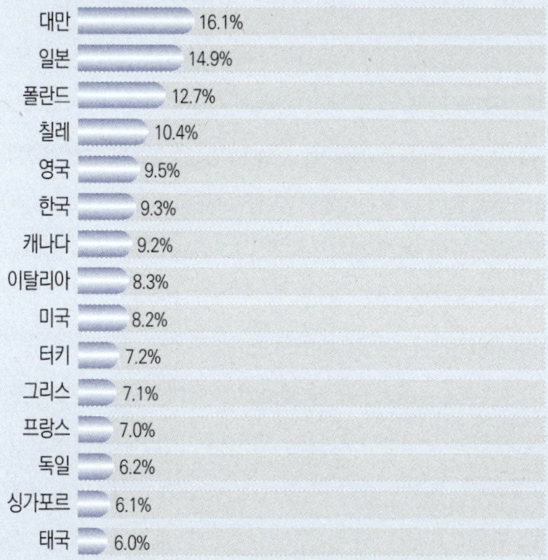


글로벌 컨설팅사 타워스왓슨(Towers Watson)과 옥스퍼드 이코노믹스(Oxford Economics)가 공동으로 발표한 글로벌 인재 2021(Global Talent 2021) 보고서에 따르면 한국은 인재 부족 국가로 2021년에는 필요 인력에 비해 공급이 9.3% 부족할 것으로 예측됐다. 결국 필요 인력의 확보를 위해 해외로 후보자를 찾아 나설 수밖에 없다. 인재 부족은 우리나라만의 문제가 아니다. 일본, 대만, 싱가포르, 태국 등의 아시아 국가들, 미국, 캐나다, 칠레 등 아메리카 지역의 국가들, 영국, 이탈리아, 프랑스, 독일 등의 유럽 국가들도 모두 인재 부족 국가로 예측된다. 즉, 이러한 나라 모두 해외 인재 확보에 나설 것으로 예상된다. 해외 인재 확보를 놓고 글로벌 유수 기업을 상대로 경쟁해야 할 때가 온 것이다.

자료원: 김은정(2014). 동아비지니스리뷰, 148호, 1, 84-91.

**현장올레길 1-7** 대기업집단 22% 재정난에 허덕이고 있다

경제개혁연구소가 최근 발표한 '대기업집단 결합재무비율(2014~2018년) 분석' 보고서에 따르면 지난해 공정거래위원회 지정 상호출자제한기업집단 54곳 가운데 결합부채비율이 200%를 넘어 재무건전성이 우려되는 기업집단은 12곳으로 집계됐다. 결합부채비율이 200%를 넘는 기업집단의 비율은 2014년 46.81%에서 2015년 48.98%로 늘었다가 2016년 37.74%, 2017년 32.73%, 지난해 22.22%까지 3년째 줄어드는 추세를 보이고 있지만 22%의 기업집단이 재정난에 허덕이고 있다. 결합부채비율이 200%를 넘은 기업집단은 한화, 두산[000150], 한진, 부영, 대우조선해양[042660], 금호아시아나, 코오롱[002020], 대우건설[047040], 한라, 하이트진로[000080], 태영, 에스엠[041510]이었다. 이 가운데 태영, 에스엠을 제외한 10곳은 지난해까지 5년 연속 결합부채비율이 200%를 초과했다.

자료원: 연합뉴스, 2019.7.3.

**현장올레길 1-8** 위기의 기업들 66% .. 미래 먹거리 못 찾았다.

국내 기업들이 샌드위치 현상 심화, 신기술 활용 애로, 미래 수익원 부재 등 '삼중고'로 고전을 면치 못하고 있다는 조사결과가 나왔다. 대한상공회의소(회장 박용만)은 18일 국내 제조업체 500개사를 대상으로 진행한 '우리 기업의 미래준비 실태 조사' 결과를 발표하며 이 같이 밝혔다. 대한상의 측은 "대외경쟁력은 악화일로이고 4차 산업혁명을 활용한 신사업도 잘 진척되지 못하고 있어 성장 원천이 고갈되고 있다"고 지적했다. 먼저 샌드위치 현상과 관련해 전체 응답 기업의 41.3%가 국내 기업이 신흥국과 경쟁력이 비슷하거나 뒤처진다고 답했다. 이는 2010년 같은 응답을 한 비율(10.4%)의 4배 수준이다. 신흥국보다 앞선다고 생각하는 기업도 그 격차가 '3년 이내'(31.6%)라는 응답이 '5년 이내'(18.5%)와 '5년 이상'(8.6%)을 합한 응답(27.1%)보다 많았다. 반대로 선진국보다 뒤처진다는 응답은 전체의 61.2%에 달해 10년 전(41.3%)보다 20%포인트 높았다. 4차 산업혁명 신기술에 대해서는 절반에 가까운 48.0%가 활용하지 못하고 있다고 답했고, 적극 활용 중이라는 응답은 6.0%에 불과했다. 정부의 신기술 활용 지원 정책이 충분한지에 대해서는 규제완화(62.9%), 인력양성(62.7%), 연구개발(R&D)지원(59.4%), 벤처·창업지원(50.6%) 순으로 '잘 대응하지 못하고 있다고'고 답했다. 미래 수익원 확보와 관련해서는 응답 기업의 66.9%가 신사업을 확보하지 못했다고 답했다. 신사업을 확보했다고 답한 33.1%의 기업 가운데서도 아직은 '추진 중'이라는 기업이 72.2%였다. 수익원 발굴에서 겪는 가장 큰 애로사항으로는 '시장 형성 불투명'(41.0%)을 꼽았고, '자금 부족'(21.7%), '기술력 부족'(17.3%), '규제 장벽'(16.3%)이 뒤를 이었다. 김문태 대한상의 경제정책팀장은 "기업들은 신기술과 혁신적 아이디어로 다양한 사업 모델 개발에 도전하고 정부도 새로운 기회와 시장을 만드는 쪽에 힘을 실어주는 방향으로 제도와 플랫폼을 정비해야 한다"고 말했다.

자료원: 디지털 타임스, 2019.6.18.

*된다고 하겠다.*

*따라서 cell E로의 전략적 위치이동을 위해서는 우리 기업이 세계가 두려워할 만한 일등 제품을 몇 개나 보유하고 있느냐가 관건이다*(김인수, 2001).

즉, 얼마나 많은 기업들이 시장 및 기술독점력이 있는 제품 및 서비스를 생산할 수 있느냐가 핵심인 것이다. 그러나 [현장올레길 1–8]에서 보는 바와 같이 대부분의 한국 기업들은 샌드위치 현상 심화, 신기술 활용 애로, 미래 수익원 부재 등 '삼중고'로 고전을 면치 못하고 있다. 우리 기업들이 기술 선진국들을 따라잡고 국내 · 외 시장을 선도하기 위해서는 창조경영은 기업의 실천철학(practical philosophy)으로 완전히 내재화되고 정착되어야 할 시점이 왔다고 판단된다. 더 이상 제도적 경직성으로 인해 구성원들의 자율과 창의 그리고 열정이 발휘되지 않는 상황을 만들어서는 안 된다. *이런 의미에서 창조경영이야말로 기업 안밖의 불확실성을 줄이고 지속가능한 경쟁우위를 도모할 수 있으며 종국적으로 우리 기업의 장기적인 생존을 담보할 수 있는 가장 강력한 무기라 하겠다*(학습목표 3).

## 4. 기술포트폴리오를 이용한 창조적 전략형성

창조경영을 기업에 착근시켜 내재화해야 하는 필요성과 이유를 감지하였다면 실제로 기술과 시장에 있어서 독점력이 있는 제품 및 서비스와 새로운 사업방식을 만들기 위해서는 중장기적인 기업전략형성(strategy formulation)이 필요하다. 이와 관련하여 [도표 1–6]에서와 같은 기술포트폴리오 분석(Technology Portfolio Analysis)의 개념이 일반적으로 적용되고 있다.

*기술포트폴리오 분석에 따르면 미래의 매출액 증대를 위한 사업영역에는 세 가지 유형이 있다. 즉, ① 기존 사업에서의 효율성 및 효과성 추구를 통한 관성적 성장(Momentum Growth), ② 수출시장 다변화 등 신시장 개척을 통한 성장(Geographical Expansion), ③ 기존 시장에 없던 신제품 또는 새로운 사업방식을 통한 성장(New Product/New Biz Development)이 미래의 매출을 위한 세 원천이다.* 또 이 분석기법에 따르면 각 매출원천 영역별로 목표치를 사전에 부여함으로써 사업목표 달성을 위한 전략계획을 수립한다. [도표 1–6]의 사례 기업의 경우는 2019년 12월 현재 매출액이 5조 원이며 2024년 12월까지 현재 매출액의 두 배인 10조 원를 달성하고자 하는 목표를 가지고 있다. 해당 기업은 향후 5년 동안 매

**도표 1-6** 기술포토폴리오 분석을 이용한 전략형성

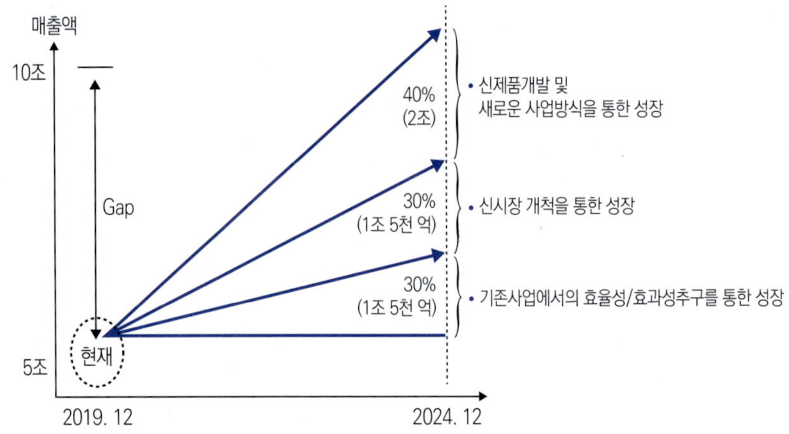


자료원: 이철원(2009). 동아비지니스리뷰, 45호, 2, pp.34~38 응용.

출액을 두 배로 성장시키기 위하여 향후 5년 동안 기존 사업의 관성적 성장을 통하여 30%에 해당하는 1조 5천 억을 벌어야 하고, 수출 등 지역적 다변화를 통하여 30%에 해당하는 1조 5천 억 그리고 신제품 개발 및 새로운 방식을 통하여 40%에 해당하는 2조의 매출을 올려야 하는 목표설정을 한 것이다. 이 기법을 이용하면 중장기 목표가 분명해지고, 연도별 평균날성목표까지 초점이 잡히게 된다. 그 결과 전 임직원들의 심리적 에너지와 행동방향을 하나로 모으는 효과도 있게 된다. 일단 각 영역별 목표달성을 가능하게 하는 자원의 결합과 이 결합에 전 임직원들을 동참하게 하는 것이야말로 경영을 예술의 수준으로 승화시키는 것이다. 그런 의미에서 최근 정의선 현대차그룹 수석부회장이 임직원 타운홀 미팅에서 "현대차그룹은 자동차를 만드는 회사지만 미래에는 자동차가 50%, 개인용 비행자동차(PAV)가 30%, 로보틱스가 20%가 될 것이며 그 안에서 모빌리티서비스를 하는 회사로 변모할 것이다"라고 선언한 것은 매우 전향적인 신제품개발의 의지를 표명한 것이다(중앙일보, 2019.10.23.).

이제 우리 한국의 기업들의 전략수립의 방향은 분명해졌다. 사례 기업은 다행히도 ③에 해당하는 신제품개발 및 새로운 사업방식을 통한 매출 증대를 5년 동안 40%에 달할 정도로 매우 혁신적인 기업을 지향하지만[14] 대부분의 한국 기업들은 ①과 ②를 통한 성장, 더 솔직히 얘기하면 일부 소수의 선진기업들을 제외하고 대부분의 기업들은 기존 사업에서의 효율

14) 혁신기업의 대명사인 3M만 하더라도 각 사업부 매출액의 25%는 지난 5년 안에 개발된 신제품으로 구성해야 한다는 '25% RULE'의 엄격한 규칙이 있다(3M 내부 자료).

**도표 1-7** 한국 기업의 성장통과 인적자원관리 시스템의 수준

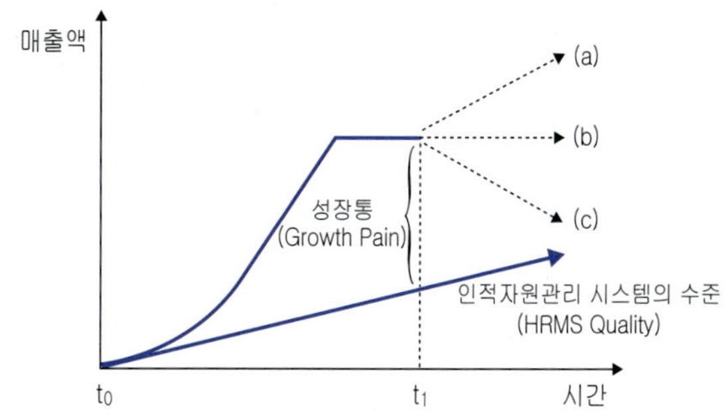


성/효과성을 통한 매출에 대부분 의존하는 경향이 많았던 것이 사실이다. 그러나 *우리 기업들이 국제경쟁에서 살아남고 지속가능한 성장을 하기 위해서는 신제품 개발 및 새로운 사업방식을 통한 성장을 기반으로 한 매출액 비중을 과감하게 증대할 필요가 있다. 이를 위해서는 두 가지 조건이 필요하다.*

*첫째는 사업전략과 기술전략의 유기적 결합을 지금까지 논의한 창조경영의 큰 틀(실천전략) 속에서 전개해야 한다.* 즉, 영역별 목표치가 확정되면 각 영역별로 어떤 시장(Market)을, 무슨 제품(Product)으로, 어떤 기술(Technology)로써 공략할 것인지를 결정해야 한다. 이때 조직구성원들의 창의적 상상과 창조적인 문제해결능력이 동원되어야 한다. 이를 위해 두 번째 조건이 필요하다. 즉, *둘째는 인적자원관리 시스템을 중심으로 한 관리체계가 이러한 조직구성원의 상상력과 창의성, 그리고 열정과 추진력이 조직 내에서 발현될 수 있도록 구조화 · 체계화되어야 한다.* [도표 1-7]은 낙후되고 경직된 인적자원관리 시스템으로 인하여 매출액 성장을 뒷받침하지 못하고 성장통(growth pain)을 경험하고 있는 대부분의 한국기업들의 현실을 개념화한 도표이다. 상상력과 창의성의 주체인 사람을 이해하고 공감하는 태도를 유도하거나, 개인이 지닌 열정이나 추진력을 끄집어 내도록 하는 것은 인적자원관리 시스템의 수준을 어떻게 가져가느냐에 따라 보다 큰 성장을 할 수도(a), 또 현상유지를 할 수도(b), 혹은 성장의 급격한 하락세를 경험할 수도(c) 있다.

*우리가 진정 신제품 및 서비스 그리고 새로운 사업방식의 창조를 통한 지속적인 성장을 원한다면 그것은 인적자원관리 시스템의 고도화를 중심으로 하여 기업 전체를 혁신적 기업으로 변신시킬 때 가능한 것이다.* 따라서 우리 기업들은 이제 대 · 중소기업을 불문하고 창조경영이 가능하도록 리더십과 전략 그리고 전략 실행을 위한 조직의 자원을 구조화하는

데 초점을 맞추어야 하고 그 가운데서도 창조의 주체인 인적자원에 대한 관리가 창조경영을 구현할 수 있도록 설계되어야 한다(학습목표 4).

## 5. 창조경영의 원리[15)]

앞서 논의한 바와 같이 향후 한국의 기업들이 떠안을 각종 형태의 대내 · 외적 불확실성 가운데서도 세계적 수준의 제품과 기술을 확보하기 위해서는 새로운 형태의 지적 적응이 요구된다. 새로운 형태의 지적 적응을 위해서는 결국은 창조경영의 개념을 경영의 전체 프로세스 안에 내재화시키는 것이 필요하다. 그러한 내재화 작업에 앞서 여기서는 창조경영이 어떠한 개념적 위상을 가지고 있고 그 원리는 무엇인지 탐구할 필요가 있다. 창조경영의 개념적 위상과 원리에 관한 그 인식의 출발은 무엇보다도 기업의 생존원리에서 찾고자 한다.

어떤 기업이라도 생존하기 위해서는 생존을 위한 기본조건을 충족해야 한다. 그 기본조건은 [도표 1-8]에서 보는 바와 같이 제품/서비스의 가격(P)이 그 제품/서비스의 생산원가(C)보다 커야 하고 동시에 고객이 지각하는 제품/서비스의 고객만족 가치(V)가 제품/서비스의 가격(P)보다 커야 한다. 윤석철 명예교수(1991, p. 20)는 이를 기업이 생존하기 위한 조건이라고 주장하였다. 특히 가격(P)이 생산원가(C)보다 클 때 생산자의 이득(producers' benefit)이 발생하고, 제품/서비스의 고객만족 가치(V)가 가격(P)보다 클 때 소비자의 이득(consumers' benefit)이 발생한다. 창조경영의 관점에서 이 분의 혜안을 설명하면 결국 창조경영은 종국적으로 [도표 1-8]에서 보듯이 생산자 이익 혹은 소비자의 이득을 만들어 내는 행위인 것이다. 따라서 창조경영으로 성공을 이루는 기업은 생산자나 소비자 모두가 이득을 보는 상황을 만든 것으로서 기업 자체의 생존뿐만 아니라 사회적 선(善, social goodness)을 달성한 것이다.

과거 한국 경제를 이끌고 왔던 대부분의 우리 기업들은 저임금 노동력과 낮은 단가를 이용한 생산성향상에 초점을 맞춤으로써 재벌그룹 중심의 생산자의 이득을 확보하여 오늘날과 같은 성장의 토대를 마련하였다. 그러나 오늘날 우리 기업들을 둘러싼 환경변화는 생산

15) 이하에서는 본 저자가 공동으로 집필한 '창조경영의 원리와 추진전략'(김상수, 전상길, 강견현, 최은지, 2008)의 내용 중 일부를 참조하였다.

**도표 1-8** 기업의 생존부등식(V>P>C)

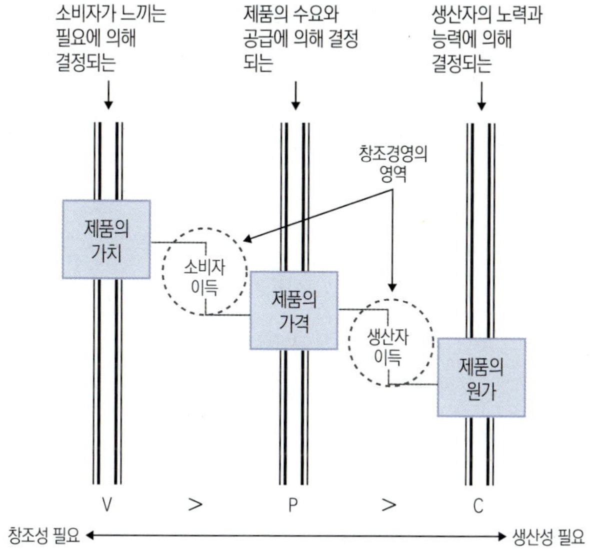


자료원: 윤석철(1991). 프린시피아 메니지멘타, 경문사, p.21 응용.

자의 이득뿐만 아니라 소비자의 이득까지 감안한 경영전략을 전개해야 하는 상황에 직면하였다. 고객을 만족시키지 않고서는 생산자의 이익 자체도 확보하기 어려운 시대에 들어선 것이다. 따라서 고객만족경영이나 고객지상주의가 등장하는 것은 당연한 귀결인 것이다.

그렇다면 창조경영을 구현하기 위한 경영전략의 내용과 방향을 어떻게 잡을 때 생존부등식을 유지할 수 있는가?[16] [도표 1-8]에서 보는 바와 같이 그것은 생산자의 안정적인 이익을 확보하기 위하여 공정혁신이나 생산혁신을 통하여 제품의 원가를 대폭 낮추거나(P〉C), 소비자의 이익을 창출하기 위하여 품질 및 디자인 등을 비롯한 제품/서비스 혁신을 통하여 제품/서비스의 가치를 현저히 높이는 방향(V〉P)으로 지향해야 한다. 이러한 논리구조에 따르면 향후 우리 기업의 경영전략의 내용과 방향은 제품/서비스를 차별화하여 소비자나 고

16) 흔히 생존부등식이 성립되지 않는 경우는 다음의 세 경우가 있다. 첫째, 제품/서비스의 가격(P)이 생산원가(C)보다 적은 경우(P〈 C)(과당경쟁에 의한 공급과잉의 폐해). 둘째, 제품/서비스의 가치(V)가 제품/서비스의 가격(P)보다 적은 경우(V〈 P)(구매한 이후의 제품 및 서비스에 대한 소비자의 평가가 나쁠 경우). 셋째, 제품/서비스의 가치(V)가 제품/서비스의 가격(P)보다 적을 뿐만 아니라 제품/서비스의 가격(P)이 생산원가(C)보다 적은 경우가 동시에 발생하는 경우(V〈 P〈 C)(고객반응도 별로 좋지 않은 제품의 생산자가 원가를 낮출 수 없는 압력에 시달리면서도 정부의 가격규제에 묶여 가격도 못 올리는 경우)가 그것이다.

객의 가치(V)를 극대화하는 전략문제와 제품/서비스의 생산원가(C) 구조를 현저하게 낮추어야 하는 전략문제로 좁혀짐을 알 수 있다. 따라서 *창조경영은 새로운 제품/서비스의 독보적이고 차별적 혁신 또는 대폭적인 저(抵) 원가혁신을 추구하는 전략행위로서 생산자나 소비자 모두에게 득이 되는 창조행위인 것이다*(학습목표 5)[17].

여기서 만약 어떤 특정 기업이 기존의 패러다임을 뛰어넘는 독보적인 기술이나 혁신적인 제품/서비스를 보유하고 있다면 제품 및 서비스의 가격은 강력한 경쟁자가 뛰어들기 전까지는 공급기업이 마음대로 설정할 수 있게 된다. 이는 생산자의 이득을 안정적으로 확보할 수 있는 여건이 되며 나아가 그 제품 및 서비스의 가치가 국내 · 외 고객들이 '사지 않으면 안 될(must buy)' 혹은 '지불의사가 있는(willing to pay)' 그런 세계 수준의 경쟁력 있는 것이라면 소비자의 이익까지 수확할 수 있게 되는 것이다. 그래서 세계 수준의 일등제품을 생산하기 위하여 관리시스템을 비롯한 문화적 노력(cultural endeavor)을 기울여야 하는 것이다. 인적자원관리의 방향도 그곳에 맞추어야 하는 것이다. 본서의 기본취지도 거기에 있는 것이다. 기술혁신 및 관리혁신과 같은 창조적 파괴를 기반으로 한 창조경영은 기업의 장기적인 생존을 보장할 뿐만 아니라 사회경제적 선(socio−economic goodness)을 달성하는 저성장시대의 실천철학이라고 하겠다. 이런 점에서 Albert Einstein이 "우리가 현재 대면하고 있는 문제들은 현재의 방식으로는 해결할 수 없다. 사고유형 자체를 바꾸는 새로운 사고방식을 배우지 않으면 안 된다"라고 언급한 것은 불확실한 미래를 준비하는 오늘날의 한국의 경영자들에게 시사하는 바가 적지 않다. 결국 '성공의 적(敵)은 성공'인 것이다.

## 6. 창조경영을 위한 인적자원관리의 맥락

그렇다면 창조경영을 위한 인적자원관리는 어떤 맥락에서 전개되어야 하는가? 이 질문

17) 삼성전자의 권오현 부회장은 2018년 9월에 발간한 저서 '초격차'(샘앤파커스)에 따르면 이 문제를 '초격차(超格差) 경영'의 개념으로 정리하고 있다. 그에 따르면 "초격차는 기술은 물론 조직, 시스템, 공정, 인재 배치, 문화에 이르기까지 모든 부문에서 그 누구도 넘볼 수 없는 '격(格 · Level)'을 높이는 것이다. 단순히 시장 파워나 상대적 순위를 의미하는 게 아니라 비교가 불가능할 정도의 기술적 우위와 끊임없는 혁신, 그리고 그에 걸맞은 구성원들의 품격을 의미한다"고 강조했다. 이를 위해서는 1위에 만족하지 않고 내부로는 끊임없이 직원들의 혁신을 독려하고 대외적으로는 2위 기업의 추격은 물론, 이종 업종 강자 기업의 시장 진입을 견제하는 양수겸장 전략을 전개해야 한다(권오현, 2018).

에 답하고자 본서에서는 우선 두 가지 맥락을 동원하였다. 첫째는 창조경영을 위한 인적자원관리의 문제를 역사적 혹은 진화적 맥락에서 조명해 보는 것이다. 둘째는 창조경영을 위한 인적자원관리의 문제를 그것이 실제 적용되는 사회적 맥락에서 조명해 보는 것이다. 첫 번째가 통시적 접근(longitudinal approach)이고 두 번째가 횡단적 접근(cross-sectional approach)이라면 이 역사적, 사회적 맥락을 바탕으로 다음 2장에서는 본서의 내용 전개를 구성하는 창조경영시대의 인적자원관리의 프레임워크를 제시하고자 한다(학습목표 6).

## 6.1 창조경영을 위한 인적자원관리의 역사적/진화적 맥락: 두 차원

본서가 주창(主唱)하는 창조경영을 위한 인적자원관리의 모습을 파악하고 그것을 구현하기 위한 역사적 혹은 진화적 맥락을 이해하기 위해서는 다음의 두 차원에 대한 이해가 전제되어야 한다.[18] 첫 번째 차원은 인적자원관리의 활동이 일선의 현장 혹은 현업레벨에서 발생하는가 아니면 전략레벨에서 발생하는가(strategic level vs operational level) 하는 것이다. 이는 인적자원관리 활동의 위치(locus of HRM)의 문제이다. 전략적 차원은 해당 기업의 인적자원관리 활동을 특정 부서나 팀보다는 전체 조직을 대상으로 최적화할 때 경쟁기업보다 많은 가치나 경쟁우위를 창출하게 된다. 반면에 현업레벨에서의 인적자원관리 활동은 근태파악과 같이 현업에서 반복적으로 매일매일 수행하는 인사관리활동을 의미한다. 결국, 전략레벨에서의 인적자원관리 활동은 보다 장기적(long term)이고, 보다 포괄적(comprehensive)이며, 보다 계획적(planned)이고, 보다 통합적(integrated)이며, 보다 부가가치(high value-added)가 높은 복잡한 활동임을 알 수 있다. 예를 들어 경쟁사를 압도하기 위한 신기술을 개발하기 위하여 어떤 전공의 어떤 경력을 지닌 연구인력을 어떤 방식으로 채용하고 보상할 것인지에 대한 전략적 의사결정활동이 이에 해당한다.

두 번째 차원은 그와 같은 인적자원관리 활동을 사전에 선제적으로 할 것인가(proactive) 아니면 상황이 발생한 이후 사후에 반응할 것인가(reactive) 하는 것이다. 가치를 창출하는 인적자원관리 활동은 경쟁기업이 취하기 전에 미리 선제적으로 진행되어야 한다. 다시 말하면 기업의 인적자원활동의 핵심기능은 기업이 시장에서의 게임의 룰(rule of the game)을 만들고 독점적 지위를 누릴 수 있도록 여건 조성을 하는 것인데 이를 경쟁기업보다 선제

18) 인적자원관리의 역사적/진화적 맥락과 관련하여 Brockbank(1999). "If HR were really strategically proactive: Present and future directions in HR's contribution to competitive advantage", *Human Resource Management*, 38(4), 337-352의 내용을 참조하였다.

**도표 1-9** 인적자원관리 활동의 여러 모습

| | 반응적/사후적(Reactive) | 선제적/사전적(Proactive) |
|---|---|---|
| 전략적 레벨 (Strategic Level) | "전략실행" (Makes strategy happen)<br>cell 3 | "전략창조" (Creates strategic alternatives)<br>cell 4 |
| 현업레벨 (Operational Level) | cell 1<br>"기본사항에 대한 실천" (Implements the basics) | cell 2<br>"기본사항에 대한 개선" (Improves the basics) |

자료원: Brockbank, Wayne (1999). "If HR were really strategically proactive: Present and future directions in HR's contribution to competitive advantage", *Human Resource Management*, 38(4), 337-352 수정인용.

적으로 할 때 가치창조가 가능한 것이다. 흔히 새로운 사업을 통하여 새로운 환경을 창조하는 기업들에게서 인적자원관리 활동을 사전에 선제적으로 수행하는 경우가 많다. 예를 들어 혁신문화를 바탕으로 경쟁기업보다 빨리 유능한 인재를 선발하여 이들로 하여금 새로운 신기술개발이나 신규사업을 집중적으로 수행하게 하는 경우나 타 기업보다는 빨리 비정규직 사원을 정규직화하는 데 앞장섬으로써 사내 화합과 안정을 미리 도모하고 또 정부시책을 앞장서서 따르고 있다는 좋은 신호를 보내는 것도 이에 해당한다. 반면에 사후에 반응을 보이는 것은 선도기업의 성공 여부를 판단한 뒤 선도기업의 뒤를 이은 인적자원관리의 'me too' 전략으로서 언제나 뒤늦은 인사전략으로 대응하는 경우이다.

이 두 차원을 결합하면 [도표 1-9]에서 보는 바와 같이 인적자원관리 활동의 네 가지 다양한 모습을 볼 수 있다. 그리고 무엇보다도 창조경영을 위한 인적자원관리의 역사적/진화적 맥락을 이해할 수 있다(Brockbank, 1999). 이하에서는 이에 대한 간략한 설명을 하고자 한다.

### 1) cell 1: 현업에서의 사후적 인적자원관리 활동(Operationally Reactive HR)

Cell 1에서의 인적자원관리의 초점은 사업전략수행을 뒷받침하는 데 있어서 반복적으로 일상적으로 필요한 인사활동 관련 기본사항을 성실하게 실천하는 데 있다. 예를 들어 직원들에게 월급을 주거나, 초과근무수당을 관리하거나, 이들의 후생복지를 관리하거나, 신입사원을 채용하거나 혹은 시급한 기술교육을 시키거나 하는 활동들이 여기에 해당한다. 이 같은 인적자원관리 활동에만 전적으로 의존하는 기업들은 영세한 중소기업이나 소수의 중견기업을 제외하고는 매우 드물다. 그것은 사실상 대부분의 기업들은 이와 같은 인적자원관리의 기본사항을 실천하고 있기 때문이다. 이러한 인적자원관리활동이 없으면 기업들은 생존하기 어렵지만 이런 활동에만 집착한다면 어떤 경쟁우위도 확보할 수 없다.

### 2) cell 2: 현업에서의 선제적 인적자원관리 활동(Operationally Proactive HR)

Cell 2에서의 인적자원관리의 초점은 인적자원관리 활동과 관련한 설계를 개선시키는 것으로서 인사부서의 생산성과 인적자원관리관행의 수준을 높이는 것이다. 즉 현업에서 어떤 문제가 발생하기에 앞서서 현재의 인사관리활동의 양(quantity)과 질(quality)적인 측면에서 의문을 던지고 미리 이에 대한 대비책을 마련하는 것이다. 예를 들어 HR과정에 대한 리엔지니어링(reengineering HR processes)을 시행하거나, 전사적 품질경영의 원칙을 인적자원관리 활동에 접목하거나 종업원들의 사기진작을 위한 사전적인 여러 노력 등이 여기에 해당된다.

1970년대와 1980년대의 치열한 글로벌 경쟁에 뒤지지 않기 위하여 기업들은 생산성과 효율성을 개선시키지 않을 수 없게 되었다. 그 결과 1980년대 말과 1990년대 초에 인적자원관리 활동의 양적 · 질적 제고를 위한 탁월한 성과들이 등장했다. 즉, 기존에 수작업이나 단순기술에 의존해 왔던 인적자원관리 활동을 정보기술을 이용한 '리엔지니어링'을 도입하게 되었고 이를 통하여 상당히 많은 양의 인사업무를 자동화할 수 있게 되었다. 이 기간 동안에 인적자원관리 활동을 보다 효율적으로 할 수 있는 기법들이 뿌리를 내렸다. 즉, 후생복지와 임금관리활동을 아웃소싱하거나 인사서비스 업무를 한 군데서 처리하는 원스톱 서비스센터 등이 등장하였다. 특히 1990년대 들어 총체적 품질관리(TQM: Total Quality Management)의 원칙을 인적자원관리 활동에 적용하여 인적자원관리업무의 정확도를 높이는 데 크게 기여하였다. 또 이 시기에는 인적자원관리 활동에 대한 내부 종업원들의 만족 정도를 평가하는 태도조사(Attitude Survey)가 여러 인사 관련 컨설팅회사의 주요 용역과제가 되기도 하였다.

### 3) cell 3: 전략적/반응적 인적자원관리 활동(Strategically Reactive HR)

Cell 3에서의 인적자원관리의 초점은 사업전략에 대한 인적자원관리 차원의 사후적 실천에 있다. 실행해야 한 분명한 사업전략(성장, 신제품개발, 신시장 진출, 사이클 타임 감축 등)이 있을 때, 어떻게 인적자원관리 활동이 이 전략들의 성공적인 실천을 뒷받침할 수 있을 것인가가 핵심인 것이다. 사업전략의 성공적인 실천을 위해서는 두 가지 차원의 인석자원관리 역할이 요구된다. 첫째는 장단기 사업전략 추진을 지원하는 역할이 그것이다. 장단기 사업전략 추진을 뒷받침함에 있어서, 인적자원관리 활동의 전략적 대응 능력의 성공 여부는 사업전략이 하위단위에서의 운영전략과 어느 정도 밀접하게 연계되어 있는가에 달려 있다. 즉, 기업의 사업전략과 현업에서의 운영전략이 균형 있게 연계되어 있다면 인적자원관리 활동의 내용과 역할은 매우 분명해진다. "몇 사람이 필요한가?", "그들을 어디서 확보할 것인가?", "그들에게 어떤 훈련을 시켜야 할 것인가?", "그들의 성과를 어떻게 측정하고 또 보상은 어떤 방식으로 할 것인가?" 두 번째는 장기적 성공에 필요한 문화적 · 기술적 역량(cultural and technical capabilities)을 개발하는 역할이 그것이다. 이는 인적자원관리 활동을 사업전략에 연계시키는 두 번째 연결통로로서, 강력하면서도 전략에 초점을 둔 기업문화를 구축하는 것과 최고의 기술지식을 지속적으로 이용하고 활용할 수 있게 하는 것이다. 즉, 사업전략을 실천하기 위한 첨단기술지식을 파악하고 개발하거나 사업전략 실행에 필요한 기업문화를 개발하는 활동들이 여기에 해당된다.

### 4) cell 4: 전략적/선제적 인적자원관리 활동(Strategically Proactive HR)

Cell 4에서의 인적자원관리의 초점은 미래의 전략대안을 창조하는 데 있다. 즉, 인적자원관리를 통하여 전략적으로 사전 대응을 효과적으로 잘하기 위해서는 '전략적 대안을 창조하는 데 있어서 인적자원관리의 역할'에 대한 재인식이 필요하다. 이 역할에 대한 재인식은 다음의 두 가지 영역에서 가능하다. 첫째 재무, 마케팅, 생산 등과 같은 다른 기능영역에 대하여 충분히 학습을 하여 이들 기능분야의 용어와 개념을 통하여 사업논의를 할 수 있게 해야 한다. 특히 타 분야에서 우연히 발견한 지식을 기존 지식체계에 연결 및 융합을 통하여 새로운 대안을 창조할 수 있도록 해야 한다. 둘째, 새로운 전략적 대안을 정의하고 창조할 수 있는 인적자원관리의 여러 이슈들의 범위를 심화 · 확대함으로써 전략적 대안을 창출해야 한다.

특히 *인적자원관리는 다음의 세 가지 방식을 통하여 전략적으로 선제적이 될 수 있다. 첫째는 창의성과 혁신을 유발하는 기업문화를 창조하는 것이다. 둘째는 폭넓게 M&A활동 전반에 관여하는 것이다.*[19] *셋째는 미래의 외부환경의 요구에 부응하는 내부역량(internal*

---

19) 흔히 M&A는 사업전략적 시너지, 재무적 시너지, 기업문화적 시너지를 기대하지만 사업전략적 시너지나 재무적 시너지는 상대적으로 쉽게 확보할 수 있지만 기업문화적 시너지를 도출하는 데 실패함으로써 M&A 자체가 실패하는 경우가 흔하다. 기업문화적 시너지를 도출하는 데 있어서 실패의 근원에는 인사제도적 통합의 실패가 있다. 양 기업의 통합에 앞서서 사전에 M&A단계별 인사제도의 통합을 위한 철저한 준비가 필요하다.

*capability)을 창조하는 것이다. 이 세 가지 방식은 한 마디로 전략적/선제적 인적자원관리가 기업의 혁신역량(innovative capability)을 제고하는 핵심적인 수단임을 의미한다.*

기업이 인적자원관리의 여러 관행들을 통하여 기업의 혁신역량을 확보할 수만 있다면 기업의 시장에서의 전략적 가치를 선제적으로 확보할 수 있다. 다시 말하면 기업의 인적자원관리가 혁신역량을 강화하면 경쟁사에 앞서서 새로운 제품과 서비스를 시장에 진출시킬 수 있다. 그 결과 기업은 단기에 독점적 시장위치를 구가(謳歌)하여 시장진입 초반에 수익을 조기에 수확할 수 있다. 또 기업의 혁신역량은 새롭거나 개선된 제품과 서비스를 제공하고, 비용을 절감하게 하고, 품질을 향상시키며, 신규 사업에 착수하게 하고 또 기존 시장 혹은 잠재시장에서 기존 제품의 새로운 응용을 발견하게 한다. 이런 활동에 있어서 인적자원관리가 중요한 역할을 할 때 인적자원관리는 경쟁기업이 만드는 시장의 지배적인 규칙이나 룰에 종속되기보다는 오히려 경쟁자가 반드시 대응해야만 하는 시장의 동요(market turbulence)를 창출할 수 있는 기업의 능력을 증대시킨다. 물론 인적자원관리의 어떤 관행으로도 반드시 개인이나 집단의 창조성을 유발시킬 수 있다고 장담할 수 없다. 또 혁신도 모든 조건이 정확하게 구비되어 있어도 발생하지 않을 수 있다. 반대로 기대하지 않았던 우연한 혁신(serendipitous innovation)이 발생할 수도 있다. 다만 인적자원관리는 창조경영에 필요한 파괴적 혁신을 유발하는 기업의 확률을 증대시킬 수 있는 것이다(Robinson & Stern, 1997; Drucker, 1985).

앞서 살펴본 [도표 1-9]의 인적자원관리의 여러 모습은 인적자원관리 활동을 바라보는 기존 전제이기도 하지만 cell 1에서 cell 4로 진화할수록 보다 경쟁우위가 생기고 전략적 가치가 창출됨을 알 수 있다(Brockbank, 1999). 다시 말하면 경쟁우위는 경쟁기업보다 더 좋은 제품과 서비스 그리고 수익을 만들어 낼 수 있는 역량을 갖는 것인데, *인적자원관리 활동의 위치가 현업레벨보다 전략적 레벨에서 발생할수록, 또 HRM활동을 반응적/사후적으로 수행하는 것보다 선제적/사전적으로 수행할수록 기업에 경쟁우위를 제공하고 전략적 가치를 창출할 수 있는 기반이 되는 것이다.* 인적자원관리가 이와 같은 역사적/진화적 경로를 따라갈 때 기업의 경쟁우위는 보다 강화될 것이다. 이렇듯 본서가 지향하는 창조경영을 위한 인적자원관리의 모습은 cell 4의 '전략적/선제적 인적자원관리 활동'이다. cell 4의 관점이야말로 창조경영을 기본적으로 구현할 수 있다.

## 6.2 창조경영을 위한 인적자원관리의 사회적 맥락

앞서 인적자원관리를 통시적으로(longitudinally) '전략적/선제적' 활동의 관점으로 인식하고 전제할 때 창조경영을 근원적으로 구현할 수 있다고 하였다. 동시에 창조경영을 위한 인적자원관리의 문제는 기본적으로 개인의 창의성이 유발되는 사회적 맥락구조에서 이해되어야 할 문제이기도 하다. 하버드 경영대학의 Amabile(1997) 교수에 따르면 개인(또는 팀)의 창의성을 통하여 기업의 혁신이 발생한다(Creativity Feeds Innovation!)고 주장하면서 개인(또는 팀)의 창의성을 유도하기 위한 조건과 개인(또는 팀)에 영향을 미치는 과업환경의 조건을 [도표 1-10]과 같이 제시하였다.

Amabile 교수에 따르면 개인 또는 팀의 창의성을 유발하기 위해서는 다음의 세 가지 구성요소가 필요하다고 하였다. 첫째, 지식, 기술전문성, 특별한 재능과 같은 직무수행에 필요한 전문성(Expertise)이 있어야 하며, 둘째, 해당 과업에 대한 동기부여(Task Motivation)[20]가 있어야 하며, 셋째, 문제를 창의적으로 해결할 수 있는 창조적 사고(Creative Thinking)와

**도표 1-10** 창의성 유발을 위한 과업환경의 영향력

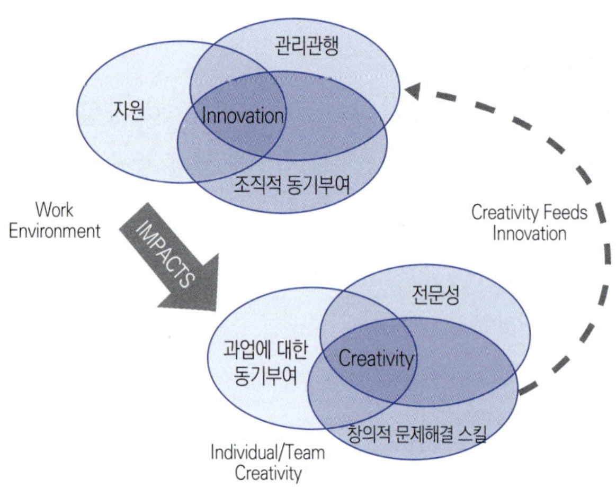


자료원: Amabile, T. M.(1997). "Motivating creativity in organizations: On doing what you love and loving what you do", *California Management Review*, 40(1), 39-58.

20) 과업에 대한 동기부여(Task Motivation)은 몰입, 호기심, 도전감처럼 일 자체(work itself)를 통해서 느끼는 내재적 동기부여(Intrinsic Motivation)와 보상이나 납기 완수 혹은 경쟁에서의 승리에서처럼 일 과업 외부의 목표달성에서 느끼는 외재적 동기부여(Extrinsic Motivation)로 구성되어 있다. 동일한 과업을 수행함에 있어서 내·외재적 동기부여가 공존할 수 있으며, 연구에 따르면 내재적 동기부여가 외재적 동기부여보다 창의성 발현에는 더 유효하다고 한다(Amabile, 1997).

같은 창의적 문제해결 스킬(Creativity Skills)을 지니고 있어야 한다고 하였다.

또한 개인 또는 팀 차원에서 발현된 창의성이 조직 전체 수준의 혁신으로 승화되기 위해서는 과업수행 환경이 창조성을 싹 틔울 수 있는 여건으로 구성되어야 한다고 지적하고 있다. 그러한 과업수행 환경으로서 첫째, 조직 전반에 걸쳐서 구성원의 창의성과 혁신에 대한 지원(조직의 혁신성향)을 의미하는 조직적 동기부여(Organizational Motivation)가 그것이다. 둘째, 혁신활동에 요구되는 자원(Resources)이다. 이 자원에는 다양한 인재와 같은 인적자원이나 현금, 시설 장비 및 정보 각종, 시스템과 같은 물적 자원을 포함한다. 셋째, 혁신을 위하여 조직 전체, 혹은 개별 팀이나 프로젝트 단위에서 요구되는 상당한 수준의 자유도(degree of freedom)나 자율, 구성원 간 원활한 의사소통과 같은 혁신을 위한 관리관행(Management Practices)이 해당된다.

*특히 본서(書)에서 특별히 주목하는 것은 혁신유발을 위한 관리관행으로서의 인적자원관리 시스템이다. 창의적이고 유능한 인재를 선발하고 육성하여 적절히 평가 · 보상함으로써 조직구성원이 창의적인 행동과 사고를 하고 또 이들의 개인적인 창의성이 집단 및 조직 전체의 창의성으로 확산하게 함으로써 신기술, 신제품, 신시장을 개척할 수 있도록 유도하는 관리관행으로서의 인적자원관리 시스템 개발이 그 어느 때보다 절실하다고 하겠다.*

이렇게 보면 개인(혹은 팀)의 창의성을 유발하는 데 있어서 그 개인이나 팀을 둘러싸고 있는 사회적 맥락으로서의 과업환경이 얼마나 조직의 다양한 혁신을 뒷받침하는가가 창조경영의 실행에 절대적이라고 하겠다. 이 같은 관점에서 보면 *본서에서 다루고 있는 인적자원관리의 요체는 창의적 역량과 재능 및 기술이 있는 다양하고 이질적인 인적자원이 실패나 모험을 두려워하지 않고 자율적으로 혁신활동에 참여할 수 있도록 전사적으로 각종 지원을 아끼지 않는 제도적 노력인 것이다.*

본서는 기본적으로 이와 같은 제도적 노력을 실체적으로 구현하기 위하여 준비되었다. 즉, 기업이 급변하는 환경변화에 능동적으로 적응하는 데 필수적인 i) 인적자원을 계획하고, ii) 선발 및 채용활동을 하며, iii) 이들을 체계적으로 육성 개발하고, iv) 이들의 업적과 역량을 평가하고, v) 보상하는 인적자원관리 시스템을 제공하고자 한다. 이러한 인적자원관리 시스템의 뒷받침이 있을 때 창조경영은 습관적인 창조적 파괴를 유도함으로써 전략적으로 그리고 사전적으로 새로운 환경을 창조하게 하며(Weick, 1979), 종국적으로는 지속가능한 경쟁우위를 확보하는 강력한 수단이 되는 것이다.

## 단원 이해를 위한 질문

Q1 창조경영이 무엇이며 왜 중요한지를 설명해 보라.

Q2 창조경영의 원리를 기업의 생존부등식으로 설명해 보라? 또 창조경영은 왜 사회적 선(善)을 지향한다고 생각하는가?

Q3 아래 그림을 보고 왜 이런 현상이 발생하는지 '기업의 생존부등식'으로 설명해 보라

(사진 설명) 브라질 최대도시 상파울루의 한 쇼핑몰에서 사람들이 삼성전자 TV를 사기 위해 몰려들고 있다. 미국 추수감사절(11월 넷째 주 목요일) 다음날인 금요일에 맞춰 유통업체가 재고를 싸게 내놓는 최대 세일 이벤트 '블랙 프라이데이 할인'을 노린 것이다. 요즘엔 미국뿐만 아니라 세계 각지에서 '블랙 프라이데이' 행사가 열린다. 이날 브라질에서는 권장소비자 가격이 3,500달러(약 395만 원)인 삼성 TV 75인CL 모델이 절반에 가까운 2,000달러(약 225만 원)에 판매되었다(조선일보, 2018.11.24.).

Q4 창조경영의 의미를 기술포트폴리오로 설명해 보라.

Q5 창조경영을 위한 인적자원관리의 모습을 역사적/진화적 차원에서 설명해 보라.

Q6 창조경영을 위한 과업환경의 조건을 설명해 보라. 이때 관리관행으로서 인적자원관리의 특성은 어떠해야 하나?

Q7 다음 도표를 보고 답해 보라.

| 외부환경의 전략적 불확실성 | | | | |
|---|---|---|---|---|
| | High | A | B | C |
| | Medium | D | E | F |
| | Low | G | H | I |
| | | Low | Medium | High |
| | | 내부자원의 압력 | | |

q7-1 대부분의 한국 기업들의 위치와 지향해야 할 cell은?

q7-2 cell G와 cell C에 속한 기업들 간에 필요한 혁신의 속성을 비교해 보라

## 참고문헌


- 김남국(2009). "기업경계 허무는 4세대 R&D, 개방형혁신", 동아비지니스리뷰, 45호, 2, 17-22.
- 김상수 · 전상길 · 강견현 · 최은지(2008). 창조경영의 원리와 추진전략, K-books.
- 김은정(2014). "인재부족국가 쏟아져 나오는 시대 … 확실한 전략 갖고 '글로벌 재목' 선점을", 동아비지니스리뷰, 148호, 1, 84-91.
- 김인수(2001). 세계가 두려워할 미래의 한국기업 어떻게 만들 것인가, 삼성경제연구소.
- 서울경제. "미래 교통혁명 종결자 PAV", 2011.8.19.
- 연합뉴스. "기업집단 절반 만성 재정난 … 연결부채비율 200% 상회", 2015.7.19.
- 연합뉴스. "중국샤오미, 국내소형가전 시장서 돌풍", 2015.7.21.
- 윤석철(1991). 프린시피아 메니지멘타, 경문사.
- 이철원(2009). "기술로드맵 작성, 전부서 참여하라", 동아비지니스리뷰, 45호, 2, 34-38.
- 조선일보. "미래 먹거리 120개 중 한국 1등이 없다", 2015.5.3.
- 중앙SUNDAY. "국내 상륙한 '대륙의 실수' … '실력'으로 국산 가전 위협", 2015.7.19.
- 중앙일보. "한컴, 죽다 살아났죠 … 매년 '기록' 쓰고 있습니다", 2015.6.2.
- Amabile, T. M.(1997). "Motivating creativity in organizations: On doing what you love and loving what you do", *California Management Review*, 40, 39-58.
- Andriopoulos, C., & Lewis, M. W.(2009). "Exploitation-exploration tensions and organizational ambidexterity: Managing paradoxes of innovation", *Organization Science*, 20(4), 696- 717.
- Brockbank, Wayne(1999). "If HR were really strategically proactive: Present and future directions in HR's contribution to competitive advantage", *Human Resource Management*, 38(4), 337-352.
- Chesbrough, H.(2003). *Open innovation: The new imperative for creating and profiting from technology*. Boston, MA: Harvard Business School Press.
- Drucker, P.(1985). *Innovation and entrepreneurship: Practice and principles*. New York: Harper Collins
- Foster, R., & Kaplan, S.(2001). *Creative Destruction*. McKinsey & Company.
- http://blog.naver.com/kbsgoodinsight/220641820628
- http://gnetizen.dreamwiz.com/netizen/netizen_content.php?gid=184628&page=1
- http://www.imf.org
- http://www.nikei.kr
- http://www.weforum.org
- Lawrence, P. R., & Dyer, D.(1983). *Renewing American Industry: Organizing for Efficiency and Innovation*. New York: The Free Press

- O'Reilly III. C. A., & Tushman, M. L.(2004). "The ambidextrous organization", *Harvard Business Review*, 82(4), 74–83.
- Poot, T., Faems, D., & Vanhaverbke, W.(2009). "Toward a Dynamic Perspective on Open Innovation: A Longitudinal Assessment of the Adoption of Internal and External Innovation Strategies in the Netherlands", *International Journal of Innovation Management*, 13(2), 177–200.
- Porter, M. E., & Kramer, M. R.(2011). "Creating Shared Value: How to Reinvent capitalism and unleash a wave of innovation and growth", *Harvard Business Review*, 89, 62–77.
- Robinson, A., & Stern, S.(1997). *Corporate Creativity*. San Francisco: Berrett–Koehler.
- Schumpeter, J. A.(1934). *The Theory of Economic Development*. Cambridge, MA: Harvard University Press.
- The Global Competitiveness Report 2014–2015.
- Weekly Biz, 2012.6.15.
- Weick, K.(1979). *The Social Psychology of Organizaing*(2nd Ed.), Random House.

# 사람이 위안이다

박재화

살다 보면 사람에 무너지는 날 있다.

사람에 다치는 날 있다.

그런 날엔 혼자서 산에 오른다.

오르다 보면 작은 새무리 언덕을 넘나든다.

그 서슬에 들찔레 흔들리고

개미떼 숨죽이는 것 보인다.

그림자 없이 내려오는 숲속

순한 짐승들 어깨 비비는 소리 가득하여

사람에 무너지는 날에도 사람은 그립고

사람에 다치는 날에도

사람은 위안이다.

# 제 2 장
# 창조경영을 위한 인적자원관리의 개관

## 깨달음의 명언

- "비싼 진주가 없어져서, 이것을 찾기 위해 별다른 값어치도 없는 촛불이 사용된다." - 탈무드 -
- "인간의 가능성은 무한하다. 그러나 이것과 모순되는 듯이 보이지만 인간의 불가능성 역시 무한하다. 이 둘 사이 할 수 있는 무한과 할 수 없는 무한 사이에 인간의 삶이 있다." - 게오르그 짐멜[1] -

## 학습목표

1. 인적자원관리의 전략적 중요성을 학습한다.
2. 복수의 이해관계자 집단을 만족시키는 인적자원관리 시스템의 의미를 학습한다.
3. 경쟁우위 확보를 위한 VRIO모형에 대한 이해를 한다.
4. 인적자원가치 연쇄(HR Value Chain)의 개념을 이해한다.
5. 창조경영시대 인적자원관리를 위한 본서(書)의 프레임워크를 익힌다.

---

1) 게오르크 짐멜(Georg Simmel, 1858년 3월 1일~1918년 9월 28일)은 독일 출신의 사회학자이다. 1858년 베를린에서 기독교로 개종한 부유한 유대인 상인의 아들로 태어나 1918년 슈트라스부르크에서 사망했다. 베를린대학에서 역사와 철학을 공부했으며 〈칸트의 물리적 단자론에서 본 물질의 본성〉이라는 논문으로 박사학위를 받았다(네이버 지식백과). 그는 사회를 개인을 초월하여 실재하는 실체 개념으로 파악하는 것에 반대하고, 사회를 각각 분야의 기능적인 상호작용으로 파악하였다. 그에게 있어서 실재하는 것은 통일체로서의 사회가 아니라 개개 인간의 상호작용일 뿐이며 따라서 사회학의 대상도 개인 간의 '심적인 상호작용'에 두었고, 심리학적 측면을 중시하였다.

## 도입사례 2 맥킨지 보고서…혁신은 신사업 진입보다 일하는 방식에 있다.

유럽 화학업체의 영업부서 매니저인 리사는 출근길에 스마트폰으로 한 자동차업체 구매담당부서의 주문을 확인한다. 즉시 스마트폰에서 해당 제품의 재고 상황, 출하 옵션, 가격 등을 포함한 상세한 견적을 뽑아내고, 다른 추천 제품 및 서비스와 함께 고객에게 전송한다. 전자결제 서비스 페이팔을 통해 고객으로부터 계약금을 받고 내부 공급망 관리(SCM) 부서에 제품을 발주한다. 중국 가전업체 하이얼은 전체 조직을 2000개의 소규모 조직으로 나눠 '지주징잉티(自主經營 · 자주 경영체)'라는 명칭을 붙였다. 각 조직은 제품 기획부터 연구 · 개발, 제조, 마케팅, 사후 관리까지 모든 과정을 고객들과 소통하며 운영한다. 또한 고객 요구에 맞춰 조직을 없앴다가 다시 만들기를 반복하고 구성원들은 본인 능력과 적성에 따라 합류와 탈퇴를 지속한다. 고객 요구에 신속히 대응하게 된 하이얼은 지난 10년간 영업이익이 평균 30%씩 증가했다. 일본의 한 중장비 제조업체는 사업계획 수립과정을 확 뜯어고쳤다. 최고경영자(CEO)가 제로베이스에서 객관적인 데이터를 토대로 다른 경쟁업체와 비교해 잠재적인 최대 성과를 목표로 제시하면 각 사업부가 필요한 지원을 제출하게 했다. 이 과정에서 무려 700개의 개선 과제, 총 5000억 원에 가까운 새로운 영업이익 상승 기회를 찾아냈다. 매년 10%의 영업이익 성장을 목표로 잡았던 이 회사는 지난해 100% 가까운 성장 목표를 달성했다.

자료원: 조선경제, 2019.2.11.

### | 이 장을 시작하며 |

앞서 도입사례의 세 기업은 수 십년째 같은 업종에서 사업을 한다. 하지만 직원들은 더 이상 같은 회사라고 생각하지 않는다. 일하는 방식과 비즈니스 모델이 완전히 달라졌기 때문이다. 지금까지 기업 혁신(transformation)은 어떤 신사업에 성공적으로 진입하느냐, 즉 무엇을 하느냐(where to play)에 집중돼 있었다. 하지만 최근 글로벌 선도 기업들은 경영방식을 바꿔 혁신하고 있다. 같은 사업이라도 어떻게 새롭고 효율적으로 하느냐(how to play)에 따라 기업의 성패가 결정되는 시기가 온 것이다. 디지털화(digitalization), 애자일(agile) 조직으로의 전환, 창조경영 구현 등은 사람에 대한 기업의 태도와 자세를 구조화하는 인적자원관리 시스템에 기반하고 있다.

뿐만 아니라 최근 행동주의 투자자(activist investor)[2]와 같은 기업을 둘러싼 여러 이해관계자들 간의 복잡다단한 이해와 갈등을 창조적으로 해결하고 승화하여 관련 이해당사자들을 가급적 모두 만족시키는 것은 고도의 창의성이 요구되는 이슈이다. 창조경영시대의 인적자원관리 시스템은 앞서 1장에서도 논의된 바와 같이 조직구성원들의 창의성이 자유롭게 발현되고 그 결과 조직 내 혁신성향이 내재화되어 사전에 선제적으로, 전략적으로 설계되어야 할 기업조직의 혁신역량 가운데 하나이어야 한다. 본 장에서는 기업 내 이 같은 창조경영을 구현함에 있어서 필수적으로 요구되는 인적자원관리 시스템을 설계함에 있어서 반드시 알아야 할 이론적 토대에 관한 종합적이고 통합적인 논의를 하고자 한다.

## 1. 인적자원관리의 전략적 중요성

인적자원관리가 왜 중요한가? 우리가 잘 알고 있는 세계 최고의 기업 Google의 창업자인 Larry Page와 Sergey Brin은 사람을 대하고 다루는 철학이 남달랐다. 이들은 기본적으로 조직의 목표와의 조화 속에서 구성원들을 '의식적으로 관리해야 할' 자산(assets)으로 간주한다. 따라서 탁월한 재능을 가진 인재들을 확보하고 유지하며 이들이 최고조의 성과를 낼 수 있도록 다양한 모습으로 자극하는 것은 어쩌면 당연한 일인지도 모른다. 왜냐하면 한 기업

2) 일반적으로 대량 주식매수를 통해 특정 기업의 주요 주주로 등재한 후 경영에 적극적으로 관여함으로써 기업 및 보유주식 가치의 상승을 추구하는 투자방식을 '주주행동주의'라고 한다. 이러한 기법을 활용하는 투자자를 '행동주의 투자자'(Activist Investor)라 한다(KB금융지주 경영연구소, 2015).

의 성공에 영향을 미치는 요인들은 많이 있지만 한 가지 분명한 사실은 인적자원관리를 효과적으로 수행하지 않고서는 어떠한 기업도 그 성공에 이를 수 없기 때문이다. 다음에서는 인적자원관리가 중요한 이유를 살펴보고자 한다(Werner et al., 2012).

## 1.1 복수의 이해관계자를 만족시킬 필요

오늘날 한 기업의 성공 여부는 다양한 이해관계자들이 그 기업을 어떻게 평가하느냐에 달려 있다. 즉, 기업이 인적자원을 효과적으로 관리하여 다양한 이해관계자들을 만족시킬 수 있다면 그 기업의 성공은 보장될 수 있는 것이다. [도표 2-1]에서 보는 바와 같이 이러한 이해관계자 집단으로는 첫째, 많은 투자수익금, 좋은 기업의 평판, 장기적 생존을 우선적으로 생각하는 기업의 소유자 및 투자자, 둘째, 좋은 품질, 빠른 속도, 저가격, 창조적인 서비스와 디자인, 그리고 편리함을 요구하는 고객, 셋째, 법적 준수, 사회적 책임, 높은 윤리적 관행을 기대하는 사회, 넷째, 신뢰성, 신의, 협조적인 문제해결을 요구하는 공급자 및 노조와 같은 타 조직, 끝으로 만족스런 임금과 후생복지, 높은 수준의 근로생활의 질, 장기고용

**도표 2-1** 기업의 다양한 이해관계자집단과 관심사항

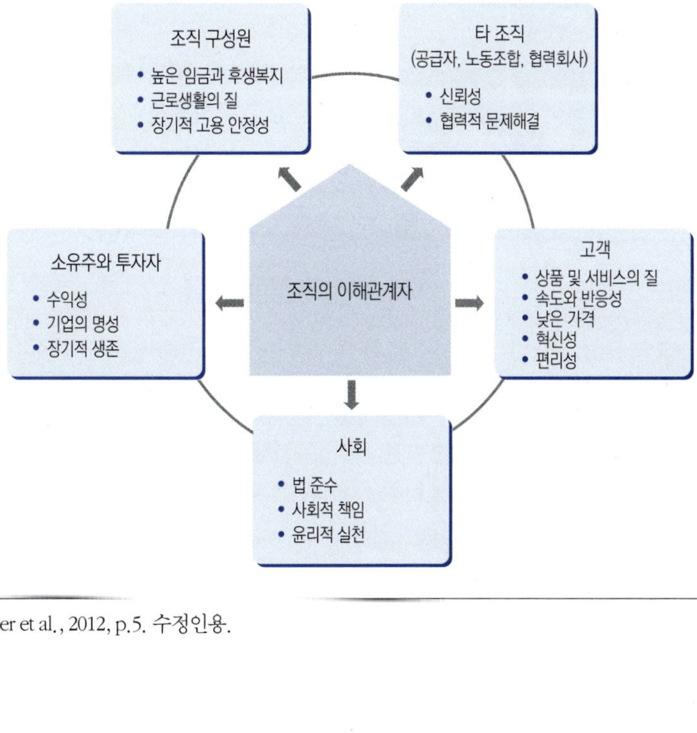


자료원: Werner et al., 2012, p.5. 수정인용.

을 요구하는 조직구성원이 있다.

만약 기업이 성공하게 되면 이들 이해관계자들은 이득을 보게 되지만 실패하게 될 경우 이들은 여러 형태의 손실을 입게 된다. 역으로 이들 이해관계자들이 만족할 경우, 기업이 성공할 수 있는 가능성 또한 높아진다. 따라서 일부의 이해관계자 집단이 기업조직과의 상호호혜적인 관계를 파기한다면 기업은 다양한 형태의 손실이나 충격을 피할 수가 없게 된다. 한편, 어떤 기업이라도 특정 이해관계자 집단이 다른 이해관계자 집단보다도 중요한 경우가 있다. 가장 중요한 이해관계자 집단(일차적 이해관계자)은 기업의 생존을 보장하는 데 있어서 직접적으로 영향을 미치는 집단으로서 기업은 이들 집단의 관심사항에 우선적인 경영상의 주의를 기울여야 한다.

예를 들어 대학교의 경우 가장 중요한 이해관계자는 대학원생을 포함한 학부학생들이다. 이들이 학업을 하는 과정에서 불만이 생기고 그 불만이 제도적으로 해결이 안 된다면 대학은 어느 순간 위기에 봉착하게 된다. 다음으로 중요한 이해관계자 집단은 이 학생들이 역량과 인성을 포함한 종합적인 경쟁력을 갖추도록 교육하는 교수들이다. 그 다음은 교수들의 이런 기능을 원활히 할 수 있도록 지원하고 협력하는 행정직원들이다. 결국 대학은 우

**현장올레길 2-1** 미국식 주주 자본주의 시대의 종언

미국식 '주주 자본주의'의 종언을 알리는 신호일까? 이름만 대면 세계 어디서도 알 법한 미국의 쟁쟁한 대기업 최고경영자(CEO)들이 기업의 목적은 더 이상 주주 이윤 극대화가 아니라고 선언했다. 자유주의 경제 이론의 태두 밀턴 프리드먼이 1970년 "기업의 사회적 책임은 이익을 올리는 것"이라고 주장한 이후 지난 50년 동안 영미식 기업 경영의 철칙으로 여겨져 온 가치를, 그 첨병인 CEO들이 앞장서 부인한 것이다.

미국 주요 기업 CEO들의 모임인 '비즈니스라운드테이블(BRT)'은 19일(현지 시각) "고객에 대한 가치 제공, 종업원에 대한 투자, 협력업체와 공정하고 윤리적인 거래, 지역사회에 대한 지원, 장기적인 주주 가치 창출 모두가 기업의 필수적인 목적"이라고 선언했다. 1997년 이후 22년 동안 '기업은 주주에게 봉사하기 위해 존재한다'고 밝혀온 BRT가 종업원 등 다른 이해관계자들을 주주와 나란히 언급한 것이다. 이날 성명에는 제이미 다이먼 JP모건 CEO를 비롯해 아마존의 제프 베이조스, 애플의 팀 쿡, 제너럴 모터스(GM)의 메리 바라 등 회원 188명 중 181명이 서명했다.

자료원: 조선일보, 2019.8.21.

수한 인재를 양성하기 위하여 교수집단과 행정직원들이 어떻게 협력구조를 만들어 나가는가에 따라 그 수준이 결정되는 것이다. 뿐만 아니라 이들 이해관계자에 대한 중요도의 순서가 바뀌면 대학은 끊임없는 혼란과 갈등이 야기되고 급기야는 경쟁력 없는 대학으로 평가되어 학생들로부터 외면받는 것은 당연한 수순이다.

결국 어떤 기업의 성공이란 이들 일차적 이해관계자의 이익을 기업이 어느 정도 충족시켜 주었는지에 달려 있는 것이다. 따라서 인적자원관리를 효과적으로 수행하는 기업들은 고객들에게 좋은 제품과 서비스를 제공하고, 소유주와 주주의 투자에 대한 수익을 창출하며, 사회에 대한 다양한 책임을 짐으로써 사회에 기여하며, 종업원의 다양한 욕구를 충족시켜 준다. 이상과 같은 인식은 [현장올레길 2-1]에서 보는 바와 같이 그동안 신봉하여 왔던 '미국식 주주 자본주의'에 대한 반성에서도 알 수 있다. 따라서 인적자원에 대한 효과적 관리를 통하여 다양한 이해관계자들과의 상호호혜적 관계를 형성하기 위해서는 우선적으로 경영자들은 각 이해관계자 집단의 관심사항을 반드시 이해하여야 할 것이다.

### 1) 소유주와 투자자

대부분의 소유주(owner)와 투자자들은 나중에 현금배당이나 주식을 받을 재무적 목적으로 그들의 돈(자본)을 이익을 낼 만한 기업에 우선적으로 투자하고 또 그 기업이 성장하기를 기대한다. 한국 기업의 경우, 투자에 대한 반대급부로서, 배당성향이 세계 수준에 비하면 턱없이 낮아(현장올레길 2-2 참조), 투자자들의 불만을 낳고 있으며 이들을 만족시킬 상황과 필요성이 제기되고 있는 실정이다. 또 투자대상기업들을 선정하는 기관투자자들의 경우도 해당기업이 보유하고 있는 유·무형의 자산에 대한 평가가 갈수록 복잡하기 때문에 더더욱 신중한 판단이 필요해지고 있다.

특히 기업의 가치를 결정하기 위해서 투자자들은 유형자산(visible assets)의 측정에 신경을 쓴다. 이때 유형자산은 재고물품, 장비, 부동산, 재무적 자산과 같은 자산으로서 상대적으로 측정하기 쉽다. 반면에 무형자산(invisible assets)은 종업원의 역량, 충성심의 깊이, 혁신 및 변화의 능력 등 그 근본속성이 비교적 '사회적'(social)인 자산들이기 때문에 유형자산과는 달리 매우 측정하기가 곤란하다. 그것은 무형자산의 경우 복잡한 인과관계를 통하여 기업의 수익성에 영향을 미치기 때문이다.

예를 들어 어느 기업이 종업원들을 인간적으로 잘 대해줘서 이들이 지니고 있는 역량과 조직에 대한 충성심을 열정적으로 발휘하게 되었다고 하자. 그래서 이 회사의 결근율과 이직률은 떨어지게 되고 나아가서 전체적인 인건비 또한 줄어들게 되었다고 하자. 또한 그 결

**현장올레길 2-2** 국내 한국, 배당성향 세계 '꼴찌' 수준

연말 배당 시즌을 앞두고 배당주에 대한 관심이 커지고 있지만 한국 기업의 배당성향은 세계 꼴찌 수준을 벗어나지 못하고 있다. 13일 블룸버그 집계에 따르면 올해 9월 말 기준 한국 기업들의 배당성향은 평균 17.456%로, 집계 대상 51개국(유로존 포함) 가운데 50위를 기록했다. 한국보다 배당성향이 낮은 나라는 아일랜드(14.618%)뿐이다. 배당성향은 당기순이익 가운데 현금으로 지급된 배당금 총액의 비율을 말한다. 기업이 벌어들인 이익 가운데 주주에게 배당으로 돌아간 금액이 얼마나 되는지 나타내는 지표다.

1주당 배당금을 주가로 나눈 배당수익률을 비교해도 한국은 최하위권이었다. 올해 3분기 말 기준 한국 기업의 배당수익률은 1.304%로 51개국 가운데 3번째로 낮았다. 한국의 배당수익률은 아르헨티나(0.929%), 아일랜드(0.802%)에만 앞섰다. 배당성향 면에서 체코(73.363%)가 유일하게 70%를 넘어 1위를 차지했다. 호주(69.930%), 핀란드(67.600%), 뉴질랜드(66.024%), 포르투갈(61.468%), 영국(61.322%)이 2~6위에 올랐다. 네덜란드(60.468%)와 스페인(56.256%), 이탈리아(52.555%), 프랑스(49.078%) 등 유럽 국가들의 배당성향도 높은 편이었다. 아시아에서는 말레이시아(49.867%), 대만(49.084%), 싱가포르(49.032%), 인도네시아(38.823%), 홍콩(37.490%)의 배당성향이 30%를 넘었다. 시가총액 1위인 미국 증시에서 상장사들의 배당성향은 35.572%였다. 이웃나라인 중국(30.699%), 일본(27.596%)의 배당성향 역시 한국보다 높았다.

자료원: 연합뉴스, 2015.10.13.

과 최종적으로 기업의 재무성과도 크게 개선되었다고 하자. 이 경우 기업의 역량 있고 충성스런 종업원들이 원인이 되어 이 같은 복잡한 인과관계를 통하여 기업의 재무성과에 기여한 셈이다. 다시 말해 원인과 결과에 대한 긴 연쇄고리는 유능한 인재를 선발하고 선발된 인재들을 인격적으로 대해주어 '열정'과 '주도성'을 이끌 수 있었던 전반적인 인적자원관리 시스템에서 비롯된 것임을 알 수 있다.

대표적으로 컨설팅이나 광고회사 같은 회사들의 경우도 무형의 인적자산 말고는 제시할 것이 없다. 그런 회사에 투자한다는 것은 최고의 유능한 직원들이 계속적으로 그 회사에서 그리고 그 회사를 위해서 일할 것이라는 기대를 하고 투자하는 것이다. Welbourn과 Andrew(1996)는 기업이 상장할 때 최초 공모가를 결정하는 영향요인을 연구하는 과정에서 우수 인적자원을 확보하고 유지하고 개발시키는 등 인적자원관리의 이슈에 주력한 기업들이 투자자들로부터 호의적인 반응을 얻고 최초의 공모가도 높게 나타나고 있음을 실증적으로 보이고 있다.

인적자원의 중요성이 이렇게 분명함에도 불구하고 인적자원이 지니고 있는 무형성의 가치에 대한 평가는 사실상 어렵기 때문에 회계사들은 인적자원에 대한 화폐적 가치를 평가

**이론올레길 2-1** 인적자원가치 측정표(HR Metrics)

| 지 표 | 계산식 | 의 미 |
|---|---|---|
| 인적자본 수익성지표(HCRF) | $\frac{수익}{FTE^{*}}$ | 종업원 단위당 생산성 |
| 인적자본 경제적 부가가치표(HEVA) | $\frac{EVA^{**}}{FTE}$ | 종업원 단위당 실제 기업이익 |
| 인적자본 비용지표(HCCF) | 급여+복리후생비+임시직 급여액+결근지불임금+ 이직으로 인한 추가발행비용 | 인적자원에 대한 투자금액 |
| 인적자본 부가가치표(HCVE) | $\frac{수익-\{비용-(급여+복리후생비)\}}{FTE}$ | 종업원 단위당 부가가치 |
| 인적자본 투자수익률지표(HCROI) | $\frac{수익-\{비용-(급여+복리후생비)\}}{급여+복리후생비}$ | 투자금액 단위당 부가가치 |
| 인적자본 시장가치지표(HCMV) | $\frac{시장가치-장부가치}{FTE}$ | 종업원 단위당 지적 자산 크기 |

* FTE(Full-Time Equivalents): 전일(Full-Time)근로자수+시간제(Part-time)근로자를 전일 근로자로 환산한 수

** EVA(경제적 부가가치): 세후순영업이익-가중평균자본비용=(ROIC-WACC)×투자자본

자료원: Jac Fitz-Enz(2009). *The ROI of Human Capital: Measuring the Economic Value of Employee Performance*(2nd Ed.), Amacom.

하는 데 대단히 어려움을 겪고 있다. 또 경제연구소나 증권회사의 기업분석가들도 무형의 인적자원이 기업의 재무성과에 영향을 줄 수 있기 때문에 이들이 어떻게 관리되는지 관심을 갖지 않을 수 없게 된다. 그 외에도 여러 학자들이 수준 높은 인적자원관리제도나 방침을 지니고 있는 기업일수록 회사의 수익성, 1인당 평균매출액, 1인당 시장가치, 한 주당 순이익(EPS: Earnings Per Share)이 높다는 연구결과를 보여주고 있다(Messersmith and Guthrie, 2010; Becker, Huselid and Ulrich, 2001).

한편, 1990년대 중반 Saratoga Institute는 1,000여 개의 고(高)성과 기업을 대상으로 추출한 인적자원 관련 지표를 발표하였다(이론올레길 2-1 참조). 이들 지표들은 모두 재무성과와 관련이 높은 지표들로서, 본 지표들의 특징은 기업가치를 높일 수 있는 전사 재무적 지표를 인적자원가치 측정지표에 반영함으로써 인적자원의 가치를 측정하는 궁극적인 목적

을 보다 명확히 하고 있다는 점이다(전상길, 2011).[3)]

### 2) 고 객

기업이 고객을 다루기가 더욱 까다로워졌다. 기업이 직면한 가장 큰 난제는 고객의 희소성이다. 판매자는 지나치게 많고 소비자는 너무 적은 것이 현실이다. 따라서 국내 · 외를 불문하고 치열하게 시장경쟁을 하는 기업치고 고객만족에 신경을 쓰지 않는 기업은 없다. 예를 들어 신제품을 개발하고, 원가를 감소시키고, 제품 및 서비스의 품질을 개선하는 것은 모두 고객들을 만족시키기 위함이다. 그런데 중요한 사실은 이 가운데 어디에 주력하든 그것의 성공 여부는 종업원들에 대한 관리방식에 달려 있다는 사실이다. 실제로 200여 명의 미국 기업의 최고재무전문가(CFO: Chief Financial Officers)를 대상으로 한 연구에 따르면 92%의 CFO들이 종업원들을 효과적으로 관리하는 것이 고객만족 개선에 중요한 영향요인임을 실증적으로 보여주었다(Mayer, Ehrhart and Schneider, 2009).

높은 품질에 대한 고객의 요구를 충족시키기 위하여 Google이나 FedEx와 같은 존경받는 기업들은 전 종업원들을 의사결정에 참여시키고 종업원 개개인의 성장과 조직의 성장을 지원한다. 이들 기업들은 인적자원에 대한 관심과 투자가 고객만족을 유도하고 충성스런 고객을 확보하여 기업의 수익을 제고한다는 선(善) 순환을 믿고 있다. 실제로 종업원들 서로 간에 화합하고 원만하게 잘 지내며 이직을 하지 않으려 할 만큼 회사 분위기가 대단히 긍정적인 기업의 경우, 이들의 고객들은 보다 만족하고 있음을 보여주고 있다(Nishii, Lepak and Schneider, 2008).

단적인 예로 저자가 캐나다 브리티시 콜럼비아주(BC주)의 아름다운 주도(主都)인 빅토리아市에 위치한 빅토리아대학교 경영대학에서 초빙교수로 있었을 때, 대학교 인근에 캐나다의 대표은행인 RBC(Royal Bank of Canada)은행의 지점이 있었다. 한국 교민과 한국인 유학생들이 늘어나고 빅토리아가 조기유학의 최적지로 이름을 날리면서 한국인들은 중국인과 함께 최고의 고객이었다. 그래서 RBC은행에서는 빅토리아대학교를 졸업한 한국인과 중국인들을 뽑고 이들을 일선 창구에 배치하여 주요 고객들이 은행업무에 전혀 지장이 없도록 조치하였다. 또 불의의 사고로 사망한 당시 29세의 이집트 출신의 젊은 은행원을 기리기

3) 인적자원의 가치를 측정하고 평가하려는 시도는 일찍이 인적자원회계(HRA: Human Resource Accounting) 분야에서 시작되었다. HRA의 가장 중요한 장점은 첫째, 재무제표 정보에 인적자원 정보를 추가함으로써 기업의 현 상태 및 성장 잠재력에 대한 정보를 갖게 되어 주주 및 투자자들에게 올바른 의사결정을 하게 한다. 둘째, 인적자원과 같은 무형자산에 대한 가치를 측정하고 관리하도록 하여 기업의 인력개발에 도움을 준다는 점이다(Jac Fitz-Enz, 2009).

**현장올레길 2-3** 미국 캘리포니아 오렌지카운티의 'Black Bear Diner' 레스토랑

(a) 레스토랑의 정면

(b) 레스토랑의 실내

(c) 'The Black Bear Gazette'의 앞면

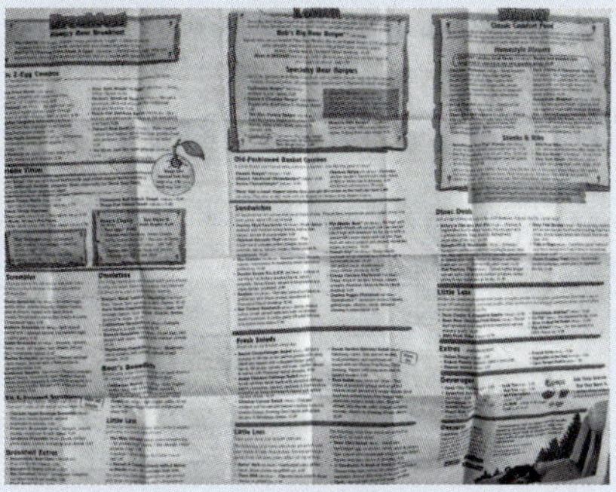
(d) 'The Black Bear Gazette'의 뒷면 메뉴 기사

위하여 한 달 동안 그 직원의 환하게 웃는 사진과 그 옆에는 "우리는 오래도록 당신을 그리워할 것입니다(We will miss you for a long time)"라는 문구를 은행의 각 창구와 현금인출기 옆에 붙여두었다. 저자가 이 장면을 보면서 RBC은행은 고객만족 이전에 내부고객으로서의 직원들을 얼마나 귀하게 여기는지 다시금 생각하게 하였다.

또 고객만족을 향상시키기 위하여 고객의 입장을 이해하고자 하는 기업의 구체적인 관심 또한 증대하고 있다. 예를 들어 저자가 미국 캘리포니아의 부촌(富村) 오렌지카운티 한인상공회의소(www.kaccoc.org)의 자문교수로 있으면서 이 동네에서 음식의 수준과 직원들의 친절한 서비스는 물론이고 곰과 함께 식사한다는 착각을 일으킬 정도로 곰과 관련한 실내장식으로 유명한 'The Black Bear Diner'(7005 Knott Avenue Buena Park, Ca 90620)을 자주 가곤 하였다(현장올레길 2-3 참조). 특히 이 레스토랑에서 4개월에 한 번씩 발행하는 신문 'The Black Bear Gazette'의 앞면에는 75년 처음 문을 열었을 당시 이후의 역사적인 사

진, 주변의 Movieland, Wax Museum, Knott's Berry Farm 등 관광지 소개, 커뮤니티 뉴스 등이 소개되어 있다. 뒷면에는 이 식당이 제공하는 모든 메뉴를 신문기사 형식으로 안내하면서 기존의 고급레스토랑과는 달리 음식의 품질 및 서비스를 넘어서 '역사성'과 '재미'라는 가치를 동시에 제공하고 있다.

### 3) 사 회

정부 및 정부의 산하 공공기관이나 비영리조직은 소유주 혹은 기관장의 관심사항과 사회의 관심사항이 그리 다르지 않다. 그러나 개인이 소유하는 기업의 경우 소유주의 관심사항과 사회의 관심사항이 대체로 차이가 난다. 자유시장 자본주의 체제하에서 기업의 기본적이며 우선적인 의무사항은 주주의 이익을 극대화하고 주주의 장기적 이익을 가능하도록 하는 것이다(Werner et al., 2012). 이 같은 인식은 노벨 경제학상을 수상하였던 시카고학파의 대표격인 밀턴 프리드만(Milton Friedman)[4]에 의해서 주창되었다.

그에 따르면 투자자의 이익을 극대화시킬 수 있도록 자원을 사용하지 않는 행위는 소유주의 돈을 허락 없이 함부로 낭비하는 것이며 일종의 '절도행위'라 하였다. 나아가 어떤 경영자가 내린 의사결정의 옳고 그름에 대한 판단 여부는 그 의사결정이 기업의 경제적 욕구와 재무적 이익을 충족시켰는지에 달려 있다고 하였다. 따라서 그 결정이 기업의 그 같은 목적을 충족시켰다면 그 결정은 옳은 결정이며 반대로 그렇지 못하였다면 그 결정은 잘못된 결정인 셈이다. 이 논리에 따른다면 고령인력을 고용하는 것이 기업의 재무적 입장에서는 불리한 결정이지만 고령자를 고용함으로써 해당 기업이 정부의 법인세 인하나 임금보조를 받을 수 있게 되어 최종적으로 해당 기업에 재무적 이익을 준다면 그 결정은 정당화되는 것이다. 그러나 단순히 사회적 책임 때문에 고령자를 고용하는 그 의사결정은 정당화될 수 없는 것이다.

프리드만과는 달리 다른 많은 사람들은 돈을 버는 행위만이 기업의 유일한 목적이나 역할이 아니며 또 그것이 경영자의 유일한 책임이 아니라고 보고 있다(Berrone and Gomez-Mejia, 2009). 예를 들어 단순히 많은 돈을 벌어준다는 이유만으로 최고의 인재를 뽑을 수는

4) 밀턴 프리드만(1912~2006, 1976년 노벨 경제학상 수상)은 자유시장경제에서 정부의 역할은 최소화되어야 한다고 주장하는 시카고학파의 대표적인 경제학자이다. 시카고학파가 확신하는 신념은 사람들의 경제행위를 가장 잘 설명하는 분석도구는 가격이론이며 자유시장경제가 자원배분은 물론 소득분배를 가장 효율적으로 수행하기 때문에 정부의 시장개입은 최소한에 그쳐야 한다는 것이다. 이는 사유재산권을 옹호하면서도 시장경쟁은 불공정하며 실질적인 자유와 평등을 위해서는 정부개입이 필요하다는 점을 강조한 케인즈(Keynes, 1883~1946)와는 정면으로 배치된다.

없다고 보는 것이다. 일반적으로 종업원과 사회의 관심사항을 충족시켜 주기 위해서는 존경받는 경영자들은 관련법을 준수해야 하고 최소한으로 요구되는 그 이상의 것을 수행해야 한다. 이들 경영자들은 어떻게 해서든지 사회에 긍정적인 영향을 줄 방법을 고민한다. 적어도 이 논리에 따르면 최고의 기업들은 사회를 위해서 봉사하고 동시에 주주의 이익을 지키기 위해서 애쓴다.

(1) 법준수: 일반적으로 기업행동의 여러 측면에 대한 윤리강령(Codes of Conduct)은 공식적인 법률로 확립되어 있다. 대부분의 이들 법률들은 인적자원관리에 있어서의 노동관련법(예를 들어 근로기준법, 최저임금법 등)에 해당한다. 그와 같은 법과 규정을 따름으로써 지역사회로부터 정당성과 지지를 얻게 되고 종국적으로는 그 기업의 장기생존 가능성은 올라가게 되는 것이다. 그렇지 못할 경우 기업조직의 생존은 보장받을 수 없게 된다. 단적인 예로 최근 연비 조작으로 '디젤사기극'을 벌인 폭스바겐사의 경우 시가총액이 하루 새 18조 원이 증발하여 창사 이래 최대의 위기를 맞은 것이 좋은 예이다(조선경제, 2015.9.22).

(2) 지역사회와의 관계: 공식적인 법과 여러 규정들은 한 기업이 사회에서 어떻게 행동해야 하는지에 관한 분명한 가이드라인을 제시한다. 하지만 보다 차원이 높은 기업은 이 같은

**현장올레길 2-4** BP사 CAPS의 런던 템즈강의 크루즈 사업 흑자전환 프로젝트

세계 3대 석유메이저 회사이자 영국 최대의 석유회사인 BP(British Petroleum)사가 핵심인재 관리 차원에서 운영하고 있는 캡스(CAPS: Career Advancement Programs)는 인적자원관리를 어떻게 지역사회의 여론이나 문제와 연계하고 있는지 좋은 사례를 보여주고 있다. BP의 전체 12만 직원 중 CAPS에 들어 있는 사람은 매년 200~300명 내외(자격 기간은 1년, 매년 30%가 교체). CAPS 후보자들은 각 비즈니스 파트를 총괄하는 파트장이 추천하고 본사가 승인한다. 일단 CAPS의 멤버로 선발되면 회사의 중장기 전략수립과 같은 사내프로젝트뿐만 아니라 런던시가 안고 있는 여러 문제들을 해결하는 사외프로젝트를 수행해야 한다. 단적인 예로 얼마 전까지만 해도 만성적자에 허덕이고 있었던 템즈강의 크루즈사업에 대한 흑자전환 프로젝트를 성공적으로 실행한 것도 이들 CAPS의 작품이다. 즉 우수인재들의 지식과 기술을 지역사회로 환원한 것이다.

자료원: 매일경제, 2006.12.24.

공식적인 규정 그 이상의 것을 수행한다. 왜냐하면 이들 기업들은 법과 규정들이 언제나 시대의 요구에 뒤떨어져 있음을 알기 때문이다.

이들 기업들은 지역사회의 여론에 능동적으로 대처하고 그 여론을 좋은 정보자원으로 활용하여 그 대처방식을 하나의 기업의 관리관행으로 정착시킨다. [현장올레길 2-4]는 영국의 BP사가 CAPS(Career Advancement Programs)에 포함된 최고인재들로 하여금 만성적자에 허덕이는 템즈강의 크루즈사업을 흑자로 바꾸는 프로젝트를 성공적으로 수행하여 지역사회에서 기업의 존재의의를 널리 알리는 계기를 마련한 좋은 예이다.

### 4) 타 조직

어떤 유형의 기업이라도 다른 기업, 조직 또는 단체들과 상호 의존관계를 형성하고 있다. 여기서의 다른 조직이란 중요한 이해관계자에 해당하는 공급자, 노동조합, 제휴파트너 등이다.

(1) 공급자: 공급자는 기본적으로 기업이 필요로 하는 자원을 공급하여 기업이 사업을 안정적으로 영위하도록 한다. 대부분의 기업들이 필요로 하는 자원은 원자재, 장비, 정보 그리고 사람 등이다. 어떤 기업들은 원자재와 장비 그리고 정보를 공급한다. 또 다른 기업들은 고등학교, 대학교, 전문직업학교 등과 같은 교육기관에서 사람을 공급한다.

**현장올레길 2-5** 현대차 노사 8년만에 무분규 타결

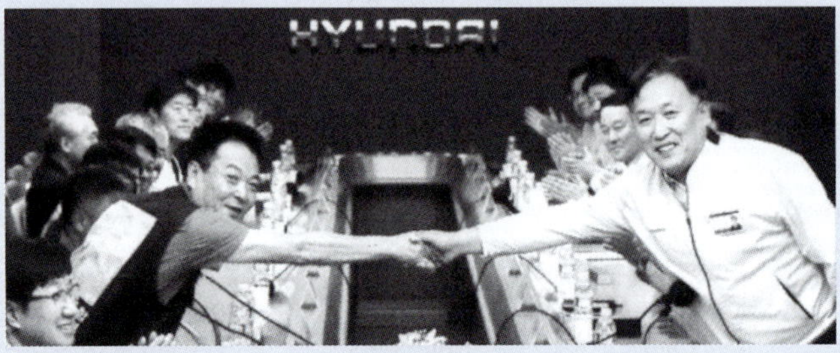


(사진설명) 2019년 9월 3일 오후 현대자동차 울산공장에서 열린 노사의 임단협 조인식에서 하언태 부사장(오른쪽)과 하부영 노조 지부장(왼쪽)이 악수하고 있다.

현대자동차 노동조합 조합원이 올해 임금 및 단체협약 협상과 관련해 노사 잠정합의안을 받아들였다. 2011년 이후 8년 만의 무분규 타결이다. 현대차 노조는 2일 전체 조합원 5만105명을 대상으로 지난달 27일 노사가 내놓은 임단협 잠정합의안을 받아들일지 묻는 찬반투표를 했다. 투표자 4만3,871명(투표율 87.6%) 중 2만4,743명(56.4%)이 찬성표를 던져 가결됐다. 반대표는 1만9,053명(43.4%)이었다.

자료원: 중앙일보, 2019.9.4.

(2) 노동조합: 노동조합은 사람을 공급하는 역할을 하는 것은 사실이지만 그 이상의 더 중요한 일을 수행한다. 노동조합이 종업원을 대변할 경우, 경영자 혹은 고용주는 노동조합과 함께 근로조건(생산성 향상, 안전보건, 후생복지, 임금인상 등)과 같은 다양한 이슈들에 대해서 서로 논의를 해야 한다. 과거에는 이와 같은 경영자와 노동조합 간의 관계는 갈등과 마찰의 대립적 관계였지만 치열한 글로벌 경쟁상황이 전개되는 최근에는 문제해결 중심의 보다 협력적 관계가 필수적으로 요청되고 있다. [현장올레길 2-5]에서 보는 바와 같이 현대차 노조가 회사측과 8년만에 무분규 타결을 한 것도 그러한 맥락으로 이해된다. 이러한 최근의 추세에도 불구하고, 노동조합의 파업 혹은 태업은 기업에게 심각한 위협이 될 수 있다. 특히 우리 사회의 교통, 통신과 같은 한 사회의 인프라나 기간산업에 종사하는 종업원들이 파업을 할 경우 그 위협적 파급효과는 더 크게 나타난다. 한국의 경우 코레일 노조나 화물차 노조가 파업에 돌입할 경우 산업 전체가 마비되는 것에서도 그러한 사실을 잘 알 수 있다.

(3) 제휴 파트너: 어떤 기업은 타 기업과의 협조적인 제휴를 통하여 양 기업의 공동목표를 달성하고자 한다. 이는 흔히 어느 한쪽 기업의 역량만으로는 기술개발이나 마케팅 추진이 어려울 경우에 두 기업 간에 공식적인 제휴를 맺고 서로 간의 인적 교류를 통하여 공동의

**현장올레길 2-6** 자율주행 · 차량공유 … '모빌리티 동맹' 경쟁 불붙었다

주요 기업들의 모빌리티 관련 투자·협력 상황

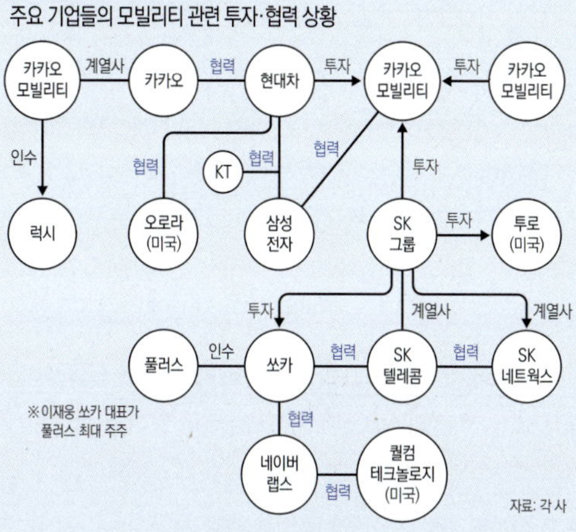


과거에 기업들이 신산업에 뛰어들 때면 회사에서 필요한 우수 인재를 자체 영입하거나, 회사 내부에서 기술을 개발하는 등 자체적인 역량을 강화하는 데만 치중했다. 그러나 전 세계 모빌리티 관련 시장이 엄청나게 빠른 속도로 진화하고 있는 지금은 핵심 기술을 확보하기가 쉽지 않아 때로는 경쟁기업들과도 전략적인 제휴를 맺어 동맹군을 결성하는 것이 불가피해졌다. 국내 기업들의 모빌리티 투자 · 협력현황을 보면 삼성전자, SK그룹, 현대자동차 등 주요 대기업들이 발 빠르게 움직이고 있다. 현대차는 자동차와 첨단운전자보조시스템(ADAS)을, 삼성전자는 5G(5세대) 이동통신 네트워크 장비를, KT는 5G 통신망을 담당하고 있다.

자료원: 중앙일보, 2018.11.23.

목표를 달성하는 것이다. 예를 들어, [현장올레길 2-6]에서 보는 바와 같이 최근 국내 대기업과 ICT(정보통신기술)기업들이 경쟁기업 혹은 스타트업들을 대상으로 인수·합병(M&A)과 투자에 연이어 나서면서 '모빌리티 연합군'을 만드는 데 주력하고 있다. 향후 핵심산업으로 등장할 자율주행차 등 모빌리티와 관련한 신산업을 준비하는 기업들에 '합종연횡'이 가장 시급한 과제로 떠올랐다.

### 5) 조직구성원

조직구성원은 또 다른 핵심적인 기업의 이해관계자 집단이다. 앞서 논의되었던 다른 이해관계자들과는 달리, 조직구성원은 조직 내부에 있는 이해관계자로서 조직 내에서 지위를 가지고 있는 모든 구성원들, 즉 CEO, 최고경영진, 관리자, 감독자, 종업원, 임시 및 계약직 등이 이 집단에 포함된다. 이들은 매우 다양한 이해관계자 집단이기 때문에 매우 다양한 관심사항을 지니고 있지만 다음의 관심사항에 대해서는 똑같이 공유하고 있다.

(1) 임금과 후생복지: 대부분의 종업원들은 보다 많은 돈을 보다 공정하게 받기를 원한다. 하지만 많은 종업원들은 그들의 상사들이 이 기대를 충족시켜 준다고는 생각하지 않는다. 또 이들은 4대보험(건강보험, 국민연금, 고용보험, 산재보험), 육아 및 질병휴가, 가정과 직

**현장올레길 2-7 구글 직원이 받는 최고의 특전**

Quora.com에 올라왔던 질문입니다. 사실 질문보다 12K라는 추천수를 얻은 답변이 더 재미있습니다.

– What is the best Google employee perks, and why?
구글 직원이 받는 최고의 특전은 무엇인가요? 왜죠?

– Paul Cowan, Google SRE (추천수 12K)

다른 사람들 답변에 동의합니다. 음식과 바로 그 대망의 구글에서 일한다는 점이 아마 가장 실질적이고 감동적인 특전이겠죠. 그런데 말입니다, 저는 사망 보험에 대한 Forbes지 기사가 완전충격이었습니다.

구글 직원이 사망하면 생명 보험금은 물론 모든 주식은 배우자에게 즉시 귀속되고 배우자는 향후 10년 동안 월급 절반을 받습니다. 게다가 모든 자녀는 19살까지 매월 1,000불을 받습니다.

이 이야기를 아내에게 했더니 울더군요. 나한테 무슨 일이 일어나면 회사가 그리 해주느냐며 진짜 울었습니다.

최고는요? 아내가 아직 날 독살하지 않았다는 겁니다! 이건 분명 사랑이겠죠?

자료원: www.pedium.com.

장의 양립 등의 이슈들에 대해서도 회사에 거는 기대가 크다. 흔히 전향적인 기업들은 종업원들이 가장 원하는 것이 무엇인지 파악하기 위하여 이들의 불만이 표출되기 전에 미리 설문조사를 실시하여 '욕구상태'에 대한 점검을 하고 그 결과를 토대로 인적자원정책을 개발한다.

(2) 근로생활의 질(Quality of Working Life): 훌륭한 생활여건을 마련하는 것도 중요하지만, 대부분의 종업원들은 직무를 수행하는 과정에서 높은 수준의 근로생활을 원한다. 임시직 및 계약직을 포함한 모든 종업원들에게 수준 높은 보람의 일터를 제공하는 것이 중요해졌다. 오늘날 국내 · 외적으로 선진기업들은 근로생활의 질을 수준 높게 하기 위하여 다음의 노력을 주도적으로 실천한다. 첫째, 종업원의 기술과 지식을 제고하기 위한 교육훈련과 개발, 둘째, 모든 종업원들이 실제로 그들의 지식과 기술을 적절히 활용할 수 있도록 하는 직무설계, 셋째, 종업원들에게 책임감을 가지고 중요한 결정을 내릴 수 있게 하는 관리관행, 넷째, 공정하고 차별 없는 대우를 보장하는 선발 및 승진시스템, 다섯째, 정신적 · 육체적으로 안정되고 건강한 여건 등이 그것이다. 이러한 제도와 관행들은 고객만족을 이끌어 낼 종업원들의 몰입, 만족, 임파워먼트를 높이는 역할을 한다. 높은 수준의 직무 및 조직몰입이 가능하고 또한 의사결정에 구성원 참여가 가능한 기업들이 매출액, 수익률 및 투자수익률

**현장올레길 2-8** 청년층 실업률과 추이

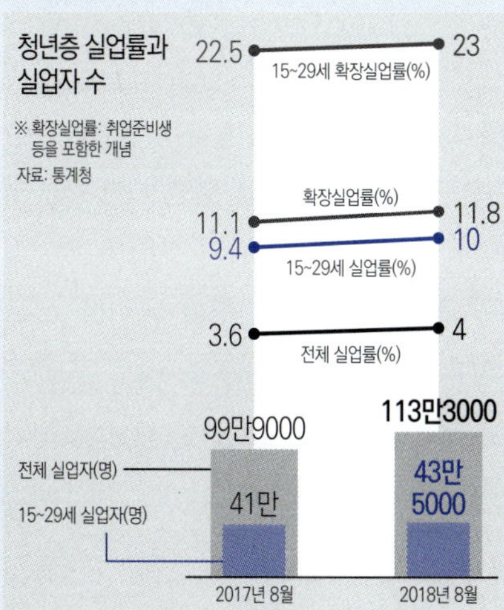


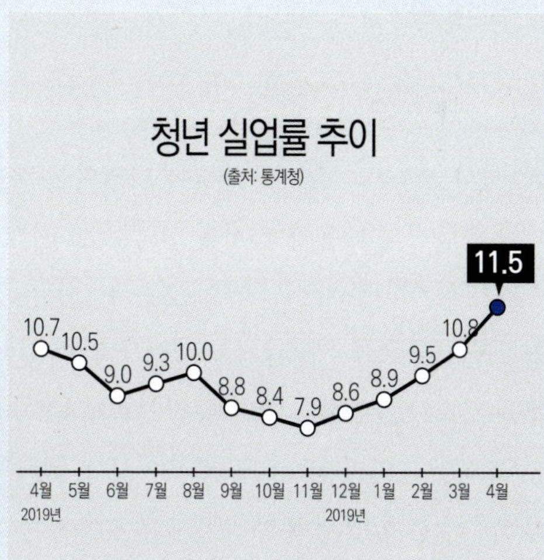


자료원: 중앙일보. 2018.9.12

자료원: SBSCNBC뉴스

(https://www.youtube.com/watch?v=y8sPimU_NMg)

이 높은 것은 지극히 당연한 것인지도 모른다.

(3) 고용가능성: 최근의 저성장 기조하의 전 세계적인 경기침체는 국가를 불문하고 고용불안을 심화시키고 있다. 구조조정과 해고가 우리 근로생활의 일상적인 한 부분으로 여겨질 만큼 고용불안에 따른 우려는 갈수록 커지고 있는 실정이다. 특히 한 개인의 고용안정 확보 문제는 한 개인으로만 그치는 것이 아니라 가족 전체의 생계 문제와 나아가 가족해체 상황과도 연결되어 있고 더 나아가면 구직에 대한 세대 간 갈등의 문제가 숨어 있다. 이러한 고용불안정의 연쇄적 파급효과는 우리 사회의 기저를 근본적으로 흔드는 심각한 갈등 요인이다. 특히 우리나라의 20~30대의 청년 실업문제는 매우 심각한 상황이다(현장올레길 2-8 참조). 특히 2017.8.부터 2018.8.까지 15~29세의 청년층 실업률이 9.4%에서 10%로 상승하였고[5] 2018.8.부터 2019.4.월까지 다시 10%에서 11.2%로 대폭 상승하여 OECD 33개국 대부분은 실업률이 하락하고 있는 데 반하여 한국은 터키, 칠레, 노르웨이와 함께 유일하게 실업률이 상승하고 있다(문화일보, 2018.5.1.).

따라서 어떠한 종업원이라도 이제는 개인 스스로의 고용가능성을 높이도록 노력해야 하며 기업의 인적자원개발의 방향도 이 틀 속에서 설정되어야 하고 이를 위하여 현실기업에서 적용가능한 전문적 기술과 지식을 종업원 개개인 스스로 개발해야 할 것이다(**학습목표 1**).

## 1.2 복수의 이해관계 집단 간 상생관계(Win-Win Situation) 형성의 필요성

지금까지 한 기업을 둘러싸고 있는 다양한 이해관계집단 즉, 기업의 소유자 및 투자자, 고객, 사회, 타 조직, 조직구성원이 기업의 인적자원관리 활동에 어떤 영향을 미치는지 전반적인 영향력의 내용과 과정을 살펴보았다. 그러나 각 이해관계집단의 관심사항은 기본적으로 다르기 때문에 이들 간의 모순과 갈등은 상존하고 언제든지 노출될 수 있다. 따라서 *경영자들은 복수의 이해관계자 집단들 간의 갈등상황에 대해서 상생할 수 있는 공통의 해결책을 도출하는 경영자 혹은 핵심인재의 능력이 매우 중요해지고 있다. 특히 이들이 기업의 인적자원 관리관행을 어떻게 운영하느냐에 따라 복수의 이해관계자집단들 간의 관계를 악화시킬 수도 있고 공통의 해결책을 도출하는 데 중요한 역할을 할 수도 있다.* 다음의 [현장올레길 2-9]에서 보듯이 최근 SK그룹은 사회적 가치에 대한 평가를 범그룹 차원에서 진

5) 취업준비생을 포함한 확장실업률은 23%까지 올라가고 있다.

**현장올레길 2-9** SK가 처음으로 고백합니다. 사회에 얼만큼 기여했는지.

(사진설명) 최태원 회장이 지난해 열린 '글로벌 지속가능발전포럼(GEEF)'에 참석해 주제 발표를 하면서 SK가 지원한 사회적 기업인 모어댄이 제작한 가방을 들고 돌발 퀴즈를 내고 있다. / SK그룹

"SK이노베이션 1조1610억 원, SK텔레콤 1조6520억 원, SK하이닉스 9조5197억 원." 2018년 SK그룹의 주요계열사들이 올린 사회적 가치를 셈한 결과다. SK그룹은 21일 기자 간담회를 열고 "앞으로 재무제표를 회사별로 공개하듯, 사회적 가치 역시 사별로 공개하기로 했다"며 이 3사의 사회적 가치를 밝혔다. 앞으로 분기별로 실적 콘퍼런스 콜이나 지속가능 보고서를 통해 사회적 가치 수치를 발표할 계획이다. 지속가능한 경영활동을 이어가려면 사회적 가치를 높이는 것이 필수이고 이를 위해서는 사회적 가치 계량화가 이뤄져야 한다는 것이 최태원 SK그룹 회장의 지론이다.

SK그룹 주요 계열사가 창출한 사회적 가치(2018년 기준) (단위: 원) 자료=SK수펙스추구협의회

| | SK이노베이션 | SK텔레콤 | SK하이닉스 |
|---|---|---|---|
| ① 경제 간접 기여 성과 | 2조3000억 | 1조6000억 | 9조9000억 |
| ② 비즈니스 사회 성과 | -1조1884억 | 181억 | -4563억 |
| ③ 사회공헌 사회 성과 | 494억 | 339억 | 760억 |
| 총합 | 1조1610억 | 1조6520억 | 9조5197억 |

단순 공개에만 그치는 것이 아니라 최고경영자(CEO) 평가 등에 반영하기로 했다. 이형희 SK수펙스추구협의회 SV(사회적 가치) 위원장은 "앞으로 이 결과를 계열사별 경영 KPI(핵심 평가 지표)에도 50% 반영한다"고 밝혔다. 그동안 매출 · 영업이익 · 시가총액 등 100% 경제적 성과만으로 각 계열사 CEO를 평가했는데, 앞으로는 사회적 가치 창출 성과가 절반을 차지하게 된다는 것이다.

자료원: 조선경제, 2019.5.22.

행하기로 하였다. 이를 위해 각 계열사별로 그동안 간과되어 왔던 사회적 약자, 사회적 기업 등을 지원하는 사회적 책임활동을 경영의 중요한 축으로 설정하였다. 이는 SK그룹을 둘러싸고 있는 여러 이해관계자들과 상생전략을 본격적으로 추구하겠다는 의지표명이라 하겠다.

또 어떤 특정 기업이 조직의 구조조정과정에서 주주의 이익을 보호하기 위하여 조직계

층의 수를 줄이고 저성과 사업부를 매각하고 특정 직무를 해외지사로 이관함으로써 수익성과 효율성을 올렸다고 가정해 보자. 이 과정에서 하루아침에 직장을 잃은 종업원들은 사실상 그들의 고용보장에 대한 욕구와 주주의 이익보호에 대한 욕구가 서로 갈등하는 과정에서 희생양이 되고 만 것이다. 이 경우 우리사주제 또는 스톡 옵션과 같은 기업의 보상시스템이 종업원 자체가 기업의 주인이라는 사실을 뒷받침해 줄 수 있도록 설계되어 있다면 퇴출이라는 종업원측의 일방적인 손실로 끝나지는 않을 것이다. 관리자들과 다른 종업원들은 기업의 재무적 목표를 충족시키면서 동시에 직원들의 퇴출을 최소화할 수 있는 참신한 해결책 마련에 보다 많은 노력을 기울이게 된다. 이렇게 기업 소유주의 범위 안에 종업원들을 포함시키는 관행을 '공유자본주의'(shared capitalism)[6]라고 한다(Kruse, Freeman and Blasi, 2010).

*창조경영시대의 효과적인 인적자원관리는 복수의 이해관계자들의 서로 다른 목적을 어떻게 하면 가장 잘 만족시킬 것인가에 관한 현실적인 해결책을 제공하는 것이다. 새로운 신성장동력을 개발하는 것도, 새로운 사업방식을 고안해 내는 것도, 획기적인 제조공법을 개발해 내는 것도 복수의 이해관계자들을 설득하여 만족시켜야 가능한 고도의 창조적인 과정이다.* 따라서 기업의 복수이해관계자들을 만족시키는 인적자원관리 시스템을 창조하는 것은 매우 도전적이고 창의적인 작업이라 하겠다. 이를 위해서는 많은 지식과 조직구성원들의 적극적인 참여가 필요하다. 더불어 이 상황은 매우 긍정적인 측면과 동시에 부정적인 측면을 내포하고 있다. 우선 부정적인 측면으로는 그러한 복수이해관계자들을 동시에 만족시키는 인적자원관리 시스템을 개발하는 데에는 너무나 많은 시간이 소요된다는 점과 양 집단 간 서로에 대해 충분한 이해가 필요하다는 점에서는 부정적이다. 그러나 이 상생작업에 성공한 소수의 기업들만이 경쟁우위를 얻게 된다는 점에서는 긍정적이다(Werner, 2012). 따라서 *다양한 이해관계자들의 서로 다른 목적과 욕구를 동태적으로 관리할 수 있는 역량(dynamic capability)을 보유하고 있는 기업이야말로 경쟁우위를 지속적으로 확보하고 유지할 수 있게 되는 것이다*(학습목표 2).

6) 공유자본주의란 기업의 이윤을 노동자들과 적극적으로 나누어 갖는 시스템을 말한다. 기업의 성과를 노동자의 임금 또는 부와 연계시켜서 성과와 과실을 함께 나눠 갖는 형태이다. 예를 들면 기대보다 수익이 많이 생기면 성과급을 주고, 수익이 줄면 임금도 깎는 형태이다. 특히 대·중소기업 간 관계에서 이익이나 성과를 합의된 기준에 따라 나누는 이익공유제와 성과공유제가 그것이고 최근 들어 SK하이닉스는 직원들의 임금인상분 일부를 협력사에게 돌려주는 '임금공유제'를 시행함으로써 원청기업과 하청기업 간의 임금격차를 줄이는 시도도 시행된 바 있다(이코노미스트, 2016.2.29).

**이론올레길 2-2** 경쟁전략론의 두 관점: 시장특성 중심의 경쟁전략론 vs 내부 자원 중심의 경쟁전략론

경쟁전략론의 핵심과제는 기업의 경쟁우위(competitive advantage)의 원천은 무엇인지, 그리고 어떻게 해서 그 우위성이 생겨나고 동시에 유지되는지를 설명하는데 있다. 이를 설명하는 데 있어서 시장특성 중심의 경쟁전략론과 내부자원 중심의 경쟁전략론으로 대별된다. 전자의 시장특성 중심의 경쟁전략론의 선구적인 노력은 Hall(1980)의 연구에서 비롯된다. 1970년대에 성장이 둔화하고 1980년대에도 그 성장이 기대되지 않는 철강・고무・건설기계・가전・자동차와 같은 산업 중에도 초우량기업에 필적하는 높은 수익을 올리고 있는 기업군이 있다는 사실에 착안하여 기업의 경쟁전략과 산업 내에서의 경쟁상의 지위 변화를 분석했다. 산업 내에서의 최저 원가를 통해 그 지위를 추구하는 '비용우위전략'과 최고의 제품・서비스・품질 등으로 차별화하여 지위를 추구하는 '차별화전략'을 찾아내면서 일반적으로 고성과를 올리고 있는 기업은 특정 전략에 특화한 경영자원의 할당을 행하고 있다는 사실을 확인했다. 이는 전략의 내용 자체보다는 전략 실행에 따르는 여러 활동의 일관성, 즉 전략과 관리의 적합성의 의의를 찾는 것이었다.

한편, Hall과 비슷한 시기에 경쟁전략 분야의 신기원을 이룬 이론이 Porter(1980)에 의해서 발표되었다. 그에 따르면 산업수준의 평균적 수익성에 영향을 미치는 다섯 개의 시장구조특성(5 forces) 즉, ① 업계 내의 기존 기업과의 경쟁 ② 공급자의 교섭력 ③ 구매자의 교섭력 ④ 신규진입 ⑤ 대체제의 위협을 지적하고 그 위협을 자사의 상황에서 사전에 평가한 뒤 '매력적인 산업'을 선택하고 자사의 산업에서의 위치 선정(positioning)을 한 다음 그러한 위협을 무력화하는 전략을 취함으로써 산업평균 수익률을 초과하는 이익을 획득할 수 있다고 하였다. Porter(1980)는 이렇게 경쟁기업에 대응가능한 지위를 만들면서 경쟁상대를 이기기 위한 세 가지 기본전략(generic strategy)을 '원가우위 전략'(cost leadership), '차별화 전략'(differentiation), '집중화 전략'(focus)으로 구분하고 있다. 또한 이러한 기본전략을 실행할 때에는 각각 다른 자원과 기능이 필요하며 또한 조직의 편성방식, 통제절차, 리더십 유형 측면에서도 색다른 대응이 필요하다고 하였다.

Porter의 전략론이 산업의 시장구조 특성을 분석・평가하여 자사의 포지셔닝을 꾀하는 것이 경쟁우위로 이끄는 원천이 된다고 하였지만, 내부자원 중심의 경쟁전략론은 기업 내부로 눈을 돌려 기업이 보유하는 경영자원의 특성에서 경쟁우위의 원천을 찾아내는 '자원기반관점'(RBV: Resource-Based View)의 경쟁전략이론으로서 1980년 중반부터 Wernerfelt(1984), Barney(1986, 1991), Prahalad & Hamel(1990) 등의 학자들이 제기하였다. 자원기반관점의 전략론은 기본적으로 기업을 '생산자원의 집합'으로 간주하고 기업 간에 생산자원이 이질적이며 이 이질성을 이용하여 기업은 수익을 올릴 수 있다고 보고 있다. 즉 기업의 브랜드・기업 내 기술지식・고용한 숙련노동자・능률적인 절차・거래교섭 등과 같이 가시적・비가시적인 자산을 자원으로 간주하고 그 자원의 질이 다른 기업이 따라올 수 없는 진입장벽(entry barrier)으로 '자원포지션 장벽'(a resource position barrier)이 된다는 것이다. 즉, 이 자원들이 VRIO의 특성을 지닐 때 경쟁우위가 생성되는 것이다.

자료원: 위 내용은 Barney, J. B. and Hesterly, W. S. (2010). *Strategic Management and Competitive Advantage: Concepts and Cases*(3rd Ed.), Prentice Hall과 최병우・이의현(2006). (역서)전략적 인적자원관리의 모습, 무역경영사, pp.57-63의 내용을 읽고 정리한 것임.

## 2. 경쟁우위의 확보와 유지: VRIO 모형

### 2.1 VRIO 모형[7)]

최근 들어 적지 않은 기업들이 지속가능한 경쟁우위(Sustainable competitive advantage)를 유지하기 위하여 그들 나름대로의 접근방법을 사용한다. 일반적으로 고객 전체 또는 고객 일부가 그 회사의 제품 및 서비스를 경쟁기업보다 더 선호하게 될 때 경쟁우위를 지니게 된다. 이때 그 기업의 경쟁우위의 크기는 그 기업이 창출할 수 있는 경제적 가치와 다른 경쟁기업들이 창출할 수 있는 경제적 가치의 차이를 의미한다(Barney & Hesterly, 2010). 만약 시장에서 특정 기업의 경쟁우위를 확보하는 방식에 대하여 경쟁기업이 이해하기 어렵거나 복제하기 어렵다면 경쟁우위의 '지속 가능성'은 커지게 되는 것이다.

기업들은 여러 가지 방법을 동원하여 지속 가능한 경쟁우위를 확보하고자 한다. 예를 들면 한국을 대표하는 유통업체인 이마트, 롯데마트, 홈플러스는 가급적 가장 낮은 가격에 최상의 제품을 고객들에게 판매하고자 뼈를 깎는 원가경쟁을 한다. 스타벅스 또한 최상의 원두를 공급받기 위하여 공급선 관리(supply chain management)에 최선을 다한다. 이 같은 관리관행은 어느 특정 기업이 경쟁우위를 확보하는 데 도움을 준다. 그러나 어떤 전략도 기업이 그 전략을 성공적으로 실천하는 데 필요한 역량을 지닌 인적자원을 보유하고 있지 않으면 지속가능한 경쟁우위를 창출할 수 없다.

#### 1) 가치창출 원천으로서의 인적자원(Human resource as a source of added-value)

인적자원으로서의 종업원들은 그들이 보유한 지식과 기술을 활용하여 조직의 자원(원자재, 각종 부품, 장비, 부동산, 정보 등)을 변형하고 최종 제품 및 서비스를 산출함으로써 수익과 다른 가치 있는 형태의 이익을 창출한다(이론올레길 2-3 참조). 즉 기업은 인적자원을 이용해서 효율성(비용절감)과 효과성(새로운 고객가치 제공)을 증진시킬 수 있는 정도만큼 '가치'가 있는 것이다. 이러한 가치창출활동을 수행하는 종업원들을 '핵심인재'(core

7) 자원이 타 기업의 진입장벽이 되어 경쟁우위성을 지니려면 기업이 보유한 모든 자원의 잠재력을 평가하기 위하여 다음의 네 가지 질문에 대하여 긍정적인 답을 할 수가 있어야 한다. 첫째, 가치에 대한 질문(question of Value: 그 자원이 가치가 있는가?), 둘째, 희소성에 대한 질문(question of Rarity: 그 자원이 희소한가?), 셋째, 모방 가능성에 대한 질문(question of Imitability: 그 자원이 모방하기 어려운가?), 넷째, 조직에 대한 질문(question of Organization: 자원의 잠재력을 충분히 활용하기 위해 조직화되어 있는가?)이 그것이며 앞의 약어를 따서 VRIO 모형이라고 한다.

**이른올레길 2-3** 가치창조(Value Creation)란 무엇인가

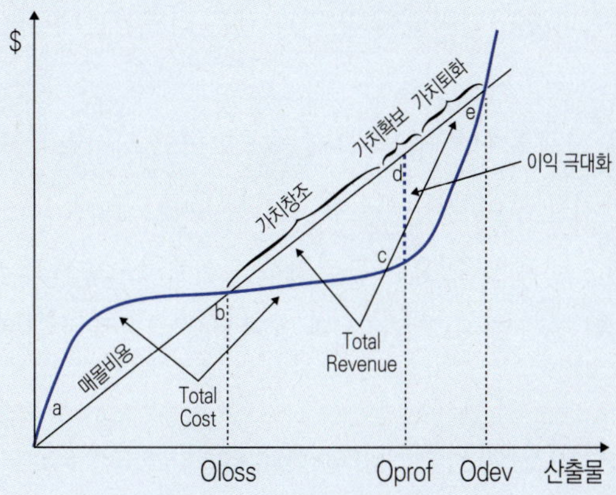


가치창조에 관한 얘기를 많이 하고 또 많이 듣는다. 그런데 가치창조가 진정으로 무엇인가?

예를 들어 자본을 투자하여 벤처기업을 창업하였다고 하자(위 그림에서 a). 생산규모가 Oloss에 도달할 때(교점 b), 기업은 손익분기점(break-even point)에 다다르게 된다(이때 산출물수준이 Oloss에 이르기까지 발생한 비용은 매몰비용(sunk cost)이 된다. 초창기에 제품을 알리기 위하여 많은 샘플제품이나 기획 홍보물을 대중에 무료로 뿌리는 것을 생각해 보면 쉽게 이해할 수 있다).

산출물이 Oprof 수준에 다다르면 이익은 극대화되고 창업 초에 설정했던(정확하지는 않지만 대략의) 목표가치가 확보(Value Capture)된다. Oloss와 Oprof 사이에 문자 그대로 '가치창조'(Value Creation)가 발생한다. 이 단계에서는 기업은 중요한 상충관계(trade-off)를 결정해야 한다. 즉 발생한 이익(가치)을 가치창출에 기여한 종업원들이나 이해관계자(투자자)들과 분배해야 할지 아니면 발생한 이익을 재투자하여 Oprof 수준에 도달할 때까지 생산규모를 확대해야 하는가에 대한 결정을 해야 한다. 이때 생산규모가 Oprof 수준을 넘게 되면 규모의 불경제(diseconomies of scale) 영역에 진입하게 되어 이때 이익은 비용과 수익 간에 차이가 '영'(零, zero)이 되는 지점인 Odev의 산출물수준까지 감소하게 된다. 규모의 불경제가 진행되는 이 단계는 가치의 퇴화(Value Devolution)가 진행되는 시기이다.

따라서 가치창출을 주도하는 핵심인재가 있는 기업들은 이들 핵심인재를 통하여 a에서 b까지의 소요기간을 최대한 줄여 매몰비용을 최소화하고 동시에 b에서 d의 기간을 최대한 늘려 가치창출의 양을 극대화하고자 한다. 경험 많은 경력직을 채용하는 것도, 명예퇴직이나 조기퇴직을 유도하는 것도 이와 같은 이유이다. 따라서 기업이 수익과 비용에 대한 관리를 이상과 같이 전략적으로 할 수 있다면 그 기업은 지속가능한 경쟁우위가 가능해진다. 또한 핵심인재 자체도 중요하지만 이들 핵심인재들을 조직에 머무르게 하는 인적자원관리 시스템의 중요성 또한 강조될 필요가 있다. 창업 후 3년 이내 도산하는 한국의 벤처기업의 비율이 95%에 이르는 실정을 감안하면 이들을 해당기업에 남아 있게 하지 못하는 벤처기업의 인적자원관리 시스템에 대한 재점검이 필요할 때다.

자료원: Agafonow, A.(2014). "Value Creation, Value Capture, and Value Devolution: Where Do Social Enterprises Stand", *Administration & Society*, Nov. 1-23을 참조.

employees) 또는 '핵심인력'이라 부르며, 이들은 조직의 핵심적 과업수행에 가장 많은 기여를 한다. Oracle과 같은 IT관련 기업에서는 프로그래머가 핵심인재들이고 신약개발을 하는 제약업체에서는 실험실의 연구인력들이, 병원과 같은 의료기관에서는 의사와 간호사가 핵심인력이다.

핵심인력은 연구와 신제품개발, 생산, 문제진단 그리고 서비스제공 등 다양한 방식으로 조직에 유·무형의 가치를 부여한다. 이들은 원가를 낮춤으로써, 또 환경을 분석하여 새로운 시장기회를 발견함으로써, 또 필요한 관리업무를 실행함으로써 그리고 핵심인력들 간의 조정역할을 맡음으로써 조직 전체의 효율성과 효과성을 제고하게 되는 것이다.

### 2) 희소자원으로서의 인적자원(Human resource as a rare source)

아무리 가치 있는 인적자원이라도 경쟁기업이 이 자원을 쉽게 구할 수 있다면 지속적인 경쟁우위를 확보할 수 없다. 경쟁우위를 유지하기 위해서는 기업의 인적자원은 희소성이 있어야 한다. 이런 이유로 어떤 경영자라도 독특한 자질이나 재능을 가진 인재를 선발하기

**현장올레길 2-10** 구광모 LG 회장, 해외인재 발굴 위해 미국행

(사진설명) 구광모 LG그룹 회장이 2019.3.13. 서울 강서구 마곡 LG사이언스파크에서 국내 이공계 석·박사 과정 R&D 인재 350여 명을 대상으로 개최한 'LG 테크 컨퍼런스'에서 참석자들과 기념사진을 찍고 있다.

구광모 LG그룹 회장이 2018년 6월 취임 이후 첫 해외출장지로 미국을 택했다. 해외 연구개발(R&D)인재를 직접 유치하기 위한 여정이다. 구 회장은 4월 초 미국 샌프란시스코에서 열리는 인재채용 행사 'LG 테크 컨퍼런스'에 참석한다. 2012년 시작된 LG 테크 컨퍼런스는 우수 R&D 인력 유치를 위해 최고경영진을 비롯한 임직원들이 LG의 기술혁신 현황과 비전을 설명하는 행사로 매년 국내와 미국에서 한 차례씩 열린다. 이번 미국 행사에서도 구 회장은 주요 계열사 경영진과 함께 인공지능(AI)과 로봇, 빅데이터, 클라우드, 자율주행, 5G 등 분야의 인재들을 직접 만나 LG의 비전을 공유할 것으로 알려졌다. .

자료원: MoneyS, 2019.3.28.

위하여 사활을 건다. 특히 기업의 미래 창조과제 수행에 필요한 능력과 그 문제를 해결하기 위한 사고유연성의 기초가 되는 인지능력(cognitive ability)을 지닌 인재는 지속적 경쟁우위의 결정적 근거가 된다. 디지털 컨버전스 시대에 대비하고 주도하기 위하여 한국의 LG그룹의 CEO들은 2000년 초반부터 IT분야의 해외인재 유치를 위하여 매년 MIT, UC Berklely, Stanford 대학 등을 비롯한 북미의 20여 개 대학 들을 돌며 휴대전화, 디스플레이, 홈네트워크 등의 분야를 전공하고 있는 유학생과 현지인을 대상으로 전사 차원의 인재유치 활동을 경주하는 것도 이러한 이유 때문이다(현장올레길 2-10 참조).

### 3) 복제가 불가능한 인적자원(Human resource that can't be imitable)

기업이 아무리 가치창출을 잘하고 또 희소한 인적자원을 보유하고 있더라도 어떤 유형의 인적자원이 기업성과에 가장 크게 기여하는지 외부인이 쉽게 파악할 수 있고 또 그 사람의 인지능력 및 기술능력을 경쟁기업이 쉽게 복제할 수 있다면 그 기업은 경쟁우위를 확보하기 어렵다. 여기서 인간 자체의 DNA 복제를 통하여 그와 같은 능력을 확보할 수는 있겠지만 이 경우는 복제인간시대(human clone era)가 도래하지 않는 한 상정(上程)하기 어렵다. 따라서 많은 기업들은 첫째, 최고의 인재를 해당 기업에서 확보하고 둘째, 이들 최고의 인재들이 지속적으로 행복하고 생산적으로 일할 수 있도록 인적자원에 대한 해당 기업 특유의 제반 관리시스템과 관행을 확보해야 한다.

해당 기업 특유의 독특한 인적자원관리 시스템은 일반적으로 모방하고 복제하기가 대단히 어렵다. 그것은 첫째, 기업 특유의 역사적인 조건, 둘째, 인과적 모호성, 셋째, 사회적 복잡성 때문이다(Barney, 1991).

- 기업 특유의 역사적인 조건: 어떤 한 제도나 관행이 형성되는 데에는 해당 기업마다 시간적 · 공간적으로 서로 다른 리더십스타일에 의해 지배받고 학습된다. 따라서 경쟁기업들은 같은 역사적 경로를 경험하지 않기 때문에 똑같은 인적자원을 창출할 수 없는 것이다.
- 인과적 모호성: 기업 특유의 어떤 관리 시스템을 보유하고 있다는 사실이 경쟁우위로 연결된다는 사실을 논리적으로 규명하기가 매우 어렵고 애매모호하다. 이 같은 인과적 애매성 때문에 그 시스템에 대한 벤치마킹을 해도 그 다음의 의사결정을 할 수가 없고 결국에는 원래의 제도로 회귀하거나 해당 기업의 역사적 · 문화적 상황에 맞는 제도 선택을 하게 된다.
- 사회적 복잡성: 인적자원 자체는 기업의 관리범위를 초월한 매우 복잡한 사회현상이

라는 점이다. 이들은 서로 다른 공식적 · 비공식적 대인관계 및 의사소통 패턴, 대내 · 외 평판을 지니고 있기 때문에 직접 관리할 수 있는 성격의 것이 아니다. 그것이 가능하다 해도 매우 불완전할 수밖에 없다.

### 4) 조직화 가능한 인적자원(Human resource that can be organized)

인적자원이든 물적자원이든 그 자원이 가치가 있고 희소성이 있으며 모방의 곤란함이 있다 하더라도 그 자원을 통한 경쟁우위를 유지하기 위해서는 그 자원이나 능력을 활용할 수 있도록 체계적으로 조직화되어야 한다. 이는 체계적인 인적자원관리 시스템(Human Resource Management System)의 문제로서 아무리 가치창출을 잘하고 희소한 역량을 가지고 있으며 그 누구도 쉽게 따라올 수 없는 역량을 가진 인적자원이 있다 하더라도 이들이 마음껏 역량을 발휘할 수 있는 인적자원관리 시스템이 없다면 일시적인 경쟁우위는 가능할지 모르지만 지속적인 경쟁우위는 확보하기 어렵다(학습목표 3).

**도표 2-2** VRIO 모형

| 자원이나 능력이 | | | | | |
|---|---|---|---|---|---|
| 가치있는가?<br>(Valuable?) | 희소한가?<br>(Rare?) | 모방하기 힘든가?<br>(Difficult to Imitate?) | 조직화되어 있는가[10]<br>(Organized?) | 경쟁상의 시사점[11] | 성과 |
| 아니오 | | | | 경쟁열위 | 평균 이하 |
| 예 | 아니오 | | | 경쟁등위 | 평균 |
| 예 | 예 | 아니오 | | 일시적 경쟁우위 | 평균 이상 |
| 예 | 예 | 예 | 예 | 지속적 경쟁우위 | 평균 이상 |

자료원: 신형덕(2010) 옮김. (역서) 전략경영과 경쟁우위: 개념과 사례, 시그마프레스, p.109 수정인용.

8) Wright, McMahan and McWilliams(1994)는 인적자원의 경쟁우위의 마지막 조건으로 대체가능성(substitution)을 언급하고 있지만 Barney(1991)는 자원이나 능력을 충분히 활용할 수 있는 조직구조나 경영통제시스템, 보상정책과 같은 조직화(organizing)를 강조하고 있다. 본서에서는 모방하기 어려우면 대체가능성도 거의 없는 것이 일반적인 현상이기 때문에 Barney의 의견을 따르고자 한다.

9) 기업의 경쟁우위는 임시적일 수도 있고 지속적일 수도 있다. 일시적 경쟁우위(temporary competitive advantage)는 짧은 기간 동안에만 존재하는 경쟁우위로서 조직이 고객에게 다른 경쟁자가 제공하지 못하는 방식으로 가치를 일시적으로 창출(value creating)하였을 때 발생하는 비교우위인 개념이다. 이에 반해 지속적 경쟁우위(sustained competitive advantage)는 경쟁우위가 오래 지속되는 경우로서 다른 조직이 특정 조직의 가치창출 방식을 모방할 수 없는 경우에만 존재하는 개념이다(Snell, Youngt and Wright, 1996). 경쟁기업과 동일한 수준의 경제적 가치를 창출하는 기업은 경쟁등위(competitive parity)를 갖고, 경쟁기업보다 낮은 수준의 경제적 가치를 창출하는 기업은 경쟁열위(competitive disadvantage)를 갖게 된다. 경쟁우위와 마찬가지로 경쟁열위도 임시적이거나 지속적일 수 있다(Barney & Hesterly, 2010).

## 2.2 HR이 경쟁우위의 원천인가 HRMS가 경쟁우위의 원천인가

자원기반관점(RBV: Resource-Based View)에서는 인적자원(HR)과 인적자원관리 시스템(HRMS: Human Resource Management System) 간에 어느 것이 경쟁우위가 있는지에 대한 평가의 움직임이 있다. 인적자원이 기업과 직접적으로 고용관계를 맺고 있는 인적자본의 기초라고 한다면 인적자원관리 시스템이란 보유하고 있는 인적자본을 기업목표를 향하여 분발하도록 동기부여하고 관리하는 다양한 조직적 활동이다. 자원기반관점에서 보면 우수하고 능력 있는 인적자원을 선발할 수는 있지만 이 인적자원이 조직의 목표를 향하여 몰입하고 분발하는 것은 별개의 문제이다. 이것을 가능하게 하는 것이 인적자원관리 시스템이다. 따라서 인적자원(HR)은 경쟁우위 달성을 위한 필요조건이지 충분조건이라고 말하기는 곤란하다. 동시에 인적자원관리 시스템(HRMS)을 구축하는 것이야말로 지속적인 경쟁우위의 원천인 것이다(정재훈, 2005, p.24).

그러나 Wright et al.(1994)와 같은 학자들은 인적자원관리 시스템은 경쟁기업에 의해 모방되기 쉽다는 점에서 지속적인 경쟁우위의 원천이 될 수 없다고 지적하며 인적자원(HR)이야말로 경쟁우위의 원천이라고 반격한다. 적지 않은 기업들이 국내·외의 새롭고 혁신적인 인사제도나 관행을 벤치마킹하여 도입하는 것에 주저하지 않는 것을 보면 이들의 주장은 일면적 타당성(一面的 妥當性)은 있다고 보여진다. 그러나 인적자원관리 시스템은 그것이 일상적인 운영시스템과 밀접하게 결합되어 기업의 부가가치를 높이는 데 기여할 경우 지속적인 경쟁우위의 원천이 될 수 있다(정재훈, 2005, p.25).

여기서 인적자원관리 시스템이 일상적인 운영시스템과 밀접하게 결합되기 위해서는 인적자원관리 시스템을 구성하고 있는 기능들 간의 내적 적합성(internal fit)과 인적자원관리 시스템과 상품개발 속도, 고객만족, 품질 등과 같은 관련 분야 타 시스템과의 외적 적합성(external fit)이 전제되어야 한다. 그러나 내적 적합성을 파악하기 위하여 인적자원관리 시스템을 구성하는 각 기능들 간의 상호 관련성을 파악한다는 것은 매우 복잡하고 인과적 모호성이 있다. 또 타 기능과의 외적 적합성이 있기 위해서는 기업 특유의 역사적 조건이나 사회적 복잡성에 대한 이해가 전제되어야 가능하다. 그래서 아무리 좋은 시스템을 다른 기업들이 벤치마킹하여도 쉽게 시스템을 이전하고 정착시키지 못하는 이유가 여기에 있다.

실제로 현대자동차가 토요타자동차로부터 자동차 생산공정 가운데 품질에 영향을 끼치는 문제가 발견될 때 줄을 당기면 그 생산라인은 자동으로 정지되고 그 문제를 고치거나 해결할 때 그 라인을 다시 가동하게 하는 'LINE-STOP제'를 수백억 원의 투자를 하여 도입하였을 때 현대차 생산공장의 직원들은 막상 생산공정상의 문제가 발생되어도 그 누구도 줄을 당기는 사람이 없었다.[10] 일본 토요타의 경우는 생산현장의 직원들에게 문제가 발견될 때 그 라인을 당길 수 있는 실제 권한을 부여하였고 라인을 당겼을 때 어떤 손실이 와도 해당 직원에게 책임을 묻지 않았다. 그러나 당시 현대차의 경우에는 그렇지 못했다. 한 번 라인을 당기면 약 3억 원의 손실이 발생하는데 발생한 문제가 사소한 문제로 드러나면 줄을 당긴 직원은 그에 대한 인사상의 책임을 져야 했기 때문이었다. 그런 책임이 두려워 눈앞에 불량이 보여도 눈감을 수밖에 없고 그 결과 아무도 라인을 당기지 않았던 것이다. 당시 품질에 대한 시장의 냉혹한 평가가 계속되면서 LINE-STOP제를 실제로 가동할 수 있도록 조치가 취해진 것은 정몽구 회장의 품질에 대한 집념 때문이었다. 이렇듯 제도나 시스템을 복제해서 수평적으로 옮겨 놓을 수는 있지만 그 시스템과 관련된 다른 시스템 간의 상호 관련성과 역사적 조건까지 모방이 되는 경우는 드문 것이 현실이다.

## 2.3 인적자원가치연쇄(HR Value Chain)

우리는 앞서의 VRIO 모형을 통하여 인적자원 시스템이 조직의 경쟁우위확보에 영향을 미치는 이해관계자들의 복잡다단한 문제를 창의적으로 해결할 수 있는 인적자원을 육성하고 유지하게 함으로써 경쟁우위를 확보할 수 있음을 확인하였다. 그러나 이와 같은 VRIO 모형에는 하나의 설명되지 않는 블랙박스(black box)가 있다. 즉, 인적자원전략과 인적자원 활동의 여러 관행들을 포함한 인적자원관리 시스템이 어떤 메커니즘에 의해서 시장에서의 경쟁우위로 연결되는가에 관한 설명이 부족하다.

이 질문에 대하여 Dyer & Reeves는 소위 말하는 '인적자원가치연쇄'(HR Value Chain)의 개념을 도입함으로써 이 질문에 대한 답을 하고 있다. 이들에 따르면 *기업의 성과는 네 가지 산출물 즉, 종업원, 조직, 재무 및 회계, 시장에 의해 결정된다고 주장하고 있으며 이 각각의 산출물에서 경쟁기업보다 우수하다면 압도적인 경쟁우위 확보가 가능하다는 것이다. 더더욱 중요한 것은 이 네 가지 산출물은 연속적인 인과관계(a sequential cause and effect relationship)를 가지고 있다는 사실이다*(Gates, 2003). [도표 2-3]에서 보는 바와 같이 HR전략과 HR의 여러 활동들이 긍정적인 종업원산출물(태도와 행동)을 유발하면 높은 조직의 산출물(생산성, 품질, 고객만족 등)이 발생하고 그 결과 양호한 재무회계적 산출물(수익창출 및

10) www://m.blog.daum.net/happy-sooseong/현대차 이야기 참조.

**도표 2-3** 인적자원 가치연쇄(HR Value Chain)

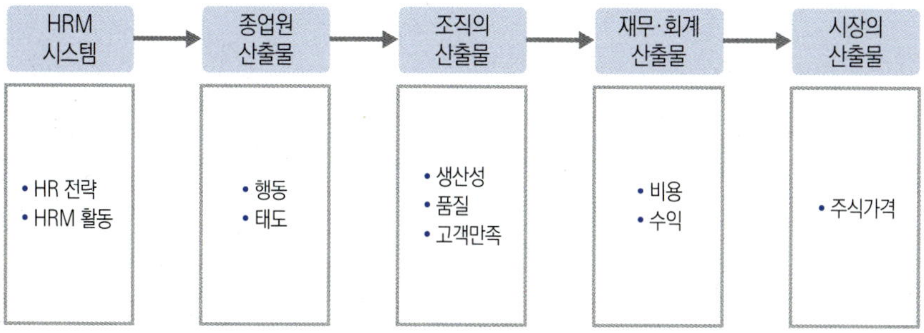


자료원: Gates, S.(2003). *Linking people to strategy: From top management support to line management buy-in*. New York: The Conference Board의 내용을 일부 수정하여 인용하였습니다.

비용절감 등)의 결과가 나타나며 최종적으로는 좋은 시장신호(market signal)가 나타나는 시장의 산출물(주식가격 등)이 도출된다는 것이다. 이것은 다시 우수한 인재들을 확보하고 유지하게 되어 반복적인 HR 가치연쇄를 강화함으로써 경쟁우위가 확보되는 것이다. 결국 인적자원관리 시스템이 경쟁우위를 연결되는 핵심지렛대(core leverage)임을 알 수 있다.

실제로 Rucci, Kirn and Quinn(1998)의 조사결과에 따르면 1992년 $3.9billion(약 4조 1천억 원)가량의 적자를 본 미국의 Sears백화점이 1993년부터 1995년까지 흑자로 전환하기 위

**도표 2-4** 미국 Sears 백화점의 종업원-고객-수익 연쇄모형(E-C-P Chain Model)

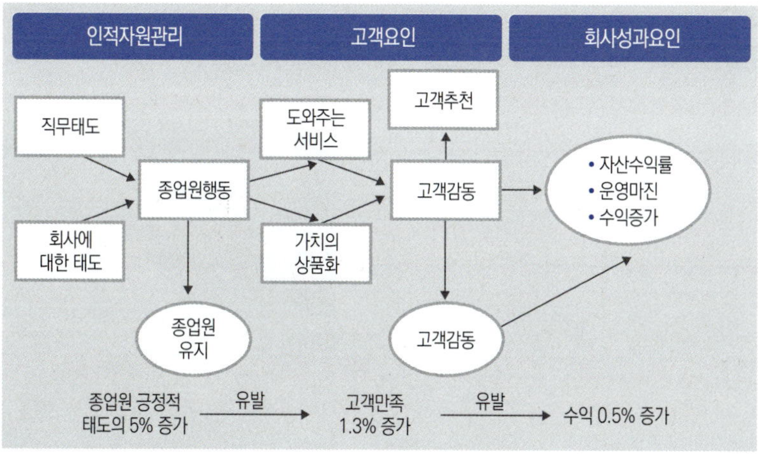


자료원: Rucci, A. J., Kirn, S. P., and Quinn, R. T.(1998). "The employee-customer-profit chain at Sears", *Harvard Business Review*(Jan-Feb), 76(1), 82-97.

한 노력의 일환으로 인적자원에 대한 투자가 기업의 성과에 어떻게 영향을 미치는지를 파악하는 모델을 [도표 2-4]와 같이 제시하였다.

이들은 직무 또는 회사에 대한 종업원의 긍정적 태도의 5%의 증가는 1.3%의 고객만족의 증가를 가져오고 이는 0.5%의 수익률 증가를 가져온다는 사실을 발표하였다. 한 걸음 더 나아가 이 모형을 직원들과 공유한 뒤 1997년 12개월간 종업원의 바람직한 행동이 4% 증가하였고 고객만족도도 4% 증가하였으며 기업의 성과 또한 2천 2백억의 추가수익이 발생하게 되었다. 이러한 사실로부터 바람직한 종업원의 태도와 행동을 유발하는 것이 기업성과에 영향을 미친다는 사실로부터 인적자원관리 시스템의 합리적 운용의 중요성을 알 수 있다(학습목표 4).

이상의 논의는 영국 맨체스터대학교 경영대학의 Gary Davis 교수의 연구에 의해서 더더욱 뒷받침되고 있다. 데이비스 교수는 건설사, 백화점, 은행 등 각기 다른 9개 회사의 크기, 종업원 수, 급여가 같은 56개 매장에서 고객 총 2,575명과 종업원 1,732명을 설문 조사했다. 고객에게는 해당 기업을 얼마나 신뢰하는지, 그 기업이 얼마나 사회에 공헌한다고 느끼는지 등을 묻고 1부터 10까지 점수를 매기게 했다. 종업원에게도 같은 질문을 하고 점수를 매기게 했다. 고객이 매긴 점수와 종업원이 매긴 점수는 달랐다. 흥미로운 것은, 종업원이 매긴 점수가 고객이 매긴 점수보다 높은 매장일수록 성과가 확연히 좋았다는 점이다. 결국 데이비스 교수는 "종업원이 고객보다 회사를 더 사랑하는 회사가 성공한다"고 주장하면서 [도표 2-5]에서 보는 바와 같이 종업원 점수, 고객점수, 향후 매출의 관련성을 규명하였다. 데이비스 교수의 이 같은 주장은 '고객만족'에 혈안이 되어 있는 우리 기업들에 시사하는 바가

**도표 2-5** 종업원 · 고객 점수 차이와 향후 매출

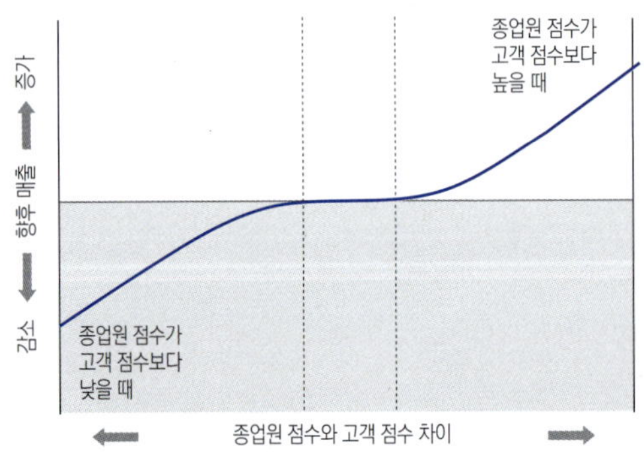

자료원: Weekly BIZ, "종업원을 먼저 감동시켜라, 긍정적 감정이 고객에게 전염된다", 2014.6.14.

적지 않다. 즉, 고객만족은 지상과제로 추구해야 할 절대명제이지만 그 이전에 고객만족을 실천하는 주체인 종업원이 만족이 느낄 만한 여건조성이 선행되어야 하며 이는 앞서 Sears 백화점을 대상으로 한 Rucci, Kirn and Quinn(1998)의 연구와 맥을 같이하고 있다.

## 3. 창조경영시대 인적자원관리를 위한 본서(書)의 프레임워크

이상의 논의를 기반으로 *본서의 프레임워크(Framework)를 제시하고자 한다. 첫째, 우선 한국 기업의 미래 조직 적응의 방향을 분명히 인식하고(도표 1-5 참조), 둘째, 과거와는 근본적으로 다른 새로운 제품/서비스 혹은 기술을 개발하거나 새로운 사업방식을 도입하고 추진하기 위하여(도표 1-6 참조), 셋째, 창조경영을 위한 인적자원관리의 역사적 맥락 가운데서 '전략창조'(도표 1-8 참조)와 또 사회적 맥락 가운데서 창의성 유발을 위한 과업환경을 조성한다*(도표 1-9 참조).

이러한 맥락의 틀 속에서 복수의 이해관계자 혹은 이해관계자 집단의 상생관계를 통하여 이들 이해관계자를 최대한 만족시키는 것이 절대적으로 필요하다. 이를 위해서는 여러 집단의 이해관계를 현명하게 조정하고 새로운 대안을 생각해 내는 인간의 창의적 사고와 행동이 필요하다. 다시 말하면 *창조경영시대의 인적자원관리는 신기술개발 및 새로운 사업방식, 노사 간 상생협력 등을 포함하여 다양한 이해관계자들의 복잡한 이해관계가 걸려 있는 문제들을 창의적으로 해결할 수 있는 구성원들의 창조적 사고와 행동을 적극적으로 발휘할 수 있도록 유도하는 시스템으로 구축되어야 한다.*

*특히 여러 이해관계자 가운데서 고객과의 연관성에 주목할 필요가 있다. 인적자원관리 시스템이 고객이 원하는 그 이상의 가치를 제공하기 위한 창의적인 내부시스템에 기반한 관행으로 작동되어야 한다는 사실이다. 따라서 본서(書)가 지향하는 인적자원관리 시스템은 고객의 요구에 초점을 맞추는 것은 물론 기업의 모든 내부 활동이 고객의 요구를 충족시키기 위해 전력을 다하게 하는 촉진자가 되어야 한다는 전제를 지니고 있다.*

이를 위하여 본서가 지향하는 프레임워크(Framework)의 기반구조는 [도표 2-6]에서 보듯이 인적자원관리 시스템을 인적자원전략(HR Strategy)과 인적자원활동(HR Activities)으로 구성하고자 한다. 인적자원전략은 사업전략을 실행하기 위해서 기본적으로 어떤 사람을(What talent?) 얼마나 많이(How many?) 어디에서 뽑을 것인가(Where to acquire?) 어떤 한

**도표 2-6** 창조경영시대의 인적자원관리 시스템 구축을 위한 본서의 FRAMEWORK

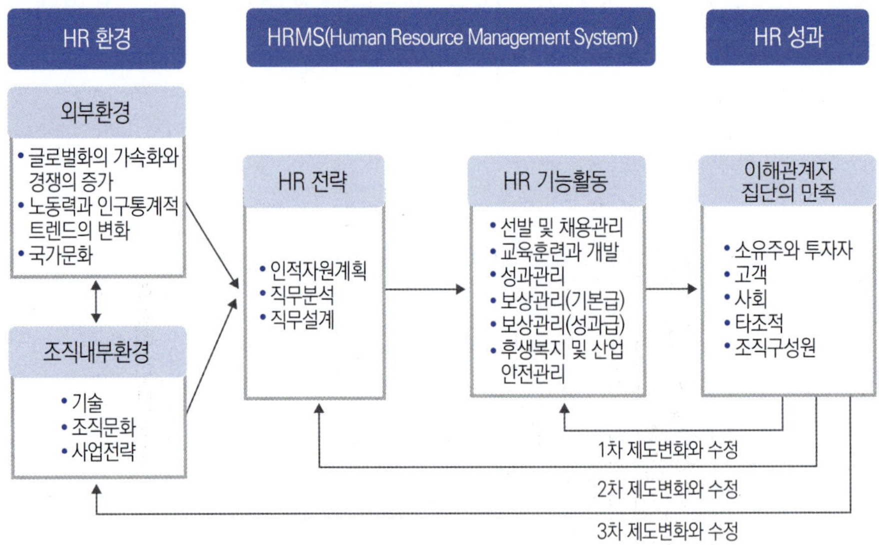


경에서 일하게 할 것인가(Which place?) 등의 내용을 결정하는 전략적 의사결정이다. 또 고객기반의 인적자원활동은 인적자원전략(HR Strategy)을 기반으로 전개되는 세부인사기능의 실행활동이다(학습목표 5).

이러한 이원화된 접근을 통하여 인적자원전략에서 어떻게 인적자원기능 활동이 도출될 수 있는지 파악하고자 한다. 또한 인적자원관리 시스템에 직접적인 영향을 미치는 환경을 외부환경(External Environment)과 조직 내부의 환경(Organizational Environment)으로 구분하여 접근하고자 한다. 이는 기업조직은 외부환경 안에 존재하며 동시에 기업조직 자체는 종업원 개개인이 그 속에서 직무수행을 하는 내부환경을 지니고 있기 때문이다. 또 주목할 것은 외부환경과 조직 내부환경을 설명할 때 이해관계자나 이해관계 집단을 포함시키지 않았다는 점이다. 대신 본서는 기업조직과 조직의 구성원들은 이해관계자의 복잡한 이해관계를 가급적 충족시켜야 할 집단으로 전제하기 때문에 이해관계자의 만족을 HR성과의 위치에 두었다. 뿐만 아니라 이해관계자 집단의 만족 여부는 HR기능활동의 1차적인 제도 변화와 수정(first-order modification)을 가져온다. 그러나 1차 제도 변화와 수정이 불충분할 때는 HR전략 자체를 수정해야 하는 경우도 있다. 이때는 2차적인 제도 변화와 수정(second-order modification)이 필요해진다. 2차 변화에도 이해관계자 집단의 성과가 불충분하다면 조직 내부환경에 대한 변화와 이를 토대로 외부환경에 대한 새로운 전략적 선택

(third-order modification)을 통하여 환경을 창조(Enacted Environment)해야 하는 상황이 있다(Weick, 1979). 이러한 사실은 창조경영의 구현을 위한 인적자원관리 시스템은 복잡다단한 이해관계자들의 문제들을 창의적으로 조정하고 문제를 해결할 수도 있게 한다. 그러나 그것이 적절히 해결되지 않을 경우에는 기존 인적자원관리 시스템에 대한 변화뿐만 아니라 조직 내부환경에 대한 변화를 선택하고 나아가서 외부환경 자체도 새롭게 선택하여 새로운 환경영역에서 경쟁우위를 확보할 인적자원관리 시스템을 도입하는 것까지 포함하는 동태적인 역량(dynamic capability)의 운용과정으로 이해하고자 한다.

이러한 인식을 바탕으로 이후 3장에서 외부환경과 조직 내부환경에 대해서 심층적으로 살펴보고자 한다. 인적자원전략을 다루기 위해서 4장에서 인적자원계획, 5장에서 직무분석, 6장에서 직무설계를 다루고자 한다. 인적자원의 기능활동을 다루기 위해서 7장에서 모집과 선발관리, 8장에서 교육훈련과 개발, 9장에서 성과관리, 10장에서 보상관리(기본급), 11장에서 보상관리(성과급), 12장에서 후생복지 및 산업안전관리를 다루기로 한다. 특별히 4장 이후부터는 창조경영을 구현하기 위한 전략적 시사점 즉, 창조경영이 가능하기 위한 제도설계의 방향 혹은 보완점을 제시하고자 하였다.

## 3.1 외부환경과 조직 내부환경의 중요성

만약 여러분이 지금까지 살아오면서 여러 CEO들을 위해서 일해 본 적이 있다면 그들마다 종업원들을 다루는 방식이 천양지차(天壤之差)로 다름을 알 수 있을 것이다. 어떤 CEO들은 사람을 채용할 때 매우 까다롭게 선발하는 반면 어떤 CEO들은 면접하러 걸어 들어오는 사람은 대충 다 뽑는다. 또 어떤 분들은 월급과 종업원을 위한 후생복지를 후하게 제공하지만 사내직원들을 위한 투자에 대단히 인색하다. 인적자원을 관리하는 방식에 이렇게 차이가 나는 이유는 그 조직이 처한 환경상에 차이가 나기 때문이다.

### 1) 외부환경

일반적으로 외부환경은 대부분의 조직에 영향을 미치지만 그 영향력은 모든 조직에 동일하게 미치지 않는다. 세계경제가 아무리 글로벌화되어도 태생부터 국내시장만 목표로 하는 기업들과 세계시장을 대상으로 사업을 하는 기업들 간에는 글로벌 경제 변화에 대한 대응방식이 완전히 다르다. 또 정치권에 기대어 성장을 해 온 기업과 정치권의 도움 없이 그들 스스로의 사업수완으로 시장에서 성공한 기업 간에도 사업방식을 비롯한 조직관리방식에 현격한 차이가 있을 것이다. 또 첨단기술산업 노동시장의 상황 또한 소매유통산업 노동시장의 상황과 비교해 보면 매우 다름을 알 수 있다. 다음의 3장에서는 인적자원을 관리하는 관리방식에 영향을 미치는 외부환경의 다양한 측면들을 구체적으로 살펴보고자 한다. 특히 경제적 글로벌화 및 경쟁의 증가, 노동시장 및 인구통계적 트렌드의 변화, 국가 간 국가문화의 차이 등에 대하여 조명하고자 한다.

### 2) 조직 내부환경

한편 조직의 내부 특징을 알면 동일한 산업 내라도 왜 기업마다 종업원들을 다르게 대하고 있는지 그 원인을 알 수 있다. 예를 들어 여기 A, B라는 두 개의 대형 유통업체가 있다고 하자. A라는 유통업체의 사장은 늘상 사람이 문제라고 언급만 하고 이들을 동기부여하고 육성하는 인적자원 관리방식의 개선에는 전혀 관심이 없다. 시간임률은 가장 낮고, 종업원 복지도 최소한에 그치며, 매년 이직률은 산업평균보다 높다. 또 종업원의 대부분은 승진기회가 거의 없다고 느끼고 있다. 이러한 제반 인적자원관리의 관행들은 가능한 값싼 제품을 시장에 제공함으로써 기업의 수익성 창출에 기여하고자 하는 A유통업체의 사업전략과 맥을 같이 하고 있다.

A유통업체와 마찬가지로 B유통업체도 매우 이익을 많이 남기는 회사이지만 B유통업체의 사업전략은 A업체와는 전혀 다르다. 비록 물건의 가격은 다소 비싸지라도 고객에게 최상의 식품과 상품을 공급한다. B업체의 사장은 임원회의에서 늘상 다음처럼 얘기한다. "우리가 우리 직원들을 잘 보살피면 그들은 우리의 고객 한분 한분에게 최선을 다해 모실 것이다. 외부의 고객들을 만족시키기 이전에 내부의 고객인 우리 직원들을 먼저 만족시켜라" 또한 B업체는 임금수준도 경쟁기업보다도 높으며 전체 지원자의 8% 이내에 해당하는 최고의 인재들을 선발하고자 한다. 또한 정규직과 비정규직 구별 없이 4대보험은 물론이고 회사의 모든 후생복지를 공히 같이 제공한다. 이직률 또한 매우 낮은 편이다.

앞서의 두 유통업체에 대한 비교를 하는 과정에서 우리는 회사의 전략, 기술 그리고 문화와 같은 조직 내부의 특성이 있음을 알 수 있고 이들 조직 내부의 특성들이 사람을 다루는 방식을 결정하고 있음을 알 수 있다. 3장에서 이들 조직특성에 해당하는 조직 내부환경에 대해서 논의하고자 하며 이들 조직특성에 따라 인적자원 관리방식이 어떻게 다른지도 다양한 각도에서 조명해 보고자 한다.

## 3.2 인적자원전략(HR Strategy)

앞서도 정의내렸듯이 인적자원전략은 기업의 사업전략을 실행하기 위해서 기본적으로 어떤 사람을(What talent?) 얼마나 많이(How many?) 어디에서 뽑을 것인가(Where to acquire?) 어떤 환경에서 일하게 할 것인가(Which place?) 등의 내용을 결정하는 전략적 의사결정이다. 이러한 결정을 하는 데 있어서 인적자원계획(4장), 직무분석(5장) 그리고 직무설계(6장)에 관한 이론적 지식이 필요하다.

### 1) 인력계획(Human Resource Planning)

4장에서 다룰 인적자원계획에서는 어떻게 전략계획과 인적자원계획이 서로 연동되고 또 인력계획이 조직 외부환경과 내부 특성의 조건하에서 어떻게 인적자원활동과 서로 연결될 수 있는지 살펴보고자 한다. 예를 들어 어떤 회사가 신입종업원에게 경쟁기업보다도 상대적으로 낮은 임금을 주기로 결정했다면 회사측에서는 그 종업원이 얼마 못 가서 회사를 그만두게 될 것이라는 것을 예상할 수 있다. 또 그렇게 이직을 많은 사람들이 하게 되면 모집활동은 늘상 진행되어야 하고 더불어 그렇게 종업원들의 근속이 짧을 경우 회사는 교육훈련에 굳이 그렇게 많은 비용을 들일 필요가 없게 되는 것이다. HR전략에 따라 HR활동들이 서로 연결되어 있음을 깨닫게 될 것이다.

### 2) 직무분석(Job Analysis)

한편 대부분의 조직은 과업을 세세한 직무로 나누고 있으며 5장의 직무분석에서는 각 직무별 수행요건과 책임의 내용을 규명하는 방법론을 제공하고 있다. 효과적인 인적자원관리 시스템은 각 직무 간에 어떻게 연결되어 하나의 과업을 구성하고 있고 그 직무를 수행하는 데 있어서 어떤 역량이 요구되는지에 대한 분명한 이해를 기반으로 하고 있다. 이 장에서는 조직에서의 직무에 대한 이해와 종업원이 직무성과를 높이기 위한 역량개발을 위하여 어떻게 직무분석과 역량모델링이 사용될 수 있는지 학습하게 될 것이다. 더불어 창의적인 사람들을 육성하기 위해서는 직무분석의 내용이 어떻게 전개되어야 하는지도 탐색하고자 한다.

### 3) 직무설계(Job Design)

6장에서는 어떻게 하면 효율적인 직무수행이 가능하면서도 동시에 직무수행자의 만족을 충족시킬 수 있는지 직무설계에 관해 논의하고자 한다. 이를 위하여 종업원이 무엇을 해야 하는지(What Workers Do), 종업원은 무엇을 필요로 하는지(What Workers Need) 그리고 어떻게 직무와 직무들 간을 연결할 것인지(How Jobs Interface with Other Jobs)의 관점에서 논의를 전개함으로써 창의적인 사람들에게는 어떤 직무환경이 요청되는지를 탐색하고자 한다.

## 3.3 인적자원활동(HR Activities)

인적자원활동은 인적자원전략(HR Strategy)을 기반으로 전개되는 세부인사기능의 실행활동으로서 7장에서 모집과 선발, 8장에서 교육훈련과 개발, 9장 성과관리, 10장 보상관리(기본급), 11장 보상관리(성과급), 12장 후생복지 및 산업안전관리를 다루고자 한다.

### 1) 모집과 선발관리(Recruit and Selection)

회사는 조직에 필요한 직무를 성공적으로 완수할 수 있는 유능한 인재를 모집하고 선발하며 이들이 직무수행을 지속적으로 할 수 있도록 유지시킬 전략이 필요하다. 즉, 모집공고가 나면 회사는 기업 외부에서도 직원을 선발할 수도 있고 기업 내부에서도 선발할 수 있다. 어떤 경우이든 가장 유능한 직원을 선발하고 이들을 조직 내에 머물게 하여 지속적인 역량발휘를 하게 하는 것이 중요하다. 이 7장에서는 유능한 직원을 선발하는 방법과 전략에서부터 이직을 예방하고 이들을 유지하는 전략의 내용을 다루고자 한다.

### 2) 교육훈련과 개발관리(Education, Training and Development)

종업원들이 회사측에 무엇을 기대하는지 확실히 알기 위해서는 회사측은 종업원들에게 정확한 지침과 훈련을 제공해야 한다. 직무환경이 급변함으로써 직무수행요건 또한 빨리 변해가고 있다. 따라서 기존 종업원들도 반드시 새로운 역량을 자발적으로 개발함으로써 자기직무분야에 전문가가 되어야 한다. 8장에서는 직무환경이 급변함에도 불구하고 종업원 스스로를 개발하고 고용가능성을 높일 수 있는 여러 교육훈련 및 개발의 이론과 현장의 다양한 관행들을 살펴보고자 한다.

### 3) 성과관리(Performance Management)

종업원들이 성공적으로 직무수행을 하기 위해서는 경영자들은 그들의 업무성과 관리를 위한 다양한 제도와 관행들을 사용해야 한다. 종업원들이 적절한 인정을 받도록 하는 것은 성과관리의 한 측면이다. 이를 위해서는 회사는 종업원들에게 공정하고 분명한 성과평가 기준을 제공해야 한다. 이러한 사실은 성과는 어떤 식으로든지 측정되어야 함을 의미한다. 또한 종업원들은 부족한 성과평가 결과를 수정하고 보완할 수 있는 정확한 성과피드백과 지원을 회사측으로부터 받을 수 있어야 한다. 즉, 적절한 성과평가 기준이 있고 종업원들을 이 기준에 따라서 정확하게 평가하고 필요한 피드백을 적기에 제공할 수 있을 때, 평범한 직원은 유능한 직원이 되고, 유능한 직원은 고성과를 만드는 탁월한 노동력을 보유한 소유자가 된다. 9장에서는 성과평가와 관련한 여러 전략적 이슈들을 포괄적으로 논의하고자 한다.

### 4) 보상관리 I – 기본급(Compensation Management I – Base Wage)

종업원들은 스스로의 노동을 제공한 대가로 금전적이든 비금전적이든 보상을 받는다. 10장에서는 임금관리의 핵심사항인 임금수준의 문제, 임금체계의 문제, 임금형태의 문제에 대하여 심층적인 논의를 하고자 한다. 임금수준과 관련해서는 어떻게 적정 임금수준이 결정되는지 그 메커니즘을 학습하게 될 것이다. 더불어 한국의 최근 현안과제인 임금피크제에 관한 논의도 전개될 것이다. 임금체계와 관련해서는 공정한 임금체계를 구성하기 위해서 기본급의 성격을 직무급, 연공급, 직능급, 성과급 등의 각각의 관점에서 장 · 단점을 조명해 보고자 한다. 또한 임금형태와 관련해서는 연봉제에 대한 전반적인 논의를 할 것이다. 이상의 임금관리의 내용을 토대로 임금구조(Pay Structure)에 대한 설계방법론을 제공할 것이다.

### 5) 보상관리 II – 성과급(Compensation Management II – Performance-Based Pay)

지난 수 십년 동안 경영자들은 총보상에 대한 설계를 지속적으로 변경해 왔다. 총보상설계의 지향점은 종업원들이 받는 보상수준의 핵심동인은 그들이 창출해 내는 성과에 있다는 사실이다. 성과와 임금수준을 가급적 서로 연동시키는 것이 종업원들의 동기부여를 올리는 것은 물론이고 인건비를 절감함으로써 회사의 생산성을 증대시킬 수 있다. 11장에서는 종업원들의 생산성을 높이기 위하여 성과에 기반하여 회사가 제공하는 다양한 형태의 인센티브를 파악하고자 한다.

### 6) 후생복지 및 산업안전관리(Benefits/Safety & Health in the Workplace)

대부분의 기업들은 최고의 인재를 선발하기 위하여 핵심인재들에게 경쟁기업에 대비하여 보다 나은 후생복지 패키지를 EVP(Employee Value Proposition) 형태로 제공하고자 한다. 12장에서는 기업의 EVP전략에 관한 구체적 내용과 더불어 최근에 전 산업에 걸쳐서 확산되고 있는 선택적 후생복지제도에 관한 세부 논의를 하고자 한다. 또한 고속성장을 하여 왔던 한국 기업들이 가장 간과하고 있는 산업안전 및 건강관리의 이슈에 대한 이론과 최근의 현황 및 과제들에 대한 논의를 구체화하고자 한다.

## 단원 이해를 위한 질문

Q1 기업의 인적자원관리가 왜 중요한가? 다음의 복수의 이해관계자의 입장에서 답해보라.

q1-1 소유주와 투자자의 입장에서 설명해 보라.

q1-2 고객의 입장에서 설명해 보라.

q1-3 "사회적 책임 때문에 고령인력을 채용해야 한다"는 주장에 대하여 프리드만(Friedman)과 케인즈(Keynes)의 입장에서 찬성 또는 반대의 의사를 표해 보라.

Q2 VRIO 모형과 관련하여 다음의 질문에 답해 보라.

q2-1 VRIO모형이 무엇인가

q2-2 HR이 중요한가? 아니면 HR시스템이 중요한가? 자원기반관점에서 설명해 보라.

Q3 가치창조(Value Creation), 가치확보(Value Capture), 가치퇴화(Value Devolution)의 관계성을 설명해 보라. 또 그 관계성이 인적자원관리에 주는 시사점이 무엇인지 설명해 보라.

Q4 인적자원가치연쇄(HR Value Chain)가 무엇이며 왜 중요한지 설명해 보라.

Q5 다음의 도표는 경쟁기업인 A, B 부품회사의 인적자본 경제적 부가가치(HEVA)에 대한 3개년을 비교한 것이다. 여러분이 A기업의 인사담당임원이라면 어떠한 정책개발을 하겠는가?

인적자본 경제적 부가가치표(HEVA) = EVA/FTE

– 종업원 단위당 실제기업의 이익. 종업원 한 명당 실제 기업의 이익

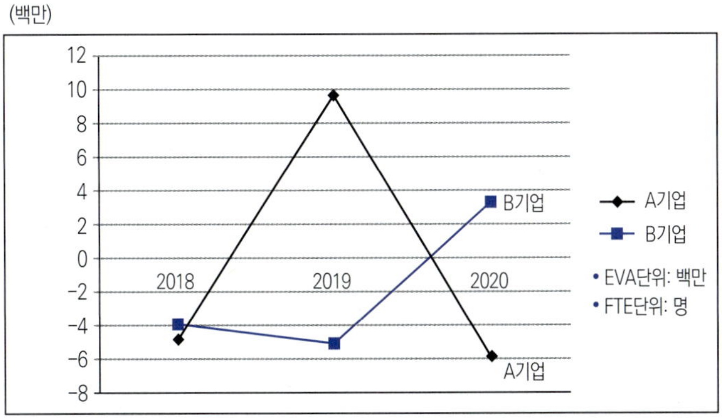


Q6 종업원의 긍정적 태도가 회사의 성과에 미치는 메커니즘을 설명해 보라.

## 참고문헌


- 뉴스1. "폐업위기 몰렸던 토요타 세계1위 비결은? … '64년 무파업'의 힘", 2015.8.27.
- 동아일보. "현대캐피탈 英합작회사 설립", 2012.7.16.
- 매일경제. "선진기업 핵심인재 육성현장: BP", 2006.12.24.
- 비즈포커스. "구본무 회장, 우수 인재유치 위해 직접 미국행", 2012.4.22.
- 신형덕(2010) 옮김(역서) 전략경영과 경쟁우위: 개념과 사례, 시그마프레스(원서 Barney, J. B. and Hesterly, W. S.(2010). *Strategic Management and Competitive Advantage: Concepts and Cases*(3rd Ed.), PrenticeHall).
- 아시아경제. "일자리기회 20만개 확대 … 고용률 1.8% 높인다", 2015.7.27.
- 연합뉴스, "한국, 배당성향 세계 '꼴찌' 수준", 2015.10.13.
- 이코노미스트. "김정한作 [사하촌]의 '공유자본주의'", 2016.2.29.
- 전상길(2011). LG이노텍의 인적자원 평가에 관한 연구: 국내외 주요 기업과의 비교분석, 한양대학교 지식서비스연구소.
- 정재훈(2005). 인적자원관리, 학현사.
- 조선경제. "'디젤사기극' 폴크스바겐 시총 하루새 18조원 증발", 2015.9.22.
- 조선비즈. "저커버그, 방진복 입고 삼성의 심장에", 2014.10.20.
- 최병우 · 이의현 옮김(역서)(2006). 전략적 인적자원관리의 모습, 무역경영사(원서: 岩出博(2002). 戰略的 人的資源 管理論の 實相, 泉文堂出版社).
- Agafonow, A.(2014). "Value Creation, Value Capture, and Value Devolution: Where Do Social Enterprises Stand", *Administration & Society*, Nov., 1–23.
- Barney, J. B.(1991), "Firm Resources and Sustained Competitive Advantage", *Journal of Management*, 1791, 99–120.
- Barney, J. B., & Hesterly, W. S.(2010). *Strategic Management and Competitive Advantage: Concepts and Cases*(3rd Ed.), Prentice Hall.
- Becker, B. E., Huselid, M. A., & Ulrich, D.(2001). *The HR Scorecard: Linking People, Strategy and Performance*, Boston: Harvard Business School Press.
- Berrone, P., & Gomez–Mejia, L. R.(2009). "The Pros and Cons of Rewarding Social Responsibility at the Top", *Human Resource Management*, 48(6), 959–971.
- Brockbank, Wayne(1999). "If HR were really strategically proactive: Present and future directions in HR's contribution to competitive advantage", *Human Resource Management*, 38(4), 337–352.
- Forbes, "Here's What Happens to Google Employees When They Die", 2012.8.8.
- Gates, S.(2003). *Linking people to strategy: From top management support to line management*

*buy-in*. New York: The Conference Board.

- Jac Fitz-Enz(2009). *The ROI of Human Capital: Measuring the Economic Value of Employee Performance*(2nd Ed.), Amacom.
- Kruse, D. L., Freeman R. B., & Blasi, J. R.(Eds.)(2010). *Shared Capitalism at Work: Employee Ownership, Profit and Gain Sharing and Broad-based Stock Options*. Chicago: University of Chicago Press.
- Mayer, D., Ehrhart, M. G., & Schneider, B.(2009). "Service Attribute Boundary Conditions of the Service Climate-Customer Satisfaction Link", *Academy of Management Journal*, 52, 1034-1047.
- Messersmith, J. G., & Guthrie, J. P.(2010). "High Performance Work Systems in Emergent Organizations: Implications for Firm Performance", *Human Resource Management*, 49(2), 241-264.
- Nishii, L. H., Lepak, D. P., & Schneider, B.(2008). "Employee Attributions of the 'Why' of HR Practices: Their Effects on Employee Attitudes and Behaviors, and Customer Satisfaction", *Personnel Psychology*, 61, 503-545.
- Rucci, A. J., Kirn, S. P., & Quinn, R.T.(1998). The employee-customer-profit chain at Sears", *Harvard Business Review*(Jan-Feb), 76(1), 82-97.
- Weekly BIZ "종업원을 먼저 감동시켜라, 긍정적 감정이 고객에게 전염된다", 2014.6.14.
- Weick, K. E.(1979). *The Social Psychology of Organizing*, Random House.
- Welbourne, T. M., & Andrews, A. O.(1996). "Predicting the Performance of Initial Public Offerings: Should Human Resource Management Be in the Equation?", *Academy of Management Journal*, 39, 891-919.
- Werner, S., Schuler, R. S., & Jackson, S. E.(2012). *Human Resource Management*(11th Ed.), South-Western Cenege Learning International Edition.
- Wright, P. M., McMahan G. C., & McWilliams A.(1994). "Human Resources and Sustained Competitive Advantage: A resource-based perspective", *International Journal of Human Resource Management*, 5(2), 301-326.
- www.pedium.com
- www://m.blog.daum.net/happy-sooseong/현대차 이야기

## 위대한 사람들

앨프 월도 에머슨

금이 아니라 사람만이 한 민족을
위대하고 강하게 만들 수 있다.
진리와 명예를 위해서 굳건히
맞서 오랜 고통을 참는 사람들만이.
다른 이들이 잘 때 일하는 용감한 사람들,
다른 이들이 도망갈 때 당당히 맞서는 사람들,
그들이야말로 한 나라의 기둥을 깊이 묻고
하늘을 찌를 듯 높이 세우는 사람들이다.

## Great men

R. W. Emerson

Not gold, but only man can make
A people great and strong.
Men who, for truth and honor's sake,
Stand fast and suffer long.
Brave men who work while others sleep,
Who dare while others fly–
They build a nation's pillars deep
And lift them to the sky.

# 제 3 장

# 인적자원관리 시스템 구축을 위한 영향요인

## 깨달음의 명언

- "저 골짜기에 흐르는 물을 보라. 그의 앞에 있는 모든 장애물에 대해서 스스로 굽히고 적응함으로써 줄기차게 흘러 드디어 바다에 이른다. 적응하는 힘이 자유자재로워야 사람도 그가 부닥친 운명에 굳센 것이다." - 공자 -
- "문제 자체에 매달려 논리적으로만 해결하려 하지 말고 문제에서 한 걸음 물러나 더 넓은 안목과 시야로 총체적으로 문제를 바라보라. 숨어 있던 비상구가 보일 것이다." - 아드리스 샤흐[1] -

## 학습목표

1. 현실적 외부환경요인 즉, 첫째, 글로벌화의 가속화와 경쟁(원가경쟁과 지식에 대한 경쟁, 경제의 주기, 세계경제의 블록화), 둘째, 노동력과 인구통계적 트렌드의 변화(고령화 추세, 인력다양성, 업무기술 부족), 셋째, 국가문화의 요인 등이 어떻게 인적자원관리 시스템 구축에 영향을 미치는지 학습한다.
2. 또 내부환경요인으로서 첫째, 기술(로봇공학, 정보기술, 모바일 기기, 가상네트워크조직), 둘째, 조직문화(리더십, 비전, 임무, 핵심가치), 셋째, 사업전략(경쟁전략으로서 전사적 품질전략, 저원가전략, 고객서비스전략, 혁신전략) 등이 어떻게 인적자원관리 시스템 구축에 영향을 미치는지 그 작동원리를 파악한다.
3. 창조경영의 구현을 위해 지향해야 할 인재모습을 학습한다.

---

1) 큰 수피(Sufi, 이슬람교 신비주의 수도승)이자 탁월한 수피 문헌의 번역가, 해석자로 현재 미국에서 활동 중.

## 도입사례 3　중국 하이얼그룹의 인적자원관리

중국이 세계의 생산제조공장이라고 하지만 중국의 제조업체 가운데 글로벌 브랜드를 갖고 있는 기업은 매우 드물다. 하이얼그룹(海尔集團公司, Haier Group)은 글로벌 브랜드를 갖고 있는 몇 안 되는 중국 기업 가운데 하나이다. 하이얼은 칭따오(靑島)지방의 지역 냉장고업체로 출발했다. 1990년대에 대학교 기숙사에서 쓰는 소형 냉장고 제품으로 미국 시장에 진출하였다. 2005년도에는 네브라스카에 본사를 두고 있으며 미국의 3대 가전사 가운데 하나인 Maytag사(社)를 인수하였다. 이후에 하이얼은 미국에 공장을 건설한 최초의 중국 기업이 되었다. 오늘날에 이르러 하이얼은 전 세계 30개 이상의 현지 생산공장에서 6만 명 이상의 종업원을 거느리며, 20조 이상의 매출을 보이고 있는 글로벌 브랜드의 기업이 되었다. 특히 이들 현지 생산공장은 중국이 아닌 해외에 있다.

하이얼은 유럽의 Electrolux, 미국의 GE나 Whirlpool, 일본의 Sony, 한국의 Samsung, 중국의 Gree Electric Appliances와 같은 기업들과 당당히 맞서고 있다. 하이얼의 제품들은 식기세척기, 건조기, 마이크로 오븐, 냉장고 등이다. 오늘날에는 사우스 캐롤라이나주의 Camden에 위치한 미국 생산공장에서 소형 냉장고를 생산하고 있고 또한 북미시장에 팔 목적뿐 아니라 중국 수출용 대형 냉장고를 만들고 있다.

세계적 수준의 글로벌 브랜드를 지향하는 하이얼은 CEO인 장루이민(張端敏, Zhang Ruimin)이 30년 이상 이끌고 왔다. 장사장과 그의 경영진은 많은 국가와 서로 다른 문화권 속에서도 성공적으로 기업을 운영해 왔지만 그 길이 순탄한 것만은 아니었다.

장사장과 경영진들은 서로 다른 국가와 문화권 속에서 종업원을 관리하는 방식에 대하여 많은 사실을 깨닫게 되었다. 가장 큰 교훈 가운데 하나는 철저한 현지화 방식(Act Local)을 취하라는 것이다. 즉, 현지 고객들의 니즈에 적합한 제품설계 및 생산 그리고 마케팅을 하고 종업원도 관리자도 철저하게 현지인을 채용하라는 것이다. 미국 현지법인의 경우 처음 13명의 인원에서 120명까지 세를 확장하였으며 여기에 중국인은 한 명도 채용하지 않았다. 이는 미국 내에 브랜드 및 판매망을 구축한 뒤 축적된 브랜드 이미지를 바탕으로 후진국으로 해외시장을 넓히려는 전략이었다.

하이얼이 사우스 캐롤라이나주에 처음 공장을 신설했을 때 중국문화와 중국의 노동법을 반영한 인사정책과 관행을 적용하였지만 현지 HR임원인 Gerald Reeves의 충고와 경험으로 하이얼의 모든 HR정책과 인적자원관행들을 철저하게 미국식으로 현지화하였다. 단적으로 가장 놀랄 만한 예는 성과 피드백을 공개적으로 주던 것을 개인적으로 비밀스럽게 주게 된 점이다. 미국 종업원들에게 건강보험료를 지급하게 된 것도 변화 가운데 하나이다. 중국의 경우에는 건강보험료는 정부에서 주지 개별 기업에서 제공하지 않는다. 오늘날 하이얼의 인사정책과 여러 인사관행들은 전 세계 최고의 기업들과도 별반 다르지 않으며 하이얼의 고품질이며 혁신적인 제품들은 Target, Wal-Mart, Costco와 Best Buy에서 쉽게 발견된다.

자료원: Werner, S., Schuler, R. S. and Jackson, S. E.(2012). *Human Resource Management*(11th Ed.), SOUTH-WESTERN CENEGE LEARNING International Edition, p.37의 내용과 經際新聞, "中, 해외 인수합병을 통한 '走出去'전략", 2005. 7.22 그리고 Weekly BIZ, "家電 시장 점유율 세계 1위 하이얼그룹 장루이민 회장, 회사는 큰 인큐베이터 … 전 직원 社內창업이 목표", 2015.11.21의 내용을 참고하였음.

### | 이 장을 시작하며 |

지난 2015년 11월 9일 오후 5시 영국 런던 금융가(街) 중심에 있는 드레이퍼스홀. 경영학계의 오스카(Oscar)상으로 불리는 '싱커스(Thinkers) 50' 행사가 한창이었다. 현대 경영학의 최고 권위자 헨리 민츠버그 맥길대 교수, 경영전략의 대가(大家) 데이브 얼리치 미국 미시간대 교수 등 경영 구루(guru) 50여 명이 삼삼오오 모여 샴페인을 마시며 대화 중이었다. 그때 나비넥타이를 맨 한 중국인 남자가 들어왔다. 키는 180㎝ 정도, 머리는 희끗희끗했다. 그를 본 사람들은 일제히 하던 대화를 중단하고 그 앞으로 모여들었다. 전 세계의 경영학 구루들이 그와 대화를 나누기 위해 줄을 섰고, 기자들은 한마디라도 대화를 들을 수 있을까 싶어 그를 에워쌌다. 그가 영어를 못하자, 모인 사람들은 피부색이 같은 기자에게 "통역 좀 해달라"고 부탁하기도 했다. 통역이 오자 위키노믹스 창시자 돈 탭스콧 회장은 만나서 반갑다며 인사를 전해달라고 말했다. 그는 탭스콧 회장에게 "당신 책 잘 읽었다. 많은 영감을 받았다"고 말했다. 183년 역사를 자랑하듯 천장에는 보석처럼 빛나는 샹들리에가, 벽에는 역대 왕들의 초상화가 걸린 고풍스러운 연회장이 순식간에 한 사람을 위한 장소가 된 듯했다.

경영 대가들의 수퍼스타인 이 남자는 세계 1위 백색가전 기업인 하이얼그룹을 30년째 이끄는 장루이민(張瑞敏 · 66) 회장이다. 장 회장은 2015년 올해 싱커스 50 행사에서 최고 영예인 '경영 사상가상'을 받고, 경영가 순위도 38위를 차지했다. 2001년부터 시작된 싱커스 시상식에서 중국인이 수상과 순위 등극을 둘 다 거머쥔 것은 이번이 처음이다. 과거 빌 게이츠 마이크로소프트 회장, 잭 웰치 제너럴 일렉트릭(GE) 회장이 차지하던 그 자리가 이제는 장 회장의 것이 됐다. 싱커스는 그의 수상 이유로 "중국식 사고방식과 서구식 경영시스템의 결합으로 완벽한 기업혁신 모델을 만들었기 때문"이라고 말했다. 장회장이 이끄는 기업혁신의 모습은 인적자원관리에서도 여실히 드러나고 있다.

[도입사례 3]에서 살펴본 하이얼그룹의 경우 미국 시장이라는 환경에 대한 이해를 통해 시장경쟁에서 성공한 케이스이다. 하이얼은 경험 많은 현지 미국인들에게 핵심적인 의사결정을 내릴 수 있는 관리직을 맡겼다. 또 하이얼은 새로운 장비에 투자를 하였고 물류센터를 신설하였으며 현지 미국인들을 위한 일자리 창출을 하였다. 즉, 하이얼의 성공의 요체는 미국 시장이라는 기업환경의 다양한 측면들에 대한 학습과 또 새로운 환경에 대한 철저한 적응이 있었기에 가능하였다. 하이얼의 현지화 노력의 핵심은 인적관리 시스템을 철저하게 미국식으로 현지화한 것이다. 그것은 중국과는 현저하게 다른 외 · 내부환경의 차이에 기인한다. 이하에서는 외 · 내부환경요인이 어떻게 인적자원관리 시스템에 영향을 미치는지 구체적으로 살펴보고자 한다.

# 1. 외부환경요인

## 1.1 글로벌화의 가속화와 경쟁의 증가

넓은 의미에서 글로벌화란 제품이나 서비스, 지식, 정보 그리고 사람이 국경을 넘어 이동하는 것을 말하며 또 이것은 경제적, 화폐적, 사회적, 법적, 정치적, 문화적, 기술적 그리고 노동시장의 제반 조건들에 의해서 촉진되고 가속화된다. 글로벌화의 개념이 매우 넓기 때문에 이 개념의 모든 측면을 다루지 않고 여기서는 주로 인적자원관리에 주는 영향력 측면에 국한하여 논의하고자 한다.

기업에 따라서 상황은 다를 수 있지만 대부분의 기업에 있어서 미국이나 중국 시장의 규모는 대단히 매력적인 시장인 것은 틀림없으며 동시에 이들 시장은 비슷한 규모의 다른 시장에 비해 상대적으로 개방적이다. 시장이 개방적이라는 것은 미국이나 중국의 기업들은 한국, 대만을 비롯한 신흥선진국의 기업들과 치열한 경쟁을 벌여야 함을 의미한다. 2015년 기준 연 매출액 23조 원을 하는 LG화학만 하더라도 중국 시장에서 약 30%(7조 원)의 매출을 거두고 있고 LG그룹 전체로 보더라도 2014년 기준 전체 매출액 150조 원 가운데 약 67%에 해당하는 100조 원이 해외시장에서 발생하였다(파이낸셜 뉴스, 2015.1.16).[2] 특히 LG화학은 전기차 배터리의 경우 시장점유율 세계 1위를 차지하고 있으며 현재 현대·기아차, GM, 포드, 르노, 중국 상하이자동차, 코로스, 폭스바겐그룹의 자회사 아우디 등 20여 개 완성차 업체에 공급 중이다. 또 전기차 배터리의 공급을 위하여 한국의 충청북도 오창과 미국 미시간주의 홀랜드 그리고 중국의 난징(南京)의 세 곳의 생산공장이 삼각편대를 이루어 세계시장을 공략하고 있다(현장올레길 3-1 참조).

또 국내 최대 인터넷기업인 네이버도 해외시장으로 진군하고 있다(현장올레길 3-2 참조). 일본 자(子)회사 라인을 중심으로 아시아권에서 인터넷 은행, 가상 화폐 등 금융시장

2) LG그룹은 1995년 '럭키금성'에서 'LG'로 브랜드 변경 이후 전체 규모가 크게 성장했다. 1994년 말 30조 원이던 매출이 2014년 말에는 150조 원을 기록했다. 해외매출은 약 10조 원에서 약 100조 원, 시가총액은 7조 원에서 67조 원, 해외법인은 90개에서 290여 개, 임직원 수는 10만 명에서 22만 명 규모로 늘어났다(파이낸셜 뉴스, 2015.1.16). 현재 LG는 전자부문에서 LG디스플레이가 초박막 액정표시장치(TFT-LCD) 패널 시장점유율 21.6%, 울트라고화질(UHD) TV 패널 시장점유율 28.1%로 세계 1위다. 대형 TV용 유기발광다이오드(OLED) 패널 양산에 성공해 OLED TV제품도 발 빠르게 선보이는 등 관련 산업을 주도하고 있다. 화학부문의 LG화학은 구본무 회장이 1990년대 초반부터 연구개발을 주도한 전기차 배터리 등 중대형 2차 전지 분야에서 세계 시장 점유율 1위다. 소재부품 분야에서도 TFT-LCD용 편광판과 고부가 합성수지인 ABS에서 점유율 세계 1위를 기록하고 있다(파이낸셜 뉴스. 2015.1.16.).

**현장올레길 3-1 LG화학 전기차 배터리 세계 1위 … 글로벌 시장 선점 본격화**

2015년 12월 글로벌 시장조사업체 네비건트리서치가 발표한 '전 세계 전기차 배터리 제조업체 경쟁력 평가'에서 LG화학은 2013년에 이어 '세계 1위' 자리를 지켰다. LG화학은 세계 최대 생산기지인 오창공장 준공 이후 해외 현지 공장 건설에도 본격적으로 나서 2012년 미국 홀랜드, 2015년 중국 남경(南京) 등에 전기차 배터리 공장을 준공하며 글로벌 3각 생산체제 구축에 성공했다. 이를 통해 LG화학은 고성능 순수 전기차(320km 주행 가능한 전기차) 기준 연간 18만 대, PHEV(플러그인 하이브리드) 기준 65만 대 이상에 공급할 수 있는 세계 최대 규모의 생산능력을 확보했으며 글로벌 전기차시장 선점을 본격화한다는 전략이다.

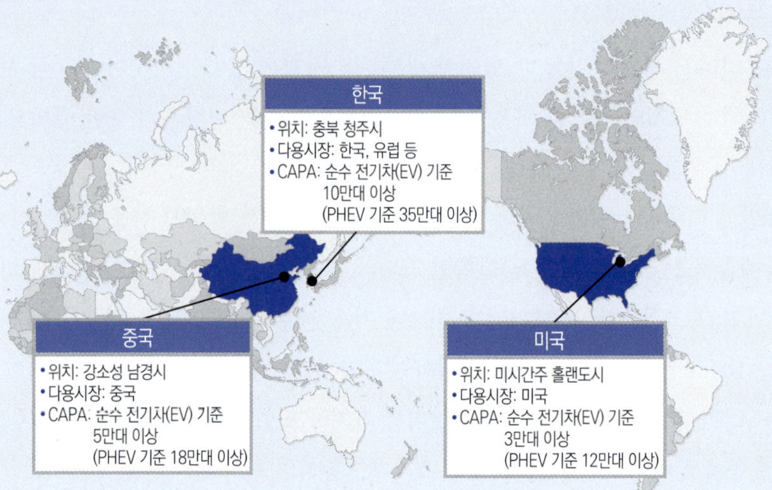


자료원: 이데일리, 2016.3.9.

공략에 나서는 가운데 웹툰, 동영상, 소셜미디어 등 신규 서비스도 글로벌 시장에서 연이어 성과를 내고 있다. 한성숙 네이버 대표는 "기존 사업의 성장 여력이 줄어드는 상황에서 글로벌 사업자들 간 경쟁은 더욱 치열해지고 있다. 해외시장에 대한 도전을 지속하며 경쟁력을 확보해 나가겠다." 국내에서만 매달 3000만 명이 들어오는 포털 네이버에 안주하지 않고 해외 사업 확장에 박차를 가하겠다는 의지표명이다.

### 1) 원가경쟁과 지식에 대한 경쟁

세계적인 기업들이 글로벌화를 전개하는 이유는 보다 싼 원가의 제품 및 서비스를 전 세

**현장올레길 3-2 핀테크 · 웹툰 · 소셜미디어 · AI...글로벌 진격하는 NAVER**

자료원: 조선경제, 2018.12.27.

계시장에 공급하기 위함이고 또 다각화를 통하여 특정분야의 지식을 획득하거나 학습하기 위함이기도 하다(Werner et al., 2012, p.42). 예를 들어 많은 한국 기업들도 기존의 사업영역에서 원가경쟁의 한계를 인식하고 지속가능한 원가경쟁의 우위를 점하기 위하여 동남아로 사업장을 옮겨 갔다. 동남아 국가들의 경우 1인당 월평균 태국 $175, 중국 $138, 캄보디아 $80, 베트남 $78, 방글라데시 $68, 미얀마 $65의 저임금이 가능하기 때문에(ILO, 2015) 전 세계 주요 의류회사들의 생산공장이 이곳 동남아에 들어서고 있다. 또한 원가경쟁에 한계를 느끼는 기업들의 또 다른 전략은 신제품 개발이나 생산방식의 혁신을 통하여 새로운 탈출구를 모색하는 것인데 이를 위해서는 새로운 형태의 지식을 필요로 하는 연구개발능력을 강화하고 있다.

### 2) 경제의 주기(Economic Cycles)

기업의 글로벌화와 함께 사업주기의 효과 또한 인적자원관리에 있어서 중요하게 감안해야 하는 요소이다. 흔히 경제의 주기(이하 경기(經期))란 시장경제에서 시간의 오랜 흐름에 따라 반복적으로 발생하는 경제활동의 부침을 의미한다. 호경기나 경기의 확장국면에서는

**도표 3-1** 미국 기업들의 원가절감 노력

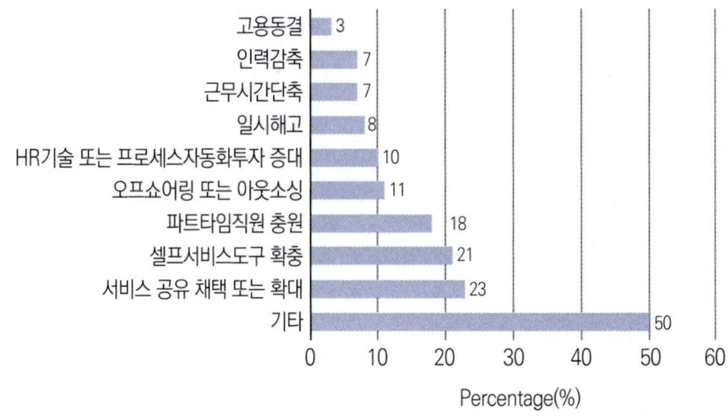


자료원: Werner et al.(2012). *op. cit.*, p.43.

생산성 증가, 고용지수, 가계소득과 같은 경제지표들이 모두 긍정적이고 낙관적이다. 예를 들어 미국의 경우 1990년대부터 2008년 금융위기에 직면하기 전까지는 미국 경제는 호경기였다. 그러나 2008년도 시작된 미국발 금융위기는 전 세계의 경제를 급속도로 위축시켰다.

경기는 인적자원관리에 많은 영향을 미친다. 호경기에는 기업들은 최고의 인재를 뽑기 위하여 치열한 경쟁을 해야 하고 결과적으로 실업률은 떨어진다. 또한 종업원들은 고임금과 보다 나은 후생복지를 향유할 수 있고 직장의 안정성도 보장된다. 그러나 경기가 침체될 때는 실업률이 오르게 된다. 고용주들은 원가를 절감할 다양한 방법을 찾게 되며 종업원들은 원가절감 노력의 표적이 되기도 한다. 후생복지에 대한 투자는 감소하게 되고 임금 또한 동결되기 십상이다. [도표 3-1]은 미국 기업들의 원감절감노력의 다양한 형태를 조사한 결과이다.

[도표 3-1]에서 보듯이 미국 기업들의 경우 경기 침체기에는 대부분의 기업들이 원가절감을 위한 다양한 방법을 사용하고 있음을 알 수 있다. 이 시기에는 고용불안과 사기저하가 종업원 전체에 만연되는 특징이 있다. 특히 종업원들이 고용불안을 느낄 때는 직무에 대한 만족은 줄어들게 되어 있고 뿐만 아니라 이때 그들이 불공정하게 대접받는다고 느낀다면 직무에 대한 불만은 더 증폭하게 된다는 점이다. 따라서 경기는 종업원 개개인이 통제할 수 없는 문제이기 때문에 어쩔 수 없다 하더라도 불경기에는 회사의 인사문제에 있어서 공정성의 기틀을 분명히 하는 것이 매우 중요한 과제가 될 것이다. 만약 고용주가 직원들에 대하여 공정하게 처우한다면 경기침체기가 직원들의 직무만족에 미치는 부정적인 효과는 그

다지 심하지 않게 된다는 사실이다(Werner et al., 2012, p.43).

### 3) 세계경제의 블록화

국가 간 통상관계(trade relations)는 종종 지역적으로 서로 밀접한 국가들 간에 더 강한 것이 일반적인 특징이다. 뿐만 아니나라 이들 국가 간에는 비슷한 언어와 유사한 문화와 그리고 환경에 대해서도 공통의 관심사를 공유하고 있다. 따라서 지역 내 국가들 간에 협력관계를 발전시켜서 그들만의 통상관계를 형성하는 것(지역별 무역의 블록화)은 글로벌 경쟁체제하에서 생존을 위한 하나의 전략으로서 지극히 자연스런 현상이다.

보다 구체적으로, 지역별로 통상의 블록화를 형성함으로써 소규모의 국가들은 소비자시장에서 규모의 경제효과(the benefits of economies of scale)를 볼 수 있게 되었고 대규모 노동력에 쉽게 접근할 수 있게 되었다. [도표 3-2]에서 보듯이 현재 북미지역을 중심으로 한 NAFTA(North American Free Trade Agreement)나 유럽국가들을 중심으로 한 EU(European Union)는 역내 자유무역지역을 만드는 데 있어서 성공하였다. 한편 동남아 국가들을 중심으로 한 ASEAN(Association of Southeast Asian Nations)의 경우는 보다 폭넓은 협력관계를 촉진하는 데에는 성공하였지만 이들 소속 국가들 간에 강력한 결속력을 만드는 데에는 좀 더 많은 시간이 필요하다. 아프리카나 라틴아메리카는 이러한 지역의 블록화를 만들려고 많은 노력을 하였지만 성공하지 못하였다(Werner et al., 2012, p.44). 이러한 와중에 2018년에 발효된 아시아태평양지역자유무역협정(FTA)인 CPTPP(The Comprehensive and Progressive Agreement for Trans-Pacific Partnership, 포괄적 · 점진적 환태평양경제동반자협정)가 주목을 끌고 있다.[3] 이러한 지역화를 통한 거대시장의 탄생은 제조업에서 서비스업에 이르는 전 산업에 걸쳐서 경쟁의 강도를 높이는 요소로 작용하고 있다.

글로벌 경쟁은 동전의 양면과 같은 효과를 초래한다. 소비자들은 실질적으로 더 낮은 가격에 더 좋은 품질의 제품을 구매하게 되었지만, 기업과 종업원들은 과거 보다 더 열심히(Hard Work!), 더 영리하게 일하지 않으면 안 되게 되었고(Smart Work!), 더불어 오프쇼어

---

3) CPTPP는 일본 · 호주 · 뉴질랜드 · 캐나다 · 칠레 · 페루 · 멕시코 · 브루나이 · 말레이시아 · 싱가포르 · 베트남 등 11개국이 참여하는 메가FTA로서 그동안 자유무역협정(FTA)의 열등생이었던 일본이 주도하고 있다. 역내 인구 5억 명, 세계총생산(GDP)의 14%, 세계무역량의 15.2%, 관세철폐율 95~99%, 관세장벽철폐효과 약 10조 달러를 차지하다. 현재 한국을 포함, 미국 · 영국 · 태국 등이 가입을 검토 중이다(중앙일보, 2019.1.24.).

**도표 3-2** 지역 중심의 통상블록

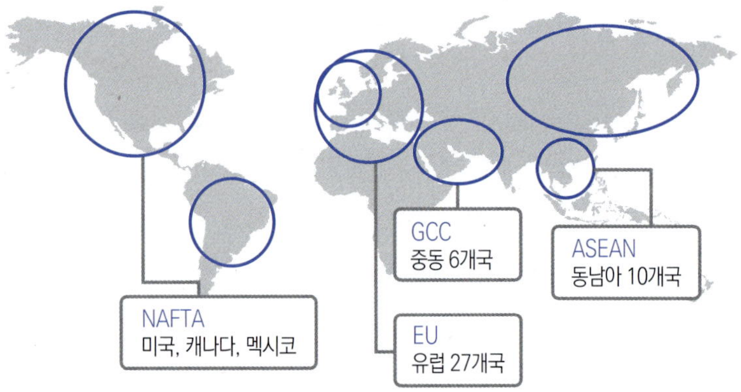


저자주: 2016.6.24. 영국은 유럽연합(EU)을 탈퇴한다(Brexit)고 선언함으로써 EU국가는 사실상 26개국으로 줄어들었다.

링(offshoring)[4)]과 같은 고용의 글로벌화로 인하여 종업원들의 직업안정성(job security)도 낮아지게 된다(Lose Work!).

## 1.2 노동력과 인구통계적 트렌드의 변화

기업이 국내 · 외 고객확보 및 고객창출에 대한 치열한 경쟁을 하듯이 국내 · 외 종업원 확보에 대한 경쟁도 마찬가지로 해야 한다. 국내 · 외 종업원에 대한 확보를 함에 있어서 이들 노동력 특성의 현저한 변화는 인력관리의 전략과 정책에 적극적으로 반영되어야 한다.

### 1) 고령화 추세

많은 인적자원 전문가들은 기업의 인적자원관리에 영향을 미치는 인구통계적 트렌드로 고령화 추세를 들고 있다. 일반적으로 고령화사회는 65세 이상의 노인 인구 비중이 7% 이상인 사회를, 고령사회는 14% 이상인 사회를, 초고령사회는 20% 이상에 달하는 사회를 말한다. 현재 30대인 대한민국 국민이 70~80대가 되는 시점에 우리나라가 초고령사회가 된다

4) 일반적으로 기업의 비핵심적인 사업을 외부에 위탁하는 것을 아웃소싱(outsourcing)이라 하고 아웃소싱하는 기업이 해외에 있을 때 이를 오프쇼어링(offshoring)이라 한다.

**도표 3-3** 총인구 변화 예상추이

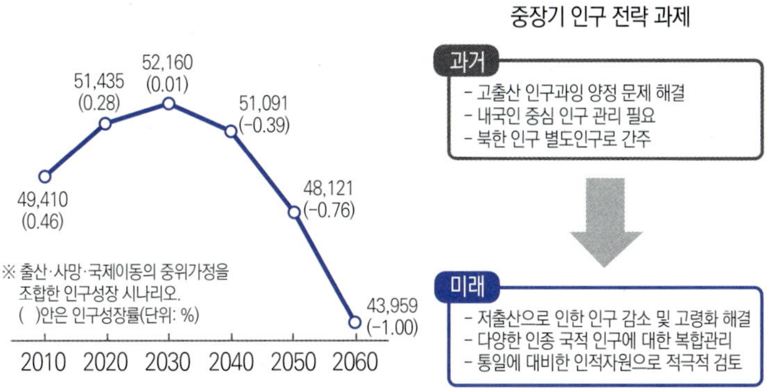


자료원: 서울경제, 2012.5.20, [인구시계5000만시대] 대한민국 인구지도가 바뀐다.

는 얘기다. [도표 3-3]에서 보듯이 2012년에 인구가 5,000만을 넘어섰다가 2030년을 기점으로 전체 인구는 감소될 전망으로 보고되고 있다(통계청, 2012). 더불어 저출산으로 인한 인구감소와 고령화문제를 동시에 해결해야 하는 문제, 그리고 다양한 인종의 노동력 관리문제, 그리고 통일에 대비한 새로운 인력정책 개발이 멀지 않은 미래에 해결해야 할 전략과제들이다.

[도표 3-4]에서 보듯이 총인구 수 감소보다 더 우려되는 것은 인구구조의 변화가 본격화된다는 점이다. 2020년부터는 생산가능인구(15~64세)가 줄어들고 2060년이면 생산가능인구도 전체 인구의 49.7%로 현격히 줄어들고 또 전 세계에서 가장 고령화된 사회를 맞이할 가능성이 크다. 출산이 노동인구로 연결되는 데 적어도 몇 십 년의 시간이 소요되는 점을 감안하면 중장기적인 안목에서 체계적인 인구정책을 서둘러 수립해야 한다. 대한민국이 한 번도 마주하지 않았던 새로운 도전에 나서야 할 시기가 도래한 것이다.

[도표 3-3]에서 보면 우리나라 인구감소가 시작되는 시기는 2030년이지만 실제 노동현장에 투입되는 생산가능인구(쉽게 말하면 '일할 사람')가 줄어드는 시기는 2017년부터라고 보고되고 있다. 즉, 2011년 말 통계청이 발표한 장래인구 추계에 따르면 우리나라가 현재와 같은 성장을 지속하면서 고용률이 그대로 유지된다면 2017년부터 생산가능인구가 감소, 노동 수급 불균형 현상이 발생할 가능성이 커진다(서울경제, 2012). 특히 생산가능인구는 현재의 베이비붐 세대가 고령인구로 진입하는 2020~2028년에 급격히 감소해 사회에 적지 않은 파장을 줄 것으로 예상된다. 우리나라의 2010년 현재 생산가능인구는 3,589만 명(72.8%)이지만 2016년 3,704만 명(72.9%)을 정점으로 감소해 2050년까지 1,000만 명 이상 감소,

**도표 3-4** 연령계층별 인구구성비 추이

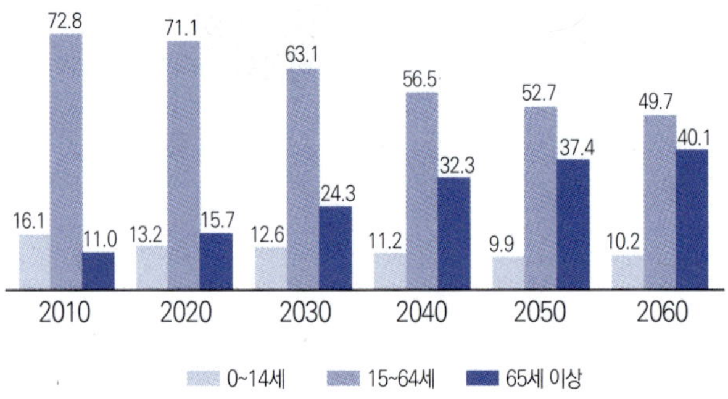


자료원: 서울경제, 2012.5.20, [인구시계 5000만시대] 대한민국 인구지도가 바뀐다.

2060년에는 2,187만 명(49.7%) 수준에 그칠 것으로 전망된다. 특히 2060년에 이르면 65세 이상 고령인구가 40%(40.1%)대로 올라설 전망인데 이는 한국인 10명 중 4명은 '노인'이라는 의미를 담고 있다.

이와 같은 인구구조 변화에 대응하기 위해서는 고령인력에 대한 새로운 인력관리 방안을 고민해야 될 뿐만 아니라 무엇보다도 일과 가정의 양립, 출산을 장려하는 가족친화적인 기업문화 조성 등 다양한 노력이 복합적으로 진행되어야 한다. 특히 많은 경력과 능력을 보유하고 있는 고령인력이 정규직 업무가 아니더라도 그의 능력을 발휘할 수 있는 직무재설계 등을 포함한 여건 조성이 강구되어야 할 것이다.

### 2) 인력다양성[5)]

2017년 3월 7일 '세계 여성의 날'을 기념해 뉴욕시 월스트리트 명물인 '돌진하는 황소(Charging Bull)' 동상 앞에 소녀 조각상 하나가 세워졌다. 이름은 '두려움 없는 소녀(Fearless Girl)'. 키 130㎝ 소녀가 두 손을 허리에 얹고 고개를 쳐든 채 황소 앞에 당당히 서서 마주 보는 모습이었다. 동상 밑 명판에는 '여성 리더십이 가진 힘을 알아보라. 변화를 만드는 건 여

5) 흔히 다양성을 사업다양성, 조직다양성, 인력다양성의 세 영역으로 구분하나 인적자원관리와 관련하여 인력다양성에 초점을 두고자 한다. 인력다양성은 성이나 인종과 같은 소속집단의 다양성과 환경 및 행동적 다양성으로 구분된다. 성이나 인종과 같은 소속집단의 다양성과는 달리 환경 및 행동적 다양성은 다양성을 보다 복잡하게 만든다. 예를 들어 환경적 요인은 연령, 근속년수, 결혼 여부, 가족상태, 경제적 위치, 지리적 위치 등과 같이 조직구성원의 삶의 현재 상황에 관한 것이다. 또 행동적 다양성은 본인의 주관적인 특성을 반영하는 것으로서 작업스타일, 문제해결스타일, 욕구, 가치와 같은 요인들을 포함한다(Deluca & McDowell, 1992).

현장올레길 3-3 두려움 없는 소녀!!

(사진설명) 2017년 3월 미 뉴욕증권거래소 앞에 세워진 '두려움 없는 소녀(Fearless Girl)'동상. 약진하는 여성 파워를 상징하는 조형물이다.

자료원: Weekly Biz, 2019.2.15.

성'이라는 문구를 새겼다(현장올레길 3-3). 이 동상을 제작해 기증한 곳은 투자회사 스테이트스트리트 글로벌어드바이저(SSGA), 로리 하이넬(Heinel) 부사장이 프로젝트를 주도했다(Weekly Biz, 2019.2.15).

한국이 산업경쟁력을 회복하기 위해서는 남녀 성별의 문제를 넘어선 인력다양성의 문제에 대해 본격적으로 고민해야 할 시점에 이르렀다. 본서에서는 인력다양성의 문제를 노동력의 다양성과 고객의 다양성 관점에서 접근하고자 한다.

### (1) 노동력의 다양성

최근 국내·외를 불문하고 다양성관리의 이슈가 인력관리에 있어서 중요한 관리대상으로 등장하고 있다. 한국의 경우 3D업종의 중소기업에서 구인란이 심각해지면서 외국인 근로자 채용이 일상화되고 있다. 또 이러한 현상은 3D업종에만 제한된 것이 아니고 고급기술을 요구하는 업종으로 확대되고 있다. 또 대기업의 경우 조직의 임원진으로 외국인(도표 3-6 참조)이나 여성임원(도표 3-7 참조)을 채용하는 것도 최근 들어 활발히 진행되고 있으

**도표 3-5** 2018년 OECD주요국 유리천장(Glass-Ceiling)지수 순위

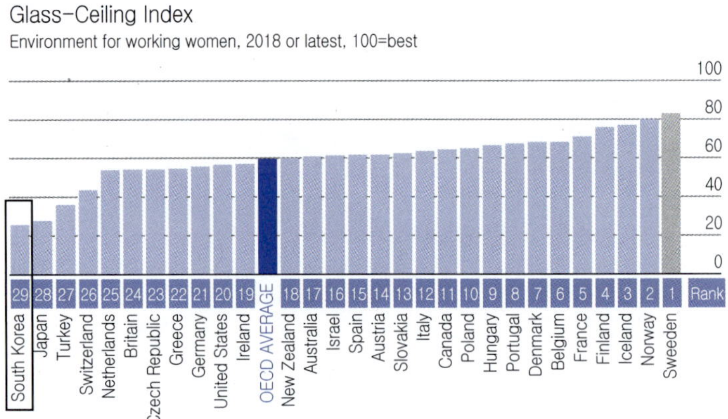


자료원: *The Economist*, Mar 8, 2019.

(a)

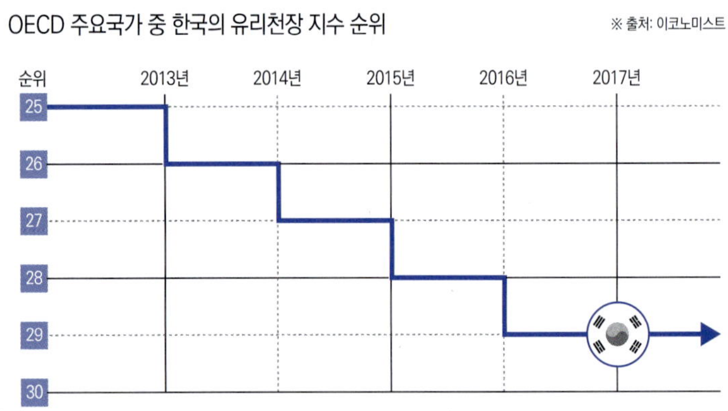


자료원: 이투데이.2019.1.2.

(b)

나[6] [도표 3-8]에서 보는 바와 같이 주요 해외기업들의 상황과 비교하면 절대적으로 부족한 실정이다.

그 결과 [도표 3-5](a)에서 보듯이 2018년 OECD 주요국 유리천장지수(Glass-ceiling

6) 최근 크레딧 스위스(Credit Swiss)에서는 2019년 기준, 표본기업 5개 이상, 39개국 대상으로 세계 여성 임원 비율을 조사한 결과를 발표하였다. 1위 프랑스(44.4%), 2위 노르웨이(40.9%), 3위 벨기에(35.9%), 4위 스웨덴(35.0%), 5위 이탈리아(33.1%), 35위 아르헨티나(6.8%), 공동 36위 러시아, 일본(5.7%), 38위 파키스탄(5.5%)이 차지하였고 한국은 3.1%로서 최하위인 39위를 차지하여 세계적인 기준으로도 여성 임원은 현격히 부족한 상황이다(중앙일보, 2019.10.17.).

**도표 3-6** 그룹별 외국인 임원수

| 그룹 | 임원수 |
|---|---|
| 삼성 | 93명 |
| 두산 | 12명 |
| CJ | 5명 |
| LG | 4명 |
| 한화 | 3명 |
| 현대자동차 | 2명 |
| 신세계 | 1명 |
| 금호아시아나 | 1명 |
| 에쓰오일 | 1명 |
| 효성 | 1명 |
| 동국제강 | 1명 |
| 미래에셋 | 1명 |
| 코오롱 | 1명 |

자료원: 매경이코노미 집계(2015).

**도표 3-7** 10대 그룹 여성임원 승진자 비율(단위: %)

| | 2014 | 2015 | 2016 | 2017 | 2018 |
|---|---|---|---|---|---|
| 케이티 | 3.60 | 0.00 | 7.90 | 4.20 | 8.80 |
| 미래에셋 | 7.10 | 9.80 | . | . | 6.80 |
| 롯데 | 1.90 | 2.90 | 2.50 | 3.70 | 6.20 |
| 포스코 | 1.40 | 0.00 | 1.90 | 0.00 | 5.90 |
| 현대백화점 | 0.00 | 16.20 | 8.60 | 7.50 | 5.00 |
| CJ | 3.60 | 15.40 | 6.00 | 5.70 | 4.90 |
| LG | 1.60 | 1.50 | 2.40 | 2.70 | 4.50 |
| 삼성 | 3.30 | 3.90 | 3.00 | 3.20 | 4.00 |
| 금호아시아나 | 0.00 | 0.00 | 0.00 | 0.00 | 2.90 |
| SK | 1.60 | 0.90 | 1.90 | 1.00 | 2.50 |
| 합계 | 1.80 | 2.30 | 2.20 | 2.30 | 3.30 |

자료원: 이투데이.2019.1.2.

Index)[7]에서 한국은 OECD 평균에 훨씬 못 미치는 최하위인 29위에 머물고 있으며 이 결과는 [도표 3-5](b)에서 보듯이 25위에 위치였던 2013년도부터 2017년까지 해마다 한 단계씩 떨어진 결과이다.

이렇듯 국내·외 많은 기업들이 노동력의 다양성을 의미 있게 받아들이고 있고 이를 경쟁우위 확보기반으로 활용하고 있다. 다양한 노동력이 보유하고 있는 가치, 업무기술, 역량들이 상호 유기적 연계나 융합을 통하여 불확실한 환경에 적응하는 데 보다 효율적일 뿐만 아니라 나아가서 과거에는 상상할 수도 없었던 새로운 환경을 창조할 수 있게 하기 때문이다.

또 미국사회의 경우 어떤 형태의 인종차별이나 장애인차별에 대해서도 법적으로 금기시하는 등 다양성 유지 측면에서 단호함을 보이고 있다. 단적인 예를 들어 미국의 경우 우량 석유회사인 Texaco가 1억 7,500만 달러 이상이 소요된 인종차별 소송을 치른 후에서야 비로소 다양성 프로그램을 개발하였다(New York Times, 1996.11.6). 다양성 관리정책을 선도

7) 유리천장 지수(Glass-ceiling Index)는 여성의 노동환경을 종합적으로 매긴 지수다. 교육, 경제활동 참여, 임금, 임원 승진 등에 대한 OECD 통계 등을 토대로 산출한다.

**도표 3-8** 주요 해외기업들의 다양성 현황(여성과 남성/ 백인과 소수민족)

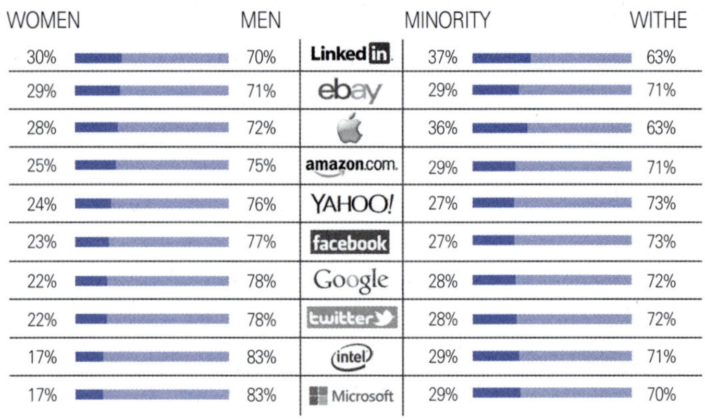


자료원: *Wall Street Journal*, "Diversity in Tech.", November 24, 2015.
+ 본 도표는 리더직위에만 국한한 자료이며 기술직은 http://graphics.wsj.com/diversity-in- tech-companies 참조.

적으로 도입해 온 IBM에서는 다양성 관리를 사업성과 향상에 연계하는 프로그램을 적용하여 많은 성과를 거두고 있다. 즉, 전 세계 170여 개국 이상에서 다양한 인종과 민족들을 대상으로 사업을 수행하는 IBM은 자국 및 현지의 우수인재들이 피부색, 국적, 나이, 성별, 성적 정체성, 장애 여부에 관한 차별 없이 업무에 몰입할 수 있는 업무환경과 정책을 도입하고 있다. 특히 1995년에 8개(아시아계, 아프리카계, 히스패닉계, 아메리카 원주민계, LGBT[8], 장애인, 남성, 여성 등)의 다양성 범주별로 임원급의 태스크포스 팀을 조직하여 다양성 관리 프로그램과 사업성과 향상을 연계시키는 노력을 기울이고 있다.[9] [도표 3-9]는 해외기업들의 다양성 프로그램의 내용을 소개한 것이다.

또 1990년에 세계 최초로 장애인의 차별을 금지하도록 법제화한 미국의 장애인법(ADA:

8) LGBT: 레즈비언(lesbian), 게이(gay), 양성애자(bisexualist), 트랜스젠더(transgender).

9) 다음과 같은 복잡한 가상의 시나리오에서 일해야 할 백인 여성을 생각해 보라. 이런 상황이 조만간에 현실로 도래할 것이다. 아프리카계 미국인 흑인 남성. 이 미국인 흑인 남성은 백인 남성, 라틴계 여성, 이민 온 미국 태생의 아시안 출신을 관리해야 하고 이 흑인 남성을 관리해야 할 백인 여성 …. 이들 모두가 소유주가 백인 남성인 경영주를 위하여 수익을 만들어야 한다면 … 더 나아가 미국 본사에서 인도 사람들이 관리팀을 주도하고 글로벌 재무팀은 아르헨티나 사람들이 주도하고 무슬림들이 Dubai 현지에서 글로벌 부동산관련 의사결정을 주도한다면 …. 다양성 프로그램이 도입되어야 할 이유이다.

**도표 3-9** 해외기업들의 다양성 프로그램

| 회사명 | 다양성 프로그램의 내용 |
|---|---|
| FedEx | • 다양성 관리위원회를 구성하여 '사람' 중심의 다양성 관리를 실천<br>• 지리적 기준으로 7개 협의회를 구성(임기 2년, 15-20명, 중재자 2명 포함)<br>• 다양성 관리과정의 개발 및 목표달성 지원, 현장정보제공 |
| IBM | • 여성, 장애인 등 소수를 위한 보고서 발간 및 관리<br>• 다양성 관리 전담자 및 임원선임 |
| P&G | • 매년 다양성관리 책자 발간<br>• 다양성을 고려한 채용정책<br>• 여러민족들로 구성된 다문화제품개발팀구성(Vizir라는 '유럽형' 섬유유연제를 개발하여 복합적인 시장니즈를 모두 장악하여 출시 6개월만에 대성공) |
| HP | • 다양성 관리에 컨설턴트를 활용(교육프로그램운영) |
| Citi | • 다양성 교육 |
| Pepsi | • 다문화융합프로그램 |
| Google | • 성과 인증에 대한 차별이 없음(여성비율 31%,소수민족 36%) |

자료원: 정종태(2013). 인사관리: 기본과 실제, 시그마프레스. p.24 수정인용.

the Americans with Disabilities Act)은 그 적용에 있어서도 예외 없이 엄격하다.[10] 한국의 경우도 '장애인차별금지법'(법률 제12365호)에 따라 장애를 이유로 차별을 금지하고 차별받은 사람의 권익을 효과적으로 구제함으로써 장애인의 완전한 사회참여와 평등권 실현을 구체화하고 있다.

나아가서 '포용의 시대가 온다'(The Inclusion Paradox)를 쓴 Aon Hewitt의 CDO(Chief Diversity Officer)인 안드레 타피아(Andres Tapia)(2013)에 따르면 글로벌화가 성숙기를 지나

10) LA에서 '서클 K'를 운영하는 한인 프랭크 안씨의 사례를 소개한다. 안씨는 지난 3년 사이 장애인 시설 미비 관련 소송을 3번이나 당했다. 지난 2011년 제기됐던 첫 소송은 안씨 업소 직원이 장애인 도우미견을 데리고 매장에 들어선 남성에게 개에 관한 질문을 했던 것이 화근이 됐다. 직원이 도우미견의 입장을 허용했지만 안씨는 한달 후, '장애인 차별'을 이유로 피소, 4,000달러의 합의금에 소송비용을 더해 지불했다. 안씨는 지난해 ADA와 관련해 두 번째 소송을 당했다. 자신의 업소 주차장에서 매장으로 들어오는 장애인용 보도의 폭이 규정보다 좁다는 이유로 2만 5,000달러의 배상을 요구하는 내용이었다. 두 번의 소송을 겪은 안씨는 남가주 정부 인증을 받은 컨설턴트에게 의뢰, 영업장 시설 전반을 ADA에 부합하도록 손봤다. 이때 공사비로 지출한 금액은 2만 4,000달러에 달했다. 이와 같은 노력에도 불구, 안씨는 공사가 진행 중인 상황에서 세 번째 소송을 당했다. 사유는 두 번째 소송과 동일했다. 언론은 안씨가 공사 완료로 소송 사유가 사라졌음을 증명한다고 하더라도 공사 이전에 제기된 소송에 대해 합의금을 지불해야 할 가능성이 있다고 전했다. 안씨는 합의를 결심할 경우, 변호사 비용을 합쳐 4,000달러를 줘야 할 처지다. 안씨는 "두 차례 소송 합의금과 변호사 비용, 공사비로 이미 6만 달러를 지출했는데 세 번째 소송이 합의로 마무리되면 또 돈을 내야 한다"며 담담한 심경을 토로했다(미주 중앙일보, 2014.3.25).

**현장올레길 3-4** 세계는 인재운용의 다양성에 박차를 가하고 있다.

(a) 미국 백악관에 첫 트랜스젠더 직원이 인사국장으로 발탁되다(연합뉴스, 2015.8.19.)

(b) 미국 시카고시장에 흑인 여성동성애자인 리 라이트풋 전 연방검사가 당선되다(조선일보, 2019.4.4.).

(c) 유럽축구연맹(UEFA)수퍼컵 역사상 첫 여성 주심인 스테파니 프리파르가 리버풀과 첼시전에서 첼시 수비수에게 옐로카드를 주고 있다(조선일보, 2019.8.16.).

(d) 포항공대 대학원생인 인도인 사르카르씨가 외국학생 최초로 총학생회장에 당선되다(조선일보, 2019.4.27.).

포화기에 접어들면서 우리시대의 약자에 해당하는 소수집단[11]의 문화적 다양성을 문화적으로 포용함으로써 새로운 시장의 발견과 창의적인 사업화를 통한 조직의 경쟁력을 유지하게 된다는 것이다. 다시 말하면 다양성의 문제를 이제 관리를 넘어 포용의 차원에서 고려해야 한다는 것이다. 포용은 사람들 사이에 존재하는 차이를 인정할 뿐만 아니라 그 차이들을 탐구하는 방법을 이해하고 그 차이들이 잘 혼합될 수 있도록 돕는 방법이다. 결국 다양성은 포용에 의해 완성된다(Andres Tapia, 2013). [현장올레길 3–4]에서 보는 바와 같이 세계는 인재운용의 다양성에 박차를 가하고 있음을 알 수 있다. 미국 백악관 인사국장에 유색의 여성 트랜스젠더인 라피 프리드먼 걸스팬을 임명한 것이나(a), 미국 시카고 시장에 흑인 여성 동성애자인 리라이트풋 전 연방검사가 당선된 것이나(b), 유럽축구연맹(UEFA)수퍼컵 역사상 첫 여성 주심으로 스테파니 프리파르가 선임된 것(c)만 보아도 세계는 다양성을 얼마나 중요하게 생각하는지 짐작할 수 있다. 최근 한국의 대학 사회에도 이러한 파격이 보인다. 한국의 포항공대 대학원 총학생 회장으로 인도 출신의 학생이 당선된 것도 우리 사회의 변화 조짐을 보이는 것이라 하겠다(d). 그럼에도 불구하고 글로벌 조사기관인 입소스(IPSOS)에 따르면 2018.4.20.~5.4.까지 전 세계 25개국 성인 남녀 20,767명(한국은 500명)을 대상으로 '같은 나라 사람으로 포용하는 정도(The Inclusiveness of Nationalities)' 즉 포용성 지수[12]를 조사한 결과 한국은 25개국 중 18위의 낮은 포용국가로 인식하고 있다. 끝으로 미국 오바마 전 대통령의 유엔총회에서의 다음의 연설을 통하여 다양성의 시대가 본격적으로 전개되고 있음을 다시 한 번 깨닫고자 한다.

"자유와 자기결정(freedom and self–determination)은 특정문화권에만 국한된 것이 아니라고 믿기 때문에 우리는 다음과 같은 입장을 취하고자 한다. 이것은 단지 미국적 가치 또는 서구의 가치가 아니라 인류의 보편적 가치이다. 민주주의로 이행하는 데 있어서 수반되는 거대한 도전이 있을지라도 나는 궁극적으로 국민의 정부(government of the people), 국민에 의한 정부(government by the people), 국민을 위한 정부(government for the people)가 우리 시대의 평화의 기반역할을 할 안정과 번영과 개인적 기회를 보다 많이 가져다줄 것으로 확신한다. 지금은 진보의 계절임(a season of progress)을 기억해야 한다. 수십 년 만에

11) 우리 시대의 소수집단이란 첫째, 새로운 형태의 일터를 추구하는 밀레니엄세대, 둘째, 보이지 않는 장애물에 도전하는 여성 셋째, 우리의 생각보다 훨씬 더 능력 있는 장애인 넷째, 점점 소수자가 되어가는 백인 남성, 다섯째, 정체성을 숨기고 살아야 했던 동성애자를 말한다.

12) 포용성지수는 ① 종교 ② 이민자 ③ 해외동포 ④ 성소수자(LGBT) ⑤ 전과자 ⑥ 극단적인 정치적 견해를 가진 사람 등 6개 기준과 관련, 포용하는 사람과 포용하지 않는 사람 간 비율차이의 평균을 나타낸다. 이 지표에 따르면 1위 캐나다, 2위 미국, 3위 남아공, 4위 프랑스, 5위 호주, 21위 일본, 25위 사우디아라비아로 나타났다(중앙SUNDAY, 2018.6.30.).

처음으로 튀니지에서, 이집트에서, 리비아에서 믿을 만하고, 경쟁력 있고, 공정한 새로운 리더들을 선거로 선출하였다. 이 민주적 정신은 아랍세계에서만 국한되어서는 안 된다. 지난 수년 동안 우리는 말라위에서, 세네갈에서 평화적인 정권교체를 목격한 바 있고 소말리아에서 새로운 대통령의 등극을 목도한 바 있다. 미얀마에서는 대통령이 정치범들을 석방하였으며, 폐쇄사회를 개방하였으며, 용기 있는 반체제인사가 국회의원으로 선출되기도 하였고 사람들은 더 많은 개혁을 기대하기 시작하였다. 이제 지구 곳곳에서 사람들은 그들의 목소리를 내기 시작하였고 그들 내면의 위엄과 그들의 미래를 결정할 권리를 주장하기 시작하였다. (중략)" (미국 오바마 전 대통령의 U.N. 총회 연설에서 2012.9.25.)

### (2) 고객의 다양성

한편, 다양성과 관련된 이슈는 종업원의 경우에만 국한되는 것이 아니다. 고객의 다양성 역시 중요하게 고려되어야 하는데, 고객에게 제공하는 서비스의 가치를 최대화하기 위하여 다양성에 기반한 인적자원관리를 생각해 볼 수 있다.

예를 들어 저자는 연구 혹은 강의차 중국의 남경(南京)에 자주 방문하는 편인데 이곳을 방문하면 꼭 남경에서 가장 큰 남경 유경 국제대주점(南京維景國際大酒店, Grand Metro Park Hotel Nanzing)에 체류를 한다. 한국의 LG화학, LG디스플레이, 희성전자, 금호타이어

**현장올레길 3-5** 중국 남경의 호텔에서 인턴으로 일하고 있는 한국의 대학생들

(a) 아주대 경영학과 4학년 허연수 군

(b) 동국대 영문학과 4학년 김자영 양

저자주(註): 두 학생의 허락을 받고 사진을 공개합니다.

및 협력업체 등의 직원들이 출장을 오면 대부분 이 호텔을 이용한다. 이러한 고객의 특성을 알고 호텔측은 중국어가 유창한 한국인 대학생들을 인턴사원으로 뽑아서 한국 고객들의 애로사항 전반을 돕도록 하여 언어소통의 문제를 원천적으로 해결하고 고객서비스 수준을 높이고 있다(현장올레길 3-5 참조).

### 3) 업무기술 부족

컴퓨터 및 IT기술의 획기적인 발전은 종업원이 갖추어야 할 업무기술이나 역량의 형태를 근본적으로 변화시키고 있다. 과거와는 달리 신체의 건장함이나 기계를 다루는 능력이 별로 중요하지 않게 되었고, 최근 들어 팀 활동이 강조되면서 수리력, 논리력 혹은 대인관계 기술 등이 중요한 직무요건으로 강조되고 있다. 또한 기술적인 면에서도 컴퓨터 혹은 인터넷 사용과 관련된 업무기술을 조직이 강조하면서 업무기술 향상은 조직의 경쟁력을 높이기 위한 수단으로 여겨지게 되었다(Noe, Hollenbeck, Gerhart and Wright, 2006, p.17).

특히 IT기술을 재래기술에 접목하는 기술이나, 하이텍(high-tech)기업에서 사용되는 첨단기술에 대한 습득은 본인이 스스로 학습하고 터득할 수 있지만 그 기술 습득을 위한 기본적인 역량은 대학이나 의무교육과정에서 이루어져야 한다. 그러나 대학이 기업이나 사회에서 요구하는 새로운 지식과 기술 혹은 기본 업무기술을 함양시키는 역할을 하지 못하고 있는 것이 현실이다. 그렇기 때문에 기업이 필요로 하는 업무기술과 현실적으로 기업이 확보가능한 업무기술 간의 차이(gap)를 메꾸는 것이 향후 기업과 대학의 중요한 역할이 될 것이다.

이러한 갭을 매우기 위한 일환으로 기업측에서는 인턴십프로그램을 이용하여 취업 전 실무지식과 경험을 익히게 하고 입사 후에라도 ㈜한글과 컴퓨터(이하 한컴)에서와 같이 '일 · 학습병행제'를 실시한다(한글과 컴퓨터 내부자료, 2015). 이 기업의 일 · 학습병행제는 입사 후 1년간 SW프로그래밍 관련 교과목을 배우고 하나의 교과목이 끝나면 1대1일 멘토링을 통한 팀별 구두발표를 하고 1년 과정의 종료 시 최종평가를 통하여 신규입사자를 평가한다. 이렇듯 '일 · 학습병행제'는 대학에서 미진한 현장지식을 보완하고 기업에 필요한 인력을 현장맞춤형으로 육성함으로써 기업과 종업원이 함께 성장하는 제도이다. 대학측에서는 현장 중심의 맞춤형 교과과정을 조속히 도입하여 졸업과 동시에 신입사원이 아니라 경력사원으로 만드는 것이 중요하다. 또한 공대를 중심으로 융복합 및 협동과정의 신설을 통하여 현장에서의 응용능력과 기업가정신을 배양할 필요가 있다.

## 1.3 국가문화

국가마다 해당 국가의 문화가 다르고 국가문화의 차이는 해당 국가의 기업조직이 인적 자원을 관리하는 방식의 차이를 초래한다. [현장올레길 3-6]은 국가문화의 차이에 따라 어

**현장올레길 3-6 알라바마주의 Mercedes-Benz U.S International의 다문화 인력의 관리**

메르세데스-벤츠는 우수한 품질과 럭셔리함으로 가장 널리 알려진 자동차산업의 브랜드 가운데 하나이다. 그런데 이 자동차의 일부가 독일이 아니라 미국의 알라바마주의 Vance시에서 생산되고 있다는 사실을 아는 사람은 별로 없다. Vance시는 Mercedes-Benz U.S. International(MBUSI)가 소재해 있는 곳이며 최고의 걸작품으로 평가받는 M-Class SUV가 탄생한 곳이기도 하다. 독일, 미국, 일본의 세 국가로부터 파견된 경영진과 생산직원들은 생산설비를 만들었다. 각 나라에서 온 임직원들은 자동차를 디자인하고 제조하는 데 있어서 그들 나라 고유의 생산제조방식을 택하였다.

먼저 독일에서 온 엔지니어들은 견습생으로 일하다가 그들의 제조기술을 마이스터(meister) 수준까지 끌어올린 고도로 훈련된 전문가들이다. 또 생산직 종업원은 마이스터의 권한을 위양받지만 그들과 동일하게 대접받지는 않는다. 일단 그들이 필요한 기술을 습득한 뒤에는 세심한 감독이 필요없이 그들의 과업을 자율적으로 수행하게 된다. 이는 작업수행에 있어서 이들 생산직 종업원이 존경과 신뢰를 받고 있음을 의미한다. 더불어 이들 생산직원들 사이에서는 탁월한 품질의 자동차를 생산해야 된다는 강한 규범이 자리 잡고 있다.

전통적인 미국 자동차 생산공장에서 관리자들은 노동의 분화와 좁은 통제범위를 통하여 종업원들을 통제한다. 그럼에도 불구하고 많은 미국의 자동차 공장에서는 관리자들과 종업원들 간의 관계가 상대적으로 비공식적이다. 종업원들은 그들이 생각하는 바를 매우 자유롭게 얘기한다. 미국 종업원들은 일을 마감기한 안에 완수하는 것을 중요하게 생각하는 경향이 있다. 일본에서 품질의 중요성에 대한 강한 규범을 갖고 있는 것은 독일의 경우와 유사하다. 그러나 품질은 팀기반의 생산과 지속적인 개선시스템을 사용하여 달성된다. 종업원들은 스페셜리스트라기보다는 제너럴리스트이며 서로 간에 합의에 이르는 것을 주요하게 생각한다.

MBUSI에서 이 세 국가문화가 함께 섞여서 융합이 되어 온 것이다. 어떻게 그것이 가능했을까? MBUSI의 설립은 독일에서 18개월을 보낸 미국의 경영진에 의해서 시작되었다. 이들은 공장을 디자인하기 위하여 독일 엔지니어들과 함께 그곳에서 일하였다. 그리고 Vance에 공장이 설립되었을 때, 독일 엔지니어들은 미국의 종업원들을 훈련시키는 것을 돕기 위하여 2년을 그곳에서 보냈다. 한편 생산운영을 관리하기 위해서는 일본의 모델을 따라서 다기능팀을 도입하였다. 각 팀은 자율적이고 스스로 독립적으로 관리가능한 팀이었다. 또 각 팀은 품질의 표준, 비용의 통제 그리고 생산일정을 맞추는 데 있어서 스스로 책임을 졌다. 관리자들과 종업원들 간의 관계는 평등하였고 개방적이었다. 분명한 것은 새로운 혼합형 조직문화는 성공적이었다는 점이다. M-Class SUV에 대한 수요는 고정층이 너무 확고하여 회사는 제2세대 M-Class를 만들었으며 R-Class와 GL-Class를 추가하였다.

떻게 기업들이 서로 다른 방식으로 관리되고 있는지를 여실히 보여주고 있다. 또 다른 예로서 중국과 일본 기업의 경우 국가문화와 가치는 장기적 관점을 반영하는 인사정책을 수용한다. 종업원들은 오랜 기간 동안 한 회사에서 근무하기를 기대한다. 경제적으로 힘든 불경기일지라도 일본 기업들은 원가를 줄이는 수단으로서 대규모 해고를 가급적 하지 않는다. 그렇기 때문에 종업원들은 그들의 회사와 고용주에 대하여 남다른 충성심을 가지고 있다. 이런 문화를 이해하지 못하는 문화권에서 일하는 관리자들은 종업원을 충원하고 동기부여시키는 데 있어서 형편없는 의사결정을 하기 쉽다(Werner et al., 2012, p.52).

### 1) 국가문화의 차원

Geert Hofstede는 국가문화의 비교를 위하여 수십 년 전에 IBM 직원들을 대상으로 한 연구에서 가장 잘 알려진 프레임워크를 도출한 바 있다. 최근 들어 보다 정교한 프레임워크가

**도표 3-10** 국가문화 비교를 위한 차원들

| 문화 차원 | 해당 국가<br>낮은 점수 국가 | 해당 국가<br>높은 점수 국가 |
|---|---|---|
| **공격성**(Assertiveness): 도전적, 대결적, 경쟁적인 성향 | 스웨덴, 스위스, 쿠웨이트 | 스페인, 미국, 그리스 |
| **미래지향성**(Future Orientation): 미래를 준비하고, 계획하고 미래에 투자하는 성향 | 러시아, 아르헨티나, 폴란드 | 네덜란드, 스위스, 싱가포르 |
| **성차이**(Gender Difference): 남녀의 역할 및 행동 그리고 처우에 있어서 차이가 나는 정도 | 헝가리, 폴란드, 슬로베니아 | 대한민국, 이집트, 모로코 |
| **불확실성회피**(Uncertainty Avoidance): 질서, 일관성 그리고 공식적인 절차와 법을 따르는 정도 | 러시아, 헝가리, 볼리비아 | 독일, 스웨덴, 스위스 |
| **권력격차**(Power Distance): 권한, 명예, 신분상의 위상을 갖는 사람이나 집단에 대한 존경심을 표하는 정도 | 덴마크, 네덜란드, 남아공 | 태국, 아르헨티나, 모로코 |
| **제도적 집단주의**(Institutional Collectivism): 법률적, 경제적, 정치적 과정에 참여하는 정도 | 그리스, 헝가리, 독일 | 일본, 대한민국, 스웨덴 |
| **그룹 내 집단주의**(In-Group Collectivism): 가족, 동호인모임 등 조그만 집단에 소속되는 것에 대하여 느끼는 자부심의 정도 | 덴마크, 스웨덴, 뉴질랜드 | 중국, 인도, 이란 |
| **성과지향성**(Performance Orientation): 성과의 개선과 탁월한 성과창출, 피드백수용 등이 장려되는 정도 | 러시아, 아르헨티나, 그리스 | 뉴질랜드, 홍콩, 싱가포르 |
| **인간지향성**(Humane Orientation): 타인에 대해 공정하고 관대하며 이타적인 정도 | 독일, 스페인, 프랑스 | 말레이시아, 아일랜드, 필리핀 |

자료원: Werner et al.(2012). *op. cit.*, p.54.

제시되고 있지만 Hofstede의 연구는 국가문화 차이를 기술하는 데 있어서 토대를 마련하는 데 기여하여 왔다. 여기서는 국가문화 차이를 비교하기 위하여 가장 최근에 Global Leadership and Organizational Behavior Effectiveness(GLOBE) 연구프로젝트의 결과를 사용하고자 한다. GLOBE 프로젝트는 62개 국가 18,000명의 관리자들로부터 문화적 가치에 대한 설문자료를 수집하여 150여 명의 연구자들이 팀을 이루어 진행한 대규모 연구프로젝트이다. GLOBE의 연구결과는 [도표 3-10]에 제시된 차원들을 사용하여 국가 간 문화비교를 하였다.

### 2) 국가문화의 결과

국가문화의 차이에 따라서 경영자가 수용하고 채택하고자 하는 HR정책에 차이가 있다. 예를 들어 미국의 경영자들은 유럽국가의 경영자들보다 성과급지급에 대하여 더 큰 선호를 보인다. 또 문화에 따라 사람과 일을 통합하는 방식에 차이가 나기도 한다. 예를 들어 미국인들은 일을 그들 삶의 중심으로 두는 경향이 있고 따라서 직무수행을 더 잘하기 위하여 기꺼이 개인적인 희생을 한다. 또한 미국의 경영자들은 단순히 그들의 국내 HR정책을 해외

**현장올레길 3-7** 중동국가의 문화적 현상

(사진설명) 이란 여자 배구 선수들이 서울 잠실학생체육관에서 열린 아시아 선수권 홍콩전에서 전술 보드를 손으로 건드리고 있다. '가족이 아닌 남성과 신체 접촉을 해선 안 된다'는 이슬람 율법에 따라 감독과 하이파이브를 하는 대신 보드를 친 것이다.

자료원: 조선일보, 2019.8.21.

근무하는 종업원들에게 적용하거나 그것을 통하여 성과를 내라고 하지 않는다. 예를 들어 미국이나 멕시코, 폴란드에서 일하는 종업원은 권한위임이 된 상태에서 과업관련 의사결정을 하는 것을 좋아하나 인도에서 일하는 종업원은 권한위임에 대해서 부정적인 태도를 지니고 있다. 한편 모든 국가에 속한 종업원들은 지속적인 개선을 뒷받침하는 HR정책에 대해 긍정적인 태도를 지니고 있다. 또 다른 연구에 따르면 HR정책과 국가문화가 일관되더라도 유럽과 아시아의 과업집단에서 다른 지역보다 더 재무성과가 좋았다. 지구촌 환경에서 사업을 하는 데 있어서 문제의 핵심은 사업을 글로벌하게 성공시키면서도 지역별 차이를 존중하는 균형을 발견하는 것이다(Werner et al., 2012, p.53)(학습목표 1).

## 2. 내부환경요인

### 2.1 기술

일반적으로 조직의 기술이란 조직의 외부환경으로부터의 투입물(input)이 산출물(output)로 변환되는 과정으로 정의되고 있다(Perrow, 1967). 이러한 기술에는 도구, 기계, 장비, 과업절차 그리고 종업원의 지식과 기술을 포함하고 있다. 최근과 같은 치열한 경쟁적 환경하에서 기술의 진보는 기업조직의 제품 및 서비스시장, 공급자, 유통업자, 경쟁자, 고객, 생산제조과정, 마케팅관행 그리고 경쟁지위 등 경영의 가치사슬 전반에 영향을 미치고 있다.

특히 과학기술이 하루가 다르게 진보하고 있고 또 컴퓨터 및 IT기술이 여러 분야에 널리 응용되고 있으며 무엇보다도 기업의 생산기술 또한 자동화되어 가는 추세이다. 이와 같은 기술의 변화는 과업의 속성을 바꾸고 따라서 필요한 인적자원과 인적자원관리 과정의 변화를 수반한다(Kamal and Kumar, 2013). 특히 생산기술이 자동화되어 갈수록 기술의 복잡도는 증가하게 되고 따라서 육체노동이 요구되는 직무는 줄어드는 반면에 지적 능력이 필요한 직무는 증가하게 된다.

### 1) 로봇[13]공학(Robotics)과 인공지능(Artificial Intelligence)

현대적 공장에서 일하는 종업원들은 이제 동료가 로봇이다. 최근 현대 · 기아차는 생산 라인에서 팔을 들고 장시간 일하는 근로자들의 근력을 보조하는 웨어러블 로봇 '벡스'를 자체 개발했다. 벡스는 조끼형 외골격 착용 로봇으로 전기 공급 없이 여러 개의 스프링이 신체의 움직임과 결합해 최대5.5kgf(킬로그램중)까지 힘을 발휘할 수 있다. 벡스를 착용하면 보통 성인 남성이 3kg짜리 공구를 들었을 때 무게가 거의 느껴지지 않는 수준까지 보조된다(중앙일보, 2019.9.5.)(현장올레길 3-8(a) 참조).

한편 미래 자동차 분야에서 지나치게 보수적이라는 평가를 받고 있는 도요타도 빗자루 모양의 개인용 이동수단인 'e-브룸(broom)'(현장올레길 3-8(b) 참조)과 사람에게 물건을 전달하거나 e-팔레트에 화물을 실을 수 있는 '라스트마일 딜리버리(최종배송단계)'용 모빌리티인 '마이크로 팔레트'(현장올레길 3-8(c) 참조) 그리고 차량 내부에서 파티, 드레스룸, 노래방, 음악스튜디오도 가능한 1인 자율주행차 'e-포미'(현장올레길 3-8(d) 참조)도 선보였다.

### 2) 정보기술(Information Technologies)

제조공장 종업원을 제외한 기업의 종업원들에게는 로봇보다 IT기술이 그들의 일상생활에 훨씬 더 가까이 있다. 어떤 회사의 고객센터에 연락을 하여 특정 담당자와 연락하기 위해서는 우리는 우선 다양한 옵션을 제시하는 전자 메뉴(electronic menu)와 대화를 해야 한다. 그 고객센터는 전 세계 어디에라도 위치할 수 있으며 전 세계 어디서라도 문의가 가능하다.

예를 들어 한국의 삼성의료원은 1995년부터 미국의 존스홉킨스의대 및 병원과 '삼성-존스홉킨스 국제진료소'를 공동으로 설립 및 운영을 하고 있다. 특히 두 병원은 한국통신과 미스프린트사 간에 태평양상공의 통신위성으로 서로 연결되어 동시 송수신 및 화상을 통한 의료진의 공동진료, 동시치료를 하는 상호 협진시스템을 세계 최초로 가동한 바 있다(매일경제, 1995). 이와 같은 상호 협진시스템은 첨단 IT기기가 있어서 가능하였으며 이를 통하여 한미 양측 의사들이 환자에 관한 임상정보를 공유해 '거리의 한계'를 극복할 수 있었다. 종업원들은 신기술을 사용하는 방법을 학습해야만 했고, 동시에 고객을 위해 일하는 방식을

13) '로봇'이라는 단어는 '노동' 또는 '노예'를 뜻하는 체코어 '로보타(Robota)'에서 파생되었지만 더 직접적으로 최근에 나타난 어원을 찾자면 체코 극작가 카렐 차페크(Karel Capek)가 1921년에 발표한 희곡 '로선의 만능로봇(Rosumovi Univerzalni Roboti)'에서 처음 사용되었다(위대선 옮김, 4차 산업혁명 시대의 전문직의 미래, 2017, p.227).

## 현장올레길 3-8 로봇공학(Robotics)과 인공지능(Artificial Intelligence)

현대차 공장에 '아이언맨'

(사진설명) 웨어러블 로봇 벡스의 시연이미지
자료원: 중앙일보, 2019.9.5.

(a)

도요타, 해리포터처럼 빗자루탄다

(사진설명) 빗자루 모양의 1인 이동수단 'e-브룸'
자료원: 중앙일보, 2019.10.30.

(b)

도요타의 소형 자율주행 로봇 '마이크로 팔레트'

(사진설명) 로봇과 자율주행차를 합쳐 놓은 최종배송 단계용 모빌리티
자료원: 중앙일보, 2019.10.30.

(c)

파티,드레스룸, 노래방도 가능한 1인 자율주행차 'e-포미'

(사진설명) 차량 내부에서 운전할 필요가 없는 점에 착안하여 용도에 따라 다양하게 내부를 구성할 수 있다.
자료원: 중앙일보, 2019.10.30.

(d)

**현장올레길 3-9** ㈜한글과 컴퓨터의 '간판시스템'

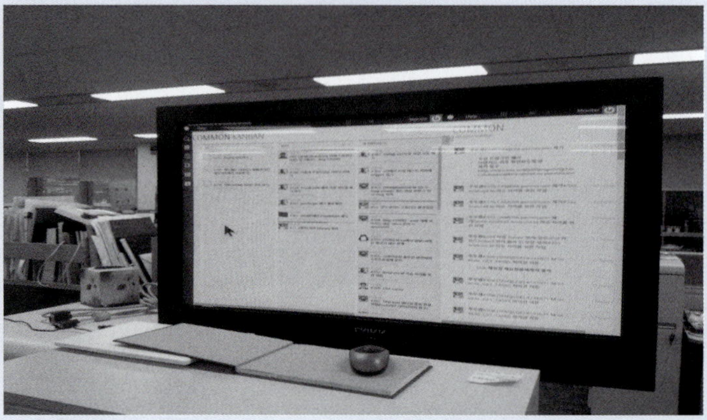

자료원: (주) 한글과 컴퓨터 제공

바꾸지 않으면 안 되게 되었다.

또 '시간의 한계'를 극복할 수 있는 IT기기도 있다. [현장올레길 3-9]에서 보듯이 ㈜한글과 컴퓨터에는 소프트웨어 프로그래밍을 하는 각 팀의 팀원들이 무슨 일을 하는지 한눈에 알아볼 수 있는 '간판시스템'이 구비되어 있다. 각 팀원들이 현재 자기가 하고 있는 일을 일의 진행상황에 따라 수시로 업데이트하면 팀장이나 개발본부장은 혹은 회사 내 누구라도 각 팀별, 각 팀원별 업무의 진행상황과 전체 진행상황을 파악할 수 있다. 과거처럼 개별 팀원들이 현재 무슨 일을 하는지 일일이 확인하려면 적지 않은 시간이 소요될 것이다.

### 3) 모바일 기기(Mobile Devices)

오늘날 대부분의 사람들은 휴대전화를 들고 다니면서 언제, 어디서나, 누구와도 통화가 가능하게 되었다. 이제 스마트폰은 사막의 오지(현장올레길 3-10)에서도 또 문명의 양극화로 대변되는 인도(현장올레길 3-11)에서도 필수품이 되었다.

또 스마트폰이 등장한 이후 각종 앱(apps)을 이용하여 실생활을 보다 '스마트'하게 보낼 수 있게 되었다. 이러한 현상은 전 세계적으로 유통업계에서 두드러진다. 특히 '무인화' 바람을 주도하고 있는 미국의 아마존 고를 중심으로 급속도로 퍼져 나가고 있다.

한걸음 더 나아가 기업들은 HR관련 앱들을 이용하여 종업원들을 보다 효과적으로 관리할 수 있게 되었다. HR전문가들에게는 모바일 기기를 통하여 다양한 서비스를 보다 쉽게

## 현장올레길 3-10 유목민들도 휴대폰을 사용한다

(사진설명) 이란의 유목민 부족 중 하나인 카쉬카이족 남성이 당나귀에 짐을 잔뜩 싸 들고 이사를 하고 있다. 그의 뒤에는 200여 마리의 양과 염소가 따른다. 노마드 족에겐 휴대전화가 필수품이다.

자료원: 조선일보. 채승우의 세계일주, 2014.11.8.

## 현장올레길 3-11 인도 12억 명이 생체ID 등록 ... '디지털코끼리'가 달리기 시작했다.

(사진설명) 운전면허증 대신 모바일로 신원 확인 - 인도에서 운전자가 교통경찰에게 운전면허증 대신 휴대폰에 설치된 '디지로커'앱 화면을 보여주고 있다. 인도에서는 정부가 만든 이 앱에 운전면허, 졸업증명서 등을 저장해두고 있다가 언제 어디서든 실물 서류를 대체해 사용할 수 있다.

자료원: 조선경제, 2019.8.26.

**현장올레길 3-12** 그냥 물건 들고나가며 끝 ... 5분 뒤 앱에 계산서 떠

(사진설명) 미국 시애틀의 아마존 본사 1층에 있는 무인(無人) 매장 '아마존고'에서 쇼핑객들이 상품을 고르고 있다.

자료원: 조선경제, 2018.1.24.

전달할 수 있게 되었다. HR 앱을 통하여 고용주가 구직자에게 필요한 정보를 제공할 수 있게 되었고, 단기 훈련과정을 제공하기도 하고, 인터뷰 일정을 관리하기도 하며, 과업의 순서도 조정이 가능하게 되었다(Werner et al., 2012, p.56).

### 4) 가상네트워크 조직(Virtual Network Workforce)

아마도 조직이 전 세계에 흩어져 있는 가상의 종업원을 고용하여 팀을 구성하는 것이 가능해진 것은 IT혁명의 가장 드라마틱한 결과가 아닌가 생각된다. 가상네트워크 조직의 구성원들은 언제, 어디서나, 필요에 따라서 그들 과업을 수행할 수 있다. IBM은 재택근무를 하는 직원들의 불필요한 사무실 공간을 없애고 나니, 각 사무실마다 50%의 부동산 경비를 절감할 수 있게 되었다. 또 HP는 가상네트워크 조직을 채택한 이후 영업사원별로 평균 2배의 수익을 올릴 수 있었다고 보고되고 있다(Werner et al., 2012, p.56).

한편 이러한 가상네트워크 조직은 아웃소싱(outsourcing) 형태로 국가 간, 기업 간 경계를 뛰어넘어서도 가능하다. Wachovia Corporation은 자사의 인적자원관리를 Hewitt Associates에 위탁하고 있으며, 영국의 대형 소매업체인 J. Sainsbury는 정보기술분야의 모든 문제를 Accenture에 위탁하고 있다. 제약회사인 Eli Lilly & Company의 20% 이상의 작업이 중국에 있는 Chem−Explorer와 같은 실험실에서 이루어지고 있으며, 인도의 Wipro, 프랑스의 S.R. Teleperformance, 미국의 Convergys 등과 같은 기업들은 전 세계에서 컴퓨터업체와 휴대폰업체를 위한 콜센터와 기술지원 업무를 맡아서 수행하고 있다. Fiat 자동차 역시 물류, 유지보수, 부품생산 등에서 다른 기업과 복합적인 아웃소싱 관계를 맺고 있다(Daft, 2015, p.121). 이러한 체제하에서 작업하는 종업원들은 고용주로부터 고립되거나 분리되어 있다. 그런 이유로 고용주가 그들의 일거수일투족을 전자적으로 밀접하게 감시한다면 그들의 사기는 몹시 떨어질 것이다. 또 종업원들이 IT사용 기술이 충분히 훈련되지 않는다면 타인들과의 커뮤니케이션에 있어서 오해를 유발하거나 심지어 고객들과도 분쟁의 소지가 되기도 한다. 따라서 가상네트워크 조직의 혜택을 누리려면 본사에서 국내・외 아웃소싱업체에 대한 교육훈련에 각별한 주의가 요청된다.

### 5) e−HRM

e−HRM은 인터넷(internet) 혹은 인트라넷(intranet)과 정보처리기술을 활용하여 인적자원관리의 확보, 유지, 활용하는 기술이다. 이 기술을 통하여 인적자원관리의 비용을 최소화하고 효과를 극대화할 수 있으며 과거의 인적자원정보 시스템(HRIS: Human Resource Information System)에 비해 그 규모나 활용, 효과 측면에서 한 차원 더 발전된 것이다. 기존의 인적자원정보 시스템은 단순히 인사부서만을 위해 필요한 정보들을 관리하는 시스템이었으나, e−HRM은 전 종업원이 접근가능한 시스템으로서 기업 내 정보를 보다 적극적으로 활용 가능하다. e−HRM은 정보통신기술의 활용을 통한 인사기능의 자동화, 전산화에 그치는 것이 아니라, 인적자원기능의 활용과 개발이라는 인적자원관리의 본질적 가치에 중점을 두고 이를 구현하는 시도이다.

따라서 종업원 개개인은 직접 시스템에 접속하여 원하는 정보를 얻고 자료를 수정하는 등의 작업을 하게 됨으로써 과거에는 인사부서의 종업원이 수작업으로 다 해야 할 일이 현격히 줄고 부가가치를 창출할 수 있는 업무에 더 많은 노력을 기울이는 것이 가능하게 된다. 또 온라인 채용(online recruiting), 웹기반 인사평가(WBA: Web−Based Assessment), 웹기반 교육훈련(WBT: Web−Based Training)과 같은 과정을 통하여 인적자원관리의 확보−

**현장올레길 3-13 반값전략의 위메프의 상징물관리**

(사진설명) 위메프는 거의 대부분의 제품을 소매가격의 반값으로 온라인 쇼핑몰에서 판다. 그래서 강남구 삼성동 본사의 안내데스크에도 '반값습니다'라고 손님들을 맞이하고 있다

자료원: ㈜위메프 제공.

유지-개발이 적은 비용으로 가능해진다. 최근 인공지능기반의 기술은 기업의 디지털 트랜스포메이션을 주도하고 있으며 동시에 e-HRM의 수준을 더욱 고도화시키고 있다. 예를 들어 챗봇(Chatbot),[14] RPA(Robotics Process Automation)[15] 등의 인공지능 기반기술들이 e-HRM에 적용되어 'HR트랜스포메이션'을 가능하게 하고 있다.

결국 정리하면, 기업이 e-HRM의 기술이 인공지능 기술과 결합되어 고도화되면서 상시적으로 발생하는 단순반복업무를 쉽게 대체하고, 업무부담이 경감되면, 인사담당자의 전문성 심화가 보다 용이해진다. 따라서 이들의 본원적 업무인 인재의 확보 및 유지 그리고 개발에 더 많은 시간과 비용을 투입하게 됨으로써 인적자원관리상의 자원배분과 투자효율성을 제고할 수 있게 되는 것이다.

---

14) 챗봇은 'Chatter Robot'의 줄인 말로서, 기업용 메신저에 채팅하듯 질문을 입력하면 인공지능이 빅데이터분석을 바탕으로 일상언어로 사람과 대화를 하며 해답을 주는 대화형 메신저를 말한다.

15) RPA는 기업의 재무, 회계, 제조, 구매, 고객관리 분야의 데이터를 수집해 입력하고 비교하는 단순반복업무를 자동화해서 빠르고 정밀하게 수행하는 자동화 소프트웨어 프로그램으로서 인공지능과 결합하며 바르게 발전하는 분야이다.

## 2.2 조직문화

조직문화란 조직의 구성원들이 사회화과정, 언어, 상징, 그리고 의례 및 의식을 만드는 공유가정, 가치 그리고 행위규범의 고유한 패턴을 의미한다. 공유가정, 가치 그리고 행위규범은 문화의 기저를 형성하지만 직접적으로 관찰되지는 않는다. 그것은 관찰가능한 가시적인 요소 –즉 조직의 사회화 활동, 언어, 상징, 의례 및 의식– 에 의해서 유추될 뿐이다(Werner et al., 2012, p.58). [현장올레길 3–13]에서 보듯이 창업 2년만에 매출액 1조 원을 달성한 '반값' 온라인 쇼핑몰인 위메프는 상징물 관리를 통하여 '반값전략'이라는 기업의 전략을 내재화하는 문화관리를 하고 있다.

인성(personality)과 마찬가지로 기업문화는 아무도 무엇을 어떻게 해야 할지 말해 주지 않을 때 예측가능한 방식으로 어떻게 사람들이 행동해야 하는지 판단하는 데 영향을 미친다. 예를 들어 신입직원들이 입사한 지 얼마 되지 않아 조직에서 어떻게 처신해야 할지 모를 때, 인정받는 선배나 우수한 동료들의 행동패턴을 예의주시하게 된다. 이 과정을 통하여 "아하 이렇게 행동하면 이 조직에서 살아남겠구나, 혹은 이 조직에서 인정받겠구나" 하며 나름대로 조직 내에 숨어 있는 기본전제나 불문율(unwritten rule)을 발견하고자 하며 반복적인 확인과정을 통하여 그 기업의 조직문화에 동화되어 간다. 인적자원정책과 인적자원관리의 여러 관행들은 기업의 전략방향과 조화롭게 연결되고 그것을 지원할 때 강한 기업문화의 개발에 절대적인 영향을 미친다.

### 1) 리더십(Leadership)

효과적인 리더십은 종업원들이 자발적으로 조직의 목표에 참여하여 그 목표를 달성하도록 영향력을 행사하는 것이다. 이를 위하여 기업의 리더는 회사가 나아가야 할 비전(vision)을 설정하고 비전달성을 위해 수행해야 할 임무(mission)를 구체화하며 임무를 달성하는 데 있어서 조직구성원들이 공유해야 할 가치(value)를 분명히 함으로써 조직의 구성원들이 한 방향으로 나아갈 수 있는 큰 프레임워크를 제시해야 한다.

이렇게 리더가 구성원들에게 리더십을 통하여 영향력을 발휘할 때 구성원들을 대하는 방식에 따라 기업의 문화가 형성된다. 즉 리더가 평소 강조하는 사항이나 평가하는 방식이나 통제하는 스타일에 따라 그 기업의 색깔이 완전히 달라진다. 예를 들어 끊임없는 혁신을 강조하는 리더가 있는 반면 다른 것보다 복종과 충성을 중요하게 생각하는 리더가 있다. 이런 리더 밑에서는 "성과를 못 내는 부하는 용서가 되도 의전에 실패하는 부하는 용서가 안

**도표 3-11** 조직문화의 형성 및 내재화 과정

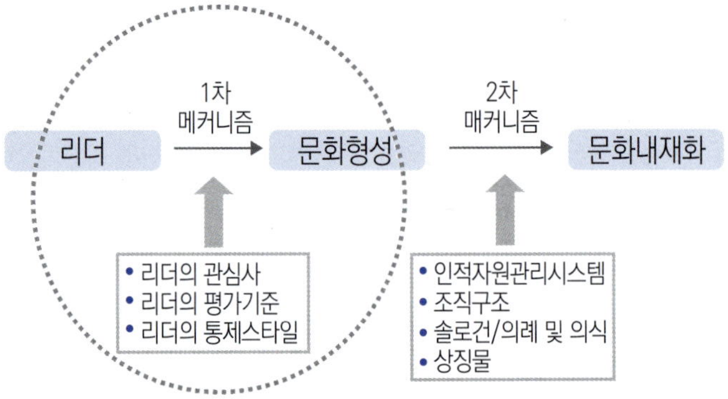


자료원: Schein, E. H.(1985). *Organizational Culture and Leadership*, Jossey-Bass Business & Management Series, John Wiley & Sons, Inc. 수정응용.

된다"라는 기본전제가 깔리기 시작한다. 이는 리더가 무엇을 중요시하는지 조직 내에 신호를 보내는 것이다. 또 한 장의 보고서라도 질을 중요하게 생각하는 리더가 있는 반면 보고서는 일단 두꺼워야 된다고 생각하고 얇은 보고서를 제출하는 사람을 성의가 없다거나 노력을 안 했다고 생각하여 처절하게 무시하는 리더가 있다. 또 매사를 일방적으로 지시하고 통제하며 반론을 허용하지 않는 리더가 있는 반면에 중요한 이슈에 대하여 토론을 통하여 중지를 모으는 리더가 있다. [도표 3-11]에서 보다시피 구성원들과의 이러한 상호작용 가운데서 어떤 태도를 리더가 취하느냐에 따라 형성되는 문화가 달라진다(1차 메커니즘).

일단 형성된 문화가 조직 안에 구성원들 사이에서 공유되고 내재화되려면 인적자원관리 시스템, 조직구조, 슬로건 및 의례의식, 상징물 등이 조직의 리더가 강조하는 바를 뒷받침해야 한다(2차 메커니즘). 리더의 관심사항이나 강조하는 내용과 2차 메커니즘의 내용들이 일관성을 이루지 못할 경우 리더의 주장에는 할인율(discount rate)이 적용되어 리더의 말은 종업원들 사이에서 신뢰를 잃게 된다(Schein, 1995). 심지어 조직의 체제에 조직적으로 저항하는 조직 내 반문화(anticulture)가 형성되기도 한다. 즉, 문화형성을 위한 1차 메커니즘과 문화정착을 위한 2차 메커니즘이 일관성을 유지해야 원하는 문화를 조직 내에 뿌리내릴 수 있게 되는 것이다.

예를 들어 리더가 공개적으로 일과 가정의 균형을 바란다고 늘상 얘기해 놓고는 정작 본인은 야근을 밥 먹듯 하고 주말에도 일하는 사람만 칭찬한다면, 일과 가정의 균형은커녕 24시간 내내 일하는 조직문화가 만들어진다. 또 겉으로는 민주적인 토론을 통하여 다양한 의견개진을 하자고 해 놓고서는 실제로 리더와 다른 의견을 내면 다른 임원들 앞에서 창피를 주거나 면박을 준다면 그 어떤 임원도 의견을 개진하지 않게 된다. 실제로 적지 않은 한국 기업들의 조직원들은 사장의 의견에는 도전하지 못하면서 회사의 핵심가치는 '도전'이라 되어 있는 경우가 허다하다. 또 아이디어를 도저히 낼 수 없는 얼어붙은 분위기인데도 회사의 핵심가치는 '창조'라고 되어 있다. 또 오너 또는 경영자가 사기혐의로 구속되어 있어도 회사의 핵심가치는 '윤리경영'이라 되어 있다. 사장이 누구인지도 모르고 임원과는 말해본 적도 없는 회사의 핵심가치는 '소통'이라 되어 있다. 상대평가를 하고 또 자극적인 차등보상이 되도록 경쟁을 유발하는 보상설계를 해 놓고도 회사의 핵심가치는 '협력'으로 되어 있는 '이상한 회사'에 살고 있는 것이 우리 기업들의 민낯이다. 경영의 세계에서 '비정상의 정상화'는 여기서부터 출발해야 한다.

### 2) 비전(Vision)

비전이란 최고경영자가 만들고 싶은 회사의 미래상으로서 회사가 미래에 존재하게 될 최고의 시나리오를 말한다. 예를 들어 롯데백화점은 '2018 Global Top 5', 롯데마트는 'No.1 Retailer in Asia, 7-Eleven은 '가깝고 편리한 행복충전소'이다. 이렇게 비전을 추구하는 데 있어서 성공한 기업들의 대부분은 종업원들을 만족시키기 위해서 노력한다. 그리고 만족한 종업원들이 고객들을 위해 최고의 서비스를 제공한다. 따라서 경영이념, 인사제도 및 관행을 통하여 종업원을 만족시키는 것이 비전달성의 요체임을 놓쳐서는 안 된다. [현장올레길 3-14(a)]에서 보듯이 미국에서 가장 존경받는 기업으로 평가되고 있는 FedEx에서는 'Global #1 운송업체'의 비전달성을 위하여 'P-S-P' 경영이념을 하나의 기업문화로 신봉하고 있다.

즉 사람들을 지성(至誠)으로 보살펴 주면(Putting our people first), 그들은 고객이 원하는 완벽한 서비스를 제공해 줄 것이다(Satisfied people deliver outstanding service). 그러면 고객들은 그 회사와 제품 및 서비스에 대해서 높은 충성도를 보일 것이며(Customers value outstanding service and remain loyalty), 결국 고객들은 회사의 미래를 확실하게 다지는 데 필요한 이익을 가져다 줄 것이다(Loyal customers result in more profit ensuring our success). FedEx Korea의 채은미 대표는 *"FedEx의 P-S-P가 단지 철학으로 끝나지 않도록 직원들에게 다양하고 공정한 업무기회, 충분한 교육 기회, 최고의 업무환경을 제공하기 위해 실천적인 노력을 기울이고 있다"라고 강조한다.*

**현장올레길 3-14** FedEx의 P-S-P 철학

(a)

자료원: FedEx Korea 내부자료(2015).

(b) FedEx Korea의 채은미 대표

자료원: FedEx Korea 내부자료(2019).

### 3) 임무(Mission)

기업의 임무는 기업이 왜 존재하는지 존재목적 또는 설립이념을 의미한다(Werner et al., 2012, p.59). 이것은 비전달성을 위한 실행계획이기도 하다. 예를 들어 FedEx는 비전을 달성하기 위하여 다음의 다섯 가지 임무를 채택하고 있다. 첫째, 높은 부가가치의 물류, 교통 및 관련 비즈니스를 제공하여 주주들에게 높은 수익을 제공할 것이다. 둘째, 고객의 요구는 개별 시장에서 품위 있게 충족될 것이다. 셋째, 조직의 팀 구성원, 파트너, 협력사들과 함께 동반성장할 것이다. 넷째, 안전은 모든 작업장에서 최우선적인 고려사항이다. 다섯째, 모든

기업활동은 가장 높은 윤리기준으로 진행될 것이다(http://about.van.fedex.com/our-story/overview).

### 4) 핵심가치(Core Value)

일반적으로 핵심가치는 다른 조직과 차별화되는 종업원들의 행동원칙과 기준을 정의한 것이며 일의 우선순위에 대한 판단의 기준이 된다(Werner et al., 2012, p.59). 사람들이 집단을 이루게 되면 개인들이 상호작용하는 과정에서 개인들 간에 유사한 행동들이 형성되면서 가치의 공유가 일어나게 된다. 그런 점에서 핵심가치를 '공유가치'(Shared Value)라고도 한다. 핵심가치는 그 집단의 결속이나 생존 혹은 발전을 위해 집단구성원들이 공통적으로 추구하는 행동원칙이며 그 집단에서 바람직한 행동으로 받아들여지는 행동이다.

Du Pont의 CEO이자 Chairman인 Ellen Kullman은 어느 한 연설에서 Du Pont의 핵심가치의 중요성을 역설하였고 그것의 준수에 대한 엄격함과 단호함을 보여주었다. "당 회사의 핵심가치는 첫째 어떠한 경우에도 인간은 존중되어야 하고(Respect for People), 둘째, 윤리적 행동에 대한 철저한 준수가 요구되며(Highest Ethical Behavior), 셋째, 환경보호에 앞장서야 하며(Environmental Stewardship), 넷째, 종업원들의 안전과 건강은 최우선적인 고려사항(Safety & Health)이다"(Du Pont 2015 내부자료).

## 2.3 사업전략: 경쟁전략과 전략이슈[16)]

흔히 사업전략이란 사업의 목표를 달성하기 위하여 일련의 통합적인 몰입이자 의도된 활동이다(Business strategy is a set of integrated commitments and actions intended to achieve business goals.)(Hitt, Ireland and Hoskisson, 2007). 앞에서 논의한 비전, 미션, 핵심가치와 마찬가지로 기업의 사업전략은 기본적으로 기업활동의 나침반 역할을 하지만 사업의 속성(nature of business)에 보다 밀접하게 연결되어 있다. 사업의 속성을 반영하여 잘 기획된 사업전략이 효과적으로 실행된다면 이익을 창출하고 나아가서 경쟁력을 강화하게 되는 것이다. 사업전략은 무엇보다도 반드시 채용해야 할 종업원의 유형, 종업원으로부터 요

16) 사업전략과 HR전략 간의 이론적 관련성에 대한 구체적 소개는 Lengnick-Hall, C. A. & Lengnick-Hall, M. L.(1988). "A Perspective on Business Strategy and Human Resource Strategy Interdependence," *Academy of Management Review*, 13(3), pp.454-470를 참고하기 바란다.

구되는 행동, 종업원이 일하고 싶은 근무조건에 영향을 미친다. 본 저서에서 사업전략을 언급할 때는 특정사업의 경쟁전략을 실행할 때 어떻게 인적자원관리 시스템이 활용될 수 있는지에 초점을 두고자 한다. 여기서 경쟁전략이란 동일한 제품 및 서비스를 제공하는 경쟁기업에 비해 경쟁우위에 섬으로써 기업경영의 목적을 달성하기 위한 전략을 의미한다(Werner et al., 2012, p.62).

### 1) 경쟁전략

(1) 전사적 품질전략(Total Quality Strategy): 오늘날 기업의 경쟁전략에서 품질에 대한 경쟁은 가히 절대적이다. 품질에 대한 경쟁력이 없으면 제품이나 서비스의 경쟁력을 갖출 수 없으며 경쟁기업과의 경쟁도 '경쟁열위'가 된다. 따라서 기업들은 '전사적 품질관리'(TQM: Total Quality Management), 'ISO 9001인증', '6SIGMA' 등을 통하여 해당 기업의 제품이나 서비스를 최고의 품질표준에 충족시키고자 한다. [도표 3-12]는 삼성에버랜드의 서비스 품질을 최상으로 유지하기 위한 각종 인사 및 조직관리의 관행이다. 또 [도표 3-13]은 미국 주요 항공사들의 고객만족에 대한 중요 지표별 성과비교를 한 것이다. 이와 같은 통계적 비교를 통하여 인적자원관리의 육성 및 개발내용과 방향을 파악할 수 있게 된다.

한편, 품질관리를 추구하는 기업들은 현장의 종업원들에게 실제적인 의사결정권에 대한 권한위양을 한다. 이것은 제품 및 서비스의 품질을 지속적으로 개선하는 방법을 발견하기 위해서는 그들이 문제의 현장 속에 밀착되어 있어야 하고 몰입되어 있어야 하기 때문에 절대적으로 필요하다. 관련 인사제도나 조직의 관리관행은 실제 권한위양을 받은 직원들이 상사에게 일일이 보고하지 않고, 자율권과 책임감을 가지고 품질의 혁신과 개선을 위한 중요한 의사결정을 주도할 수 있도록 설계되고 운용되어야 한다.

(2) 저원가전략(Low Cost Strategy): 원가를 기반으로 경쟁을 하는 것은 가장 보편적인 경쟁전략이다. 원가우위전략을 추구하는 기업들은 제품 한 단위당 낮은 이익을 극복하기 위하여 많은 양의 제품을 생산하여 매출을 크게 일으키고자 한다. 따라서 효율적인 생산관리 시스템, 엄격한 원가통제 및 관리, 낮은 R&D 투자 그리고 최소한의 영업활동이 이 전략의 특징이다. 인적자원관리 시스템 또한 효율극대화의 목표를 철저하게 뒷받침한다. 가능한 저인건비 정책 기조를 유지하기 위하여, 정규직이나 전일제(Full-Time)보다는 비정규직 및 파트타임을, 또 효율적으로 반복적인 행동을 수행할 수 있는 사람을, 그리고 그러한 반복적인 행동이 가져다주는 지루함이나 피곤함을 잘 견디는 사람을, 최소한의 복리후생 제공에도 만족하는 사람을 주로 고용하고자 한다.

**도표 3-12** 삼성에버랜드의 품질관리를 위한 인사 및 조직관리관행

| 구 분 | 내 용 |
|---|---|
| 드롭 커튼제 (drop curtain) | 업장에 시설의 문제점이나 고객의 클레임이 발생하면 문을 닫아버린다. 공장의 라인 스톱제와 유사하다. |
| 오프 스테이지(off stage) | 직원의 서비스가 불량하거나 고객의 클레임 발생 시 직원은 업장을 떠나 서비스 아카데미로 보내진다. |
| 미스터리 쇼핑 (mystery shopping) | 고객으로 가장해 업장 내 타 부서를 방문, 고객 입장에서 서비스를 점검한다. |
| 그린 서비스 | 청결유지를 비롯해서 고객 길 안내, 사진 찍어주기, 원 내 질서유지를 포함한다. |
| Thank-Q서비스 | 여기서 Q는 '질(quality) 또는 신속성(quickness)' 고객이 원하는 서비스를 제공하여 고객 스스로가 감동하게 한다. |
| 달콤주, 쓸개주 | 성공은 자축하고 실패는 기억하자는 취지로 성공파티에는 케이크, 오색양초, 와인을, 실패파티는 쓸개주를 도입한다. |
| 5S/5감 | Smile, sincerity, security, safety, speed/시각, 청각, 후각, 미각, 촉각 등은 서비스맨으로서 갖추어야 할 소양으로서 주의해서 지켜야 할 항목이다. |
| 롤 플레이(role play) | 직원들이 맞닥뜨리는 상황을 연극으로 꾸며 역할을 되새기며 의지를 다진다. |
| 손님의 목소리 (voice of guest) | 고객의 클레임과 지적사항을 경청하고 곧바로 시정한다. |
| 베스트 서비스 그룹선발 | 매월 친절한 종업원을 선발해 해외연수 등을 시상한다. |

자료원: 삼성에버랜드 내부자료(2015).

**도표 3-13** 미국 주요 항공사의 성과비교

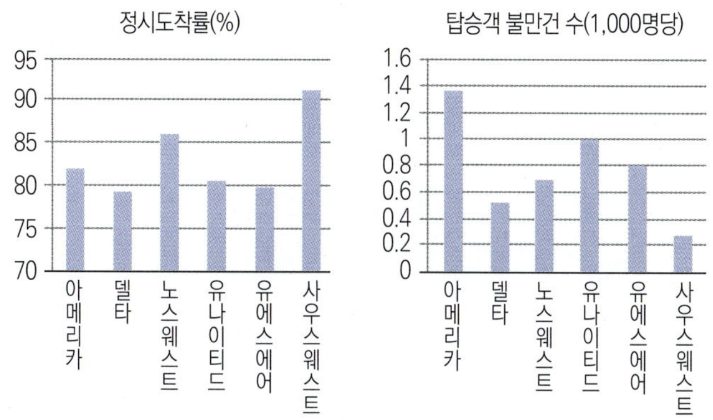


자료원: Flightstats(2013). On-Time Performance Full Report.

(3) 고객서비스전략(Customer Service Strategy): 대부분의 많은 산업에서, 탁월한 고객서비스를 제공하는 것은 경쟁기업과 차별화하는 하나의 전략으로서 그 중요성이 갈수록 커지고

**현장올레길 3-15** 살아남기 위하여 일본 은행들 이렇게 변신한다

서점 안에 지점 내고

오지로 찾아가고

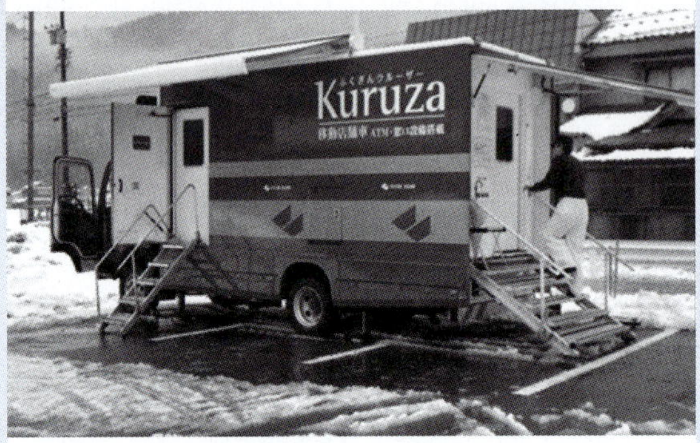


직원들은 간병 자격증까지

(사진설명) 심각한 고령화로 수익이 줄어든 일본 은행들은 대형 서점 내에 소규모 상담 창구를 내는 등 점포 형태를 다양화하고 있다(위 사진). 산골 마을 점포를 폐지하고 대신 운영 중인 이동식 점포에 들어서면(가운데 사진), 유니폼을 입은 은행 직원이 고객을 맞는다(아래 사진). 노인 고객에 대한 이해를 높이기 위해 간병 관련 자격증을 따게 하는 은행도 있다.

자료원: 조선경제, 2018.1.31.

**도표 3-14** 경희대 병원의 환자서비스관리 Checklist

| 고객 MOT | 서비스 항목 | 관리지표 |
|---|---|---|
| 탐색 ↓ | • 광고 및 입간판은 사람들에게 강한 인상을 주는가?<br>• 병원소개 DM은 인근 지역에 효과적으로 전달되었으며, 차별화된 이미지를 느끼도록 구성되어 있는가?<br>• 소개 환자 및 소개자들은 잘 관리하고 있는가?<br>• 인터넷 홈페이지는 잘 구성되고 관리되는가?<br>• 우리 병원에 대하여 어떠한 소문 혹은 이미지가 형성되어 있는가? | • 병원 인지도<br>• 고객 추천율<br>• 인터넷 접속 및<br>• 이용률<br>• 병원 이미지 |
| 내원환자 주차관리 ↓ | • 주차공간은 적정한가?<br>• 인근 주차장 활용방안은 없는가? | • 주차시설 만족도 |
| 안내 ↓ | • 수신자 부담 안내 시스템(ARS)<br>• 진료안내센터의 개설<br>• 안내자의 친절성<br>• 병원안내 책자 및 유선시스템<br>• 예약 알림서비스 | • 직원 친절도 |
| 접수 ↓ | • 접수, 수납청구의 현대화<br>• 재진환자의 신속한 접수처리를 위한 자동접수 시스템 설치 여부 | • 병원의 정보화 역량 |
| 진료대기 ↓ | • 쾌적하고 안락한 대기시설<br>• A/V 시스템 채택<br>• 진료개시시간, 대기자, 알림 및 시그널 방송<br>• TV 및 서적 등 볼거리 제공<br>• 어린이 놀이시설<br>• 행선지 표지판 설치<br>• 병원 안내 책자 및 환자 교육자료 구비 | • 평균 대기시간<br>• 시설 및 서비스 만족도 |
| 진료 ↓ | • 정비의 현대화<br>• 진료품질 결과<br>• 진료인의 친절성<br>• 진료실의 시설 및 환경 | • 진료 서비스 만족도 평가 |
| 사후관리 | • 예약 시스템의 편리성<br>• 타 병원과 진료연계시스템 구축<br>• 진료결과의 상담 및 통보 | • 재진율 |

자료원: 경희대 송상호 교수(2015)의 강의노트. "의료환경변화에 따른 대응전략".

있다. 고객서비스의 품질은 적절한 HR정책과 관행을 통하여 개선될 수 있다. 예를 들어 삼성전자나 LG전자, SK브로드 밴드나 LG U+ 등 전자회사나 통신회사의 수리기사에 대한 평가를 고객에게 직접 맡긴다. 즉, 수리기사의 수리가 끝난 후 본사 고객관리센터에서 그 기사의 수리내용과 친절도 측면에서 어느 정도 만족하는지 고객에게 직접 질문을 하고 만족도를 평가하라고 요구한다. 그 결과에 따라 수리기사의 인센티브가 결정되기 때문에 고객만족에 최선을 다하지 않을 수 없다.

여기서 고객서비스전략과 관련하여 일본 은행들의 변신을 주목할 필요가 있다. 최근 일본 은행들은 수익을 늘리기 위해 '매장다양화'라는 카드를 꺼내 들었다. 주요 전철역 앞과 같은 최고의 입지조건에 지점을 두었더라도 일률적인 서비스를 제공하는 것만으로는 살아남을 수 없다는 생각에서다(현장올레길 3-15 참조).

한편 고객서비스를 개인의 자발성에 맡겨둘 경우 서비스 내용의 일관성이나 지속성이 떨어지게 된다. 따라서 고객서비스전략을 일관되고 지속적으로 하기 위한 전략의 일환으로 고객서비스 전체 프로세스에 대한 적절한 지표관리가 필요하다. [도표 3-14]에서 보는 바와 같이 경희대 병원의 환자서비스관리 Checklist는 적절한 사례이다.

(4) 혁신전략(Innovation Strategy): 전 세계 어느 기업을 막론하고 성공적으로 경쟁을 주도하고 있는 기업들에게서 가장 중요한 것은 혁신전략이다. 특정 분야의 신제품 및 서비스를 개발하는 제품/서비스 혁신(product/service innovation)(예, 공학이나 생화학 분야 등)이나 생산공정에 대한 공정혁신(process innovation), 나아가서 인간과 제도에 대한 관리혁신(management innovation)을 추구하는 기업들은 해당 분야에서 높은 수준의 교육을 받은 고학력의 종업원이 필요하다. 이들은 일단 고용되면 실험(experimentation)과 위험추구(risk-taking)가 장려될 수 있도록 관리를 해야 한다. 또 혁신을 위해서는 팀워크가 대단히 중요하며 잦은 실패가 보호되기도 한다. 고도의 기술을 가지고 있는 종업원들은 혁신경쟁에서 매우 중요한 역할을 하기 때문에 HR제도나 정책이 이런 인재들을 유인하고 유지할 수 있도록 설계되어야 한다. 이들과의 협상에서는 작은 계산이 중요한 것이 아니다. 독보적인 인재라 판단되면 얼마의 비용이 들더라도 우선 확보하고 성과를 보아 계속 유지할 수 있는 여건을 마련해 주는 것이 중요하다(Werner et al., 2012, p.65). [현장올레길 3-16]은 최근 HR분야에서도 근본적인 변화를 주도하고 있는 기업들의 해외기업들의 사례이다.

### 2) 전략이슈

(1) 합병인수(Merge & Acquisition): 저성장기에는 치열한 경쟁에 견디지 못하여 도산하거나 시너지를 확보하기 위하여 기업 간 합병이나 다른 기업을 흡수하는 인수 행위가 보편화되고 있다. 그러나 기대와는 달리 합병 혹은 인수가 애초의 기대와는 달리 성공하기가 쉽지가 않다. 양 조직 간의 성공적인 통합을 위해서는 다음의 세 가지 시너지 즉 첫째, 전략적 시

**현장올레길 3-16** HR에서도 혁신이 시작되고 있다

'HR분야 전반에 변화의 조짐이 일고 있다. 유례없는 기술 혁명의 시대에 사람은 이제 물리적인 노동력보다 지적 창의성을 창출하는 핵심 자산으로서 더욱 강한 의미를 갖게 되었다. GE, MS는 더 이상 연간 성과 평가, 줄세우기 평가를 하지 않겠다고 선언했다. 이제 인적자원관리 방식도 혁신의 압박을 받고 있다. 2015년 8월 GE는 기존의 연간성과평가 시스템(Annual performance review system)을 더 이상 운영하지 않겠다고 발표했다. 기술과 사업, 시장이 하루가 다르게 급변하는 세상에서 1년 단위 평가 시스템은 더 이상 유효하지 않다는 것이 첫째 이유였고, 사람들의 지적 창의성이 기업 경쟁력의 핵심 요소로 자리매김하고 있는 상황에서 순위(Ranking)를 통해 상호 경쟁을 부추기는 것도 적절치 않다는 인식 때문이었다.

19세기 말 설립된 이후 20세기 산업 시대를 대표하는 기업 중 하나인 GE가 오랜 세월 유지해 온 성과관리 시스템을 전면적으로 개편한다는 발표에 적지 않은 사람들이 충격을 받았다. GE의 발표 직후 미국의 유명 HR 협회인 SHRM은 "연간 성과평가 시스템의 시대는 이제 끝난 것인가?(Is the annual performance review dead?)"라는 제목의 글을 내기도 했다. GE 외에도 많은 기업들이 새로운 성과평가 시스템 도입을 검토하고 있을 뿐 아니라, 온라인 탤런트 플랫폼(Online talent platform), 린 스타트업 프랙티스(Lean startup practices), 애널래틱스(HR Analytics) 등 다양한 인력/조직운영 시스템들을 실험해 보고 있다. 아마존, 구글, 3M, 시스코, 마이크로소프트, 뱅크 오브 아메리카, 웰즈 파고 등 이름만 들어도 알 수 있는 많은 기업들의 크고 작은 새로운 파일럿 테스트에 대한 기사들이 신문에 넘쳐난다. 미국 와튼 스쿨의 피터 카펠리 교수는 "과거 굴뚝 산업 시대의 패러다임에서 머물고 있는 HR 담당자들이 적지 않지만, 이제는 HR의 전면적인 변화가 필요한 시점"이라고 말한다. 그는 "새로운 사고를 하는 사람들과 ICT 등의 신기술로 채워지는 조직변화의 흐름에 동참하지 않으면 HR 부서의 필요성에 대한 의문까지도 제기될 것"이라고 지적한다.

자료원: 황인경, LG경제연구원, 2016.3.8.

너지, 둘째, 재무적 시너지 그리고 셋째, 인사 및 조직문화적 시너지가 있어야 한다(Schuler, Jackson and Luo, 2004).

그러나 통합을 원하는 기업들 간에는 주로 전략적 시너지 확보의 필요성이 인수 혹은 합병의 동기(動機)가 된다. 그리고 재무적 시너지는 서로 간에 '숨어 있는' 부채만 발견되지 않는다면 단기간에 끌어낼 수가 있다. 그런데 인수든 합병이든 통합에 실패하는 많은 경우가 인사제도상의 통합 혹은 기업문화 간 통합의 실패에 그 주원인이 있다(Werner et al., 2012, p.65). 이는 양 조직 간에 인사제도상의 차이에 의해 조직구성원 간에 조화를 이루지 못하고 사사건건 서로 충돌하는 모습을 보이게 됨으로써 애초에 의도했던 전략적 시너지마저 의문시되는 경우가 적지 않았다.

따라서 인수합병을 통해 '물리적 결합'에서 '화학적 결합'으로 시너지를 도출하기 위하여

무엇보다도 인적자원관리의 역할이 중요하다. 우선 양 조직의 통합의 당위성을 반복적으로 전파하는 교육 및 훈련이 필요하다. 또 두 회사 간 인사시스템을 조속히 통합하는 것이 중요한데 이때 양 회사 직원들이 만족할 만한 인사시스템의 통합계획을 발표하고 공감대를 형성하는 것이 중요하다. 그 가운데서도 특히 평가 및 보상체계 그리고 복리후생 부문에 있어서 우선적인 통합적 균형을 이룰 필요가 있다.

(2) 다운사이징(Downsizing): '인력구조조정'이라는 이름의 다운사이징은 한국, 중국, 일본 등과 같이 동양권문화에서는 익숙하지 않지만 영미권문화의 기업들에게서는 회사성과가 나빠지면 흔히 볼 수 있는 기업의 전략행위이다. 단적인 예로 회사가 극도로 어려웠던 IBM의 경우 1969년에 약 7만여 명의 인력을 해고하였고 동시에 새로운 인력 16,000여 명을 보강하였다(Noe et al., 2006, p.77). 아무리 경기가 어려워도 종업원들을 해고하지 않는 일본의 토요타자동차도 호주사업장을 정리하고 2017년까지 2천 600명을 정리해고하기로 하였다. 토요타 호주 법인장 데이브 버트너(Dave Buttner)는 "2017년까지 호주 내 생산을 중단하고 판매와 유통만 하는 회사로 바꿀 것이며 이렇게 되면 사무직 일자리는 모두 멜버른으로 통합해 운영할 것"이라고 전하였다(http://www.smh.com.au).

이러한 대규모 인력구조조정이 발생하면 인적자원관리 부서는 매우 혼란스러워진다. 남아 있는 직원들의 사기저하 문제를 어떻게 할 것이며, 외부에 해고기업으로 낙인이 찍히는 것은 어떻게 무마하고 수습해야 할지 난감한 경우가 많다. 다운사이징의 유효성에 대한 논의는 다양하게 전개되고 있지만 분명한 사실은 다운사이징은 인적자원관리 측면에서 기회와 위협을 동시에 제공한다는 사실이다. 즉, 직원해고는 성과가 낮은 직원을 골라낸다는 의미를 담고 있으며, 또 연공형 중심의 보상체계로 되어 있는 많은 한국 기업들에게는 근속년수가 길어 인건비가 비싼 직원들을 정리함으로써 인건비 비중을 현격히 낮추어 경영성과를 개선할 수 있는 긍정적 효과가 있다. 반면에 다운사이징에 의해 떠나서는 안 될 핵심인력이 떠나는 경우 직접적으로 회사의 사업성과에 위협이 되는 상황이 발생하기도 한다. 또 남아 있는 잔류인력에게는 업무에 대한 몰입이나 만족 또 회사에 대한 몰입이나 만족 모두 기대할 수 없게 되어 고객만족을 비롯한 경영의 여러 성과지표에 부정적인 영향을 미치기도 한다.

따라서 효과적인 다운사이징 전략을 추구하기 위해서는 '조직 차원에서 왜 다운사이징이 필요한지', '그 대상은 누구인지', '언제까지 이런 활동이 지속될 것인지', '이로 인해 발생하는 비용절감효과는 얼마나 될 것인지' 등의 설명을 분명히 직원들과 공유하여 다시 업무에 몰입하게 함으로써 다운사이징의 부작용을 최소화할 필요가 있다(Noe et al., 2006, p.77)(학습목표 2).

## 3. 창조경영의 구현을 위한 인재모습

이상에서 창조경영의 구현에 요구되는 인적자원관리 시스템 구축에 영향을 미치는 요인들을 크게 외부 요인과 내부 요인으로 구분하여 그 요인들이 어떻게 작동하는지 구체적으로 조명하여 보았다.

이러한 내 · 외부 요인들로 만들어지는 인적자원관리 시스템은 적어도 엘빈 토플러(Alvin Toffler) 다음으로 주목을 받고 있는 미래학자 다니엘 핑크(Daniel Pink)가 주장하는 6가지 조건 즉, 디자인(design), 스토리(story), 조화(symphony), 공감(empathy), 유희(play), 의미(meaning)를 충족하는 인재를 배출할 수 있어야 할 것이다(Pink, 2011)(현장올레길 3-17 참조). 다시 말하면 *미래인재는 학벌이나 성별 혹은 지역적 편견에서 벗어난 자유로운 상태에서, 단편적인 정보나 지식을 다차원적으로 통합(조화)하여 공감할 수 있고 의미가 있는 스토리를 만들어 시각적으로나 감각적으로 좋은 감정을 선사할 수 있는 가치(디자인)를 재미있게(유희) 만들 수 있어야 한다. 이와 같은 6대 조건의 능력을 갖춘 인재를 널리 발굴하고, 개발하고 유지할 수 있는 인적자원관리 시스템이야말로 고객의 가치를 창조하고 이것을 기업의 가치로 전환하였을 때, 세계가 두려워할 기업의 '핵심역량'인 것이다*(학습목표 3).

## 현장올레길 3-17 다니엘 핑크(Daniel Pink)의 미래인재의 6가지 조건(Pink's 6 Senses)

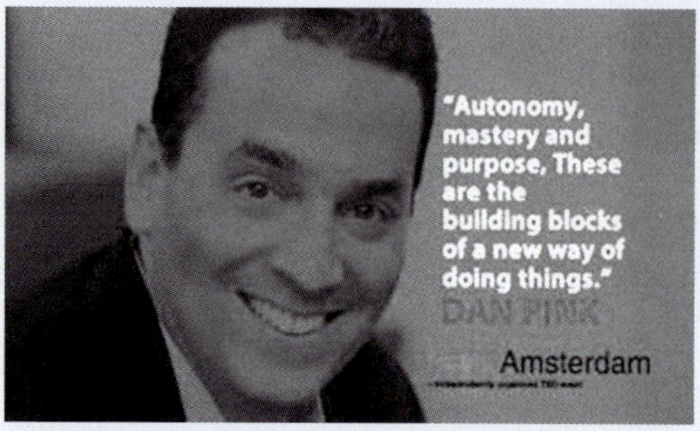


첫째, 디자인(Design): 단순히 기능만 갖춘 제품, 서비스, 경험, 라이프스타일만으로는 더 이상 충분하지 않다. 이와 함께 시각적으로 아름답거나 좋은 감정을 선사할 수 있는 가치를 만들 수 있는 인재여야 한다.

둘째, 스토리(story): 우리 시대의 삶은 정보와 데이터로 넘쳐나고 있기에 강력한 메시지를 쏟아 내는 것 만으로는 부족하다. 그러한 정보와 데이터를 가지고 전달하고자 하는 메시지를 스토리화 할 수 있어야 한다. 그것이 가능할 때 본질적인 설득, 의사소통, 자기이해가 충분해지는 것이다.

셋째, 조화(Symphony): 산업화 및 정보화 시대에는 집중과 전문화 그리고 분석이 요구되었다. 오늘날과 같은 창조의 시대에는 '분석'보다는 '통합'이 중요하다. 즉 큰 그림을 볼 수 있고 새로운 전체를 구성하기 위해 이질적인 조각들을 서로 결합해 내는 능력을 가진 인재가 필요하다.

넷째, 공감(Empathy): 논리적인 사고는 인간을 인간답게 만드는 능력 가운데 하나다. 하지만 정보가 풍부하고 분석적인 도구가 발전한 세계에서는 논리만으로는 부족하다. 다시 말해 다른 동료들의 마음을 상하게 하는 것이 무엇인지 이해하고, 유대를 강화하며, 다른 이를 배려하는 정신을 갖춘 인재가 필요하다.

다섯째, 유희(Play): 진지한 것만으로는 안 된다. 유희도 필요하다. 웃음, 명랑한 마음, 게임, 유머가 건강면에서나 사회적 성공면에서 커다란 도움이 된다. 물론 진지해져야 하는 때도 분명 존재하지만 지나친 진지함은 사회생활에도 악영향을 미칠 뿐 아니라 개인적인 풍요로운 삶도 망치고 만다. 하이컨셉 · 하이터치 시대에는 업무적으로나 일상생활 면에서 마음의 여유를 즐길 필요가 있다.

여섯째, 의미(Meaning): 물질의 축적만으로는 부족하다. 그 속에서 '의미'를 찾아야 한다. 우리는 숨막힐 정도로 풍요한 세상에 살고 있으면서도 그 속에 숨어 있는 목적의식, 초월적인 가치, 그리고 정신적인 만족감과 같은 의미를 잃고 살아왔다. 앞으로의 인재는 왜 물질을 확보해야 하고 축적해야 하는지 그 근원적인 목적의식과 초월적인 가치를 이해해야 한다. 그런 점에서 의미를 부여하는 능력은 필수적인 재능으로 부상하였다.

이상의 6가지 역량을 갖춘 인재야말로 창조경영시대를 대변하고 이 시대에 적합한 인재이다. 이러한 인재를 확보하고 육성 및 개발하여 기업의 경쟁우위를 유지시키는 것이 이 시대 기업인들의 과제인 것이다.

자료원: Daniel Pink(2011). *A Whole New Mind: Why Right-Brainers Will Rule the Future* (3rd Ed.), Riverhead Books.

## 단원 이해를 위한 질문

Q1 글로벌화가 가속화되고 경쟁이 치열해지는 현재 상황이 기업의 인적자원관리에 주는 시사점은 무엇인가?

Q2 호경기와 불경기일 때 기업의 인적자원관리는 어떻게 달라지는가?

Q3 인적자원의 다양성이 중요한 이유는?

Q4 '불확실성 회피'가 높은 국가와 낮은 국가 간의 인적자원관리는 어떤 차이가 있을까?

Q5 "생산기술이 자동화되어 갈수록 기술의 복잡도는 증가하게 되고 따라서 육체노동이 요구되는 직무는 줄어드는 반면에 지적 능력이 필요한 직무는 증가하게 된다"라는 주장을 정당화해 보라.

Q6 조직문화 형성 및 정착의 메커니즘을 설명하고 문화정착에 있어서 인적자원관리의 제도의 역할을 설명해 보라.

Q7 [현장올레길 3-14]의 FedEx의 P-S-P철학을 [도표 2-3] HR Value Chain으로 설명해 보라.

Q8 [도입사례 3]에 소개된 장루이민(張端敏) 회장의 다음 어록을 보고 인적자원관리 시스템 구축에 주는 시사점을 논의해 보라.

"지금의 하이얼과 파산과의 거리는 단 하루"
경쟁이 치열한 기업환경에서 하룻밤 사이에 회사가 무너지는 건 불가능한 일이 아니라는 뜻

"늑대와 함께 춤을 추고 싶다면 먼저 늑대가 돼라"
글로벌 기업을 이기려면 선진국으로 진출해 그들의 장점을 배우며 싸워야 한다는 뜻

"포화 상태인 것은 시장이 아니라 너의 생각이다"
고객들이 원하는 신제품은 언제나 있다는 뜻

"돌맹이를 물 위에 띄우는 방법은 물을 빠르게 흐르게 하는 것이다."
하이얼이 빠르게 물건을 개발하고 생산한다면 불가능해 보인 세계 1위 꿈도 이룰 수 있다는 뜻

자료원: Weekly Biz, 2015.11.20. 참조.

## 참고문헌


- 동아일보. "현대캐피탈 英합작회사 설립", 2012.7.16.
- 매경이코노미집계(2015). "10대 그룹 여성 임원 비중."
- 매경이코노미집계(2015). "그룹별 외국인 임원수."
- 매일경제. "삼성의료원-미 존스홉킨스병원 영상진료체제", 1995.9.16.
- 매일경제. "선진기업 핵심인재 육성현장: BP", 2006.12.24.
- 매일경제. "쌍용자동차 … 6년연속 무분규 임금협상타결", 2015.7.31.
- 매일경제. "오바마 미 대통령 홀랜드 시의 LG화학 전기차 배터리 공장 방문", 2010.7.15.
- 머니투데이. "STX조선..카타르의 고민을 해결하다", 2013.4.24.
- 미주중앙일보. "장애인 차별 소송, 다시 고개드나 …", 2014.3.25.
- 삼성에버랜드 내부자료. 2015.12.
- 서울경제. [인구시계5000만시대] 대한민국 인구지도가 바뀐다, 2012.5.20.
- 송상호(2015). 의료환경 변화에 따른 대응전략, 강의노트.
- 신형덕 옮김(역서)(2010). 전략경영과 경쟁우위: 개념과 사례, 시그마프레스(원서 Barney, J. B. & Hesterly, W. S.(2010). *Strategic Management and Competitive Advantage: Concepts and Cases*(3rd Ed.), Prentice Hall).
- 에이온 휴잇 옮김(2010). 포용의 시대가 온다(원저: *The Inclusion Paradox written by Andre Tapia*), 청림출판.
- 연합뉴스. "TPP협상 타결, 한국경제에 미칠 파장", 2015.10.6.
- 연합뉴스. "백악관 첫 트랜스젠더 직원 채용 … 인사국장에 발탁", 2015.8.19.
- 이데일리. "전기차 배터리 세계 1위 … 글로벌 시장선점 본격화", 2016.3.6.
- 전수환(2012). 에센스 인적자원관리, 세경.
- 정재훈(2005). 인적자원관리, 학현사.
- 정종태(2013). 인사관리: 기본과 실제, 시그마프레스.
- 조선일보. "인공지능, 불현듯 우리 곁으로 … 한국 눈뜨게 한 '알파고 7일'", 2016.3.16.
- 조선일보. "채승우의 세계일주", 2014.11.8.
- 최병우 · 이의현 옮김(역서)(2006). 전략적 인적자원관리의 모습, 무역경영사(원서: 岩出博(2002). 戰略的 人的資源 管理論の 實相, 泉文堂出版社).
- 파이낸셜 뉴스. "구본무 LG그룹 지휘 20년, 해외 매출 10배로 키웠다", 2015.1.16.
- 한글과 컴퓨터(2015). 내부자료. 일학습병행제.

- 황인경. "HR에서도 혁신이 시작되고 있다", LG경제연구원, 2016.3.8.
- 經際新聞. "中, 해외 인수합병을 통한 '走出去'전략", 2005.7.22.
- Barney, J. B.(1991). "Firm Resources and Sustained Competitive Advantage", *Journal of Management*, 1791, 99–120.
- Barney, J. B., & Hesterly, W. S.(2010). *Strategic Management and Competitive Advantage: Concepts and Cases*(3rd Ed.), Prentice Hall.
- Becker, B. E., Huselid, M. A., & Ulrich, D.(2001). *The HR Scorecard: Linking People, Strategy and Performance*. Boston: Harvard Business School Press.
- Berrone, P., & Gomez–Mejia, L. R.(2009). "The Pros and Cons of Rewarding Social Responsibility at the Top", *Human Resource Management*, 48(6), 959–971.
- Berstein, A.(2001). "Low–Skilled Jobs: Do They Have to Move?", *Business Week*, Feb., 26, 94.
- Charles Perrow(1967), "A Framework for the Comparative Analysis of Organizations", *American Sociological Review*, 32, 194–208.
- Daft, R. L.(2015). *Organization Theory and Design*(12th Ed.). Cengage Learning.
- Deluca, J. M., & McDowell, R. N.(1992). Managing Diversity: A Strategic "Grass–Roots" Approach, In Jackson, S. E. & Associates (Eds.), *Diversity in the Workplace: Human Resource Initiative*(pp. 227–247. Chap 10). NY: The Guilford Press.
- Du Pont 내부자료. 2015.12.
- FedEx Korea 내부자료. 2015.
- Flightstats(2013). On–Time Performance Full Report.
- Gates, S.(2003). *Linking people to strategy: From top management support to line management buy–in*. New York: The Conference Board.
- Hitt, M. A., Ireland, R. D., & Hoskisson, R. E.(2007). *Strategic Management: Competitiveness and Globalization*. Cincinnati, OH: Thompson South–Western.
- http://about.van.fedex.com/our–story/overview.
- http://graphics.wsj.com/diversity–in– tech–companies
- http://www. smh.com.au
- http://www.imf.org
- http://www.kostat.go.kr(통계청자료)
- http://www.mt.co.kr/view/mtview.php?type=1&no=2013042416005326590&outlink=1

- http://www-903.ibm.com/kr/ibm/global/overview_mgmt.html
- https://www.google.co.kr/search?q=camera-guided+automated+stitcher&newwindow=1& biw=1011&bih=433&source=lnms&tbm=isch&sa=X&ved=0CAcQ_AUoAmoVChMI7sfLjZ-eyAIVhaSUCh3D1AYH#imgrc=Nljliysn-iMD1M%3A
- Kamal & Kumar Ashish(2013). "Impact of Technology Advancement on Human Resource Performance", *International Journal on Arts, Management and Humanities*, 2(2), 43-47.
- Kruse, D. L., Freeman R. B., & Blasi, J. R.(Eds.)(2010). *Shared Capitalism at Work: Employee Ownership, Profit and Gain Sharing and Broad-based Stock Options*. Chicago: University of Chicago Press.
- Lengnick-Hall, C. A., & Lengnick-Hall, M. L.(1988). "A Perspective on Business Strategy and Human Resource Strategy Interdependence", *Academy of Management Review*, 13(3), 454-470.
- LG화학 내부자료. 2015.12.
- Mayer, D., Ehrhart, M. G., & Schneider, B.(2009). "Service Attribute Boundary Conditions of the Service Climate-Customer Satisfaction Link", *Academy of Management Journal*, 52, 1034-1047.
- Messersmith, J. G., & Guthrie, J. P.(2010). "High Performance Work Systems in Emergent Organizations: Implications for Firm Performance", *Human Resource Management*, 49(2), 241-264.
- Nishii, L. H., Lepak, D. P., & Schneider, B.(2008). "Employee Attributions of the 'Why' of HR Practices: Their Effects on Employee Attitudes and Behaviors, and Customer Satisfaction", *Personnel Psychology*, 61, 503-545.
- Noe, R. A., Hollenbeck, J. R., Gerhart, B., & Wright, P. M.(2006). *Human Resource Management: Gaining A Competitive Advantage*(5th Ed.), McGraw-Hill Irwin.
- Pink, D.(2011). *A Whole New Mind: Why Right-Brainers Will Rule the Future*(3rd Ed.), Riverhead Books.
- Rucci, A. J., Kirn, S. P., & Quinn, R. T.(1998). The employee-customer-profit chain at Sears", *Harvard Business Review*(Jan-Feb), 76(1), 82-97.
- Schein, E. H.(1985). *Organizational Culture and Leadership*, Jossey-Bass Business & Management Series, John Wiley & Sons, Inc.
- Schendel, D.(1996). "Editor's Introduction to the 1996 Winter Special Issues: Knowledge

and the Firm", *Strategic Management Journal*, 17, 1−4.

- Shuler, R. S., Jackson, S. E., & Luo, Y.(2004). *Managing Human Resources in Cross−Border Alliances*, London, Rutledge.
- Snell, S. A., Youndt M. A., & Wright, P. M.(1996). "Establishing a Framework for Research in Strategic Human Resource Management: Merging Resource Theory and Organizational Learning", *Research in Personnel and Human Resource Management*, 14, 61−90.
- Tapia, Andres(2013). *The Inclusion Paradox(2nd Ed.): The Obama Era and the Transformation of Global Diversity*, Aon Hewitt Associates.
- Wall Street Journal. "Diversity in Tech", November 24, 2015.
- Weekly Biz. "家電 시장 점유율 세계 1위 하이얼그룹 장루이민 회장, 회사는 큰 인큐베이터 … 전 직원 社內창업이 목표", 2015.11.21.
- Werner, S., Schuler, R. S., & Jackson, S. E.(2012). *Human Resource Management*(11th Ed.), South−Western Cenege Learning International Edition.
- Wright, P. M., & McMahan G. C. and McWilliams, A.(1994). "Human Resources and Sustained Competitive Advantage: A resource−based perspective", *International Journal of Human Resource Management*, 5(2), 301−326.
- www://m.blog.daum.net/happy−sooseong/현대차 이야기

## 별이 빛나는 밤에

박후자

축제의 색종이 가루인 듯
쏟아지는 별빛을
온몸으로 받으며
바닷가를 걸어가는 사람들
자세히 보면
혼자인 듯 여럿이
손을 잡았다 놓았다가
깜박깜박 빛난다.
사람도 별이 되어
지상의 별자리를 만들고 있다.

# PART 2

# 두 번째 렌즈, 창조적 인적자원 전략의 모습

# 제 4 장
# 창조경영을 위한 인적자원계획

## 깨달음의 명언

■ 실패한 결정 10개 중 8개는 판단을 잘못해서가 아니라 '제때'결정을 못 내렸기 때문에 실패한 것이다.

- 짐 콜린스 -

■ 꿈을 날짜와 함께 적어놓으면 그것은 목표가 되고, 목표를 잘게 나누면 그것은 계획이 되며, 그 계획을 실행에 옮기면 꿈은 실현되는 것이다.

- 그레그 S. 레잇[1] -

## 학습목표

1. 인적자원계획의 정의와 중요성을 학습한다.

2. 인적자원계획의 체계와 과정을 익힌다.

3. 인적자원의 수요 및 공급예측에 대한 다양한 방법론을 학습한다.

4. 인력부족 시 또는 인력과잉 시 인력조정 전략을 학습한다.

5. 창조경영 구현을 위한 전략적 시사점을 익힌다.

---

1) A DREAM written down with a date becomes a GOAL. A goal broken down becomes a PLAN. A plan backed by ACTION makes your dream come true.

## 도입사례 4 "너무 많이 뽑았나" 年 인건비 21兆 삼성전자의 고민

삼성전자 인건비 및 매출 추이 단위: 억

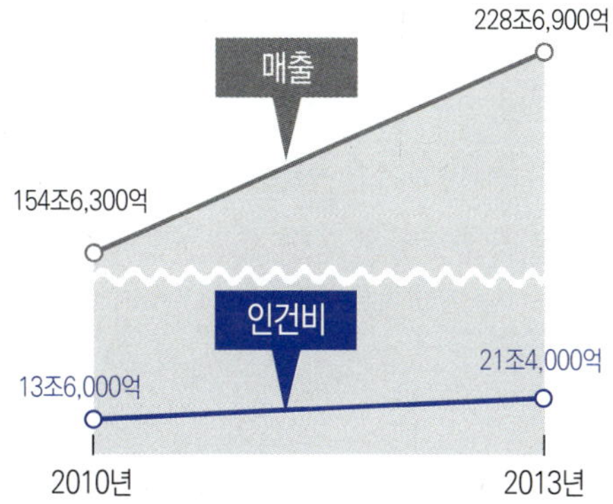


삼성그룹이 인건비 고민에 빠졌다. 2010년 이후 스마트폰 사업 확대로 삼성전자를 중심으로 한 전자 계열사 임직원 수가 크게 늘어나 인건비가 대폭 증가했다. 하지만 최근 들어 스마트폰 사업 부진에 따른 영업실적 하락으로 인건비 부담이 가중되고 있다. 특히 올해도 20만 명에 육박하는 취업준비생이 삼성그룹 신입사원 채용시험에 응시하는 등 '삼성 쏠림' 현상이 두드러지면서 신입사원 채용 인원을 줄이기도 쉽지 않은 상황이다.

13일 삼성그룹에 따르면 삼성전자가 2013년에 지출한 인건비는 처음으로 20조 원을 넘어섰다. 전체 임직원 수가 2010년 19만 464명에서 지난해 28만 6,284명으로 3년만에 50% 늘었기 때문이다. 그에 따른 인건비도 2010년 13조 6,000억 원에서 2013년 21조 4,000억 원으로 57% 늘어났다. 인건비는 급여와 상여금, 퇴직급여, 복리후생비, 제수당 등을 포함한 액수다. 반면에 같은 기간 회사가 벌어들인 매출은 154조 6,300억 원에서 228조 6,900억 원으로 47% 늘어나는 데 그쳤다. 영업이익도 올해 2분기(4~6월) '어닝 쇼크' 수준인 7조 원대로 떨어진 데 이어 3분기(7~9월)에는 전년 동기 대비 60% 줄어든 4조 원대에 그쳤다. 삼성전자 고위 관계자는 "그동안 설비뿐 아니라 인력에 대한 과잉투자가 이뤄진 것이 아니냐는 우려가 내부에서 심각하게 나오고 있다"고 전했다.

인건비 부담은 삼성전자뿐 아니라 삼성SDI, 삼성디스플레이, 삼성전기 등 삼성그룹 전자 계열사 전반에 해당하는 문제이기도 하다. 익명을 요구한 삼성그룹 전자 계열사 직원은 "한때 사업부마다 경력사원 채용을 워낙 많이 늘리다 보니 전국 공대 출신들을 다 모으는 것 아니냐는 우스갯소리가 직원들 사이에 돌았을 정도"라고 말했다. 이 때문에 최근 삼성그룹은 현재와 같은 공채 규모는 줄이고 수시 채용 비중을 늘리는 채용 제도 개편을 검토하고 있는 것으로 알려졌다. 이건희 삼성전자 회장이 평소 강조했던 'S급 인재' 등 회사 미래를 책임질 최고급 인재 확보에는 돈을 아끼지 말아야 한다는 것이 삼성 인사팀의 변함없는 방침이다. 다만 기업규모가 커지고 산업 성장이 둔화되고 있는 시점에서 매년 1만 명씩 공채 제도로 꼬박꼬박 뽑아야 하는가에 대한 진지한 고민을 내부적으로 시작한 것으로 전해진다. 삼성그룹 관계자는 "장기적으로 글로벌 기업들처럼 팀별로 필요한 역량을 갖춘 인재를 수시로 채용하는 구조를 연구하고 있다"고 설명했다.

자료원: 동아일보, 2014.10.14.

### | 이 장을 시작하며 |

[도입사례]에서 보듯이 삼성전자가 증가하는 인건비 문제로 고민하고 있다. 매출액 증가율에 비해 인건비 증가율이 더 높은 상황에 처해 있고 향후 스마트폰 매출이 한계에 다다르면 과중한 인건비 부담은 성장의 걸림돌로 작용할 것이 분명하다. 이에 매년 1만여 명씩 고정적으로 채용하는 공채제도에서 팀별로 필요인력을 수시채용하는 방식으로 전환할 것으로 보인다. 이는 지금까지의 인력계획에 대한 반성이며 인력계획 수립의 전면적 개편을 예고하는 것이다. 이하에서는 인력계획의 정의와 수립방법론을 이론과 더불어 다양한 실제 사례를 통하여 소개하고자 한다. 그리고 끝으로 창조경영을 위한 시사점을 살펴보고자 한다.

## 1. 인적자원 계획

일반적으로 *인적자원계획(HRP: Human Resource Planning)이란 기업의 전략적 목표를 달성하기 위하여 현재 및 미래의 각 시점에서 기업이 필요로 하는 특성을 지닌 인원의 수를 예측하고, 사내·외에서 공급가능한 인력을 고려하여 인력의 수급을 조정하는 활동이다.* 이 같은 정의는 인적자원계획은 기업이 경영환경에 대응하고 경쟁자보다 유리한 고지를 선점한다는 경쟁우위관점에 토대를 두고 있다.[2] 이러한 경쟁우위관점을 전제로 할 때, 효과적인 인적자원계획을 수립하기 위해서는 기업은 기존 인력의 강점과 약점을 파악하고 있어야 하며 또 기업의 미래목표가 무엇인지, 또 조직의 규모 및 제품과 서비스의 종류가 무엇인지도 사전에 알고 있어야 한다(Noe et al., 2006, p.177).

2) 이와 관련하여 2.2 경쟁우위의 확보와 유지: VRIO모형 참조.

# 2. 인적자원계획 수립의 중요성[3)]

## 2.1 사업전략과 부합하는 적정 인력규모 유지

인력계획은 조직이 목표를 달성하기 위해 최초로 시작하는 인적자원관리 활동이다. 기업이 사업전략을 수립할 때 외부노동시장의 상황과 현재 조직 내부에서 가용할 수 있는 인원의 수를 고려하여 어떤 형태의 업무기술을 보유한 인력이 필요한지를 결정해야 한다. 인력의 수나 필요한 업무기술의 형태는 기업의 사업전략과 맥을 같이 하기 때문에 인력계획은 조직의 목표달성에 중추적인 역할을 한다. 아무리 훌륭한 사업계획이나 전략적 목표를 수립한다 해도 이를 추진할 핵심인력을 충당하지 못한다면 이는 한낱 휴지조각에 불과하다.

실제로 국내 굴지의 인천공항은 승객·화물 처리능력과 서비스에서 세계 최고의 명성을 이어왔지만 2016.1.3. 연초에 발생한 수화물 처리지연대란은 공항의 서비스전략에 능동적으로 대처하지 못한 인력운용계획의 실패에 원인이 있었다. 공항 측은 새해 연휴 출입국 승객이 급증할 것을 예측하고도 사전 대책을 세우지 않았다. 이날 인천공항에 몰린 여객은 17만 3,852명, 수하물은 16만 7,717개나 됐다. 인천공항은 이용객이 평소(12만 명)보다 45% 정도 급증할 것을 뻔히 예측하고도 수하물 처리 인력은 평소 수준인 하루 150~160명만 투입했던 것으로 드러났다. 인천공항이 이용객과 수하물 급증을 충분히 예측했음에도 인력을 추가로 투입하지 않아 자초한 인재였다(서울신문, 2016.1.6).

## 2.2 효율적 인적자원 통제

만약 인력계획이 잘못되어 과잉 혹은 과소인력이 발생할 경우, 조직의 과업흐름은 차질을 빚게 된다. 과잉인력이 발생한 경우 대량해고와 같은 사태를 맞이하거나 과도한 인건비 부담 때문에 저임금 정책을 쓰지 않을 수 없게 된다. 인력의 부족도 걱정스럽기는 마찬가지이다. 왜냐하면 적정수준 이하의 인력으로 과도한 양의 업무를 처리하면 무엇보다도 일의 질을 확보할 수 없고 고임금 정책을 쓴다 하더라도 합리적인 업무배정을 할 수 없게 된다.

3) 이 내용은 정종태(2013). 인사관리: 기본과 실제, pp.206-207을 중심으로 참조하였다.

이럴 경우 직원들로부터 창의적 사고는 기대할 수 없게 되고 종국적으로는 종업원 개인에게 과도한 업무압박에 따른 탈진(Burnout)으로 지속 가능한 경쟁력을 확보하는 데 도움이 되지 않는다.

### 2.3 통합적 인적자원관리

사업전략과 인적자원 계획의 연계를 통하여 향후에 전개될 선발 및 채용, 육성, 평가 및 보상 등 HR의 제반 기능들을 통합적으로 이해하고 관리할 수 있게 된다. 이는 라인과 스탭 간에 인사문제에 관한 의사결정에 있어서 통일된 관점을 제공하는 효과도 있다(학습목표 1).

## 3. 인적자원계획의 체계와 과정

### 3.1 인적자원계획의 체계

[도표 4-1]에서 보는 바와 같이 인적자원계획의 체계는 사업의 목표를 달성하기 위하여 사업과 관련한 내·외부 환경의 기회와 위협 그리고 강약점을 분석하여 사업전략계획을 마련하고 이를 토대로 필요한 인력의 양과 질 그리고 업무기술을 결정한다. 기본적으로 인적자원계획은 사업전략계획의 실행과정으로서 양자 간의 밀접한 일관성이 요구된다. 그렇지 못할 경우 전략실행을 담당할 인력확보에 차질이 생김으로써 전략 자체의 실행에 문제가 생기게 된다.

**도표 4-1** 사업전략과 인적자원계획의 체계와 과정

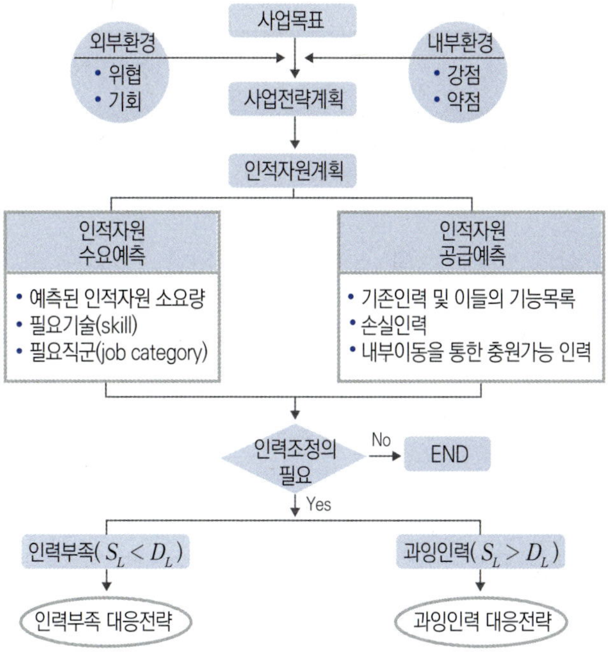


## 3.2 인적자원계획의 과정

인적자원계획의 기본체계는 인적자원계획의 과정 속에서 최종적으로 HR기능별로 실천된다. 즉, *수요예측은 내 · 외부 환경에 대한 분석과 사업전략계획으로부터 인적자원의 소요량을 예측하고, 공급예측은 내 · 외부 환경에 대한 분석과 현재 인력의 양과 질에 대한 분석을 통하여 손실인력, 내부이동을 통한 충원가능 인력 등 가용할 수 있는 인적자원을 예측함으로써 인력과잉 상태인지 인력부족 상태인지를 판단하고 그 조정을 인력부족 대응전략 혹은 과잉인력 대응전략으로 수행한다.* 또 인력부족을 해결하기 위하거나 인력과잉을 막기 위하여 고용계획, 내부이동계획, 교육훈련계획, 임금계획 등과 같은 HR기능별 실천전략이 진행된다(학습목표 2).

## 4. 인적자원의 수요예측

조직은 미래의 특정 시점에서 필요로 하는 특정 직무나 기술영역의 경험을 가진 인력의 수요를 탐색하고 예측하게 된다. 이에는 전문가나 관련 종업원의 경험적 판단에 의존하는 정성적 방법과 수학적 또는 통계적 방법을 활용하는 정량적 방법이 있다.

### 4.1 정성적 방법

#### 1) 상향적 예측법(Bottom–up Forecasting)

상향적 예측법은 실무부서의 책임자들이 기업의 부서나 작업단위의 경영활동에 필요한 인력을 자신의 판단을 기준으로 필요인력을 산정하는 방법이다. 각 부서에서는 책임자들이 필요인력을 표로 정리하여 이를 인사부서에 제출하게 된다(도표 4–2 참조). 인사부서는 각 부서팀별 자료 취합을 한 뒤 부서에서 필요 이상으로 과장되거나 왜곡하는지의 여부를 판단하여 수정한 다음, 전체 합계를 내면 이것이 곧 회사 전체의 인력수요 예측치가 되는 것이다.

**도표 4–2** 부서/팀별 인력수요 조사표

| 직급 | 현재인원 | 인력변동사항 | 인력증감 | 비교 | 차년도 예상인력 |
|---|---|---|---|---|---|
| 1급 | 1명 | 현재 팀장으로 인력변동사항 없음 | | | 1명 |
| 2급 | 2명 | 해외기업 동향분석업무의 신설로 조사경험이 있는 인력 증원이 필요 | +1 | 영어가능한 해외 지사 근무 유경험자 필요 | 3명 |
| 3급 | 5명 | 업무전산화로 중간관리인력 | ▽1 | | 4명 |
| 4급 | 4명 | 고객응대인원증대 | +1 | 1년 이상 고객응대 유경험자 필요 | 5명 |
| 5급 | 1명 | 인력변동사항없음 | | | 1명 |
| 계 | 13명 | | +1 | | 14명 |

자료원: 정종태(2013). 인사관리: 기본과 실제, p.208 응용.

이 방법은 각 부서가 중심이 되어 퇴직과 승진, 전직 등 예상되는 변동사항까지 감안하여 필요한 인력수요를 예측하기 때문에 구성원의 능력과 기술 등 질적 요소가 많이 반영될 수 있는 장점이 있는 반면에 각 부서들이 한 명이라도 더 뽑고 싶은 부서이기주의 관점에서 단기적으로 인력수요를 예측함으로써 과대예측이 발생하기가 쉽다.

### 2) 하향적 예측법(Top-down Forecasting)

하향적 예측법은 경영진과 임원들이 회사의 시장상황 제반 환경변화 및 대응 전략을 감안하여 필요 적정인력의 수를 판단하는 방법이다. 낙관적인 상황과 비관적인 상황 모두를 검토하여 시나리오를 짜본 뒤 최종적인 필요인력의 범위를 결정한다. 이 방법은 중장기적인 관점에서 거시적인 수요예측을 할 수 있지만 기업현장의 미시적 수요는 반영을 하지 못할 가능성이 많다. 특히 [도표 4-3]은 경영진이 인력수요예측에 관한 전략적 판단을 하는 데 도움이 되는 질문들이다.

**도표 4-3** 인력수요예측에 관한 전략적 판단에 도움을 주는 질문들

- 첫째, 귀하의 조직의 업무량에 영향을 미치는 사업지표(예를 들어 생산량, 판매액, 부가가치, 프로젝트의 수 등)로는 무엇이 있는가?
- 둘째, 사업지표상의 어떤 변화가 귀하의 조직인력소요량에 영향을 미칠 것인가?
- 셋째, 현재의 인력을 효율적으로 사용하기 위해서 과거에 어떠한 조치를 취하였는가? 또 이러한 조치들은 미래의 인력소요량에 어떻게 영향을 미칠 것인가?
- 넷째, 현재 인력을 효율적으로 활용하기 위해서 내년에는 어떠한 조치를 취할 것인가? 이러한 조치가 인력소요량에 어떻게 영향을 미칠 것인가?
- 다섯째, 모든 정규직 종업원, 계약직 종업원, 그리고 파견 종업원을 포함한 조직그림을 그리시오. 그리고 내년에 예상되는 조직변화를 설명하시오.
- 여섯째, 내년에는 지금까지 언급한 변화가 당신의 인력소요량에 미치는 영향은 무엇인가? 정규직, 임시직 그리고 계약직 종업원으로 나누어 설명하시오.

### 3) 델파이 기법(Delphi Method)

인력자원의 수요예측과 관련하여 델파이 기법은 향후 특정 직무나 기술의 수요가 어느 정도 증감이 있을지에 대하여 관련분야의 전문가가 서로 직접 만나지 않고 우편이나 이메일을 사용하여 참여 전문가의 의견이 하나로 모아질 때까지 익명으로 의견을 교환하는 방법이다.[4] 구체적으로는 다음의 절차를 따른다. 첫째, 먼저 전문가 집단을 결정한다. 둘째,

4) 전통적인 대면식 토론기법이 갈등이 심하고 토의분위기(고집부리기, 체면세우기 등)에 영향을 받아 주관적 판단을 흐리게 된다는 비판 위에서 대면적 접촉에 의한 갈등과 대립을 회피하기 위한 기법으로 대두되었다.

참여 전문가들은 집단에 부여된 문제와 관련하여 서로 대면하지 않은 상태에서 익명으로 각자의 의견을 제시한다. 셋째, 각 전문가들은 다른 전문가들이 제시한 견해를 받아보고 다시 한 번 익명으로 자기 견해를 제시하고 이 과정은 합의점이 도출될 때까지 반복된다. 델파이 기법은 웬만한 수리적 기법보다도 더 정확한 것으로 알려지고 있으나 시간이 많이 걸리기 때문에 신속한 예측치를 얻어야 하는 경우에는 적합하지 않다.

## 4.2 정량적 방법

기본적으로 정량적 방법은 하나 또는 그 이상의 기준요소를 선정하여 이것을 근거로 소요인력을 예측하는 방법이다. 흔히 거시적 방법과 미시적 방법으로 구분한다. 거시적 방법에 의한 인력수요계획은 기업 전반 혹은 전체 사업부의 시각에서 총 소요인원 수를 예측하는 방법이다. 또 미시적 방법에 의한 인력수요계획은 개별 직무별로 필요인력을 산정하고 조직 내의 직무별 필요인력을 산정하는 방법이다. 거시적 분석은 전사 효율적 인력운영이 가능하지만 인력증감이 필요한 구체적 영역(직무, 조직 등)을 파악하기가 어렵다. 반면에 미시적 분석은 효과적 업무수행과정에서 적정인력 도출이 가능하지만 부문별 필요인력의 총합(sum up)이 과다한 인력증가의 발생을 야기한다는 단점이 있다. 따라서 인적자원에 대한 수요예측을 할 때, 양자를 혼용하여 미시적 분석을 통해 조직별/직무별 구체적인 필요인력을 도출하되 거시적 분석을 활용하여 미시적 분석결과의 유효성을 확인한다.

### 1) 거시적 방법

#### (1) 추세분석(Trend Projection)

추세분석은 인력수요와 밀접하게 관련된 변수를 사용하여 그들 변수 간의 관계를 중심으로 미래의 인력수요를 예측하는 방법이다. 예를 들면 [도표 4-4]에서 보는 바와 같이 판매원의 수요는 일반적으로 매출액과 매우 밀접한 관계를 지니고 있다.

따라서 조직에서 목표로 하는 판매량을 중심으로 이에 필요한 판매원 수를 예측할 수 있다. 이 방법은 과거의 추세와 변수 간의 상관관계가 앞으로도 계속된다는 것을 전제로 하고 있으며 변수 간의 선형(Linear) 관계를 중심으로 미래의 인력수요를 예측하는 것이다. 그러나 과거의 추세가 미래에는 타당하지 않거나 변수 간 관계가 선형이 아니라 비선형(Nonlinear)일 경우에는 계산방법이 복잡해진다.

**도표 4-4** 추세분석

| 연 도 | 매 출 액 | 종업원 수(선형 가정) |
|---|---|---|
| 2012 | 100,000,000 | 5,000 |
| 2013 | 120,000,000 | 6,000 |
| 2014 | 140,000,000 | 7,000 |
| 2015 | 160,000,000 | 8,000 |
| 예측 | 매출액 예측 | 종업원 수 예측 |
| 2016 | 180,000,000 | 9,000 |
| 2017 | 200,000,000 | 10,000 |

자료원: 전수환(2012). 에센스 인적자원관리, p.94 응용.

### (2) 비율분석(Ratio Analysis)

선형적 가정을 전제로 하는 또 다른 방법으로 비율분석이 있다. 비율분석은 소요인력과 관련된 중요변수를 식별한 후, 과거 자료를 이용하여 비율을 구한 다음, 미래의 인적자원 수요를 예측하는 방법이다. 예를 들어 한 명의 생산직원이 연평균 2,500대의 컴퓨터를 조립한다고 할 때, 내년도 영업부서에서 1,000,000대의 컴퓨터를 국내 · 외에 팔 계획을 가지고 있다면 회사에서 필요로 하는 생산직원은 총 400명(1,000,000/2,500)이 되는 것이다. 그러나 비율분석은 그 비율이 미래에도 지속될 것을 가정하지만 이 같은 선형적 가정이 항상 성립하는 것은 아니다. 그것은 종업원이 생산을 하는 과정에서 '학습'이 생기기 때문에 학습이 생기는 만큼 직원을 뽑아야 할 이유는 약해진다. 이는 경영자들은 한 개인의 근무시간을 늘려서 초과수당을 주는 것이 한 사람을 새로 뽑아서 인건비와 후생복지 비용을 주는 것보다 훨씬 경제적으로 낫다고 생각하기 때문이다.

### (3) 다중회귀분석(Multiple Regression Analysis)

대표적인 인과적 예측기법으로서 인적자원의 수요에 영향을 미친다고 밝혀진 원인변수(매출액, 생산량, 신규고객 등)를 사용하여 인력수요(결과변수)를 예측하는 통계적 방법이다. [도표 4-5]는 다중회귀분석을 이용한 인력수요예측의 예이다.

**도표 4-5** 다중회귀분석을 이용한 인력수요예측

- 첫째, 인력수요에 영향을 미치는 독립변수들을 다음처럼 식별하였다고 가정하자
  FTEs[5] = a + b1 × 판매액 + b2 × 신규고객

- 둘째, 모형추정
  FTEs = 5 + .00007 × 판매액 + .02 × 신규고객

- 셋째, 추정된 모형에 의한 인력수요예측
  FTEs = 5 + .00007 × 판매액 + .02 × 신규고객
  예상 판매액 = 5,000,000 원, 예상 신규고객 수 = 500
  소요인력 추정 = 5 + .00007 × 5,000,000 + .02 × 500 = 365 명

## 2) 미시적 방법[6]

앞서 언급한 바와 같이 미시적 방법에 의한 인력수요계획은 개별 직무별로 필요인력을 산정하고 조직 내의 직무별 필요인력을 산정하는 방법으로 흔히 업무량 분석을 통한 정원 산정을 할 때 사용되는 방법으로서 직무분석을 기초로 하고 있다.

### (1) 업무량 분석

업무량 분석은 우선 첫째, 직무를 구성하는 과업 혹은 프로세스, 혹은 역할과 책임(Role & Responsibility)을 직무분석을 통하여 정립하고 둘째, 세부활동 단위별로 업무빈도와 시간을 산정한다. 셋째, 이를 과업별로 업무량을 합산하고 다시 직무별로 합산하면 직무별 업무량이 산정되고 또 단위조직 내의 직무별 업무량을 합산하면 단위조직(팀)의 업무량이 산출된다. [도표 4-6]은 어느 공사(公社)의 전략기획팀의 업무량 조사표이다.

5) FTE(Full-Time Equivalent: 정규인력 상응치): 특정 직원의 유형을 정규인력의 일정기간 동안의 근무시간 비율로 나타낸 것이다. 예를 들면 정규인력이 일주일에 40시간 이상 근무하지만 파트 타이머는 일주일에 20시간 근무한다면 그 파트타임 종업원은 0.5FTE로 계산된다. 어떤 파트타임 직원이 일주일에 30시간 근무한다면 0.75 FTE로 계산된다.

6) 이 부분은 정종태(2013). 인사관리: 기본과 실제, pp.211-213의 내용을 중점적으로 참고하였음.

**도표 4-6** XX공사(公社)의 전략기획팀의 업무량 조사표

**업무량 조사서 (전략기획팀 예시)**

| | | | | A팀 구성원 | | | | | | | | |
|---|---|---|---|---|---|---|---|---|---|---|---|---|
| | | | 직책 | 팀장 | 팀원 | 팀원 | 팀원 | 팀원 | | | | |
| | | | 직급 | 3급 | 4급 | 4급 | 5급 | 5급 | | | | |
| | | | 성명 | 지희수 | 김기홍 | 김영일 | 김성훈 | 양광희 | | 7. 업무량 | | |
| 1. 팀명 | 2. 직무개요 | 3. 기존 직무명 | 5. 업무/과업: 분장/내용/R&R (중요순) | 6. 업무프로세스 분석 - RACI Chart -7) | | | | | 비고 - CI 대상 - | 발생 주기 | 비중 | 소요 시간 |
| 전략기획팀 | 공사 전략, 경영계획 및 각종 경영현안에 대한 대응방안 수립 | 전략기획 | 경영현안 분석 및 대책 수립 | A,R | R | R | | | from 담당팀 | 수명 | 15% | 1500 |
| | | | 대외 업무현황 및 현안 보고 | A,R | R | | | | from 전부서 | 수명 | 10% | 700 |
| | | | 장기 비전/전략(Dream2030) 수립 | A | | R | | | | 연중 | 5% | 500 |
| | | | 중기 경영목표 수립 | A, R | R | R | | | from 전부서 | 연간 | 3% | 200 |
| | | | 중기 경영전략 수립 | A, R | R | R | | | from 전부서 | 연중 | 12% | 1500 |
| | | | 공사 경영계획 수립 | A, R | R | | | | from 전부서 | 연간 | 10% | 800 |
| | | | 팀 경영계획 수립 | A | R | | | R | | 연간 | 3% | 100 |
| | | | 민영화 관련 업무 | A, R | | R | | | | 연중 | 8% | 800 |
| | | | 주요 해외 경쟁공항 대응전략 검토 | A | | R | | R | | 연중 | 5% | 500 |
| | | | 공항운영효율 극대화 방안 추진 | A, R | R | | R | | from 담당팀 | 월별 | 5% | 300 |
| | | | 창조·혁신사례 경진대회 운영 | A | | | R | | | 연간 | 5% | 700 |
| | | | 경영진회의(EM) 운영 | A | | | | R | from 해당팀 | 주별 | 5% | 500 |
| | | | 주간업무보고/부재중업무보고 작성 | A | | | R | | from 전부서 | 주별 | 5% | 300 |
| | | | 각종 대외평가자료 작성 | A | | | | R | | 연간 | 2% | 400 |
| | | | 팀예산관리, 전표처리 등 서무업무 | A | | | | R | | 연중 | 3% | 400 |
| | | | 품질 관련 업무 | A | | | R | R | | 연간 | 1% | 50 |
| | | | 안전점검 교육 시행 | A | | | R | R | | 월별 | 1% | 50 |
| | | | 보안 관련 업무 | A | | | R | R | | 반기 | 1% | 50 |
| | | | 윤리 간담회 시행 | A | R | | | | | 월별 | 1% | 50 |
| | | | | | | | | | | | | |
| | | | | | | | | | | | | |
| | | | | | | | | | | | | |
| | | | | | | | | | | | 100% | 9,400 |

해당 업무/과업의 현재 담당 인력 파악

업무/과업 별 소요시간 파악

자료원: XX 공사 내부자료(2007).

## (2) 정원산정과 인력조정

### ① 정원산정

업무량 분석을 통하여 과업, 직무, 단위조직별 또는 기업 전체의 업무량이 산출된다. 이를 연간 근로 가능한 시간으로 나누면 현재 필요한 인력(정원)이 산정된다. 예를 들어 5명으로 구성된 팀이 있다고 가정하고 각자를 대상으로 업무량을 조사한 결과 연간 업무시간이 각각 2,230시간, 2,100시간, 2,300시간, 1,920시간, 1,850시간으로 산정되었다고 하자. 이

7) RAC1 chat 는 업무프로세스 상 누가 어떤 수준으로 일해야 할지를 정리한 표다. 목표를 달성하기 위해 필요한 과제들을 나열하고 이를 효과적으로 수행하기 위한 개인별 R&R(Role & Responsibility)를 정리하는 것이다. R&R은 크게 4개 이다. 실제 수행담당자(Responsilie), 프로세스결과 책임자(Accountablie), 이를 돕기 위한 조언자(Consulted), 업무수행결과를 통보받는 사람(Informed) 이다.

팀의 업무량은 이들 구성원 전체의 업무시간을 합한 10,400시간이다. 이를 5명으로 나누면 2,080시간이 된다. 즉, 이 팀은 평균적으로 1인당 연간 2,080시간씩 일을 한다. 그런데 여기서 한 가지 생각해 볼 수 있는 질문은 이 팀의 업무량 10,400시간이 5명이 수행하기에 적합한 업무량인가 아니면 업무량이 너무 많아 인력을 더 투입해야 하는가이다.

만약 업무량이 많다고 판단되면 인원을 더 투입해야 한다. 이 팀의 업무량이 많은지 여부는 한 사람이 연간 몇 시간을 일하는 것이 적합한가가 기준이 되어야 한다. 예를 들어, 근로자의 연간 적정 근무시간을 법정 근로시간에다 연차 휴가 등을 고려한 시간으로 한다면 연간 적정 근로시간은 연 1,800~1,900시간이 될 것이다. 이에 따르면 이 팀은 업무량이 너무 많다. 따라서 인원을 더 충원해야 할 것이다. 그런데 연간 적정 근로시간을 OECD가 조사한 2011년 우리나라 근로자들의 평균 근로시간인 2,090시간으로 한다면[8] 이 팀의 업무량은 적정하거나 조금 여유가 있다고 할 수 있다.

필요인원수 = (팀별) 총 업무시간 / 법정 근로시간 또는 실제근로시간

그런데 법정근로시간[9]이든 실제 근로시간이든 이런 시간들은 근로시간 중의 휴식을 고려하지 않은 시간이다. 효과적으로 근로시간을 지속하기 위하여, 또 인간으로서의 질적인 삶을 영위하기 위하여 어느 정도의 휴식은 필요하다. 즉, 이상의 시간측정과 함께 별도의 여유시간을 산출하고 이를 감안하여 소요인원 수를 결정해야 한다. 일반적으로 여유시간이란 용변, 휴식 등과 같은 개인적인 여유시간과 고장수리, 공정 간 연락 및 대기 등 작업여유시간으로 구성된다. 이는 성별, 작업환경이나 작업내용에 따라 다르다. 국제노동기구(ILO)는 가장 쾌적하고 안정된 작업장에서 육체적 노동이 없는 업무에 약 11%의 여유시간이 필요하다고 제언한다. 따라서 통상, 업무량을 산정할 때 여유시간 또는 여유율을 11%로 고려하지만 기업이 처한 상황에 따라 달라진다.

(여유율을 감안한) 필요인원 수 = (총업무시간 / 연간 법정시간) × (1 + 여유율)

---

8) OECD는 회원국의 연간 노동시간에 대한 통계자료를 제공하고 있다. OECD에 따르면 2011년 현재 우리나라 노동자들의 연평균 노동시간은 2,090시간으로서 2,000년 2,512시간에서 상당히 단축되었음에도 불구하고 가장 근로시간이 긴 멕시코(2,256시간)을 제외하고 세계 2위의 장시간 근로를 하고 있으며 칠레, 그리스와 함께 연간 근로시간이 2,000시간을 넘는 4개 국가 중 하나이다. 현재 OECD회원국의 연간 평균 노동시간은 1,765시간으로 우리 근로자들은 회원국 평균보다 8.1주 이상 일하고 있는 셈이다(OECD, 2011).

9) 2004년 7월부터 적용되는 근로기준법에 따르면 원칙적으로 1일 8시간, 1주 40시간, 15세 이상 18세 미만자는 1일 7시간, 1주 40시간을 초과하지 못하는 것으로 되어 있다.

**현장올레길 4-1** 제니퍼소프트 이원영 대표 … "회사에서 좀 놀면 안 되나요?"

'조직구성원들의 휴식의 비중을 매우 중요시하고도 꾸준한 매출 성장을 보이는 소프트웨어 벤처기업, 제니퍼소프트(http://www.jennifersoft. com)' 이 회사는 제대로 된 환경을 만들어주지 않고 몰입만 강요하는 기업문화를 지양한다. 제니퍼소프트는 몰입을 위해서 충분한 사유의 시간이 필요하다고 판단해, 구성원들에게 최대한의 자유를 제공한다. 제니퍼소프트가 말하는 자유는 무엇이든 마음대로 할 수 있는 사전적인 의미의 자유가 아니다. 스스로의 삶과 일에 책임을 가지고 자신의 일에 몰입할 수 있는 환경과, 그런 실행력을 만들어 주는 것이다. 제니퍼소프트는 사내에 마련된 수영장, 카페, 레스토랑을 직원들이 가족과 함께 언제든지 이용할 수 있도록 하고 있으며, 특히 사내 수영장에서 수영, 스파를 즐기는 시간은 근무시간에 포함된다. 수영장 이용시간뿐만 아니라 회사 밖으로 나가 생각하는 시간, 재충전을 위해 쉬는 시간까지 모두 근무시간에 포함한다. 하루에 근무시간으로 주어지는 7시간을 최대한 효율적으로 사용하되, 구성원 스스로가 주도적으로 그 시간을 이끌며 삶과 일의 균형을 맞출 수 있도록 하는 것이다.

자료원: http://platum.kr/archives/39207

[현장올레길 4-1]은 여유율을 적극적으로, 자율적으로 활용하여 성과를 보이고 있는 소프트벤처기업인 제니퍼소프트의 예이다.

② 인력조정

단위조직별로 산정된 필요인력은 법정시간기준, 실제시간기준, 그리고 여유시간을 고려한 시간기준 등으로 다양한 인원이 산정된다. 기업은 기업의 전략적 상황을 고려하여 인력운영방안을 결정해야 한다. 근로자의 삶이나 근로생활의 질적 향상을 위하여 시간 외 근무

**도표 4-7** 팀의 적정인원 산정표

| 팀 | 현재 인원 | 1안: 법정시간 | | 2안: 실제시간 | | 3안: 여유시간 고려 | |
|---|---|---|---|---|---|---|---|
| | | 적정인원 | 충원/감원 | 적정인원 | 충원/감원 | 적정인원 | 충원/감원 |
| 기획팀 | 5 | 7 | +2 | 5 | - | 8 | +3 |
| 회계팀 | 4 | 5 | +1 | 4 | - | 6 | +2 |
| 영업팀 | 20 | 23 | +3 | 17 | -3 | 25 | +5 |
| 개발팀 | 5 | 7 | +2 | 6 | +1 | 8 | +3 |
| 생산팀 | 30 | 40 | +10 | 31 | +1 | 44 | +14 |
| 계 | 64 | 82 | +18 | 63 | -1 | 91 | +27 |

자료원: 정종태(2013). *op. cit.* p.212.

를 없애기로 한다면 [도표 4-7]의 '1안'으로 적정인원을 산정하고 팀의 인원을 충원해야 한다. 반면 실제근로시간을 기준으로 하면 현재 인원이 적합하거나 일부 팀은 오히려 감원이 필요한 부서도 있을 수 있다. 한편 여유시간을 고려하여 정원산정을 할 경우 팀별로 더 많은 인원을 증원해야 한다.

# 5. 인적자원의 공급예측

## 5.1 내부 노동 공급원의 파악

필요인력에 대한 수요가 예측되면 어느 정도의 인력을 현재 조직이 보유하고 있는 기존 인력으로 공급할 수 있는지를 판단해야 한다. 사실, 내부 노동공급원은 신규 직원을 채용하거나 기존 직원의 퇴사 혹은 사고 및 기타 사유 등으로 수시로 변하고 있으며 동시에 직원들이 기업에 제공할 수 있는 기술(skill)의 내용과 수준도 변한다. 따라서 기업은 내부 공급원의 원천이 되고 있는 기존 인력들에 대한 기능목록(skill inventory)과 인적자원정보 시스템에 대한 업데이트를 지속적으로 해야 한다.

### 1) 기능목록

기능목록(skill inventory)이란 효율적인 종업원 관리를 위하여 종업원의 학력, 경력, 특기 등의 기록을 컴퓨터작업에 활용할 수 있도록 필요사항을 표준화하여 정리한 것이다. 기능목록에 정리된 인적 자료를 목적별로 재정렬 및 분류함으로써 가장 빠른 시간 안에 투입 가능한 필요인력을 확보할 수 있게 된다. 예를 들어, 캐나다의 토론토를 중심으로 한 동부 지역의 시장개척을 담당할 영업관리직원을 찾기 위해서 ① '과장급'으로서 ② '영어 또는 프랑스어가 사용가능'하며, ③ '3년 이상의 국내 · 외 영업직 근무경험 있는 자'를 해당 키워드 중심으로 컴퓨터의 기능목록 상에서 추적한다면 이 조건에 해당되는 인력공급 풀이 쉽게 확보되는 것이며 이들을 대상으로 본인의 희망과 심층면접을 통하여 선발될 수 있는 것이다.

### 2) 인적자원정보 시스템

인적자원정보 시스템(HRIS: Human Resource Information System)은 종업원의 기능목록, 급여, 인사고과, 교육훈련 및 직무정보를 하나의 데이터베이스로 통합 관리한 정보시스템을 말한다. 인적자원정보 시스템 안에 사실상, 종업원 인적사항은 물론이고 그가 수행하는 직무에 관한 모든 정보가 다 포함되어 있기 때문에 전략적 의사결정의 위치에 있는 관리자들은 이 시스템을 통하여 필요한 정보를 손쉽게 확보할 수 있다. 단적인 예로 시장은 포화되어 있고 과중한 인건비 지출로 고민하고 있는 기업에서 명예퇴직 프로그램을 통하여 감원을 심각하게 생각하고 있다면, 근무경력 15년 이상, 40세 이상 그러나 2번 이상의 우수사원 포상 경험 또는 박사학위 소지자 제외의 조건을 키워드로 입력하면 이 조건에 맞는 사람들만을 추출하여 그 사람들이 누구이고 몇 명인지 등의 정보를 가장 빨리 확보할 수 있게 되는 것이다.

## 5.2 노동공급예측기법

### 1) 마코브 분석(Markov Analysis)

앞서 살펴본 기능목록이나 HRIS를 이용하여 기초자료를 얻고 나면 이 자료를 토대로 내부 인력공급을 예측한다. 기존 인력에 대한 공급의 문제는 정태적인 문제라기보다는 동태적인 문제이다. 대다수의 중견규모 이상 대규모 조직의 경우 종업원들은 그들이 수행하던 직무를 바꾸거나 조직을 떠난다. 따라서 필요인력에 대한 예측을 하기 위해서는 조직 내에서의 퇴사율(turnover rate)뿐만 아니라 종업원들의 직무 간 이동률(mobility rate)을 측정할 필요가 있다. 이와 관련한 대표적인 인력공급 예측기법으로는 마코브 분석을 들 수 있다. 마코브 분석은 종업원들이 이동의 역사적 추세(historical trends of mobility)를 토대로 주어진 기간 동안(보통 1년)에 특정 직무에 머무는 확률, 다른 직무로 옮겨가는 확률, 그리고 조직을 떠나는 확률을 중심으로 전이확률표(transition probability matrix)를 작성하는 것이다. 마코브 분석은 낮은 유지율이나 높은 퇴사율을 파악함으로써 조직 안에서 문제가 되는 부서나 직위를 판단할 수 있는 근거를 제공하기도 한다.

**도표 4-8** 어느 대형 레스토랑의 전이확률표

| | | 연말 인원수 | | | |
|---|---|---|---|---|---|
| | | 주방직무 | 홀 서비스직무 | 캐셔직무 | 퇴 사 |
| 연초 인원수 | 주방직무 | .80 | .10 | 0 | .10 |
| | 홀 서비스직무 | .10 | .70 | 0 | .20 |
| | 캐셔직무 | .15 | .05 | .40 | .40 |
| | | 유지율(retention ratio) | | | |
| | 주방직무 | 80% | | | |
| | 홀 서비스직무 | 70% | | | |
| | 캐셔직무 | 40% | | | |
| | | 예측된 인력 | | | |
| 연초 인원수 | | 주방직무 | 홀 서비스직무 | 캐셔직무 | 퇴 사 |
| 60 | 주방직무 | 48 | 6 | | 6 |
| 10 | 홀 서비스직무 | 1 | 7 | | 2 |
| 20 | 캐셔직무 | 3 | 1 | 8 | 8 |
| | 합계 | 52 | 14 | 8 | 16 |

자료원: Mello(2011). *Strategic Management of Human Resources*(3rd Ed.), SOUTH-WESTERN CENGAGE Learning, p.207.

[도표 4-8]은 어느 기업형 대규모 레스토랑의 전이확률표를 제시한 것이다. 설명을 간략하게 하기 위하여 이 레스토랑에는 주방직무, 홀서비스 담당직무, 캐셔직무의 세 가지 직무가 있다고 가정하자. [도표 4-8]의 맨 위의 매트릭스표의 각 확률은 과거의 역사적 추세를 통해서 본 내년도에 예상되는 이동 확률이다. 즉, 이 표에 따르면 주방직무를 수행하는 직원의 80%는 내년도에도 그대로 그 일을 수행할 것이고 10%는 홀 서비스 직무로 전환될 것이고 캐셔로 전환되는 직원은 없을 것이며 10%는 회사를 그만둘 것이다. 또 [도표 4-8]의 가운데 표는 각 직무별 유지율을 나타내는 것으로서 해당 직무의 인력공급에 대한 예측치를 의미한다. 인력공급에 대한 예측치를 산출하기 위하여 직무별로 연초인원이 확정되면 이 인원수에다가 전이확률을 곱한다. 즉, [도표 4-8]의 맨 아래 표에서와 같이 연초 60명의 주방인원은 연말에는 48명(80%)이 이 직무를 수행하지만, 홀 서비스 직무로 6명(10%)이 옮겨갈 것이고 캐셔 직무로 옮길 사람은 없으며(0%), 6명(10%)은 퇴직할 것으로 예측된다. 결국 맨 마지막 표의 직무별 공급될 인력을 수직으로 합한 수치는 지금부터 향후 1년 동안에 이 회사가 공급가능한 예상인력이 되는 것이다. 따라서 주방직무를 수행하는 종업원은 연

초 60명에서 1년 뒤에는 52명으로 줄 것이고 홀 서비스 담당종업원은 10명에서 14명으로 증원될 것이며 캐셔직무는 20명에서 8명으로 줄 것이고 전체 직원 중 16명이 연말에는 퇴직할 것으로 예상된다. 이러한 예측으로부터 줄어드는 직무수행 인력을 갑자기 확보할 수 없을 경우를 대비해 미리 교육훈련을 준비시키는 것과 함께 나가는 인력에 대비한 차별적인 조기퇴직 프로그램을 준비하는 등 마코브 분석을 통하여 전향적인 인사제도를 운용할 수가 있다.

마코브 분석의 핵심은 전이확률이 일정하게 유지되어야 하다는 점이다. 그것은 지난 수 년 동안의 평균확률이 내년이나 내후년에 그대로 적용되지 못하는 경우가 많기 때문이다. 따라서 의사결정자의 주관이 개입될 소지가 많다. 또 불과 몇 사람 없는 직무에 있어서는 그 확률치 자체를 신뢰하기가 곤란하다. 두 서너 명이 일하는 직무는 한 명이 들어오고 나가도 확률치가 크게 변하기 때문에 마코브 분석은 어느 정도 규모가 있는 기업조직에 적합하다고 하겠다.

### 2) 승계계획

*승계계획(succession planning)은 공석(空席)으로 방치할 수 없는 핵심관리직위를 파악하는 방법으로서 상위 직에 발생한 빈 자리가 하위직원들로 채워져 가는 동태적인 메커니즘을 구현해 놓은 것이다.* 흔히 기업의 경영층이나 주요 관리직의 직위에서 공석이 생겼을 때 주로 사용한다. 승계계획의 목적은 두 가지이다(Mello, 2011, p.208). 첫째는 특정 직무를 수행하여 왔던 종업원이 이직을 하게 될 때 조속히 그 자리를 채우기 위함이다. 따라서 떠나는 사람이 이직을 하기 전에 후임자와의 인수인계를 빠르게 함으로써 업무공백을 최소화할 수 있다. 둘째, 잠재력이 높은 종업원들의 육성의 필요를 파악하고 이들의 경력계획(career planning)을 돕기 위함이다. 즉, 향후 높은 수준의 직무를 수행해야 할 핵심인력들을 파악하고 이들에게 필요한 핵심기술을 미리부터 준비시키기 위함이다. 특히 최고경영자의 승계계획은 주주들에게는 매우 중요한 문제이기 때문에 종종 언론으로부터 주목을 받는다. 현 CEO가 그만두기 적어도 1년 전에는 후임자를 확정하여 회사에 불확실성을 줄여준다. 혹은 거론되는 여러 후보들을 대상으로 각자의 성과를 밀접하게 모니터링하여 그 성과를 토대로 현 CEO가 물러날 때 최종적인 CEO 선임을 할 수 있게 한다(Werner et al., p.98).

실제로 잭 웰치는 1975년 레그 존스의 회장 이후 1981년 GE의 회장으로 취임하여 적자였던 GE를 흑자로 돌려놓은 장본인이었다. 많은 구조조정을 시행하였고, 조직 통폐합 등을 하였다. 잭 웰지가 레그 존스로부터 CEO 직을 물려받는 네 6년이라는 시간이 걸렸나. 색 웰

**현장올레길 4-2** GE의 CEO승계

(사진설명) 2017년 6월 12일. GE의 제프리 이멜트(왼쪽에서 둘째) 회장 겸 CEO가 후계자로 존 플래너리(셋째) GE 헬스케어 대표를 발표하는 장면. GE 이사회는 6년간의 승계 작업을 거쳐 후계자를 뽑았다.

자료원: 조선비즈, 2017.6.16.

치 역시 제프리 이멜트 회장을 후계자로 선임하는 데 6년 5개월의 기간이 걸렸다. 잭 웰치는 처음에 CEO 후보로 4명을 선출하여 과제를 하나씩 부여하여, 1년에 한 명씩 검토 대상에서 제외하였다. 최종적으로 제프리 이멜트가 가장 높은 평가를 받았고, 성과도 좋아서 제프리 이멜트 회장을 선임하게 된다. 제프리 이멜트 회장은 CEO로 선출되기까지 보여준 성과로는 1996년 GE 헬스 케어 사장으로 부임하여 13억 달러의 M&A를 성공적으로 이끌었고, 전년 대비 매출 2배 성장이라는 성과를 보여주었다(김주현 역, 2005).

한편, 선진기업들은 핵심인재(top talent)를 발굴하기 위하여, 인재 풀(talent pool)을 보유하고 있다. 인재 풀은 현 위치에서 최고의 성과를 보이는 승진가능성이 높은 종업원들의 리스트이다. 인재 풀에 포함되는 종업원들은 회사가 이들이 전직하지 않도록 늘 관심을 가지며 동시에 이들을 개발시키는 데 특별한 관심을 갖는다. 인재 풀에 포함된 종업원들이 특정 직무에 공석이 생겼을 때 우선적으로 고려된다.

전통적인 승계계획은 대체도(replacement chart)라 불리는 간편한 수단을 이용한다. 대체도는 인재 풀의 종업원들에게 경력목적(career objectives)을 인식시킬 뿐 아니라 예상치 못한 갑작스런 결원이 발생할 경우, 타격을 크게 받을 수 있는 직무에 대해서도 정보를 제공한다. [도표 4-9]에서 보는 바와 같이 대체도로부터 핵심적인 직위, 각 직위별 잠재적 후계자, 이들의 현재 직무책임, 잠재적 후계자가 투입되는 데 걸리는 예상시간 등이 제시되어 있다. 도표에서 보는 바와 같이 서상원 씨는 마케팅 부사장으로서 석현욱 영업이사, 송호석 관리이사, 여진상 해외영업이사의 세 명의 부하로부터 직접적인 보고를 받는다. 세 사람의

**도표 4-9** 예상투입시간 중심의 대체도

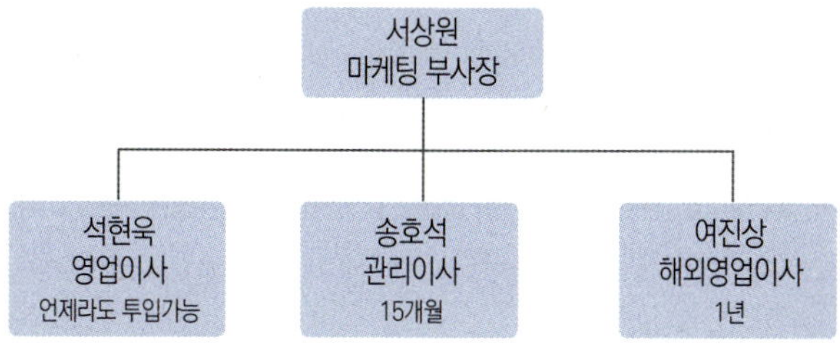


자료원: Mello(2011). *op. cit.*, p.209 수정인용.

직무 타이틀 밑에는 부사장의 역할을 수행하는 데 필요한 대강의 예상시간이 적혀 있다. 예상시간은 보다 상위자의 주관적인 의견이나 추천에 토대를 두고 있다. 이 경우 부사장 서상원은 영업이사인 석현욱 씨는 지금 당장이라도 바로 부사장 직을 맡을 수 있다고 평가하고 있고 관리이사인 송호석 씨는 15개월 뒤에 해외영업이사인 여진상 씨는 최소 1년 뒤에 투입 가능하다고 평가하고 있다.

그러나 어떤 조직에서는 보다 구체적인 방법으로 승계계획을 준비하는 경우도 있다. [도표 4-10]에서 보는 바와 같이 이들 조직의 대체도는 주관적인 예상시간보다는 구체적인 기술, 역량 그리고 경험 등을 적시한다. [도표 4-10]에 따르면 서상원 부사장이 공석이 될 경

**도표 4-10** 개발 중심의 대체도

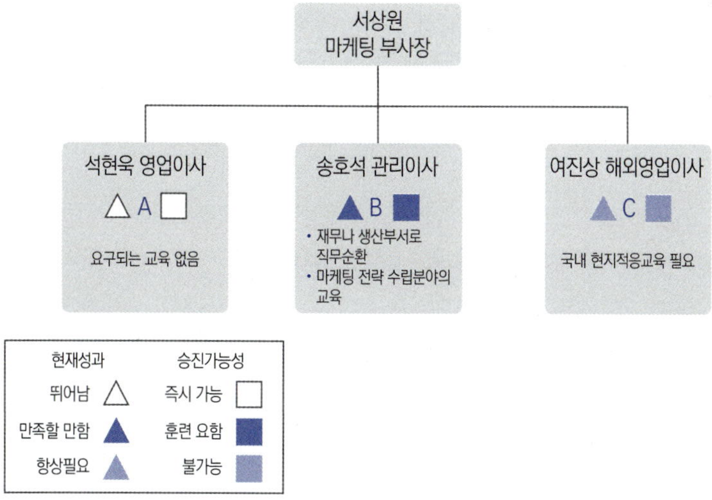


자료원: Werner et al., *op. cit.*, p.99와 전수환(2012). *op. cit.*, p.99의 내용을 읽고 통합정리.

우 경영진 가운데 석현욱 영업이사가 별다른 교육훈련 없이 즉시 투입가능하며 나머지 이사들도 부사장 승진을 위하여 요구되는 교육훈련과 경력을 체험하고 A〉B〉C순으로 투입가능하다. 이런 방식은 특정 개인의 편견에서 벗어나서 보다 검증되고 자격 있는 종업원이 승진하도록 하게 한다. 뿐만 아니라 조직이 잠재력 있는 종업원에게 개발니즈(developmental needs)에 관한 보다 구체적인 피드백을 제공하게 한다. 이런 방식은 조직 내 어떤 직원이라도 고위직으로 진출할 수 있는 기회를 제공하는 기능을 제공하는 측면이 있다.

이상에서 본 바와 같이 승계계획 프로그램은 개념적으로는 이해하기 쉽지만, 실제 적용과 실천에 있어서는 다음의 문제가 있다. 즉, 승계계획을 수립하는 시점과 지속적으로 진화하는 사업의 필요(business needs)가 일치하지 않는다라는 점이다. 사업은 필요에 따라서는 수립해 놓은 계획과는 달리, 다른 사람을 후임자로 세워야 할 상황이 너무 많기 때문에 그 실천의 효과성이 떨어진다. 결과적으로는 인력의 부족이나 과잉현상이 재현될 수 있는 문제점이 있다(Mello, p.208)(학습목표 3).

## 6. 인력조정 프로그램

인력의 미래 수요와 노동의 공급을 예측하는 것은 결국 둘 간의 차이를 예측하고 이에 대하여 대책을 세우기 위한 사전 작업이다. 예를 들어, 인력공급보다 인력에 대한 수요가 많이 예상된다면($S_L < D_L$) 인력부족 현상이 발생할 것이다. 이와는 반대로 인력공급이 인력에 대한 수요보다 많다면($S_L > D_L$) 과잉인력이 예상된다. 그러면 각각의 경우에 대하여 어떤 대응전략이 있는지 살펴보도록 하자(학습목표 4).[10)]

### 6.1 인력부족($S_L < D_L$)에 대한 대응전략

인력부족 현상이 일어날 것으로 예측되었다면 우선 내부인력으로 충당이 가능한지를 검토해야 한다. 약간의 부족현상은 새로운 인력을 고용하기보다는 기존 인력에게 현재보다

10) 이 부분에 대한 논의는 전수환(2012). 에센스 인적자원관리, 세경, pp.102-106의 내용 중의 일부를 참조하였다.

조금 더 많은 일을 시키거나(초과근무) 훈련을 통해 능력을 개발시켜 일을 맡기는 것이 좋다(훈련을 통한 능력개발). 그러나 예상되는 부족 정도가 클 경우에는 새로운 인력을 외부로부터 충원해야 한다(신규채용). 만약 예상되는 인력부족 현상이 일시적인 것이라면 정식직원을 채용하는 것보다는 임시직을 고용하거나 인력파견회사 등을 통해 계약직을 아웃소싱하는 것이 효과적이다(임시직 및 계약직원 고용). 이때 이미 퇴직한 직원을 임시직으로 재고용하는 경우도 생각해 볼 수 있다(퇴직자 재고용). 저렴한 노동력을 대량으로 구해야 한다면 노동력이 저렴한 해외에 생산거점을 마련(해외생산거점 이전)하거나 저임금의 외국인근로자를 고용(외국인 근로자 채용)하는 것도 좋은 방법이다. 그 밖에 기존 인원으로 휴일근무를 한다든지(휴일근무), 자동화와 같이 직무 자체를 적은 인원이 필요하도록 재설계하는 방법(자동화와 같은 직무재설계)도 중요한 대응전략이다.

## 6.2 과잉인력($S_L > D_L$)에 대한 대응전략

인력과잉이 예상된다면, 이때 직면하는 전략적 이슈는 과잉인력이 일시적 현상인지 아니면 지속적인 현상인지를 판단하는 것이다. 만약 인력과잉이 일시적일 것으로 예상되면 유휴인력에게 지급되는 급여가 회사의 비용구조에 큰 영향을 주지 않는 상황하에서 이들에게 업무 대신 특별히 마련된 교육훈련을 제공하여 미래에 대비할 수도 있다(교육훈련 제공). 지속적인 현상이라고 판단된다면 시간을 두고 인력감축을 계획하고 실행하는 것이 좋다. 이를 위하여 가장 흔히 쓰는 방법이 자연감소를 통해 줄어드는 인력을 더 이상 충원하지 않는 것(신규채용동결)이다. 또 인위적으로 사람을 내보내면 회사가 부담하게 되는 경제적 비용이 클 뿐 아니라 사회적 평판도 나빠진다. 그럼에도 불구하고 사람을 조속히 내보내야 할 경우에는 조기퇴직이나 명예퇴직제와 같이 인센티브를 주어 스스로 퇴직 여부를 선택하게 하는 것이 좋다(조기퇴직 혹은 명예퇴직 유도).[11] 또 임시직 및 계약직을 줄이는 노력(임시직 및 계약직 축소)과 함께 회사의 규모가 클 경우 사람을 필요로 하는 다른 부서나 계열사를 찾아 옮겨주는 방법도 있다(전출).

근로시간 또는 근로일수를 단축함으로써 인력을 줄이지 않으면서 인건비 부담을 줄일 수도 있다(근로시간 단축). 이는 줄어드는 시간만큼 급여도 비례하여 줄어드는 것을 전제로

11) 2015년에만 4번이나 시행된 두산인프라코어의 '희망퇴직'은 과잉인력에 대한 대응이 지나쳤다는 평가와는 별도로 기업이미지와 회사에 대한 종업원들의 신뢰에 큰 타격을 주었다(http://www.sisafocus.co.kr/news/articleView.html?idxno=139340).

**도표 4-11** 인력부족 및 과잉인력에 대한 대응전략

| 인력부족($S_L$<$D_L$)에 대한 대응전략 | 과잉인력($S_L$>$D_L$)에 대한 대응전략 |
|---|---|
| 1. 초과근무 확대<br>2. 훈련을 통한 능력개발<br>3. 신규채용<br>4. 임시직 및 계약직원 고용<br>5. 퇴직자 재고용<br>6. 해외생산거점이전<br>7. 외국인 근로자 채용<br>8. 휴일근무<br>9. 적은 인원이 필요한 직무재설계 | 1. 교육훈련 제공<br>2. 자연감소(신규채용동결)<br>3. 조기 퇴직 및 명예퇴직 유도<br>4. 임시직 및 계약직 축소<br>5. 전출<br>6. 근로시간단축<br>7. 초과근무단축<br>8. 정리해고(또는 일시해고)<br>9. 고정비성 임금의 변동비화<br>10. 일자리 나누기 |

자료원: Mello(2011). op. cit., p.208 응용.

한다. 근로시간 단축은 해고 대신 업무시간을 단축함으로써 기업이 필요로 하는 비용 절감과 함께 종업원이 필요로 하는 고용안정을 동시에 이룰 수 있는 방법으로 최근 한국 기업에서 노사 간에 많이 선호하는 방법이다. 더불어 정규근무시간 외의 초과근무시간을 금지하는 것도 인건비 부담을 줄이는 또 다른 방법이다(**초과근무 단축**). 인력과잉의 상황은 흔히 불경기에 발생한다. 불경기에 해고된 종업원은 다른 직장을 구하기가 어렵다. 따라서 종업원에게는 급여를 적게 받더라도 직장에 남아 있는 것이 실업자가 되는 것보다 좋다.

대량으로 인원을 줄이는 방법으로는 정리해고(또는 일시 해고)가 있다. 이는 기업이 위기에 처했을 때 다른 수단이 먼저 시도된 후 마지막으로 단행하는 최후의 방법이다(**정리해고 또는 일시해고**). 그러나 이에 대한 노조의 저항이 크고 종업원의 사기를 떨어뜨려 결과적으로 기업에 손해가 될 수도 있다. 정리해고를 할 경우에는 법적인 가이드라인을 엄수해야 하며 해고자의 선정에 있어서 공정해야 한다. 그 외에도 고정비적인 임금을 성과나 업적에 따라 변동비성 임금으로 전환하는 것도 전체 인건비를 줄이는 방법으로 선호되고 있다(**고정비성 임금의 변동비화**). 또 직무공유(job sharing)를 통하여 하나의 직무를 두고 여러 사람이 그 일을 나누어서 실행함으로써 인력과잉의 문제를 완화할 수 있다(**일자리 나누기**).

한편, 회사를 떠나는 종업원에게 아웃플레이스먼트(outplacement) 서비스를 제공하는 회사가 늘고 있다. 아웃플레이스먼트 서비스란 퇴직하는 사람이 겪는 심리적 어려움을 완화시켜 주고 새로운 직장을 찾을 때 자신을 효과적으로 홍보할 수 있도록 도와주며 각종 법률적인 문제 등에 대해서도 상담을 해주는 등 퇴직 및 이직에 관련된 전반적인 서비스를 일컫는다. 선진국의 경우 전문적인 아웃플레이스먼트 회사가 성업 중이며 회사는 퇴직할 자

사 직원이 전문적인 서비스를 받을 수 있도록 비용을 부담한다. 이 서비스를 받는 종업원은 퇴직의 충격을 덜고 새로운 경력개발을 효과적으로 꾀할 수 있으며 회사는 직원에게 책임 있는 자세를 보여줌으로써 퇴직으로 인한 사원들의 심적 동요를 막을 수 있다.

## 7. 창조경영 구현을 위한 전략적 시사점

우리 기업들이 창조경영 구현을 하기 위해서 인적자원계획에서 보완해야 할 점은 무엇인가? 세 가지 점에 관해 그 시사점을 도출하고자 한다.

*첫째, 인적자원계획도 글로벌 인재경영관점(Global Talent Management)에서의 접근이 필요하다.* 향후 기업규모에 관계없이 대부분의 기업들은 제3장의 1.1 '글로벌화의 가속화와 경쟁의 증가'에서 보았듯이 글로벌화의 현실에 직면하게 될 것이다. 이제 경영자들은 어디에서 경쟁이 발생하고 있고 고객은 어디에 있는지 또 어디에 있을 것인지에 관해 끊임없이 고민해야 한다. 또 기업이 장기적으로 성공하기 위해서는 전 세계 어느 시장이라도 진입할 수 있어야 한다. 또 비용을 이유로 혹은 기술(skill) 확보의 이유로 제품 및 서비스를 외주를 주거나 오프쇼어링을 주어야 할지 모른다. 그렇기 때문에 HR담당자들은 인재확보 및 관리에 대한 계획을 글로벌하게 할 필요가 있다(Werner et al., p.105). 예를 들어 IBM, Cisco, Intel을 비롯한 삼성, LG, 현대그룹은 중국, 인도, 베트남으로 생산공장을 옮겨가고 있으며 이들 기업들의 인사담당자들은 어디에서 어떤 인력을 어떻게 확보할 것인지에 관한 인적자원계획을 새롭게 짜야 한다. 글로벌화된 인적자원계획은 다음의 질문에 답할 수 있어야 한다. "한국 본사의 HR담당자들이 해외현지의 HR실무자들을 선발하여 이들에게 현지의 필요인력 충원을 맡겨야 하는가?", "해외현지 생산공장의 경영자들을 한국 본사에서 보내야 하는가? 만약 그렇다면 본사의 누구에게 그 일을 맡겨야 할 것인가?", "현지 생산직 종업원과 한국에서 온 직원들과의 관계조정은 어떻게 할 것인가? 한국에서 적용한 인적자원관리제도를 현지 생산공장에도 그대로 적용해야 하는가 아니면 현지에 맞는 새로운 제도개발을 해야 하는가? 이상의 질문들은 글로벌 인재관리 계획을 수립해야 할 HR담당자들이 직면하게 될 여러 문제 가운데 소수의 질문에 불과하다.

*둘째, 글로벌 노동력에 대한 인적자원계획의 필요성 지각과는 별도로 글로벌 인적자원계획이 적용되는 지역의 환경 및 사회에 미치는 영향력에 대해서도 고민하고 이에 대한 책*

*임을 질 필요가 있다.* Deloitte컨설팅 회사의 연구보고서에 따르면[12] "산업혁명은 성장과 수익간의 관계를 촉발시켰다. 즉, 사람, 자본, 자연의 자원을 수익으로 전환시키는 데 성공한 것이다. 그 결과 종업원, 시설, 기술, 조직, 자본 그리고 자연자원과 관련된 '글로벌 청사진'을 확대할 수가 있었다."

그러나 그 과정에서 많은 자연과 사회환경이 파괴되었고 그것이 기업의 비용상승을 부추기는 요인이 되기도 하였다. 하지만 오늘날은 기업들이 그들 스스로 환경적으로, 사회적으로 책임 있는 기업으로 만들 때보다 많은 이익을 제공한다는 사실에 주목하고 있다(Engardio, 2007). 사회적으로 책임 있는 활동을 하는 기업의 인사담당자들은 윤리적 책임감을 가지고 기업 스스로가 사회적 책임을 완수하는 기업이 되기 위한 노력을 해야 한다. 예를 들어 '어떻게 개인이 선발되는가', '선발된 개인이 어떻게 훈련받는가', '그들은 어떤 식으로 보상을 받고 또 평가받는가' 이 모든 인적자원활동이나 관행이 기업의 사회적 책임활동을 제고하는 데 활용되거나 수단으로 쓰여져야 한다. 이 문제는 인적자원계획을 구성하는 새로운 축이 되어야 하며 이제 거스를 수 없는 시대적 요청이기도 하다.

*셋째, 인적자원계획이 적절히 기능하기 위해서는 무엇보다 경영진이나 주요 직책의 승계계획의 혁신이 중요하다.* 이미 여러 재벌들의 사례에서 보았듯이 대부분의 한국 기업들이 승계계획 자체가 없거나 있어도 대단히 형식적이다. 이는 우리 기업이 민첩하게 환경적응을 하는 데 있어서 중요한 걸림돌로 작용하고 있다. 이를 두고 Brown & Williams(2003)은 앞으로의 승계계획은 '연속성계획'(Continuity Planning)의 차원에서 검토되어야 한다고 주장한다. 연속성계획이란 기업의 잠재적인 위협을 사전에 예방하고 복구하는 시스템을 창조하는 과정을 말한다. *승계계획과 관련해서는 경영진과 주요 직책자들의 변화나 공석(空席)에 대하여 즉각적인 대처를 함으로써 조직의 회복가능성(resilience)과 즉응성(readiness)을 높이는 것이다. 한 걸음 더 나아가 이 같은 회복가능성과 즉응성을 제고하기 위해서는 기업의 장·단기목표를 분명히 하고 향후 어떤 기술과 능력이 요구될 것인가에 대한 심층적인 이해가 필요하며 이런 준비가 된 사람들을 우선적으로 투입할 필요가 있다.* 따라서 향후 우리 기업들은 특정 직위에 미리 내정된 후계자에 의존하기보다는 '연속성계획'에 입각한 승계계획을 수립하여야 한다. 이를 위하여 다음의 몇 가지 사실에 대하여 기업 전체 차원의 주의가 필요하다. (1) 조직의 현재 노동력 특성, (2) 내부 인재의 잠재성과 유용성, (3) 예상되는 핵심직위(현재는 존재하지 않을 수 있음), (4) 인재 갭(외부 채용이 필요하거나 혹은 개발프로그램 운용이 필요)이 그것이다(학습목표 5).

---

12) http://deloitte.com/assets/Dcom-UnitedStates/Local%20Assets/Documents/us_mfg_green_POV_070907.pdf 참조.

## 단원 이해를 위한 질문

Q1 인적자원계획을 수립하는 것이 왜 중요한가?

Q2 인적자원계획의 과정을 설명해 보라.

Q3 다음은 어느 기업의 2016년부터 2020년까지의 인력수요과 공급에 대한 예측치를 분석한 가상의 자료이다. 오른편 테이블은 그 근거가 되는 각 부서별, 직급별, 연도별 인력수요와 공급에 대한 추정치이다.

**전사 중장기 인력 Demand/Supply 규모 추정 결과**

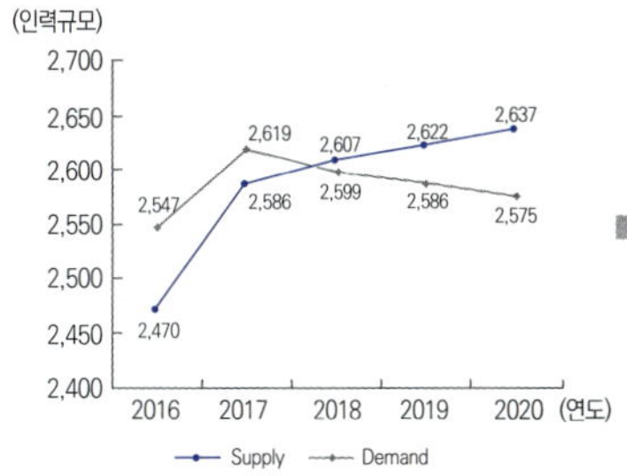


**부서별, 지급별 Demand/Supply Gap 추정 결과**

| | 부서 | 2016 | 2017 | 2018 | 2019 | 2020 |
|---|---|---|---|---|---|---|
| 관리 | 부장 | 13 | 16 | 19 | 20 | 21 |
| | 차장 | -7 | -11 | -14 | -16 | -18 |
| | 과장 | -15 | -15 | -14 | -14 | -16 |
| | 대리 | 7 | 7 | 7 | 7 | 7 |
| | 사원 | 0 | 0 | 0 | 0 | 0 |
| | 소계 | -2 | -3 | -2 | -3 | -5 |
| 생산 | 부장 | 26 | 28 | 31 | 34 | 39 |
| | 차장 | -50 | -46 | -43 | -40 | -38 |
| | 과장 | 33 | 34 | 35 | 35 | 37 |
| | 대리 | 3 | 2 | 1 | 0 | -1 |
| | 사원 | -1 | -37 | -72 | -95 | -116 |
| | 소계 | 11 | -19 | -48 | -66 | -79 |
| 영업 | 부장 | 7 | 15 | 22 | 29 | 39 |
| | 차장 | 36 | 23 | 10 | 2 | -6 |
| | 과장 | -8 | -10 | -12 | -15 | -23 |
| | 대리 | 31 | 28 | 26 | 24 | 22 |
| | 사원 | 2 | -1 | -4 | -8 | -10 |
| | 소계 | 68 | 55 | 42 | 32 | 22 |
| 재무 | 부장 | 10 | 12 | 15 | 17 | 18 |
| | 차장 | -4 | -3 | -5 | -5 | -5 |
| | 과장 | -10 | -13 | -14 | -15 | -16 |
| | 대리 | 4 | 4 | 4 | 4 | 4 |
| | 사원 | 0 | 0 | 0 | 0 | 0 |
| | 소계 | 0 | 0 | 0 | 1 | 1 |

q3-1 여러분이 인사담당 임원이라면 왼쪽의 중장기 인력수요와 공급 추정결과와 오른쪽의 각 부서별 인력수요와 공급에 따른 GAP을 보고 어떤 인사전략을 쓰겠는가?

q3-2 여러분이 본 저서의 저자라면 위의 두 도표를 보고 학생들의 창의적인 답을 유도하기 위하여 어떤 의미 있는 질문을 던질 수 있겠는가?

Q4 승계계획이 필요한 이유는 무엇인가?

Q5 한국의 젊은이들이 중소기업에는 지원을 하지 않고 대기업 지원에 집중하다 보니 중소기업은 늘 인재를 구하지 못하여 구인난에 허덕이고 대기업은 인재가 넘쳐나 어떤 인재를 선발해야 할지 모를 정도로 젊은이들이 구직난으로 애로를 겪고 있다. 이 두 문제를 동시에 해결할 수 있는 방안에 대해서 논의해 보자.

## 참고문헌


- 김주현(역)(2005). 잭 웰치 위대한 승리, 청림출판.
- 동아일보. "너무 많이 뽑았나" 年 인건비 21兆 삼성전자의 고민", 2014.10.14.
- 박영배(2012). 현대인적자원관리, 도서출판 청람.
- 서울신문. "연초부터 국제적 망신을 당한 인천국제공항의 수하물 대란은 결국 인재(人災)였다", 2016.1.6
- 전수환(2012). 에센스 인적자원관리, 세경
- 정종태(2013). 인사관리: 기본과 실제, 시그마프레스.
- 중앙SUNDAY. "승계 프로그램 없는 가족 경영, 졸지에 가족 전쟁 비화", 2015.8.2.
- Brown, J., & Williams, L.(2003). "The 21st Century Workforce: Implications for HR", in *Human Resources in the 21st Century*, Edited by Effron, M, Gandossy, R and Goldsmith, M., John Wiley & Sons, Inc. pp.19–24.
- Engardio, P.(2007). "Beyond Green Corportion", *Business Week*, January 29, 50–64.
- http://platum.kr/archives/39207. 개인의 삶과 일의 균형을 중요시하는 회사, '제니퍼소프트'
- http://www.sisafocus.co.kr/news/articleView.html?idxno=139340
- Mello, Jeffrey A.(2011). *Strategic Management of Human Resources*(3rd Ed.), South–Western Cengage Learning.
- Noe, R. A., Hollenbeck, J. R., Gerhart, B., & Wright, P. M.(2005). *Fundamentals of Human Resource Management*, McGraw–Hill Companies.
- OECD(2011). 국가별 노동시간 자료집.
- Werner, S., Schuler, R. S., & Jackson, S. E.(2012). *Human Resource Management*(11th Ed.), South–Western Cengage Learning.

## 산

이창건

산은

높이만큼

뿌리도 깊다

세상을 겉으로 보기 보다는

안으로 본다

그래서 가벼워 보이지 않는다

나무들이 잎을 더디 피우거나

풀벌레들이 눈을 늦게 떠도

조바심하지 않는다

안개가 어둠처럼 몸을 감싸도

눈보라가 파도처럼 몸을 때려도

두려워하지 않는다

산은

하늘이 내리시는 일로

세상이 어려움을 당하면

남보다 제일 먼저 걱정하고

세상이 즐거워하면

남보다 제일 늦게 즐거움을 맞는다.

# 제 5 장
# 창조경영을 위한 직무분석

## 깨달음의 명언

- "법률가도 이발사도 일의 가치에 있어서는 아무 차이가 없다." - J. 러스킨 -
- "진정한 성공은 평생의 일을 자신이 좋아하는 일에서 찾는 것이다." - D. 매컬로[1] -

## 학습목표

1. 직무분석의 기초개념으로서 직무와 관련된 용어의 의미와 위계를 이해한다.
2. 직무분석의 정의와 필요성을 인식한다. 특히 직무분석과 인력확보, 인적자원개발, 성과관리, 보상관리, 유지관리, 직무설계 등과의 관련성을 탐색한다.
3. 직무분석의 절차와 직무정보 수집방법에 관한 기초지식을 학습한다.
4. 직무분석의 산출물로서 직무기술서와 직무명세서의 내용에 관한 기초지식을 학습한다.
5. 직무분석의 최근 추세를 학습한다.
6. 직무평가의 정의 및 의의에 대해 이해한다.
7. 직무평가 방법을 이해한다.
8. 창조경영 구현을 위한 전략적 시사점을 익힌다.

---

1) 미국의 시나리오 작가이자 소설가. 1993년과 2002년 퓰리처 상을 받고 1978년과 1982년 National Book Award를 수상함.

## 도입사례 5 LG CNS의 직무분석

LG CNS는 LG 그룹 내의 글로벌 IT서비스 전문기업이다. 1987년 창업한 이후 성장을 거듭하여 왔으며 2013년 현재 해외법인과 자회사를 포함하여 1만여 명의 직원을 보유하고 있으며 2014년 기준 3조 3천억의 매출액을 기록하고 있다. LG CNS는 산업특성상 IT분야의 전문인력이 많은 비율을 차지하므로 이들 IT인력에 대한 육성이 성장의 관건이다. 따라서 IT 인재육성을 위해 HR의 네 가지 기본방향을 설정하였다. 첫째 성과 및 능력주의를 실현할 것 즉, 육성된 인재들이 보유한 능력과 발현된 성과에 대해서 적절한 보상과 승진 등 신분상의 대우가 함께 보장되도록 추진해야 한다는 점이다. 둘째, 공정하고 객관적인 제도 운영을 할 것 즉, 이를 위하여 성과일지시스템(performance log system)을 통한 연 4회의 중간성과 점검, 역량평가, 다면평가 등이 포함된 역량육성제도, 그리고 스킬검토위원회(SRB: Skill Review Board)와 같은 승진심사제도 등을 통해 객관성과 공정성을 최대한 확보할 수 있도록 하여 본인과 리더 등 관련자 모두가 만족하고 수용할 수 있는 제도가 되도록 해야 한다는 점이다. 셋째, 직무 중심의 인사제도를 구현할 것 즉, 이후 새롭게 구축된 직무체계, 직무기술서, 직무요건서, 공통요건 등을 회사의 모든 인사제도의 표준으로 활용하고 나아가서 장기적인 목표로 직무평가를 통해 개별 직무들의 가치에 따라서 급여 범위가 결정되도록 운영해야 한다는 점이다. 마지막으로 리더 중심으로 인사제도가 운영되도록 할 것. 제반 인사제도 및 프로세스의 원활한 운영과 바람직한 발전을 위해서 더욱 공격적으로 팀제 조직을 강화하여 현장의 리더들에게 대폭적인 권한을 부여하고 또 리더 책임하에 직원들을 육성하도록 함으로써 성과가 높은 자율적 조직을 구축하여 품질 높은 고객서비스를 창출해 나갈 수 있도록 해야 한다는 것이다.

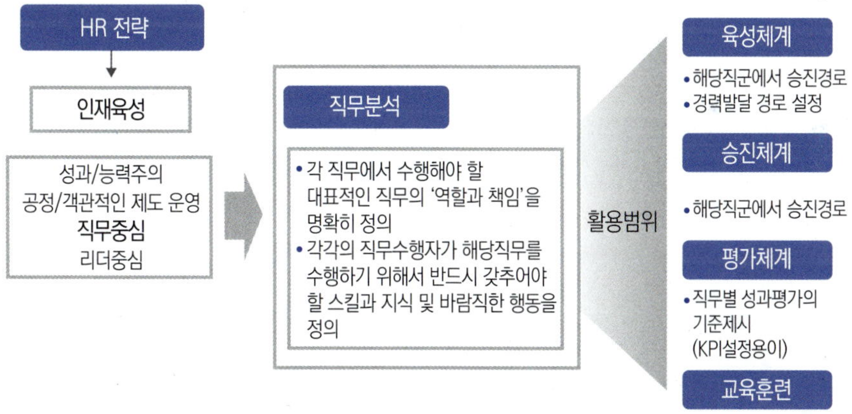


이러한 기본방향의 인사제도를 구현하기 위한 가장 기초적인 작업으로 직무분석을 실시하였다. LG CNS는 직무분석을 각 직무에서 수행해야 할 대표적인 직무의 '역할과 책임'을 명확히 정의하고, 또한 각각의 직무수행자가 해당 직무를 수행하기 위해서 반드시 갖추어야 할 스킬과 지식 및 바람직한 행동을 정의하는 과정이라 규정하였다. 따라서 직무의 투입요소(input), 활동요소(process), 결과요소(output)를 모두 도출하고자 했다.

직무분석을 실시하는 절차로는 우선 150개의 대표직무를 선정하고, 직무분석의 목적을 공지하였으며, 직무 관련 정보를 수집하고 분석하는 순서를 따랐다. 정보를 수집하기 위해서는 워크숍과 직무전문가(SME: Subject Matter Expert), 그리고 설문지 방법을 모두 이용하였다. 직무분석의 결과로 직무체계를 세우고 직무기술서와 직무명세서를 마련하였으며, 우선적인 활용분야로 경력개발 경로 설정 및 평가·육성제도 운영, 보상결정, 승진심사를 설정하였다. 특히 인사전산시스템에서 22개 직군 및 본인이 수행해야 하는 직무와 관련된 직무체계, 직무기술서, 직무명세서의 내용을 조회할 수 있도록 하여 본인의 경력개발의 기준으로 활용하도록 하였다.

자료원: www.lgcns.co.kr와 LG CNS 내부자료(2015).

## | 이 장을 시작하며 |

이 장에 대한 이해를 돕기 위하여 우선 태평양전쟁 일본 해군에게 치명타를 입히고 종전(終戰)을 앞당긴 당시 미국의 대졸 여성으로 구성된 '암호해독자'의 예를 들고자 한다. 1943년 11월, 일본은 태평양전쟁을 통틀어 최악의 피해를 입게 된다. 미국 잠수함들이 일본 선박 43척을 격침하고 22척에 큰 피해를 입혔다. 이러한 성과 뒤에는 미군의 암호해독자들이 있었다. 이들은 일본 군대의 암호를 해독해 배의 위치를 추적하고 전략을 파악했다. 미국이 이들 암호해독자들을 육성하게 된 결정적 계기는 1941년 2월에 감행된 일본의 진주만공습이었다. 이 공습에 충격을 받은 미국은 최정예 암호해독 인력을 양성하기로 결심한다. '머리가 좋고, 각종 언어에 능통하고, 일처리가 꼼꼼하며, 입이 무거울 것'이라는 '암호해독자의 조건'에 걸맞은 후보를 고민하던 미군은 그간 간과되었던 '대학 나온 여자들'에 관심을 기울이게 된다(조선일보, 2019.10.19).

'암호해독자의 조건'에서 보았듯이 성공적인 직무수행을 하기 위해서는 우선적으로 직무의 내용 및 성격을 파악하고 해당 직무가 요구하는 역할과 책임을 분명히 해야 한다. 또 그 역할과 책임을 분명히 하기 위해서 필요한 지식, 기술, 태도에 대한 이해를 해야 한다. 한 걸음 더 나아가서 그 직무를 맡기 위해서 학습해야 할 교육훈련의 내용이 무엇인지 알 수 있어야 한다. 이렇듯 직무분석은 개인 경력개발의 출발점이 되기도 한다. 뿐만 아니라 직무분석은 직무에 대한 평가를 통하여 직무급 결정의 토대가 되기도 한다. 최근 4차 산업혁명이 촉발한 시장의 불확실성은 이러한 전통적인 직무에 대한 관점을 새롭게 전환할 필요성을 제기한다. [도입사례 5]에서는 LG CNS가 IT인재육성을 위하여 직무 중심의 인사제도를 도입하여 운용하고 있으며 그 출발점으로서 직무분석을 실시한 바 있다. 이하에서 직무분석의 이론적 기초를 학습하도록 한다. 이를 토대로 창조경영의 구현을 위한 전략적 시사점을 살펴보고, 디지털변환기하에서의 직무이해를 도모하고자 한다.

# 1. 직무분석의 기초개념

## 1.1 직무와 관련된 용어의 의미와 위계

직무분석의 개념을 이해하기에 앞서서 우선 '직무' 및 이와 관련한 기초개념에 대한 이해가 선행되어야 한다. 우리가 직무를 조직의 구성원이 수행하는 '일'이라고 전제할 때 다양한 종류의 일이 존재한다. 즉 직군(job family), 직렬(occupation),[2] 직무(job), 책무(duty),[3] 과업(task), 요소(element) 등이 그것이다. 예를 들어 A기업 사원으로 있는 김ㅇㅇ 씨. 그는 경영지원 직군에서 HR직렬을 전문적으로 맡고 있다. 그가 주로 맡는 직무는 사원들의 인사관리 전반에 관한 것인데, 이 업무들 가운데서 의무적으로 맡아야 할 책무가 몇 가지 있는데, 대표적으로 직원들의 사기를 높일 수 있는 객관적인 평가체계를 마련하는 일이다. 이를 위하여 이번 분기에는 평가기준 수립, 평가자 선정 그리고 평가결과 취합이라는 과업을 수행해

**도표 5-1** 직무와 관련된 용어의 의미와 위계

| 용어 | 구분 | 개념 | 예시 | | |
|---|---|---|---|---|---|
| 직군 | 추상적 개념 | 업무의 본질적인 특성이나 요구되는 스킬, 지식, 행동 등이 동일 계통인 직무들의 묶음 | 기술 직군 | 경영 지원 직군 | 영업 직군 |
| 직렬 (직종) | | 유사한 직무가 결합된 것이며, 직군의 규모가 지나치게 클 때 전문성을 기준으로 직군을 세분화한 단위 | 기획 | 인사 | 재무 |
| 직무 | | 목적이나 수준이 유사한 책무(직위)들의 집합<br>- 단일 또는 복수의 근로자가 수행<br>- 직무분석의 초점 | 노무 | 인사 관리 | 교육 훈련 |
| 책무 (직위) | 실체적 개념 | 특정직무를 수행하는 책임단위요소로서 개인이 수행하는 여러 유사과업의 집합 | 채용 | 평가 | 보상 |
| 과업 | | 특정의 목적 달성을 위해서 수행하는 활동 (일의 한 단위업무) | 평가 기준 수립 | 평가자 선정 | 평가 결과 취합 |
| 요소 | | 과업의 가장 작은 단위 | 컴퓨터에 입력한다<br>이메일로 결과를 통보한다 | | |

자료원: 인사전문가 그룹 시너지컨설팅(http://m.blog.daum.net/synergycon01/56).

2) 흔히 직종(職種))과 같은 개념으로 사용된다.
3) 흔히 직위(職位)와 같은 개념으로 사용된다.

야 하며, 특히 평가결과의 취합을 위해서는 구체적으로 평가결과를 컴퓨터에 입력해야 하고 대상자에게 이메일로 결과를 통보해야 하는 등의 요소작업을 수행하고 있다. 이하에서는 이 내용에 대해 먼저 설명하고자 한다(도표 5-1 참조).

### 1) 직군(職群, Job Family)

일반적으로 직군은 업무의 본질적인 특성이나 요구되는 스킬, 기술, 행동 등이 동일계통인 직무들의 묶음이다. 흔히 회사의 가치창출에 기여하는 서로 다른 방식의 단위이다. 즉, 회사의 가치창출에 직접적으로 기여하는 연구직군, 영업직군, 생산직군 그리고 간접적으로 기여하는 사무직군 또는 경영관리직군 등과 같이 구분할 수 있다. 흔히 직군은 채용조건, 임금구조 및 임금지급기준 등을 결정하는 중요한 기준이 된다.

### 2) 직렬(職列, Occupation)

직렬이란 유사한 직무들이 결합된 것으로서 직군의 규모가 지나치게 클 때 업무수행에 필요한 전문성을 기준으로 직군을 세분화한 단위이다. 예를 들어 경영지원직군의 경우, 기획직렬, HR직렬, 재무직렬 등이 그 예이다. 일반적으로 직렬은 직원들의 전문성을 향상시킬 목적으로 전환배치 시, 이동의 범위를 결정하는 데 중요한 역할을 한다.

### 3) 직무(職務, Job)

일반적으로 직무란 한 사람 정도가 수행할 수 있는 일의 범위나 크기를 말하는 것으로서 업무수행의 목적이나 수준이 유사한 책무(직위)들의 집합으로 구성된다. 흔히 개인 또는 복수의 근로자가 수행한다. 예를 들어 [도표 5-1]에서 보는 바와 같이 HR직렬 가운데 인사관리직무는 채용, 평가, 보상 등과 같은 의무 혹은 책임들로 구성되어 있으며 복수의 직원들이 나누어 담당한다. 직무는 우리가 흔히 직무분석을 한다고 할 때의 분석의 단위로서 조직운영의 기초가 되기 때문에 매우 중요한 기본개념이다.

### 4) 책무(責務, Duty)

책무(혹은 직위)란 특정 직무를 구성하는 책임단위요소로서 그 직무를 수행하는 종업원이 반드시 수행해야 할 유사한 과업들로 이루어진다. 예를 들어 인사관리직무를 수행하는 종업원이 평가라는 책무를 수행할 때 반드시 포함되어야 할 의무사항으로 평가기준을 마련하고, 평가자를 선정하는 일이나 평가결과를 취합하는 과업 등이 이에 해당한다.

### 5) 과업(課業, Task)

과업이란 특정의 목적달성을 위해 수행하는 작업활동 단위를 의미하며 여러 요소들로 구성된다. 예를 들어 평가결과 취합이라는 과업을 수행한다면 컴퓨터에 평가결과를 입력하고 또 평가대상자에게 평가결과를 이메일로 통보하는 등의 요소작업활동을 수행해야 한다. 즉 과업은 일정한 목적을 가지고 있으며 독립적인 분업이나 분담이 가능한 최소한의 작업활동 단위인 것이다.

### 6) 요소(要素, Element)

과업의 가장 작은 단위이다. 예를 들어 앞서 평가결과 취합이라는 과업의 구성요소에서 살펴보았던 '컴퓨터에 평가결과 입력', '평가대상자에게 평가결과 이메일 통보'와 같은 작은 단위의 요소작업(또는 요소업무)을 의미한다(학습목표 1).

## 1.2 직무분석이란 무엇인가[4)]

*직무분석이란 일반적으로 직무요건을 파악하기 위해 직무에 대한 정보를 수집, 분석하여 직무별로 '직무수행의 목적', '직무를 구성하는 주요 활동 및 책임', '직무수행요건'을 명확히 규정하는 일련의 작업을 말한다(Noe et al., 2006, p.145). 이는 조직이 높은 성과를 달성하기 위해서 직무상 필요로 하는 직무요건(job requirements)과 직무수행자의 인적요건(personnel requirements)을 일치시키는 과정인 것이다.*

## 1.3 직무분석이 왜 필요한가

조직은 다양한 사람들과 여러 부서들로 구성되어 있으며 이들은 서로 협력하여 조직의

4) 일반적으로 직무분석은 과업 중심의 직무분석(task-oriented job analysis)과 종업원 중심의 직무분석(worker-oriented job analysis)으로 구분한다(Werner et al., 2012). 과업 중심의 직무분석은 분석의 대상이 '직무'인 반면에 종업원 중심의 직무분석은 '누가 그 일을 수행할 수 있는지' 직무수행자의 특성에 초점을 둔 접근 방법으로서 흔히 역량모델링(competency modeling) 기법이 여기에 해당한다.

**도표 5-2** 직무분석의 목적

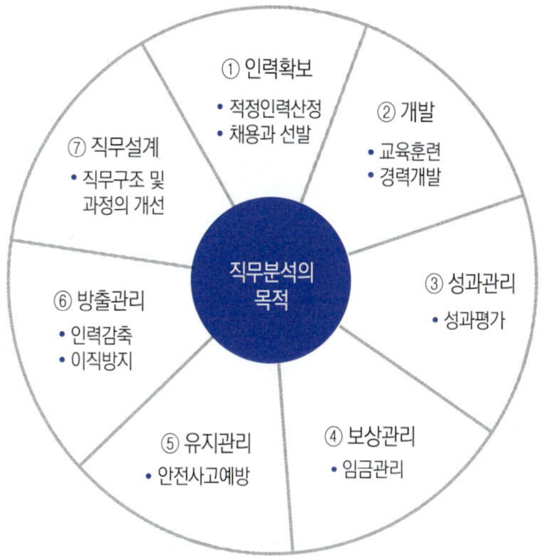


공통의 목표를 달성하고자 한다. 이를 위해서는 누가 무엇을 해야 하는지 업무의 구분이 명확해야 한다. 그런데 비효율적인 조직의 경우를 보면 부서 간 업무중복이나 공백이 발생하는가 하면, 어떤 사람은 일이 많고 어떤 사람은 일이 적은 경우도 있다. 또 어떤 직원은 자신이 수행한 일을 팀장에게만 승인을 받으면 되는지, 본부장이나 대표이사에게까지 승인을 받아야 하는지 고민을 하기도 한다(정종태, 2013, p.36). 이렇듯 직무분석은 조직의 효율성 운영에 의심이 갈 때 가장 먼저 짚어 보아야 할 수단이다. 즉, 직무분석은 어디까지나 그 직무가 특정 기관, 특정 부서에서 현재 어떠한 상태로, 어떠한 양상과 특징과 의미를 지니고 존재하고 있는가를 명확하게 파악 기술하는 것으로서 직무의 'X-Ray' 사진촬영과 같다. 보다 구체적으로 직무분석은 [도표 5-2]에서 제기한 목적으로 'X-Ray' 사진촬영(직무분석)을 하게 된다(학습목표 2).

### 1) 인력확보

■ 적정인력 산정: 해당 부서나 작업집단에 존재하는 직무의 종류와 양을 파악할 수 있어 필요인력 산정을 할 수 있다. 즉, 직무별로 업무시간을 조사하여 개인이 담당하는 연간 업무의 양(시간)을 분석하고 이를 팀 단위로 합산하여 각 개인 및 팀의 연간 총업무량을 계산한다. 여기에 각 개인이 연간 근무할 수 있는 시간으로 나누면 각

팀에 몇 명의 인원이 필요한지 산정할 수 있다. 여기서 산정된 적정인원과 현재 각 팀의 기존 인원수를 비교하여 인원의 과잉, 부족 여부를 파악하게 된다.

- 채용과 선발: 인력계획에 따라 필요한 인력이 확정되면 채용절차를 진행하게 되고 직무분석 결과를 통해 얻어지는 공석의 직무들이 요구하는 직무자격요건을 구체적으로 파악할 수 있어 해당 직무의 적격자를 보다 과학적으로 식별할 수 있다.
- 인력배치: 직무에 대한 구체적인 정보를 토대로 인력배치 시 직무와 직무수행자 간의 적합성을 극대화시킬 수 있다.

### 2) 개발

- 교육훈련: 직무분석은 필요한 교육훈련의 내용에 대한 명확한 정보를 제공한다. 따라서 불필요한 교육훈련을 줄이고 목적지향적인 교육훈련활동을 가능하게 한다.
- 경력개발: 직무분석을 통하여 각 직무의 특성 및 직무수행을 위한 요구조건(지식, 기술 등)을 명확히 함으로써 이동배치, 승진을 위한 직무순환에 필요한 정보를 제공하며 직무순환을 통해 경력개발의 효율성을 제고시킨다.

### 3) 성과관리

- 성과평가: 직무분석은 '직무수행 시 무엇을 어떻게 해야 하는가'에 대한 분명한 방향성을 제시함으로써 근로자가 회사에 대한 직무의 성과가 무엇인지를 인식하게 한다. 해당 직무가 창출해야 하는 성과가 명확히 정의된다면 이에 대한 측정방법, 측정시기 등을 구체화하고 성과의 측정을 가능하게 한다. 따라서 직무성과의 난이도가 직무마다 다르므로 능력평가가 획일적으로 흐르는 것을 방지할 수 있다.

### 4) 보상관리

- 임금관리: 직무분석을 토대로 직무평가가 이루어지고 이를 기준으로 직무급이 결정되는데 이는 어떤 직무가 기업의 목표달성에 더 가치가 있는지를 판정하는 중요한 기준이 되며, 더불어 직무수행자의 합리적인 임금수준(기본급 또는 수당) 결정을 가능하게 한다.

### 5) 유지관리

- 안전사고예방: 직무수행방법 및 사용되는 장비에 대한 정보는 개별 직무수행상의 위험 정도를 알 수 있게 해주기 때문에 작업장에서의 안전사고 예방을 위한 대책마련을 용이하게 해준다.

### 6) 방출관리

- 인력감축: 인건비 부담능력 문제로 기업이 인력을 감축해야 할 경우 어느 직무수행자부터 감축시키느냐는 바로 개별 직무의 상대적 가치, 타 작업자에 의한 대체가능성 등에 대한 정보가 있을 때 합리적인 인력감축을 위한 의사결정을 할 수 있게 된다.
- 이직방지: 직무 자체에 대한 불만족 때문에 유능한 인재가 조직을 떠난다면 직무구조의 개선을 통해 또 다른 인재의 이직을 방지할 필요가 있다. 이 경우 직무에 관한 정보가 없다면 직무구조 개선이 쉽지 않다.

### 7) 직무설계

- 직무구조 및 과정의 개선: 기존에 설계 및 운영되고 있는 직무는 기술변화 등으로 항상 변화되고 개선되어야 하는 경우가 많다. 따라서 직무내용에 대한 정보는 보다 효율적인 직무를 설계하는 데 도움을 준다.

# 2. 직무분석의 절차와 직무정보 수집방법

## 2.1 직무분석의 절차

일반적으로 직무분석과 관련하여 정보를 수집 · 분석 · 정리하는 일련의 과정은 직무분석의 목적과 기업이 처한 상황에 따라 다르지만 대체적으로 다음과 같은 절차를 따른다.

### 1) 직무분석 목적의 설정

직무분석의 첫 번째 단계는 그 목적을 분명히 설정하는 것이다. 직무분석의 목적이 분명해야 인적자원관리의 방향을 제시할 수 있으며, 그에 따라 분석대상, 분석자료의 내용 및 수집방법 등을 결정할 수 있게 된다. 예를 들어 직무분석의 목적이 특정 부서의 정원 산정에 있다면 해당 부서 전 직원들의 업무량 및 업무시간에 대한 정보가 필요하며 이들 자료수집을 위하여 개별 심층인터뷰가 필요하다. 흔히 직무분석의 목적은 회사의 전략목적과 연계를 유지하는 것이 중요하다. 따라서 조직변화나 구조조정, 임금불균형이나 근로조건 개선 등의 제반 이슈들을 수습하기 위하여 진행되는 경우가 많다.

### 2) 관련 배경정보의 수집

분석대상 직무와 관련한 기초정보와 지식을 얻기 위하여 기업이 속해 있는 산업의 특성, 기업의 경쟁전략, 기업문화, 기업의 인사제도 그리고 현재 직무들의 직무기술서 등의 배경자료를 수집한다.

### 3) 대표직무의 선정

각 직군이나 직렬별로 분석하고자 하는 대표적인 직무를 선정한다. 이를 통하여 분석시간을 줄이고 불필요한 분석비용을 절감할 수 있다.

### 4) 직무정보 수집방법의 선정

선정된 대표직무에 대한 가장 적합한 정보를 수집하기 위한 수집방법을 선택한다. 이때 정보의 타당성과 정확성을 기하기 위하여 특정 기법에만 의존하지 않고 여러 방법을 동시에 사용한다.

### 5) 정보자료의 분석과 정리

수집된 자료를 통일된 양식에 정리한 뒤 최종적으로 직무기술서(job description)와 직무명세서(job specification)를 작성한다. 이상의 내용을 요약하면 [도표 5-3]과 같다.

**도표 5-3** 직무분석의 절차 요약

| 직무분석 절차 | 특 징 |
|---|---|
| (1) 직무분석 목적의 설정 | • 직무분석의 목적에 따라 직무분석의 방향과, 분석대상, 분석자료의 내용 및 수집방법 등을 결정 |
| (2) 관련 배경정보의 수집 | • 산업의 특성, 기업의 경쟁전략, 기업문화, 기업의 인사제도 그리고 현재 직무들의 직무기술서 등의 배경자료를 수집 |
| (3) 대표직무의 선정 | • 각 직군이나 직렬 별로 분석하고자 하는 대표적인 직무를 선정하여 분석시간과 분석비용을 절감. |
| (4) 직무수집방법의 선정 | • 대표직무에 가장 적합한 정보수집을 위하여 수집방법을 선택 |
| (5) 정보자료의 분석과 정리 | • 수집된 자료를 토대로 최종적으로 직무기술서와 직무명세서를 작성 |

## 2.2 직무정보 수집방법

### 1) 면접법(Interview Method)

직무담당자와 개별적 혹은 집단적으로 면접하여 정보를 획득하는 방법이다. 직무분석 담당자는 사전에 구조화된 질문항목을 가지고 면접에 임하며 특히 면접자와 피면접자 간에 상호협력을 통하여 정보획득이 발생하기 때문에 직무수행자의 정신적인 활동까지도 파악할 수 있다. 따라서 정확한 자료수집이 가능하며 일반적으로 직무정보수집방법으로 가장 많이 쓰이고 있다. 보통 직무내용이 비교적 구조화되어 있거나 반복적인 활동인 경우 시간과 비용을 절약할 수 있으나 직무내용이 비구조화된 경우에는 시간과 비용이 많이 들 수 있다.

### 2) 관찰법(Observation Method)

관찰법은 직무분석자가 직무담당자의 직무수행 장면을 관찰하고 체계적으로 기록하는 방법으로서 가장 간단하고 사용하기 용이하다. 주로 직무내용이 표준화되어 있거나 반복적인 경우에 활용된다. 따라서 육체적 활동과 같이 관찰가능한 직무에 적용하기 용이하나 지적 사고력을 요하는 직무나 직무의 시작에서 종료까지 많은 시간이 소요되는 직무에는 적용하기 곤란하다. 특히 이 방법은 전적으로 직무분석자의 관찰에 의존하기 때문에 관찰자의 주관이나 관점에 따라 조사내용이 달라질 수 있는 단점이 있어 직무분석자에 대한 적절한 사전훈련이 필요하다. 관찰법은 흔히 분석된 직무분석자료 중에서 확인이나 보완이 필요한 경우에 이용되는 경우가 많다.

### 3) 설문지법(Questionnaire Method)

설문지법은 직무내용, 수행방법 및 과정 그리고 직무수행자가 갖추어야 할 자격요건 등에 대한 질문이 포함되어 있는 설문지를 배부한 후 이에 응답하게 하여 직무정보를 수집하는 방법이다. 설문지가 잘 설계되어 있고 응답자들이 정보자료를 제공할 경우에 매우 많은 직무수행자들로부터 비교적 단시일 내에 정보와 자료를 광범위하게 수집할 수 있는 장점이 있다. 그러나 직무의 전반적인 내용을 정확하게 포착할 수 있도록 설문지를 잘 설계하려면 많은 노력과 비용이 드는 것뿐만 아니라 시행과정상에 융통성이 없다는 단점이 있다.[5)]

### 4) 워크 샘플링(Work Sampling)

워크 샘플링이란 작업자, 기계, 설비 등에 관한 특정 상황을 임의의 시간간격으로 관측·기록·정리하여 그 특성을 통계적 이론에 의해 추계(推計)하는 방법을 의미한다. 업무일지 혹은 작업일지를 작성하는 직무수행자의 의식구조와 태도 및 열성의 정도에 따라 자료와 정보의 가치가 결정된다. 기록이 정확하지 않을 경우 정보에 대한 신뢰성이 떨어질 수 있다. 일반적으로 생산설비의 가동률이나 조업도 등의 파악에 주로 이용된다.

### 5) 중요사건기록법(CIM: Critical Incident Method)

중요사건기록법은 직무수행자의 직무행동 가운데 성과와 관련하여 효과적인 행동과 비효과적인 행동을 구분하여 그 사례들을 수집하고 이러한 사례로부터 직무성과에 효과적인 행동패턴을 추출하는 방법이다. 이 방법은 직무행동과 직무성과 간의 관계를 직접적으로 파악할 수 있는 장점이 있으나 수집된 많은 직무행동을 분류·평가하는 데 많은 시간과 노력이 소요되는 단점뿐만 아니라 해당 직무에 대한 포괄적인 정보를 확보하는 데에는 한계가 있다.

### 6) 결합법(Combination Method)

결합법은 이상에서 제시한 여러 직무분석 방법들을 두 가지 이상 결합하여 직무정보를 수집하는 방법이다. 어떤 방법이든지 장·단점을 모두 가지고 있기 때문에 병행하여 사용

---

5) University of Houston 대학교의 직원들을 대상으로 직무정보를 수집할 때 사용하는 설문지(University of Houston Job Analysis Questionnaire)가 매우 유용합니다. 혹 필요하신 분들은 sgjeon@hanyang.ac.kr로 요청을 하시면 직접 보내드리도록 하겠습니다.

함으로써 장점은 더욱 살리면서 단점은 상호 보완할 수 있게 된다. 예를 들어 설문지법을 통해 정보를 획득하고 미진한 정보는 직무수행자와 면접을 통해 보충할 수 있다.

### 7) 사전정보의 활용

직무정보의 수집은 기존에 파악된 직무정보를 획득하는 것에서부터 시작된다. 과거의 직무기술서에 담긴 직무정보나 타 조직의 직무분석자료 등을 참고하여 분석대상 직무에 대한 기초정보를 확보할 수 있다. 미국 노동부가 제공하고 있는 직종정보망(O*NET: Occupational Information Network)의 정보를 활용하여 분석대상 직무에 대한 기초 및 사전 정보를 확보하는 것도 좋은 방법이다(도표 5-4 참조).[6] 이 정보망은 1,000여 개의 직종에 대하여 크게 직무특성 정보와 직무수행자 관련 정보를 제공하고 있다. 우선 직무특성 정보로는 직종요건(occupational requirements), 노동시장 특성(labor market characteristics), 직종특수요건(occupation-specific information) 관련 정보를 제공하고 있다. 또 직무수행자 관련 정보로

**도표 5-4** 미국 노동부의 O*NET의 내용모델

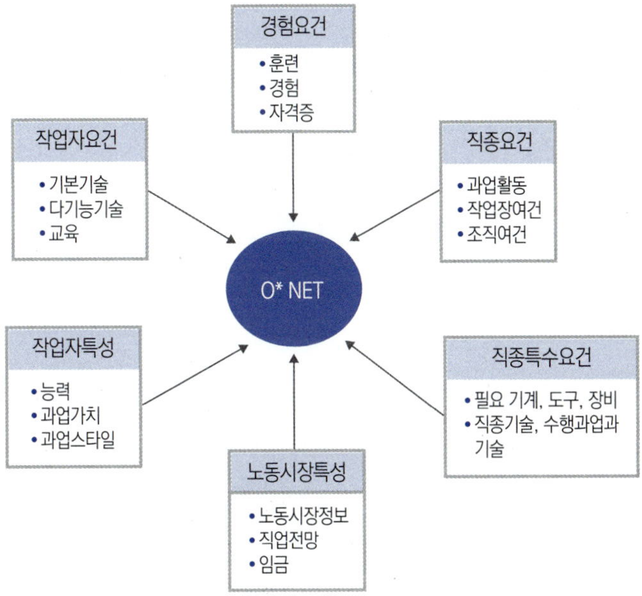


자료원: Werner et al., 2012, p.130.

6) 한국의 경우 국가직무능력표준사이트(http://www.ncs.go.kr/ncs/page.do?sk=index)에 직무 관련 정보가 가장 포괄적으로 제시되어 있다.

는 작업자특성(worker characteristics), 작업자요건(worker requirements), 경험요건(experience requirements) 관련 정보를 제공하고 있다(학습목표 3).

## 2.3 직무분석의 산출물

직무의 내용과 직무수행방법 그리고 직무수행에 요구되는 자격요건에 관한 분석을 끝낸 다음에 이를 단일 양식에 의해 체계적으로 정리할 필요가 있다. 우선, 직무기술서(job description)는 특정 직무가 가지고 있는 과업(tasks), 임무(duties), 그리고 책임(responsibilities)의 세부 내용과 요소를 있는 그대로 기술(記述)해 놓은 문서로서 이들 세 가지 'TDRs'들은 모두 관찰가능한 것들이다. 한편 직무명세서(job specification)는 한 개인이 직무수행에 필요한 지식(knowledge), 기술(skills) 그리고 능력(abilities) 등과 같은 인적 요건들을 기술한 문서로서 이들 'KSAs'들은 직접 관찰하기가 용이하지 않다. 그러나 최근에는 직무기술서와 직무명세서를 단일양식으로 통합하여 관리하는 추세이다(도표 5-5 참조). 또한 [도표 5-6]과 [도표 5-7]은 이 두 문서에 대한 Starbucks 한양대ERICA 지점의 실제 예시를 제시한 것이다(학습목표 4).

**도표 5-5** 직무기술서와 직무명세서의 구성내용 비교[7]

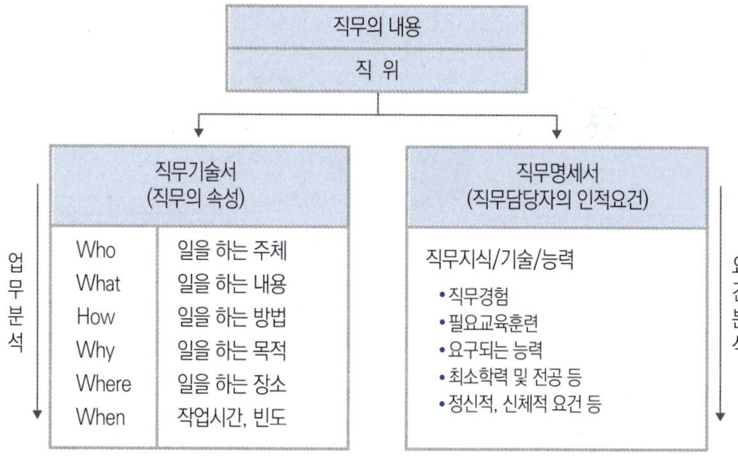


자료원: Werner et al., 2012, p.130.

7) [도표 5-5]의 직무기술서 및 직무명세서의 내용은 일반적인 내용으로서 실제기업에서는 기업의 편의에 따라서 차이가 있다.

**도표 5-6** 직무기술서의 실제: Starbucks 한양대 ERICA점 예시

| 직무명칭 | 바리스타 | 직무직급 | 점장(Manager) |
|---|---|---|---|
| 직무개요 | 좋은 원두로 커피 기계를 활용하여 고객의 입맛에 맞게 향이 좋은 커피를 만들어 낸다. | | |
| I. 직무내용 | 1. 고객의 취향에 맞는 커피 제조<br>- 에스프레소(커피 원액)를 추출하고 제조<br>- 고객의 취향에 맞는 커피 제조(시럽의 유무, 우유의 종류)<br>- 좋은 원두 사용으로 향과 맛을 유지<br>2. 매장의 청결유지<br>- 바닥, 벽 등 매장의 청결유지로 분위기 있는 매장을 조성<br>- 고객의 건강을 위해 매장 청결은 필수<br>3. 새로운 메뉴개발<br>- 대회참가(개인역량 강화)<br>- 고객의 취향과 타켓고객을 위한 메뉴 개발<br>- 샌드위치나 쿠키 등 간단한 메뉴 개발로 커피 매출상승효과 유발<br>4. 서비스 개선<br>- 항상 고객을 우선으로 생각하고, 고객에게 한발 다가서는 서비스 정신 유념 | | |
| II. 기계, 도구 및 장비 | 1. 커피머신<br>2. 에스프레소, 그 밖의 커피재료, 커피 이외의 취급품목 | | |
| III. 작업환경 | - 보통 커피전문점의 바(Bar)안에서 일한다.<br>- 아직 우리나라의 경우 바리스타라는 직업 자체가 전문직보다는 '커피 전문점에서 일하는 사람'이라는 이미지가 강하다.<br>- 또한 공인된 자격증이나 국가공인 양성소가 많이 활성화되어 있는 것도 아니다. 그래서 실무가 아주 중요하다. | | |

자료원: Starbucks 한양대 ERICA점 내부자료 및 인터뷰(2020).

**도표 5-7** 직무명세서의 실제: Starbucks 한양대 ERICA점 예시

<table>
<tr><th>일반<br>요건</th><th>남녀별<br>적성</th><th>남녀<br>공통</th><th>기초<br>학력</th><th>제한<br>없음</th><th>나이<br>제한</th><th>없 음</th><th colspan="3"></th></tr>
<tr><td>자격<br>요건</td><td colspan="9">• 이탈리아의 바리스타 전문양성기관인 'Arcaffe' 같은 유명한 곳에서 바리스타 과정을 밟거나, 국내의 몇몇 커피스쿨에서 실시하고 있는 바리스타 트레이닝을 통해 될 수 있다.<br>• 커피전문점에서 바리스타를 채용하고자 할 때, 보통의 경우 면접 등의 일정한 절차를 통해 각 매장이 정한 자격에 적합한 사람들을 선발한 후, 각 매장의 본사에서 트레이닝을 실시한다. 이러한 곳을 통하여 바리스타에 대한 자격을 획득할 수 있다.</td></tr>
<tr><td rowspan="7">소요<br>능력</td><td colspan="6" rowspan="2">필요지식 / 기술 / 능력</td><td colspan="3">요구수준</td></tr>
<tr><td>High</td><td>Middle</td><td>Low</td></tr>
<tr><td rowspan="3">지식</td><td colspan="5">에스프레소에 대한 폭넓은 이해와 이론적인 지식</td><td></td><td></td><td></td></tr>
<tr><td colspan="5">커피머신 작동과 원리에 대한 지식</td><td></td><td></td><td></td></tr>
<tr><td colspan="5">커피와 취급메뉴에 대한 완벽한 지식(이해)</td><td></td><td></td><td></td></tr>
<tr><td rowspan="2">기술</td><td colspan="5">커피머신 작동 기술</td><td></td><td></td><td></td></tr>
<tr><td colspan="5">각 메뉴별 커피조리에 따른 매뉴얼/레시피(조리법)에 대한 관리기술</td><td></td><td></td><td></td></tr>
</table>

|  |  |  |  |  |  |
|---|---|---|---|---|---|
|  | 능력 | 커피머신 응급대처 능력 |  |  |  |
|  |  | 기계 유지관리 / 그라인더의 유지관리능력 |  |  |  |
|  | 기타<br>인적 특성 | 고객에 대한 조건 없는 봉사 |  |  |  |
|  |  | 100% 고객만족을 추구하는 서비스정신, 예절, 매너 |  |  |  |

자료원: Starbucks 한양대 ERICA점 내부자료 및 인터뷰(2020).

## 3. 직무분석의 최근 추세

지금까지 직무분석과 관련하여 논의된 사항은 어디까지나 직무분석에 관한 전통적인 접근방법이다. 그러나 환경이 급변하고 전략적 적응방식도 다양하게 전개되고 있는 현 시점에서 전통적인 직무분석에 집착하는 것은 사실상 불가능하다. 또 기업들은 종업원들이 고객이 원하는 것은 무엇이든지 다 충족시키기를 기대하기 때문에 직무수행자의 직무요건도 특정시키기가 매우 어려운 상황이다. 그렇기 때문에 과거의 직무정보를 가지고 현재 및 미래의 환경변화에 대처하고 전략적 적응을 준비한다면, 성공적인 직무수행을 하는 데 있어서 한계가 있다. 따라서 이러한 문제를 극복하기 위하여 직무분석의 최근 추세는 직무분석 자체의 방향수정과 개선이 필요하다(학습목표 5).

### 3.1 직무분석은 쇠퇴하는 과거의 유물인가?

특히 다음 장에서 학습하게 될 직무전문화(job specialization)의 감소나 직무공유(job sharing)의 증가 또 '팀'으로 일하는 추세의 증가 등은 전통적인 직무분석방식에 대한 근본적인 회의와 의문을 던진다. 전통적인 직무분석방식과 기법들은 [도표 5-8]의 (a)에서 보는 바와 같이 직무자체의 내용이 지극히 정형화되어 있고 직무들 간에 분명한 경계구분을 전제로 하기 때문에 직무구조 자체가 규격화되고 정형화된 '벽돌담'과 유사하다. 하지만 최근의 환경변화는 직무와 계층을 넘나들며(across jobs and across levels) 공동대응 및 공동책임을 요구하고 있기 때문에 특정 직무의 내용과 특성을 독립적으로 구분해 내기가 매우 어려운 상황이다. 이러 여건하에서는 [도표 5-8]의 (b)에서 보는 바와 같이 직무 자체를 정형화

**도표 5-8** 벽돌형과 돌담형의 직무구조

(a) 벽돌형 직무구조　　(b) 돌담형 직무구조

할 수도, 규격화할 수도 없기 때문에 직무구조 자체가 서로 다른 크기와 모양의 '돌담'과 유사하다. 돌담은 모양과 크기가 서로 다른 돌과 돌 간에 얼기설기 유연하게 엮인 상태에서 균형을 유지하고 있다. 다시 말하면 *최근의 급변하는 환경변화는 직무의 본질을 변화시키고 프로젝트팀 중심의 조직운영을 요구하기 때문에 향후의 직무분석에서는 직무수행자의 팀 내에서의 '역할'이 중요해지고 또 그 역할을 수행하는 데 있어서 요구되는 '역량'(competency)이 중요해지는 것은 지극히 자연스런 이치이다.*

이러한 논의에도 불구하고 많은 HR담당자들은 '직무분석이 그래도 필요합니까' 라는 질문들을 심심치 않게 받는다. 그래도 직무분석은 상황에 따라서 필요하고 또 중요한 경영활동이다. 경영자가 종업원이 해야 하거나 기대되는 일들에 대한 이해를 하지 못한다면 HR정책 및 HR관행(HR policies and practices)의 통합시스템을 개발하기가 대단히 힘들다. 뿐만 아니라 종업원 고용시 안전사고 예방과 같은 중요한 문제를 법적인 준수사항(legal compliance)으로 보호하고자 하는 기업들에게는 직무분석은 필수적이라 하겠다.

## 3.2 나의 직무(My Job)에서 나의 역할(My Role)로 변화

전통적인 직무분석기법들은 조직과 직무가 비교적 안정적이고 예측가능한 상황을 전제로 개발된 것이다. 따라서 사람들은 특정 직무를 수행하기 위하여 고용되었고 일단 회사에 고용되면 사람들은 수년 동안 같은 직무를 같은 방식으로 수행하기만 하면 되었다. 이러한 관행은 경영진이나 종업원 모두에게 편리하게 받아들여졌다. 그러나 경영진이 종업원이 뭘가 변화를 시도하거나 '직무기술서에는 없는' 그 무엇을 하기를 기대할 경우 그 편리함은 더 이상 편리함이 되지 못하였다.

### 1) 유연성(Flexibility)

오늘날의 기업환경에서 기업이 살아남기 위해서 기업은 보다 적응적이어야 하고 그 속의 개인은 보다 유연해야 한다. 따라서 기업은 '안정'에 대한 종업원의 욕구를 만족시키면서 동시에 종업원들의 저항 없이 어떻게 유연성을 확보할 것인가에 관심을 가질 수밖에 없다. 오늘날 많은 기업들은 특정직무를 위해서 일할 지원자들보다는 회사를 위해서 일할 지원자들을 채용하고 있다. 이는 조직의 일을 달성하는 데 있어서 필요한 것은 무엇이든지 수행하고자 하는 종업원의 관심사항에 초점을 둔 것이다. 이에 따라 어떤 HR전문가들은 '역할분석'(role analysis)이라는 용어가 '직무분석'이라는 용어를 대체해야 한다고 주장하기도 한다(Joinson 1994). *종업원의 역할에 초점을 두는 것은 업무수행절차보다는 결과를 강조하는 철학에 인식의 기반을 두고 있으며, 그것은 개인의 현실적 욕구(needs)에 과업의 요구를 맞추는 '재택근무(telecommuting)와 유연근무시간'(flexitime) 등과 같은 유연한 직무설계하에서 종업원이 일하는 것이 가능할 때 보다 적합하다*(Kurland & Egan, 1999).

### 2) 팀워크(Teamwork)

'직무'에서 '역할'로 관리의 초점이 이동하는 것은 개인이 아니라 팀 중심으로 과업이 조직화되는 조직에서는 피할 수 없는 현상이다. 팀 환경하에서 특정 개인이 수행하는 과업은 팀 내 다른 팀원들의 재능과 팀원 간 이해관계에 의존하게 된다. 또한 개인이 아니라 전체로서의 팀에게 의무가 할당될 수 있고 과업에 대한 책임이 부과되기도 한다. 따라서 팀원들은 그들이 원하는 방식으로 팀의 과업을 조직화하게 된다. 이때 팀 중심의 문화를 보유하는 것은 일하기 좋은 최고기업으로서의 명성을 유지하는 중요한 토대가 되기도 한다. 새로운 종업원이 고용되면 그들은 특정 업무를 맡기보다는 회사업무 전반을 경험하도록 배치가 된다. 이 경우 팀장은 상사(boss)가 아니라 후원자들이 되며 이들은 신입직원들이 그들의 재능을 통하여 팀의 목적을 충족시킬 수 있는 기회를 발견할 수 있도록 돕는다. 이런 상황하에서는 '표준적인 직무기술서'는 존재하지 않으며 종업원들 스스로가 팀을 위하여 어떤 기여를, 어떤 방식으로 해야 할지 스스로 결정하게 된다. 이런 상황하에서 HRM시스템은 여러 팀들을 지원할 수 있도록 설계되어야 한다.

직무분석은 결코 사라지지 않을 것이지만 그 절차는 조직의 새로운 욕구를 충족시키기

**이론올레길 5-1** **역량(competency)과 역량모델링(competency modeling)**

'역량(力量: competency)이란 주어진 직무와 업무상황에서 탁월한 성과와 인과적 관계가 있는 관찰 가능하고 적용 가능한 지식, 기술, 행동특성의 복합체로서 사업전개에 필요한 핵심역량을 발휘하는 데 기본이 되는 인간 내면의 근원적 특성(underlying characteristics)을 의미한다. 흔히 조직이 보유하는 핵심역량(core competence)은 조직의 기술, 시스템 그리고 기업문화와 같은 조직역량(competence)과 전사공통역량, 리더십역량 그리고 직무 관련 역량과 같은 개인역량(competency)이 포함되어 있다. 인적자원관리분야에서 역량모델링(competency modeling)을 한다고 할 때는 우수한 성과의 원인이 되는 후자의 개인역량을 도출하는 것을 의미한다.

역량(competency)은 다음과 같은 몇 가지 특성이 있다. ① 역량은 인간의 행동(behavior)을 강조한다. 따라서 역량은 능력보다 더 행동지향적이다. 종업원이 성과를 창출하기 위하여 어떤 특정역량을 학습한다고 할 때 인간 내면에 잠재되어 있는 능력보다는 그 능력이 행동으로 외부에 표출될 때 그 역량을 학습할 수 있게 된다. ② 역량은 결과지향적이다. 역량들은 우수한 성과창출자가 특정상황에서 어떻게 의사결정하고 행동하는지 그 내적 특성을 파악함으로써 도출되기 때문에 성과창출이라는 결과가 중요하다. 그렇기 때문에 역량은 조직의 성과와 인과관계가 있는 행동요인이 중요하게 평가되며 따라서 기업이 고성과를 올리기 위해서는 역량 중심의 인적자원관리(CHRM: Competence- based HRM)가 도입될 필요가 있다.

위해서 진화하고 변화될 것으로 보인다. 과업 중심의 직무분석(task- focused job analysis)을 대신하여 최근 역량모델링(competency modeling)이 주목받는 것도 직무분석방법론이 진화하고 있다는 반증이다. *역량모델링이 관심을 받는 이유 중의 하나는 어떤 팀이나 부서 혹은 사업부에 관계없이 모든 직무에 걸쳐서 적용 가능한 핵심역량(core competencies)과 행동들을 파악하는 데 보다 유용하기 때문이다. 이들 핵심역량과 행동들이 종업원의 직무기술서에 포함될 때, 역량모델링은 기업문화를 공유하고 새롭게 정의하는 데 있어서 중요한 역할을 할 것이다*(Werner et al., 2012). [이론올레길 5-1]은 역량 및 역량모델링의 개념에 대하여, [도표 5-9]는 역량-행동-성과의 관계성에 대한 이론기반을 소개하였으며 [도표 5-10]은 [이론올레길 5-1]과 [도표 5-9]의 논리구조를 기반으로 저자가 직접 수행한 특정 시중은행의 역량모델링 결과의 일부이다. 특히 관리직군에 속하는 대표직무들을 성공적으로 수행한 종업원들부터 대표직무별 직무역량을 도출하였다.

특히 인적자원 관리분야에서 우리가 역량모델링을 한다고 할 때는 [도표 5-9]에서 보듯이 우수한 성과의 원인이 되는 개인역량을 도출하는 것을 의미한다. 다시 말하면 역량 A와 역량 B는 행동 A를 유발하게 되는데 이 행동이 직무수행 시 낮은 성과밖에 보이지 못하

**도표 5-9** 역량-행동-성과의 관계

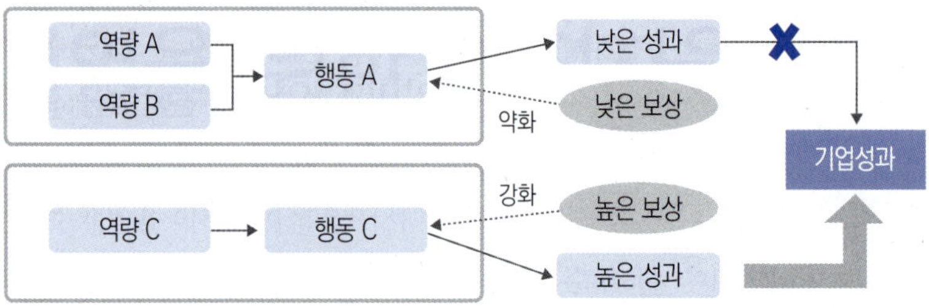


자료원: ㈜크리에티즌의 견해를 참조(http://www.creatizen.com).

고 그 결과 유·무형의 보상을 받지 못하게 되어 결과적으로도 기업성과에 기여하지 못하게 되었다면 이 행동은 더 이상 발현되지 않는다. 따라서 이 행동을 유발하는 데 기초하였던 역량 A와 역량 B는 이 직무에서는 의미없는 역량인 것이다. 따라서 역량 A와 역량 B는 역량모델링의 원천에서 배제된다. 반면에 역량 C는 행동 C를 유발하였고 그 행동이 직무수행 시 높은 성과를 올리는 데 기여하였고 그 결과 유·무형의 보상을 받았다면, 또 나아가서 기업성과에도 그 행동이 크게 도움이 되었다면 그 행동은 강화될 것이다. 또 그 행동을 유발하는 데 토대가 되었던 역량 C는 바람직한 행동을 유발하는 데 필요한 역량이 되고 역

**도표 5-10** 어느 시중은행 관리직군의 대표직무별 역량모델링 결과

| 직무 | 심사역 | Work-outManager | 기업경영 Consultant | Credit Preview Manager | IR Manager | HR Manager | Compliance Manager | Risk Manager (시장) | Risk Manager (신용) | Risk Manager (운영/종합) | IT Manager (계정계 AP) | IT Manager (정보계 AP) | IT Manager (전자뱅킹 AP) |
|---|---|---|---|---|---|---|---|---|---|---|---|---|---|
| 역량1 | 업무 정확성 | 분석적 사고 | 분석적 사고 | 업무 정확성 | 분석적 사고 | 분석적 사고 | 분석적 사고 | 분석적 사고 | 분석적 사고 | 분석적 사고 | 업무 정확성 | 분석적 사고 | 업무 정확성 |
| 역량2 | 정보 수집 | 협력과 조정 | 업무 정확성 | 정보 수집 | 협력과 조정 | 개념적 사고 | 업무 정확성 | 협력과 조정 | 정보 수집 | 수익안 정성 | 분석적 사고 | 창의력과 혁신성 | 협력과 조정 |
| 역량3 | 고객 지향성 | 전략적 사고 | 정보 수집 | 자기 혁신 | 업무 정확성 | 창의력과 혁신성 | 지식 관리 | 즉각적 대처 | 업무 정확성 | 업무 정확성 | 고객 지향성 | 고객 지향성 | 분석적 사고 |
| 역량4 | 지식 관리 | 피드백 | 인적 네트워크 | 분석적 사고 | 정보 수집 | 타인 이해 | 정보 수집 | 자기 혁신 | 피드백 | 협력과 조정 | 성취 지향 | 성취 지향 | 고객 지향성 |

| 직무 | IT Manager (SE) | IT Manager (전략) | 검사역 | 여신관리 (여신지원) | 여신관리 (여신회수) | 재무관리 직무 | 자금관리 (원화) | 자금관리 (외화) | 자금관리 직무 | 전산관리 직무 | 검사관리 직무 | 경영관리 직무 | 산업 분석역 |
|---|---|---|---|---|---|---|---|---|---|---|---|---|---|
| 역량1 | 업무 정확성 | 창의력과 혁신성 | 분석적 사고 | 분석적 사고 | 업무 정확성 | 업무 정확성 | 분석적 사고 | 즉각적 대처 | 분석적 사고 | 즉각적 대처 | 분석적 사고 | 분석적 사고 | 전략적 사고 |
| 역량2 | 정보 수집 | 고객 지향성 | 정보 수집 | 협력과 조정 | 협력과 조정 | 정보 수집 | 즉각적 대처 | 분석적 사고 | 업무 정확성 | 정보 수집 | 정보 수집 | 성취 지향 | 분석적 사고 |
| 역량3 | 협력과 조정 | 전략적 사고 | 보안 의식 | 창의력과 혁신성 | 분석적 사고 | 분석적 사고 | 정보 수집 | 성취 지향 | 정보 수집 | 인적 네트워크 | 개념적 사고 | 협력과 조정 | 지식 관리 |
| 역량4 | 개념적 사고 | 변화 주도 | 직업 윤리 | 업무 정확성 | 유연성 | 지식 관리 | 성취 지향 | 정보 수집 | 타인 이해 | 협력과 조정 | 직업 윤리 | 개념적 사고 | 정보 수집 |

자료원: 전상길(2002). XX은행 역량기반 교육훈련제도 설계에 관한 연구, ㈜크리에티즌.

량모델링의 원천이 되는 것이다.

또 다음의 [도표 5-10]은 어느 시중은행 관리직군을 대상으로 대표직무별 역량모델링 결과를 정리한 표이다. 예를 들어 이 은행의 HR직무에서는 분석적 사고 / 개념적 사고 / 창의력과 혁신성 / 타인이해 역량이 중요하였다. 또 검사역의 직무는 분석적 사고 / 정보수집 / 보안의식 / 직업윤리 역량이 중요하였다.

## 4. 직무평가(Job Evaluation)

### 4.1 직무평가의 정의 및 의의

앞서 직무분석이란 직무에 대한 정보를 수집, 분석하여 직무별로 '직무수행의 목적', '직무를 구성하는 주요 활동 및 책임', '직무수행 요건'을 명확히 규정하는 일련의 과정이라 전제하였다. 이에 비하여 직무평가는 직무에 대한 곤란도 혹은 난이도와 책임도를 평가하여 직무들 간의 상대적 가치를 평가하는 것을 말한다. 이렇게 보면 직무분석(역량모델링 포함)에 관한 사전정보는 직무의 상대적인 가치를 결정하는 직무평가의 이론적 토대가 된다. 즉, 직무분석 및 역량모델링에서는 "어떤 과업이 수행되는가?", "그 직무의 책임은 무엇인가?", "어떤 역량이 필요한가?" 등의 질문에 대한 해답을 제공하고 있는 반면에 직무평가는 다음의 질문을 던진다: "여러 역량과 책임이 필요한 특정 직무의 상대적 가치는 어느 정도인가?" 이에 대한 해답이 직무평가이다. 경영자들은 직무평가의 결과에 따라 종업원들의 보상을 연결시킴으로써 내부공정성(internal equity)[8]을 확보하고자 한다(Werner et al., 2012, p.348). 따라서 중요성 및 난이도가 높은 일을 수행하는 종업원은 더 높은 보상을 지급하고 상대적으로 낮은 중요성 및 난이도의 일을 수행하는 종업원은 상대적으로 낮은 임금을 제공하는 기초작업이 직무평가인 것이다.

정리하면, *직무평가란 '동일노동(가치) 동일임금'(equal pay for equal work)의 원칙을 구*

8) 같은 조직의 유사 직무를 수행하는 타인들과 비교하여 볼 때 공정하게 보상받고 있나고 느끼는 지각으로서 제10장에서 자세하게 논의될 것이다.

**현장올레길 5-1** 데이터 사이언티스트 전성시대

데이터 사이언티스트(data scientist). 10년 전에는 존재하지 않았던 직업이 최근 미국에선 최고의 직업으로 떠오르고 있다. 세계 최대 직장 평가 사이트 글래스도어가 매년 발표하는 '미국 최고의 직업50'에서 2016년, 2017년에 이어 2018년도에도 '데이터 사이언티스트'가 1위로 뽑혔다. 글래스도어 최고의 직업은 연봉을 비롯해 직업 만족도, 일자리 수 등으로 평가된다. 이들의 평균 연봉은 11만 달러(약 1억 2300만 원)다.

데이터 사이언티스트는 데이터 수집・분석은 기본이고 회사에 필요한 전략적인 인사이트를 제공한다. 미국 최대 데이터 업체 액시엄 출신인 김옥기 엔코아 상무는 "기존 데이터 플랫폼을 관리하던 데이터 엔지니어, 통계 분석가, 마케팅 전문가 등의 영역으로 나뉘었던 업무를 융합한 것이 데이터 사이언티스트"라며 "기업의 비용을 줄이고 수익을 올릴 수 있는 비즈니스 모델을 만든다"고 설명했다. 데이터 분석업체인 리비전컨설팅의 전용준 대표는 "넷플릭스와 아마존이 고객의 구매 패턴을 분석한 뒤 맞춤형 추천 서비스로 성공하자 글로벌 기업들이 데이터 사이언티스트에 주목하기 시작했다"고 말했다. 2000년 초반부터 판매 데이터를 분석한 아마존은 '고객이 원하는 책'을 추천하기 시작했고, 지금까지 매출의 30% 이상은 이 추천 상품에서 나온다. 1997년 DVD 우편 배송으로 사업을 시작한 넷플릭스는 데이터 활용으로 세계 최대 온라인 스트리밍 기업으로 성장했다. 특히 고객 데이터를 기반으로 취향에 맞는 영화를 추천하는 '시네매치' 알고리즘을 도입하면서 충성 고객이 눈에 띄게 증가했다.

자료원: 중앙SUNDAY, 2018.11.10.

*현하는 직무급*[9]*을 도입하기 위한 기초작업으로서 직무의 조직 내에서의 상대적 가치(establishing the relative internal worth of jobs)를 결정하는 체계적인 방법과 절차이다.* 직무평가는 조직 내에서의 직무자체의 내용에만 초점을 두지 개인의 성과나 그 밖의 요인에 의하여 영향을 받아서는 안 된다(Werner et al., 2012, p.348).

직무평가는 흔히 새로운 직무가 만들어질 때, 기존 직무에 현저한 변화가 있을 때, 경영진의 요구가 있을 때 행해진다. 그 절차는 기본적으로 직무분석의 절차를 따라, 첫 번째로 직무에 관한 제반 사실을 파악하고 이를 직무기술서와 직무명세서로 정리한다. 다음으로 직무평가 방법에 따라 평가를 하고 끝으로 직무평가 결과를 임금에 연결시키는 세 단계를 거치게 된다(학습목표 6).

9) 직무급(job-based pay)이란 직무평가를 기반으로 개별 직무의 가치를 객관적으로 산정하여 지급하는 임금체계로서 제10장에서 구체적으로 논의될 것이다.

**도표 5-11** 직무평가의 접근방법

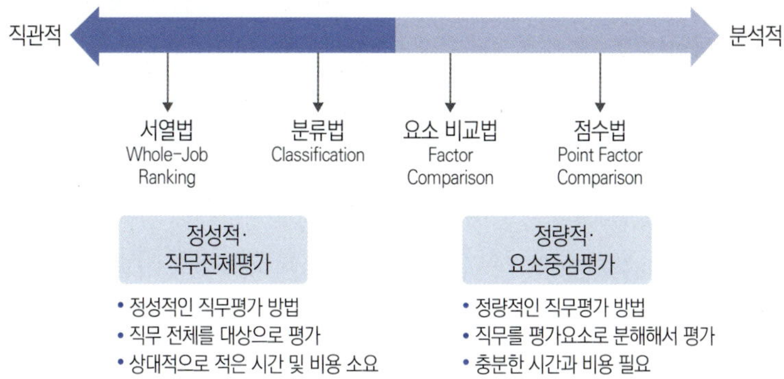


자료원: 고려대학교 노동대학원(2015). 직무평가 강의안.

## 4.2 직무평가 방법

흔히 직무평가 방법으로는 계량적 접근 여부와 비교방식의 두 차원에 따라 [도표 5-11]에서 보는 바와 같이 서열법, 분류법, 점수법, 요소비교법으로 구분된다.

(1) 서열법(Job Ranking Method): 서열법은 직무평가 방법 중 가장 간편하고 손쉽고 신속하게 접근할 수 있는 방법이다. 평가자가 포괄적인 지식을 사용하여 직무 전체를 서로 비교해서 순위를 매기기만 하면 된다. 그러나 평가의 일정한 기준이 없고 너무 주관적으로 단순하게 비교함으로써 유사 직무 간에 혼란이 야기되는 결정적인 단점이 있다. 즉 어떤 직무가 다른 직무보다 하위에 있게 되는 직무가치 서열에 대해 설명하기가 쉽지 않다. 따라서 서열법은 직무가 많지 않은 중소규모의 조직에서 사용될 수 있다.

(2) 분류법(Job Classification Method): 분류법은 사전에 직무에 대한 등급을 미리 정해 놓고 각 등급을 설명하는 서술을 준비한 다음, 각 직무가 어느 등급에 속하는지 분류하는 방법이다. 등급에 대한 분류기준이 애매할 뿐 아니라 특정 직무를 특정 등급에 분류하는 과정에서 주관이 개입될 여지가 많다. 직무의 수가 많고 복잡한 경우에는 적용하기가 곤란하다.

(3) 점수법(Point Factor Ranking Method): 점수법은 앞의 두 평가방법보다 정교하고 객관적이라 가장 많이 사용되는 방법이다. 이 평가방법은 직무를 여러 평가요소로 분리하여 그 평가요소에 가중치(중요도)를 부여하여 일정 점수를 배분한 뒤, 각 직무의 가치를 점수로 환산하여 상대적 가치를 평가하는 방법이다. [도표 5-12]는 컴퓨터 관련 직무의 평가결과를 제시한 것이다. 이에 따르면 기업은 컴퓨터 운영자에게 지불하는 임금의 2배 가량을 시

스템분석가에게 지불할 의향이 있는 것이다. 여기서 평가요소는 평가할 직무의 범위를 적절히 대표할 수 있는 것이어야 하며 일반적으로는 세계적인 인사컨설팅 회사인 Hay Group이 개발하고 Hay Plan으로 알려진 Hay Guide-Chart Profile Method를 따른다. Hay Plan은 각 직무를 다음의 세 가지 요인에 기초하여 평가한다(Noe et al., 2006, p.469).

- 노하우(Know-how): 전문지식(specialized know-how), 관리지식(managerial know-how), 인간관계기술(human relations skill)의 3개 요소
- 문제해결(Problem Solving): 사고폭(thinking environment), 사고깊이(thinking challenge)의 2개 요소
- 책임(Accountability): 행동자유도(freedom to act), 규모(magnitude), 조직에 대한 직무의 파급력(impact)의 3개 요소가 그것이다(정종태, 2013, p.59).

[도표 5-12]는 Hay Plan을 기반으로 기업별로 응용한 직무평가 결과이다.

**도표 5-12** 컴퓨터회사의 주요 직무별 직무평가: 점수법

| 평가요소 | | | 만점 | 컴퓨터 운영직 | 컴퓨터 프로그래머 | 시스템 분석가 |
|---|---|---|---|---|---|---|
| 대분류 | 소분류 | 가중치 (%) | | | | |
| 업무기술(50) | 지식 | 25 | 20 | 6 | 15 | 19 |
| | 교육 | 25 | 15 | 5 | 10 | 13 |
| | 문제해결 능력 | 50 | 15 | 5 | 13 | 14 |
| 노력(20) | 육체적 노력 | 20 | 5 | 4 | 2 | 2 |
| | 정신적 노력 | 80 | 15 | 7 | 14 | 14 |
| 책임(20) | 행동자유도 | 50 | 15 | 7 | 10 | 13 |
| | 파급력 | 50 | 5 | 3 | 3 | 4 |
| 작업조건(10) | 재해위험 | 100 | 10 | 5 | 4 | 4 |
| 총합계 | | | 100 | 42 | 71 | 83 |

(4) 요소비교법(Factor Comparison Method): 요소비교법은 직무평가의 한 기법으로 서열법에서 발전된 기법이다. [도표 5-13]에서 보듯이 서열법이 여러 직무들의 가치를 포괄적으로 평가하여 서열을 매기는 반면 요소비교법은 여러 직무들을 전체적으로 비교하지 않고 기준직무가 갖고 있는 평가요소별로 직무들 간의 서열을 매기는 데 초점이 있다. 특히

**도표 5-13** 컴퓨터회사의 주요 직무별 직무평가: 요소비교법

| | 업무기술 | | 노 력 | | 책 임 | | 작업조건 | | 시간당 임금 |
|---|---|---|---|---|---|---|---|---|---|
| | 서열 | 금액 | 서열 | 금액 | 서열 | 금액 | 서열 | 금액 | |
| 컴퓨터운영직 | 3 | 10 | 3 | 10 | 3 | 25 | 3 | 10 | $55 |
| 컴퓨터 프로그래머 | 2 | 15 | 1 | 25 | 1 | 40 | 2 | 13 | $93 |
| 시스템분석가 | 1 | 20 | 2 | 20 | 2 | 30 | 1 | 18 | $88 |

**이른올레길 5-2** 2090년 미래 계급의 전망과 상위 0.001%의 초계급사회

2017년 서울대 유기윤 교수팀이 발표한 '2090 미래 보고서'에 따르면 미래는 4계급으로 나뉜다고 한다. 최첨단 기술을 독점한 기업인 0.001%가 최상위층을 차지하고, 새로운 기술을 활용해 대중의 선망을 받는 인기스타(연예인 · 스포츠인 · 정치가)가 2계급을 형성한다. 그 다음은 사회 각 분야의 중요한 일자리를 대체할 AI가 3계급이고, 나머지 99.997%의 사람들이 4계급이다.

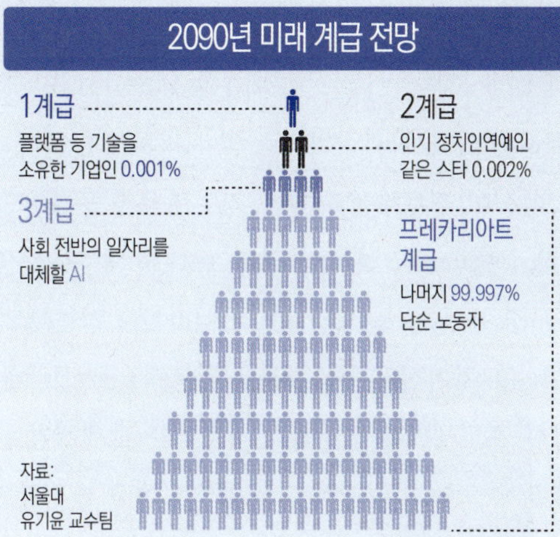


결국 많은 사람들이 일자리의 대부분을 AI에 빼앗기고 단순 반복적인 일을 하거나 실업자 신세로 전락할 것으로 보고 있다. 영국의 경제학자 가이 스탠딩은 이들을 '프레카리아트(precariat)'라고 부른다. AI가 주축인 사회구조에 종속돼 단순 반복적인 노동을 하는 계급이란 뜻이다. '불안정하다(precario)'는 이탈리어와 노동자를 뜻하는 '프롤레타리아트(proletariat)'의 합성어이다. 지금도 이미 불평등은 우리가 처한 가장 위험한 문제 중 하나인데 토마 피케티가 쓴『21세기 자본』에 따르면 양극화 문제는 갈수록 심해지고 있다. 미국에서 상위 1%의 소득은 1980년경 평균소득의 9배에서 2010년 20배로 늘어났다. 같은 기간 영국에선 6배→14배, 호주에선 5배→9배, 일본은 7배→9배로 증가했다. 부유층일수록 일을 해서 버는 돈(노동소득)보다 '돈이 돈을 버는' 자본소득의 증가율이 훨씬 크기 때문에 불평등이 커진다는 게 피케티의 설명이다. 여러분은 어떤 소득을 원하십니까?

자료원: 중앙일보, 2018.9.20.

요소비교법은 요소별 서열을 가지고 임금과 직접 연결시키는 특징이 있다(HRD 용어사전, 2010). 즉, 비교기준이 금액의 단위로 표시되기 때문에 보수산출의 작업을 별도로 할 필요가 없는 이점이 있다. 그러나 요소비교법은 서열법보다 훨씬 복잡하고 기준직무의 내용이 변할 경우 전체 직무를 다시 재평가해야 한다(학습목표 7). [도표 5-13]은 Hay Plan 기반의 요소비교법에 의한 직무평가 결과이다.

## 5. 창조경영 구현을 위한 전략적 시사점

전통적인 직무분석은 직무환경이 안정적이고 예측가능한 상황에서 적절하다. 조직이 유연하지 않으면 경쟁력을 가질 수가 없고 생존할 수도 없는 현재의 환경적 불확실성은 직무전문화 감소, 직무공유의 증가, '팀'으로 일하는 추세의 증가 등을 요구하고 있으며 이는 전통적인 직무분석 방식에 대한 근본적인 회의와 의문을 던진다. 따라서 이 같은 문제점을 극복하고 창조경영을 구현하기 위해서는 두 가지 점을 지적하고자 한다.

*첫 번째는 기존의 정태적인 직무분석과 함께 직무분석을 동태적인 관점에서 조명하는 동태적 직무분석(dynamic job analysis)이 필요하다.* 동태적 직무분석은 흔히 비즈니스 프로세스 리엔지니어링(Business Process Reengineering)이라고도 하는데[10], ① 고객가치를 실현하는 데 중요한 프로세스, ② 처리절차가 복잡하고 내부적으로 심각한 문제가 있는 프로세스, ③ 전략적으로 중요한 프로세스를 선정하여 각각의 프로세스별로 현상을 기술하고 문제점을 분석, 이를 해결할 수 있는 바람직한 프로세스 방향을 설정함으로써 업무개선은 물론이고 나아가서 조직설계의 기틀을 마련하게 된다.

*두 번째는 전통적인 직무분석의 대상이 '직무'라면 직무를 규정지을 수 없을 정도로 '복잡하고', '상호 연결'되어 있는 현재의 상황에서는 '누가 그 일을 수행할 수 있는지' 직무수행자의 특성에 초점을 둔 역량모델링(competency modeling) 기법이 보다 활성화되어야 할 것이다.* 나아가서 인적자원관리 전체가 역량 중심의 인적자원관리(CHRM: Competence-based

10) 비즈니스 프로세스 리엔지니어링(BPR)은 미국 MIT대학의 Hammer와 Champy(1993) 교수에 의하여 처음으로 소개되었다. 이들은 BPR은 관리계층을 줄이는 일환으로 진행되는 재구조화(restructuring)나 종업원 해고(lay off)와는 엄연히 구별되며 혼동되어서는 안 된다고 강조한다. 이는 관리혁신의 단순한 미봉책이 아니며 코스트, 품질, 서비스, 스피드 등 고객가치나 전략적 가치를 현저하게 개선하기 위한 과업 프로세스의 급진적인 재설계이고 근본적인 사고방식의 변환을 필요로 한다.

HRM)로 도입될 필요가 있다(김현주와 전상길, 2006). 앞서도 논의되었지만 창조경영 구현을 위하여 한 번 더 강조하면 역량모델링이 관심을 받는 핵심적인 이유는 어떤 팀이나 부서 혹은 사업부에 관계없이 모든 직무에 걸쳐서 적용 가능한 핵심역량(core competencies)과 행동들을 파악하는 데 보다 유용하기 때문이다. 이 경우 종업원의 역할(role)만 잘 주지시켜 주면 그 직무를 성공적으로 수행하는 역량발휘를 하게 될 것이다. 그리고 이들 핵심역량과 행동들이 종업원의 직무기술서에 포함될 때, 역량모델링은 기업문화를 공유하고 새롭게 정의하는 데 있어서 중요한 역할을 할 것이다(학습목표 8).

## 단원 이해를 위한 질문

Q1 직무분석이 왜 필요한가?

Q2 직무정보 수집방법에서 워크 샘플링(Work Sampling)이 무엇인가?

Q3 주변의 친지나 친구, 이웃들의 직무분석을 실행해보고 직무기술서와 직무명세서를 작성해 보아라.

Q4 직무분석의 최근 추세를 설명해 보아라.

Q5 직무평가가 무엇이며 왜 중요한가?

## 참고문헌


- 고려대학교 노동대학원(2015). 직무평가 강의안.
- 김현주 · 전상길(2006). "역량기반인적자원관리의 적용에 관한 연구: 한국기업을 위한 상황론적 접근", 인사조직연구, 한국인사조직학회, 14(2), 107–139.
- 스포츠조선, 김태균 철저 분석, 2009.3.1.
- 인사전문가 그룹 시너지컨설팅(http://m.blog.daum.net/synergycon01/56).
- 전상길(2002). XX은행 역량기반 교육훈련제도 설계에 관한 연구, ㈜크리에티즌.
- 정종태(2013). 인사관리: 기본과 실제, 시그마프레스.
- 형선호(옮김)(1996). 직업혁명, 매일경제신문사.
- Hammer, M., & Champy, J.(1993). *Reengineering the Corporation*, New York: Harper Collins.
- HRD 용어사전, (사)한국기업교육학회, 2010.9.6., (주)중앙경제.
- http://www.creatizen.com
- http://www.lgcns.co.kr
- http://www.ncs.go.kr/ncs/page.do?sk=index
- https://namu.wiki/w/%EA%B9%80%ED%83%9C%EA%B7%A0(1982)
- Joinson, C.(2001). "Refocusing Job Descriptions", *HR Magazine*, January, 67–72.
- Kurland, N. B., & Egan, T. D.(1999). "Telecommuting: Justice and Control in the Virtual Organization", *Organization Science*, 10, 500–513.
- LG CNS 내부자료(2015).
- Noe, R. A., Hollenbeck, J. R., Gerhart, B., & Wright, P. M.(2006). *Human Resource Man-*

*agement: Gaining A Competitive Advantage*(5th Ed.), McGraw-HillIrwin.

- Werner, S. C., Schuler R. S., & Jackson, S. E.(2012). *Human Resource Management*(11th Ed.), South-Western Cengage Learning.

## 새는 자기 길을 안다

김종해

하늘에 길이 있다는 것을
새들이 먼저 안다.
하늘에 길을 내며 날던 새는
길을 또한 지운다.
새들이 하늘 높이 길을 내지 않는 것은
그 위에 별들이 가는 길이 있기 때문이다.

# 제 6 장
# 창조경영을 위한 직무설계

## 깨달음의 명언

- "사람이 자신이 하는 일에 열중할 때 행복은 자연히 따라 온다. 무슨 일이든 지금 하고 있는 일에 몰두하라. 그것이 위대한 일인지 아닌지는 생각하지 말고, 방을 청소할 때는 완전히 청소에 몰두하고, 요리할 때는 거기에만 몰두하라." - **라즈니쉬**[1] -
- "해군이 아니라 해적이 돼라." - **스티브 잡스**[2] -

## 학습목표

1. 직무설계의 개념과 그 기본철학에 대해서 학습한다
2. 직무시스템 설계의 세 가지 고려사항 즉 첫째, 종업원이 무엇을 해야 하는가 둘째, 종업원은 무엇을 필요로 하는가 셋째, 어떻게 직무와 직무들을 연결할 것인가의 관점에서 검토한다
3. 상황적합적 직무설계의 개념을 이해한다.
4. 최근에 등장하고 있는 대안적 직무설계에 대해서 학습한다.
5. 창조경영 구현을 위한 전략적 시사점을 익힌다.

---

1) 인도의 구루 및 철학자, 신비가.

2) Apple사의 창업자이자 CEO였던 스티브 잡스는 고집불통에다 짜증도 잘 부리고 말도 가리지 않고 함부로 하는 괴짜였을 뿐 아니라 자신이 만든 세계의 자기장 안에서 모든 일이 처리되고 진행되기를 바라는 독재자였다. 그런 잡스를 팀원들은 성가시고 지긋지긋해 하면서도 그와 함께 일하는 것을 즐겼는데, 그 이유는 그의 자유로운 열정과 해적정신에 있었다. 그는 매킨토시 개발팀의 워크숍에서 해적 로고가 새겨진 티셔츠를 나눠준 적도 있는데, 이것은 다른 사람의 시선이나 고정관념, 규칙에 얽매이지 말고 세상이 깜짝 놀랄 일을 하자는 뜻이었다. 무법적이고 자유롭게 사고해야만 더 발전된 아이디어가 교류되고 감동적인 제품이 탄생한다고 믿었기 때문이다.

## 도입사례 6 캐논코리아 안산공장 '셀 생산 방식 10년'[3)]

"구본무 회장, 이재용 전무도 배우고 갔죠"

지상 최고의 효율을 뽐내는 생산라인으로 흔히 일본 도요타자동차를 꼽는다. '가이젠'(改善)을 부르짖으며 마른 수건에서도 수분을 짜내는 '도요타 웨이'는 이미 전 세계 제조업체의 본보기가 돼 왔다. 그런 도요타의 조 후지오(張富士夫) 회장이 지난해 6월 경남 창원의 LG전자 에어컨 공장을 찾아 동반한 구본무 LG 회장에게 "생산성이 대단하다"는 감탄사를 연발해 화제가 된 적이 있다. 그런 LG의 구 회장이 몸소 탐방한 생산현장이 국내에 있다. 캐논코리아 비즈니스 솔루션의 경기도 안산 공장이다. 일본 캐논과 롯데가 50대50 합작한 회사로, 롯데캐논이던 사명을 2006년 바꿨다. 주로 소형 복합기와 프린터를 생산한다.

구 회장은 4월에 부회장 · 사장 등 28명의 계열사 최고경영진과 함께 이 공장을 둘러본 뒤 "인상적이다. 사장단뿐만 아니라 사업부장 · 공장장들도 와서 배웠으면 좋겠다"는 말을 남겼다고 캐논측은 전했다. 2004~2005년에는 이재용 삼성전자 전무가 임원들과 함께 안산 공장을 세 차례 방문했다. 이 전무는 당시 "굳이 돈 들여 일본 연수를 갈 필요가 없을 것 같다"고 했다고 한다. 6월에는 롯데 사장단 회의가 이곳에서 처음 열렸다. 무엇이 국내 유수 기업 경영자들의 발길을 끌게 했을까. 이 회사 김천주 사장은 "컨베이어 벨트를 걷어내고 셀 생산방식을 도입한 뒤 10년 동안 이를 한국형으로 안착시킨 현장 노하우에 관심이 집중됐다"고 말했다.

컨베이어 벨트의 한계= 롯데캐논은 1999년 세포 · 단위 등의 뜻을 가진 셀(cell)이란 생산방식을 도입했다. 그 전 15년 동안 써 오던 108m 길이의 컨베이어 벨트를 뜯어내고 1,000~2,000개의 부품을 한 명이 조립 생산하는 셀 생산체제를 갖춘 것. 이미 공장 안은 여유 공간이 없어 새로운 컨베이어를 깔기 힘들었다. 물건은 쏟아지는데 수요 변동은 심해 재고 관리가 어려웠다. 컨베이어 곁에서 종일 단순작업을 반복하는 생산직 근로자들도 지쳐 갔다. 이미 수년 전부터 셀 방식을 써 온 캐논 본사에서 기술을 이전받았다. 이제 셀을 관장하는 '셀장'이 26명에 달한다. 그중 한 명인 변미경 셀장은 "제품생산 전반의 공정을 두루 익히며 복합기를 혼자 만들어 내게 돼 성취감을 느낀다"고 말했다.

---

3) 일본 캐논사의 셀 생산방식은 http://japantrip.enna.com/portfolio/cell-production-system-canon에 소개되어 있습니다.

## 도입사례 6

셀 생산 방식은

■ 제품　＋ 작업자　■ 부품 적재대(자유롭게 이동 가능)

6인 셀

- 직원 한 사람이 수십 개의 부품을 앞에 두고 혼자 조립하는 방식
- 1인 생산부터 4인, 6인, 수십 명 생산방식 등 주문물량에 따라 다양한 조합이 가능
- 숙련도가 뛰어난 사람이 할당량을 채운 뒤 같은 셀 내 숙련도가 떨어지는 사람의 작업을 도와줄 수 있는 환경

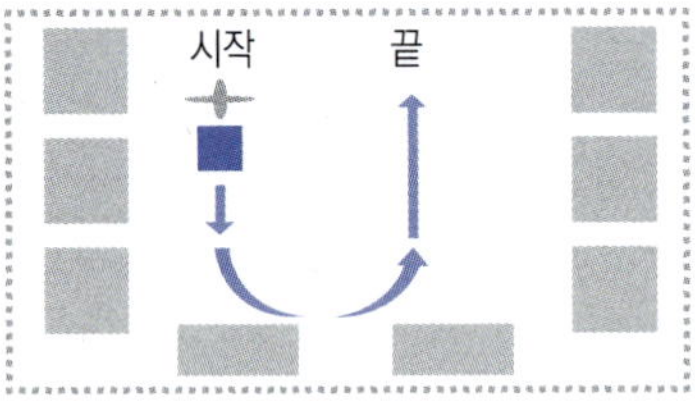


1인 완결 셀

- 제품을 혼자서 조립하면서 지루함을 덜 수 있다.
- 부품구매에서부터 품질검사와 출고, 재고 관리까지 기종장이 책임지고 진행
- 다품종 소량생산이 최적화

한국형 셀 방식의 정착=셀 방식을 처음 도입한 99년 이 공장의 생산량은 연 5만 대였으나 지난해 100만 대로 늘었다. 20배 급성장의 비결은 '한국형 셀 방식'이었다. 김영순(생산본부장) 상무는 "초창기에 무늬만 셀 방식인 경우가 늘기 시작했다. 그래서 핑계 없는 공장을 만들자는 목표를 세웠다"고 회고했다. 생산라인과 구매·검사·재고 부서가 떨어져 있다 보니 생산효율이 좋지 않게 나오면 다른 부서 탓으로 돌리는 일이 잦았다. 그래서 2002년 한 기종을 책임지는 '기종장 제도'를 만들면서 공장 직원 600여 명에 대한 대규모 조직 개편을 했다. 200여 명의 연구 인력 외에 50~100명의 직원을 6명의 기종장 밑에 배치했다. 자재 등 부품 발주는 물론 원가와 재고관리·제품검사까지 기종장이 독립적으로 했다.

김 상무는 "부품 구매부터 출하까지 모든 걸 책임지는 포장마차 주인을 벤치마킹했다"고 말했다. 여기에 다양한 경쟁체제를 도입하자 재고는 거의 '제로'로 줄고 1인당 생산성은 단순 셀 방식보다 25% 정도 높아졌다. 복합기 등을 일정시간 내에 조립하는 직원에게는 '마에스터'라는 이름의 역할을 부여하고 수당까지 지급했다. 연말 '왕중왕' 경연에도 출전할 수 있다. 또 생산관리·자재·검사 등을 담당하는 기능공은 '마이다스'라고 명명했다. 실적이 가장 좋은 기종장을 한 달마다 선정해 소속원에게 인센티브를 제공하기도 했다. 김 상무는 "컨베이어 벨트만 없는 게 아니라 노사 분규와 제품창고가 없어 '3무(無) 공장'으로 불린다. 중국과도 가격경쟁력을 겨뤄 볼 만하다는 자신감에 차 있다"고 말했다.

자료원: 중앙일보, 2009.10.6.

| 이 장을 시작하며 |

셀 생산방식을 통한 캐논코리아의 생산성은 국내 · 외적으로 유명하다. 기존의 컨베이어 벨트에서 생산직원들이 단순반복적인 일만 하도록 설계된 작업현장을 넘어서 한 직원이 부품의 발주는 물론 제품의 출하의 전 과정을 책임지는 작업과정을 통하여 자율감, 성취감을 경험하며 동시에 생산성 향상도 달성하고 있는 것이다. 또 이 기업의 경우 일본 본사의 셀 방식을 단순히 도입하여 적용하지 않고 '한국형 셀 방식'을 직원들 스스로의 반성과 성찰노력으로 구현했다. 캐논코리아의 안산공장은 이러한 셀 방식의 토착화를 통하여 생산제조업체의 역할모델이 되었다. 이하에서는 생산작업현장의 직무설계에 관한 심층적인 논의를 전개하고자 한다. 이를 통하여 창조경영의 구현을 위한 전략적 시사점을 정리하고자 한다.

## 1. 직무설계란 무엇인가?

앞 장의 직무분석에서 살펴보았듯이 직무(job)란 개인과 조직을 연결시켜 주는 최소단위이다. 직무설계(job design)란 직무의 내용과 수행방법 그리고 무엇보다도 직무 간 관계를 설정하는 것을 말한다. 한걸음 더 나아가 직무재설계(job redesign)란 현재의 직무설계를 변화시키는 것을 의미한다(Noe et al., 2006, p.158). *직무설계의 기본문제는 효율적인 직무수행이 가능하도록 하는 것과 직무수행자의 만족을 어떻게 하면 동시에 충족시킬 것인가 하는 점이다.* 효과적인 직무설계란 이 두 가지 문제에 대한 균형잡힌 설계가 될 때 가능한 것이다. 즉 만일 직무효율만 강조되어 작업자가 단조로움이나 싫증을 느낀다면, 작업자는 직무로부터 소외를 느낄 것이다. 이와는 반대로 작업자가 직무수행에 따른 싫증이나 단조로움을 느끼지는 않지만 직무설계가 능률적이지 못하다면, 그 직무수행으로부터 최고의 성과를 얻기가 어려울 것이다.

## 2. 직무설계의 발전과 기본철학[4)]

산업화 초기에는 직무설계에 대한 생각은 '직무'를 위주로 하는 것이었다. 테일러(F. W. Taylor)를 중심으로 하는 과학적 관리학파는 과학적 방법에 의하여 직무를 가능한 작은 단위로 세분화하여 작업자에게 할당하고 이들에게 가장 능률적인 작업방법을 알려줌으로써 직무능률을 극대화시킬 수 있다고 주장하였다(이를 직무전문화 혹은 고전적 직무설계라고도 한다). 또한 그들은 직무가 요구하는 조건에 가장 적합한 사람을 작업자로 선택해야 하며, 개인적 착오의 발생을 방지하기 위해서 치밀한 규칙과 절차를 설정해야 한다고 주장했다. 또한 경영자는 엄격한 훈련을 통하여 작업자가 직무를 효율적으로 수행할 수 있도록 하고, 또 정해진 규칙과 절차를 잘 지키고 감독을 잘 받아들이는 작업자에 대해서는 금전적 보상을 제공하여 격려해야 한다고 믿었다. 이와 같이 과학적 관리학파의 직무설계에 대한 기본철학은 "직무는 이미 결정된 조건이며 변화할 수 없는 것이기 때문에 작업자를 직무의 요구에 적응시키거나 일치시켜야 한다"는 가정이 내재되어 있다. 이에 대한 보다 심층적인 이해를 위해 Taylor의 술회를 요약한 다음의 [고전올레길 6-1]을 살펴보자.

**고전올레길 6-1** 과학적 관리법은 어떻게 도입되었나: Frederick W. Taylor의 술회(述懷)

내가 베들레헴 철강회사에 과학적 관리법을 맨 처음 도입한 작업이 무쇠를 나르는 일이었다. (중략) 베들레헴 철강회사에는 다섯 개의 용광로가 있었고, 75명의 선철 노동자 그룹이 용광로의 생산물을 다루었다. 대부분 무쇠를 능숙하게 다루었던 그들은 과거에 무쇠를 다루었던 유능한 직장(職長, foreman)[5)] 아래에서, 당시 어떤 공장보다 싼 임금으로 빠르게 일하고 있었다. 당시에는 무쇠더미의 가장자리를 따라 철도 지선(支線)이 들판에 깔려 있었다. 화차(火車) 옆으로 두꺼운 판자를 기울여서 대어놓고, 각 노동자는 무쇠더미에서 약 42킬로그램이나 나가는 무쇠를 들어 판자를 따라 화차로 걸어 올라가 화차의 가장자리에 내려 놓았다.

우리는 이 노동자 그룹이 하루에 일인당 평균 12.5톤의 무쇠를 나르고 있다는 사실을 발견했다. 이 문제를 연구한 결과, 우리는 가장 능숙한 노동자가 하루에 무쇠를 12.5톤이 아닌 47톤에서 48톤까지 나를 수 있다는 사실에 놀라움을 감추지 못했다. 그래도 이 노동량이 과중하다고 판단하고 수 차례 연구를 반복했지만 결국 우리의 결과가 옳다고 확신하게 되었다. 가장 능숙한 무쇠 운반자에게 하루 노동량으로서

4) 이 부분의 내용은 박영배(2012), 현대인적자원관리, 청람, pp.106-107의 내용을 수정하여 인용하였음을 밝혀 둡니다.

5) 작업현장에서 노동자를 직접 지휘 · 감독하는 사람.

47톤이 가장 적당하다고 확신했을 때 과학적인 계획에 의지하는 경영자로서 우리가 해야 할 일이 분명해졌다. 1인당 12.5톤이 아니라 1인당 47톤의 비율로 노동자들이 8만 톤의 무쇠를 화차에 싣도록 하는 것이 우리의 임무였다. 더 나아가 노동자들 사이에 파업이나 분규를 일으키지 않고 이 작업을 수행하고 노동자들이 12.5톤을 나를 때보다 더 행복해지고 더 만족하도록 만드는 임무도 담당하게 되었다.

먼저 함께 일할 적당한 노동자를 찾아야 하기에 우리는 3~4일 동안 75명의 노동자들을 세심히 관찰하고 연구했고, 마침내 하루에 47톤 비율로 무쇠를 운반할 정도로 신체조건이 좋아 보이는 네 명의 노동자를 선정했다. 이 네 명의 노동자에 대해서도 세심하게 연구를 계속했다. 우리는 이 노동자들 각자의 이력을 성격, 습관, 야망에 이르기까지 철저하게 조사했다. 비로소 우리는 네 사람 가운데에서 우리와 일을 시작하기에 가장 적합해 보이는 한 사람을 선정했다. 네덜란드계 펜실베이니아 출신인 그 사람을 슈미트라고 부르자. 이제 우리의 임무는 슈미트가 하루에 무쇠 47톤을 기꺼이 나르도록 만드는 일로 좁혀졌다. 우리는 슈미트를 부른 후 다음과 같이 말했다.

슈미트씨, 당신은 높은 임금을 받을 자격이 있는 사람입니까?" "예? 무슨 말씀을 하시는 거죠?"

"제 말씀은 당신이 여기서 일하는 다른 사람들처럼 싼 임금을 받을 사람인지, 아니면 높은 임금을 받을 자격이 있는 사람인지 알고 싶다는 겁니다. 다시 말해서 당신이 일당으로 1달러 85센트를 받고 싶어하는지, 아니면 다른 동료들과 마찬가지로 일당 1달러 15센트에 만족하는지 알고 싶습니다." "일당으로 1달러 85센트를 받고 싶냐고요? 그 돈을 받으면 일류작업자라고요? 예, 그럼 저는 일류작업자가 되고 싶습니다." "물론 당신은 일당으로 1달러 85센트를 받고 싶겠죠." "그건 누구나 원할 겁니다." "하지만 받고 싶은 것과 일류작업자가 되는 것은 아무런 관계가 없습니다. 이리 와 보세요. 무쇠더미가 보이죠?" "예, 보입니다." "화차도 보이죠?" "예, 보입니다." "그래요, 당신이 일류작업자라면 일당 1달러 85센트를 받고 내일부터 당장 무쇠를 화차로 실어 날라야 합니다. 자, 이제 답을 해 보시죠. 당신이 일류작업자인지 아닌지 말씀해 보세요." "그러니까 내일 무쇠를 화차로 실어 나르면 1달러 85센트를 받을 수 있단 말이죠?" "그래요. 물론이죠. 당신이 일년 내내 저런 무쇠덩어리들을 실어 나르면 매일 1달러 85센트를 받을 수 있습니다. 그런 사람이 바로 일류작업자입니다. 제가 무슨 말을 하는지 아시겠죠?" "예, 맞습니다. 저는 내일 1달러 85센트를 받고 무쇠를 화차로 실어 나를 수 있고, 매일 그렇게 할 수 있습니다. 그렇죠?" "그래요. 그렇고말고요." "예, 그러면 저도 일류작업자네요." "아니 잠시만요. 일류작업자는 아침부터 밤까지 이 사람이 지시하는 대로 따라야 합니다. 아시겠죠? 이 사람을 본 적이 있죠?" "아뇨. 처음 보는데요."

"만약 당신이 일류작업자라면 내일 아침부터 저녁까지 이 사람이 지시하는 대로 따라야 합니다. 이 사람이 당신에게 무쇠를 들고 걸으라 하면 무쇠를 들고 걷고, 이 사람이 당신에게 앉아서 쉬라고 하면 앉아서 쉬어야 합니다. 당신은 하루 종일 그렇게 일하면 됩니다. 그리고 한 가지 더, 절대 반문을 해서는 안 됩니다. 즉, 일류작업자는 지시받은 대로만 하지 반문하지 않습니다. 무슨 말인지 알겠죠? 자 내일 아침에 여기에 와서 일하면, 저는 저녁이면 당신이 정말로 일류작업자인지 아닌지 알게 되겠지요." (중략)

슈미트는 일하기 시작했고, 하루 종일 일정한 간격으로 그의 옆에서 시계를 들고 서 있는 사람의 지시를 받았다. "이제 무쇠를 들고 걸어요. 이제 앉아서 쉽시다. 이제 걸어요. 이제 쉽시다"와 같은 지시를 말이다. 슈미트는 그 사람이 일하라고 하면 일했고, 쉬라고 하면 쉬었다. 그리고 오후 5시 30분경에 47.5톤의 무쇠를 화차에 실었다. 내가 베들레헴 철강회사에서 근무한 3년 동안, 슈미트는 실제로 그가 맡은 일을 언제나 이러한 속도로 완수했다. 슈미트는 그 전까지 베들레헴 철강회사의 통상적인 임금이었던 일당 1달러 15센트가 넘는 임금을 받아 본 적이 없었지만 이 3년 동안 평균 1달러 85센트가 넘는 임금을 받았다. 즉, 슈미트는 이러한 과업제도 아래에서 일하지 않는 다른 직원들에 비해 60퍼센트 높은 임금을 받은 것이다. 그 후 한 사람씩 선발하여 하루에 47.5톤의 무쇠를 운반하도록 훈련시켰다. 항상 이 비율로 무쇠를 운반할 수 있을 때까지 말이다. 그러자 그들도 주위의 다른 노동자들에 비해 60퍼센트 더 높은 임금을 받게 되었다.

이로써 나는 과학적 관리법의 핵심을 이루는 네 가지 요소 중 세 가지에 대해서 설명했다. 첫째는 노동자를 엄격하게 선정하는 일이고, 둘째는 노동자에게 동기를 부여하는 일이고, 셋째는 과학적 관리법에 따라 훈련시키고 돕는 일이다.

자료원: 방영호 옮김(2010). 프레드릭 테일러: 과학적 관리법, 21세기 북스, pp.57-64의 내용 중 일부인용.

[고전올레길 6-1]에서는 미국의 산업화 초기의 미국의 공장노동자들을 동기부여시키고 생산성을 올리기 위한 테일러의 과학적 관리법이 등장하는 과정을 서술한 것이다. 그러나 생산현장의 작업자는 감정과 이성이 있는 인간인 이상 결코 단순하고 표준화되어 있는 직무를 선호하지 않는다. 실제로 직무가 과도하게 단순화·표준화되고 그 직무를 수행하는 종업원들의 사고도 직무가 요구하는 만큼 획일화됨에 따라 종업원의 이직이 증가하거나 종업원의 불만 및 감정적 소외를 가져와 결국에는 생산성이 떨어지게 된다. 따라서 여러 학자들과 실무전문가들은 직무의 과도한 단순화와 표준화는 더 이상 효과적인 직무설계 방법이 되지 못하다는 사실을 깨닫고 직무내용을 보다 확대하고 변화시킨 후에(직무확대) 작업자 스스로 자기의 직무를 점검하고 작업방법과 작업과정을 선택하며 일정한 범위 안에서 그 진행 정도를 통제할 수 있도록(직무충실화) 하였다. 그리고 이러한 새로운 직무설계방법이 실제로 직무의 생산성을 증대시키고 종업원의 직무만족을 높인다는 사실을 입증하였다(Armstrong, 2006, p.331).

직무설계의 이러한 경향, 즉 '직무확대'(job enlargement)와 '직무충실화'(job enrichment)는 직무설계의 기본철학이 이제는 근원적으로 바뀌었음을 의미한다. 전통적 직무설계에서는 직무를 종업원이 통제하기 어려운 '주어진' 조건으로 보는 데 반해, 직무확대와 직무충실화에서는 직무설계 자체를 작업자의 동기와 만족 그리고 생산성 향상에 영향을 미치는 수단으로 생각하게 되었다(학습목표 1).

## 3. 직무시스템의 설계모델

6.2 직무설계의 발전과 기본철학에 대한 이해를 하였다면 *효과적인 직무시스템의 설계를 위해서는 첫째, 종업원이 무엇을 해야 하는가(What Workers Do), 둘째, 종업원은 무엇을 필요로 하는가(What Workers Need), 셋째, 어떻게 직무와 직무들 간을 연결할 것인가(How Jobs Interface with Other Jobs)와 같은 세 가지 고려사항이 반영되어야 함을 알 수 있다*(Mello, 2011)(학습목표 2).

**도표 6-1** 직무시스템 설계 모델

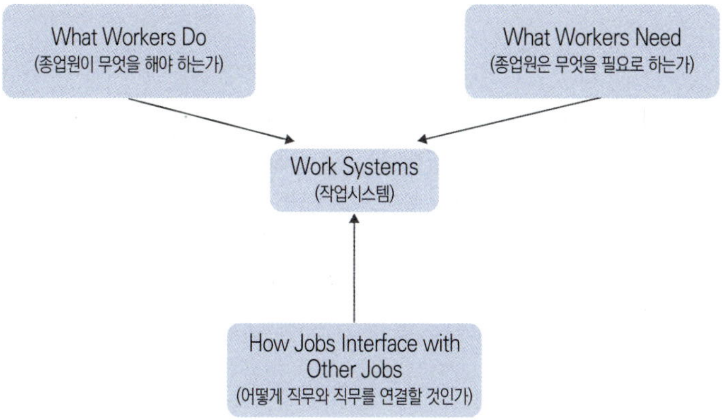


자료원: Mello(2011). *op. cit.*, p.240.

### 3.1 종업원이 무엇을 해야 하는가

#### 1) 직무전문화(Job Specialization)

직무시스템 설계에 대한 초기의 접근은 개별 종업원들의 직무에 초점을 두었다. 19세기 말과 20세기 초에 들어서면서부터 산업공학자들은 직무를 매우 작은 단위로 쪼개어 과업할당을 하고 종업원들이 반복적인 작업수행을 하도록 하는 직무설계를 하였으며 이러한 직무설계방식은 직무전문화(job specialization)라는 용어로 개념화되었다. 즉 *직무의 전문화란 과업을 질과 양 측면에서 세분화할 수 있는 한 되도록 세분화 하는 것이다.* [도표 6-2]의 빗금친 사각형에서 보듯이 Task B의 실행(Do)만을 반복적으로 수행하게 함으로써 효율성과

**도표 6-2** 직무전문화의 개념

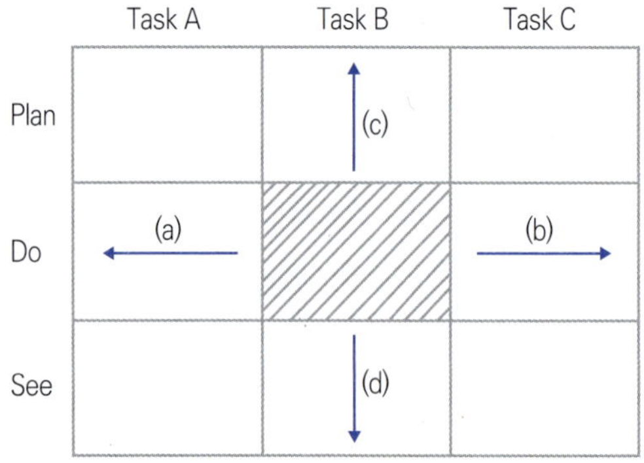


생산성을 올리고자 하는 초보적인 수준의 직무전문화이다.[6] 오늘날에 와서는 울산의 현대기아차 자동차생산라인에서 근무시간 내내 타이어만 끼우거나 창원의 LG전자 생산공장 냉장고 생산라인에서 하루 종일 냉장고 문만 부착하는 생산직에서 흔히 볼 수 있다.

이렇듯 직무전문화는 종업원들이 한정된 일을 계속적으로 수행함으로써 반복주기가 빨라지고 이로 인해서 종업원 숙련도가 증대되고 조직능률이 상승될 것을 목표로 해서 진행되어 왔으며 당시 유행하던 과학적 관리법을 적용하는 데 있어서 기본적 수단이기도 했다. 따라서 과학적 관리법은 직무의 단순화와 전문화를 통해서 얻어지는 '능률극대화와 생산성향상' 그리고 미숙련공을 고용함으로써 지출되는 '훈련비와 노무비 등의 감소'로 조직성과의 실현에 도움을 주었다.

그러나 직무의 전문화는 그 자체의 많은 장점에도 불구하고 종업원에게는 지루하고 단조로운 직무수행을 해야 하는 상황을 초래하고 말았다. 즉 종업원이 수행하는 직무는 소수의 제한된 과업으로 구성되었고 그 과업 자체도 머리를 써서 해야 할 일이라기보다는 정확한 실행과 실천만이 반복적으로 요구되었다. 그러나 단순하고, 전문화된 직무시스템 개발을 향한 이 같은 노력은 작업수행의 효율성을 제공한 것은 사실이나 다른 한편으로 종업원들은 그들 직장에서 로봇처럼 사전에 정해진 기능을 넘어선 일을 해야 할 어떤 동기도 찾을 수가 없었다. 따라서 그들은 그들이 속한 조직에 대해서 의미있는 방식으로 기여할 수가 없

6) 특히 이 상황은 수평적으로나 수직적으로나 직무전문화가 매우 높은 상황이다. 그러나 (a)나 (b)방향으로 과업의 수행범위가 수평적으로 확대될수록 '수평적 직무전문화'가 낮아지게 되고(뒤에 나오는 직무확대의 개념임) (c)나 (d) 방향으로 확대될수록 '수직적 직무전문화'가 낮아지게 된다고 일컫는다(뒤에 나오는 직무충실화의 개념임).

었다. 결과적으로는 직무에 인간을 적응시키고자 함으로써 나타나는 단점, 즉 종업원의 권태와 불만의 증대, 결근과 이직률의 증가, 직무의 비인간화 등과 같은 문제가 발생하여 직무설계 전략으로서의 한계를 노출하게 되었다.

이를 두고 미국의 메릴랜드대학교의 사회학자 조지 리처(George Ritzer)는 '맥도날디제이션'(McDonaldization)이라고 명명하였다(Ritzer, 2015). 즉 이 용어는 그가 1993년 출간한 사회비평서인 '맥도날드 그리고 맥도날드화'(The McDonaldization of Society)에서 사용한 것으로서 2013년 기준 전 세계 120여 개국에 3만 6천여 개의 매장을 가진 미국의 대표적 패스트푸드 회사인 맥도날드를 모델로 한 현대사회의 특징을 설명하였다. 다시 말해 획일화된 미국식 생활양식의 상징인 맥도날드의 패스트푸드 시스템에 적용되는 효율성, 예측가능성, 계산가능성, 통제가능성이라는 네 가지의 합리성 원칙이 전 세계로 퍼져 나가 현대사회의 사회·문화적 특성을 만들고 있다는 것이다. 리처는 합리성을 바탕으로 막대한 이익을 제공하는 맥도날디제이션의 이면에는 합리성이 초래하는 불합리성(Irrationality of Rationality)이 존재하고, 인간 자체를 비인간화시키는 폐해가 발생한다고 비판하였다(Ritzer, 2015).

그렇다고 해서 직무전문화가 부적절하거나 필요 없는 직무시스템 설계방식이라는 것은 결코 아니다. 직무전문화는 효과적인 경쟁을 위하여 높은 수준의 효율성과 비용극소화를 필요로 하는 직무시스템 설계를 위해서는 그 어떤 직무설계 전략보다도 살아 있는 전략이 될 수 있다. 또한 더 이상 개인적으로 성장하거나 도전적인 일을 원치 않는 종업원들을 고용하는 조직에서도 적절한 직무시스템 설계방식이다(Mello, 2011, p.241).

**고전올레길 6-2** 누구나 자동차 타는 '모던 타임스'를 열었지만...

분업(分業)(직무전문화)이란 일을 나누어 전문성을 높이고 생산성을 향상시키는 것이다. 분업은 '경제학의 아버지' 애덤 스미스(1723~1790)가 학문적인 개념을 세우고 분업의 장점을 체계적으로 정리해 알려주면서 실제 경제에서도 폭넓게 활용되기 시작했다. 스미스는 핀 공장 하나를 예로 들어 분업의 장점을 설명했다. 근로자 18명에게 제각각 핀을 만들게 했더니 하루에 총 핀 360개도 만들지 못했다. 그런데 핀을 만드는 과정을 18개로 나누어 한 근로자가 한 과정만 맡게 하였더니 이 공장은 하루에 4,800개까지 핀을 만들어 낼 수 있었다. 일손은 똑같은데 핀을 만드는 과정을 나누어 맡은 것만으로도 생산량이 12배 이상 높아진 것이다. 이런 분업의 장점이 알려지자 영국의 공장들은 속속 분업을 도입했고, 그 결과 영국은 과거와는 비교할 수 없는 속도로 빠른 경제성장을 이루었다. 분업은 바다 건너 다른 나라에도 퍼져 나갔는데, 이로 인해 가장 큰 혜택을 누린 곳이 바로 미국 자동차 회사 '포드(Ford)'였다.

### ◇ 분업과 컨베이어 벨트를 결합한 포드

헨리 포드(1863~1947)가 포드 자동차를 설립하기 전에는 자동차 기술이 뛰어난 소수의 기술자가 수작업으로 자동차를 만들었다. 이러다 보니 자동차 한 대를 만드는 데 긴 시간이 걸렸고, 가격도 아주 비쌌다. 엄청난 부자가 아니면 감히 자동차를 구입할 엄두도 내지 못했다. 하지만 헨리 포드는 '언젠가 자동차는 인간의 생활필수품이 될 것'이라고 생각하며 저렴하고 튼튼한 자동차를 대량으로 만들기로 결심했다. 분업을 활용할 방법을 고민한 헨리 포드는 1913년 컨베이어 벨트를 발명했다. 자동차를 만드는 순서대로 근로자들이 줄을 서 있으면 컨베이어 벨트로 여러 부품과 재료를 일정한 속도로 실어 나르는 것이다. 그 결과 근로자들이 한 자리에 서서 일정한 리듬으로 자신이 맡은 과정만 열심히 해도 자동차가 뚝딱뚝딱 만들어졌다.

(사진설명) 1913 년 미국 디트로이트 포드 자동차 공장에서 근로자들이 컨베이어 벨트에서 일하는 모습.

컨베이어 벨트의 효율은 놀라웠다. 과거에는 자동차 섀시(Chassis · 자동차 차체를 뺀 나머지 부분) 하나를 조립하는 데만 12시간 30분이 걸렸지만, 컨베이어 벨트로 분업을 하니 단 2시간 40분 만에 섀시 하나가 완성되었다. 이후 포드는 컨베이어 벨트를 활용한 분업을 더욱 발전시켜 한 공장에서 자동차를 3분에 한 대씩 생산할 수 있게 되었다. 그만큼 자동차의 가격도 저렴해졌고, 자연히 포드 자동차는 불티나게 팔려나갔다. 1920년대 미국의 자동차 보급률이 80%를 넘은 것도 포드가 분업 시스템으로 저렴한 자동차를 대량으로 생산할 수 있었기 때문이었다. 이렇게 포드는 분업 시스템으로 20세기 내내 세계 최고의 자동차 회사로 군림하게 된다.

### ◇ 찰리 채플린이 지적한 분업의 문제

포드 자동차의 성공을 비롯해 분업은 전 세계 경제가 대량생산 체제로 발전하고 인류가 물질적 풍요를 누릴 수 있는 길을 열었다. 하지만 분업과 대량생산은 이전에 없던 새로운 문제를 낳았다. 분업 이전에 사람들은 한 제품을 만들며 여러 가지 과정을 도맡았지만, 분업이 정착된 이후 근로자들은 매일 단조로운 일을 계속 반복하게 되었다. 그러다 보니 지루함을 느꼈고 나아가서는 인간다운 모습마저 점점 잃어갔다. 마치 기계나 로봇이 된 것처럼 무표정한 얼굴로 무기력하게 같은 일을 반복했다. 충동적으로 범죄를 저지르거나 신경쇠약에 걸려 정신병원에 입원하고, 알코올 · 마약중독에 빠지는 근로자들이 하나둘 늘어났어요. 급기야 분업의 효율이 떨어지는 현상까지 나타났다.

(사진설명) 찰리 채플린(왼쪽)은 자신이 직접 제작하고 주인공으로 출연한 영화 '모던 타임스'(1936)에서 기계처럼 일하는 공장 근로자 역할을 맡았다.

이렇게 기계와 분업이 인간성을 잃게 만드는 문제는 전설적인 영화배우 찰리 채플린(Chaplin · 1889~1977)을 통해 큰 화두가 되었다. 1936년 채플린은 자신이 직접 제작하고 연출 · 연기까지 도맡은 영화 '모던 타임스(Modern Times)'를 발표했다. 영화에서 주인공이자 공장 노동자인 채플린은 아침부터 밤까지 시계태엽처럼 생긴 기계 속에 들어가 톱니바퀴에 매달려 나사못을 쉴 틈 없이 조인다. 그러다 보니 공장을 나와 공원에 가서도 나사를 죄는 동작을 멈추지 못하게 된다. 결국엔 신경쇠약에 걸려 정신병원까지 가게 된다. 채플린은 이런 광경을 특유의 유머로 표현해 관객들에게 큰 웃음을 주었다. 동시에 '희망과 인간성을 잃지 말자'는 영화의 마지막 장면을 통해 관객들에게 위안과 용기를 주었다.

'모던 타임스' 이후 분업의 문제점을 연구하고 해결하기 위한 움직임은 더 활발해졌고, 덕분에 근로자의 인간성을 지키고 복지를 높이는 동시에 분업의 장점을 활용하기 위한 다양한 방법들이 도입되었다. 그 결과 분업은 오늘날 다양한 모습으로 발전해 자본주의경제에서 대량생산을 가능하게 하는 중요한 역할을 하고 있다.

자료원: 조선일보. 2017. 6. 8.

### 2) 직무확대(Job Enlargement)

직무전문화에서 보았듯이 지루하고 단순한 직무시스템설계 방식을 벗어나고자 하는 최초의 시도는 종업원들에게 사전에 매우 적은 범위로 정의된 직무의 범위를 수평적으로 늘리는 것이다. 예를 들어 은행마다 배치되어 있는 청원경찰은 현금수송이나 고액의 현금을 들고 다니는 고객의 신변보호와 임무가 주요 과업인데 요사이 청원경찰은 고객안내는 물론 잔돈을 지폐로 바꾸거나 더운 여름에는 고객들에게 수박을 제공하는 서비스까지 수행한다.

이를 학자들은 직무확대(job enlargement)라고 명명하였다. *직무확대란 흔히 수행해야 할 직무의 범위를 수평적으로 확대한다는 점에서 수평적 직무확대(horizontal job enlargement) 라고도 불린다.* 다시 말하면 직무확대는 작업자가 수행하는 과업의 수를 증가시켜 책임감을 부여하고 과업에 다양성이 증대되어 직무내용을 변화시키는 것이다. 그러므로 지나치게 단순화, 전문화된 직무를 반복적으로 수행할 때 나타나는 불만족을 감소시켜 직무에 대한 정체성(Identity)이 증가될 수 있도록 동기를 부여하는 방법이다.

그러나 여기에서 어떻게 하면 작업자에게 제공하는 과업의 다양성과 수를 적정하게 할 수 있는가? 즉 종업원의 능력에 비해 너무 쉽지도 어렵지도 않는 적정한 수준의 도전을 제공하는 것이 문제이다. 왜냐하면 직무가 종업원의 능력에 비하여 너무 어려우면 직무담당자가 좌절을 느끼게 될 것이며, 반대로 직무가 너무 쉽거나 무의미하다면 종업원의 동기는 감소될 것이기 때문이다. 또한 직무확대는 직무의 본질적인 내용은 변화가 없기 때문에 근본적인 해결책이 되지 못하고 종업원들로부터 오히려 작업량을 증대시켜 종업원들의 수를 감축하려 한다는 비난을 받게 될 수도 있다.

### 3) 직무순환(Job Rotation)

*직무순환은 종업원이 조직 내의 서로 다른 부서나 직위를 다양하게 경험하게 하는 직무설계시스템이다.* 흔히 직무순환은 팀이 추진하는 전체 과업 가운데 각자 맡은 일을 달성하는 역할을 돌아가면서 하게 되는 것이다. 예를 들면 오늘은 조립공정에서 일하고 내일은 제품포장에서 일을 하는 경우이다. 직무확대와 더불어 직무순환은 직무전문화의 한계를 극복하고자 제시된 직무설계기법으로서 종업원들의 과업수행에 있어서의 다양한 경험과 기술에 대한 접촉기회를 제공한 것은 사실이지만 다음의 몇 가지 문제점을 야기시켰다. 첫째, 직무순환은 기존에 이미 형성되어 있는 긴밀한 인간관계가 새로 들어온 작업자에 의해 훼손될 수 있기 때문에 작업집단의 책임자는 새로 들어온 작업자의 적응을 위해 많은 시간을 할애해야 한다. 둘째, 특정 직무에 대해 작업자를 자주 교체함으로써 생산성 저하 등 비용이 증가할 수 있다. 셋째, 종업원들에게 과업수행에 따르는 보다 많은 책임감을 제공하는 데에는 한계를 보였다.

그렇다고 '직무확대'나 '직무순환'을 통한 부가적인 과업수행의 노력이 의미가 없다는 것은 아니다. 실제로 확대된 직무를 수행하거나 다양한 직무를 두루 경험하면서도 책임감을 가지고 일하는 종업원들은 조직 전체의 생산과정에 대한 이해를 심화시키고 있고 그들의 전문화된 직무가 어떻게 조직 전체에 기여하는지에 대한 보다 넓은 안목을 지니게 된다. 실제로 세계적으로 우수한 항공사로 알려진 Singapore Airlines은 직무순환방법을 적절히 활용하여 성공사례를 만들고 있다. 티켓 발급요원이 수하물 처리요원으로 임무를 교대하기도 한다. 이러한 직무순환과정을 통하여 종합적인 판단이 가능한 핵심인재를 육성하는 것이다 (Mello, 2011, p.241).

### 4) 직무충실화(Job Enrichment)

*직무충실화는 앞서의 직무전문화, 직무확대 및 직무순환과는 달리 종업원이 직무수행에 있어서 '책임감'을 가지고 일할 수 있도록 설계된 가장 진보된 직무설계시스템이다.* 전통적으로 관리자는 타인의 작업을 계획하고 조직하고 통제하는 역할을 수행했고 그와 반대로 작업자는 직무의 실행(doing) 그 자체만을 행하였다. 직무충실화는 관리기능의 일부인 계획(planning)과 통제(controlling) 기능을 종업원에게 위임한다는 측면에서 수직적 재편(vertical loading)이라고도 불린다(Mello, 2011, p.242). 즉 직무충실화는 종업원에게 성취감과 일의 보람을 느낄 수 있도록 하여 높은 동기를 유발하고 생산성 향상을 달성하고자 하는 시도의 하나로써 종업원으로 하여금 직무의 실행뿐만 아니라 그 직무의 계획, 통제의 측면도 어느 정도 담당케 함으로써 직무수행에 책임감까지 부여하는 직무설계시스템이다.

직무충실화 기법을 통해 재편성된 직무는 첫째, 다양한 작업내용을 포함하고 있고, 둘째,

**도표 6-3** 직무확대, 직무순환, 직무충실화의 개념화

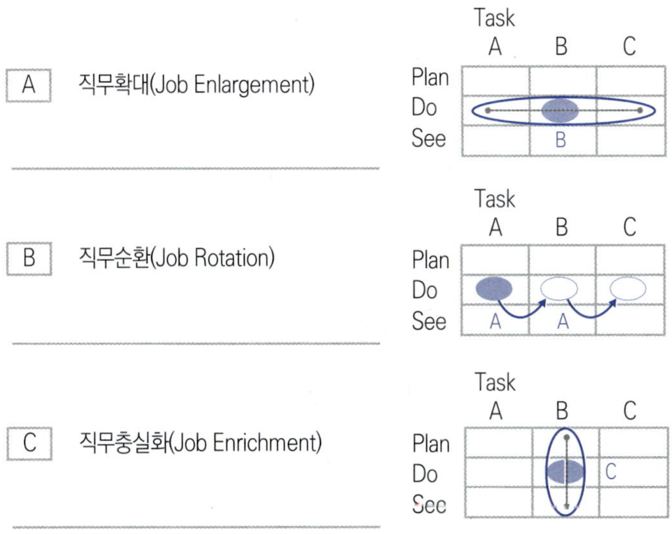

보다 높은 수준의 지식과 기술을 필요로 하며, 셋째, 자신의 성과를 계획하고 통제할 수 있는 자율성과 책임감을 보다 많이 가지게 되며, 넷째, 개인적인 성장과 의미있는 작업경험에 대한 기회를 제공하는 특징이 있다. 따라서 직무충실화에 의하여 작업자는 육체적 능력뿐만 아니라 정신적 능력을 발휘할 수 있으며 도전적인 작업수행을 통하여 심리적 성취감을 느끼게 된다. 이상의 직무확대, 직무순환, 직무충실화의 개념을 [도표 6-3]과 같이 정리하였다.

한편, 직무충실화를 가장 극명하게 설명하는 이론이 핵크만(Richard Hackman)과 올드햄(Greg Oldham)이 개발한 직무특성이론(Job Characteristics Theory)이다(Hackman & Oldham, 1975). [도표 6-4]는 이들이 개발한 직무특성모델을 소개한 것이다. 본 이론은 다섯 가지 핵심직무특성(Core Job Dimensions)과 세 가지 심리상태 변수들(Critical Psychological States), 그리고 네 가지 성과변수(Personal and Work Outcomes)들로 구성되어 있다. 또한 개인의 성장욕구수준(Employee Growth Need Strength)이 직무특성과 심리상태, 심리상태와 성과 간을 조절해 주는 변인(moderator)으로 작용하고 있다.

즉, 작업자의 성장욕구수준이 높은 경우, 그가 수행하는 직무를 재구성하여 다양한 기술의 필요성과 직무의 정체성, 중요성, 자율성을 높여 줄 때, 즉각적으로 직무수행결과를 받은 직무수행자는 자신의 직무에 대하여 커다란 의미와 책임감을 체험하게 된다. 이로 인해 직

**도표 6-4** Hackman과 Oldham의 직무특성 모델

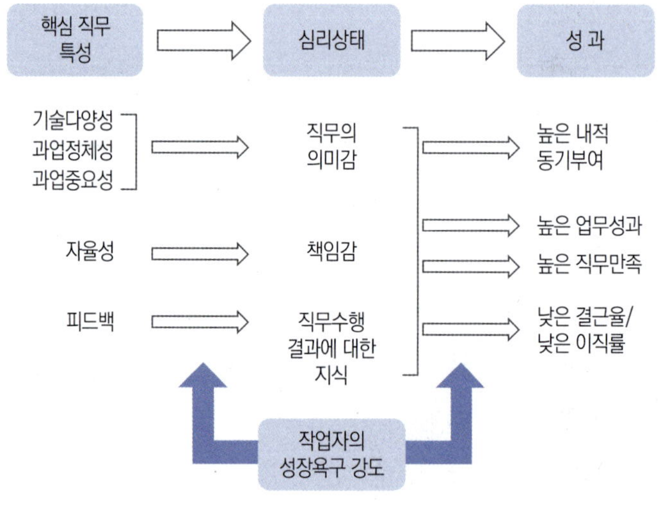


자료원: R. J. Hakcman & G, R, Oldham(1976). "Motivation Through The Design of Work; Test of a Theory", *Organizational Behavior and Human Performance*, vol.16, p.256.

무 자체에 대한 동기가 유발되고 작업의 질과 만족도가 상승하여 이직과 결근이 줄어들게 된다는 것이다. 따라서 직무의 특성이 직무수행자의 성장욕구수준에 부합할 때 직무가 그에게 보다 큰 의미와 책임감을 주게 되므로 동기유발 측면에서 긍정적인 성과를 낳게 된다고 주장한다. 그렇기 때문에 직무의 특성을 변화시켜 직무수행자의 성장욕구수준에 맞춰야 하는데, 이 과정에서 직무충실화(job enrichment)라는 개념이 도입되게 된다. 다섯 가지 핵심 직무특성은 다음과 같다.

(1) 기술다양성(skill variety): 종업원이 직무를 수행하는 데 있어 얼마나 다양한 기술이 요구되는가를 뜻한다. 기술다양성이 높은 직무는 한 개인이 수행하는 직무의 폭이 넓어지게 된다. 직무의 기술다양성을 높이기 위해서는 흔히 직무확대(job enlargement)를 추구하게 된다.

(2) 과업정체성(task identity): 직무가 일의 시작부터 끝까지 독립적으로 완결된 정도를 말한다. 직무 정체성이 높은 직무는 예를 들어 가구제조업자와 같이 설계, 목재 선택, 조립, 설치, A/S까지의 모든 작업과정을 수행하는 직무이다. 정체성이 낮은 직무는 자동차생산공장에서 타이어만 조립하는 직무이다.

(3) 과업중요성(task significance): 종업원이 수행하는 과업이 조직 내외부의 타인에게 중요하거나 의미가 있다고 지각하는 정도를 가리킨다. 과업 중요성이 높은 직무로는 중환자실에서 환자를 돌보는 간호사를 들 수 있다. 중요성이 낮은 직무로는 같은 병원의 정문에 근무하는 수위를 들 수 있다.

(4) 자율성(autonomy): 작업자가 자신의 작업일정과 작업방식을 수립함에 있어 감독자의 지시나 감독에 의지하지 않고 스스로 갖는 재량권의 정도를 의미한다.

(5) 피드백(feedback): 직무를 수행하는 도중에 직무의 성과와 효과성에 대해 직접적으로 명확한 정보를 획득할 수 있는 정도를 의미한다. 즉, 직무에 대한 책임감이 얼마나 잘 충족되고 있는지 종업원 스스로 직접 확인할 수 있는 정도이다. 예를 들어 피드백이 높은 직무는 TV를 조립하는 직원이 직접 제대로 작동하는지를 확인하는 경우이다. 피드백이 낮은 직무는 같은 공장에서 TV를 조립하되 품질관리 부서의 검사원이 시험을 하고 필요한 조치를 취하는 경우이다.

위와 같은 다섯 가지 핵심직무특성이 결합하여 직무의 세 가지 의미를 창출하게 된다. 세 가지 심리적 상태는 다음과 같다. 첫째, 사람들이 업무수행에서 의미를 느끼는 상태, 둘째, 업무수행결과에 대해서 책임감을 갖게 되는 상태, 셋째, 자신의 작업결과에 대한 지식을 알게 되는 상태가 그것이다.

한편 핵크만과 올드햄은 진단적 목적(diagnostic purpose)을 위한 흥미 있는 시도를 하였

**도표 6-5** 동기잠재력 지수(MPS)

■ 동기잠재력 지수(MPS)

$$= \frac{(\text{기술다양성} + \text{과업정체성} + \text{과업중요성})}{3} \times \text{자율성} \times \text{피드백}$$

다. 즉, 직무특성을 구성하는 여러 차원들을 실제 작업상황 속에서 측정가능하도록[7] 결합하여 하나의 지표로 만들고 그것을 동기잠재력 지수(MPS: Motivating Potential Score)라 하였으며 [도표 6-5]와 같이 계산된다.

직무의 동기잠재력 지수(MPS)가 높아지려면 의미를 경험하게 하는 세 요소 중 적어도 한 요소가 높아야 하고, 자율성과 피드백은 반드시 모두 높아야 한다. 이 수식에서 볼 수 있듯이 자율성과 피드백 등 직무충실화 관련 수직적 요소들이 동기부여에 얼마나 중요한지를 알 수 있다. 마지막으로 직무특성이론에 따라 직무설계를 함에 있어 구체적으로 다음과 같은 실행원칙을 지켜야 한다(도표 6-6 참조).

(1) 과업의 결합: 지나치게 세분화되고 단편화되어 있는 과업들을 결합시켜 보다 큰 작업단위를 형성하는 것이다. 여러 개의 과업을 결합하는 것은 수평적으로 직무를 확대하는 것이다. 이렇게 함으로써 작업의 보다 많은 부분을 볼 수 있기 때문에 과업정체성이 증대되고,

**도표 6-6** 어떻게 실행원칙이 핵심직무 차원과 연결되는가

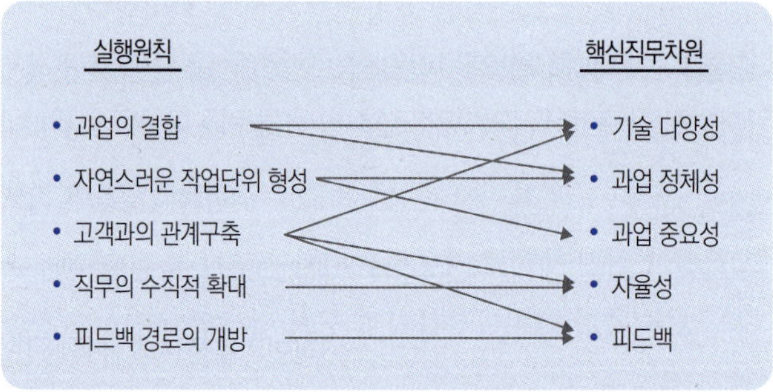


자료원: Cascio, W. F. and Awad, E. M.(1981). *Human Resources Management: An Information Systems Approach*, Reston Publishing Company, Inc.

7) 각 변수들에 대한 측정은 해크만과 올드햄이 개발한 JDS(Job Diagnostic Survey)에 제시되어 있다(Hackman & Oldham, 1975). 진단용 설문지가 필요하신 분들은 저자에게 연락주시면 제공하도록 하겠습니다(sgjeon@hanyang.ac.kr)

보다 많은 과업을 수행하기 때문에 기술다양성 또한 높아진다.

(2) 자연스러운 작업단위의 형성: 기본적인 작업단위를 찾아내어 그것을 작업단위로 자연스럽게 모으는 것이다. 그렇게 함으로써 과업정체성을 느끼게 되고 장기적으로 자신의 작업이 특정 부문과 어떻게 연결되어 있는가를 알게 되므로 과업중요성이 증가한다.

(3) 고객과의 관계구축: 고객들과 가능한 모든 영역에서 직접적인 관계를 구축하고 유지하도록 한다. 이렇게 함으로써 첫째, 작업자의 직무수행에 대해 고객으로부터 평가를 받게 되어 피드백이 증가한다. 둘째, 고객과 계속적으로 접촉을 유지함으로써 대인관계기술을 개발하게 되어 기술다양성이 증가한다. 셋째, 고객과의 관계를 자신의 책임하에 두게 되므로 자율성이 증대된다.

(4) 직무의 수직적 확대: 작업일정의 수립, 작업방법의 결정, 품질검사의 재량권 증대, 권한증대 등의 수직적 확대를 통해 자율성(autonomy)이 증대된다.

(5) 피드백 경로의 개방: 직무수행의 결과에 대해 정보를 공식적인 경로만을 통해 얻을 수 있게 하지 말고, 직무를 수행하는 본인의 직무수행 과정에서 직접 획득할 수 있도록 한다. 이렇게 함으로써 직무에 피드백 특성이 증가하게 된다.

이상의 직무설계상의 제반 원칙을 반영한 것이 자율적 작업팀에서 발견되고 있다. 이전까지의 직무설계는 개인직무설계에 대한 설계옵션(design option)이라면 이후는 여러 구성원의 협력을 통하여 직무수행을 해야 하는 집단직무설계의 설계옵션에 해당한다.

### 5) 자율적 작업팀[8]: 사회기술시스템 접근(Socio-Technical Approach)

#### (1) 사회기술시스템접근의 배경과 의미

해크만–올드햄의 직무특성모형(JCM: Job Characteristic Model)은 단일 종업원에 의해 각각 수행되는, 개별화된 작업 단위를 디자인하는 데 초점을 두기 때문에 집단 내 작업자들 간의 긴밀한 상호 교류가 요구되는 직종에는 적합하지 않다. 지나치게 단순화된 집단과업의 부정적인 영향을 해소하기 위해서는 직무특성모형보다는 사회기술시스템 접근법을 사용하는 것이 좋다. [고전올레길 6–3]에서 보는 바와 같이 영국의 타비스톡 연구소에서 체계화한 직무설계접근법으로서, *사회기술시스템 접근이란 기술효율성을 위한 조직의 니즈와*

8) 자율적 작업팀(self-managed work team)은 과거 준자율적 작업집단(semi-autonomous workgroup) 혹은 자율적 작업집단(autonomous workgroup) 등으로 불리기도 했으나 최근에는 '자율적 작업팀' 혹은 '자율관리팀'으로 가장 많이 불린다.

**고전올레길 6-3** 영국 타비스톡 연구소(Tavistock Institute)의 발견

'사회기술시스템 접근'은 1950년대 초, 영국의 타비스톡 연구소(Tavistock Institute)에서 영국 탄광의 채탄 과정의 결함을 수정하면서 고안되었다. 역사적으로, 석탄은 팀으로 구성된 광부들이 곡괭이와 같은 수단으로 채탄하였는데, 팀원들은 작업을 공유하고, 활동을 조직화하며, 채탄의 물리적인 위험에 대처하고자 서로 가까이 모여 작업했다. 그러나 1930년대와 1940년대에 전동드릴과 컨베이어 밸트 같은 동력을 이용한 석탄채탄장비의 출현으로, 광산업은 대대적으로 변경되었다. 팀은 해체되었고, 광부들은 동력장비에 의해 조성된 긴 석탄 벽을 따라 홀로 작업하게 되었다. 위험하고, 힘든 작업인 채탄작업은 새로운 기술로 인해 유도된 변화 때문에 오히려 더 견디기 힘든 작업이 되었다. 광부들은 이러한 근무환경에 대한 그들의 불만을 불복종, 잦은 결근, 그리고 우발적인 폭력으로 표출했다.

타비스톡 연구원들은 곧 광부들 불만의 원인이 채탄이라는 위험하고 힘든 작업을 좀 더 견딜 만한 것으로 만들어 준 그동안 팀이 제공해 온 사회적 상호작용의 부재에 기인한 것이라는 결론을 내렸다. 연구원들에 따르면, 기술은 중요한 사회적 요인들을 대신할 수 없다라는 사실이다. 탄광에서의 업무 성과는 이 균형을 바로잡아야만 향상될 수 있다. 다시, 소규모 팀들이 조직되고, 동력장비들에 대한 지원을 제공한 후, 생산량은 상당히 증가했다.

다른 연구 현장에서도 이와 유사한 결과가 발견됨에 따라, 타비스톡 연구원들은 "사회적 요인이나 기술적 요인이 단독으로 작업공정을 형성할 경우 노동 생산량에 악영향을 미칠 수 있다"는 하나의 일반적인 의견을 도출해 냈다. 나아가 그들은 사회적 요인과 기술적 요인의 균형을 추구하는 작업설계가 작업현장에서의 성과와 만족도를 모두 장려할 수 있다고 했다.

채탄하는 과정에서 서로 격려해 주고, 콧노래를 부르며 흥을 돋구고 또, 서로 어려울 때 도와주는 등 서로 감정을 공유하는 것이 얼마나 중요한지 깨닫게 된다.

자료원: 전수환(2012). 에센스 인적자원관리 수정인용, 세경, pp.78~80 참조.

*함께 개인의 니즈를 결합하여 효과적 직무설계 안에 기술과 인간의 욕구가 상호작용하도록 해나가는 것이다.* 사회기술시스템에서 사회(socio)란 조직 내 활동하는 사람과 집단을 말하며, 어떻게 작업이 조직화되고 조정되는가를 나타낸다. 또 기술이란 부분은 조직의 투입물을 산출물로 변환시키는 데 사용되는 원료, 도구, 기계, 절차 등을 말한다.

[도표 6-7]은 사회기술시스템 모형의 주요 세 가지 요소들을 설명하고 있다. 첫째, 사회시스템이란 모든 인적요인들, 예를 들어 개인, 팀 행위, 조직문화, 경영 관행, 의사소통 및 개방성 등이 작업의 성과에 영향을 미치는 것을 말한다. 둘째, 기술시스템이란 생산기술의 유형, 상호 의존성의 정도, 과업의 복잡성 등을 나타낸다. 셋째로 양자의 공동최적화(Joint Optimization)를 가능하게 하는 직무와 조직을 설계하는 것이다. 이는 조직의 기능이 최적

**도표 6-7** 사회기술시스템 모델

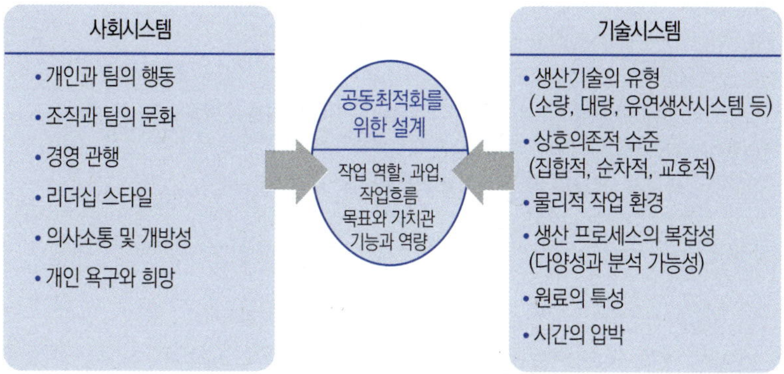


자료원: Cummings, T.(1978). "Self-Regulating Work Groups: A Socio-Technical Synthesis", *Academy of Management Review*, 3, pp.625-634.

화되는 경우로 바로 사회시스템과 기술시스템이 서로의 욕구에 잘 적합하도록 설계될 때를 말한다. 인간의 욕구를 충족시키도록 작업조직을 설계하면서 기술시스템을 무시한다거나, 효율성을 높이기 위해 기술을 변화시키면서 인간적 욕구를 무시한다면, 이는 성과에 오히려 역효과를 가져온다. 따라서 사회기술시스템 접근은 근로자가 요구하는 인간적인 부문, 그리고 조직의 생산시스템이 요구하는 기술적인 부문 간에 균형과 조화를 추구하는 노력이 필요하다.

폐쇄형 TV시스템을 설치한 박물관의 사례를 보자. 여러 명의 경비원 대신에 한 사람이 모니터링하는 텔레비전으로 교체한 것이다. 물론 한 사람이 쉽게 모니터링함으로써 비용절감을 가져왔지만, 이는 예상하지 못한 문제를 불러일으켰다. 경비원들은 직접 순찰을 하는 경우에는 사회적 상호작용을 하면서 보다 효율적인 감시와 통제를 하는 방법을 논의하여 왔지만 폐쇄회로를 통해 혼자 감시하는 경우에는 고립감과 단조로움을 가져온다. 연방기관이 18개월간 시스템을 조사했을 때, 수천 건의 침입 중 단지 5%만이 적발되었을 뿐이라는 결과가 나왔다. 이는 시스템이 부적절했다는 것인데, 인간의 욕구가 제대로 반영되지 않았기 때문이다(Daft, 2008, p.283).

사회기술시스템 접근은 기본적으로 사람들을 자원으로 보고 있으며 이들에게 적절한 기능, 의미있는 작업, 적합한 보상이 주어진다. 따라서 오늘날 이 접근은 기술이 복잡해지면서 매우 중요하게 취급되고 있다. 제지공장의 연구에서 기계와 기술에 대한 과도한 믿음을 갖고 사람관리에 별 관심을 기울이지 않은 조직들은 생산성과 유연성 면에서 성과를 거두

**도표 6-8** 효과적인 사회기술시스템설계를 위한 원칙

1. 기술다양성을 증대시키고자 순환 근무한다.
2. 집단 생산물, 즉 인식가능한 전체 작업에 대하여 함께 작업한다.
3. 집단 내 다른 구성원들의 생활 및 그 집단의 생산량을 소비하는 사람들의 생활에 영향을 미친다.
4. 누가 그 집단에 속할 것인지 그리고 해당 집단구성원들이 어떠한 작업을 수행할지를 결정한다.
5. 직무수행에 대하여 집단구성원들로부터 피드백을 획득한다.
6. 만약 필요하다면 다른 집단구성원들의 도움과 협조를 기대할 수 있다.

자료원: 전수환(2012). *op. cit.*, p.80 참조.

지 못했다. 오늘날 성공한 기업들은 기계와 컴퓨터시스템, 사람들 간의 적절한 혼합을 시도하며, 가장 효과적인 방법으로 이들을 조정해 나간다(Daft, 2008, p.284). [도표 6-8]에서 소개하는 사회기술시스템 이론의 주요 원칙들은 타당성이 있으며, 한 걸음 더 나아가 오늘날 연구자들은 조직의 역동적 특성, 복잡한 환경, 그리고 일상적에서 비일상적 직무기술로 변화 등을 따라잡기 위해 좀 더 이를 확대해 나가야 한다고 주장한다. 이러한 방식으로 나아갈 때, 자율적 작업집단의 작업은 종업원의 동기 및 만족도를 증대시키게 되고, 사회기술시스템에서 말하는 심리적인 필수요건들을 충족시키게 된다.

*지금까지의 모든 직무설계가 작업장 내의 요인만 고려한 것인 데 반하여 사회 · 기술시스템 접근은 통합시스템 관점에서 직무를 설계한다. 이렇듯 인간 · 기술적 직무설계의 결과로 자율적 작업팀(self-managed work team)이 대두되었는데 이 작업팀은 구성원 상호간의 유대관계와 공동결정에 의해 직무가 수행되는 대표적인 직무설계 방식이라고 할 수 있다.*

### (2) 자율적 작업팀

자율적 작업팀(self-managed work team)은 팀에게 업무설계, 업무수행절차, 업무분담의 권한을 위임하여 업무일정 조정, 팀 구성원 채용, 팀 성과 부진의 문제 등을 스스로 해결하는 팀을 말하는 것으로써 팀기반의 직무설계(Team-based Job Design)이다. 자율적 작업팀은 보통 관련성이 높은 직무나 상호의존적인 직무를 수행하는 10~15명의 사람들로 구성되며, 전에는 감독자가 맡았던 책임 대부분을 맡아 수행한다. 전형적으로 이 팀은 작업을 계획하고 일정표를 작성하며, 구성원들에게 과업을 할당하고, 작업속도를 공동으로 통제하고, 문제에 대한 조치를 취하고, 공급자와 고객과 함께 일한다. 완전한 자율적 작업팀은 팀 구성원을 스스로 선발하고 구성원들이 서로의 성과를 평가한다. 그 결과, 감독자의 직

**도표 6-9** 고성과 작업팀의 특징

1. 관리자들은 새로운 기술이나 새로운 생산방식을 적용함에 있어서 종업원에게 필요한 것이 무엇인지 또 그것들의 도입으로부터 기대되는 결과가 무엇인지 분명히 한다.
2. 관리자들은 종업원들이 다기능(multi-skilling)을 발휘하도록 유도한다. 따라서 직무의 경계는 가능한 제거되고, 종업원들이 새로운 기술을 습득하도록 교육훈련을 강조하고 또 제공된다.
3. 유연하게 사용할 수 있는 장비를 선택하고 또 이들 장비들은 작업자들의 자유로운 신체동작이 가능하도록 설계된다.
4. 자율적 작업집단은 한 팀에 10여 명으로 구성하고 제품의 조립, 검사, 불량 및 하자발견, 유지보수 등의 전 과정을 이들이 전적으로 책임지도록 한다.
5. 관리자들과 팀 리더들은 권위적인 리더십스타일이 아니라 후원적인 리더십스타일을 발휘해야 한다(이 문제는 시스템 작업시스템 도입에서 가장 힘든 부분이기도 하다).
6. 도구나 각종 장비 그리고 부품이 체계적으로 배열되어 작업팀이 하나의 생산단위로서 효과적으로 기능할 수 있도록 지원시스템이 마련되어 있다.
7. 관리자들은 목표와 성공의 기준을 분명하게 설정한다.
8. 새로운 시스템을 도입할 때는 충분한 소통과 몰입을 유도할 수 있도록 신중을 기한다.
9. 교육훈련의 필요성에 대한 평가를 토대로 철저한 교육훈련을 진행한다.
10. 임금지급체계는 종업원들의 참여를 통하여 관리자들의 욕구뿐만 아니라 종업원의 욕구가 서로 부합되도록 신중히 설계되어야 한다.
11. 임금지급체계는 팀의 성과에 주로 연관되겠지만(집단성과급), 개개인을 위해서는 종업원 개인이 기술습득한 정도에 따라 지불되는 능력급(skill-based pay)도 지불해야 한다.
12. 어떤 경우에는 전체 팀의 성과뿐만 아니라 동료들 상호 간에 성과를 평가하는 '동료 간 평가'(peer performance review)과정을 적용할 수 있다.

자료원: Buchanan, D.(1987). "Job Enrichment is Dead: long live high performance work design!", *Personnel Management*, May, pp.40-43.

위의 중요성은 줄어들며 심지어 없어지기도 한다(전수환, 2012, p.82). 따라서 완전한 자율적 작업팀 하에서는 21세기 경영의 구루라 불리우는 게리 하멜에 따르면 "리더 없는 리더십(Leadership without leader)"이 발휘되는 상태가 된다(Hamel, 2007). 이러한 상황은 앞서 논의한 사회기술접근모델의 원칙과 특성을 그대로 반영하고 있으며 그 요체는 기술체계와 사회체계의 균형을 통합적으로 유지하고 있다고 하겠다.

### (3) 고성과 작업팀(High Performance Work Team)

사회기술시스템 모델이 궁극적으로 지향해야 하는 직무시스템은 가장 이상적이고 효과적인 자율적 작업팀인 고성과 작업팀이다. Buchanan(1987)은 고성과 작업팀의 특징을 [도표 6-9]와 같이 정리하였다.

## 3.2 종업원은 무엇을 필요로 하는가

직무설계를 함에 있어서 종업원이 책임감을 가지고 직무수행하기를 기대한다면 이들이 원하는 것과 필요로 하는 것이 무엇인지를 동시에 고려하여야 한다. 모든 종업원들이 같은 목적과 이유로 일하지 않을 뿐 아니라 상사의 요구사항도 다양하다. 이렇듯 직무수행을 하는 종업원들에게 필요한 것은 개인마다 다양하다. 따라서 관리자들은 직무설계를 함에 있어서 직무를 수행하는 종업원들이 동기부여되고, 생산적이며, 행복감을 느끼게 하기 위해서는 적어도 보편적으로 중요한 고려사항들을 감안해야 한다(Mello, 2012).

첫 번째 고려사항으로는 변화하는 노동시장의 인구통계적 특성과 라이프스타일이다. 즉 21세기 들어 노동력 구성에 있어서 과거와는 다른 의미있는 차이가 나타나고 있다. 즉 종업원들의 욕구는 연령, 남녀, 인종, 종교, 신체능력, 성적 지향성, 결혼 유무 그리고 가족의 위상 등에 매우 다양하게 나타나고 있다. 이렇듯 다양한 인구통계적 특성과 라이프스타일을 지니고 있는 종업원들은 그들의 관리자가 그들의 다양하고 이질적인 기대를 이해해 주길 바라고 있고 그들을 한 개인으로 존중해 주기를 원하고 있다. 더불어 최고수준의 능력을 발휘하기 위해서는 종업원의 고용, 처우, 성과관리, 보상 그리고 승진 등과 같은 인적자원관리 운영에 있어서 편견이나 편향성이 없어야 한다. 종업원 욕구의 다양성은 조직 내의 업무할당에 있어서 중요한 '해결과제'와 '도전'을 만들어 낸다.

두 번째 고려사항으로 조직은 또한 종업원의 일과 삶의 균형(Work & Life Balance)에 대한 종업원의 욕구를 보다 적극적으로 이해할 필요가 있다.[9] 모든 종업원들은 특히 젊은 종업원일수록 과거 1세대 전에 비하여 그들 회사나 상사에 대하여 충성심을 적극적으로 보이지 않는다. 종업원들의 여러 활동에 있어서 일과 삶의 균형을 이루어 내지 못하는 직무시스템을 설계할 경우 종업원들에게는 탈진(Burnout)만 있을 뿐 이들이 조직에 더 헌신하고 최적의 성과를 산출할 것이라 기대하는 것은 무리이다. 최근 들어 많은 국내 · 외 선진기업들의 경영자들은 종업원들의 신체적 건강과 복지 프로그램뿐만 아니라 스트레스관리프로그램을 도입하고 있다. 뿐만 아니라 이들 기업들은 회사 내부에서 이 문제를 해결하지 못할 경우 회사 외부기관과의 계약을 통하여 종업원들의 다양한 삶의 균형을 유지하고자 한다. 참고로 실리콘 밸리의 하이텍 기업들 −예를 들어 Sun Microsystems, Intel, Netscape− 의 경영자들은 스트레스를 많이 받는 과업환경에 처해 있는 연구원들이 연구개발을 하는 과정에서 탈진상태에 빠지지 않도록 일주일에 하루씩 캘리포니아 Mountain View에 있는 'Growth

9) 이에 대한 자세한 설명은 6.5 대안적 직무설계에서 보다 구체적으로 논의할 예정이다.

**도표 6-10** 직장인이 아파도 참고 출근하는 이유 (단위 %, 복수응답)

자료원: 한국일보, 2015.3.13.

& Leadership Center'[10]에서 전문적인 코칭을 받도록 이들을 센터에 보낸다. 여기에 드는 비용은 전체 10주 프로그램에 12,000달러나 되지만 전액 회사가 부담한다. 그러나 만약 직무시스템의 설계가 종업원들의 일과 삶에 대한 적절한 균형이 되도록 전략적으로 잘 설계되었다면 그와 같은 과도한 비용은 치르지 않아도 되었을 것이다(Mello, 2012). 한국기업의 경우 아직도 이 부분에서 돌아봐야 할 곳이 적지 않다. [도표 6-10]에서 보듯이 20~30대 직장인 1,892명을 대상으로 '직장인이 아파도 출근하는 이유'에 대한 한국일보의 설문조사결과 상사, 동료의 눈치가 보여서가 47.6%로 가장 많았다는 사실은 아직도 우리 기업들의 일과 삶의 균형은 심각한 수준으로 낙후되어 있음을 반증한다. 그 결과 [현장올레길 6-1]의 (a)에서 보듯이 최근 워라밸 여건이 좋은 기업들을 찾아나서는 2~3년차 직장인들이 늘어나고 있고 이 현실은 [현장올레길 6-1]의 (b)에서 보듯이 가뜩이나 취업 자체도 어려운 현실 속에서도 연도별 이직자 수는 꾸준히 증가하고 있는 데서도 알 수 있다.

세 번째 고려사항으로 종업원들은 그들이 원하는 것을 결정할 때 나름대로의 '자기표출'이나 '목소리'를 낼 수 있도록 해주어야 한다는 점이다. 고도로 훈련된 작업자나 전문적 기

10) http://www.glcweb.com에 자세한 소개가 나와 있다.

**현장올레길 6-1** "그 회사 워라밸은 어떤가요...

(사진설명) 전직을 위한 직장인들의 스터디결성이 잦아졌다. 다양한 업계종사자들이 모여 취업팁부터 내밀한 소문까지 공유한다.

(a) 전직(轉職)스터디에 몰리는 직장인들

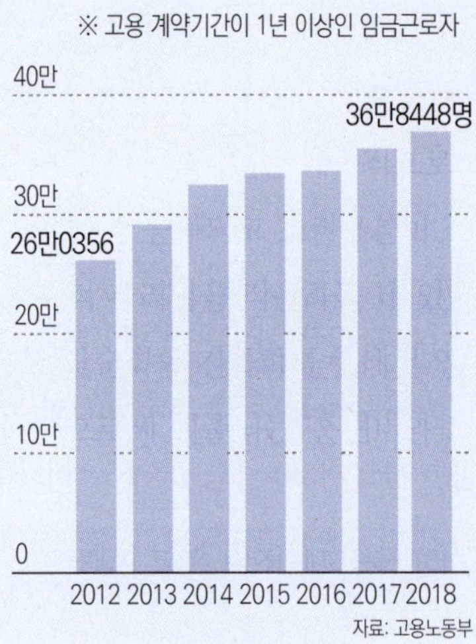


(b) 연도별 이직자 수

자료원: 중앙일보, 2019.6.8

술을 보유하고 있는 종업원의 경우 그 정도는 더 강하며 이들은 누군가에 의해 세세하게 간섭받거나 관리되는 것을 원치 않는다. 그들은 그 나름의 훈련방식과 경험을 통하여 조직에 기여하고자 하며 동시에 조직이 그들의 관심사에 귀 기울여 줄 것을 기대한다.

따라서 이들 고도로 숙련된 종업원들이 자신의 지식과 경험을 바탕으로 작업을 수행하는 과정에서 적극적으로 그들의 인적역량을 발휘할 수 있도록 직무설계가 되어야 한다. 정

**도표 6-11** 인체공학의 다양한 예

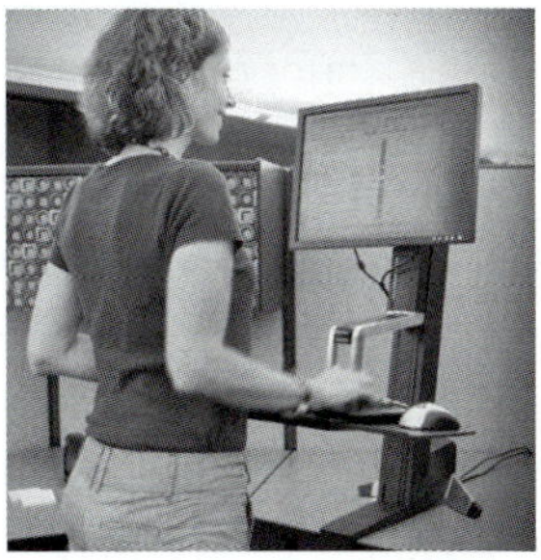
(a)

(b)

(c)

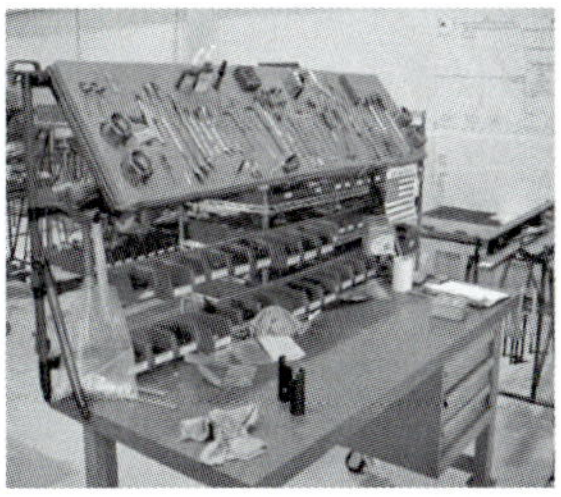
(d)

사진출처: 구글 이미지.

리하면 직무시스템은 종업원들이 그들 나름의 충분한 목소리를 내어 그들의 관점과 전문성을 발휘할 수 있도록 설계되어야 한다.

네 번째 고려사항으로 산업현장의 안전문제(workplace safety issues)이다. 미국의 경우 직업안전 및 건강관리국(OSHA: Occupational Safety and Health Administration)에서는 종업원의 안전과 건강에 관한 많은 지침과 조항들을 고용주를 위하여 마련하고 있다. 그 조항들의 대부분은 현장에서의 상해와 직업병에 관한 고용주의 책임을 규정하고 있다. 위험한 제품이나 산업쓰레기 혹은 불안한 근로조건 등과 같은 전통적인 관심사항뿐만 아니라 최근 들어 목, 어깨, 팔꿈치, 손, 팔목 등과 같은 근골격계 통증에 대한 직장인들의 안전문제가 주목을 받고 있다.[11)] 이 신체적 통증에 대한 고통을 최소화하고자 인체공학(ergonomics)에 대한 연구가 활발히 진행되고 있다.

예를 들어 [도표 6-11]의 (a)에서 보는 바와 같이 사무직원의 경우 하루 종일 컴퓨터를 이용하여 작업을 하는 과정에서 손, 팔목, 허리의 통증과 질환이 심화되면서 서서 일할 수 있

11) 직장안전문제에 대해서는 12장의 후생복지 및 산업안전관리에서 자세히 설명하고 있다.

도록 컴퓨터 자판의 높이를 조절할 수 있는 키보드를 설계한다든지, (b)에서 보는 바와 같이 피로감을 줄일 수 있는 척추모양의 인체공학적 의자를 지급함으로써 신체의 고통을 최소화하는 직무 및 장치의 재설계가 그것이다. 또 [도표 6-11]의 (c)에서 보듯이 영국의 닛산 선더랜드 공장에서는 2015년 현재 유럽에서 돌풍을 일으키고 있는 닛산 자동차 카쉬카이(Qashqai)를 조립하기 위하여 조립공이 허리를 굽히거나 쪼그리고 앉아서 부품조립을 하지 않고 서서 편하게 조립할 수 있도록 작업장을 인체공학적으로 설계한 것도 이의 좋은 예이다. 또 (d)에서 보는 바와 같이 생산현장에서 보관함별로 서로 다른 부품을 정리하고 배열하여 누구라도 쉽게 부품을 찾을 수 있게 하고 또 자주 쓰는 도구나 연장을 45도의 보조판넬에 걸어 두게 하여 쉽게 도구나 연장을 찾고 집을 수 있도록 한 것도 인체공학적인 설계의 예이다.

## 3.3 어떻게 직무와 직무들 간을 연결할 것인가

직무설계의 마지막 구성요소는 어떻게 개별 직무가 타 직무와 상호 연결될 수 있고, 타 직무에 상호의존되어 있는지를 이해하는 것이다. 톰슨은 과업의 상호의존유형을 집합형(pooled), 연속형(sequential) 그리고 교호형(reciprocal)의 세 가지로 구분하였다(Thompson, 1967).

### 1) 집합형 상호의존

개별 종업원이 과업수행을 함에 있어서 타인과는 어느 정도의 조정활동은 하지만 기본적으로 독립적으로 일할 수 있는 경우에 해당한다. 은행의 대출업무를 맡고 있는 창구직원을 생각해 보자. 이들은 옆 동료와는 독립적으로 대출고객을 맡고 심사하며 대출 여부를 결정한다. 이 창구직원의 대출 관련 업무는 회사의 대출업무처리 규정과 절차에 의해서 조정되지 옆 동료와 협의하면서 진행되지 않는다.

### 2) 연속형 상호의존

동료의 전(前) 단계업무처리가 끝나기 전까지는 한 개인의 업무처리가 진행되지 않는 상황을 말한다. 앞 공정의 조립이 끝나야 그 다음 단계의 조립이 진행되는 대량 조립생산라인의 종업원들이 흔히 이 직무시스템하에서 일한다. 따라서 전(前) 공정에서 일하는 종업원의 산출물(output)은 후(後) 공정에서 일하는 종업원의 투입물(input)이 되는 셈이다. 후 공정으로 자연스럽게 넘어갈 수 있도록 전 공정에서 적절하게 업무완수를 해주는 것이 효율을 낳고 동료들 간 관계를 악화시키는 시간지체나 손실을 피하는 기본이다.

### 3) 교호형 상호의존

연속형 상호의존과는 달리 과업의 흐름이 선형적(linear)이지 않고 예측불가능한 경우에 발생한다. 종업원들은 과업의 흐름을 예측하기 곤란하며 과업상황에 따라 즉흥적으로 동료들 간에 협력하여 대처하는 업무처리를 한다. 예를 들어 정확한 진단을 위하여 한 병원 내의 서로 다른 부서의 의사들이 모여 협진(協診)을 하는 경우나 야구나 하키 팀 동료들 간에 이 같은 상호호혜형 상호의존관계가 나타난다. 이러한 상호의존관계에서 일하는 종업원들은 무엇보다도 유연할 필요가 있으며 팀원으로서의 공동책임을 지녀야 한다.

한 종업원이 수행하는 직무가 다른 종업원의 직무와 연결될 때 직무시스템에 대한 설계는 가급적 효율적이어야 한다. 높은 수준의 상호의존성은 높은 수준의 조정과 관심을 필요로 한다. 즉 높은 수준의 상호의존관계는 동료 간에 보다 잦은 미팅, 정기적인 보고 그리고

**도표 6-12** 직무 간 상호의존성과 조정메커니즘

| 상호의존성의 형태 | 수평적 의사소통과 의사결정의 요구 | 조정의 형태 |
|---|---|---|
| 집합적(은행)<br>고객 | 낮은 의사소통 | 표준화, 규정, 절차<br>사업부 구조 |
| 연속적(조립라인)<br>고객 | 중간 정도 의사소통 | 계획, 스케줄, 피드백<br>태스크포스 |
| 교호적(병원)<br>고객 | 높은 의사소통 | 상호 조정, 부서간 횡단 미팅, 팀워크<br>수평적 구조 |

자료원: Thompson, J. D.(1967). *Organizations in Action*, McGraw-Hill Irwin.

잦은 성과점검을 필요로 한다. 조직의 직무시스템 설계는 쉽거나 간단한 일이 아니다. 과업과 책임을 배분하는 것은 종업원의 욕구와 반드시 균형을 이루어야 한다. 더불어 종업원 간 상호의존성에 대한 필요성 여부가 직무시스템 설계에 반영되어야 한다. 이상에서 본 바와 같이 기술의 변화와 노동력 구성의 변화는 지속적으로 도전을 제공하기 때문에 직무시스템의 설계는 정태적 활동이 아닌 것이다. [도표 6-12]에서는 직무 간 상호의존성과 조정메커니즘을 정리하였다.

## 4. 상황적합적 직무설계

개인의 직무설계를 함에 있어서 조직구조는 중요한 상황적 맥락으로서 직무설계에 영향을 미친다. 예를 들면 기계적인 조직구조하에서는 직무확대방식을 적용하기가 쉽지 않다. 또한 그런 조직구조하에서 직무충실화를 도입한다는 것은 더더욱 힘든 일이다. 왜냐하면 직무확대에 의한 직무설계는 기계적 조직구조가 요구하는 엄격한 감독과 지휘체계, 직무단순화 등과는 정반대의 상황이 요구되기 때문이다. 이에 반하여 유기적인 조직구조하에서는 직무확대나 직무충실화 같은 직무설계방식을 적용함으로써 상당한 효과를 거둘 수가 있다. 한편 이러한 직무설계방식이 조직구조특성과 종업원의 성장욕구 강도 등과 결합할 때 [도표 6-13]에서 보는 바와 같은 상황적 적합관계를 상정할 수 있다(박영배, 2012, p.116)(학습목표 3).

**도표 6-13** 조직구조-직무설계-성장욕구의 상황적 적합관계

| | 단순화 · 표준화 | | 직무확대 · 직무충실화 | |
|---|---|---|---|---|
| | 높은 성장욕구 | 낮은 성장욕구 | 높은 성장욕구 | 낮은 성장욕구 |
| 기계적 조직구조 | cell 1<br>- | cell 2<br>+ | cell 3 | cell 4 |
| 유기적 조직구조 | cell 5 | cell 6 | cell 7<br>+ | cell 8<br>- |

자료원: 박영배(2012). 현대인적자원관리론, p.117 수정인용.

[도표 6-13]에서 보듯이 cell 2와 cell 7이 상황적으로 조화를 이루는 적합관계를 보이고 있다. cell 2는 기계적 조직구조하에서 단순화 / 표준화된 직무를 성장욕구가 낮은 종업원이 수행하고 있는 상황이다. 이 상황은 고전적 직무설계의 전형적인 상황으로서 종업원의 직무성과와 직무만족이 비교적 높은 수준을 나타낸다. 또 cell 7은 유기적 조직구조하에서 직무확대 / 직무충실화된 직무를 성장욕구가 높은 종업원이 수행하고 있는 상황으로서 종업원의 직무성과와 직무만족이 cell 2에 비해 훨씬 높게 나타난다고 할 수 있다(박영배, 2012, p.117). 이 두 상황의 경우 '개인–직무–조직 적합'(Person–Job–Organization Fit)이 동시에 발생한 상황이다. 이와는 반대로 cell 1과 cell 8은 세 차원 간에 서로 일관되게 조화를 이루지 못하는 상황이다. cell 3, cell 4, cell 5, cell 6은 조직설계와 직무설계의 두 차원이 서로 조화를 이루지 못하는 특징을 보이고 있다. [도표 6-14]에서는 cell 2와 cell 7을 제외한 나머지 6개 cell에서 예상되는 직무설계의 효과를 간략히 살펴보고자 한다.

**도표 6-14** 조직구조–직무설계–성장욕구의 조합별 주요 효과

| cell | 직무설계의 주요 효과 |
|---|---|
| cell 1 | 높은 성장욕구와는 달리 조직과 직무로부터 통제를 받고 있는 경우로서 하는 일과 회사로부터 비전과 직무수행동기를 찾지 못하는 상황이다. 이러한 상황에 속한 종업원들은 지속적인 불만을 표출하거나 이직의 가능성이 매우 높다. |
| cell 3 | 높은 성장욕구에 맞는 직무수행을 하고 있지만 조직이 통제하고 속박하려 한다고 생각할 가능성이 높다. 직무만족과 직무몰입은 높을 수 있지만 회사에 대한 만족이나 조직몰입은 낮을 것으로 예상된다. 전문직 종사자들에게서 이런 경우가 흔히 발견된다. |
| cell 4 | 직무 자체는 종업원이 성장 할 수 있는 구조이나 조직 전체의 관료적 · 통제적 분위기로 현상유지 이상의 직무의욕은 보이지 않을 것으로 예견된다. 관료적 기업의 연구소에서 근무하는 연구원들에게서 흔히 나타난다. |
| cell 5 | 열심히 일을 배우고 싶고 성장하고 싶지만 현재의 직무가 고리타분하여 맞지 않는 상황으로써 종업원의 열정을 수용할 수 있는 조직 내의 타 부서로 전환배치시켜 주는 것이 필요하다. |
| cell 6 | 성장동기가 정체된 종업원이 단순한 일을 수행하는 상황으로서 유연한 조직구조하에서 숨어서 할거해 있는 상황이다. 혁신적 조직하에서 단순한 일을 수행하는 비정규직에서 흔히 발견된다. |
| cell 8 | 매우 유연한 조직과 직무를 수행해야 함에도 불구 성장의 의지가 없는 종업원이 해당되며 언제든지 타의에 의해서 구조조정될 수 있는 가능성이 높다. |

자료원: 박영배(2012). *op. cit.*, pp.117~118 수정인용.

## 5. 대안적 직무설계[12)]

최근 들어 사회문화의 발전에 따른 생활스타일의 다양화, 정보통신기술의 발달, 맞벌이 부부(dual-career couple)와 여성인력의 증가, 그리고 사회의 고령화 등으로 일과 삶(work & life balance)의 문제가 오늘날 경영의 주요 이슈로 제기되면서 대안적 직무설계에 대한 논의도 기업현장에서 본격적으로 거론되고 있다. 특히 코로나 사태(COVID-19) 이후 가장 급속한 재편이 일어나고 있는 관리영역도 이 분야이다. 여기서 대안적 직무설계란 직무 자체의 내용이나 수행방법에 대한 변화를 시도하는 것이 아니라 직무수행의 시간이나 공간을 변경함으로써 종업원의 업무수행을 '유연하게' 설계하는 것이다(flexible work procedure)(학습목표 4).

### 5.1 직무수행의 시간변경을 통한 직무설계

#### 1) 자율 근무시간제[13)]

자율 근무시간제(flexible worktime 혹은 flextime)는 조직에서 규정한 일정규칙에 기초하여 직원들이 출퇴근 시간을 자율적으로 결정하도록 재량권을 부여하는 제도이다. 즉, 일주일에 정해진 시간만큼 근무해야 한다는 것은 정해져 있지만, 그 시간을 어떻게 채울지에 대해서는 어느 정도의 제약 안에서 선택할 수 있도록 하는 것이다. 예를 들어 개별 직원들은 일주일에 40시간을 근무해야 한다고 할 때, 오전 10시에서 오후 3시는 필수근무시간으로 정하고 나머지 시간은 직원들 개인의 라이프스타일에 따라 오전 일찍 혹은 오후 늦은 시간으로 할당함으로써 근무시간을 자율적으로 결정하는 것이다. 즉, 어떤 직원은 오후 3시에 퇴근하기 위해서 오전 7시에 출근하여 다른 직원들보다 일찍 업무를 시작하고, 늦은 퇴근을 선호하는 직원의 경우, 오전 10시에 출근하여 남들보다 늦게 퇴근할 수 있게 하는 제도이다.

자율 근무시간제는 개인의 사생활과 직장생활을 조화롭게 연결한다는 측면에서 국내·외 선진기업들 사이에서는 매우 널리 활용되고 있지만, 이 제도의 가장 큰 한계는 이 개념을 모든 직무에 적용할 수 없다는 데 있다. 이 제도는 외부와의 접촉이 적고 직무들 간 상호의존성이 낮은 사무직에는 잘 적용되지만 고객과의 접촉이 일어나는 판매 사원, 상호의존

12) 대안적 직무설계는 work-life balance 혹은 work-family balance를 맞추기 위한 방안으로도 활용된다.
13) 선택적 근로시간제 혹은 변동적 근로시간제라고 불리기도 한다.

## 고전올레길 6-4 조선시대의 근무시간

### ◇ 최고 법전에 출퇴근 시간 정해둔 조선

1685년 한여름에 숙종은 관청에서 근무하는 관리들이 출퇴근시간을 잘 지키지 않는다는 보고를 받고 이런 명령을 내렸다. "관원들은 묘시(卯時)에 출근하고 유시(酉時)에 퇴근하도록 법전에 적혀 있는데, 직무 태만이 갈수록 더욱 심해지니 매우 온당하지 못하다. 이제부터는 법전에 따라 출퇴근을 하도록 하라. 이처럼 엄하게 일렀는데도 받들어 행하지 아니하면 마땅히 무거운 벌이 있을 것이다." 묘시(卯時)는 오전 5~7시, 유시(酉時)는 오후 5~7시이다. 묘시에 나가 일을 시작하고 유시에 일을 마친다 하여 '묘사유파(卯仕酉罷)'란 말도 있다. 이를 법으로 규정한 묘유법(卯酉法)이 조선시대의 기본 법전인 경국대전에 들어 있다.

### ◇ 진시에 출근하고 신시에 퇴근하다

묘사유파에 대한 기록은 이미 조선 초기인 태종과 세종 때에 등장한다. 1485년(성종 16년) 경국대전이 시행되기 전부터, 관리들은 묘유법에 따라 일해왔다. 그런데 경국대전에는 묘사유파 기록만 있는 것이 아니라 그 바로 뒤에 괄호로 다음과 같은 내용도 포함돼 있다.. "해가 짧은 때에는 진시(辰時・오전 7~9시)에 출근하고 신시(申時・오후 3~5시)에 퇴근한다."

그림=안병현

즉, 해가 짧은 겨울철(11~2월)에는 보통 때보다 조금 늦게 출근해 조금 일찍 들어가도록 따로 규정을 세워두고 이를 '진사신파(辰仕申罷)' 또는 '진신사(辰申仕)'라고 했다. 오늘날의 서머타임제도처럼 시각을 앞당겨 놓은 것은 아니지만, 낮 길이에 따라 근무하는 시간을 조정했다는 점은 비슷했다.

자료원: 조선일보. "경국대전 '관리들 여름엔 빨리, 겨울엔 늦게 출근하라'", 2019.3.18.

적인 생산직 사원, 고객과 약속된 시간에 따라서 근무해야 하는 서비스직에는 적용하기가 곤란하다.

### 2) 직무공유제

직무공유제(job sharing)는 비교적 최근에 등장한 개념이다. 이 제도는 둘 또는 그 이상의 사람이 주당 40시간의 직무를 나누어 담당하는 것이다. 예를 들어 한 사람이 오전 8시에서 정오까지 근무하고, 오후 1시부터 5시까지는 다른 사람이 일하는 것이다. 또는 둘이 교대로 하루씩 일을 할 수도 있다. 저자가 캐나다의 명문 빅토리아대학교 경영대학[14]에 초빙교수로 근무시절 RBC은행(Royal Bank of Canada)에 종종 갈 일이 있었다. 저자는 이 은행의 어느 친절한 나이 많은 여행원을 알게 되었는데 저자가 여러 은행 일을 처리하려면 월, 수, 금 오전에 가야만 이 친절한 직원을 만날 수 있었다. 월, 수, 금 오후는 물론이고 화, 목, 토 오전이나 오후에 가면 다른 직원에게 은행 일을 부탁해야 했다. 하나의 직무를 놓고 네 사람이 공유하고 있었던 것이다. 이 직원은 일하지 않는 나머지 시간의 대부분은 봉사하는 일로 시간을 보내고 있었다.

이렇듯 직무공유를 통해 조직은 특정 직무에 대해서 한 명 이상의 능력을 활용할 수 있게 되는 것이다. 직무공유를 활용하면 자녀문제를 비롯한 가정문제 때문에 전체 시간 근로가 불가능한 숙련된 근로자를 확보할 기회를 가질 수 있다. 하지만 직무공유제가 성공적으로 정착하기 위해서는 표준화된 업무처리지침에 대한 정확한 숙지가 무엇보다 중요하고 더불어 공유직원들 간에 적극적으로 상호 협력하려는 자세가 요청된다.

### 3) 압축근무제

압축근무제(compressed work)는 개인에게 완전한 업무의 유연성을 제공하지는 않지만 집중근무를 하게 하는 제도이다. 예를 들어 주당 40시간 근무를 기준으로 할 때, 주당 4일 근무에 1일 10시간 근무하는 방식, 또는 하루 12시간씩 3일간 근무하고 4일째에는 하루 4시간 근무하는 방식 등이 있다. 이러한 형태는 주당 근무일수를 5일에서 4일로 하루 줄이고 근무시간을 8시간에서 10시간으로 혹은 12시간으로 늘리는 것이다.

이 제도는 가정과 직장이 멀리 떨어져 있는 직원들이나 여가나 개인시간을 충분히 활용하고자 하는 직원들에게는 매우 유용한 제도이나, 장시간의 근무로 인해 유발되는 피로감

14) 지금은 Peter B. Gustavson 박사의 기부를 받아 단과대 이름이 Peter B. Gustavson School of Business(http://www.uvic. ca/gustavson/)로 바뀌었다.

으로 낮은 업무성과와 작업안전에 문제를 야기할 수 있다. 또 고객에 대한 서비스 시간이 주당 5일에서 4일 또는 3일로 줄어들어 고객불만이 있을 수 있다. 한편 교대근무제가 없는 작업장의 경우 장비와 설비의 활용도가 낮아 생산공장의 효율적 가동을 못하게 되는 단점도 있다.

생활스타일이 다양해지고 맞벌이 부부와 여성인력의 증가로 인해 자율 근무시간제(flex-time), 직무공유제(job sharing), 압축근무제(compressed work), 비정규직 또는 영구임시직(permanent part-time job) 등이 점점 많이 활용되고 있다. 이와 같은 직무행태는 직무관리를 복잡하고 어렵게 만들 수 있지만 구성원들의 욕구충족과 더불어 그들의 사기와 태도 그리고 노사관계와 비용절약에도 긍정적인 결과를 가져올 수 있다. 따라서 이와 같은 새로운 근무형태를 전략적으로 적용할 수 있도록 신축적으로 설계하고 운용하는 것이 바람직하다.

업무일정뿐 아니라 업무공간의 유연성 또한 최근 들어 여러 기업들이 선호하고 있다. 사실 돌이켜 보면, 산업혁명 이전 대부분의 사람들은 집에서 일했다. 그러나 산업혁명의 대량생산기술은 이를 변화시켜 사람들이 집에서 공장으로 근무지를 바꾸었다. 오늘날 높은 사무실 임대료와 상대적으로 저렴한 원격 의사소통 기술의 발달 그리고 일과 가정의 양립에 대한 종업원의 요구로 인해 이와 같은 흐름이 다시 원점으로 전환되고 있는 것이다.

## 5.2 직무수행의 공간변경을 통한 직무설계

### 1) 재택근무

[도표 6-15]에서 보듯이 재택근무(telecommuting)는 출퇴근이 필요 없고, 신축적으로 시간을 활용할 수 있으며, 편한 옷을 입어도 되고, 동료로 인한 방해가 거의 없는 근무형태이다. 컴퓨터통신으로 연결된 집에서 적어도 일주일에 이틀 이상 근무를 하는 형태를 가리킨다. “영원히 재택근무해도 좋다.” 트위터 창업자인 잭 도시 최고경영자(CEO)는 2020년 5월 12일(현지시간) 깜짝 선언을 했다. 신종코로나바이러스 감염증(코로나19) 확산방지를 위해 ‘응급조치’로 도입한 재택근무를 ‘일상화’하겠다는 것이다. 코로나19는 재택근무를 ‘뉴노멀(새로운정상)’로 변화시키고 있다. 코로나19 이후에도 재택근무를 이어가겠다는 움직임은 미국의 정보통신기술(ICT) 기업이 앞장섰다. 마크 저커버그 페이스북 창업자 겸 CEO는 지난달 21일 “앞으로 5~10년 안에 4만 5000명의 페이스북 임직원 중 절반이 원격근무를 할것”

**현장올레길 6-2** 재택근무 '일상화'하는 기업들

### 재택근무 '일상화'하는 기업들

| 기업 | 재택·원격근무 방침 |
| --- | --- |
| twitter 트위터 | • 코로나19 이후에도 원할 경우 재택근무 허용 |
| facebook. 페이스북 | • 향후 5~10년내 임직원 절반 재택근무 |
| mastercard 마스터카드 | • 코로나19 백신 출시 전까지 재택근무 |
| shopify 쇼피파이 | • 2021년까지 재택근무 연장 |
| 롯데지주 롯데지주 | • 주 5일중 하루 의무 재택근무 |
| SK telecom SK텔레콤 | • 집 근처 거점 오피스 근무 확대 |

〈자료: 각 기업〉

자료원: 중앙일보, 2020.6.30

이라고 말했다. 전자상거래업체 쇼피파이, 모바일 결제 업체 스퀘어 역시 무기한 재택근무 방침을 밝혔다. ICT 기업만이 아니다. 글로벌 금융회사 마스터카드는 "코로나 19 백신이 출시될 때 까지 본사와 전세계 지사직원들의 재택근무 체제를 이어가겠다"고 선언했다. 또 최근에는 '클라우드 컴퓨팅'(Cloud Computing)을 이용한 재택근무도 활성화되고 있다. 모든 자료를 '클라우드'에 저장하여 인터넷이 접속되는 곳이면 어디서나 자료를 다운로드 받을 수 있어서 더 이상 하드 드라이브나 USB를 들고 다니지 않아도 되었다.

국내에서도 변화의 조짐이 보인다. 롯데지주는 주 5일 가운데 하루는 의무적으로 재택근무하는 새로운 근무 제도를 시행하고 있다. 사회적 거리두기에 따른 일시적 도입이 아닌 의무적 재택근무 제도를 도입하는 건 롯데가 처음이다. 롯데쇼핑 등 다른 계열사도 의무적 재택근무제를 시행 중이거나 도입을 검토 중이다. 꼭 집이 아니어도 된다. 박정호 SK텔레콤 사장은 지난 3일 "직원들이 굳이 회사 본사 등 사옥까지 나오지 않고, 집 근처 10~20분 거리의 거점 오피스에서 일하는 것을 확대하겠다"고 밝혔다(중앙일보, 2020.6.30).

### 2) 외주(Outsourcing)[15)]

조직의 전략을 개발하는 과정에서 조직의 강약점을 평가하고 나아가서 강점을 더 강화하고 약점을 줄이는 실행전략을 추진하게 된다. 흔히 이 과정에서 내부직원(in-house employees)들이 수행하던 과업의 일부를 외부화하여 조직 전체의 비용구조와 생산성을 개선하는 경쟁전략의 수단을 외주라고 한다. 1980년대까지 전 세계 기업들은 경쟁이 치열하지 않은 이유로 자체적으로 기획부터 생산과 판매에 이르기까지 모든 기능을 내부에서 관리하고 진행하는 일관적인 시스템을 유지하였다. 1990년대에 들어서면서 세계적인 장기불황을 계기로 기업들의 구조조정이 집중적으로 진행되면서 살아남기 위한 생존전략의 일환으로 핵심적인 주력사업분야에 총력을 쏟기 시작하였다. 이에 따라 핵심적인 분야에 해당되지 않는 것은 외부 전문회사에 위탁해 처리함으로써 비용절감과 생산성 증대라는 두 마리 토끼를 잡으려는 노력이 본격화되었다.

이렇듯 외주는 조직의 비핵심적인 과업활동의 일부를 그 일을 전문적으로 잘 수행할 수 있는 외부조직에게 위탁함으로써 그 일을 내부직원들에게 맡겼을 때보다 훨씬 적은 비용으로 그 일을 수행할 수 있다. 일단 조직이 경쟁기업보다 잘할 수 있는 핵심역량을 파악하고 나면 나머지 영역은 모두 외주화하는 것이 가능하다. 또한 특정 기능만을 외주화하는 경우도 흔히 볼 수 있는데, 예를 들어 HR부서업무의 경우, 미국의 경우 임금지급이나 후생복지관리 업무영역은 주로 외주업체에서 맡는 경우가 많다. 또 조직의 기술지원시스템을 계속 유지보수하는 것에서 발생하는 비용 때문에 기술지원업무(technological support) 또한 외주를 주는 경우가 많다(Mello, 2011, p.247). 한국의 삼성전자나 LG전자가 A/S업무를 외부 전문업체에게 외주화하는 것도 같은 맥락에서 이해가 된다.

그러나 조직의 경쟁력 확보 차원에서 외주화는 조직을 단순화하고 비용절감의 효과가 있기 때문에 대 · 중 · 소기업을 막론하고 적극적으로 사용하고 있는 전략인 것은 사실이지만 다음과 같은 문제점을 지니고 있다. 첫째, 적절한 업무를 외주업체에 주었는지에 대한 판단의 문제. 둘째, 조직 외부의 외주기업이 조직이 원하는 수준의 성과나 서비스의 질을 일관되게 보여줄 것인지의 문제. 셋째, 외주업체들의 서비스 제공료가 시간이 갈수록 높아져 더 이상 저비용효과가 없어지는 문제. 넷째, 기업이 반드시 보호해야 할 정보나 데이터에 대한 보안사항이 외주업체가 관여됨으로써 취약해지는 문제. 다섯째, 외주화에 따라 직무를 잃게 된 직원들의 활용문제.끝으로 남아 있는 직원들의 사기를 어떻게 끌어올릴 것인

---

15) 2)의 외주(Outsourcing)와 역외 아웃소싱(Offshoring)은 회사 전체의 전략 차원에서 진행되는 것이기 때문에 흔히 전략적 직무설계라고 부르기도 한다(Mello, 2011, p.246).

가 하는 문제 등은 외주계약조건 이외에 외주화에 따라 치러야 할 또 다른 비용이며 따라서 외주결정 이전에 반드시 검토되어야 할 사안이다(Mello, 2011, p.248). 이상의 문제점들에 대한 해결에 실패한 기업들은 다음으로 역외 아웃소싱 전략을 선택한다.

### 3) 역외 아웃소싱(Offshoring)

외부에 위탁해 작업을 진행하는 것을 외주라 한다면 만약 아웃소싱하는 하청업체가 국내에 있지 않고 외국에 있는 경우를 역외 아웃소싱(offshoring) 또는 글로벌 소싱(global sourcing), 가상글로벌팀(virtual global team)이라고 한다. 이는 국내 기업이 해외지사나 해외공장을 지어 나가는 해외 이전과는 전혀 다른 개념이다. 외주는 구조조정으로 회사의 몸집을 줄임으로써, 낮은 비용으로 생산성 증대를 가져올 수 있었고, 또 이전처럼 대량의 상품과 서비스를 제공할 수도 있었다. 그러나 앞서 지적한 바와 같이 외주 자체가 더 이상 비용경쟁력을 제공하지 않을 때, 본국에 비해서 인건비를 포함한 제반 비용을 보다 낮출 수 있는 해외업체로 과업이나 직무를 '수출'하는(exporting of tasks and jobs to countries) 역외 아웃소싱 전략을 사용하게 된다(Mello, 2011, p.248)(현장올레길 6-3 참조).

미국 Apple사의 아이폰 부품공급의 34%는 일본의 중소부품업체가 맡고 있다(한국경제, 2011). 그 부품 가운데 카메라부품만큼은 한국의 LG이노텍이 공급하고 있다. LG이노텍의 2018년 현재 전체 매출액 8조여 원 가운데 25%인 2조가량이 Apple사의 카메라 부품에서 발생하고 있는 사실은 Apple사가 저렴한 가격에 최고의 부품품질을 제공하는 업체라면 전 세계 어디에 위치하든 역외 아웃소싱을 하겠다는 의지로 받아들여진다.[16)]

또 과거에는 노사분규를 일으켜서 늘 생산현장의 불안을 제공하거나, 생산직이지만 고임금을 받는 블루 칼라 직무(blue collar jobs)에 해당하는 생산과 조립부문의 일들을 그러한 불확실성이 없는 저개발국가의 기업들에게 이전하였으나 최근의 추세는 정보기술 분야, 컴퓨터 프로그램밍 분야, 고객서비스 콜센터 분야 등 화이트 칼라 직무(white collar jobs) 등을 대상으로도 역외 아웃소싱이 활발히 전개되고 있다. 특히 미국기업의 입장에서 밤낮이 달라 24시간 업무수행이 가능하고, 영어가 가능하며, IT기술의 수준이 높은 인도기업들이 역외 아웃소싱업체로 가장 선호되고 있다(Baltimore Sun, 2002, p.14). Oracle이 최근에 2,000여 개 이상의 소프트웨어 개발직무를 인도, 중국, 러시아와 아일랜드 업체에 위탁한 것도 이러한 사실을 입증하는 것이다(Mello, 2011, p.248).

---

16) LG이노텍의 구체적인 재무데이터는 http://www.lginnotek.com/company/invest/finance_info/finance_info_0/ 를 참고하길 바란다.

**현장올레길 6-3** CIA 고문 '아웃소싱' 의혹

중앙정보국이 테러 용의자들을 체포한 뒤 이들을 고문이 횡행하는 제3국에 넘겨 조사를 받게 하는 '아웃소싱'을 한 것으로 드러났다. 『뉴욕타임스』 2005년 3월 6일자는 9 · 11 테러 이후 CIA가 외국에서 붙잡은 테러 용의자 중 100~150명을 고문이 자행되는 이집트 · 시리아 · 사우디아라비아 · 요르단 등 제3국으로 넘겨 조사받도록 했다고 보도했다. 『뉴욕타임스』 2005년 5월 1일자는 대표적 고문 아웃소싱 국가로 우즈베키스탄을 지목하면서, 미 국무부가 2004년 7월 미흡한 인권 실태 개선을 이유로 우즈베키스탄에 대한 경제 · 군사원조 1,800만 달러를 삭감한다고 발표하자, 다음 달 우즈베키스탄을 방문한 미 합참의장 리처드 마이어스(Richard Myers, 1942~)는 생물학무기 제거지원을 명분으로 2,100만 달러를 제공할 것이라고 밝혔다고 보도했다.

자료원: 세계일보, 2005.4.30.

정리하면 역외 아웃소싱의 장점은 첫째, 해외에서 아웃소싱업체를 선택할 경우 비용절감 효과를 기대할 수 있다. 둘째, 24시간 계속 업무를 수행할 수 있는 장점이 있다. 그러나 역외 아웃소싱 또한 다음과 같은 문제점을 지니고 있다. 첫째, 전 세계에 흩어져 있는 글로벌 소싱업체들에 대한 언어장벽 문제를 비롯한 의사소통관리 및 통제가 쉽지 않다는 점이다. 둘째, 이들 해외 소싱업체들과의 관계를 지속하고 잠재적 갈등을 관리하는 데 많은 시간을 필요로 한다. 셋째, 많은 이들 업체가 부품이나 서비스 공급이 지연되거나 도산했을 경우 조직실패(organizational failure)의 위험이 있다. 넷째, 글로벌 소싱업체들은 상황에 따라서 교체될 수 있기 때문에 종업원의 충성심이 낮고 강한 기업문화를 기대하기 어렵다(Daft, 2008). 이와 같은 문제점들이 효과적으로 관리되지 않아 고객으로부터의 불만이 제기되고 이로 인한 비용발생이 심각하다면 역외 아웃소싱에 의한 비용절감 효과는 상실되게 될 것이다. 따라서 역외 아웃소싱(offshoring)이 이런 이유들 때문에 실패할 경우, 기업들은 offshoring했다가 그 기능을 다시 자국으로 돌아와 시행하는 reshoring 또는 backshoring을 실행한다.

## 6. 창조경영 구현을 위한 전략적 시사점

*직무설계가 창조경영의 구현을 뒷받침하기 위해서는 다음의 두 가지 선택에 대한 자유를 적극적으로 종업원에게 보장해 줄 수 있는 제도적인 유연함이 필요하다. 첫째, 직무 혹은 프로젝트에 대한 선택의 자유이고, 둘째, 시간과 공간 그리고 정보 선택의 자유가 그것이다. 이것이 가능할 때 개인이나 팀은 보다 창의적이고 혁신적인 아이디어를 본인이 품고 있기 보다는 조직과 공유하게 된다*(Gratton, 2003).

*첫째, 직무 혹은 프로젝트에 대한 선택을 그들 스스로에게 맡김으로써 그들 스스로 지식과 업무 관련 관계를 축적하게 되고 이는 유연한 조직을 만드는 핵심이 된다.* 영국 정유회사인 BP사의 경우 직무나 프로젝트가 공석인 경우 사내 'MyJobMarket' 사이트에 본사는 물론이고 영국 내 지사직원뿐만 아니라 전 세계 해외지사 직원까지도 접속하여 지원할 수 있도록 하였고 매주 누가 새롭게 직무와 프로젝트를 맡게 되었는지 결과를 알려 준다. 또 조직이 보다 민첩해 지면서 기본적인 과업의 단위가 정해진 과업만을 수행하는 것에서 자기가 일하고 싶은 복수의 프로젝트를 선택할 수 있게 되어 가고 있다. 이는 본인 스스로 일하고 싶은 프로젝트 포트폴리오(portfolio of projects)를 관리하게 하는 것이다. Google의 경우만 하더라도 '20%룰'이 있어 하루 근무시간 중 20%는 본인의 주업무 외에 자기가 하고 싶은 다른 프로젝트에 참여할 수가 있다. 프로그래밍 개발이 주업무였던 사람이 컴퓨터그래픽 관련 프로젝트에 참여하는 것이 전혀 이상하지 않는 기업문화이다. 이러한 노력은 원래 본인이 맡은 주업무에 새로운 지적 자극을 주어 신기술 및 신규 서비스를 개발하는 강력한

**도표 6-15** 시간과 공간,정보의 선택방향을 통한 '일하는 방식'의 혁신

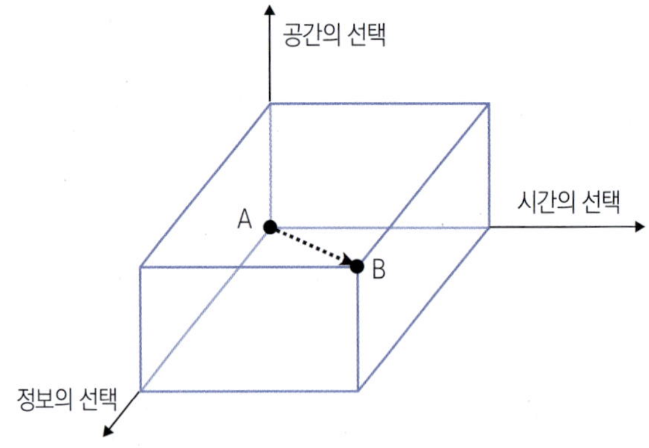

도구가 된다. 또한 덴마크의 보청기 회사인 오티콘(Oticon)사는 직원들이 일하고 싶은 직무나 부서를 본인들 스스로가 마음대로 정할 수 있고 그들이 학습하기를 원하는 기술베이스를 축적시킬 수 있는 프로젝트를 자유롭게 선택할 수 있다.

*둘째, 창조경영을 보다 신속히 구현하기 위해서는 향후 직무설계에 있어서 자유롭게 근무시간(시간)과 근무지(공간), 그리고 정보(자원)를 선택할 수 있는 범위를 넓혀주는 것이 대단히 중요하다.* 이는 직장과 가정의 균형(Work and Life Balance)을 이루게 하는 핵심적 고려요소로서 조직구성원이라면 누구라도 언제, 어디서나 원하는 정보선택을 할 수 있고 이를 바탕으로 업무수행이 가능하도록 해야 한다. 창조경영을 구현하기 위해서는 [도표 6-15]에서 보듯이 9 to 5 시간대에 주어진 사무실의 자기 책상에서 제한된 서류로 일하는 'A' 지점에서 결과만 제대로 만들어 낼 수 있다면 일하고 싶은 시간대에 일하고 싶은 시간만큼, 일하고 싶은 장소에서 필요한 모든 정보에 접근가능한 'B' 지점으로의 이행이 무엇보다 필요하다. 따라서 클라우드기반의 ICT시스템을 토대로 자율근무시간제, 직무공유, 압축근무제, 재택근무와 같은 시간 및 공간선택의 자유도를 넓혀주는 제도 도입을 통하여 '일하는 방식의 혁신'을 설계해야 한다. 이것이 가능할 때 창의적인 인재를 확보할 수 있고 유지할 수 있게 된다. 실제로 세계 3대 재보험사인 미국의 RGA의 캐나다 지사에서 일하는 직원들은 "전 세계 어디를 여행하든 근무시간만 토론토 시간에 맞추면 전혀 근무하는 데 지장이 없다. 전 세계를 돌며 여행과 근무를 같이 할 수 있다."[17]

특히 근무시간과 공간을 자유롭게 선택할 수 있게 하는 것은 개인의 직무만족이나 직무몰입은 물론이고 기업의 생산성과 수익성 제고에도 기여하는 바가 크다. 실제로 영국의 최대 통신회사인 BT사의 경우 6만여 명을 재택근무를 시켰더니 재택근무자들의 생산성과 직무만족이 현저히 높았고 또 부동산임대료 220만 파운드(약 38억 원)를 절감할 수 있었다(Rapoport and Baily, 1997)(학습목표 5).

17) 인터뷰에 응해준 RGA Canada(토론토 소재)의 Data Analyst로 근무하고 있는 Hallie Jeon 양에게 감사의 뜻을 전합니다.

## 단원 이해를 위한 질문

Q1 테일러의 과학적 관리법을 중심으로 한 고전적 직무설계 접근의 문제점이 무엇인지를 Mello(2011)가 주장한 직무시스템 설계의 세 가지 고려 사항 중심으로 설명해 보라.

Q2 직무전문화, 직무확대, 직무순환, 직무충실화의 각각의 개념을 설명하고 이들 간의 관련성을 설명해 보라.

Q3 자율적 작업팀과 고성과 작업팀이 왜 사회기술시스템에 의한 접근인지 정당화해 보라.

Q4 셀 생산방식으로 운영되는 [도입사례] 캐논코리아 안산공장은 어떤 직무설계 방식으로 운영되고 있다고 생각하는가? 왜 그런가?

Q5 직무설계를 함에 있어서 종업원 입장에서 반영해야 하는 것이 무엇인지 배운 이론을 토대로 설명해 보라.

Q6 과업의 상호의존유형별로 어떻게 상호조정이 발생하는지를 설명해 보라.

Q7 상황적합적 직무설계의 내용과 효과에 대하여 설명해 보라.

Q8 일하는 방식의 혁신을 위해서 어떤 관리적 선택을 할 수 있는지 설명해 보라.

Q9 아래 기사는 한신대 전병유 교수가 2020.6.30. 중앙일보에 포스트코로나 시대 근무형태 변화와 관련하여 게재한 기고문이다. 전병유 교수의 기고문을 다양한 관점에서 평가해 보라.

> "접촉은 감소, 접속은 확대 … 보이는 관리는 줄어도 디지털 통제는 더 강화"
>
> 신종 코로나바이러스 감염증(코로나19) 이전에도 '일의 미래'는 시대의 화두였다. 인공지능이 일자리를 줄이고 디지털 플랫폼이 새로운 비정형 일자리만 늘릴 것이라는 담론이었다. 그러나 인공지능은 일부 기업을 제외하고는 확산 속도가 느리다. 돈이 많이 들고 데이터는 부족하고 타성과 관행에서 벗어나기 쉽지 않았기 때문이다. 그런데 코로나19는 비대면 경제활동을 촉진함으로써 디지털 전환을 가속화했다. 오프라인 일상의 공간은 축소되는 반면 디지털 공간은 확대했다. 무인서비스를 더 선호하고 전염병 팬데믹(세계적 대유행)에 안전한 디지털 전환 투자가 늘어난다. 화상회의, 원격접속, 협력 소프트웨어(SW)가 일상이 된다. 로봇은 더 정교해지고, 알고리즘의 패턴 인식 능력은 증가한다. 전쟁은 자동화를 줄인다지만, 전쟁 같은 코로나 불황은 자동화를 촉진한다. '일의 미래'가 '현재의 일'로 빠르게 바뀌고 있다.
>
> 1980년대에 이미 앨빈 토플러가 예견했던 '지식근로자들의 전자 오두막', 재택근무도 확산될 것이라는 예상이다. 재택근무는 관계 지향보다는 업무 지향을 강조해 능력주의를 확산시키고, 불필요한 회의나 대면 접촉을 줄여 생산성을 높이고 값비싼 사무실 비용을 줄인다. 그러나 대면 접촉에서 오는 창의성과 혁신이 줄어들 수 있고 협력적 팀 작업이 어려울 수 있다. 애플의 스티브 잡스 말대로, 정해지지 않은 시간과 공간에서의 불특정한 만남에서 창의성이 나올 수 있다. 제시 쇼어 보스턴대 교수의

실험 연구는 과도한 집단 협업과 높은 수준의 연결성(온라인이든 오프라인이든)이 정보의 탐색에는 효과적이지만, 창의적인 문제 해결에는 부정적이라는 사실을 보여준다. 과도한 접촉이나 접속보다는 짧고 간헐적인 소통이 더 효과적이라는 것이다.

결국 개인적인 집중 업무를 하는 재택근무와 작업 공간에서의 협력 작업을 시공간적으로 적절하게 섞는 것이 최선으로 판단된다. 코로나19 이후 '일의 미래'의 주요 과제는 작업장 협업과 재택근무의 최적 균형을 찾는 것이다. 재택근무에 대해 기성세대는 불편해하고 젊은이는 속으로 웃을 수 있다. 또 기업 내 권력과 통제 관계는 상당히 바뀔 수 있다. 그러나 접촉이 줄어도 접속은 확대되고, 상사는 항상 부하들과 시도 때도 없이 접속하고 싶어 한다. 코로나19 방역을 계기로 기업은 종업원의 개인 정보와 일하는 방식에 대한 데이터를 더 축적하고 활용할 것이며, 원격으로 더 밀접하게 모니터링하는 디지털 기술도 발전할 것이다. '보이는 관리'는 줄어도 디지털 통제는 더 강화될 수 있다. 그러나 디지털 감시·통제가 무조건 기업의 효율성과 노동자의 만족도를 높인다고 보기 어렵다.

통제 기반의 시스템을 진정한 자율 기반의 시스템으로 전환하기 위한 핵심은 회사와 종업원의 신뢰 수준을 높이는 것이다. 일에 대한 권력과 통제를, 일에 대한 신뢰로 전환하는 것도 코로나19 이후 '일의 미래'의 과제다.

## 참고문헌


- 매일경제. "이런 회장님도 있습니다", 2014.12.12.
- 박영배(2012). 현대인적자원관리, 도서출판 청람.
- 방영호 옮김(2010). 프레드릭 테일러: 과학적 관리법, 21세기 북스.
- 세계일보. "CIA 고문 '아웃소싱' 의혹", 2005.4.30.
- 전수환(2012). 에센스 인적자원관리, 세경.
- 중앙일보. "캐논코리아 안산공장 '셀 생산방식 10년'", 2009.10.6.
- 중앙일보. "접촉은 감소, 접속은 확대", 2020.6.30.
- 한국경제. "'공급사슬' 새로운 변화 찾아야", 2011.3.21.
- 한국일보. "직장인이 아파도 출근하는 이유", 2015.3.13.
- Armstrong, M.(2006). *A Handbook of Human Resource Management Practice*(10th Ed.), KoganPage, London and Philadelphia.
- Baltimore Sun(2002). "Job You like May Be Going Overseas", Dec 30, 14.
- Buchanan, D.(1987). "Job Enrichment is Dead: long live high performance work design!", *Personnel Management*, May, 40–43.
- Cascio, W. F., & Awad, E. M.(1981). *Human Resources Management: An Information Systems Approach*, Reston Publishing Company, Inc.
- Cummings, T.(1978). "Self–Regulating Work Groups: A Socio–Technical Synthesis", *Academy of Management Review*, 3, 625–634.
- Daft, R. L.(2008). *Organization Theory and Design*(10th, Ed.), South–Western, Cengage Learning.
- Gratton, L.(2003). "Free to Choose: Fostering the Innovative Organization", in *Human Resources in the 21st Century*, Edited by Effron, M., Gandossy, R., & Goldsmith, M., John Wiley & Sons, Inc. pp.129–134.
- Hakcman, R. J., & Oldham, G. R.(1975). "Development of the Job Diagnostic Survey", *Journal of Applied Psychology*, 60, 159–170.
- Hakcman, R. J., & Oldham, G. R.(1976). "Motivation Through The Design of Work; Test of a Theory", *Organizational Behavior and Human Performance*, 16, 256.
- Hamel, G., & Breen, B.(2007). *The Future of Management*, Harvard Business School Press, Sept.10.

- http://japantrip.enna.com/portfolio/cell-production-system-canon
- Ivancevich, J. M.(2007). *Human Resource Management*(10th Ed.), McGraw-Hill Irwin.
- Mello, Jeffrey A.(2011). *Strategic Management of Human Resources*(3rd Ed.), South-Westerncen Gage Learning.
- Noe, R. A., Hollenbeck, J. R., Gerhart, B., & Wright, P. M.(2006). *Human Resource Management: Gaining A Competitive Advantage*(5th Ed.), McGraw-Hill Irwin.
- Rapoport, R., & Baily, L.(1997). Rethinking Life and Work: Toward a Better Future, *Ford Foundation's Report*.
- Ritzer, G.(2015). *The McDonaldization of Society*(8th Ed.), Sage Publications.
- Thompson, J. D.(1967). *Organizations in Action*, McGraw-Hill Irwin.

## 깃발

유치환

이것은 소리없는 아우성
저 푸른 해원을 향하여 흔드는
영원한 노스텔지어의 손수건
순정은 물결같이 바람에 나부끼고
오로지 맑고 곧은 이념의 푯대 끝에
애수는 백로처럼 날개를 펴다.
아아 누구던가
이렇게 슬프고도 애달픈 마음을
맨 처음 공중에 달 줄을 안 그는.

# PART 3

# 세 번째 렌즈, 창조적 인적자원 기능활동의 모습

# 제 7 장
# 창조경영을 위한 모집과 선발

## 깨달음의 명언

- "버스를 어디로 몰고 갈지를 생각하기에 앞서 적합한 사람을 먼저 버스에 태우라. 그러면 그들이 어디로 갈지를 결정할 것이다" – 짐 콜린스[1) –
- "의심나는 사람은 쓰지 말고 일단 쓰면 의심치 말라." – 사마천(司馬遷)[2) –

## 학습목표

1. 모집의 의의 및 전략적 중요성을 이해한다.
2. 내부모집과 외부모집의 장단점에 대해서 익힌다.
3. 내부모집과 외부모집의 의사결정 과정을 이해한다.
4. 모집의 내부 원천 및 효과적인 내부모집 전략을 학습한다.
5. 모집의 외부 원천 및 효과적인 외부모집 전략을 학습한다.
6. 지원자의 관점에서 직장탐색과 직장선택에 영향을 미치는 요인에 대한 학습을 한다.
7. 선발의 정의 및 전략적 중요성 그리고 선발의 원칙을 이해한다.
8. 합리적 선발도구의 요건으로서 신뢰성과 타당성에 대한 다양한 개념을 학습한다.
9. 다양한 선발도구 및 각 도구별 장단점에 대한 이해를 한다.
10. 선발의사결정과 선발오류에 대한 종합적인 이해를 한다.
11. 창조경영 구현을 위한 전략적 시사점을 익힌다.

---

1) 세계에서 가장 영향력 있는 경영석학. 글로벌 베스트셀러이며 '경영의 바이블'로 꼽히는『좋은 기업을 넘어 위대한 기업으로』,『성공하는 기업들의 8가지 습관』,『위대한 기업은 다 어디로 갔을까』의 저자. 1958년 미국 콜로라도에서 태어나 스탠퍼드대학교 경영학과를 졸업하고 HP와 매킨지에서 근무했다. 이후 모교에서 '기업가정신'을 강의하면서 1992년 '명강의상'을 받았다. 현재 콜로라도주 볼더의 '매니지먼트랩(Management Lab)' 경영연구소에서 실천적 경영원리를 개발하며『포춘』,『비즈니스위크』,『이코노미스트』,『하버드비즈니스리뷰』등에 글을 발표하고 있다.

2) 중국 역사의 아버지로서 최초의 통사(通史)인 사기(史記)를 기원전 91년에 완성하였다. 중국의 사가들은 사기(史記) 이래 왕조가 교체할 때마다 전 왕조에 대한 역사를 써서 후세에 남기는 작업을 2,000년간 계속해 왔다.『춘추좌씨전』에 다음과 같은 이야기가 전해진다. 제나라 대부 최저라는 사람이 군주를 살해하고 그 아우를 임금으로 세웠다. 제나라 태사(太史)가 이를 기록하자 격분한 최저는 그를 살해했다. 죽은 태사의 뒤를 이은 그 아우가 역시 똑같은 사실을 기록했다. 최저는 다시 그를 죽였다. 그러나 또 하나 남은 동생이 태사가 되어 다시 이를 기록했다. 이에 이르러서는 최저도 어쩔 수 없어 기록의 말살을 단념하게 되었는데, 그동안 지방에 있던 다른 사관이 태사가 차례로 살해되었다는 소문을 듣고 기록판을 들고 달려왔다. 그는 기록이 지켜졌다는 사실을 확인하고서야 다시 지방으로 돌아갔다. 사마천 필생의 업적인『사기』. '사기'라는 명칭은 삼국시대 이후 붙여진 이름이고, 사마천 자신은『태사공서(太史公書)』라고 불렀다(네이버 지식백과).

## 도입사례 7 AI 면접관과 게임하면 성향 · 역량 다 드러난다

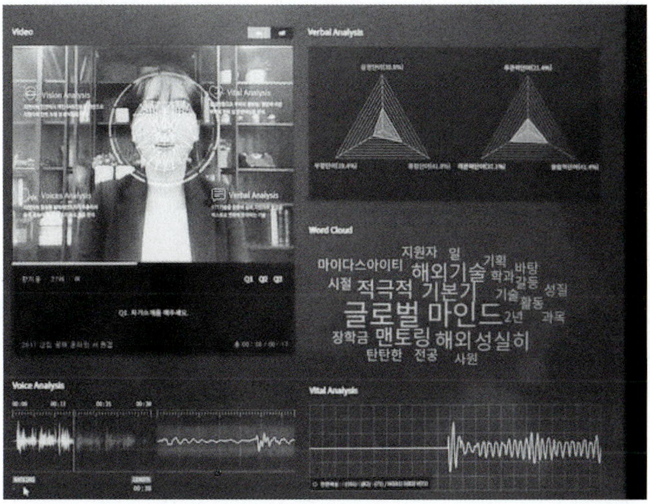


(사진설명) 마이다스아이티가 개발한 면접 AI 솔루션 프로그램이 실행된 컴퓨터 화면

최근 채용 비리가 사회적 문제로 불거지면서 주요 대기업은 출신지나 출신 학교, 스펙 등을 묻지 않는 블라인드 채용이나AI (인공지능)를 활용한 채용을 확대하고 있다. 국내 주요 대기업은 블라인드 채용을 확대하면서 AI가 서류를 걸러내는 시스템을 도입하고 있다. IT솔루션 회사 '마이다스아이티'에 따르면 AI 면접시스템을 도입한 기업이 2019년 8월 현재 140개사이며 JW중외제약 · 한미약품 등 국내 대형 제약사에서부터 롯데백화점, CJ ENM, KT, 두산중공업, 한샘, LG유플러스, 한양대학교 병원에 이르기까지 전 산업에 걸쳐서 AI 면접시스템을 채택하였고, 시범 도입한 국내 기업만도 700여 곳에 이른다고 하였다. 업계에선 2020년이 넘어서면서 도입 기업 수가 1000곳 이상으로 늘 것으로 추정하고 있다. 기업뿐 만이 아니다. 국방부도 육군사관학교 신입생 선발에 AI 면접을 시범적으로 실시하는 등 2022년까지 전면 도입을 검토 중이다.

AI 서류전형의 경우 자소서 복제를 우선 선별해 제외한다. 동일 문장이 반복되거나 사명을 잘못 기재하는 것과 같은 베낀 자소서를 가장 먼저 선별해 제외하고 지원자 특유의 문장력을 검증해 본인이 작성한 것인지 판별한다. 롯데그룹은 2018년 하반기 전 계열사에 AI 서류심사를 도입했다. BGF 리테일도 온라인 전형의 모든 단계에 AI 검증 프로그램을 도입하고 자기소개서(자소서) 표절 심사도 강화했다. KB국민은행도 2018년 하반기 신입 공채에서 AI 면접을 시행했다. AI 면접은 질문을 들은 지원자의 반응과 행동, 답변을 통해 지원자를 분석한다. 지원자의 표정과 음성, 눈빛을 분석해 불안이나 행복 등 감정까지 파악한다. 전문가는 "동영상으로 본인의 모습을 녹화하거나 거울을 보며 답변하는 연습을 하면 외부로 드러나는 실수를 줄일 수 있다"고 조언한다.  한편 AI 면접을 도입하지 않는 기업들도 인 · 적성검사의 경우 인문학적 평가나 일반상식 문항을 폐지하는 기업이 늘고 있다.

인 · 적성검사는 해당 기업의 인재상에 적합한 인재를 선별하기 위한 목적으로 실시된다. 적합하지 않은 지원자를 제외하려는 목적도 있으므로 일관적인 태도로 답변을 이어나가는 것이 좋다. 블라인드 채용 자소서엔 학력이나 출신을 알 수 있는 내용을 쓰지 않는 것이 유리하다. 공기업을 중심으로 블라인드 채용이 확산하면서 일부 지원자들이 자소서에 학력 등을 추정할 수 있는 단어를 기재하기도 한다. 하지만 한국은행과 금융감독원 등에서는 이 경우 불이익을 주겠다고 밝히기도 했다.

블라인드 채용 확산은 심층적이고 다각화된 면접 강화로 이어진다. 따라서 지원 기업에 대한 관심이 드러날 수 있도록 기업 분석을 충실히 하는 것이 중요하다. 잡코리아 변지성 팀장은 "대기업 신입 공채채용 패턴은 크게 변하지 않는 경향이 있어 예년 채용 시기를 참고하면 미리 대비할 수 있다"며 "블라인드나 AI 채용 전형을 도입하는 대기업이 늘면서 자기소개서와 면접의 중요성이 강조되고 있어서 이에 맞게 미리 대비하는 것이 부담을 낮추는 데 도움이 될 것"이라고 말했다.

자료원: 중앙일보 2019.7.29. "AI면접관과 게임하면 성향·역량 다 드러난다", 중앙일보 2019.1.17. "블라인드 채용확산…. 자소서에 학력 암시하면 불이익", 조선일보 2019.8.12. "자취방서 노트북 켜고 위엔 정장, 밑엔 반바지 지금 AI면접 중입니다."의 내용을 토대로 정리하였음.

## | 이 장을 시작하며 |

사마천(司馬遷)이 쓴 사기(史記)에 다음과 같은 경구가 있다.

'일목삼착 일반삼토'(一沐三捉 一飯三吐). 즉 "한 번 머리 감을 시간이라도 세 번 나가 인재를 만나라. 한 번 밥 먹을 시간이라도 세 번 음식을 뱉고 인재를 만나라". 또 언젠가 Google Korea의 HR담당 임원과 인터뷰를 한 적이 있다. 구글의 채용에 관한 저자의 질문에 다음의 대답이 돌아왔다. "HR활동의 90%가 채용이다 보니, 전 세계적으로 채용담당 스텝만 1,000여 명이 넘어요. 보통 직원을 뽑아서 통제하고 관리하는 데 힘을 쓰기보다는 최적의 사람을 뽑아서 자유롭게 일하도록 맡기자는 것이 우리 HR의 철학입니다. 그러다 보니 4년째 채용하지 못한 job도 있습니다."

우수 인재 확보의 중요성은 아무리 강조해도 지나침이 없다. 경기가 어려울수록 더욱 그러하다. 지금 한국은 그 어느 때보다 신사업 및 신제품, 신수요를 창출해 내는 저력이 필요하고 이를 가능하게 하는 것은 고도의 창의성과 전문성, 열정을 갖춘 인재 확보에 있음에도 불구하고, 정작 기업이 필요로 하는 인재는 턱없이 부족한 것이 현실이기 때문이다. 최근 코로나19가 주요 기업의 채용 방식을 바꾸고 있다. 감염증 확산을 예방하기 위해 기업들은 앞다퉈 '언택트(untact: 비대면) 채용'을 도입하고 있다. 롯데, 포스코, SK그룹은 대학가 캠퍼스 리크루팅 행사를 유튜브를 통한 온라인 채용설명회로 대체했다. 이달 채용에 나서는 삼성, LG, CJ 등도 온라인 채용설명회를 준비 중이다. 채용설명회뿐 아니라 화상면접을 늘려 대면 면접을 최소화하고 있다.

더불어 [도입사례 7]은 최고의 인재를 선발하기 위하여 최근 전 산업에 걸쳐서 폭발적으로 증가하고 있는 언택트 채용의 핵심인 AI 면접의 실제를 소개한 것이다. 이하에서는 모집과 선발에 관한 이론적 기초를 심층적으로 다루고자 한다.

## 1. 모집(募集)의 의의

### 1.1 모집의 정의 및 전략적 중요성

일반적으로 *모집이란 인적자원계획을 통해 확정된 부족한 인적자원을 조직으로 유인하는 활동 내지는 그 과정을 말한다.* 어떤 형태의 조직이든 조직이 과업을 수행하기 위하여 필요한 직무를 설계하고, 그 직무에 가장 적합한 구성원을 선발하는 여러 과정을 밟게 되는데 그 첫 번째 관문이 모집인 것이다(Dessler, 2014, p.115). 오늘날과 같이 치열한 경쟁상황하에서 기업이 살아남기 위해서는 조직의 목표달성에 참여하여 우수한 성과를 내는 유능한 인적자원이 절실한 만큼 면밀한 계획과 적극적이고 광범위한 모집활동이 필수적이라 하겠다. 모집은 내부모집과 외부모집으로 구분된다(학습목표 1).

### 1.2 내부모집

내부모집은 흔히 사내모집이라고도 하며, 조직 내부에서 해당 직위에 적합한 인물을 찾아내는 것을 말한다. 특히 기업이 외부환경으로부터의 위협이 별로 없고, 현상유지 및 안정적 전략을 추구하며, 시간과 예산이 충분하지 않을 때 내부모집을 선택한다. 흔히 사내공모(job posting 혹은 job bidding system)나 사내게시판, 인트라넷을 통하여 기존 인력을 대상으로 모집한다. 이때 회사는 사내공모를 활용하기 위하여 전 직원이 가지고 있는 능력, 기술을 목록화(skill inventory)하고 이를 바탕으로 인력데이터베이스(Human Capital Pool)를 구축하여 활용하게 된다(Mello, 2011, p.338).

#### 1) 내부모집의 장점

무엇보다도 내부모집의 장점은 첫째, 충분히 검증된 사람을 채용하기 때문에 별도의 능력검증절차가 필요 없다. 둘째, 훈련이나 사회화 기간이 거의 필요하지 않다는 점에서 비용을 감소할 수 있고 채용과정을 신속하게 진행할 수 있다. 셋째, 지원자들이 모집하는 직무에 대하여 잘 알고 있기 때문에 직무에 대한 비현실적 기대를 최소화할 수 있다. 넷째, 내부모집은 내부직원에게 승진에 대한 기대와 기회를 제공하기 때문에 동기부여 제공이 가능하다. 다섯째, 현 부서근무에 한계를 느낄 때 이직을 고민하지 않고 타 부서근무를 통한 능력

**이론올레길 7-1 집단사고 이론: 왜 최고의 엘리트 집단이 최악의 어리석은 결정을 할까?**

미국 예일대학의 심리학자인 어빙 재니스(Irving Janis)는 1972년에 출간한 『집단사고의 희생자들(Victims of Groupthink)』에서 어떻게 자타가 인정하는 우수한 두뇌 집단이 잘못된 결정을 내릴 수 있는지에 관한 문제를 연구하면서 '집단사고'(groupthink)라는 개념을 제시했다(이 책은 1982년 개정판을 낼 때에 『집단사고: 정책 결정과 대실패에 관한 심리학적 연구(Groupthink: Psychological Studies of Policy Decisions and Fiascoes)』라는 제목으로 바뀌었다).

재니스는 '집단사고'를 "응집력이 강한 집단의 구성원들이 어떤 현실적인 판단을 내릴 때 만장일치를 이루려고 하는 사고의 경향"이라고 정의했다. 쉽게 말하자면, 낙관론에 집단적으로 눈이 멀어버리는 현상이다. "정책 결정, 집단 내부의 구성원들 사이에 호감과 단결심이 크면 클수록, 독립적인 비판적 사고가 집단사고에 의해 대체될 위험성도 그만큼 커지게 된다. 그리고 이러한 집단사고는 집단 외부를 향한 비합리적이고 비인간적인 행동을 취하게 만든다."

미국에서 '집단사고'의 대표적인 예로는 케네디 행정부의 피그스만(灣) 침공 사건, 존슨 행정부의 베트남 정책, 닉슨 행정부의 워터게이트 사건 등이 지적되고 있다. 이 모든 사건이 그랬듯이, '집단사고'는 집단구성원에게서 '왕따'를 당할 가능성에 대한 우려 혹은 보상에 대한 기대로 인해 의심을 억누름으로써 나타난다.

쿠바의 피그스만 침공 사건이 실패로 돌아간 직후, 존 F. 케네디 대통령은 "내가 어떻게 그렇게 바보같을 수가 있었지?"라고 탄식했다지만, 바보짓을 한 건 그 혼자만이 아니었다. 케네디 행정부에 고문으로 참여했던 역사학자 아서 슐레진저(Arthur Schlesinger, Jr.)는 훗날 이렇게 말했다. "내가 할 수 있는 유일한 변명은 당시의 토론 분위기 때문에 소극적인 질문 몇 가지를 제기하는 것 이상으로 그 터무니없는 계획에 대한 반대 의견을 개진하지 못했다는 것이다."

슐레진저의 그런 소극적인 질문마저 가로막고 나서는 이가 있었으니, 그는 바로 케네디 대통령의 동생이자 법무부 장관인 로버트 케네디(Robert Kennedy)였다. 로버트 케네디는 슐레진저를 따로 불러 이렇게 말했다고 한다. "당신 생각이 맞을 수도 있고 틀릴 수도 있지만, 대통령은 이미 결심을 했습니다. 그러니 더는 왈가왈부하지 마세요. 지금은 대통령을 돕기 위해 모든 사람이 각자 할 수 있는 최선을 다해야 할 때입니다."

자료원: 샘 소머스와 임현경 옮김, 무엇이 우리의 선택을 좌우하는가: 우리의 감정, 행동, 결정을 주도하는 보이지 않는 힘, 청림출판, 2013, p.150.

발휘 및 개발의 기회를 가질 수 있다.

### 2) 내부모집의 단점

내부모집의 단점으로는 첫째, 특정 직위에 대한 지원자가 많을 경우 내부의 경쟁과열 및 조직정치(organizational politics)[3)]에 따른 조직분위기가 저해될 위험이 있다. 둘째, 내부모집에 지원자가 불합격할 경우, 지속적으로 조직에 대한 불만을 가지게 되는 단점이 있다(Noe et al., 2006, p.197).

## 1.3 외부모집

내부모집의 장점이 많음에도 불구하고 기업은 여러 가지 다양한 이유로 기업 외부에서 인적자원을 모집한다. 이를 흔히 외부모집(또는 사외모집)이라고도 한다. 외부모집이란 일반적으로 지원자의 직접지원과 현직 종업원의 추천, 구인광고, 헤드헌터의 활용, 온라인모집[4)] 등과 같은 수단을 이용하여 외부에서 적합한 인물을 찾는 방법이다. 특히 기업조직에 새로운 변화가 필요하거나 환경이 급변하게 요동칠 때 유용한 모집방식이다(Mello, 2011, p.338).

### 1) 외부모집의 장점

첫째, 외부모집을 통하여 조직은 기존에는 생각하기 어려웠던 새로운 아이디어나 견해, 방법을 접할 수 있는 기회를 만들 수 있다. 따라서 외부모집을 통하여 기존 직원들의 지식기반(knowledge base)를 현격하게 확대할 수 있다(Mello, 2011, p.338). 만약 내부모집에만 의존할 경우 기업은 [이론올레길 7-1]에서 보듯이 '집단사고'(Group Think)에 익숙하게 되어 조직 전체의 혁신능력이 떨어지고 새로운 변화에도 적응하지 못하는 상황이 발생한다. 둘째, 기업이 급성장할 때는 인력수요를 신속히 충족시킬 수 있다. 셋째, 자격을 갖춘 경력직을 채용할 경우 채용 시 발생되는 교육 · 훈련 비용을 절감할 수 있다.

### 2) 외부모집의 단점

외부모집의 단점은 첫째, 충원하는 과정에서 대체로 내부모집에 비하여 시간과 비용이 많이 소요된다. 그것은 조직 밖의 외부에서 온 사람들에게는 조직과 제품 및 서비스의 특징, 동료 및 고객들을 알기 위한 사회화 기간이 필요하기 때문이다. 둘째, 직무 및 기존 직원들과의 마찰 등 조직적응에 있어서 시간이 적지 않게 소요된다는 점을 들 수 있다(Noe et

3) 일반적으로 조직 전체의 이익보다는 특정 개인이나 부문의 이익을 보호, 신장을 위해 공식적으로 승인받지 못한 방식으로 권력을 행사하는 활동을 의미한다.

4) E-cruiting이라고 부르기도 한다.

al., 2006, p.198). 이상의 내용을 정리한 것이 [도표 7-1]에 제시되어 있다(학습목표 2).

**도표 7-1** 내 · 외부 모집의 장단점과 필요상황

| | 내부모집 | 외부모집 |
|---|---|---|
| 장점 | • 별도의 능력검증절차가 필요 없음<br>• 훈련 및 사회화기간 필요 없음 (신속한 채용과정)<br>• 비현실적인 직무기대 최소화<br>• 내부 직원에게 승진에 대한 기대와 기회 제공<br>• 타 부서 근무에 대한 기회 제공 | • 새로운 아이디어나 견해, 방법을 접할 수 있는 기회 제공<br>• 조직의 급성장시 신속한 인력수요충족 가능<br>• 경력직 채용 시 교육훈련비용 절감 |
| 단점 | • 내부의 경쟁과열 및 조직정치에 따른 분위기 저해<br>• 불합격한 지원자의 지속적 불만 | • 충원과정 시 시간과 비용 소요<br>• 직무 및 기존 직원에 대한 조직 적응 시 시간 소요 |
| 필요상황 | • 현상유지 및 안정적 전략수행 시<br>• 안정적 외부환경 하<br>• 제한된 시간과 예산 | • 변화가 필요한 상황<br>• 급변하는 외부환경 하 |

## 1.4 내부모집(Make)이냐 외부모집(Buy)이냐

내부모집과 외부모집에 대한 장단점을 이해하였다면 실제 기업현장에서는 이 문제에 대한 결정과 향후 이행과정에 대한 준비를 해야 한다. 즉 다음의 [도표 7-2]는 내부모집과 외부모집[5]을 결정하게 되는 과정을 제시하였다. 즉, 기업은 회사의 사업전략을 토대로 앞서 논의한 인력계획, 직무분석, 직무설계와 같은 HR전략을 확정한 뒤에 관련 직무를 수행하는 데 있어서 내부의 기존 인력으로 충분한지에 대한 판단을 해야 한다. 이때 인력육성과 같은 내부공급으로도 충분하다면 교육훈련을 통하여 인재를 키우거나 경력개발 차원에서 승진을 시키거나 직무이동을 시켜서 관련 직무를 담당하게 하면 된다. 그러나 내부인력으로도 해결이 안 될 경우, 신규채용이든 경력사원채용이든 직무에 따라 외부영입계획을 마련해야 한다.

일단 인재를 외부에서 영입하기로 했다면 필요한 인재에 대한 정의를 구체화해야 한다. 예를 들어 GS25, CU, 7-ELEVEN과 같은 프랜차이즈 업계에서는 점주들의 점포매출과 수익을 올리는 데 있어서 컨설팅 역할을 해주는 FC(Field Consultant)와 점포유치와 개발을 담당

5) 미국의 경우 외부모집을 할 때 다음의 사이트에 공고한다. www.Monster.com, CareerBuilder, USAJobs, AOL Career, Yahoo! Hot Jobs 등이다.

**도표 7-2** 내부모집(Make)과 외부모집(Buy)의 의사결정 과정

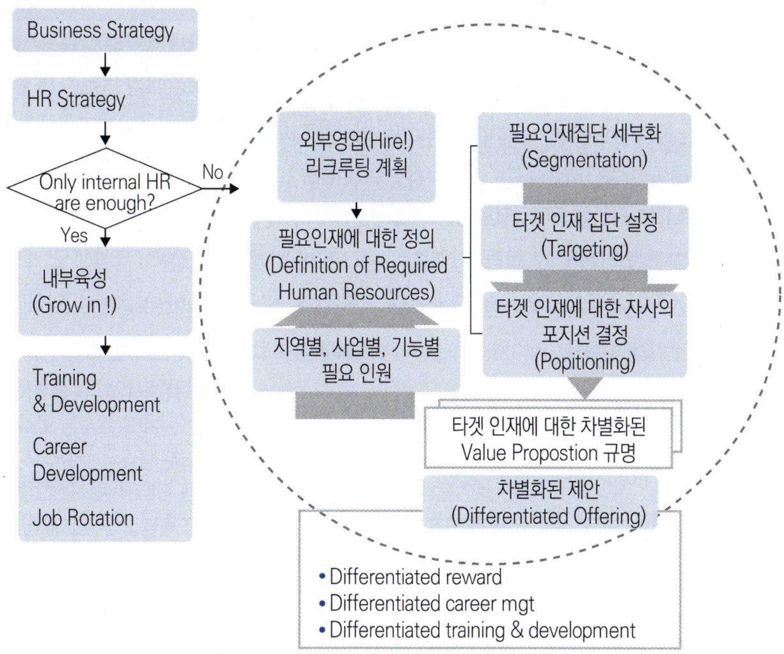


자료원: 백풍렬(2001). "HR전략없는 비즈니스전략은 없다", LG주간경제, 626호, pp.41-47.

하는 RFC(Recruit Field Consultant) 인력이 핵심인력에 해당한다. 따라서 각 사는 이들 인력을 유치하는 노력을 꾸준히 한다. 각 지역의 지사별로 몇 명의 FC와 RFC가 필요한지 인사팀에서 전체적인 정보수집을 한다(지역별, 사업별, 기능별 필요인원 확정). 이렇게 두 필요인재집단이 세분화되었으면 다음으로 이 두 인재집단에 대하여 '국내 · 외 경영학 학사를 취득한 7년 이상의 관련 분야 경력직'으로 타겟집단을 선정한다(타겟인재집단 선정). 이러한 선정작업이 끝나면, 타겟집단에 대해서 자사가 취할 전략적 포지션을 결정해야 한다. 이를 위해서는 경쟁사에 대해 자사가 차별적으로 제공하는 가치가 무엇인가를 우선 규명하고, 타겟집단에게 제공할 차별적 가치요소들을 결정해야 한다(타겟집단에 대한 자사의 포지셔닝 결정). 예를 들면, 보상수준보다는 오히려 경력개발에 더 많은 관심을 보이는 인재집단에게는 경쟁사보다 차별적이고 경쟁력 있는 경력개발 프로그램을 제공하고, 교육훈련에 더 높은 가치를 두는 인재집단에게는 어학연수 및 학위연수 등의 차별적인 교육기회를 보장하는 방안을 검토해야 한다(학습목표 3).

이와 같은 과정은 스타급 인재영입에도 마찬가지로 적용된다. 삼성은 '미래 성장동력 발

**현장올레길 7-1** 삼성전자가 영입한 인재

자료원: 조선경제. 2019.4.1.

굴'을 위하여 스타급 인재영입에 그 어떤 기업보다도 공을 들이고 있다. [현장올레길 7-1]에서 보듯이 최근 삼성전자는 미국 하버드대 위구연 석좌교수와 미국 아마존의 수석 과학자인 장우승 박사, 윌리엄 김 올세인츠 최고경영자(CEO) 등 총 5명을 펠로우 · 부사장 · 전무와 같은 고위급 임원으로 영입하였다(조선경제, 2019.4.19). 삼성전자는 2018년 6월에 프린스턴대 세바스찬 승(승현준) 교수와 코넬테크 대니얼 리(이동렬) 교수 등 뇌(腦)과학 석학들을 데려온 데 이어 이번엔 인공지능(AI) · 빅데이터 · 자율주행차 분야의 기술 리더들을 영입한 것이다.[6]

## 2. 모집의 원천

조직의 모집전략에서 고려해야 할 또 다른 중요한 요소는 어떤 경로를 통해 지원자들을 탐색할 것인지를 결정하는 것이다. 노동시장은 방대하고 여러 지역에 걸쳐 형성되어 있기

6) 삼성전자뿐만 아니라 세계적인 IT업체들도 미래 기술 전쟁을 위한 인재확보에 총력을 기울이고 있다. 미래 기술의 연구개발(R&D)은 한두 명의 천재가 기업의 기술 경쟁력을 좌우하는 경우가 많기 때문이다. 구글에서는 제프린 힌턴 캐나다 토론토대 교수가 AI 연구조직인 '구글 브레인'의 수석과학자로 활동하고 있으며, 페이스북에서는 뉴욕대 얀 레쿤 컴퓨터공학과 교수가 AI 반도체 연구를 책임지고 있다. 인텔은 이스라엘의 자율주행차 기업인 모빌아이를 인수하면서 이 회사의 창업자인 암논 샤슈아 히브리대 교수를 수석 부사장으로 영입하였다. 사슈아 교수는 세계적인 시각AI 권위자이다(조선경제, 2019.4.19.).

때문에 기업은 노동시장을 세분화할 필요가 있다. 조직 내에서 발생하는 노동수요와 이에 합당한 인력을 찾는 경로로 어떤 방법을 선택하느냐에 따라 조직이 접근할 수 있는 노동시장의 크기와 속성이 결정된다(Noe et al., 2006, p.197).

## 2.1 효과적인 내부모집 전략

모집원천을 내부에서 찾을 때는 기존 인력을 대상으로 모집하는 것이다. 즉 기업은 사내공모나 사내게시판, 출판물, 인트라넷을 통한 정보교환을 통해 기존 인력을 대상으로 모집한다. 이 밖에도 관리자들이 특별히 적임자를 추천하기도 한다. 효과적인 내부모집을 위하여 기업들은 다음의 실제 전략을 추진할 수 있다.

### 1) 인적자원정보 시스템(HRIS: Human Resources Information Systems)의 활용

기술의 발전에 따라 조직은 조직 내 모든 구성원들의 신상정보나 자격 관련 모든 정보를 담은 데이터베이스를 만드는 것이 가능하게 되었다. 사용자 중심의 탐색엔진(User-friendly search engines)이 결합되면서 관리자들은 이 정보에 보다 쉽게 접근할 수 있게 되었고 인재가 필요한 특정 직무를 수행할 잠재적 후보들을 파악할 수 있게 되었다. 특히 요사이 Sun Microsystem, Merck 등과 같은 IT 첨단기업들은 온라인 데이터베이스화된 구성원들의 이력서들에 대하여 관리자들이 여러 세부 조건을 주어 검색이 가능하도록 한 이력서추적시스템(Resume-tracking system)을 개발하여 운용하고 있다. PeopleSoft나 SAP과 같은 기업들은 자동화된 충원 및 기능관리 소프트웨어(Automated staffing and skill management software) 개발에 있어 가장 앞서 있다. 이들 정보시스템을 통하여 조직은 노동력 전부를 재빨리 스크린하여 가장 적합한 내부인력을 특정 직무에 충원한다. 이와 같은 정보 및 데이터를 통하여 종업원들의 경력경로를 예측하고 언제 어느 직위에서 승진기회가 있을지 기대할 수도 있다. 정보 및 자료의 가치는 얼마나 이들 정보 및 자료를 업데이트하느냐에 달려 있기 때문에 종업원 개인의 자격이나 직무배치가 달라질 때마다 이들 정보를 업데이트해야 한다.

### 2) 직무공고(Job Posting)제도를 활용

조직은 자리가 비어 있는 직무에 관한 정보를 공고하며 직원들 모두가 그 정보를 공유할 수 있도록 해야 한다. 이를 직무공고라고 한다. 이들 직무들은 수시로 전자게시판이나 직원

**현장올레길 7-2 현대카드 … 사내 인력시장 통해 해외근무**

현대카드 IT 정보보안팀의 이웅 차장은 11월 초부터 미국 캘리포니아 어바인에 있는 현대캐피탈 아메리카(HCA)에서 새롭게 근무를 시작했다. 이 차장이 HCA에서 일할 수 있게 된 건 현대카드·캐피탈의 독특한 인사제도인 '커리어마켓(Career Market)' 덕분이다. 이 차장은 지난 8월 직접 HCA의 사내 모집공고에 응모해 서류전형과 화상면접 등의 과정을 거쳐 선발됐다.

현대카드·캐피탈이 사내 인사시스템에 시장원리를 도입해 톡톡한 효과를 보고 있다. 회사가 일방적으로 인력배치를 결정하던 관행에서 벗어나 직원 스스로 사내 인력시장에서 자신을 매물로 내놓고 일하고 싶은 부서를 선택할 수 있도록 한 것이다. 최근 커리어마켓 제도를 글로벌로 확대 적용하면서 이 차장처럼 미국 중국 등 해외법인으로 나가는 직원이 늘고 있다. 커리어마켓은 다른 부서로 옮기고 싶은 직원들이 자신을 등록하고 마케팅하는 공간인 '오픈커리어 존(open career zone)'과 각 부서가 필요한 인재를 공모하는 '잡포스팅 존(job posting zone)'으로 나눠 운영된다. 현대카드 관계자는 "커리어마켓 실무 이후 현대카드·캐피탈 인사이동의 70%가 이 제도를 통해 이뤄질 정도로 직원들의 만족도가 높다"고 설명했다.

Career Market 운영프로세스

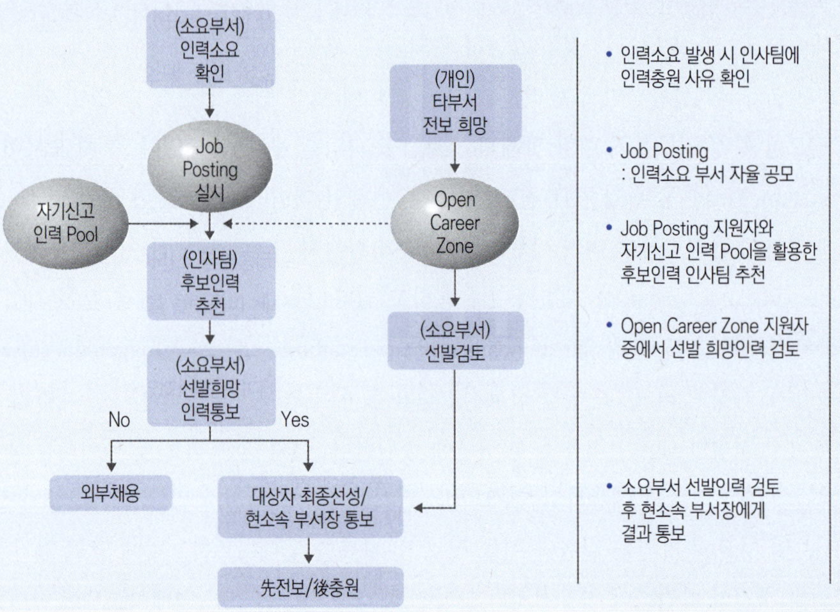


자료원: 한국경제, 2014.12.7.

들이 자주 보는 게시판이나 이메일, 출판물 혹은 공익광고 메시지에 공지된다. 많은 선진기업들은 온라인 직무공고시스템을 개발하여 보다 나은 직무수행을 원하는 종업원들이 자기 이름, 이력서 그리고 관심분야 직무 및 희망직위를 그 시스템에 등록할 수 있게 한다. 필요 직무와 직위가 공고되면 회사는 그 직무를 원했던 모든 종업원들의 명단을 검색할 수 있으며 동시에 인터뷰 후보자를 최종 선발하기 위하여 이들 종업원들의 여러 기록이나 정보를 검색하게 된다. 직무공고시스템은 조직 내부에서 운용되지만(내부모집의 특징) 전사적으로 흩어져 있는 인재가 자기가 원하는 직무에 대해 스스로 지원하여(외부모집의 특징) 적재적소에 배치된다는 점에서 내 · 외부 모집의 장점을 취한 민주적이며 진보된 내부 모집전략이라고 하겠다. 그러나 이 시스템은 종업원이나 조직에게 많은 이점을 제공하기는 하지만 종업원들이 이 시스템이 공정하게 운영된다고 믿지 않는 한 조직 내에 구현되기가 쉽지 않다. [현장올레길 7–2]는 2009년부터 현재까지 'Career Market'제도라는 이름으로 정교한 직무공고시스템을 성공적으로 운영하고 있는 현대카드의 사례이다.

### 3) 성과평가를 통한 인재 파악

성과평가에 대해서는 제9장에서 자세히 상술하겠지만, 여기서의 학습목표를 위해서는 관리자들은 여러 이유가 있겠지만 특히 종업원들의 개발과 경력 관련 의사결정을 위하여 종업원들의 성과를 측정하고 평가해야 한다. 직무수행을 성공적으로 하는 종업원은 흔히 승진후보가 된다. 반면에 직무수행을 제대로 하지 못하는 종업원은 타 부서로 이동하거나 심지어 강등 혹은 퇴출되기도 한다. 여러 직원 가운데서 인재를 파악하고 개발하는 것이야말로 모든 관리자들이 대단히 진지하게 행해야 할 역할이다. 상사가 부하들에 대한 성과평가를 할 때, 상사는 부하들이 관리직 혹은 첨단기술직의 업무수행에 대한 부하들의 잠재성을 늘 염두에 두고 그 방향으로 성장할 때 격려를 아끼지 말아야 한다.

### 4) 평가센터(Assessment Center)를 활용하기

한 개인의 경력잠재성(career potential)을 측정할 수 있는 가장 효과적인 방법 가운데 하나로서 평가센터[7]를 들 수 있다. 일반적으로 평가센터는 신입사원들의 역량을 측정하기 위한 다양한 방식 중의 하나로 주목을 받아 왔으나 최근에는 내부에 공석(公席)이 발생하였을 때 기존 직원들을 대상으로도 적용하고 있는 유효한 역량측정기법이다. 평가센터의 가장 큰 특징은 '피평가자들의 실제 업무역량을 살펴볼 수 있는 다양한 과제'들을 통해 '피평가자

7) '평가센터'라는 용어 때문에 각종 평가가 이루어지는 장소를 의미하는 것으로 오해하기 쉬우나, 실제로는 특정한 장소가 아닌 역량을 평가하는 하나의 방식을 뜻한다.

의 관찰된 행동'을 '훈련받은 다수의 평가자'들이 평가한다는 것이다. 평가센터에서 사용하는 대표적인 과제로는 역할연기, 서류함 기법, 집단 토의, 프레젠테이션, 상황 면접, 사례분석 과제 등이 있다. 각 평가 주체들은 자신의 상황과 목표에 맞게 다양한 평가기법을 사용할 수 있다. 다만 이 과정에서 최소 1개 이상의 모의 상황(Simulation) 과제가 필수적으로 포함되어야 한다. 평가센터에서 사용하는 과제들은 실제 업무활동과 유사하게 구조화되어 해당 직무에 대한 피평가자의 업무능력을 실제적으로 평가할 수 있다. 평가센터에서 활용되는 과제는 동시에 두 가지에서 다섯 가지 역량을 측정할 수 있도록 구성된다. 아래는 가장 활발하게 사용되는 평가과제를 정리한 것이다. [도표 7-3]은 2박 3일 일정의 평가센터 프로그램의 예이다.

- 역할연기(role-play): 직무 중 일어날 수 있는 상황을 바탕으로 상대 역할연기 대상자(상사, 동료, 고객 등)와 상호작용하여 직무를 수행하는 과제이다. 역할연기를 통해 평가자는 피평가자의 의사소통 방식, 문제해결 방식, 고객 응대 모습 등을 관찰할 수 있으며, 이를 통해 대인관계에서의 갈등해결 능력, 동기부여 및 이해 조정 능력, 설득력 등을 평가할 수 있다.
- 서류함 기법(in-basket)[8]: 실제 업무상황과 흡사한 자료들을 여러 정보매체(달력, 서류, 메모, 보고서, 이메일 등)를 통해 제공하고, 피평가자들이 이 자료를 바탕으로 우선적으로 해결해야 하는 과제가 무엇인지 또 그 과제들에 대해 어떻게 신속하게 대처하는지 그 종합적인 문제해결과정을 평가한다. 역할연기와 마찬가지로 실제 업무상황을 재현하기 때문에 업무행동을 잘 반영할 수 있으며, 문제해결 방식 및 판단력, 결단력, 기획력, 업무절차 설계능력 등을 살펴볼 수 있다.
- 집단 토의(group discussion): 특정 집단에 일정한 과제를 주는 방식이다. 정해진 형식은 없으며, 서로 협력하여 최상의 해결책을 찾거나 각자 맡은 부서를 대변하여 이익을 취하는 상황이 있을 수 있다. 리더의 존재 여부에 따라 리더 없는 집단 토론(Leaderless group discussion)과 리더가 정해진 집단 과제(Assigned-leader group task)로 구분될 수 있으며, 각 팀원에게 역할을 배정하거나 하지 않을 수도 있다. 이 과제를 통해 팀워크와 리더십, 의사소통 기술, 의사결정 기술 등을 평가할 수 있다.

8) 인바스켓 테스트는 제2차 세계대전이 발발하기 전 독일 육군에 의해 처음으로 사용되었으며 그 이후에 영국과 미국 등에서 장교와 첩보원을 선발하는 데 사용되었다. 그러던 것이 AT&T가 1956년에 기업으로서는 처음 도입한 이후, IBM과 GE, Sears 등에서 관리자의 선발 및 육성, 경력관리를 위해 사용하면서 점차 확산되기 시작하였다. 한국에서도 POSCO를 위시하여 대기업에서 현재 사용 중이다.

- 프레젠테이션(presentation): 기초 자료를 주고 간단한 주제에 대해 발표용 자료를 만들어 발표하게 하는 과제이다. 집단 과제로 제시할 수도 있으며, 발표 후 제한점이나 결점을 지적하여 피평가자를 스트레스 상황에 놓이게 하여 그 반응을 살펴볼 수도 있다. 이 과제를 통해 의사소통 능력, 정보수집 및 활용 능력, 창의력 등을 평가할 수 있다.
- 상황 면접(situational interview): 업무와 관련된 사람들과 면접을 하는 방식으로 직무에서 발생가능한 상황에 대해 예상 대응을 묻는 과제이다. 면접과정에서 피평가자를 스트레스 상황에 처하게 해 반응을 보는 스트레스 면접도 이에 속한다. 의사소통 능력, 순발력, 문제해결 능력 등을 살펴볼 수 있다.
- 사례 분석(case or project file): 그동안 있었던 사례나 특정 정보를 주고 문제를 분석하고 판단해 보고서를 작성하도록 하는 과제이다. 문제분석 능력, 의사결정 능력, 정보분석 및 활용 능력 등을 평가하며 보고 내용 및 형식에 대해서도 살펴볼 수 있다(학습목표 4).

**도표 7-3** 2박 3일 일정의 평가센터 프로그램의 예시

| Day 1 | Day 2 | Day 3 |
|---|---|---|
| A. 12명의 피평가자들에 대한 오리엔테이션<br>B. 4~6개 그룹으로 나누어 시뮬레이션 게임(평가자들은 계획수립 능력, 문제해결 스킬, 의사소통 능력 관찰)<br>C. 심리테스트<br>D. 평가자와의 면담(인생목표, 동기부여, 경력계획을 중심으로 면담)<br>E. 소그룹 Case Study(평가자들은 설득력, 의사결정의 유연성, 자신감을 평가) | A. 개인별 의사결정 연습 피평가자들은 해결해야 할 과제에 대한 의사결정을 해야 함(평가자들은 사실 발견 기술, 문제해결 절차의 이해, 위험에 대한 태도를 관찰)<br>B. In-Basket Exercise(평가자들은 스트레스 상황하에서의 의사결정 조직화 능력, 기억력, 권한 위양 능력을 관찰)<br>C. 성과평가면담의 역할연기(평가자들은 공감능력, 반응능력, 카운슬링 기술, 정보활용능력을 관찰)<br>D. 집단문제해결(평가자들은 리다십능력과 집단으로 일하는 능력을 관찰) | A. 개인별 Case분석과 프리젠테이션(평가자들은 문제해결 능력, 프리젠테이션 방법, 질문을 다루는 능력 그리고 의사소통기술을 관찰)<br>B. 다른 피평가자들의 평가(동료간 평가) |

자료원: Ivancevich, J. M.(2007). *Human Resource Management*(10th Ed.), p.235.

## 2.2 효과적인 외부모집 전략

내부모집의 장점에도 불구하고 기업은 여러 다양한 이유로 기업 외부에서 인재를 모집한다. 이때 기업은 지원자의 직접지원과 임직원 추천, 구인광고, 고용대행기관, 고등학교 및 대학교, 온라인 모집과 같은 다양한 외부모집 원천을  활용하게 된다. 효과적인 외부모집의 경우는 가장 적합한 인재를 가장 적은 비용으로 유치하는 것이 중요하다. 이를 위하여 기업들은 다음의 세 가지 외부모집 전략을 복수로 구사할 수 있다.

### 1) 모집원천별 비용분석

앞서 논의된 바와 마찬가지로 외부 인재유치를 위하여 임직원 추천, 구인광고, 고용대행기관, 고등학교 및 대학교, 온라인 모집과 같은 다양한 외부모집 원천을 활용하게 되는데 전체 비용을 감안하여 외부모집 원천을 다양화해야 한다. [도표 7-4]는 미국 특정 기업의 외부모집 원천별 비용분석을 한 결과표이다. 또 각 외부모집 원천별로 각 단계별 채택률

**도표 7-4** 모집원천별 비용분석

| | 외부모집 원천 | | | | | |
|---|---|---|---|---|---|---|
| | 지방대학 | 유명대학 | 임직원추천 | 신문광고 | 온라인 | 헤드헌터 |
| 제출된 이력서 | 200 | 400 | 50 | 500 | 10,000 | 20 |
| 면접허용 | 175 | 100 | 45 | 400 | 700 | 20 |
| 채택률 (yield ratio) | 87% | 25% | 90% | 80% | 14% | 100% |
| 적격자 수 | 100 | 95 | 40 | 50 | 300 | 19 |
| 채택률 (yield ratio) | 57% | 95% | 89% | 12% | 43% | 95% |
| 채용수락 | 90 | 10 | 35 | 25 | 100 | 15 |
| 채택률 (yield ratio) | 90% | 11% | 88% | 50% | 33% | 79% |
| 누적 채택률 (yield ratio) | 45% (90/200) | 3% (10/400) | 70% (35/50) | 5% (25/500) | 1% (100/10000) | 75% (15/20) |
| 총비용 | $30,000 | $5,000 | $15,000 | $20,000 | $5,000 | $90,000 |
| 고용건당 비용 (채용수락 / 총비용) | $333 | $500 | $429 | $800 | $50 | $6,000 |

자료원: Noe, Hollenbeck, and Wright(2006). *op. cit.*, p.205 수정인용.

(yield ratio)[9]과 함께 최종적으로 누적 채택률(accumulated yield ratio)이 제시되어 있다. 단적인 예로 임직원 추천의 경우 제출된 이력서는 50부에 불과하지만 면접이 허용된 인원은 45명이나 되어 90%의 채택률을 보이고 있다. 이 가운데서 채용적격자는 40명으로서 89%의 채택률을 보이고 있다. 또 40명 가운데 35명이 최종적으로 채용되어 88%의 채택률을 보이고 있다. 처음에 지원한 50명 가운데 최종합격한 사람은 35명으로서 누적 채택률은 70%나 된다. 이 숫자는 75%에 달하는 헤드헌터의 원천을 이용할 때보다 적은 비율이지만 임직원을 통할 경우 상대적으로 적은 비용으로 가장 높은 채용합격률을 보이고 있음을 알 수 있다. 따라서 많은 비용을 들이면서까지 헤드헌터를 이용할 만큼 스타급 혹은 예외적인 인재가 아니고서는 임직원의 추천원천을 활용하는 것이 가장 효과적이라 하겠다.

### 2) 1인 고용당 모집비용(Source cost of recruits per hire) 분석

앞서의 논의는 모집원천별 1인 고용당 비용분석을 한 결과였다. 그러나 실제 기업에서는 한 개의 외부모집 원천만을 고집하지 않고 다양한 외부원천을 활용한다. [도표 7-5]에서 보는 바와 같이 한 명을 고용하는 데 드는 모집의 비용을 간단히 계산해 낼 수도 있다. 계산결

**도표 7-5** 모집비용의 계산 예

$$\frac{SC}{H} = \frac{AC + AF + RB + NC}{H}$$

$SC$(Source Cost): 총모집원천 비용
$AC$(Advertising Costs): 총 광고비지출료 합계(예, $28,000)
$RB$(Referral Bonuses): 총 추천보너스 합계(예, $2,300)
$AF$(Agency Fees): 총 대행기관지출료 합계(예, $19,000)
$NC$(No Costs hires): 무비용(예, $0)
$H$(Hires): 총고용인수(예, 119명)

사례의 금액을 공식에 대입하면

$$\frac{SC}{H} = \frac{\$28,000 + \$19,000 + \$2,300 + \$0}{119} = \frac{\$49,300}{119} = \$414\text{(인당)}$$

자료원: Snell, S. and Bohlander, G.(2007). *Human Resource Management*, Thompson, pp.183-184.

9) 채택률(yield ratio)이란 선발의 전체 과정에서 특정 단계에서 다음 단계로 진행한 종업원의 비율을 의미한다. 즉, 온라인으로 1만 명이 이력서를 제출하였는데 최종면접 대상자로 1천 명이 선정되었다면 yield ratio는 10%가 되며 이 계산은 이후의 각 단계에도 마찬가지로 적용하여 yield ratio를 계산할 수 있다. 즉, 최종면접 중 최종채용제의를 받은 사람들의 비중이 그 예이다.

과에 따르면 이 기업의 경우 1명을 외부에서 고용하는 데 평균적으로 414달러의 비용이 든다는 사실을 알 수 있다. 이 분석은 어디까지나 채용이 된 시점의 분석이고 채용이 된 이후의 특정 시점에서 유지관리를 잘못하여 이직을 할 경우 그 비용은 급상승하게 되고 이직률이 높아질수록 기하급수적인 비용들이 매몰원가(sunk cost)로 되어버리는 데 많은 사람은 이러한 비용을 인식하지 못하고 있는 것이 현실이다.

### 3) 현실적 직무소개(RJP: Realistic Job Preview)의 활용

모집의 효과를 제고하는 또 다른 방법은 지원자에게 모집단계에서 현실적인 직무소개를 하는 것이다. 다시 말하면 일반적으로 직무소개를 할 때 그 직무를 수행함으로써 얻게 되는 긍정적인 측면만을 부각시키지만, 현실적 직무소개는 긍정적인 측면과 부정적인 측면을 포함하여 있는 그대로 직무의 모든 측면을 지원자에게 미리 알려 주는 것이다. 작업장탐방을 하더라도 건강 및 산업안전상의 문제점들을 같이 일러 주는 것이 필요하다. 현실적 직무소개의 지지자들은 직무분석에 근거한 직무 자체에 대한 기초정보뿐만 아니라 이와 같은 현실적 정보를 제공받은 지원자들은 그 직무를 오래 수행하고 성공적인 직무수행을 한다는 사실을 보고하고 있다(Snell & Bohlander, 2007, p.184). 그것은 모집단계에서는 몰랐던 부정적인 측면의 정보가 직무수행의 현실에서 거의 없기 때문에 직무에 대한 기대치가 현실에서도 그대로 유지할 수 있게 된다. 많은 연구자들은 [도표 7-6]에서 보듯이 현실적 직무소개의 긍정적인 결과물을 제시하고 있다(학습목표 5).

**도표 7-6** 현실적 직무소개의 긍정적 결과

- 종업원 직무만족의 개선
- 자발적 이직의 감소
- 정직성과 개방성을 통한 의사소통의 개선
- 현실적인 직무기대 가능

자료원: Snell, S. and Bohlander, G.(2007). *Human Resource Management*, Thompson, pp.183-184.

또 이상의 내부모집전략과 외부모집전략을 [도표 7-7]에서 정리하였다.

**도표 7-7** 내부모집전략과 외부모집전략의 비교

| 내부모집전략 | 외부모집전략 |
|---|---|
| • 인적자원정보시스템(HRIS)의 활용<br>• 직무공고(Job Posting)제도를 활용<br>• 성과평가를 통한 인재 파악<br>• 평가센터(Assessment Center)를 활용하기 | • 모집원천별 비용분석<br>• 1인 고용당 모집비용<br>• 현실적 직무소개(RJP)의 활용 |

## 3. 지원자의 관점에서 본 채용[10)]

지원자가 누구이든 어떤 방식으로 지원하든 채용과정 중에 지원자가 겪게 되는 일련의 경험들은 회사측의 채용제의를 수용할지 여부를 결정하는 중요한 상황이다. [도표 7-8]에서 제시한 바처럼 지원자의 직장탐색과 직장선택에 영향을 미치는 요인을 정리하였다. 우수한 신입 및 경력사원들을 채용하기 위해서는 모집 및 선발과정에 있어서 나중에 채용제의를 받든 받지 못했든 지원자 모두에게 긍정적인 경험을 제공해야 한다는 사실이다. 기업의 모집과 선발방식이 지원자들에게 호의적인 이미지를 줄 수 있다면, 탈락한 지원자들도 다음 번에 다시 도전할 수 있고 심지어 직장을 찾고자 하는 주위의 친구나 동료들에게도 그 회사를 추천할 수 있기 때문이다. 따라서 우수한 인재를 선발하기를 원하는 HR담당자들은

**도표 7-8** 지원자의 직장탐색과 직장선택에 영향을 미치는 요인

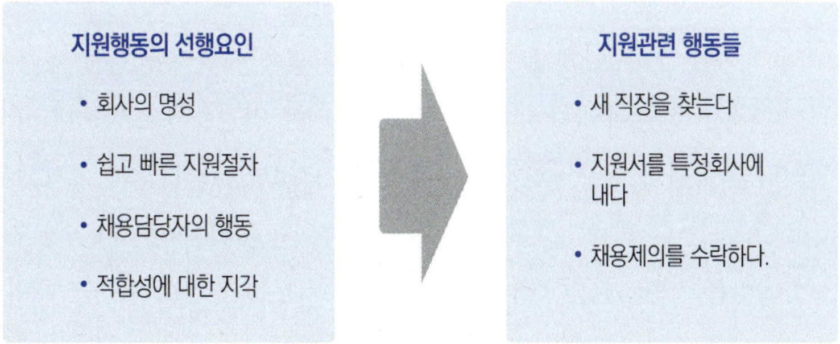


자료원: Werner et al.(2012). *op. cit.*, p.169.

10) 이 내용은 Werner et al.(2012). *op. cit.*, pp.168-171의 내용을 요약 정리하였다.

지원자들이 직장을 탐색하고 새 직장을 구할 때 무엇을 우선적으로 고려하는지 지원자의 입장에서 고민해 볼 필요가 있다(학습목표 6).

## 3.1 회사의 명성(Company Reputation)[11)]

입사를 결정하는 데 있어서 회사의 명성은 지원자들에게는 매우 중요한 고려사항이다. 일반적으로 사람들은 그들이 자랑스러워하는 회사에서 일하기를 선호하며, 따라서 그들의 가치와 일치하는 회사를 발견하고자 한다. 연구에 따르면 특정 회사에 대한 지원자들의 이미지는 회사의 광고나 처음 대중에게 노출될 때 결정된다고 한다. 예를 들면 SAS가 Fortune 誌가 선정하는 '100개의 가장 일하기 좋은 회사'(100 Best Companies to Work For)에 지난 15년 동안에 매년 최상위권에 선정되었다는 이 명성 덕분에 가장 손쉽게 최고의 인적자원을 모집하고 확보할 수 있게 되었다. 일단 SAS가 채용제의(job offer)를 하면 어떤 유능한 지원자라도 수락할 가능성이 매우 높다는 것이다. 이렇게 보면 좋은 명성을 쌓고 지원자들이 지원하게 하는 것이 구직자들에게 직장선택을 호소하는 첫 번째 채용요소이다.

## 3.2 쉽고 빠른 지원절차(Easy and Fast Process)

지원자의 이력서를 쉽게 받을 수 있고 또 채용 여부를 빨리 알 수 있도록 하는 사용자 중심의 온라인 지원 소프트웨어(User-friendly online application software)를 운용하는 것이 지원자들의 긍정적인 경험을 만드는 또 다른 방법이다. 미국 보험회사인 Allstate사의 경우 지원자들의 이력서를 자동으로 스크린하는 소프트웨어를 사용하여 다음 단계의 진행에 참여 여부를 즉각적으로 알 수 있게 함으로써 누구라도 쉽게 지원하게 하고 있다. 지원자가 회사가 찾는 인재라면 현장에서 즉시 다음 단계의 인터뷰 일정을 통보받는다. 이런 과정을 경험한 지원자라면 회사가 전도양양하고 유망할 것이라고 생각하는 데 주저함이 없게 된다. JP Morgan Chase는 한 걸음 더 나아가 '직장사냥게임'(job hunting game)을 이용하여 채용을 한다. 이 게임은 지원자들의 관심분야와 회사의 직무를 연결시켜 주는 재미있는 프로그램으로써, 지원과정에서 긴장하고 있는 구직자들에게 온라인상에서 재미를 더하고 있다.

---

11) Thompson(1967)에 따르면 조직이 환경의 불확실성을 극복하는 전략 가운데 하나로서 가장 거래비용(transaction cost)이 적게 드는 전략이 조직의 명성을 쌓는 것이라고 하였다.

## 3.3 채용담당자의 행동(Behavior of Recruiters)

유능한 채용담당자는 지원자 개개인에게 진지한 관심과 호의를 보인다. 그러면 마찬가지로 지원자들도 그 직장에 대해서 호감을 지니게 된다. 연구에 따르면 지원자들이 채용과정에서 보이는 반응을 이해하기 위해서 채용과정 중 어떤 경험에서 가장 많은 영향을 받는지 조사한 결과 첫째, 직무와 회사의 특징, 둘째, 채용담당자와의 접촉, 셋째, 채용담당자 외에 그 회사의 다른 직원들과의 접촉이다(Turban & Dougherty, 1992). 지원자들이 처음 접하게 되는 채용담당자들의 긍정적이고 적극적인 행동과 태도는 처음에는 별로 끌리지 않던 회사도 매력적으로 보이게 하는 계기가 된다. 채용과 관련한 이들의 태도와 행동이 구직자들의 해당 기업에 대한 기업 이미지를 결정하게 되는 것이다. 따라서 이들 채용담당자들에 대한 철저한 교육을 통하여 회사에 대한 구직자들의 인상을 좋게 만드는 것이 중요하다. 더불어 채용담당자들은 모집분야의 직무에 대해 철저히 숙지하고 있어야 한다. 특히 고도의

**이론올레길 7-2** 스펙쌓기의 경제학적 의미

인문 · 사회계열 출신의 1년간 평균 '취업준비 비용'이 '4종 스펙'(외국어점수, 자격증, 공모전, 어학연수) 포함하여 2,479만 원에 이르는 것으로 보도되고 있다(중앙일보, 2015.2.5). 여기에 4년치 등록금을 포함하고 취업준비를 2년 이상씩 한다면 그 비용은 어림잡아도 5천만 원은 훨씬 넘어선다. 그러나 이 비용은 직접적인 비용이고 취업준비를 위하여 1년이란 세월을 보내지 않고 졸업과 동시에 바로 취직을 했을 경우 받게 된 연봉(대기업 평균연봉에 해당하는 약 3천 3백만 원이라 가정하자)을 받지 못하는 기회비용까지 포함하면 1년 취업준비를 할 경우 8천만 원의 비용을 날리게 되는 셈이다. 더군다나 1년 늦게 취업을 했을 경우 1년 먼저 취업한 사람과 정년퇴직 시의 시간 누적적인 퇴직금액의 차이까지 감안하면 1년 뒤졌을 경우 치러야 할 비용은 최소 1억 원은 충분히 될 것이다.

이런 고비용을 알면서도 왜 사람들은 남들과는 차이 나는 스펙을 쌓기 위해 그렇게도 열을 올리는 걸까? 이렇게 차별적인 스펙을 쌓는 것은 사실상 구직을 원하는 취업준비생(이하 취준생)들이 노동시장에서 기업을 향해 '신호'(signaling)를 보내는 것이다. '나는 이렇게 어려운 여건 속에서도 나름대로 성실히 준비하였고 남들과는 다른 차별적인 지식과 재능이 있고 문제해결 능력이 있다'는 사실을 말 한 마디 하지 않고서도 알리는 것이다. 그런 점에서 취준생들의 '스펙쌓기' 노력은 나름대로의 '합리적 의사결정'이다. 그것은 마치 숲 속의 수컷 공작이 사나운 짐승들의 공격이 있을지도 모르고 화려한 날개 때문에 오히려 나뭇가지에 걸려 생명에 위협이 있을지도 모르는데도 불구하고 암컷 공작에게 잘 보이기 위하여 화려한 날개를 펼쳐서 아름다운 자태를 뽐내는 이유와 크게 다르지 않다. 수컷 공작은 그러한 위험 앞에서도 쉽게 자신을 보호할 수 있고 위기상황에서 날아갈 수 있는 능력이 있다는 사실을 알리고 있는 것이다. 우리 스스로가 펼치는 날개는 어느 정도 상대방에게 호감을 줄 수 있는가?

전문가들을 뽑을 때는 더더욱 그러하다.

### 3.4 적합성에 대한 지각(Perceptions of Fit)

채용담당자나 채용의 전 과정에 있어서의 경험은 좋든 싫든 회사의 이미지를 형성하는데 중요한 역할을 하지만 이에 못지않게 구직자가 보유하고 있는 기술과 직무의 특성이 서로 적합하다는 지각 또한 중요한 직장선택요인이 된다. 많은 기업들은 지원자들도 그러한 것처럼 구직자들에게 희망적인 인상을 주기 위하여 회사의 장점은 과대하게 알리고 단점은 감추려 한다(이 부분은 앞서 현실적 직무소개에서 논의되었다). 또 어떤 채용담당자들은 지원자들에게 모집분야 해당 직무의 긍정적 측면만을 언급한다. 이는 회사의 채용제의에 대한 지원자의 수락할 가능성을 올리고자 하는 바람에서 비롯된다. 그러나 입사 후 그들이 수행하는 직무와 그들의 기술 혹은 전문영역이 맞지 않아 역량발휘가 되지 않거나, 경력개발에 대한 구직자들의 기대가 충족되지 못할 경우 신입사원의 직무성과나 사기는 현저히 떨어지게 된다.

## 4. 선발의 의의

### 4.1 선발의 정의 및 전략적 중요성

*선발이란 모집활동을 통해 응모한 많은 지원자 가운데서 조직이 필요로 하는 자질을 갖춘 사람을 선별하는 과정이다.* 즉, 직무를 효과적으로 수행할 수 있는 최적의 인적 요건과 기술을 가진 사람에게 구성원 자격을 부여하는 과정인 것이다(Werner et al., 2012, p.192). 기업경영 전반에 걸쳐서 핵심적 역할수행을 위하여 가장 적합한 인재를 선발하는 것이 중요한 이유는 분명하다. 신제품을 개발하고 신기술을 발명할 과학자를 선발하여 고용하는 것은 계산할 수 없는 가치를 기업에 제공한다. 반대로 기업윤리를 저버리는 상습적 불법활동을 서슴지 않고 수행하는 사람이나 특정 직무에 부적격의 심신상태를 지닌 사람을 고용하였을 경우 기업에 막대한 손실을 끼치게 된다. 최악의 경우 회사의 존망은 물론이고 조직

**현장올레길 7-3** **잘못된 조종사 선발**

2015년 3월 24일 142명의 승객과 6명의 승무원을 태우고 스페인 바르셀로나를 출발해 독일 뒤셀도르프로 운항할 예정이었던 저먼윙스 9525편 항공기가 니스에서 북쪽으로 100km 떨어진 프랑스 알프스의 디뉴레뱅 프라조트블레온에 추락해 탑승자 전원이 사망한 사건이 발생하였다. 당시 비행기를 조종한 루비츠 부기장은 기장이 자리를 비운 사이 문을 잠그고 하강 버튼을 누르는 등 의도적으로 비행기를 추락시킨 것으로 알려져 충격을 주었다.

특별히 주목을 끄는 사실은 루비츠 부기장이 과거 조종사 면허를 따기 전 자살 성향을 강하게 보인 적이 있으며, 최근까지도 우울증을 앓고 있었고, 평소에도 공격성향이 강하다는 점이었다. 일부 언론에 따르면 루비츠 부기장의 시력 저하설도 언급했다. 수백 명의 목숨을 담보로 비행을 해야 하는 조종사로서 루비츠 부기장은 조종사로서 잘못된 선발이었다.

자료원: Money Week, 2015.3.31. 사진은 SBS뉴스 캡쳐.

전체 직원들의 삶까지 희생해야 하는 재앙을 겪게 되기도 한다. 사람을 잘못 뽑아서 조직에 막대한 손실을 끼치거나 재앙을 가져다준 사례는 너무도 많다. 몇 해 전에 있었던 독일 비행기 추락사고가 그 단적인 예이다(현장올레길 7-3 참조).

## 4.2 선발의 원칙

모든 경영활동의 의사결정에는 나름대로의 원칙과 기준이 있다. 선발과정에서도 형평성의 원칙, 적합성의 원칙 그리고 효율성의 원칙이 있다. 이 세 원칙은 선발에 있어서 반드시 인사담당자들이 유념해야 할 대전제에 해당한다.

### 1) 형평성의 원칙

선발과정에 있어서 모든 지원자들에게 차별 없이 동등한 기회를 제공해야 한다. 여성이라는 이유로, 장애인이라는 이유로, 편모·편부 자녀라는 이유로, 성소수자라는 이유로, 소수민족이라는 이유로 선발과정상에서 차별을 당해서는 안 된다. 특히 면접시험에서 지원자 개인의 프라이버시를 침해하는 질문을 하거나 관심 있는 지원자에게만 대답을 요구해서는 안 된다. 이 원칙은 선발과정상에 반드시 지켜야 할 필요조건이다.

### 2) 적합성의 원칙

선발을 함에 있어서 직무적합성이나 단순히 시험성적이 높은 인재를 선발하는 것은 당연하다고 하겠지만 그것만으로는 부족하다. 회사가 지향하는 핵심가치를 수용하고 그 가치 기준으로 판단하고 행동하는 인재가 필요하다. 그런 인재야말로 조직을 위해 헌신하고 몰입할 수 있으며 조직의 목표를 향해 협력관계를 형성할 수 있다. 따라서 적합성의 문제는 직무적합성만 높다고 혹은 시험성적이 높다고 무턱대고 선발해서는 곤란하다. 균형잡히고 종합적인 적합성을 추구해야 한다.

### 3) 효율성의 원칙

효율성의 원칙은 종업원에게 제공할 비용(보상)보다 큰 수익(공헌)을 가져다줄 사람을 뽑아야 한다는 것이다. 따라서 종업원이 맡은 직무에 대하여 그가 가진 기술이나 능력이 어느 정도 발휘되고 있는지, 회사나 팀의 목표에 적극적으로 참여하여 주도적으로 가치를 창출할 사람인지 또 부족한 역량을 메우기 위해 지속적인 학습을 통한 장기적인 공헌을 할 사람인지 등을 감안하여 선발하여야 한다(학습목표 7). [현장올레길 7-4]는 이상의 세 원칙에 위배되었을 경우 조직에 어떤 악영향이 있을 수 있는지 그 적나라한 사례를 제시한 것이다.

**현장올레길 7-4** '어느' 공공기관의 무리한 신규 채용공고

의료관련 어느 공공기관의 정규직 신규채용공고가 때 아닌 직원들 간의 갈등을 불러일으키고 있다. 금번 공채모집은 총 279명으로 행정직과 심사직 등 3급부터 6급까지 다양하게 편성돼 있다. 특이한 점은 그동안 이 기관은 신입사원을 6급을 기준으로 뽑아왔던 반면, 올해는 대졸자에 한해서 5급 직원만 143명을 채용하기로 정한 것이다. 6급은 고등학교 졸업자를 대상으로 한다. 그런데 이런 사태는 지난해에 입사한 70여 명의 대졸자 6급 직원들이 올해 신규로 들어오는 5급 신입들을 선배로 받아들여야 하는 상황이 벌어지게 돼 불만을 사고 있다. 더군다나 채용설명회에서 모 실장의 발언으로 더 큰 문제를 일으켰다.

노조 관계자는 "채용설명회에서 우리 직원들의 스펙이 별로 좋지 않다거나 SKY 등을 운운하며 시대착오적이며 조직의 품위를 상실시키는 발언들이 나왔다. 사람을 스펙으로만 평가하는 경영진의 생각을 확인하고 나니 XX의 앞날마저 절망스러워 보인다"고 비판했다. 이와 같은 발언을 접한 직원은 본인을 지난해 채용된 심사직이라 밝히며 "새벽같이 혹은 하루 종일, 그도 안 되면 주말에 나와서 일하면 뭐하나. 아무리 열심히 일해도 인정하지 않고 오로지 출신 학교만으로 스펙을 따지는 건가. 그날 경영지원실의 공식적 입장이 기존에 경영진의 공식 입장이라면 청렴도, 직원만족도는 이제 회사에서도 포기하길 바란다"는 글을 노조 게시판에 올리기도 했다.

02 자유게시판

HOME > 게시판 > 자유게시판

| 번호 | 제 목 | 첨 부 | 글쓴이 | 조회수 | 등록일 |
|---|---|---|---|---|---|
| 763 | Hiranet 공지사항에 성명서 및 현황 게재 안하시나요? | | 직원 | 140 | 2015-02-05 |
| 762 | 5년 경력을 갖추지못한 2014 심사직의 한마디 | | 심사직 | 313 | 2015-02-05 |
| 761 | 09,10 직번의 전처를 밟으실겁니까? | | 심사직 | 224 | 2015-02-05 |
| 760 | 3년 근속승진~ 기존 5년 승진자들은 뭔가요? 게다가 4급 채용~ | | 조합원 | 218 | 2015-02-05 |
| 759 | 심사직 의견이 분분한것 같은데 한마디 씁니다 | | 심사직 | 242 | 2015-02-05 |
| 758 | 회사가 원하는 스펙은 SKY 뿐입니까? | | 심사직 | 217 | 2015-02-05 |
| 757 | 이것이 소통인가? 내부만족도가 낮은건 당연하다!!! | | 심사직 | 194 | 2015-02-05 |
| 756 | 우리가 언제 부터 근속승진이 3년 이었나요? | | 조합원 | 267 | 2015-02-05 |
| 755 | 스펙운운에 대한 공식적인 해명과 사과를 듣고싶습니다. | | 심사직 | 319 | 2015-02-05 |

자료원: 메디파나뉴스, 2016.5.14.

## 4.3 선발절차의 두 가지 접근방법

이상의 선발원칙을 기준으로 하여 선발절차에 임해야 하는데 선발에 대한 접근방법에는 [도표 7-9]에서 보는 바와 같이 단계적으로 접근하는 방법(a)과 종합적으로 접근하는 방법(b)으로 크게 대별된다. 단계적으로 접근하는 방법에는 원서접수에서부터 서류심사, 필

**도표 7-9** 선발절차의 두 가지 접근방법

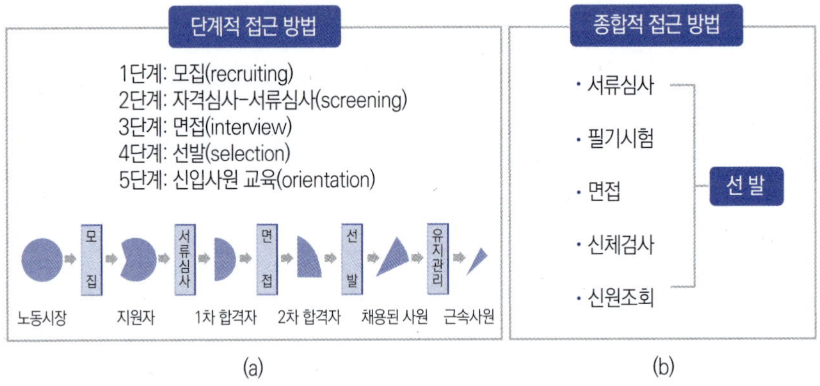


자료원: 임창희(2014). 인적자원관리, 3판, 비앤엠북스, p.130과 정재훈(2011). 인적자원관리, 제3판, 북넷, p.232의 내용을 종합하여 정리한 것임.

기시험, 면접, 신체검사, 신원조회 그리고 채용이 결정되기까지 각 단계별 최소합격점수(cutoff score)를 통과한 지원자를 최종적으로 선발하는 방법이다. 이와는 달리 종합적 접근방법은 이상의 평가방식에 대하여 모든 지원자들이 평가를 받고 각 평가방식의 점수를 가중치를 고려하여 종합한 뒤 점수가 높은 지원자를 선발하는 방법이다. 어느 방법을 선택하는가 하는 것은 지원자의 규모, 시간 및 예산상의 제약, 조직의 문화적 특성에 의해서 결정된다. 다만 단계적 접근방법을 택한 경우 탈락자가 충분히 배려받고 있다는 느낌이 주어지도록 탈락이 결정된 후에 인사담당임원의 명의로 된 편지(지원해 준 데 대한 감사의 뜻과 다음 기회에 다시 도전해 줄 것을 격려하는 뜻의 내용이 담긴 편지)를 보내는 등의 사후서비스 활동이 요구된다(정재훈, 2011, p.231).

## 4.4 합리적 선발도구의 요건

시험이든 면접이든 선발에 사용된 선발도구가 합리적이라면 회사에 필요한 사람이 채용되어야 하고, 채용된 사람 가운데서도 입사성적이 높은 사람이 낮은 사람에 비해서 향후의 직무성과도 높아야 한다. 그러나 선발과정에서 사용한 선발도구가 합리적이지 못하다면 회사가 원치 않는 부적격자를 뽑게 된다. 따라서 어떠한 선발도구이든 그것이 '합리적'이어야 하며 선발도구가 합리적이기 위해서는 신뢰성과 타당성이 있어야 한다(학습목표 8).

### 1) 신뢰성(Reliability)

신뢰성이란 선발도구를 통해 얻은 측정치가 언제, 누가 측정하더라도 일관되게 같은 측정결과가 나오는 정도를 의미한다. 즉 측정치의 일관성(consistency)을 말한다. 이를테면 어떤 선발도구로 어떤 지원자를 반복측정(test–retest)하였는데 그 측정결과가 항상 같게 나온다면 그 측정도구는 매우 신뢰할 만한 것이다. 그러나 측정시간과 측정장소에 따라서 결과가 다르게 나타난다면 측정결과가 일관성이 없으며 따라서 그 측정도구는 신뢰할 수 있다고 말하기 어렵다. 이것이 면접 시에 특히 중요한 것은 동일한 지원자를 두고 동일한 면접관이 매번 다른 평가점수를 준다거나 동일한 지원자에 대해 평가자 간에 평가결과가 심각하게 차이가 난다면 그 면접시험은 매우 신뢰할 수 없는 불합리한 시험이 될 것이다. 신뢰성을 측정하기 위해서는 다음의 몇 가지 방법이 있다.

(1) 검사-재검사법(Test-retest Method): 동일한 상황에서 동일한 대상에 대해 동일한 선발도구를 시간적 간격을 두고 측정하여 그 결과의 일치 정도를 비교하는 것이다. 다시 말하면 어느 특정시점에서 사용한 선발도구를 통해 측정한 후 일정시점이 경과한 뒤 동일한 선발도구를 사용하여 동일한 대상에게 다시 한 번 측정하여 그 결과의 상관관계를 계산하는 것이다. 상관관계가 높을수록 선발도구는 신뢰할 만하다고 판단할 수 있다.

(2) 복수양식법(Multiple Forms Method): 이 방법은 신뢰도를 알아보려는 선발도구와 동일한 유형, 동일한 난이도의 선발도구(시험 등) 등을 동일 대상자에게 차례로 실시하여 양 측정치 간의 상관관계를 계산하여 선발도구의 신뢰도를 판단하는 방식이다. 예를 들어 대학수능시험 수학과목에서 A, B형의 두 종류의 시험문제를 만든다고 하자. 한 수험생이 서로 다른 유형의 문제지로 시험을 쳐도 유사한 성적을 보일 때 두 시험유형 간에는 문제는 다르지만 난이도는 매우 유사함을 알 수 있다. 따라서 이 경우에 서로 다른 학생들이 시험 당일날 자리배치에 따라 A, B형의 시험지를 받아도 성적분포는 유사하게 나오게 된다. 이렇듯 양 선발도구 간에 상관관계가 높을수록 신뢰도를 알아보려는 선발도구는 신뢰할 만하다고 할 수 있다. 흔히 동등형식법(Equivalent Forms Method), 대체형식법(Alternate Forms Method)이라고도 불린다.

(3) 양분법(Split-half Method): 이 방법은 선발도구의 항목을 임의기준으로 반으로 나누어 각각 독립된 선발도구의 척도로 사용함으로써 신뢰성을 판단하는 방법이다. 예를 들어 짝수 항목과 홀수 항목으로 반을 나누든지 아니면 무작위로 항목의 반으로 추출하든지 각각 독립된 척도를 구성한 뒤 양자 간의 상관관계를 파악함으로써 신뢰성을 판단하는 방식이다.

(4) 평가자 간 신뢰성(Inter-rater Reliability): 세 명 이상의 평가자가 동일한 선발도구로서 동

일한 지원자에 대한 측정을 할 경우 평가자 간 측정치 간에 어느 정도 상관관계가 있는가를 보는 방법이다. 동일한 지원자에 대한 평가점수가 평가자 간에 높게 나타났다면 그 선발도구는 매우 신뢰할 만하다고 하겠다. 그러나 평가자 간에 평가점수에 큰 차이가 난다면 그 선발도구는 선발도구로서 신뢰할 만하다고 보기 어렵다.

### 2) 타당성(Validity)

선발도구가 합리적이기 위해서는 신뢰성과 더불어 타당성도 있어야 한다. 타당성이란 선발도구가 애초에 측정하고자 하는 바를 잘 측정하였는지를 말한다. 예를 들어 조직에 대한 몰입도를 측정하는데 영어로 질문문항을 만들었다면 조직에 대한 몰입도를 측정하였다기보다는 영어실력을 측정한 꼴이 된다. 따라서 이 경우에는 선발도구의 타당성에 문제가 있는 것이다. 어떤 선발도구가 '타당성이 있다'라고 말하기 위해서는 그 선발도구에 의해 지원자가 선발되어 직무에 배치되었을 때 그 직원의 직무수행 성과가 높아야 한다. 즉 선발도구를 통해 얻은 측정치와 직무수행 성과와의 관련성이 높을 경우 그 선발도구는 타당성이 있는 것으로 추측할 수가 있다. 타당성을 측정하기 위해 여러 가지 방법이 있다.

(1) 기준 관련 타당성(Criterion-related Validity): 기준 관련 타당성은 선발도구를 통해 얻은 예측치(predictors)와 직무성과와 같은 기준치(criterion)가 어느 정도 관련되어 있는지를 보는 것이다. 여기서 예측치는 선발시험이나 면접시험에서 얻은 점수를 말하며, 기준치는 선발된 사람이 해당 직무를 수행한 결과 나타나는 직무성과를 의미한다. 이 기준치는 생산기록이 될 수 있고, 감독자의 평가일 수도 있고 훈련의 결과일 수도 있다(전수환, 2012, p.115). 이러한 기준 관련 타당성에는 동시타당성(Concurrent Validity)과 예측타당성(Predictive Validity) 두 가지가 있다.

- 동시타당성(Concurrent Validity): 동시타당성이란 현재의 종업원을 대상으로 예측치와 기준치를 얻고 이들 간의 관계를 횡단적(cross-sectional)으로 검증하는 것이다. 예를 들어 현재 종업원의 직무성과를 측정하여 높은 직무성과집단과 낮은 직무성과집단으로 구분함과 동시에 표준화된 시험을 실시한 다음, 두 집단의 시험점수를 비교하여 집단 간에 현저한 차이가 있다면 이 표준화된 시험은 동시타당도가 양호한 것으로 추측할 수 있다.
- 예측타당성(Predictive Validity): 예측타당성이란 선발 시에(1단계) 지원자들로부터 얻은 예측치와 시간이 경과되어, 이들이 채용된 후에(2단계) 측정하여 얻게 되는 직무성

**도표 7-10** 동시타당성과 예측타당성의 검증과정

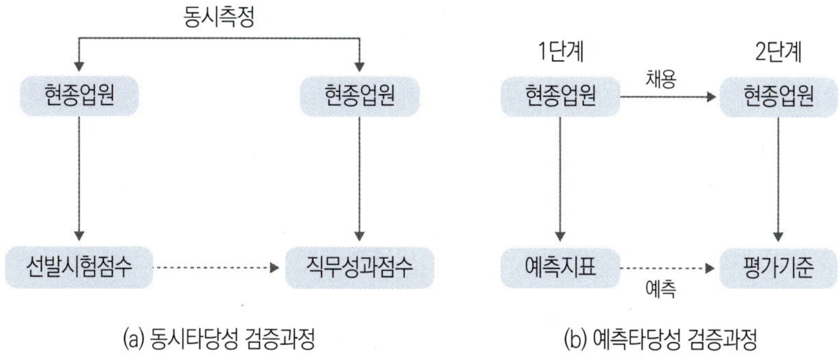


자료원: 박영배(2012). *op. cit.*, p.173.

과와의 관계를 검증하는 것이다. 예를 들어 인턴경험 유무의 예측타당성을 알아보기 위하여, 재학 중 인턴을 경험한 지원자와 인턴경험이 없는 지원자를 같이 채용한 다음에 일정시간이 흐른 뒤에 이들 두 집단의 직무성과를 비교하였다고 하자. 만약 인턴을 경험한 집단이 그렇지 않은 집단에 비해 직무성과상에 의미있는 차이가 있다면 인턴경험의 예측타당성은 매우 양호하다고 할 수 있다. 이상의 내용을 그림으로 정리한 것을 [도표 7-10]의 (a), (b)에 제시하였다.

한편 [도표 7-11]은 입사성적과 입사 후 직무성과와의 상관관계를 통하여 입사시험 도구

**도표 7-11** 입사성적과 입사 후 직무성과와의 상관관계

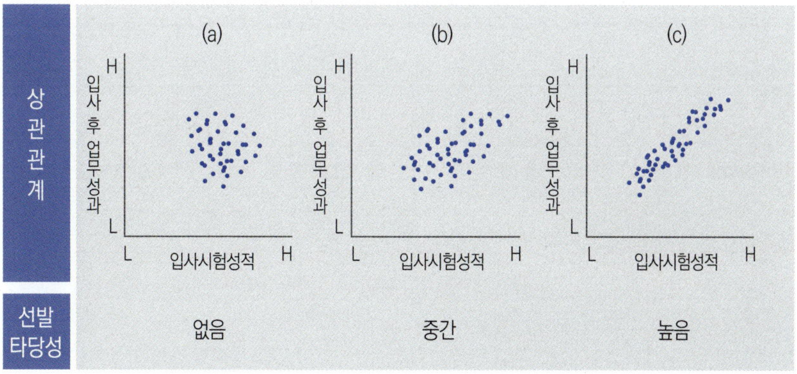


자료원: 임창희(2014). *op. cit.*, p.141.

의 선발타당성 여부를 알 수 있다. (a)의 경우에는 입사시험에 사용된 선발도구는 입사 후의 직무성과를 예측하는 것과 상관이 없다. 즉 예측타당성이 거의 없다. 반면에 (c)의 경우에는 입사시험성적이 입사 후 직무성과와 강하게 상관되어 있어 예측타당성이 높다고 하겠다.

(2) 내용타당성(Content Validity): 내용타당성은 선발도구가 해당 직무를 수행하는 데 꼭 필요한 기술과 능력을 정확하게 측정하는 정도를 의미한다. 다시 말하면 선발시험이나 면접과 같은 선발도구가 직무의 성공적인 성과를 가져다주는 기술과 능력 등을 얼마나 담고 있는지를 알아보는 것으로서 전문가의 판단에 의해서 타당성 여부가 결정된다. 예를 들어 공인회계사 시험문제가 단지 재무회계문제로만 구성되었다면 그 문제는 내용타당성이 낮다고 할 수 있다. 왜냐하면 공인회계사 업무를 성공적으로 수행하기 위해서는 재무회계뿐 아니라 관리회계, 원가분석, 회계감사와 같은 관련 분야의 여러 지식과 실무경험이 필요하기 때문이다.

(3) 구성개념타당성(Construct Validity): 전문가들에게 내용의 타당성을 검증받았고, 공인된 척도로 측정한 결과와의 비교를 통해 기준 관련 타당성으로 검증을 받았다 해도, 해당 척도를 구성하는 개념이 이론적인 개념들에 부합하는가에 대한 검증이 필요하다. 이것을 검증하는 것이 구성개념타당성이다. 구성개념타당성은 측정하고자 하는 개인의 심리적 특성을 얼마나 측정도구가 정확하게 측정하고 있는지를 말한다. 즉 내용타당도가 기술이나 능력과 같이 구체적이고 실제적인 주제에 초점을 맞추었다면 구성개념타당성은 리더십, 창의성, 불안, 조직몰입 등과 같이 추상적인 개념 또는 특성을 측정도구에 의해서 어느 정도로 정확하게 측정했는지를 나타내는 것이다. 이는 직무성과에 대한 예측보다는 선발도구가 유의한지에 대한 타당도를 보는 것이다. 예를 들어, "지능이란 즉각적으로 문제를 해결하기 위해서 자신의 경험을 활용할 수 있는 능력"이라고 정의하고 이러한 지능은 언어능력, 어휘구사능력, 기억력, 지각력, 추리력, 계산능력, 그리고 공간 판단능력 등으로 측정된다. 여기서 지능을 그와 같은 하위개념요소로 측정하는 것이 과연 정확한가를 가리키는 것이 구성개념타당성이다. 구성개념타당성을 평가하는 데에는 집중타당성(Convergent Validity)과 판별타당성(Discriminant Validity)[12]이 있다. 이상의 내용을 정리하면 [도표 7-12]와 같다.

12) 집중타당성이 있기 위해서는 같은 개념을 측정하는 경우에 상이한 측정방법을 사용하더라도 그 측정값들 간에 높은 상관관계를 보여야 한다. 동시에 판별타당성이 있기 위해서는 상이한 개념을 측정하는 경우에 동일한 측정방법을 사용하더라도 그 측정값 간에는 차별성이 나타나야 한다.

**도표 7-12** 합리적 선발도구를 위한 요구조건

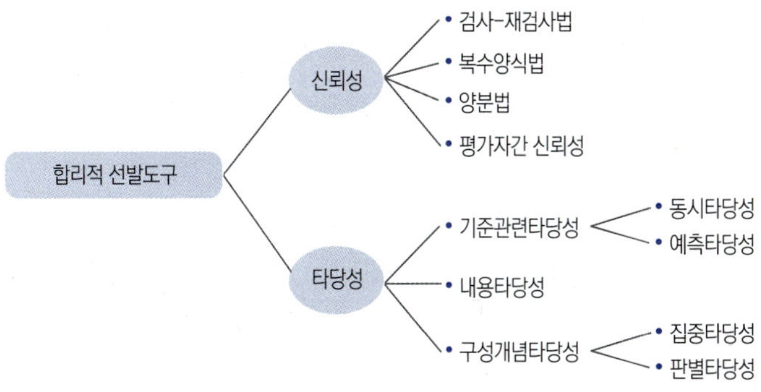


## 4.5 선발도구

그렇다면 어떤 종류의 선발도구가 있는지 살펴보도록 하자. [도표 7-13]에는 선발의사결정을 하는 데 필요한 다양한 형태의 선발도구를 정리하였다(학습목표 9).

### 1) 개인 이력 평가

(1) 지원서(Application Blank): 지원서는 지원자의 교육경력과 직무경력에 관한 기초정보를 제공하는 간단한 형태의 지원양식이다. 지원자가 첫 번째로 뛰어넘어야 할 장애물이다. 교육경력과 직무경력은 쉽게 학습할 수 없는 고난도의 전문직무나 복잡한 직무를 담당할 직원을 선발하는 데 유용하다.

(2) 이력서(Biodata Test): 지원자의 학력, 직장경력, 과외활동경력, 수상경력, 자격증 등과 같은 경력을 정리한 정보로서 이 정보 자체만으로도 전반적인 직무성과를 예측할 수 있지만, 면접과 신체능력검사 그리고 성격검사 등과 같이 사용될 때 매우 유용하다고 보고되고 있다. 그러나 이력서를 면접과 함께 사용함으로써 발생하는 가장 큰 문제는 정보를 제공하는 지원자들이 자신들을 과대포장할 가능성이 있다는 것이다. 한편, 이력서는 전반적인 직무성과뿐 아니라 이직가능성이나 고객에 대한 태도, 스트레스를 극복하는 능력, 학습능력, 팀워크 그리고 승진가능성과 같은 기준들에 대해서도 예측력을 가지고 있다고 보고되고 있다(Mael & Ashforth, 1995). 특히 보험산업에서 보험영업인을 선발할 때 이력서를 중요시하는 것도 그 이유이다.

**도표 7-13** 지원자들에 대한 여러 선발도구

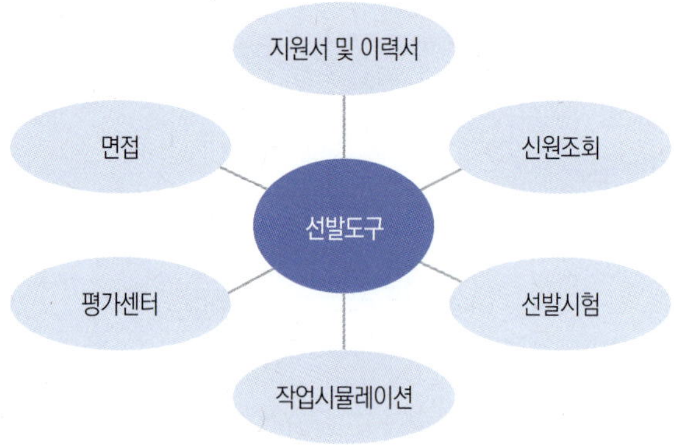


자료원: Werner et al.(2012). *op. cit.*, p.195 응용.

### 2) 신원조회(Background & Reference Check)

지원서, 이력서, 면접 등과 같은 선발도구로부터 확보한 정보는 선발에 관한 의사결정을 하는 데 있어서 매우 유용한 정보인 것은 틀림없는 사실이다. 그러나 고용주들이 놀랍게도 지원자들이 제공한 이러한 정보의 정확성에 대해서 늘상 의구심을 가지고 있는 것도 사실이다. 따라서 기업은 여러 경로를 통하여 지원자들의 배경이나 혹은 경력에 대한 조회를 통하여 신원조회를 실시하고 있다. 사실상, 고용주들은 직접적으로 인터넷을 통하여 간단한 검색만으로도 지원자들에 대한 디지털 신원을 알아내고 있다(현장올레길 7-5 참조). 그런데 신원조회는 정교한 불법위조업체의 증가로 그 확실성이 보장되지 못하고 있다. 이들 업체들은 가짜 성적표나 가짜 TOEFL이나 TOEIC성적표를 제공할 뿐만 아니라 심지어 석 · 박사학위 위조도 고가를 받고 해주는 업체들이다.

### 3) 선발시험(Written Test/Selection Test)

선발시험은 직무수행에 필요한 전문지식, 능력, 지식, 성격, 적성 그리고 정직성 등을 평가하여 선발을 위한 정보를 얻고 이를 근거로 공정한 선발을 하려는 데 그 목적이 있다.

(1) 능력검사(Ability Test): 능력테스트는 한 개인의 잠재적 수행능력을 측정하는 것으로서 북미나 유럽에서 널리 사용되어 왔으며 많은 연구들에 의해서 이 검사의 유용성이 입증되어 왔던 검사기법으로서 크게 세 가지 종류의 테스트가 있다. 첫째, 지각속도(perceptual

**현장올레길 7-5** Google의 신원조회에 걸린 어느 외국인 교수

저자의 대학에서 있었던 사례이다. 저자가 소속한 단과대학에서 외국인 교수채용 공고를 내자 많은 외국인 박사학위 소지자가 지원했다. 관련 전공분야 교수들은 제출된 지원서와 이력서를 토대로 가장 연구업적이 많은 나이지리아 출신의 지원자로서 미국에서 박사학위를 하고 현재는 서울소재 모대학 경영학과의 외국인 계약교수로 근무 중인 분을 전임교수로 모시기로 하였다. 초빙에 앞서서 강의능력을 평가하기 위하여 가장 자신 있는 주제로 영어강의를 진행하기로 하고 그 분에게 연락을 취하자 그 분도 기쁨에 들뜬 상태에서 발표준비를 하겠다고 하였다. 그런데 발표 전날 저자가 이 분이 제출한 이력서를 보고 Google을 통하여 나름의 신원조회를 해 보았다. 놀랍게도 이 분은 전과자였음이 드러났다. 미국의 칼리지에서 학장직을 맡고 있을 때, 사망한 학생의 ID 번호와 계좌를 도용하여 장학금을 신청하고 죽은 학생의 명의로 그 돈을 인출한 몇 건의 사실이 적발되어 경찰에 구속된 것이 언론에 기사화된 사실을 저자가 발견한 것이었다. 저자는 즉각 이 사실을 밤늦은 시간에 학장과 관련 전공교수들에게 통보하고 다음날 아침 일찍 당사자에게 발표가 취소되었고 임용할 계획이 없음을 통보하였다. 신원조회를 하지 않았더라면 단과대학은 물론 학교 차원의 큰 사회적 문제가 발생하였을 것이다.

speed)나 정확성을 측정하는 정신운동능력검사(Psychomotor Test),[13] 둘째, 능숙한 손동작이나 물리적인 힘의 강도를 측정하는 신체능력검사(Physical Test), 셋째, 언어구사능력이나 계산능력 등을 측정하는 인지능력검사(Cognitive Test)가 그것이다. 예를 들어 은행의 창구직원들은 컴퓨터를 조작하는 기술과 정확한 손가락 사용기술이 필요하다. 와인 시음사나 커피원두 감별사, 피아노 조율사와 같은 직업의 성과는 시각, 청각, 촉각, 미각, 후각과 같음 오감(五感)의 민감성에 크게 의존한다. 또 소방사들은 그들의 직무를 효과적으로 수행하기 위해서는 물리적인 힘이 필요하다. 미국의 경우 30%의 기업들은 직원선발 시 인지능력테스트를 사용하고 있다고 보고되고 있다. 인지능력테스트에는 언어이해력, 계산능력, 논리적 추론능력(도표 7-14), 기억력 등을 포함하고 있다(Werner et al., 2012, p.210).

(2) 지식테스트(Knowledge Test): 지식테스트는 입사시험을 칠 당시에 지원자가 알고 있는 것에 대한 측정을 하는 것이다. 분명한 것은 지원자의 미래잠재성을 평가하는 것이 아니라는 점이다. 다시 말하면 지식테스트는 지원자가 미래에 배우고자 하는 것이나 학습이 필요한 내용이 아니라 현재 무엇을 알고 있는지에 관한 정보를 사용자에게 제공한다. 지식테스트는 습득하는 데 오랜 시간이 걸리는 전문지식 또는 기술지식을 필요로 하는 직무에 필요

13) 일반적으로 신체능력테스트는 (1) 근장력(근육의 팽팽함), (2) 근력, (3) 근지구력, (4) 호흡 순환기능 지구력, (5) 유연성, (6) 균형감, (7) 신체동작 조정력의 7가지로 구성된다.

**도표 7-14** 인지테스트의 예: 논리적 추론능력

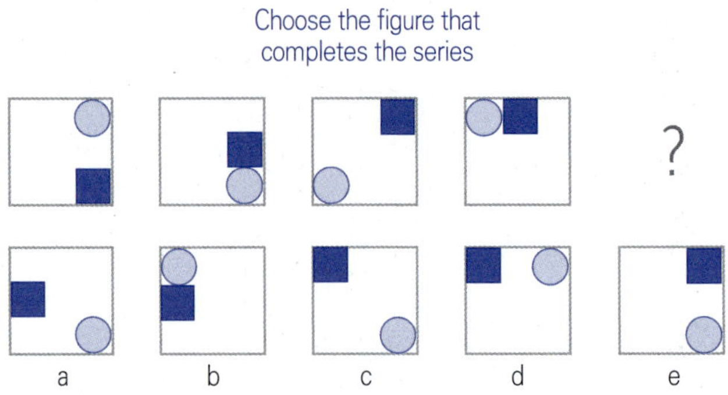


자료원: 구글 이미지.

한 테스트이다. 기업에서 법무팀의 직원을 선발하려 한다면 민법, 상법 그리고 세법에 관한 지식을 얼마나 가지고 있는지에 대한 테스트를 치르게 된다. 한국기업의 경우 필기시험에서 지식테스트를 많이 하는데 그 중요성이 과거에 비해 많이 줄어들고 있는 추세에 있지만 아직까지 많은 기업에서 사용하고 있다. 필기시험 중 가장 큰 비중을 차지하고 있는 것은 영어시험이다. 그리고 필기시험에는 전공지식을 테스트하는 전공시험, 상식시험, 한자시험 등이 있다.

(3) 성격검사(Personality Test): 성격검사는 한 개인을 규정하고 그 사람이 환경과 상호작용을 하는 패턴을 결정하는 독특한 특성들을 측정하는 검사기법이다. 1919년 Henry C. Link에 의해서 처음으로 선발을 위한 성격검사가 이루어졌으며 현재 M.B.T.I(The Myers–Briggs Type Indicator)와 애니어그램(Enneagram)이 많이 사용되고 있다. 이는 직무에 필요한 기술이나 경험을 측정하기보다는 직무에 대한 열정, 동기의 유형을 정의하고, 성격과 적성을 측정하여 조직과 직무에 대한 적합도를 판단하는 데 사용하고 있다. 그러나 미리 정의된 성격에 대한 측정 자체가 정확하게 그 사람을 판단하는 도구가 될 수 없다고 경고하고 있으며 또한 알려진 검사에 대한 성격의 조작도 가능하므로 절대적인 도구로 사용될 수는 없다(Oswald & Hough, 2011).

(4) 작업시뮬레이션(Work Simulations): 실제 과업수행현장과 유사한 조건하에서, 지원자들이 어떻게 직무를 수행하는지를 관찰하는 모의직무수행 테스트로서 작업표본(Work Sample)이라 불리기도 한다. 예를 들어 백화점의 영업 관련 직무에 지원한 지원자의 경우 불만을 제기하는 고객의 행동을 비디오로 보고 어떻게 그 상황을 수습할 것인지 역할행동

**현장올레길 7-6** 주요 IT기업들은 호기심 많은 인재를 우선적으로 찾고 있다.

자료원: 조선경제, 2018.10.12.

을 하게 하는 것이다. 그 역할행동이 얼마나 설득력이 있고 효과적인지가 평가의 대상이 되는 것이다. 작업시뮬레이션은 능력을 속이기가 매우 어렵고 불공정한 차별이 있을 수가 없으며 따라서 직무수행의 좋은 예측도구가 될 수 있으며 어떤 선발도구보다 타당하다고 평가받고 있다.

(5) 평가센터(Assessment Center): 2.1 효과적인 내부모집전략에서도 상술하였지만 일반적으로 평가센터는 업무 잠재력에 있어 재직자와 지원자 모두를 평가하기 위해 다양한 선발기법을 쓰는 매우 다양한 특정 선발프로그램이다. 지원자를 대상으로 할 경우에는 선발이 목적이고, 재직자를 대상으로 할 경우는 재직자의 부족한 역량을 발견하여 교훈훈련을 통한 역량강화를 하는 개발 및 육성이 목적이다. 또는 고위임원이나 중요보직에 대한 승진 후보자를 선발하기 위하여도 쓰인다. 흔히 여러 명의 평가자들이 해당 직무에 대한 기준을 가지고 하루 혹은 이틀 동안 현장상황과 유사한 매우 광범위의 몇 가지 과제를 이용해서 지원자가 하는 행동을 관찰하고 평가를 내린다(Werner et al., 2012, p.212). 그러나 평가센터

는 다양한 특징들을 이용하는 것처럼 보이지만 문제해결 능력을 가장 중요한 것으로 고려한다. 최근 연구에 따르면 선발기법의 최고의 조합 중의 하나는 상당히 구조화된 면접법(structured interview)과 일반적 인지능력(cognitive ability) 측정과 함께 작업표본검사(work sample test)를 포함하는 것이라고 한다. 이런 조합으로부터 예상되는 타당성 계수는 보통 0.60을 초과한다(전수환, 2012, p.128).[14]

(6) 면접(Interview): 면접은 채용을 하는 데 있어서 가장 널리 사용되는 도구로서 "피면접자와 실무자 간의 대화와 관찰을 통하여 정보를 입수하여 자원자의 자격을 평가하는 종합적인 절차"이다. 이에는 AI가 등장하기 이전의 전통적인 면접관 면접과 AI 등장 이후의 AI 면접으로 대별할 수 있다.

A. 전통적인 면접관 면접: 면접관 면접은 피면접자와의 직접적인 대화와 관찰을 통하여 지원자의 자격을 다차원적으로 평가하는 방법으로서 면접의 전 과정을 잘 구조화할 수 있다면 매우 유용한 평가도구이나 잘못 설계되어 진행된다면 면접을 통하여 획득할 수 있는 정보가 별로 없고 최악의 경우 조직에 매우 부정적인 이미지를 줄 수도 있는 것이 면접이다.

예를 들어 미국의 Southwest항공사의 경우에 회사에 꼭 필요한 인재를 확보하기 위하여 면접에 사활을 걸다시피 하고 있다. 적격 승무원을 선발하기 위하여 우선 인사부서와 국내선(國內線) 담당부서의 대표자들로 구성된 패널인터뷰(Panel Interview)를 시행한다. 다음으로 면접관, 채용부서의 실무자, 함께 일할 동료들과 일대일 면접을 진행하여 정보를 전부 모아 어느 후보자를 승무원으로 선발할지에 대한 종합적인 의사결정을 내린다. 특히 이 회사는 타당성이 높은 선발도구설계를 전문으로 하는 컨설팅회사와 공동으로 면접과정을 개발하는 것으로 유명하다. 따라서 Southwest항공사의 면접절차는 '좋은 인터뷰'의 다음과 같은 다섯 가지 기본원칙(basic principles of good interview design)을 충실히 반영하고 있다(현장올레길 7-7 참조). 첫째, 구조화된 질문(structured questions), 둘째, 행동에 초점(a focus on behavior), 셋째, 체계적인 평점(systematic scoring), 넷째, 패널면접(panel interview), 다섯째, 면접자 훈련(interviewer training)이 그것이다(Huffcutt & Culbertson, 2011).

① 구조화된 면접(Structured Interview): 비구조화된 면접(Unstructured Interview)은 단지 몇 가지 주제에 대하여 질의응답을 하는 과정에서 피면접자에게 최대한의 의사표현의 자유를 주면서 피면접자에 대한 폭넓은 정보를 수집하는 방법이다. 이 방법은 상호 질의응답하

14) 구조화된 면접법과 인지능력측정 그리고 작업표본검사를 조합하여 평가한 결과 높은 점수를 얻은 지원자가 나중에 실제 근무 시 달성하는 업무성과와 0.6만큼의 상관관계가 있다는 의미로서 워크샘플 0.54, 심리검사 0.51, 구조화 면접 0.51, 비구조화 면접 0.38, 동료평가 0.49, 신원조회 0.26과 비교하면 매우 높은 예측력을 보이고 있다(Schmidt & Hunter, 1998).

**현장올레길 7-7** Southwest항공사의 5가지 면접의 기본원칙

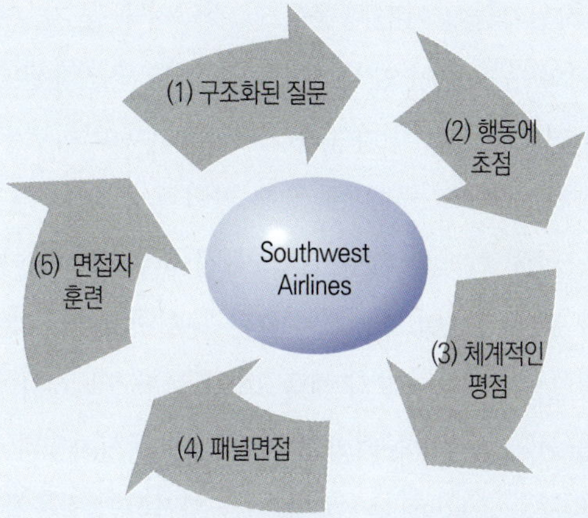


자료원: Huffcutt, A. I. & Culbertson, S. S.(2011). "Interviews," in S. Zedeck(ed.), *APA Handbook of Industrialand Organizational Psychology*, Vol.2(Washington, DC: American Psychology Association), pp.185-203 수정인용.

는 과정에서 유연성(flexibility)을 제공하지만, 결론이 분산되고(resulting digressions), 불연속적이며(discontinuity), 초점이 없기 때문에(lack of focus) 면접자나 피면접자에게 실망스러울 수가 있다. 따라서 비구조화된 면접결과는 신뢰할 수 없고 일반적으로 타당성도 낮다고 보고되고 있다(Werner et al., 2012, p.215).

이에 비하면 구조화된 면접은 모든 지원자들에게 동일한 질문에 대하여 동일한 순서로 질의응답을 하게 하는 방법이다. 면접관은 어떤 유형의 대답이 좋고 나쁜지에 관한 가이드라인을 사전에 숙지하여야 한다. 구조화된 면접은 회사가 관심 있는 정보에 초점을 맞출 수 있고, 다루는 주제를 산만하게 하지 않고 제한할 수 있고 모든 지원자들로부터 같은 질문에 대한 서로 다른 답변을 비교함으로써 회사가 필요로 하는 인재를 선발하게 된다.

한편 비구조화된 면접과 구조화된 면접의 중간형태인 반구조화된 면접(Semistructured Interview)도 있다. 반구조화된 면접은 모든 지원자들에게 동일한 질문이 주어지지만, 특정 분야에 깊이 있는 추가질문을 자유롭게 함으로써 지원자의 전문성을 판단하고자 할 때 주로 사용된다. 일반적으로 구조화된 면접이나 반구조화된 면접이 비구조화된 면접보다도 타당하다고 보고되고 있다. 또 구조화된 면접은 예측타당성이 좋으며 성별, 인종, 소수민족 등에 대하여 불공정한 차별을 하지 않게 된다(Werner et al., 2012, p.215).

② 행동에 초점(A Focus on Behavior): 지원자들의 행동에 초점을 두고 실시하는 면접에는 과거 경험에 기반하여 미래행동을 예측하는 직무행동면접(Behavioral Job Interview)과 미래의 특정상황하에서 지원자들이 어떤 행동을 할 것인지 묻는 가설적 상황면접(Hypothetical Situations Interview)의 두 유형이 있다. 어떤 경우에도 구조화된(structured) 혹은 반구조화된(semi-structured) 면접의 시행이 가능하다. 특히 전자의 직무행동면접의 경우 후보자들에게서 회사가 찾고 있는 역량(competency)을 파악할 수 있는 질문들을 하고 과거의 특정상황에서 어떻게 대처했는지 답하게 하고 그 과정에서 그 역량이 적극적으로 드러난다면 그 지원자는 회사가 찾는 인재일 가능성이 높다.[15] 이 방법의 기본전제는 과거행동이 미래행동을 가장 잘 예측할 수 있는 최고의 예측요인(best predictors)이 된다는 점이다. [도표 7-15]는 과거의 행동을 묻는 직무행동의 몇몇 질문들을 제시하였다. 여기 제시된 질문들은 지원자들의 '관계구축역량'(Relationship Building)을 평가하는 질문들이다.

실제로 저자가 서울 시내 모은행의 역량모델링 프로젝트를 수행할 때의 일이다. 인사부서로부터 각 직무별 최우수 직원을 추천받아 이들의 행동으로부터 직무역량을 도출하는 면

**도표 7-15** 역량기반의 면접을 위하여 사용된 구조화된 면접용 질문의 예

평가대상역량: 관계구축역량

질문 1: 귀하께서 사람들을 관리할 때 어떤 장점이 있으신지 최근의 경험이나 실제 사례를 들어 설명해 보세요.
- 1-1: 그 경험에서 어떻게 안 좋은 결과를 피할 수 있었습니까?
- 1-2: 다음 번에도 이와 유사한 일이 발생한다면 그렇게 행동하시겠습니까?

질문 2: 귀하께서 고객문제를 해결하기 위해서 효과적으로 인간관계 기술을 사용한 경험을 얘기해 주세요.
- 2-1: 언제 그 경험이 있으셨습니까?
- 2-2: 그 때 고객은 무슨 말을 했나요?
- 2-3: 귀하께서 어떻게 응대를 하셨습니까?
- 2-4: 그에 대해 고객은 다시 어떻게 반응하던가요?
- 2-5: 고객은 만족하던가요?

질문 3: 인맥을 적절히 유지하는 것은 관리자가 자기개발을 하는 최고의 방법입니다. 귀하만의 독특한 인맥유지 방법을 소개해 보십시오.
- 3-1: 인맥을 통하여 문제를 해결했거나 중요한 실수를 피할 수 있었던 경험을 얘기해 보세요.
- 3-2: 귀하께서는 여러분의 지인들로부터 정보를 얻기 위하여 무엇을 하십니까?
- 3-3: 그리고 언제 또 여러분의 인맥으로부터 도움을 받으셨나요?
- 3-4: 어떤 상황이었나요?
- 3-5: 과거 6개월 동안에 여러분의 인맥으로부터 얼마나 자주 도움을 받았나요?

15) 이를 역량기반의 면접(Competency Based Interview)이라고 부른다.

접을 시행한 적이 있었다. 다음은 이들 중 한 분과의 실제 대화내용이다.

저자: 차장님께서는 고객영업 분야 최우수 직원으로 선발되었습니다. 그 이유가 어디에 있다고 생각하십니까?

직원: 글쎄요 …. 다들 열심히 하였는데 저만 이런 영광을 받게 되어 송구스럽군요 … 굳이 이유를 들자면 아마도 그간 고객의 수익을 불려주기 위하여 혼신의 노력을 다하여 왔는데 그런 노력이 인정받지 않았나 생각됩니다.

저자: 네 그렇군요. 실례지만 고객의 수익을 불려주기 위하여 어떤 노력을 하셨는지 들려주시겠습니까?

직원: 아, 네. 일단 평소에 할 수 있는 한 제 고객들에게는 최선의 서비스를 제공하였습니다. 예를 들어 아마 제가 대리시절의 일로 기억됩니다만 내왕 손님들의 성함 그리고 심지어는 그 배우자나 아이들의 이름까지 기억하여 이들의 안부를 묻고 고객들과 가족 같은 분위기를 만들었습니다. 또 재산에 대한 적절한 포트폴리오 관리는 물론이고, 나온 상품 가운데서 수익률이 가장 높은 적금을 권하고, 이자율이 낮은 대출로 갈아타게 하며, 외화송금할 때에도 제 권한으로 할 수 있는 한 수수료를 가장 적게 적용하였던 기억이 납니다. 아무튼 저와 거래를 해서 손해를 보는 일이 없도록 하였습니다. 나중에는 그 분이 법정에서 재산분쟁으로 다툼이 있었을 때 제가 그분의 증인이 되어 법정에 선 일도 있었습니다.

저자: 그러한 고객서비스를 하였더니 그 고객의 반응은 어떠했나요?

직원: 그때 마침 IMF 경제위기 이후 저희 은행이 부도를 앞두고 정부로부터 어렵게 공적자금을 지원받아 회생하던 시점이었는데 저희 은행에 대한 시장신뢰가 붕괴된 상태라 신규 고객은 물론이고 기존 고객들마저 앞다투어 안전한 다른 대형은행으로 거래은행을 바꾸던 시점이었습니다. 저희 은행으로서는 매일매일 고객 이탈을 방어하기 위한 전쟁을 치르고 있던 차였는데, 이 고객도 거액을 인출하려고 고민하던 상황에 저와 상담을 하게 되었지요. 그때 제가 그 고객분께 필사적으로 매달렸습니다. 저를 믿어 달라고 그리고 저희 은행을 믿어 달라고 …. 지금 생각하면 숨막히는 상황이었습니다.

저자: 그랬더니 그 고객께서는 어떤 반응을 보이셨나요?

직원: … 한참 고민하시더니 그분 하시는 말씀이 이 은행은 믿을 수 없어도 당신은 제가 믿을 수 있어요. 저 돈 인출하지 않을게요. 계속 당신 은행과 거래하겠습니다. 지점을 옮겼지만 지금도 저와 연락을 하고 간혹 자금대출 관련 상담을 해드리고 있고 저에게 새로운 대출손님들을 소개해 주십니다.

**현장올레길 7-8** **2014년 미국 기업에서 가장 황당한 면접질문**

미국 최대 구인구직 사이트 중 하나인 Glassdoor는 2014년 최고로 황당한 인터뷰 질문 목록을 발표했습니다. 그중 10개를 소개합니다.

#1. 인간성에서 가장 싫어하는 점은 무엇입니까? – ZocDoc

#2. 우리 사무실에서 퍼레이드를 벌인다면 어떤 퍼레이드를 벌이시겠습니까? – Zappos

#3. 매년 미국에서 소비되는 피자는 몇 제곱 피트일까요? – Goldman Sachs

#4. 오늘은 목요일입니다. 월요일에 캐나다 캘거리에서 진행되고 있는 프로젝트에 당신을 파견하려고 합니다. 항공편과 호텔은 이미 예약했습니다. 비자도 준비되었습니다. 출발하기 전에 반드시 할 일 다섯 가지를 꼽으라면? – ThoughtWorks

#5. 안전벨트를 매는 절차와 이익을 설명하십시오 – Active Network

#6. 인터넷은 어떻게 작동합니까? – Akamai

#7. 당신이 피자 배달부라면 가위를 어떻게 활용하시겠습니까? – Apple

#8. 테니스 공이 왜 보슬보슬할까요? – Xerox

#9. "동서남북(Cootie Catcher)" 종이접기 방법을 다른 사람에게 말로만 가르칠 수 있습니까? – LivingSocial

#10. 섬에 있는데 세 가지만 가져올 수 있다면 무엇을 가져오시겠습니까? – Yahoo

자료원: 헤럴드경제, 2014.11.20.

한편, 직무행동면접이 과거의 경험에 기반한(experience–based) 면접이라면 가설적 상황면접(Hypothetical Situations Interview)은 미래에 특정 상황이 발생할 경우에 후보자가 어떤 행동을 할 것인지를 묻는 미래지향(future–oriented) 면접이다. 이 면접방법은 직무행동은 후보자의 의도(applicant's intentions)에 의해서 예측가능하다는 가정이 내재되어 있다. 또 행동의도에 관한 질문들은 후보자가 직무를 경험하지 않았을 때, 보다 적절하다는 연구결과가 보고되고 있다. 예를 들어 신임관리자는 직무와 관련하여 코칭, 성과에 대한 피드백 제공, 훈련 및 해고 등 과거에는 경험한 적이 없는 사람관리와 관련한 다양한 상황에 직면하게 된다. 이때 면접관이 직무와 관련된 상황에 관한 질문을 할 때 후보자들의 반응과 의도를 파악하면서 미래 이들의 직무행동을 예측할 수 있다(Werner et al., 2012, p.217).

연구에 따르면 이런 유형들의 면접항목들은 둘 다(경험기반, 미래지향) 타당성을 보여줄 수 있지만 경험기반 항목들이 종종 미래지향 항목들을 능가한다고 한다. 경험기반 항목들은 미래지향 항목들보다도 면접관에게 환심을 사려는 인상관리(impression management)

같은 행동을 하지 않는 것으로 보고되고 있다(Werner et al., 2012, p.217; 전수환, 2012, p.123). 과거 또는 미래의 틀에 상관없이, 가설적 상황면접은 면접정보를 표준화하고 구체적인 행동까지 볼 수 있기 때문에 면접 훈련을 조금 받은 면접관들도 효과적으로 사용할 수 있다.

③ 체계적 평점(Systematic Scoring): 직무면접은 평가점수에 대한 결과가 매우 다양하다. 어떤 면접관은 질문에 대한 응답을 듣기만 한 상태에서, 인상을 형성하고, 그 추상적인 인상을 토대로 채용 여부를 결정하는가 하면 또 어떤 면접관은 각 질문에 대한 반응 하나하나를 평가점수에 반영함으로써 체계적인 평점을 매기기도 한다. 체계적인 평점은 누가 면접을 실시했는지에 상관없이 후보자들이 같은 기준으로 평가받기 때문에 면접을 통한 선발의 신뢰성과 타당성을 높일 수 있다.

④ 패널면접(Panel Interview): 패널면접은 여러 명의 면접관이 한 명의 후보자를 대상으로 면접하는 방식을 말한다. 일대일 면접(one on one interview)은 시간소비가 많다. 그리고 후보자에 대한 면접관의 인상은 무엇이 논의되는가에 따라 달라진다. 이러한 문제들은 여러 명의 면접관이 한 후보자를 대상으로 동시에 질의응답하는 패널면접을 통하여 극복할 수 있다. 모든 면접관이 같은 반응을 보고 듣기 때문에 비록 패널면접관이 다양한 직무배경을 가졌더라도 개인적인 편견이나 선입견에 덜 영향을 받고, 보다 일관된 결과를 기대할 수 있다(Werner et al., 2012, p.217).

한편 여러 명의 면접자가 여러 명의 후보자를 대상으로 집단면접(Group Interview)을 실시하는 경우도 있다. 집단면접에서 흔히 집단토론을 실시하는 경우가 많은데, 이 방식은 주제와 리더를 정해주거나 혹은 주제나 리더도 정해주지 않은 상태에서 토론하게 함으로써 후보자들의 토론과정을 면밀히 관찰하여 평가하는 토론방식이다. 그 밖에 면접자가 피면접자를 고의적으로 무시하거나 자존심을 상하게 하는 질문을 하여 후보자를 당황하게 하거나 좌절감을 느끼도록 하여 이 같은 스트레스하에서 얼마나 감정의 안정을 유지하고 좌절의 극복 및 인내심을 발휘하는가를 관찰하는 방법인 스트레스면접(Stress Interview)이 있다. 스트레스면접은 잘 훈련된 면접자에 의해 실시되어야 하며, 특히 스트레스를 많이 받는 직무를 담당할 사람을 선발할 때에만 제한적으로 사용하는 등 실시에 있어 매우 신중을 기해야 한다. 왜냐하면 선발되지 않은 지원자가 회사에 대해 아주 부정적인 이미지를 갖기 쉽고, 막상 채용을 하려고 해도 입사를 거부하는 경우가 있기 때문이다(전수환, 2012, p.124).

한편 CEO가 직접 '탁월한' 인재를 면접하여 선발하는 경우도 있다. [현장올레길 7-9]는 페이스북의 마크 지기비그의 '산책면접' 사례이다.

⑤ 면접자 훈련(Interviewer Training): 면접자들은 정보가 그들에게 중요하든 중요하지 않든

**현장올레길 7-9** 페이스북 CEO 저커버그, 인재영입 때 '산책면접'

미국 캘리포니아주 팔로 앨토시(市)에 있는 페이스북 본사에 근무하는 한 직원은 그해 초 페이스북 최고경영자인 마크 저커버그(31)로부터 한 통의 이메일을 받았다. 당시 다른 회사에 근무하던 이 직원은 "어느 날 아침 이메일을 열었을 때 마크 저커버그의 이메일이 있는 것을 발견하고는 마시던 커피가 목에 걸릴 뻔했다"며 "마크 저커버그는 팔로알토에 있는 페이스북 캠퍼스를 방문해 함께 일할 수 있는지에 대해 함께 논의해 보자고 했다"고 전했습니다.

구글 이미지

그가 페이스북 본사에 도착해 마크 저커버그를 사무실에서 만나자마자 곧바로 마크 저커버그에 의해 숲길로 인도돼 함께 산책면접을 했다는 것.

또 페이스북의 인수 대상이던 신생기업을 운영하다가 영입되는 과정에서 같은 경험을 한 다른 직원도 "당시 매우 당황했다"면서 "마크 저커버그는 그때 돈은 중요하지 않다면서 함께 일할 것인지를 물었으며, 산책에서 돌아와 보니 이미 서류작업이 끝나 있었다"고 전했습니다. 그는 "그때 경험이 꿈만 같았다"며 "마치 마크 저커버그와 데이트를 한 것 같은 느낌이었다"고 말했습니다. 같은 경험을 한 다른 직원은 산책로 끝에 도달하자 팔로알토시를 모두 내려다볼 수 있는 전경이 나타났다면서 "마크 저커버그가 그때 애플과 휴렛-패커드 본사 등을 하나하나 손으로 가리킨 뒤 우리가 여기에서 보이는 다른 모든 기업보다 큰 기업이 될 것이며, 당신이 합류하게 되면 그 큰 기업의 일부가 될 것이라고 말했다"고 소개했습니다.

자료원: 경향신문, 2011.7.8.

후보자에 대한 그들의 인상(impressions)을 형성하기 마련이다. 어떤 면접자는 특정 후보자가 '너무 공격적'이라는 이유로 낮은 평점을 주는가 하면 반면에 동일한 후보자에 대해서 어떤 면접자는 '적절하게 공격적'이라며 높은 평점을 주기도 한다. 연구에 따르면 특정 후보자를 선발하는 결정은 후보자의 직무수행능력이나 적절한 행동보다는 놀랍게도 면접자가 그 후보자의 외모나 신체적 여건에 얼마나 매력을 느끼는가에 가장 큰 영향을 받는다고 한다(Cable & Judge, 1997). 따라서 면접 시 면접자가 직무관련정보를 토대로 면접에 임하고 평가할 수 있도록 하고 또 그 평가기준을 피면접자 모두에게 일관되게 적용할 수 있도록 사전에 철저한 훈련을 받아야 한다.

B. AI 면접: 4차 산업혁명의 총아로서 AI가 등장하면서 기업의 채용관행도 AI 기반으로 진행되고 있는 것이 최근 인적자원관리의 특징적 흐름 가운데 하나이다. AI 면접의 핵심은 지원자의 음성과 영상정보로 제한된 시간 안에 응시자의 특성을 파악하는 것이다. 현재 대부분의 AI 면접을 도입하는 기업들은 회사의 고성과 인재들을 분석하여 그들과 유사한 특성을 가진 지원자를 선발하려 하면서 AI 면접의 (예측)타당성을 확보하고자 한다.

AI 면접의 장점을 지원자의 입장과 기업의 입장에서 살펴 볼 수 있다. 우선 지원자 입장에서 매우 편리하다는 점이다. 첫째, 지원자들은 원하는 시간과 장소에서 면접을 볼 수 있다는 점이다. 둘째, 결과를 빨리 알 수 있다는 점이다. 과거에는 자신의 이력서를 쓰레기통에 버렸는지 알 수 없었지만 AI 면접에서는 신속히 결과를 알 수 있다. 기업입장에서도 비용경제적이다. 첫째, 한 자리에 수천 명의 지원자가 몰릴 정도로 경쟁이 치열할 경우 많은 지원자의 서류를 일일이 살펴보려면 많은 인력과 시간이 드는데 AI를 활용하면 서류심사와 면접에서 시간과 비용을 아낄 수 있다. 또 면접을 위한 별도의 장소를 빌리지 않아도 된다. 둘째, 사람이 하면 생길 수 있는 공정성, 객관성 시비를 원천적으로 차단할 수 있다. 특히 한국의 경우, 2019년 7월 17일부터 시행되고 있는 '블라인드 채용법'이 도입되면서 기업(직원 30명 이상)이 면접과정에서 가족의 직업, 재산, 학력 등 구직자 본인의 업무능력과 무관한 내용을 질문하면 500만 원 이하의 과태료를 물게 되어 있다. AI 면접은 이러한 공정성 시비를 미연에 예방할 수 있게 한다.

물론 한계도 있다. 먼저 지원자의 입장에서 보면 기계 앞에서 면접을 보는 것에 대한 거부감이 적지 않다. 면접관 면접에서는 면접관과 긴장을 푸는 간단한 대화도 오가지만 AI면접에서는 화면에서 바로 실무적인 질문이 나오고 곧바로 답을 해야 하는 상황이라 우수한 인재라도 긴장 상황에 당황하는 개인의 성격에 따라서는 탈락할 수도 있다. AI면접에서 10여 차례 탈락하고 런던의 유명 증권회사에 합격한 조슈아 포그(Joshua Fogg)는 "수만 명이 지원하는 금융회사로선 AI 면접이 필요할지 모르지만, 매우 우수한 인재들이 틈새로 미끌어지고 있다"라고 얘기한 바와 같이 분명히 개선점이 있다(중앙일보, 2018.10.11).

또 기업의 입장에서도 한계점이 있다. AI 면접이 시작된 것이 비교적 최근의 일이라 실제 고성과자와 유사한 성향의 지원자가 고성과를 낼지에 대해서는 검증할 시간이 필요하

**도표 7-16** AI면접의 장단점

| | 장 점 | 단 점 |
|---|---|---|
| 지원자 입장 | • 원하는 시간과 장소에서 면접을 볼 수 있음.<br>• 결과를 현장에서 신속하게 알 수 있음. | • 기계 앞에서의 면접에 대한 거부감이 있는 지원자의 경우 능력과 무관하게 탈락할 수 있음. |
| 기업 입장 | • 서류심사와 면접에서 시간과 비용을 아낄 수 있음.<br>• 면접을 위한 별도 장소가 필요 없음.<br>• 공정성 및 객관성 시비를 미연에 차단할 수 있음. | • 실제 고성과자와 유사한 성향의 지원자가 고성과를 낼지 충분한 검증이 필요(선발도구로서의 예측타당성의 문제). |

다(선발도구로서의 예측타당성의 문제). 마이다스아이티의 경우 현재까지 AI 평가와 관련해 학습한 기존 고성과자 면접 결과는 6,800명 수준이다. 더 정교하게 평가하고 오류를 줄이기 위해선 빅데이터가 더 쌓여야 한다. 당 회사는 최근 재직자 정보를 추가하는 등 지속해서 업데이트를 진행하는 중이다. 기업들도 이를 고려해 현시점에선 대부분 인·적성검사 대체용 참고 자료 수준으로 활용하고 있다. 최근 수서고속철도를 운영하는 SR은 신입사원 선발전형에서 AI 면접을 도입하였으며 면접총점에서 AI 면접을 40%, 면접관 면접을 60%로 반영하고 있는 것이 그 단적인 예이다(조선일보, 2019.8.12).

## 4.6 선발의사결정과 선발오류

신뢰성과 직무성과를 예측하는 데 있어 타당성이 확보된 선발도구를 확보한 뒤 이를 토대로 채용기준을 결정해야 한다. 이 기준이 정해지면 회사와 직무에 가장 적합한 인물을 선발하는 의사결정을 해야 한다. 여기서 채용기준은 '최저'의 채용기준으로서 흔히 합격선, 합격점수, cut off 또는 cutoff score 로도 불린다. 기업은 지원자 중에서 필요인력을 선발하기 위해 선발도구를 사용하여 채용기준을 정하고 채용기준에 미달한 지원자를 선발에서 제외해야 한다. 그런데 문제는 선발에서 제외된 탈락자의 능력이나 직무성과가 채용된 사람에 비해서 더 우수할 수도 있다는 것이다. 이러한 경우를 선발오류(selection error)라고 하고 [도표 7-17]은 선발오류의 두 상황을 보여주고 있다.[16]

[도표 7-17]의 A선은 채용기준을 나타낸다. 지원자의 점수가 이 선의 우측에 위치하면

16) 이하의 내용은 Werner et al., 2012, pp.193-196과 박영배(2012), pp.185-186의 내용을 참고하였다.

채용되지만, 좌측에 위치하면 탈락하게 된다. 그리고 B선은 지원자가 입사 이후 직무성과를 발휘한 정도를 나타내는 것이다. 입사 이후 지원자의 직무성과가 이 선의 위에 있으면 고성과를 보인 직무 적합자로, 선의 아래에 위치하면 직무부적합자로 분류된다. 따라서 이와 같은 분류방식에 의하면 어떠한 선발의사결정에 있어서도 다음과 같은 네 가지 결과가 나타나게 된다.

[도표 7-17]에서 a상한(True Positive Decision)과 c상한(True Negative Decision)은 옳은 결정이 이루어진 경우이다. 특히 a상한은 입사성적이 최저기준을 상회하여 채용된 지원자로서 입사 이후의 직무성과가 매우 높은 상황이고, c상한은 반대로 입사성적이 최저기준에 미치지 못하여 탈락된 지원자이지만 만약 입사하였더라도 직무성과가 모두 부족한 경우로서 두 경우 모두 정확한 의사결정을 한 것이다.

한편, [도표 7-17]에서 b상한과 d상한은 모두 선발 의사결정의 오류를 범함으로써 잘못된 결정이 이루어진 경우를 나타낸다.[17] b상한은 입사성적이 최저기준에 미달하여 탈락되었지만 만약 입사하였다면 직무성과는 매우 우수할 것으로 판단되는 경우인데, 이와 같은 오류를 '거부오류'(False Negative Decision)라고 한다. 그리고 d상한은 반대로 입사점수가 높아 채용하였지만 직무성과는 신통치 못한 경우로써 이 같은 오류를 '수락오류'(False Posi-

**도표 7-17** 선발의사결정의 결과와 오류

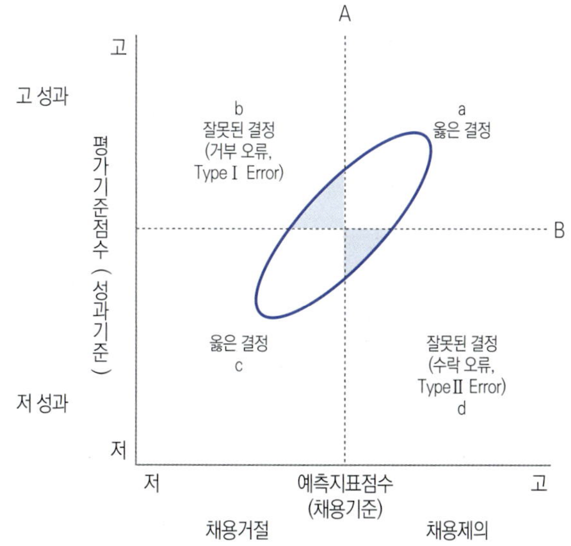


17) 잘못된 탈락 / 기각을 한 '거부오류'를 선발에 있어서의 1종오류(Type I Error)라고 하고, 잘못된 수락 / 채택을 한 '수락오류'를 선발에 있어서의 2종오류(Type II Error)라 한다.

tive Decision)라고 부른다.

기업에서는 선발의사결정을 할 때 a상한이나 c상한과 같이 옳은 결정영역을 넓히는 동시에 b상한이나 d 상한과 같은 오류영역을 최대한 줄여야만 선발에 의한 손실과 재앙을 예방할 수 있다. 그런데 거부오류(Type I Error)와 수락오류(Type II Error)를 동시에 줄이는 데는 많은 어려움이 따른다.[18)]

예를 들면 기업에서 채용기준을 강화하면 수락오류는 줄어들지만 거부오류는 오히려 증가하고 반대로 채용기준을 완화하면 거부오류를 줄일 수 있지만 수락오류는 오히려 증가하는 문제가 발생하게 된다. *따라서 기업에서 채용기준을 설정할 때는 반드시 이 두 유형의 오류 중에서 어느 것이 더 큰 손실을 가져올 것인가를 명확하게 파악해야 한다.*

어떤 오류를 우선적으로 줄여야 할 것인가? 부적격의 사람을 뽑게 되는 수락오류(Type II Error)는 그 사람이 자발적으로 나가기 전까지 두고두고 조직의 골칫거리가 된다. 또 유능한 인재를 채택하거나 발탁하지 못함으로써 저지르게 되는 거부오류(Type I Error)도 조직에 기회손실 및 잠재적 손실을 야기한다(현장올레길 7-10 참조).

그러나 *부득이하게 둘 중 하나를 택해야 한다면 매우 조심스런 판단이 요구되지만 일반적으로 수락오류(Type II Error)를 먼저 줄여야 한다. 거부오류(Type I Error)는 이미 일어난 손실이지만 수락오류(Type II Error)는 앞으로 일어날 손실이다. 어느 정도 심각한 손실이 발생할지 아무도 예상할 수 없다.*

예를 들어 부품생산 공장에서도 양질의 부품을 불량이라고 판정하는 거부오류보다는 불량의 부품을 합격이라고 판정하는 수락오류가 자동차를 고장나게 하여 그 결과 엄청난 손실을 유발하는 리콜을 하게 된다. 또 원전을 중단하게 하고 미사일을 불량으로 만드는 등 상상을 초월하는 피해를 유발하는 수락오류(Type II Error)를 줄이는 데 우선적인 노력을 기울여야 한다. *마찬가지로 직원채용에 있어서 수락오류(Type II Error)를 줄이기 위해서는 잘못된 사람을 안 뽑으면 된다는 식의 접근이 아니라 사람을 뽑는 합리적이고 공정한 채용시스템을 먼저 구축하는 것이 중요하다. 이것이 확립되어 있을 때 수락오류를 일으키게 하는 '낙하산 인사'나 '청탁인사' 등을 원천적으로 배제할 수가 있게 된다. 또 채용 시 합격점수를 올려 소수 인원만 선발하거나, 직원선발을 하되, 회사가 주관하는 인턴십프로그램(intern-*

---

18) 그러나 거부오류와 수락오류를 동시에 줄이는 것이 선발비용과 시간이 많이 소요되어서 그렇지 불가능한 것은 아니다. 즉 수락오류를 줄이기 위해 합격선을 올려 최소인원만 뽑고 거부오류를 줄이기 위해 [도표 7-9]에서 보았듯이 단계적 접근법이 아니라 종합적 접근방법(특히 관련 분야의 다양한 평가자의 심층면접이 중요)을 적용하여 안타깝게 탈락되는 후보를 줄일 수 있다. 실제 Aon-Hewitt과 같은 글로벌 컨설팅회사에서는 한 사람의 유능한 컨설턴트를 선발하기 위하여 약 3~4개월 동안 다양한 선배컨설턴트에 의한 심층인터뷰를 시행하기도 한다.

**현장올레길 7-10** **구글 수석부사장 앤디 루빈의 삼성에 대한 회상**

안드로이드의 아버지, 앤디 루빈이 2004년 한국의 삼성본사를 방문한 일화다. 2003년 안드로이드사를 창업한 앤디 루빈은 2005년 회사를 구글에 매각했다. 그 이후 안드로이드OS는 구글의 핵심전략이 되어 최고의 모바일OS로 등극했다. 앤디 루빈은 지금 구글의 안드로이드 담당 수석부사장으로 일하고 있다.

2004년 루빈은 통신사들에게 그의 아이디어를 설명하며 설득에 나섰다(주: 앤디 루빈은 모바일OS를 개발해 모바일업계에 공짜로 공급하겠다는 아이디어로 안드로이드를 창업했다). 그리고 그는 다른 휴대폰제조업체들에게도 아이디어를 팔기 위해 극동지역을 방문했다. 공짜로 OS를 제공하겠다는 것이었지만 쉬운 일은 아니었다. 모바일업계는 이미 수익성이 좋은 비즈니스모델을 가지고 있었고 그래서 혁신적이며 파괴적인 새로운 모델을 고려하는 것 자체를 싫어하는 상황이었다. 그는 특히 삼성에 그의 아이디어를 제안하기 위해 한국에 "자기 돈으로" 방문했던 일을 선명하게 기억하고 있다.

그와 그의 동료 2명은 거대한 회의실에 들어갔다. 벽을 따라서 청색 양복을 잘 차려입은 약 20명의 중역들이 도열해 있었다(루빈은 청바지를 입고 있었다). 본부장(Division Head)이 도착하자마자 마치 각본에 있는 것처럼 모두다 자리에 앉았다. 루빈이 프리젠테이션을 마치자 본부장은 크게 웃음을 터뜨리며 이렇게 말했다. "당신 회사에는 8명이 일하고 있구만", "그런데 나는 (당신 OS만큼) 대단치도 않은 것에 2천 명을 투입하고 있다오." 이것은 칭찬이 아니었다(중략).

자료원: Steven Levy(2011). *In The Plex: How Google Thinks, Works, and Shapes Our Lives*. Part Five, Chapter 1, Simon & Schuster Publisher.

*ship program)에 참여하게 하고 그것을 경험한 사람 중 우수한 사람을 선별하여 최종선발을 하는 방법(취업연계형 인턴십 프로그램) 그리고 근무시간 중에 특정 분야의 교육을 1년간 이수하는 '일 · 학습병행프로그램'도 수락오류(Type II Error)를 현저히 줄이는 훌륭한 방법이다.* 이에 대하여 다음의 [도표 7-18]에서 보다 구체적인 설명을 하고자 한다.

[도표 7-18]에서는 합격점수를 높이거나 혹은 낮춤으로써 발생하는 효과가 제시되어 있다. [도표 7-18]의 각 점들의 군집은 우측으로 기울어진 타원형의 패턴을 보임으로써 선발도구인 시험은 매우 높은 타당성을 가지고 있음을 알 수 있다. 높은 점수를 받은 종업원들은 기업 입장에서 보면 만족스런 직무수행을 하고 있고(직무적합) 반면에 낮은 점수를 받은 종업원들은 불만족스런 직무수행을 하고 있음(직무부적합)을 알 수 있다. 만약 합격선이 A에 설정된다면, cell 1과 cell 2에 있는 종업원들만이 채용될 것이다. 소수의 몇몇을 제외하고는 거의 모든 종업원들이 성공적인 직무수행을 하고 있음을 알 수 있다. 이때 보다 많은

**도표 7-18** 합격점수 조정의 효과

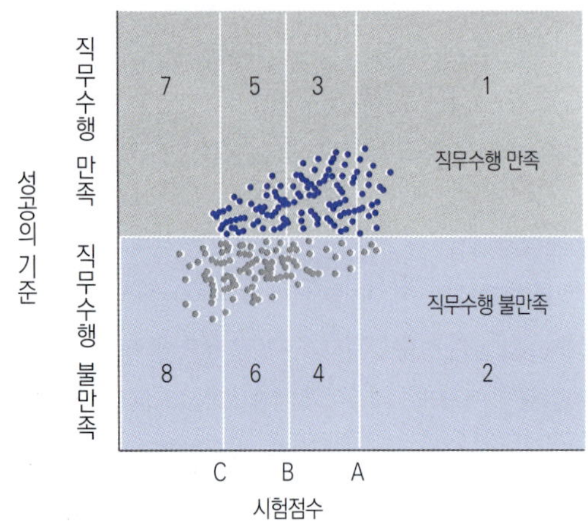


자료원: Snell, S. and Bohlander, G.(2007). *op. cit.*, p.270.

인력이 필요하다면(이는 선발률[19]의 증가를 의미한다) 합격점수는 B선까지 낮아지게 된다. 이 경우 cell 2와 cell 4에서 보듯이 적지 않은 잠재적인 직무수행 실패자가 합격하는 상황이 발생한다(수락오류, Type II Error). 합격점수가 C선까지 낮아진다면 이 점들이 나타내는 바와 같이 선발된 만족스런 전체 종업원 수(cell 1, 3, 5)가 선발은 되었지만 직무수행이 불만족스러운 종업원 전체 수(cell 2, 4, 6)를 훨씬 초과하고 있다. 따라서 이 시험도구는 성공가능성이 높은 종업원선발을 극대화하고 동시에 실패가능성이 높은 종업원선발을 극소화하는 데 기여하고 있다. 이러한 상황은 종업원들의 직무성공을 예측함에 있어서 기업이 희망하는 상황인 것이다. 즉 직무부적합을 보일 종업원보다는 직무에 적합할 종업원을 더 큰 비중으로 선발하는 것이다.

선발전략의 일환으로 가장 타당한 선발도구(예측요인)를 사용하는 것뿐만 아니라 선발률(selection ratio)의 개념을 이용하여 최고의 자격을 갖춘 사람이나 적절한 수의 지원자를 뽑을 수도 있다. [도표 7-19]에서 보듯이, 만약 선발률이 낮다면, 보통 가장 유망한 지원자들만이 채용될 것이다. 선발률이 매우 높은 경우 만약 공석이 채워져야 한다면 중간 정도의 능력을 갖춘 종업원들도 고용될 것이다.

19) 선발률(selection ratio)이란 전체 지원자의 수 가운데서 최종합격자의 수를 의미한다. 예를 들어 선발률이 0.10이라는 사실은 전체 지원자 가운데 10%의 지원자가 최종합격되었음을 의미한다. 또 선발률이 0.9라는 것은 90%의 지원자가 최종합격되었음을 의미한다.

**도표 7-19** 선발률의 산식

$$선발률\,(selectionratio) = \frac{최종\ 합격자의\ 수}{전체지원자의\ 수}$$

이상에서 본 바와 같이 더불어 어떤 예측요인(시험성적 등)이 주어진 선발과정의 개선에 어느 정도 기여를 할 것인가 하는 문제는 첫째, 예측요인의 타당성, 둘째, 선발률뿐만 아니라 셋째, 현재의 선발절차를 사용하여 성공적이라고 판단되는 종업원의 비중에 달려 있음도 유념해야 한다. 한편, [도표 7-20]은 정확한 / 부정확한 선발결정의 결과를 제시한 것이다(학습목표 10).

**도표 7-20** 정확한/부정확한 선발결정의 결과

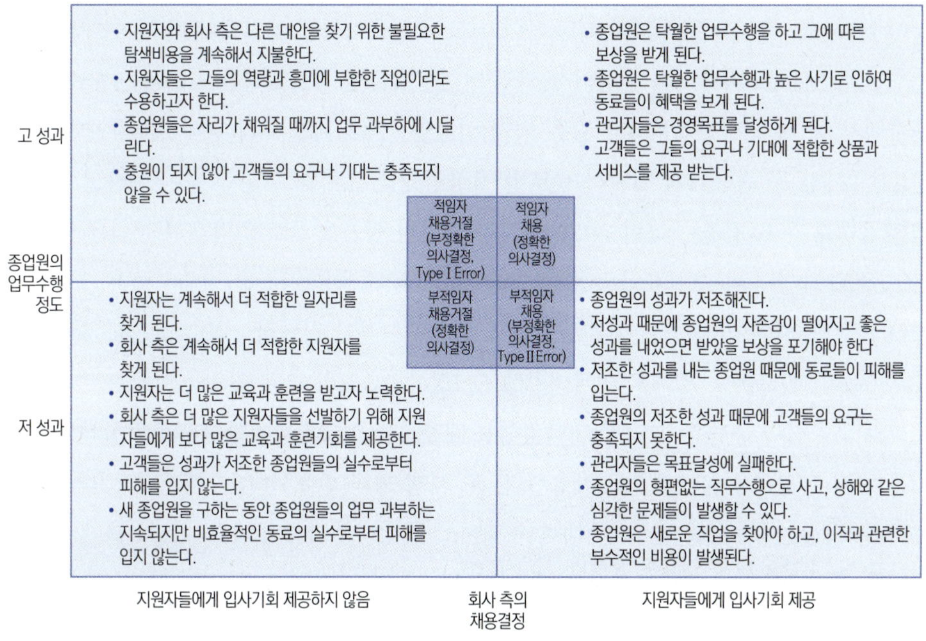


자료원: Werner et al.(2011). *op. cit.*, p.195 수정인용.

## 5. 창조경영 구현을 위한 전략적 시사점

모집과 선발의 기능이 창조경영 구현에 대한 기여는 거의 절대적이라 하겠다. 새로운 신규사업을 개발하고 새로운 혁신적 사업방식을 구상하는 것은 창의적인 지원자를 확보하는 것이 그 출발점이다. 후천적인 교육훈련을 통해서도 가능하지만 조직의 진입단계부터 이들을 확보하는 것이 보다 비용경제적이다. 이를 위해서 세 가지 점을 제언하고자 한다. 그 첫째는 모집선발 범위의 문제이다. 둘째는 선발기준에 관한 것이다. 끝으로 채용방식에 있어서의 즉응성(readiness)의 문제이다.

*모집선발 범위의 문제와 관련하여 향후 모집과 선발은 '글로벌 탐색'(global scanning)을 해야 한다*(Ivancevich, 2007, p.131). 한국 안에서만 지원자를 모집하고 그 안에서 채용하려 한다면 치열한 기술개발 경쟁에서 이겨낼 수가 없다. 요소기술 혹은 조립기술의 분야에 따라서 러시아 기술자든 일본인 기술자든 혹은 유럽의 기술자든 최고의 전문가를 모셔와야 한다. 또 국제적 경영의 목적으로 미국인이든 캐나다인이든 가장 전문적인 경영진을 모셔와야 한다. 즉, 국적에 관계없이 해당 분야 최고의 전문가들을 영입해야 한다. 현대차 그룹은 초기에는 주로 디자이너 중심의 해외의 핵심인재를 유치하였지만 최근에는 수소차, 자율주행차 등 미래 신산업분야와 같은 미래 신산업분야를 개발하기 위해 개발, 판매, 디자인, 신규사업 등 전방위에 결쳐서 글로벌 핵심인재를 유치한 것은 적절한 예라고 하겠다(현장올레길 7-12 참조). 그런 의미에서 현대기업의 성공은 글로벌 탐색의 능력에 달려 있다고 해도 과언이 아니다(Modern firm's success now depends on an ability to be a "global scanner"). 동시에 이 능력이야말로 기업경영의 필수적인 전략적 기술(strategic skill)이다(Davidson, 1991, p.5). 실제로 미국의 CISCO, IBM, Oracle과 같은 기업들은 소프트웨어 프로그래밍 능력이 우수한 대학 및 대학원생을 배출하는 인도공과대학(IIT)과의 협약을 통해 이들 출신 학생들을 우선적으로 채용한다. 또 세계 최대 원유서비스업체인 슐럼버거(Schlumberger)사는 카자흐스탄 기술 대학과 멕시코 국립대학에 연구자료와 장비를 기증하고 우수한 엔지니어를 미리 확보하고 있다.

한편 이와 같은 글로벌 탐색을 전문적으로 원활하게 하기 위하여 인재채용을 전담하는 조직을 운영하는 추세도 발견된다. Microsoft사는 300여 명의 입사사정관[20]으로 구성된

20) 많은 대학들이 입학사정관제를 활용해 잠재력과 소질을 가진 학생들을 선발하고 있다. 그런데 대학의 입학사정관제도는 기본적으로는 기업의 채용방식을 모방한 것이다. 세계적 기업들에는 입학사정관과 같은 역할을 하는 '입학사정관'들이 배치된 인재를 찾아다닌다.

'STRIKE Team'을 운영하고 있다. 이들 채용 전담자들은 인재가 있는 곳이라면 세계 곳곳 어디든지 찾아간다. ABB, 일렉트로룩스, 사브 등 세계적 기업들을 자회사로 거느리고 있는 스웨덴의 Investor AB는 아예 'Novare Human Capital'이라는 인재채용 전문 자회사를 운영하기도 한다(http://www.careercare.co.kr).

*다음으로 선발기준과 관련해서는 채용되는 직원들은 '창의성'과 '고객관점 및 고객가치 창출'의 역량을 중심기준으로 하여 채용이 되어야 한다.* 이 두 역량은 혁신적인 아이디어를 발현할 수 있는 최소한의 기초역량이다. *먼저 '창의성 역량'과 관련하여 창조경영을 확실하게 정착하기를 원하는 기업이라면 다음의 두 질문에 분명히 답할 수 있어야 한다(Brockbank, 1999). "모든 계층의 명시적인 채용기준으로서 창의성이 적용된다는 증거가 있는가", "중요한 테스크 포스팀의 일원을 조직 내·외부에서 선발할 때 혁신적 공헌(innovative contribution)을 한 경험이 채용기준으로 적용되고 있는가"* 이 질문에 분명히 답할 수 있다면 그 기업은 창조기업이 될 가능성이 많다고 판단된다.

이렇게 창의성으로 무장된 사람들을 선발해야 하는 이유는 이들은 조직 자체 내의 모순이나 불균형을 새롭게 창출하는 데 매우 익숙한 DNA를 가지고 있기 때문이다. 어떠한 조직도 조직 자체 내에 모순이나 불균형을 안고 있지만 그것은 기존의 패러다임의 문제해결 메커니즘 속에서 해결이 된다. 그렇지만 패러다임 전환으로 이어지는 발상의 전환을 가져오기 위해서는 모순이나 불균형의 정도를 증폭시키지 않으면 안 된다. 이 상황을 흔히 '의도된 혼돈(intentional chaos)의 창조'(Nonaka, 1988) 또는 '의도된 위기구축'(Skiera, Albers and Kim, 1998)이라고도 한다. 이렇게 창조된 혼돈 또는 위기를 해소하는 노력 속에서 새로운 전략발상이 창조되는 것이다. 이 역할을 경영진이 해주면 다행이지만 그들에게만 맡겨두기에는 우리 기업을 둘러싼 지금의 환경적 불확실성은 너무도 위협적이다. 경영진을 포함한 모든 조직의 구성원들이 '창의적'이어야 하고 그런 역량을 가진 사람들을 '채용'해야 한다.

*다음으로 '고객관점의 역량'과 '고객가치창출의 역량'을 가진 사람을 우선적으로 채용해야 한다. 고객과 관련하여 이 두 역량을 가진 사람은 상대방의 입장에서 생각의 출발을 하는 사람으로서 기본적으로 앞서 논의한 '창의적'인 사고를 할 가능성이 매우 높다.* 최고의 고객서비스로 유명한 리츠 칼튼(Ritz-Carlton)호텔은 고객마인드를 가진 인력을 선발하는 데 심혈을 기울이는 것으로 유명하다. 특히 이 호텔은 '품질선발프로세스'(Quality Selection Process)라는 채용제도를 도입하였는데 주방장, 지배인, 청소부, 안내직원 등 호텔의 주요 직무에서 최고의 고객서비스 성과를 낸 사람의 특성을 찾아내고 입사지원자 중에서 그러한 특성을 보유한 사람을 역할연기(Role Playing)나 고객서비스 성향을 파악하기 위한 심리검

사 등의 기법을 통하여 선발한다(최병권, 2007).

*그러나 고객마인드와 같은 고객관점의 역량이 있다 하더라도 고객을 만족시킬 만한 역량이 없다면 실질적인 고객가치창출은 기대하기 어렵다.* 국내 · 외 기업을 막론하고 최고의 인재를 확보하기 위한 노력은 차라리 고통스럽기까지 하다. 특히 구글(Google)은 다양한 채용방법을 통해 참신하고 기발한 아이디어로 가득찬 창의적인 인재를 채용하고 있다. 예컨대 'GLAT'(Google Labs Aptitude Test)라는 명칭의 수학적 난제를 여러 기술잡지에 게제하거나 실리콘 밸리 또는 하바드 광장의 옥외간판에 내건다고 한다. 또한 동사는 '구글 코드 잼'(Google Code Jam)이라 불리는 온라인 소프트웨어 대회를 매년 개최하고 있다. 총 5만 달러의 상금이 걸려 있는 이 대회는 약 7,500여 명이 참여하는데 예선을 통과한 최종 25명만을 본사로 초대한다. 여기에서 최종 우승한 사람에게는 동사에 입사할 기회를 부여하고 있다(최병권, 2007). *향후 우리 기업들은 '글로벌 탐색'에 필요성을 절감하고 또 '창의성의 역량'과 고객관련 두 역량 즉, '고객관점의 역량'과 '고객가치창출 역량'을 우선적인 기준으로 채용을 함으로써 창조경영 구현을 위한 기반 조성을 해야 한다.* 이것의 의미는 유능한 인재를 얻으려면 지원자 가운데 심사해 뽑는 것이 아니라 창의성과 고객기반의 역량을 보유한 인재가 있는 곳이라면 어디든지 찾아가 입사를 권유하는 쪽으로 채용방식이 근본적으로 바뀌어야 함을 의미한다.

끝으로 채용방식에 있어서도 일대혁신이 필요하다. 핵심인재는 국내 · 외 어느 장소에 존재할지 모른다. 따라서 *현업 현장의 부서에서 사회적 네트워크서비스(SNS)를 이용하여 자기주도적인 사회적 채용(social recruiting)활동을 함으로써 수시로 쌍방향적인 채용활동을 할 수가 있어야 한다.* 즉 '페이스북이나 트위터'로 채용정보를 알리고, 모바일 채용 애플리케이션을 배포하는 것이다. 특히 코로나 위기 상황하에서는 이런 언택트 방식은 필수적인 선발방식이 될 것이다. 따라서 현재 글로벌 기업들의 채용의 트렌드가 SNS를 이용한 '스마트 채용'으로 변모해 가는 것은 한국의 기업들이 주목할 필요가 있다. 단적으로 인텔은 헤드헌팅업체 대신 인맥사이트인 링크트인(Linked In)을 채용에 활용해 연간 수백만 달러의 비용을 절감하고 있다(한국경제신문, 2012.4.12). 또 대부분의 미국기업들의 80.2%가 SNS를 이용한 채용을 하고 있다(조선일보, 2015.11.13)는 사실은 우수인재를 확보하기 위한 수단으로서 스마트 채용이 선진기업에서 완전히 정착하였음을 의미한다. 분명한 사실은 지금처럼 대학교 졸업생이 배출되는 봄가을에 그룹 차원에서 진행되는 정기채용 방식에 의존해서는 우수한 핵심인재를 조기에 확보할 수가 없다는 사실이다. *'현장에서', '수시로', '찾아다니는' 보다 '쌍방향적'인 채용관리가 창조경영의 구현을 위해서는 반드시 필요하다고 하겠다* (학습목표 11).

## 단원 이해를 위한 질문

Q1 내 · 외부모집의 장단점을 논해보고 그 결정의 메커니즘을 설명해 보라.

Q2 EVP의 의의를 설명해 보라.

Q3 효과적인 내부모집전략과 외부모집전략을 비교하여 설명해 보라.

Q4 현실적 직무소개가 왜 중요한지 설명해 보라.

Q5 지원자의 입장에서 지원행동에 영향을 미치는 요인들을 설명해 보라.

Q6 소위 말하는 '낙하산 인사'가 왜 바람직하지 않은지 선발의 세 원칙에 비추어 설명해 보라.

Q7 합리적 선발도구의 요건에 대하여 설명해 보라.

Q8 [현장올레길 7-7] Southwest 항공사의 다섯 가지 면접의 기본원칙에 대한 평가를 해보라.

Q9 [현장올레길 7-8] '2014년 미국기업에서 가장 황당한 면접'의 질문과 같이 여러분도 누구도 생각치 못한 황당한 질문을 만들어 보라.

Q10 페이스북 CEO 저커버그가 여러분에게 '산책면접'을 제안해 왔다면 그 이유는 무엇이라 생각하는가?

Q11 선발 의사결정에서 발생하는 선발오류에 대하여 설명하고 그 중 어떤 오류가 중요한지 설명해 보라.

Q12 Type I 오류(거부오류)와 Type II(수락오류)를 동시에 줄이는 방법은 과연 없는지 생각해 보라.

Q13 인턴십프로그램 및 일 · 학습병행의 의미를 선발오류 관점에서 설명해 보라.

Q14 1장에서 논의한 한국기업의 적응의 방향에 관한 내용이다. 우리기업이 현재의 기업 안밖의 불확실성을 극복하고 지속가능한 성장을 위해서는 cell C에서 cell E로 진행해야 한다고 가정하자. 이를 위해서 다음의 질문에 답해 보라.

q14-1 내부모집과 외부모집 중 어느 편을 선택하겠는가? 왜 그런가?

q14-2 [현장올레길 7-2] 현대카드의 '커리어 마켓'의 의의를 이 도표에서 논해 보라.

q14-3 cell C에서 cell E로 진행하는 데 있어서 왜 기업의 명성(reputation)을 쌓는 것이 중요한가?

q14-4 이런 상황에서는 Type I 오류와 Type II 오류 중 어느 오류를 먼저 줄이겠는가? 왜 그런가?

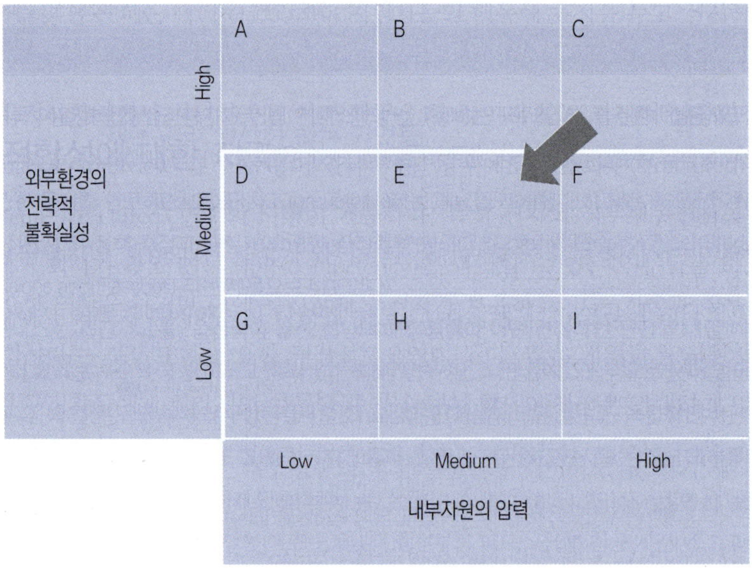


## 참고문헌


- 경향신문. "페이스북 CEO 저커버그, 인재영입 때 '산책면접'", 2011.7.8.
- 국민일보. "100명 중 2.8명 … 더 좁아진 대기업 취업문", 2015.5.18.
- 메디파나 뉴스. "XX인사에 내부잡음 … 직원들 사기저하", 2016.5.14.
- 박영배(2012). 현대인적자원관리, 도서출판 청람.
- 백풍렬(2001). "HR전략없는 비즈니스전략은 없다," LG주간경제, 626, 41-47.
- 샘 소머스, 임현경 옮김(2013). 무엇이 우리의 선택을 좌우하는가: 우리의 감정, 행동, 결정을 주도하는 보이지 않는 힘, 청림출판.
- 서울신문. "삼성입사 바늘구멍 지나가기", 2015.4.18.
- 임창희(2014). 인적자원관리, 제3판, 비앤엠북스.
- 전수환(2012). 에센스 인적자원관리, 세경.
- 정재훈(2011). 인적자원관리, 제3판, 북넷.
- 조선일보. "스마트채용 진행하는 글로벌 기업", 2015.11.13.
- 중앙일보. "취업 '4종 스펙' 쌓는데 평균 1554만원", 2015.2.5.
- 최병권(2007). "고객중심경영을 위한 인사관리 10대 과제," LGERI 리포트, 11.28.
- 한국경제. "SNS로 구직자와 쌍방향 소통", 2012.4.12.

- 한국경제. "현대카드 … 사내인력 시장을 통해 해외근무", 2014.12.7.
- 헤럴드경제. "2014년 미국 기업에서 가장 황당한 면접질문", 2014.11.20.
- Brockbank, Wayne(1999). "If HR were really strategically proactive: Present and future directions in HR's contribution to competitive advantage", *Human Resource Management*, 38(4), 337–352.
- Cable, D. M., & Judge, T. M.(1997). "Interviewer's Perceptions of Person–Organization Fit and Organizational Selection Decisions", *Journal of Applied Psychology*, 82, 546–561.
- Davidson, W.(1991), "The Role of Global Scanning in Business Planning", *Organization Dynamics*, Winter, 4–16.
- Dessler, G.(2014). *Fundamentals of Human Resource Management*(3rd Ed.), Pearson.
- http://www.careercare.co.kr
- http://www.naceweb.org/job–outlook/index.aspx. Job Outlook 2015, National Association of Colleges and Employers
- Huffcutt, A. I., & Culbertson, S. S.(2011). "Interviews," in S. Zedeck(ed.), *APA Handbook of Industrial and Organizational Psychology*, Vol.2(Washington, DC: American Psychology Association), pp.185–203.
- Ivancevich, J.M.(2007). *Human Resource Management*(10th Ed.), McGraw–Hill Irwin.
- Janis, Irving, L.(1982). *Groupthink: Psychological Studies of Policy Decisions and Fiascoes*(2nd Ed.), Boston, Mass.: Houghton Mifflin Co.
- Levy, S.(2011). *In The Plex: How Google Thinks, Works, and Shapes Our Lives*, PartFive, Chapter 1, Simon & Schuster Publisher.
- Mael, F. A., & Ashforth, B. E.(1995). "Loyal from Day One: Biodata, Organizational Identification, and Turnover among Newcomers", *Personnel Psychology*, 48, 309–333.
- Mello, Jeffrey A.(2011). *Strategic Management of Human Resources*(3rd Ed.), South–Western Cengage Learning.
- Money Week. "독일비행기 추락", 2015.3.31.
- Noe, R. A., Hollenbeck, J. R., Gerhart, B., & Wright, P. M.(2006). *Fundamentals of Human Resource Management*, McGraw–Hill Companies.
- Nonaka, I.(1988). "Toward Middle–Up–Down Management: Accelerating Information Creation", *Sloan Management Review*, Spring, 29(3), 9–18.
- Oswald, F. L., & Hough, L. M.(2011). "Personality and Its Assessment in Organizations:

Theoretical Empirical Developments", in S. Zedeck(ed.), *APA Handbook of Industrial and Organizational Psychology*, Vol.2(Washington, DC: American Psychology Association), pp.153–184.

- Pink Daniel(2011). *A Whole New Mind: Why Right–Brainers Will Rulethe Future*(3rd Ed.), Riverhead Books.
- Schmidt, F., & Hunter, J.(1998). "The validity and utility of selection methods in personnel psychology: Practical and Theoretical Implications of 85 years of research findings", *Psychological Bulletin*, 124(2), 262–274.
- Skiera, B., Albers, S., & Kim, Linsu(1998). "Crisis Construction and Organizational Learning: Capability Building in Catching–Up at Hyundai Motor," *Organization Science*, 9(4), 506–521.
- Snell, S., & Bohlander, G.(2007). *Human Resource Management*, Thompson.
- Thompson, J. D.(1967). *Organizations in Action: Social science bases of administrative theory*, New York: McGraw–Hill.
- Turban, D. B., & Dougherty, T. W.(1992). "Influences of Campus Recruiting on Applicant Attraction to Firms", *Academy of Management Journal*, 35, 739–765.
- Werner, S., Schuler, R. S., & Jackson, S. E.(2012). *Human Resource Management*(11th Ed.), South–Western, Cengage Learning.

## 들꽃

강명숙

공평한 하늘아래 하찮은 배역은 없다.

비중이 아무리 작을 지라도

각자는 수줍은 대로 신이 선택한 배우

가장자리에 놓여 호되게 짓밟히다가도

세찬 바람 앞에 철썩 무릎 꿇더라도

새벽이슬에 기어코 소생하고야 마는

질기디 질긴 생명

아파도 용케 참아내며

슬플 때 대신 울어주는

이리저리 흔들리며 피는 그대.

# 제 8 장
# 창조경영을 위한 교육훈련과 개발

## 깨달음의 명언

- "종업원이 다른 회사로 떠날 수 있을 만큼 충분히 훈련시키되, 그렇고 싶은 마음이 들지 않도록 잘 대하라."
  – 리차드 브랜슨 영국 버진그룹 회장 –
- "만약 여러 분의 행동이 다른 사람들이 꿈을 더 많이 꾸게 하고, 더 많이 배우게 하고, 더 많이 행동하게 한다면, 여러 분은 리더입니다."
  – 미국의 6대 대통령 John Quincy Adams –

## 학습목표

1. 교육, 훈련, 학습 그리고 개발의 개념정의 및 이들 간의 개념적 관련성을 익힌다.
2. 교육훈련의 전략적 의의를 학습한다.
3. 교육훈련의 체계설계–필요성 평가, 목표와 측정, 프로그램 및 전달방법, 프로그램 평가 등–를 위한 이론적 학습을 한다.
4. 교육훈련과 성과관리시스템 및 보상과의 관련성에 대한 이해를 한다.
5. 조직개발의 정의와 의의를 익힌다.
6. 조직개발과 조직변화의 관계성을 이해한다.
7. 경력개발의 의의 및 중요성 그리고 경력목표, 경력경로, 경력개발의 관련성을 이해한다.
8. 경력개발시스템의 체계와 의의를 학습한다.
9. 정태적 접근으로서 개인의 경력 욕구와 경력 닻 모형에 대한 이해와 동태적 접근으로서 경력단계에 대한 이해를 한다.
10. 다양한 경력경로에 대한 이해를 한다.
11. 배치전환의 의의와 원칙을 학습한다.
12. 승진의 의의에 대한 이해를 한다.
13. 연공주의와 능력주의에 따른 승진 메커니즘의 차이를 학습한다.
14. 승진의 원칙에 대한 이해를 한다.
15. 창조경영의 구현을 위한 전략적 시사점을 익힌다.

**도입사례 8** "물류 · 배송, 단순 반복 업무는 로봇이 맡는다" 아마존, 직원 10만 명에 'AI 시대 직무 재교육'

### 6년간 8000억 원 투입 결단… 미국 내 직원 3분의 1 이 대상

세계 최대 인터넷 쇼핑 업체인 미국 아마존이 7억 달러(약 8000억 원)를 들여 미국 내 직원 10만 명에게 직업 재(再)교육을 실시하기로 했다고 발표했다. 인공지능(AI)과 로봇으로 대체될 가능성이 큰 물류 처리, 상품 배송, 일반 관리 직군의 인력들이 사내 고급 일자리로 옮기거나 회사를 나가 전혀 다른 직업을 찾도록 하는 것이 목표다. 제프 윌키 아마존 소비자 부문 최고경영자(CEO)는 "AI와 같은 첨단 기술은 이미 우리 사회와 노동시장을 빠르게 바꾸고 있다"며 "새 직업 훈련 프로그램은 직원의 미래 대비를 도울 것"이라고 말했다. AI와 로봇으로 인한 '일자리 충격'이 눈앞에 성큼 다가왔음을 보여주는 사례다.

#### ◇ 직원 3명 중 1명이 전직 대상

아마존은 미국에서 30만 명 이상을 고용하고 있다. 전체 직원 3명 중 1명이 재교육 대상인 셈이다. 정부 차원이 아닌 민간 기업의 인력 재교육 · 재배치 시도로는 사상 최대 규모다. IT 분야 교육을 강화해 인터넷 쇼핑 서비스 개발 및 운영, 고객 서비스 등에 새로운 인력을 배치하는 것에 초점이 맞춰져 있다. 예컨대 창고에서 물류를 담당하는 비정규직 직원들은 회사의 로봇과 자동화 설비를 관리하는 소프트웨어 기술을 배워 엔지니어로 일할 수 있다. 이미 학부 수준의 컴퓨터 지식을 갖춘 소프트웨어 엔지니어들은 사내에 개설한 '머신러닝(기계학습) 대학'에서 대학원 수준의 AI 기술을 배울 수 있게 할 계획이다. 앞으로 6년간 직원 1명당 평균 7,000달러(약 820만 원)가 투자된다.

(사진설명) 미국 인터넷 쇼핑업체 아마존이 배송 시간을 줄이기 위해 기존에 사람이 직접 상품을 옮기고 분류하는 일(왼쪽)을 최소한으로 줄이고 자체 로봇 기술을 이용한 자동 물류(오른쪽)의 비중을 빠르게 끌어올리고 있다. 이미 미국 전역 105개의 물류창고에서 5만 대의 로봇이 사람이 하던 단순 업무를 대체해 나가고 있다.

아마존은 직원들이 다른 산업 분야에서 일자리를 찾는 것도 도울 예정이다. 이를 위해 간호나 항공기 정비 등 비(非)IT분야의 자격증이나 학위를 따는 직원들에게 학비의 95%를 지원하는 '아마존 커리어 초이스' 프로그램도 내놓는다. 이 과정이 끝나면 회사를 나가 다른 직장으로 옮길 수도 있다. 아마존은 내부적으로 AI와 로봇에 의한 업무의 자동화를 가속화하고 있다. 업계 관계자는 "아마존은 지난 4월 '아마존 프라임' 회원을 대상으로 1일 배송 서비스를 시작하면서 고객 주문부터 상품 출하까지 걸리는 시간을 현재보다 30% 이상 줄이기로 했다"면서 "이를 위해서는 (사람보다 일처리가 빠른) AI와 로봇의 업무 적용 범위를 크게 늘릴 수밖에 없어 기존 인력의 대규모 재배치가 필수적인 상황"이라고 말했다. 아마존은 이미 미국 전역 105개의 물류 창고에서 5만 대의 로봇을 활용하고 있다. 아마존의 직원 재교육은 사업 영역이 인터넷 쇼핑에서 클라우드(가상 저장 공간), 동영상 · 음악 콘텐츠, IT 기기 등의 영역으로 계속 확장함에 따라 추가로 필요한 인력을 재교육을 통해 자체 충당하겠다는 의도도 있다.

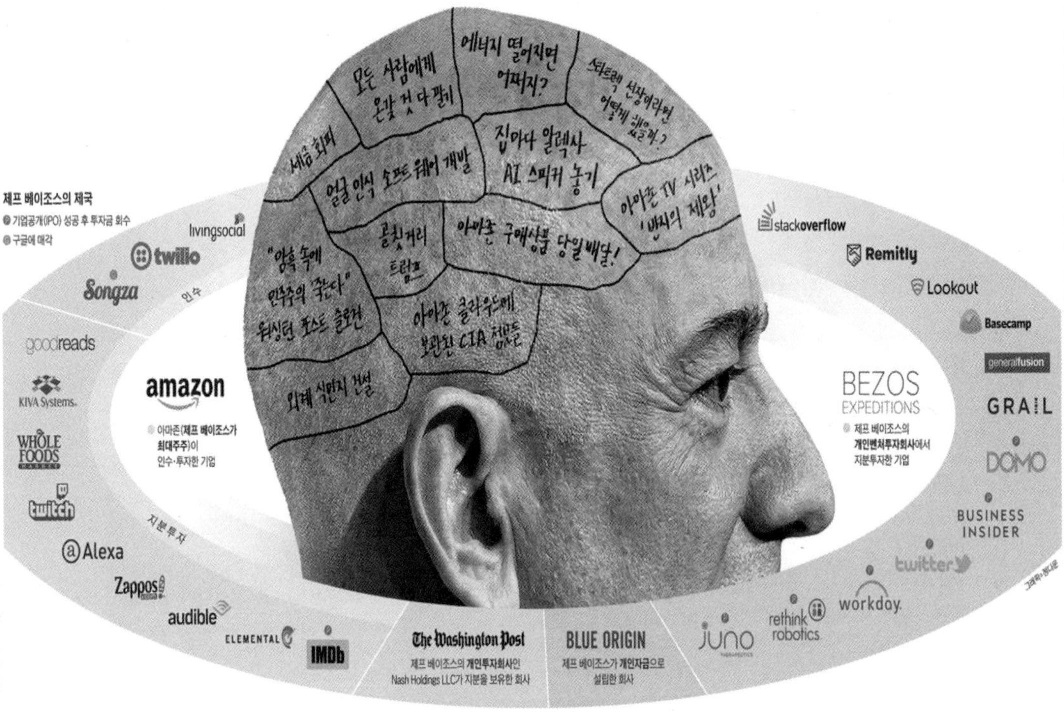


아마존 왕국 베이조스의 '대망'

자료원: 조선일보, 2019.7.13와 Weekly BIZ, 2019.12.20.

**| 이 장을 시작하며 |**

"잡초는 없습니다."

고려대학교 생명과학대학 강병화 교수가 17년간 전국을 돌아다니며 채집한 야생 들풀 100여 종과 4,439종 씨앗을 모아 종자은행을 세웠습니다. 기사 끝에 실린 그의 말이 가슴에 와닿습니다. "엄밀한 의미에서 잡초는 없습니다. 밀밭에 벼가 나면 잡초고 보리밭에 밀이 나면 또한 잡초입니다. 상황에 따라 잡초가 되는 것이지요 산삼도 원래 잡초였을 것입니다. 사람도 같습니다 자기가 꼭 필요한 곳, 있어야 할 곳에 있으면 산삼보다 귀하고, 뻗어야 할 자리가 아닌데 다리를 뻗고 뭉개면 잡초가 된답니다. … 이 세상엔 타고난 아름답고 훌륭한 자질을 제대로 펴지 못하고 잡초로 살아가는 사람이 너무도 많지요. 보리밭에 난 밀처럼 자리를 잡지 못해 뽑히어 버려지는 삶이 얼마나 많겠습니까? 그러나 우리 각자는 이 세상에 하나밖에 없는 그 무엇과도 바꿀 수 없는 너무나 소중한 존재입니다. 이 세상에 잡초는 없습니다."

4차 산업혁명이 가져오는 디지털 혁신은 기업 사업전략의 근원적 변화를 요구할 뿐만 아니라 기존 종업원들이 보유하고 있는 스킬셋(skill set)으로는 더 이상 디지털 환경변화에 적응할 수 없음을 인식하게 한다. 앞서의 도입사례에서는 AI 시대에 아마존에 요구되는 스킬셋을 어떻게 재교육을 통하여 확보하려 하는지 또 어떻게 새로운 경력개발을 유도하고 있는지 그 혼신의 현장을 파악할 수 있다. 이런 재교육과정을 통하여 직원들의 능력을 향상시키고 경력을 개발시키는 것은 경쟁우위를 창출할 수 있는 또 다른 방법이다. 또 그것은 잡초라고 여겨지는 풀을 약초로 바꾸는 신비로운 수단이기도 하다.

# 1. 교육훈련 및 개발의 의의

## 1.1 교육훈련 및 개발의 정의 및 전략적 중요성

### 1) 교육훈련 관련 용어정의와 관련성

교육훈련과 관련하여 여러 가지 개념들이 혼재되어 있어서 이들에 대한 정리가 필요하고 나아가서 이들 간의 관련성에 대한 이해도 동시에 필요하다. 교육(Education)이란 인간의 내부 잠재능력을 개발하고 미숙한 상태를 성숙한 상태로 만드는 것이다. 공식적이든 비공식적이든 교육은 직접적으로 그리고 연속적으로 인간의 지식과 능력, 성격형성 그리고 결과적으로 성과에 영향을 미친다. 이에 비해 훈련(Training)은 교육, 지도(指導, Instruction)의 결과로써 발생하는 학습을 통하여 단기적이고 체계적인 방법으로 행동을 수정하는 것이다.[1] 교육이 가까운 미래에 성공적인 직무수행을 위한 '깨달음'을 촉진시킨다면 훈련은 현 직무에서 성공적인 직무수행을 위한 '행동변화'를 유발한다고 하겠다. 또 학습(Learning)이란 경험이나 연습의 결과로써 발생하는 긍정적 또는 부정적 행동의 비교적 지속적인 변화를 의미한다. 학습의 결과를 과업의 현장에 전이(transfer)시키고자 할 때 가장 큰 학습의 효과가 있다. 교육이든 훈련이든 이 같은 개인의 학습을 매개로 전개되고 성과가 달성된다. 개발(Development)이란 장기간에 걸쳐서 지속적으로 개인 및 조직의 잠재능력을 학습을 통하여 개선시키는 것으로서 향후 수행하게 될 역할에 대한 준비를 시키는 것이다(Analoui, 2007, p.164). 이와 같은 맥락에서 Nadler는 교육, 훈련, 학습 그리고 개발의 개념정의의 초점과 목적을 [도표 8-1]과 같이 정리하였다.

**도표 8-1** 인적자원개발의 관련 개념에 대한 Nadler의 개념 구분

| 기 능 | 초 점 | 목 적 |
|---|---|---|
| 교육(Education) | 개인이 앞으로 수행하게 될 직무를 준비시키는 것과 관련한 학습 | 가까운 미래의 직무를 담당할 개인을 준비시킴 |
| 훈련(Training) | 현재 직무와 관련된 학습 | 현 직무에서의 성과개선 |
| 학습(Learning) | 개인, 팀 또는 조직을 개발시키기 위하여 교육과 훈련을 통하여 얻은 경험을 이용. | 비교적 영속적인 행동변화를 실현. 학습을 실제 과업현장에 전이하려고 관심을 가질 때 달성될 수 있음 |
| 개발(Development) | 현재 또는 미래의 성공적인 직무수행 요건에 대한 학습을 통한 개인의 성장 | 특정 업무와는 관련이 없는 일반적인 성장 |

자료원: Analoui, F.(2007). *Strategic Human Resource Management*, Thomson Learning, p.163.

또한 이들 개념들 간에는 [도표 8-2]에서 보는 바와 같은 관련성을 지니고 있다(Nadler, 1974)(학습목표 1).

1) 그러나 일반적으로 교육과 훈련의 개념을 구분하기보다는 양자의 개념을 혼용하여 종업원이 변화하는 직무환경에 적응하면서 높은 직무성과를 달성하는 데 요구되는 능력을 갖출 수 있게 지원하는 일련의 학습과정으로 이해하기도 한다.

**도표 8-2** 교육, 훈련, 학습과 개발의 개념적 관련성

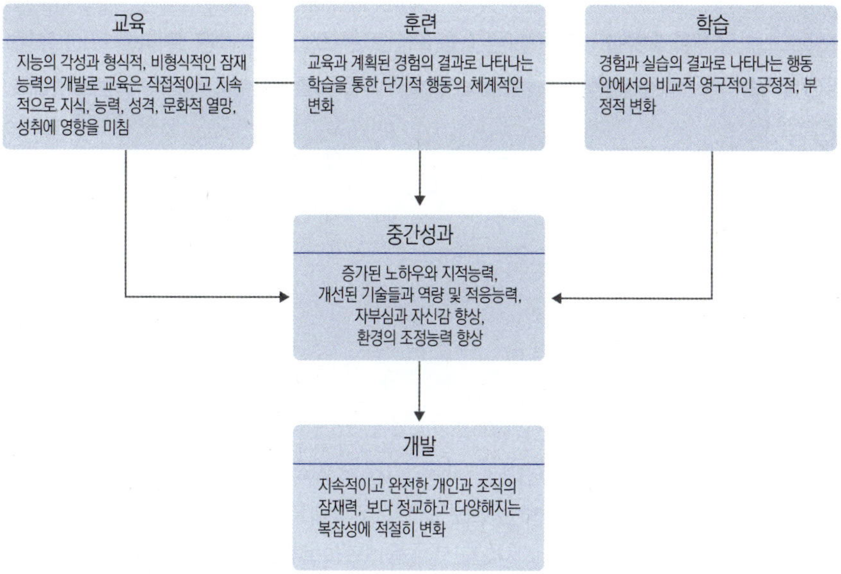


자료원: Analoui(2007). *op. cit.*, p.164.

즉, [도표 8-2]에 따르면 인적자원에 대한 개발의 구성요소는 교육, 훈련 그리고 학습과 같은 여러 종류의 학습경험(learning experiences)을 포함하고 있다. 이 요소들을 통하여 문제해결에 대한 노하우(know-how)와 지적 역량을 개선시키게 되고, 기술과 능력을 함양하게 되며, 문제해결 능력에 대한 자부심과 확신을 가지게 한다. 결국 교육, 훈련 그리고 학습을 통하여 개인과 조직의 잠재력을 지속적으로 개선 및 개발할 수 있다. 따라서 인적자원 개발의 문제는 학습경험에 대한 세 가지 구분되는 개념영역을 구축하는 것으로서 개념화될 수 있으며 세 가지 개념영역을 독자적으로 구축하는 과정에서 개인의 개발 및 성장이 가능해질 뿐만 아니라 조직의 효과성에도 기여하게 되는 것이다.

**고전올레길 8-1** 플라톤의 동굴의 비유

플라톤의 스승인 소크라테스는 플라톤이 스물여덟 살 되던 해에 누명을 쓴 채 독약을 마셔 돌아가셨다. 플라톤은 슬픈 마음으로 조국 아테네를 떠나 12년 동안 방랑의 길에 접어들었다. 오랫동안 세상을 떠돌아 다니며 플라톤은 이집트 사제들, 피타고라스 학파[2] 등 많은 사람들을 만났다. 플라톤은 방랑 생활을 하면

2) 이 아카데미아에서 배출한 제자 가운데 가장 뛰어난 제자가 '유클리드'(Euclid)이고 기원전 300년경 당시의 수학을 집대성하여 그리스 기하학에 대한 명확한 체계를 정리한 13권으로 된 책 "원론"을 발표하였다. 이 책은 기하학에 관한 최초의 체계적인 논의를 한 것으로도 유명하다.

서 '우주에는 영원히 변하지 않는 질서가 있지 않을까?' '세상의 근본 이치도 머리로 생각하고 수학으로 풀면 알 수 있지 않을까?' 같은 생각들을 많이 하였다. 오랜 방랑 생활을 끝내고 플라톤은 아테네로 돌아왔다. 그때 그의 나이는 40살이었다. 그는 '아카데미아'라는 학교를 세웠다. 학교 입구에는 '기하학을 모르는 사람은 들어오지 말라'라고 써 놓기도 하였다.

플라톤은 아카데미아에서 위대한 스승 소크라테스의 가르침을 후세 사람들이 결코 잊지 않도록 확실히 해 두는 일을 하였다. 그의 글 쓰는 재능 못지않게 기억력도 좋았다고 한다. 그는 살아생전의 스승 말씀을 하나하나 기억해서 책으로 썼다. 그 책이 바로 [대화편]이라고 합니다. 플라톤은 철학을 쉽게 설명하기 위해 비유를 잘 들기로 유명했다고 한다. 그중 하나가 '동굴의 비유'이다.

플라톤의 '국가론' 제7권은 동굴의 비유를 통하여 진리의 본질을 설명하고 있다. 더불어 이 비유를 통하여 교육의 본질을 깨달을 수 있다. 플라톤이 말한 지하동굴에는 '죄수'들이 산다. 어릴 적부터 발과 목이 묶여 앞만 볼 수 있다. 죄수 뒤에 있는 불타는 장작더미의 불빛을 받아 동굴 밖의 동물들을 본뜬 인형들의 그림자가 동굴 벽에 비친다. 그리고 죄수는 발과 목이 묶여서 동굴 벽에 비친 인형들의 그림자만 볼 수 있다. 그러다가 죄수들 중 한 명이 풀려나서 몸을 돌려 인형들과 불을 본다. 그 다음에 그는 동굴 밖으로 나가게 되지만 처음에는 눈이 부셔서 사물들을 직접 보지 못하고 그들의 그림자나 물에 비친 영상들만을 볼 수 있다. 빛에 익숙해진 다음 그는 진짜 사물들을 볼 수 있게 되고 종국에는 태양도 보게 된다. 그는 태양에 대해서 계절과 세월을 가져다주며, 보이는 영역에 있는 모든 것을 지배하며, 동료들이 보았던 모든 것의 원인이 된다고 깨닫게 된다. 그리고 다시 동굴로 들어가 사람들에게 밖에 빛이 있다고 말하지만 사람들은 믿지 않았다. 이렇듯 동굴 밖으로 나간 죄수들은 '깨달음'이라는 것이 무엇인지 알게 된 죄수들이며 해방된 죄수들은 실제 사물과 현실을 보고 이전에 본 것이 환상이라는 점을 깨닫게 된다는 것이다. 그는 이러한 깨달음을 얻게 된 자신은 행복하다고 여기되, 나머지 죄수들을 불쌍히 여기게 된다. 이야기는 여기까지이다.

플라톤의 입장에서 보면 우리가 감각적으로 접하는 것들은 모두 동굴 속 그림자에 지나지 않는다. 육안의 눈을 통해서 본 것은 불완전한 지식, 변화하고 생성하는 세계를 대상으로 하는 지식은 참지식이 아니라고 하였다. 이데아의 세계를 관조할 수 있는 지식이 참지식이며, 플라톤은 그것을 육안의 눈이 아닌 지성의 눈으로 볼 수 있다고 하였다. 그의 관점에서 보면 우리가 보통 안다고 생각하는 종류의 지식은 결코 완전한 앎이라고 할 수 없는 것이다. 더불어 '깨달은'삶을 존중하면 해방된 것이지만 '깨달은' 삶에 무지하거나 혹은 그 삶을 무시한다면 평생 동굴 속에 갇혀 있을 것이다. 이런 생각에 다다르게 되면 교육이란 지식의 주입 즉, 형상의 주입이 아니라 몸을 돌려 태양을 보듯이 영혼을 돌려 실재를 보게 하는 것이다. 즉, 교육은 방향을 돌려 참된 진실을 보게 하는 것임을 알 수 있다. 지금 이 시점에서 이 책을 읽고 있을 독자들에게 하고 싶은 말이 있다. "쇠사슬을 끊고 밖으로 나가라! 횃불 앞에서 일렁거리는 환영의 실체를 보라! 그리고 더 나아가 동굴 밖으로 나아가 태양을 보라!."

자료원: 장영란(2009). 플라톤의 교육-영혼을 변화시키는 힘, 살림출판사와 http://imbisang8. blog.me/100102413044.

## 2) 교육훈련 및 개발의 전략적 중요성

일반적으로 교육훈련이란 종업원이 변화하는 직무환경에 적응하면서 높은 직무성과를 달성하는 데 요구되는 능력을 갖출 수 있게 지원하는 일련의 학습과정으로써 다음과 같은 전략적 중요성을 지니고 있다(학습목표 2).

(1) 개인의 경쟁력 개발과 고용가능성: 종업원들에게 교육훈련 기회를 제공함으로써 종업원 스스로의 경쟁력을 개발할 수 있게 하고 나아가서 장기적인 고용가능성(long-term employability)을 증진시킬 수 있게 한다. 특히 [도입사례 8]의 아마존의 직무재교육 사례에서도 본 바와 같이 기업에 있어서 디지털변혁(digital transformation)이 가속화되면서 조직이 필요로 하는 스킬(skill)과 구성원들이 보유하고 있는 역량 간의 격차—이를 스킬갭(skill gap)이라 한다—가 심화되면서 재교육은 필수적인 개인의 경쟁력 개발과 고용가능성을 높이는 수단이 되었다.

이처럼 향후 스킬갭을 줄이기 위한 재교육의 방향은 업스킬링(Upskilling)과 리스킬링(Reskilling)을 통한 상황에 따른 적절한 균형을 통하여 추진되어야 한다. 업스킬링은 같은 일을 더 잘할 수 있도록 하거나 더 복잡한 역할을 할 수 있도록 기술에 대한 '수직적 심화과정'을 의미한다. 또 리스킬링은 지금까지와는 다른 직무 및 역할을 수행하기 위해 새로운 기술을 배우는 '수평적 확대과정'을 의미한다. 이 양자를 종업원의 직무상황에 따라 적절하게 경험하게 하면서 숙련을 시킬 필요가 있다. [도표 8-3]은 업스킬링과 리스킬링의 관계도를

**도표 8-3** Upskill과 Reskill의 관련성

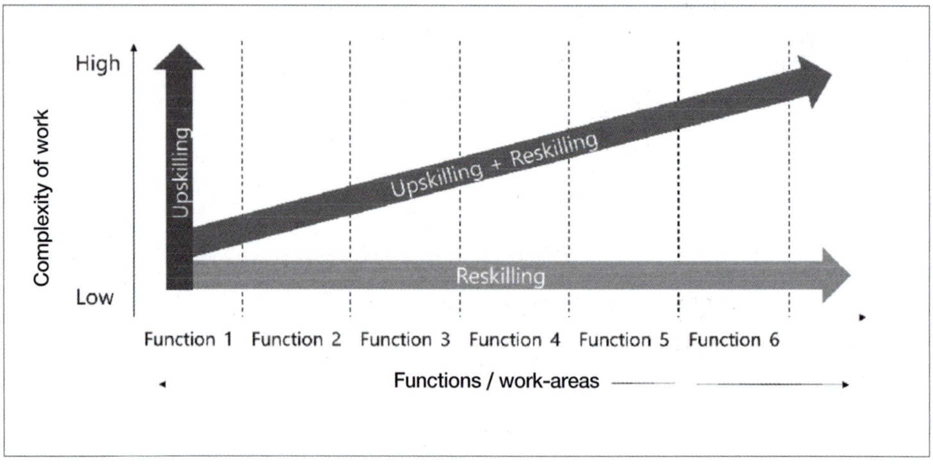


자료원: ATD(2019). *Debriefing Summary*, Washington D.C.

나타낸 것이다.

(2) 국제화: 교육훈련은 해외로 진출한 기업이 현지 종업원들의 기술적 자질과 리더십 역량을 개선시킬 목적으로 필요하다. 2019년 현재 중국에서만 11개의 법인을 보유하고 있고 중국시장에서만 30조 원 가까이 매출액을 올리고 있는 LG화학은 매년 현지직원들의 직무훈련 및 리더십역량 강화를 위한 교육을 시키고 있으며 팀장들을 한국에 있는 LG화학연수원으로 불러서 일정기간 교육과 훈련을 시킨다. 또 중국시장에 진출하고 있는 Microsoft China의 경우도 신입프로그래머들을 대상으로 개발과 인정프로그램(Development and Recognition Program)을 운용한다. 개발프로그램은 미국본사로 순환배치를 시켜주는 프로그램이고, 인정프로그램은 "실크로드 인재(Silk Road Scholar)"를 선발하는 프로그램이다. 인정프로그램은 13세기 마르코 폴로(Marco Polo)가 유럽과 중국을 이은 무역의 통로를 실크로드라고 명명한 것에 착안하여 중국현지인 가운데 가장 우수한 프로그래머의 능력과 공을 '인정'하고 시상하는 프로그램이다(Werner et al., 2012, p.240).

(3) 기업경쟁력 강화: 미국기업들의 경우 직 · 간접비 모두 포함하여 매년 공식적인 교육훈련비만 해도 135조 원 이상을 지출한다고 한다(ASTD, 2010). 전체 비용의 약 2/3는 스탭진 인건비, 학습매체 개발 및 운영비 등이고 나머지 1/3은 워크숍, 대행업체나 외부이벤트 회사 등 외부교육서비스 기관에 지불되는 비용이다. 미국기업들이 교육훈련에 이렇게 많은 비용을 투자하는 이유는 해당 기업이 효과적으로 경쟁할 수 있는 능력을 제고하고 그와 같은 경쟁력을 뒷받침하는 기업문화를 유지하기 위해서이다. 특히 매우 경쟁적인 산업에 속해 있으면서 생산성이 정체 또는 하락하고 고객불만이 심각한 수준에 있는 기업들에게는 즉각적인 성과개선을 위한 교육훈련이 특별히 중요하다(Brown & Sitzman, 2011). 한편, 성과개선을 위한 교육훈련은 신기술을 채택하고 수용하고자 하거나 또는 종업원의 기술 및 지식의 진부화가 신속하게 진행되고 있는 기업들에게도 무척 중요하다. 이렇듯 기업의 경쟁력을 장기적으로 유지하기 위해서는 미래의 리더를 효과적으로 개발하는 것이 필수적이라 하겠다. 효과적인 리더십개발 프로그램은 제4장의 5.2에 논의한 승계계획과 유기적으로 맞물려 있다고 하겠다.

(4) 신기술 실행: 흔히 생산성 증가는 새로 도입한 기술에 의존한다. 신기술이 도입되었을 때, 종업원들은 그 기술을 적용하기 위한 실제적인 교육과 훈련이 필요하다. 회사의 전산부서에서 기존의 데이터 처리시스템을 업그레이드하였다면 그 시스템을 사용하는 종업원들의 기술(skills) 또한 업그레이드되어야 한다. 더불어 기술적인 훈련(technical training)뿐만 아니라 종업원들은 신기술을 사용할 수 있다는 것이 주는 장기적인 이점도 깨달을 필요가 있다. 처음에는 기술변화에 따른 스트레스나 저항이 수반되지만 조만간에 종업원들은 살아

**현장올레길 8-1** 기술을 앞세운 초격차 벤처기업 PARK SYSTEMS

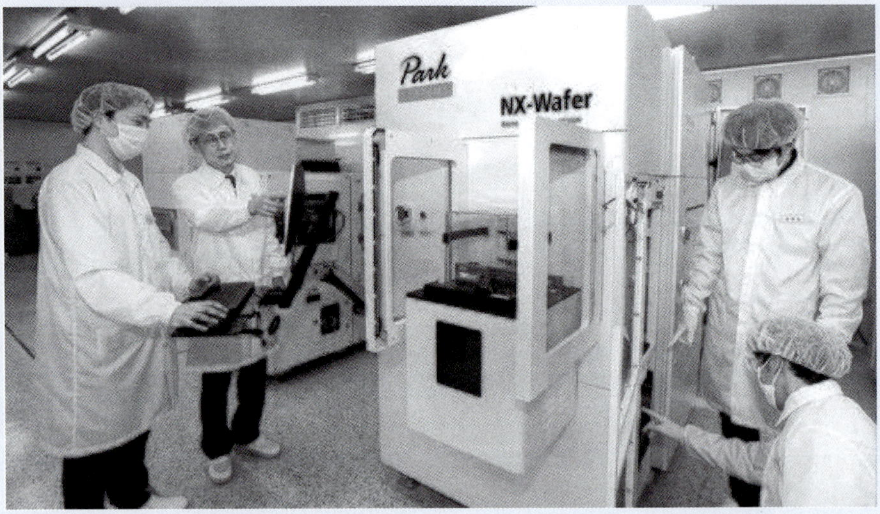


(사진설명) 박상일 파크시스템스 대표(가운데)가 신제품 원자현미경 NX-Wafer를 설명하고 있다.

자료원: 중앙일보, 2019.1.1

남기 위해서 새롭게 업그레이드된 프로그램을 신속히 익혀야 하고 더불어 고객불만도 잠재울 수 있게 된다.

(5) 고객서비스개선: 고객만족에 대한 치열한 경쟁이 가속화되고 있는 현시점에서 고객들에게 최고의 서비스를 제공하기 위해서도 교육훈련은 필수적이다. 삼성의료원은 최고수준의 병원서비스를 제공하기 위하여 미국의 존스 홉킨스 대학병원, MD앤더슨 병원 등을 비롯하여 미국의 주요 대학병원을 벤치마킹을 하고 이들 병원들의 병원관리 전반에 관한 탁월성을 교육훈련을 통하여 학습하고 제도화함으로써 국내는 물론이고 세계적인 주목을 받는 병원으로 자리매김하였다.[3)]

(6) 고객을 위한 교육훈련: 최근 들어 교육훈련은 회사 내부의 종업원에게만 국한되지 않는다. 회사가 고객들을 훈련시킴으로써 고객들 스스로의 노동력을 개발시키기도 한다. 세계 최고수준의 첨단원자현미경을 제조하고 있는 한국의 글로벌 혁신벤처기업인 PARK

3) 1993년 4월 삼성의료원 공사 현장을 찾은 이건희 회장은 "3시간 걸려 3분 동안 진료받는 현실, 보호자 노릇 3일이면 환자가 되는 현실, 촌지라도 집어줘야 좀 어떠냐고 물어보는 현실"을 꼬집으면서 제대로 된 병원을 만들 것을 재삼 강조하였으며 설계는 일본 요코하마에 새로 지어진 병원을 벤치마킹하였고 의료소프트 시스템 도입을 위해서는 당시에 40여 개가 넘는 해외병원을 벤치마킹하였다. 특히 2014년에는 미국 동부의 주요 대학병원들의 선진 의료서비스를 벤치마킹하였다(삼성의료원 이야기, 2014).

SYSTEMS의 경우, 고객과 시장의 욕구나 필요를 충족시켜 주기 위한 다양한 교육훈련프로그램을 실시하고 있다. 고객기업이 이 회사의 첨단제품을 구매하였을 경우, 시스템의 모든 첨단기능들을 충분히 활용하여 나노(Nano)단위 물질의 구조를 파악할 수 있도록 고객들을 철저하게 교육훈련 시키고 또 그를 통하여 고객들이 다양한 이익과 혜택을 볼 수 있도록 주기적으로 조언을 한다(현장올레길 8-1 참조).

(7) 지식경영: 최근 들어 많은 기업들이 지속가능한 경쟁력의 원천으로서 지식경영의 중요성을 강조하고 있다. 지식경영의 구현을 위해서 일반적으로 지식재사용전략(codification strategy)과 대면공유전략(personalization strategy)이 많이 사용된다(Kumar & Ganesh, 2011). 지식재사용전략은 양질의 신뢰할 만한 지식을 재사용하기 위하여 지식을 체계화하고 저장하고 확산하는 전자문서시스템을 구축하는 것이 핵심이다. 반면에 대면공유전략은 사람과 사람의 대면을 통하여 지식을 생성 및 창출하는 것이 목적이다. 전자를 위해서는 지식경영기술(Knowledge Management Technologies)이 필요하고 후자를 위해서는 실천공동체(CoP: Communities of Practice)[4]가 필요하다.

- 지식경영기술: 국내 · 외 주요 대기업들은 다양한 형태의 지식경영기술을 이용하여 종업원들 개인의 지식, 팀의 지식, 사업부의 지식을 획득하고 기억하고 저장하여 조직 내 · 외의 타인들과 공유하는 것을 지원한다. 특히 지식경영 소프트웨어는 지식을 전자적으로 공유하도록 지원한다. 그리고 사내인트라넷을 통하여 운영되는 시스템은 계량적 데이터뿐만 아니라 '소프트'(soft)한 지식까지도 확보할 수 있고 확산이 가능하다. 예를 들어 종업원이 프로젝트 수행기간 중에 경험한 성공과 실패의 얘기들을 대화형식의 정보로 입력할 수 있고 나중에 비슷한 프로젝트를 수행하는 다른 종업원이 이 정보를 읽은 뒤 이들의 경험으로부터 실수를 미연에 방지하고 더 좋은 수행방법을 학습하게 된다(현장올레길 8-2 참조). 이렇듯 지식경영 소프트웨어는 저장된 지식을 조직화하고 핵심키워드를 사용하여 그 지식을 탐색하고 다시 끄집어 낼 수 있는 수단을 제공한다. 그러나 지식경영기술이 종업원들의 학습을 촉진하기 위해서는 종업원들은 반드시 직무수행 중 체득한 지식과 정보를 공유해야 하고 타인들의 아아디어와 지식을 쉽게 활용할 수 있어야 한다. 이러한 행위들은 자동으로 되는 것이 아니다. 회사가 제공하는 다양한 교육훈련 프로그램들을 통하여 종업원들이 학습과정에 쉽게 노출되고, 또 이들의 학습과정을 지원하고 또 그 학습과정에 대한 보상이 뒷받침되어야 한다.
- 실천공동체: 지식경영기술과 더불어 많은 기업들은 해당 기업을 학습조직으로 만들고

4) CoP는 경영현장에서 학습동아리, 연구모임, 연구회, 학습모임, 학습조직 등의 다양한 명칭으로 불린다.

### 현장올레길 8-2 LG전자 가전생산본부 신지식 과장의 지식경영

LG전자 가전생산본부 신지식 과장은 출근하자마자 설레는 기분으로 사내 정보시스템에 접속했다. 며칠 전 사내 프로젝트 공모제를 통해 수출용 제품개발팀에 합류한 그는 열심히 자료와 사례를 모으고 있는 중이었다. 그는 먼저 사내인트라넷을 통해 마케팅 전략에 대한 질문을 던졌고 중국 본부의 김현욱 차장이 자신의 경험담을 요약한 대답을 전자우편으로 보내왔다. 이어 회사 사례, 외부 벤치마킹 자료를 담아 놓은 데이터베이스에 들어가 검색을 하니『대중국 판매 실패 사례와 교훈』이란 내부 보고서와 미국 GE의 중국 가전제품 판매 전략에 대한 자료 등 관련 자료들의 리스트가 떠올랐다. 인물 자료실로 들어가 보니 중국 전문가인 탁희연 과장의 프로필과 데이터베이스에 수록된 보고서들이 떠올랐다. 신과장은 당장 탁과장에게 전화를 걸어 중국 시장을 공략할 수 있는 전기밥솥 사양에 대한 질문을 했다.

일년 후 신과장이 속한 제품개발팀은 프로젝트를 성공적으로 마쳤다. 사내 HR전문가인 인사부서의 강의중 차장이 찾아왔다. 강차장은 프로젝트 초기 단계의 자료 수집 과정과 추진 노하우를 사내에 전파하자는 제의를 했고 신과장은 이를 흔쾌히 받아들였다. 제품개발팀은 평소에 서로 수집한 자료나 획득한 지식을 공유했고 문서나 컴퓨터 파일을 한 사람이 보관하고 있었기 때문에 이를 정리하는 것이 그리 어려운 일이 아니었다. 무엇보다도 신과장은 자신이 프로젝트 추진 시 도움을 받았던 많은 전문가와 자료들을 떠올리면 자신도 무언가 공헌을 하고 싶었다. 강차장은 신과장을 사내 정보시스템에 하나의 지식 소스로 올리기 위해 신과장의 프로필과 관련 보고서 파일을 요청했다.

자료원: 본 사례는 LG전자 가전사업본부의 직원들과의 인터뷰를 토대로 작성된 것입니다. 여기에 등장하는 인물들의 성함은 모두 가명임을 밝혀 둡니다.

자 하여 왔다. 학습조직이란 "조직학습에 능숙한 조직"(Learning organization is an organization which is good at organizational learning)을 말한다(Ivancevich, 2007, p.401). 이들 기업들은 조직의 학습을 촉진하기 위하여 "실천공동체(CoP)"를 운영하고 있는데 실천공동체란 특정 주제에 대한 관심과 열정을 공유하고, 지속적인 상호작용을 통해 해당 주제영역에 대한 구성원들의 이해와 지식을 깊이 있게 만드는 비공식 학습집단이다(Werner et al., 2012, p.244). 이 실천공동체를 통하여 특정 분야의 전문지식을 상호 토론하고 학습하여 지식을 창출하게 되는 것이다.

[현장올레길 8-3]에서 보듯이 포스코ICT는 직원들이 관심이 있는 분야를 중심으로 자율적인 '학습동아리'를 운영하고 있다. 이 활동에는 포스코ICT가 교육참가 및 도서구매 등에 필요한 학습비용과 클라우드개발환경을 지원하고 있다. 이와 함께 학습동아리에서수행한 연구과제가 회사 정식 프로젝트로 추진되고 있다. 나아가 사업화로까지 연계되는 등 성과도 내고 있다.

**현장올레길 8–3** 포스코ICT는 학습동아리 '인공지능연구회'를 운영하고 있다.

학습동아리 '인공지능연구회'는 인공지능 기반의 안면인식솔루션 'Face-Ro'를 개발했다. 지난해 포스코ICT 판교사무소 출입인증시스템을 시범 적용하고 사업화도 진행 중이다. 'Face-Ro'개발에 참여한 백지현 차장은 "평소 인공지능 기술에 관심이 많았는데, 마침 주변에 관심 분야가 비슷한 동료들이 있어 함께 학습동아리를 만들게 됐다"며 "새로운 기술이 하루가 다르게 쏟아져 나오고 있는 만큼, 필요한 기술에 대해 학습함으로써 스스로의 경쟁력을 키워나갈 수 있게 됐다"고 말했다.

(사진설명) 포스코ICT의 학습동아리 '인공지능연구회'

자료원: 매일경제, 2019.4.7.

(8) 흡수합병(M&A): 최근 기업세계에서 자주 진행되는 흡수합병이 성공적으로 진행되기 위해서는 다음의 두 가지 이유로 교육훈련이 매우 중요하다. 첫째, 피합병기업의 종업원들을 합병기업의 문화에 적응시키기 위해서는 지속적인 교육과 훈련이 필수적으로 요구된다. 새로운 기업의 비전과 미션에 대한 이해는 물론이고 기업이 중요하게 생각하는 기업가치에 대한 주입 그리고 인사제도상의 차이 극복 등을 가능하게 하는 것은 지속적인 교육훈련이 아니고서는 다른 대안이 없다. 실제로 한국의 동국실업은 2013년에 유럽 자동차 부품시장 진출을 위한 교두보를 확보하기 위해 아우디, 폭스바겐 등에 자동차 내장재를 생산 납품하는 독일 자동차 부품사인 ICT(Innovative Components Technologies)를 인수하고 회사 이름도 'KDK오토모티브'로 변경한 바 있다. 동국실업의 모기업인 갑을상사그룹은 이번 성공의 가장 큰 요인을 인수 후 이질적인 문화와 환경차이를 극복하고 1,200명에 달하는 현지 직원들과의 기업문화통화에 성공했기 때문이라고 판단하고 있다(포커스뉴스, 2015.11.9).

둘째, 이와 같은 문화적인 조화(cultural harmony)를 만들어 내는 것만이 유일한 목적이

**도표 8-4** 교육훈련 및 개발의 전략적 중요성 요약

| 교육훈련 및 개발의 전략적 중요성 | 의 미 |
|---|---|
| 1. 개인의 경쟁력 개발과 고용가능성 | • 종업원들에게 교육훈련기회를 제공함으로써 종업원 스스로의 경쟁력 개발과 장기적 고용가능성을 증진<br>• 기업에 대한 충성심을 높이고 기업에 대한 불만과 이직가능성을 낮춤 |
| 2. 국제화 | • 해외로 진출한 기업이 현지 종업원들의 기술적 자질과 리더십역량을 개선시킬 목적으로 필요 |
| 3. 기업경쟁력 강화 | • 기술 및 지식의 진부화 방지를 통하여 생산성 향상 및 성과개선 등 해당 기업이 효과적으로 경쟁할 수 있는 능력을 제고하고 그와 같은 경쟁력을 뒷받침하는 기업문화를 유지 |
| 4. 신기술 실행 | • 신기술 도입 시, 종업원들에 대한 실제적인 교육과 훈련을 통하여 그 시스템을 사용하는 종업원들의 기술(skills) 을 업그레이드 |
| 5. 고객서비스개선 | • 고객만족 경쟁하에서 고객들에게 최고의 서비스를 제공하기 위해서도 교육훈련은 필수적임 |
| 6. 고객을 위한 교육훈련 | • 회사가 종업원뿐만 아니라 고객들을 훈련시킴으로써 고객들 스스로의 노동력을 개발시켜서 고객이 원하는 결과를 스스로 얻도록 유도하기도 한다. |
| 7. 지식경영 | • 지식재사용전략: 양질의 신뢰할 만한 지식을 재사용하기 위한 '지식경영기술'의 필요<br>• 대면공유전략: 조직의 학습을 촉진하기 위하여 '실천공동체'(CoP) 운영이 필요하고, 이 실천공동체를 통하여 특정분야의 전문지식을 상호 토론하고 학습하여 지식을 창출 |
| 8. 흡수합병(M&A) | • 합병기업의 문화에 대한 피합병기업 종업원들의 적응<br>• 핵심인력의 이탈을 방지를 위한 신뢰와 팀 중심의 교육훈련 필요 |

아니다. 핵심인력의 이탈을 방지하고 이들을 유지하기 위해서도 교육훈련이 필수적으로 요청된다. 특히 핵심인력이 동요하지 않도록 신뢰와 팀워크를 강조하는 교육훈련 프로그램이 우선적으로 필요하다. 이상의 내용을 [도표 8-4]처럼 정리하였다.

## 2. 교육훈련의 체계

기업조직에서 성공적인 교육훈련프로그램을 개발하는 데에는 두 가지 핵심적인 요인이 있다. 그 첫째는 교육훈련을 계획하는 것이고, 둘째는 교육훈련프로그램을 관련 인사제도(성과평가 및 보상시스템)와 통합하는 즉 교육훈련의 전략화(strategizing) 문제이다. 이하에서는 첫째 요인을 중심으로 언급하고 둘째는 2.5에서 다루도록 하겠다. 우선 기업의 교

**도표 8-5** 교육훈련의 체계

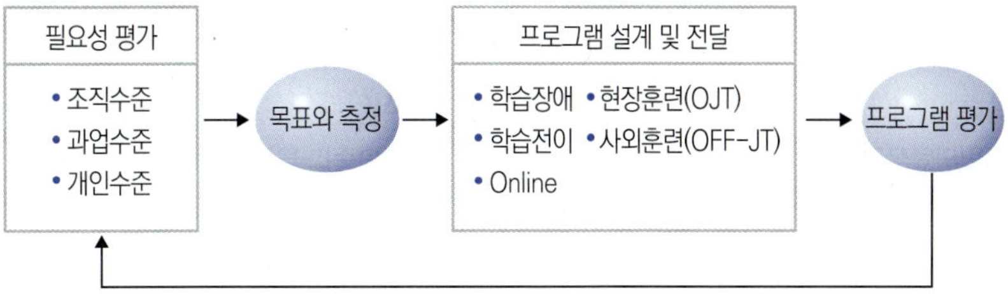


자료원: Mello(2011). *op. cit.*, p.389 수정응용.

육훈련을 체계화하기 위해서는 교육훈련에 대한 필요성 평가(needs assessment), 교육훈련 목표와 측정치 개발(establishment of objectives and measures), 교육훈련에 대한 전달방법(delivery of training), 그리고 교육훈련에 대한 평가(evaluation)의 4단계가 구조화되어야 한다(Mello, 2011)(도표 8-5 참조)(학습목표 3).

## 2.1 필요성 평가

필요성 평가의 첫 번째 단계는 '왜 특정 교육훈련이 필요한지'를 조직(Organization level), 과업(Task level), 개인(Individual level)수준에서 판단하고 결정하는 것이다.

### 1) 조직수준의 필요성 평가

조직 전체 수준에서는 조직의 전략과 문화 및 조직구조라는 거시적 맥락 속에서 교육훈련은 진행되어야 한다. 즉, 조직수준의 필요성 평가는 '교육훈련이 조직 또는 단위사업부의 목표를 달성하는 데 어떻게 지원할 것인가' 그리고 '교육훈련이 서로 다른 사업부의 각 현장에서 일상적으로 발생하는 역동성(day-to-day workplace dynamics)에 어떤 영향을 미칠 것인가'를 고민하는 것이다. 또한 이 과정에서 교육훈련을 통해 기대되는 이익과 비용(기회비용 포함)에 대한 검토도 필요하다.

### 2) 과업수준의 필요성 평가

과업수준의 필요성 평가는 현재 또는 향후에 직무에 필요한 역할과 책임 그리고 각 직무

**현장올레길 8-4** 3M의 글로벌 리더십 역량(Global Leadership Competencies)

**기초리더십역량**(FLC: Fundamental Leadership Competencies): 신입직원들은 채용된 이후 연속적인 직무수행의 경험을 통하여 다음의 역량을 반드시 함양해야 한다.

- 윤리와 정직성(Ethics and integrity)
- 지적 함양(Intellectual capacity)
- 성숙함과 판단력(Maturity and judgement)

**필수리더십역량**(ELC: Essential Leadership Competencies): 사업부서를 이끌어 왔던 경험을 토대로 다음의 역량들을 개발해야 하고 이들 역량들은 보다 복잡한 임원직 직무수행을 위해 필요하다.

- 고객지향성(Customer orientation)
- 인력개발(Developing people)
- 동기부여(Inspiring others)
- 건강한 사업과 성과(Business health and results)

**비전적리더십역량**(VLC: Visionary Leadership Competencies): 다음의 역량들은 임원진이 특정 대규모 단위조직을 운영함에 있어서 요구되는 책임을 맡음으로써 개발되는 역량들로서 고위직에서 광범위하게 사용되는 역량들이다.

- 글로벌 관점(Global perspective)
- 비전과 전략(Vision and strategy)
- 혁신에 대한 육성(Nurturing innovation)
- 제휴구축(Building alliance)
- 유연한 조직운영(Organizational agility)

자료원: Werner et al.(2012). *op. cit.*, p.254.

수행에 요구되는 다양한 기술과 지식을 분석하는 것이다. 또한 과업수준에서는 종업원이 직무수행 중에 학습이 발생하는지 여부, 과업수행상의 실수의 의미가 무엇인지 그리고 어떻게 하면 종업원에게 성과수행에 대한 직접적인 피드백을 제공할 수 있도록 직무설계가 되어야 하는지를 염두에 두고 그 필요성을 평가해야 한다. 참고로 제5장에서 논의된 역량모델링을 포함한 직무분석으로부터 과업수준의 필요성 평가에서 요구되는 정보를 확보할 수가 있다. 만약 기존 직무를 대상으로 교육훈련을 제공한다면 전통적인 직무분석과 현재 직무에 대한 역량모델링이 제공하는 정보를 기반으로 하는 것이 적절할 것이다. 교육훈련이 미래의 직무수행상 필요를 위해서 제공된다면 미래지향의 직무분석과 미래지향의 역량

**도표 8-6** 필요성 평가의 수준별 포인트

| | |
|---|---|
| 조직수준 | • 어떻게 교육훈련이 조직의 목표와 연결되는가?<br>• 어떻게 교육훈련이 현장의 역동적인 일상과 관련되어 있는가?<br>• 교육훈련의 이득은 무엇이고 손실은 무엇인가? |
| 과업수준 | • 직무에는 어떤 책임이 따르는가?<br>• 성공적인 직무수행을 위해서는 무슨 지식과 기술이 필요한가?<br>• 교육훈련의 학습상황은 실제 직무상황과 일치하는가?<br>• 실수의 의미는 무엇인가?<br>• 어떻게 직무가 종업원에게 직접적인 피드백을 줄 수 있는가?<br>• 현 직무의 필요성과 타 직무의 교육훈련 필요성이 유사한 것과 차이점은 무엇인가? |
| 개인수준 | • 피훈련자들은 어떤 지식, 기술 그리고 능력을 이미 가지고 있는가?<br>• 피훈련자들의 학습 스타일은 무엇인가<br>• 피훈련자들에게 특별히 요구되는 교육훈련은 무엇인가? |

자료원: Mello(2011). *op. cit.*, p.390.

모델링(future- oriented job analysis and competency modeling)이 과업수준의 필요성 평가에서 활용되어야 한다.

[현장올레길 8-4]에는 3M에서 진행되고 있는 미래의 글로벌 리더를 육성하기 위하여 요구되는 글로벌 리더십 역량모델(Global Leadership Competency Model)을 제시하였다. 이 모델에서는 글로벌 기업의 성공적인 리더가 되기 위해 요구되는 역량들을 규정하고 있으며 회사는 이 역량들을 개발하기 위한 적절한 개발 활동들을 종업원들에게 제공한다. 3M이 확정한 이상의 글로벌 리더십 역량들은 필요성 분석을 통하여 파악된 것이다.

### 3) 개인수준의 필요성 평가

종업원 개인의 현재 능력과 향후 필요하거나 바람직한 능력 간의 차이(gap)를 파악하는 평가이다. 보다 구체적으로는 선호하는 학습 스타일, 성격, 대인간 관계 스타일, 그리고 종업원이 특별히 함양해야 할 교육훈련에 대한 필요뿐 아니라 기존 지식과 기술의 수준에 대한 평가가 개인수준의 필요성 평가의 내용이다. 세 수준의 필요성 평가의 포인트가 [도표 8-6]에 제시되어 있다.

### 4) 인구통계적 필요성 평가

여성, 고령인력, 비정규직 등 특정 부류의 종업원에 대한 교육훈련의 필요성을 목적으로 한다. 뿐만 아니라 모든 종업원들이 동등하게 성장 및 개발기회를 제공하기 위하여 그 필요성을 평가하기도 한다. 예를 들어 연구에 따르면 남녀 간에 경력개발의 경험상에 어떤 차이가 있는지 비교한 결과, 남성직원들은 어렵고 힘든 과업지향적 직무들(예를 들어, 생산기계 시운전 혹은 생산기계 수리 등)을 주로 경험하는 데 비해 여성직원들은 성과달성에 방해가 되는 직무(예를 들어, 힘들고 어렵게 하는 상사 혹은 지원을 하지 않는 최고경영진 등)들을 주로 경험하는 경향이 있다. 만약 회사가 앞서의 경력개발의 경험상에 남녀 간에 차이가 있다는 사실을 발견하게 된다면 여성들도 힘들고 어려운 과업 지향적인 직무를 경험하게 하고 또 남성들과 마찬가지로 성과달성에 방해가 되지 않는 직무에 노출할 필요가 있다. 이러한 인구통계학적 차이는 다양성 교육훈련의 필요성을 시사하기도 한다(Werner et al., 2012, p.256). 특히 여성이나 장애인 혹은 성소수자들이 기업에서 차별받지 않은 경력관리를 하기가 쉽지 않은 한국기업의 경우 이들에 대한 이해를 위한 다양한 교육 및 훈련이 제공되어야 할 것이다.

## 2.2 목표와 측정

교육훈련의 필요성에 대한 평가가 진행된 후, 교육훈련 활동에 대한 목표를 설정하여야 한다. 이들 목표들은 앞서 논의된 필요성 평가에 기반을 두어야 하며 구체적이고 측정 가능한 형태로 기술되어야 하고 또 종업원에게 기대되는 바람직한 행동의 관점에서 제시되어야 한다. 이 단계에서 일반적으로 제기되는 문제는 흔히 조직 전체의 목표가 지나치게 추상적이어서 성공적인 목표달성 여부를 측정하거나 평가하기가 곤란하다는 점이다. 그러나 평가할 수 없는 교육훈련프로그램은 장기적으로는 조직에 제공할 수 있는 가치가 별로 없다. 따라서 조직 전체의 목표도 구체적으로 설정되어야 한다. 이때 목표를 설정하는 데 있어서 중요한 정보원천은 제9장에서 논의될 조직의 성과관리시스템에 기록되어 있는 자료 및 데이터가 될 수 있다. 즉, 구체적인 교육훈련목표는 성과피드백 과정(performance feedback process)에서 드러난 부족한 성과(performance deficiencies)에서 도출될 수 있다. 이들 목표치들을 이용하여 종업원 개인 및 집단의 교육훈련을 전개할 수도 있다.

[현장올레길 8-5]에서는 PC업계의 3위인 Hewlett-Packard사가 2위인 Compacq사를 인수하여 세계 1위의 PC업체가 되는 과정에서 피합병회사인 Compacq사의 인수를 가속화하기 위하여 두 회사의 직원들 모두가 새로운 포털시스템인 Learn@HP를 통한 e-learning을 하게 한 사례를 제시하였다. 이를 통하여 합병의 전체 비용을 절감할 수 있게 되었고 또 교육훈련에서 e-learning의 목표비중을 대폭 늘릴 수 있었으며 양 조직의 직원들이 Microsoft

> **현장올레길 8-5** 교육훈련을 이용한 Hewlett-Packard의 Compacq 인수
>
> 2002년에 컴퓨터계의 거인인 HP사와 Compaq사가 말 많은 합병을 매듭지었다. 당시 PC업계 세계 3위인 HP는 세계 2위인 Compacq을 인수해야 하는 골치 아픈 과업을 수행해야 했다. 이때 e-learning을 통한 교육훈련이야말로 양 조직을 원만하게 통합하는 데 있어서 중요한 역할을 하였다. 약 60여 개 국가에서 일하고 있는 종업원들은 기존의 포털인 Learn@HP을 써 왔지만 새로운 조직의 정체성과 조직구조를 확립하고 HP의 새로운 비전을 종업원들과 소통하기 위하여서는 기존 포털시스템을 재설계할 수밖에 없었다. 그 결과 Compaq과의 합병을 보다 빨리 진척시킬 수 있었고 $50million(한화 약 520억 원)의 비용을 절감할 수 있었다. 합병을 촉진시키는 데 있어서 Learn@HP의 성공은 HP의 지속적인 성장을 이끌었고 포털이 중요한 경영의 도구로서 확실하게 자리매김하는 데 결정적 기여를 하였다. 2003년부터 2004년까지 e-learning은 종업원의 전체 교육훈련에서 차지하는 비율이 25%에서 40%로 증가하였다. 또 Microsoft와의 협약을 통하여 3천여 명에 달하는 HP/Compacq종업원들을 재교육시켰다. e-learning을 통한 교육은 자격증을 따는 데 걸리는 훈련시간을 8주에서 3주로 줄일 수 있었고 $10million(한화 약 120억 원)을 절약할 수 있었다.
>
> 자료원: Mello(2011). *op. cit.*, pp.390-391 수정인용.

의 자격증을 따는 데도 훈련시간을 줄일 수 있었다. 이는 e-learning을 통한 교육훈련 시 목표설정 및 측정이 분명했기 때문에 가능한 일이었다.

## 2.3 교육훈련프로그램 및 전달방법에 대한 설계

목표와 측정치가 설정되면 다음 단계는 교육훈련프로그램 자체와 전달방식에 대한 설계를 해야 한다. 전달방식을 결정하기에 앞서서 교육훈련프로그램 설계 시 두 가지 이슈를 해결해야 한다.

### 1) 교육훈련프로그램 시행 전 두 가지 전제

*첫 번째는 학습장애(interference)에 관한 것이다. 학습장애는 훈련에 앞서서 기존의 사전지식 또는 기존의 습관이 학습과정상의 방해나 장애가 될 때 발생한다.* 예를 들어 자동변속기어를 정착한 자동차를 운전해 왔던 운전자가 나중에 수동변속기어가 장착된 자동차를 운전하고자 할 때 학습장애를 경험하는 것을 생각해 보면 이 개념을 쉽게 이해할 수 있나. 혼

**현장올레길 8-6** 3시간 직원교육에 6백만 달러를 투자한 전 CEO, 하워드 슐츠(Howard Schultz)와 인종차별 방지교육을 위하여 하루동안 전 매장의 영업 중단을 한 신임CEO 케빈 존슨(Kevin Johnson)

"스타벅스는 커피가 아닌 공간과 문화, 그리고 경험을 파는 기업이며, 회사의 최우선은 직원들"이라는 확고한 경영철학으로 스타벅스를 세계 최대 커피 전문 체인으로 키워낸 하워드 슐츠(Howard Schultz). 1982년 그가 우연한 계기로 스타벅스의 마케팅 책임자로 합류할 때까지만 해도 스타벅스는 매장 수 4개의 조그만 커피 전문점에 불과했다.

이탈리아 출장 중 우연히 들른 카페에서 힌트를 얻은 슐츠는 스타벅스를 여유로운 휴식 공간으로 만들 것을 회사에 제안했다. 하지만 거절을 당하자 1986년 스스로 '일지오날레'라는 카페를 열었다. 그리고 다음해 스타벅스를 인수하며 회장 겸 최고경영자(CEO)에 올랐다. 이후 스페셜티 커피회사로는 최초로 스타벅스를 상장시키고, 인수 당시 6개이던 매장을 13개국 2,600개로 확장하며 승승장구했다. 하지만 자신의 열정이 예전 같지 않다고 판단하여 2000년 전격적으로 경영 일선에서 물러났다. 슐츠의 바통을 이어받은 CEO 오린 스미스(Orin Smith)는 임기 5년 동안 스타벅스를 더욱 성장시켰다. 그러나 뒤를 이은 CEO 짐 도널드(Jim Donald)가 사업을 무리하게 확장하면서 스타벅스는 고유의 브랜드 컬러를 잃어버렸고, 설상가상 경제위기까지 닥쳐 매출이 급감했다. 위기에 빠진 스타벅스를 구하기 위해 슐츠는 '온워드(Onward)'라는 구호를 내걸고 2008년 CEO로 복귀했다.

복귀한 슐츠는 최고의 커피맛과 고객 서비스를 되찾는 것만이 유일한 해결책임을 직감적으로 깨달았다. 그래서 이사회와 주주들의 반대를 무릅쓰고 2008년 2월 26일 화요일 저녁, 미국 전역의 7,100개 매장의 문을 3시간이나 닫고 직원 재교육에 들어갔다. 3시간 동안 감수한 손실 비용이 무려 600만 달러(약 70억 원)에 달했지만, 이처럼 상징적인 행동이 없으면 직원들이 CEO의 메시지를 심각하게 받아들이지 않을 것을 알았기에 결단을 내린 것이다. 경영 역사상 가장 비싼 교육으로 불리는 이 결단은 스타벅스의 혁신을 상징하는 일화로 잘 알려져 있다. 이후 슐츠는 혁신의 방향을 '초심으로의 회귀'와 '존중'으로 잡고 다시금 최고 품질의 음료와 편안한 공간을 제공하는 쪽으로 방향을 선회했다. 이러한 슐츠의 과감한 혁신에 힘입어 2010년 스타벅스는 107억 달러라는 사상 최대 매출을 기록하며 제2의 전성기를 맞게 된다.

그러나 그 이후 이탈리아의 라바자(LaVazza), 샌프란시스코의 블루보틀, 독일의 JAB 등 수 많은 고급 커피브랜드가 스타벅스의 아성을 위협하며 주요 고객층의 이탈 속도가 빨라지게 되자 2017년 슐츠의 뒤를 이어 케빈 존슨(Kevin Johnson)이 스타벅스의 최고경영자 자리에 올랐다. 존슨이 CEO가 된지 얼마 되지 않아 2018년 8월에 미국 필라델피아 스타벅스 매장에서 인종차별 논란이 불거졌다. 발단은 스타벅스 매장에서 음료를 주문하지 않은 채 자리에 앉아 있던 흑인 남성 두 명을 매장 직원이 신고한 것이었다. 당시 두 흑인 남성이 기다리고 있던 백인 부동산업자가 뒤늦게 도착해 인종차별이라며 항의했다. 그러나 경찰은 이를 무시하고 수갑을 채웠고 '인종차별'논란이 일었다. 존슨은 시애틀에서 필라델피아까지 날아가 경찰에 연행된 흑인 남성 2명을 찾아 직접 사과했다. 또 미국 내 8천여 매장을 하루 동안 닫고 17만 5천 명에 달하는 직원교육을 실시하는 극약 처방을 내놓았다. 경쟁이 치열한 커피시장에서 직영 매장이 하루만 문을 닫아도 매출에 큰 영향을 미치는지 알면서도 직원교육을 단행한 것이었다. 현재 이 인종차별 방지 교육은 신입직원 채용 시 필수적인 교육과정으로 되어 있다.

자료원: 곽숙철의 혁신이야기(2015). http://ksc12545.

히 이를 고정관념 또는 사고의 고착(fixation)이라고도 한다. 어떤 사람이 특정방식으로 행동하는 것을 경험하면 할수록 그 사람은 반응을 수정하여 새로운 행동을 하기가 매우 어렵게 된다. 특히 개인이 스트레스를 받고 있는 상황하에서는 기존의 행동으로 다시 돌아가게 되는 경향이 있다.

*두 번째는 학습전이(transfer)의 문제이다. 학습전이는 피훈련자 혹은 학습자가 실제 현장에서 새로운 기술을 사용할 줄 알거나 직무수행상에 새로운 지식을 활용할 수 있을 때 학습전이가 일어났다고 얘기할 수 있다.* 즉, 피훈련자나 학습자가 학습내용을 실제 작업현장에 적용할 수 있는 정도에 따라 학습전이의 정도가 결정된다. 실제 작업현장에서 벗어난 상태에서 진행되는 교육훈련 프로그램은 실제 작업현장의 상황과는 매우 큰 차이가 있고 따라서 학습전이가 좀처럼 일어나지 않기 때문에 교육훈련프로그램 자체의 유용성에 대하여 비판을 받고 있는 것도 사실이다. 사실, 교육훈련을 시행하고도 종업원의 직무성과 측면에서 별 진전이 없다면 그 교육프로그램은 매우 비효율적이라 하겠다. 따라서 교육훈련 담당자는 교육훈련프로그램이 학습전이의 극대화가 일어날 수 있도록 교육훈련프로그램의 설계와 전달방법에 주의를 기울일 필요가 있다.

교육훈련의 전달방식에서도 있을 수 있는 학습장애를 예상하여 그것을 극복할 수 있는 전략을 사전에 마련하여 학습전이가 원활하게 발생하도록 해야 한다. 학습장애는 과거에 학습되거나 조건화된 행동에 의해서만 발생하는 것이 아니다. 감독자나 동료들의 태도 또한 학습장애의 요인이 된다. 교육훈련에 대해서 부정적인 견해를 공개적으로 표출하는 동료들은 교육훈련프로그램에 대하여 좋지 않은 선입견을 줄 수 있다. 따라서 교육훈련 담당자가 잠재적인 학습장애 요인을 검토할 때, 피훈련자의 배경, 기술 그리고 습관들을 기업문화, 조직의 정치 그리고 조직구조와 같은 더 넓은 조직맥락 속에서 사전에 살펴볼 필요가 있다. 그것은 교육훈련을 통한 개발은 보다 후원적인 조직환경하에서 진행되지 않으면 별 효과가 없기 때문이다. 그렇기 때문에 [현장올레 8-6]에서 보듯이 최고경영자나 회사의 중역들을 교육훈련프로그램에 참석하게 하는 것은 그 훈련프로그램에 대한 조직의 확실한 지원을 표시하는 것이다.

### 2) 교육훈련프로그램 및 훈련방법에 대한 설계

학습전이는 교육훈련의 내용이 실제 직무상황과 가능한 한 유사할 때 가장 잘 일어난다. 따라서 어떤 경우에는 향후 종업원이 작업하게 될 직무상황과 동일한 작업조건하에서 감독자의 지도하에 직접적으로 훈련받는 현장훈련(OJT: on-the-job training)이 타당할 수 있다.[5] 그러나 어떤 경우에는 교육훈련의 내용을 전달하는 방식이 가급적 작업상황과 유사하기 때문에 오히려 현장훈련이 적절하지 않을 수도 있다. 항공사의 조종사들은 비행기를 상승시키고 하강시키는 훈련을 하기 위해서 비행기에 직접 올라타지는 않는다. 대신에 이들은 지상에서 가상 비행 상황을 체험할 수 있는 비행시뮬레이터(flight simulator)를 이용하여 이착륙, 계기비행, 시계비행, 비상절차를 통한 비행 등을 훈련받음으로써 항공기에서 실제 조작할 수 있는 모든 상황을 재현한다. 따라서 현장훈련은 학습전이를 극대화할 수 있지만 모든 직무에 적절한 것은 아님을 알 수 있다.

때때로는 사외훈련(OJT: off-the-job training)이 보다 적절할 수 있다. 사외훈련은 실제 작업환경에서 발생할 수 있는 간섭이나 주의분산을 극소화함으로써 학습자가 학습에만 초점을 맞출 수 있도록 하는 훈련이다. 많은 교육훈련이 실제 작업현장에서는 멀리 떨어져서 진행되는 이유도 교육훈련을 현업으로부터 방해받지 않고 진행시킴으로써 학습효과를 극대화하기 위함이다. 이런 형태의 교육훈련에는 현업에서 발생하는 상황을 재현시키고자 하는 여러 기법들이 있다. 사례연구(case study), 역할연기(role-plays), 행동학습(action learning)[6] 등이 그 예이다. 참고로 미국의 세탁기 회사인 Whirlpool사는 브라질에서 압축

---

5) 현장훈련(OJT)을 보완하는 광의의 현장훈련에 해당하는 여러 형태의 훈련방식이 있다. 첫째, 고도의 숙련을 요하는 요리사, 배관공, 컴퓨터수리공 등의 직무에 요구되는 수련교육(Apprenticeship), 둘째, 대학교와 해당 지역의 조직체 간의 계약에 따라 학생들의 현장실습을 합의한 계약기간 동안 수행하는 인턴십(Internship), 셋째, 고위임원이나 독특한 직무를 수행하는 종업원들에게는 전통적인 현장훈련 방법으로, 해당 방법은 실효성이 떨어진다. 최근 들어 많은 임원들이 그들의 교육필요를 충족시켜 주는 코칭(Coaching)에 의존하고 있다. 개인코치는 경영자의 실제 경영의사결정 과정에 참석하여 경영자의 의사결정 방법이나 의사소통 방식에 대하여 회의 후에 피드백을 주어서 경영자 스스로와 나아가 의사결정 과정과 기업문화 변화에도 도움을 주게 된다.

6) 행동학습이란 팀이나 작업집단이 실제의 문제를 대상으로 행동계획을 세워, 구성원들이 협력하여 문제

**도표 8-7** 훈련방식에 따른 학습전이와 학습대상 과업의 복잡성

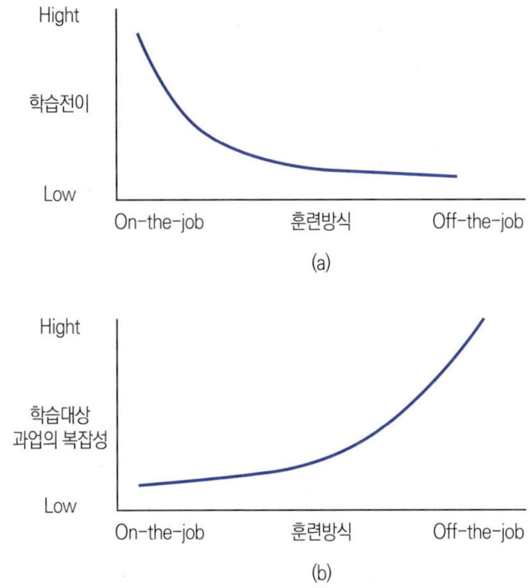


자료원: Launder, J.(2007). "Training and transfer of learning: international dimensions," in *Human Resource Management: Issuesin Developing Countries edited by Analoui*, F., Ashgate, p.112.

기를 수입할 때 발생한 문제를 해결하는 과정에서 행동학습기법을 활용하였다(Noe et al., 2006, p.296). 수입기계에 대한 관세가 지나치게 많다고 판단한 회사는 원가절감과 효율적인 재고관리를 위한 회사의 전략을 실행하기 위하여 팀을 구성하였다. 행동학습을 통해 초과지불액을 만회하기 위한 방안을 수립하였으며 일년에 수천 달러 이상을 절약할 수 있었다.

한편 [도표 8-7]에 따르면 교육훈련의 (전달)방식에 따라서 학습전이와 학습대상과업의 복잡성이 달라짐을 알 수 있다. 즉 [도표 8-7]의 (a)는 교육훈련이 실제주업현장과 가까우면 가까울수록 학습의 전이는 잘 일어남을 알 수 있다. 또 (b)로부터 실제주업현장에서 멀어질수록 학습해야 할 과업의 복잡성은 높아지고 있음을 알 수 있다. 이상의 두 그래프로부터 복잡한 과업일수록 교육훈련을 현업으로부터 방해받지 않고 현장에서 떨어져서 진행시킬 때 학습전이와 학습효과가 극대화될 수 있다. 또 수작업이나 단순한 과업일수록, 현장에

를 해결함으로써 학습 및 훈련효과를 극대화하는 집단역량을 구축하는 훈련방법의 하나이다. 일반적으로 6~30여 명이 행동학습에 참여하는데 때때로 고객이나 해당 문제로부터 영향을 받는 부서나 팀의 구성원들이 참여하기도 한다(Noe et al., 2006, *op. cit.*, p.296).

서 직접 교육훈련을 시킬수록 학습자와 교수자 간의 높은 상호작용으로 인하여 학습전이가 잘 일어남을 알 수 있다(Analoui, 2007).

한편, 최근 들어 기업조직의 많은 교육훈련이 인터넷이나 인트라넷으로 훈련하는 온라인(online) 학습으로 전개되고 있다. 이를 e-learning이라 부르고 있으며 e-learning은 일반적으로 컴퓨터기반교육, 웹기반훈련, 원격훈련, 사이버교육, 가상강의실 등이 사용되며, 강의등록, 피훈련자에 대한 시험과 평가 그리고 과정에 대한 모니터링 방법으로 교육이 이루어진다. e-learning은 훈련비용과 시간을 절감할 수 있으며,[7] 다양한 의미를 전달하는 멀티미디어의 이점과 학습에 적극적으로 참여하고 업무에 이를 응용할 수 있다는 장점을 갖는다. 이런 장점들 때문에 평균 15,000여 명의 종업원을 보유한 미국의 100여 개 기업을 대상으로 한 조사결과 42%의 기업이 다양한 형태의 online학습을 교육훈련의 수단으로 사용하고 있었다. 보다 중요한 사실은 92%의 기업들이 1년 안에 online교육을 도입하려 하거나 online교육의 범위를 확충하려 한다는 점이다(Mello, 2011, p.392). 특히 코로나19 사태가 장기화될 것으로 예상되면서 국내·외 기업들의 교육훈련도 비대면 온라인교육으로 대체되고 있는 실정이다.

이러한 대중적 인기에도 불구하고 e-learning은 다음과 같은 단점도 있다. 첫째, 학습자들은 학습을 위해서 스스로 동기부여되어야 하며 또 주도적으로 책임감을 가지고 학습에 임해야 한다는 점이다. 그러나 학습자가 1시간을 앉아 있기 힘들고, 앉아 있다 하더라도 30분을 몰입하기가 힘든 것이 현실이다. 둘째, 온라인상에서 상호작용이 가능한 온라인 교재를 만드는 비용이 매우 비싸다는 점이다. 특히 학습의 내용이 빨리 진부화되어 학습내용 전반에 관한 수정이 필요하고, 나아가서 전체 온라인 학습환경을 재설계해야 하는 상황에 직면하면 막대한 비용투자를 해야 한다. 직무별 역량평가를 온라인으로 한다고 했을 때 해당 직무의 역량들이 바뀌거나 가중치가 바뀌었을 때는 시스템 전체에 대한 수정을 해야 한다. 끝으로 타인과의 상호작용과 양방향 소통의 부족으로 인하여 학습자가 선호하는 학습 스타일이 아니어서 학습효율이 떨어질 수 있고 필요내용과는 전혀 다른 내용을 일방적으로 학습해야 하는 경우도 있다(Mello, 2011, p.392).

이러한 e-learning의 단점을 극복하기 위하여 최근 IT 기업을 중심으로 스마트러닝(Smart Learning)의 구현이 산업계에 급속도로 확산되고 있다. 스마트러닝의 특징은 첫째,

---

7) e-learning은 실시 초기에는 하드웨어나 소프트웨어 등 시스템 구축을 위한 고가의 투자비용이 들지만, 일반적으로 3~5년이 지나면 손익분기점을 지나 이익이 발생하는 것으로 알려져 있다. 전통적인 사외교육 혹은 집합교육과 비교하면 e-learning은 20~30%의 비용으로 교육훈련이 가능한 것으로 알려져 있다(Werner et al., 2012, p.263).

자기주도학습(Self-directed Learning)을 통한 학습의 개인화(personalization)가 가능하다. 직무요구나 개인의 관심사와는 관계없이 획일적이고 일방적인 e-learning이 아니라 개인의 직무의 필요에 따라 필요한 콘텐츠를 스스로 선택하고 학습할 수 있게 되었다. 이것은 학습과 일을 일체화시킬 수 있는 실효성 있는 학습방법이다. 둘째, 참여자 간 상호작용과 양방향 소통이 입체적으로 가능하다는 점이다. 기존 e-learning의 최대 약점은 교수자와 학습자 간, 학습자 간 상호작용과 양방향 소통의 부족으로 인하여 학습효율이 떨어진다는 점이 현장의 목소리다. 디지털 교육인프라 구축에 있어서 이 문제는 지난한 과제였으나, 최근 증강현실(AR: Augmented Reality)과 가상현실(VR: Virtual Reality)이 진화하여 교육현장에서 홀로그램(Hologram)을 구현해 내면서 이 문제에 대한 해결의 실마리를 찾게 되었다. [현장올레길 8-7]은 한양대학교에서 진행하고 있는 홀로그램 기반의 Tele-presence를 이

**현장올레길 8-7** 한양대학교의 Tele-presence를 이용한 HY-LIVE 수업

한양대는 2019년 1학기부터 5세대 이동통신(5G)을 활용해 텔레프레즌스(Tele-presence · 원격 현실) 강의를 시작했다. 이는 세계 대학 최초로 개설한 5G(5세대) 이동통신과 텔레프레즌스(Telepresence) 기술 결합 강의 사례다. 한양대의 교육 실험 하이라이브(HY-LIVE)의 일환으로 추진됐다. 한양대 교육혁신팀에서 자체 개발했다. 미국 스탠퍼드 의과대학에서는 이미 2016년도에 'VR과 신경 수술 시뮬레이션 센터'를 설립해 VR을 수술 설계와 학생 교육에 도입했다. 같은 해 중국 베이징이공대학은 정치 이데올로기 수업에서 VR 기술을 활용해 학생들에게 마오쩌둥(毛澤東)의 '대장정(大長征)'을 체험할 수 있게 하였다. 그러나 초고속 전송속도와 초저지연성을 특징으로 하는 5G이동통신과 텔레프레즌스를 연결한 것은 한양대학교가 세계 최초이다.

(사진설명) 2019년 3월 개설된 '생활 속의 화학'수업에서 김민경 창의융합교육원 교수가 동시에 3개의 강의실, 약 100여 명의 학생들을 대상으로 수업을 진행하고 있다.

지난 3월 개설된 '생활 속의 화학' 수업에서는 김민경 창의융합교육원 교수가 동시에 3개의 강의실에 등장했다. 수업이 시작되면 화이트보드가 검은 스크린으로 바뀌며 실물 크기의 김민경 교수가 나타난다. 강의실마다 30여 명씩 총 100여 명의 학생들이 수업에 참여했다. 하지만 실제 김 교수는 학생이 한 명도 없는 한양대 스튜디오에서 강의를 진행했다. 학생들은 움직이지 않고도 기업 현장의 생생한 목소리를 들을 수 있다. 서울 서초구에 있는 김범성 KCC 전무이사를 홀로그램으로 한양대에 불러와 현장 연계 수업을 진행하기도 했다. 또 위험한 물질이 폭발해도, 실험 장비를 떨어트려도 안전하다. 실험 도중 황산이 피부에 닿으면 연기가 나면서 '병원에 가야 한다'라는 메시지까지 출력된다. 한양대는 4차 산업혁명 기술은 상대적으로 높은 비용과 시 · 공간적 제약이 심한 실험을 수반해야 하는 공학과 의학 교육에서 우선적으로 도입할 계획이다.

그렇다면 이런 수업방식이 현재 학교에서 진행하고 있는 e-Learning 강의와는 다른 강점은 무엇일까? 이태희 교육혁신팀장은 "상호작용"이라고 밝혔다. "학생들이 질문하는 것을 꺼리는 것을 교수들도 안다"며 "학생들은 HY-LIVE 수업에서 사용하는 애플리케이션을 통해 스스럼없이 질문할 수 있고, 교수들은 돌발퀴즈를 통해 학생들의 수업 성취도를 실시간으로 파악할 수 있다"고 말했다. 2학기에는 서울캠퍼스와 ERICA캠퍼스를 연결해 수업을 진행할 예정이다. 또한 4차 산업혁명 관련 교과목에 대한 학생들의 개설 요구를 반영해 딥러닝, 머신러닝, 인공지능, 데이터 사이언스 실습 강좌를 홀로그램으로 제공할 예정이다. 한양대 기술경영학과 연구팀은 "향후엔 14개의 콘텐츠를 만들어 한 학기의 강의가 모두 VR로 구성될 수 있게 하겠다"라며 "화학에서 물리, 그리고 수학까지 콘텐츠를 확대해 나가겠다"라고 밝혔다.

자료원: http://www.hanyang.ac.kr/surl/2Ix5. 한양뉴스, 2019.7.16와 조선비즈, 2019.8.16 참조

**도표 8-8** 첨단기자재 사용 여부와 대인 간 상호작용 여부에 따른 교육훈련의 방법

| | Low Tech(재래기술) | High Tech(첨단기술) |
|---|---|---|
| High Touch (고감성) | OJT<br>교실훈련<br>코칭 | OJT<br>시뮬레이션 혼합학습<br>Tele-presence |
| Low Touch (저감성) | 프린트교재 | E-Learning<br>시청각시뮬레이션 |

Low Tech: 컴퓨터나 시청각기술을 거의 사용하지 않음
Hight Tech: 훈련을 컴퓨터나 시청각기술에 의존
Low Touch: 타인과의 상호작용이 거의 없음
High Touch: 훈련과정 속에 폭넓은 대인관계가 필요함

자료원: Lepak, D. & Gowan, M.(2010). *Human Resource Management: Managing Employees for Competitive Advantage*, Upper Saddle River, NJ: Prentice Hall, p.326.

용한 HY-LIVE 수업현장을 소개한 것이며 이는 향후 4차 산업혁명 시대의 교육혁명의 방향을 제시한다고 하겠다. 결론적으로 e-learning을 통한 학습은 기업의 입장에서 매우 유용한 교육훈련 수단일 수 있거나 아니면 시간, 자원, 돈을 낭비하는 수단일 수 있다. 따라서 e-learning은 앞서 논의된 교육훈련 목표 그리고 조직, 과업, 개인, 인구통계적 필요성 평가라는 큰 틀 속에서 검토되어야 한다(Mello, 2011, p.392).

한편, Lepak & Gowan(2010)은 피훈련자가 사용하는 기술이 컴퓨터나 시청각기술(high technology)을 사용하는지 여부에 따라 그리고 타인과의 상호작용의 정도에 따라 효과적인 교육훈련의 방법을 [도표 8-8]과 같이 정리하였다.

### 3) 학습효과 극대화를 위한 전달전략

인간의 행동은 학습에 의해 변한다. 종업원들이 지식과 기술을 익혀 현업에 적용하게 하려면 사람이 어떻게 학습하는지를 먼저 파악해야 한다(이론올레길 8-1 참조). 인간은 기본적으로 경험학습을 통하여 학습을 하게 되는데 연구자들은 종업원이 어떤 상황하에서 가장 잘 학습할 수 있는지에 관한 연구결과를 [도표 8-9]와 같이 제시하였다. 효과적인 훈련은 학습목표를 명확하게 전달하고 기억에 남을 뚜렷한 방식으로 정보를 제시하며, 피훈련자들이 훈련주제를 직무와 연계할 수 있도록 해야 한다. 즉 수행하는 직무와 그 직무로부터의 경험이 훈련과 연계될 때 종업원들은 효과적인 학습을 하게 되는 것이다. 훈련내용은 익숙한 개념, 용어 및 예제들을 사용한 자료로 전달되어야 한다. 물리적인 설정이든 컴퓨터를 활용한 가상의 이미지 설정이든 가급적 훈련내용은 수행 중인 작업환경과 일치해야 한다. 물리적인 요소와 함께 감정적인 요소도 포함되어야 한다. 피훈련자 간의 역할연기와 같은 상호작용은 그런 점에서 정서적 현실감을 더하게 할 뿐 아니라 학습을 강화시킨다.

**도표 8-9** 학습효과 극대화를 위한 전달전략

| 훈련활동 | 훈련활동을 전달하는 방식 |
|---|---|
| 학습목표 전달 | • 기대효과 공지 |
| | • 질문의 예 제시 |
| 분명한 메시지 사용 | • 중요내용 강조 |
| | • 활자와 그림 활용 |
| 훈련의 내용 제한 | • 교육자료 세분화 |
| | • 시각자료 제공 |
| | • 반복적 실습기회 제공 |

| | |
|---|---|
| 피훈련자의 학습 유도 | • 일련의 활동에 대한 암시로 문자 사용 |
| | • 개념 간 연결 위한 문자와 그림 사용 |
| 주제에 대한 설명 | • 다른 맥락과 상황에서 사용한 자료 제시 |
| | • 기존 학습 개념에 새로운 아이디어 연결 |
| | • 다양한 맥락과 상황에서 실습 |
| 기억단서 제공 | • 기억 보조도구 제시 |
| | • 기억실마리를 위한 익숙한 음향과 리듬 사용 |
| 작업현장에 훈련내용 전파 | • 작업현장에서 통용되는 학습환경 설계 |
| | • 학습자가 직무에서 훈련을 적용할 수 있는 행동계획 개발 장려 |
| | • 훈련과정과 작업현장에서 일치되는 단어 사용 |
| 성과에 대한 피드백 제공 | • 새로운 기술을 신속, 정확하게 수행하고 있음을 피드백 |
| | • 훈련목표의 달성 정도를 피드백 |

자료원: 최승준 외(2005). 인적자원관리론, 학술정보, p.148.

학습내용을 이해하고 기억하기 위해서는 종업원들에게 배운 것을 보여주고 실습할 기회가 필요하다. 피훈련자들에게는 반복적인 실습이 필요하며 적절한 시간 내에 학습목표에 맞는 과업을 완수하도록 해야 한다. 실습과정은 역할연기를 통한 상호작용 및 직무에 사용되는 기계와 장비의 운전을 포함해야 한다. 또 놓쳐서는 안 될 포인트는 피훈련자 스스로 훈련의 성공 여부를 알 수 있도록 피드백이 제공되어야 한다는 것이다. 효과적인 피드백은 피훈련자가 훈련 중 보여준 특정 행동에 초점을 맞추어야 하며, 가능한 한 학습한 내용에 대한 실습이 끝난 직후에 주어져야 한다. 뿐만 아니라 배운 것을 정확하게 이해하고 있고 직무수행 시의 개선점을 파악하고 있을 때 칭찬과 같은 피드백도 필요하다.

또한 효과적으로 설계된 훈련은 피훈련자가 훈련의 내용을 쉽게 기억하도록 도와준다. 즉 훈련프로그램은 정보의 크기를 작게 나누어서 피훈련자가 기억하기 편하게 할 필요가 있다.[8] 또 문서화된 자료는 가장 읽기 쉽고 독해하기 쉽도록 작성되어야 하며 이를 위해서 첫째, 모호하고 추상적인 단어는 단순하고 분명한 단어로 바꾸고, 둘째, 긴 문장은 두 개 이상의 단문으로 나누고, 셋째, 긴 문단은 두 개 이상의 짧은 문단으로 나누고, 끝으로 체크리스트와 그림을 추가하여 내용을 분명하게 할 필요가 있다.

8) 많은 연구에서 밝혀졌듯이 사람들이 한 번에 기억할 수 있는 용량은 4~5개 정도를 초과하지 못한다. 만일 훈련의 내용이 다섯 가지가 넘어야 한다면 훈련프로그램은 더 짧은 강좌로 구성되거나 정보의 크기를 축소해야 한다. 기억하기 쉬운 정보를 만들기 위해서는 정보를 압축한 시각 이미지로 정보를 전달하거나 충분한 실습을 시행해야 한다(최승준 외, 2005, p.148).

**이론올레길 8-1** 어떻게 학습이 일어나는가?: 콜브(Kolb)의 경험학습이론 (ELT: Experimental Learning Theory)

경험학습이론을 최초로 모형화하여 실제와 연결시키고자 시도한 대표적인 학자인 콜브(Kolb, 1984)는 경험학습을 "경험의 전환을 통해 지식을 창조하는 과정"이라고 정의하였다. 또 그는, 경험학습의 속성을 지각(perceiving)과 처리(processing)라는 정보를 다루는 방식에 의해 두 개의 축으로 구분하였다. 즉, 인간이 정보를 지각하는 방식에 따라 구체적 경험(concrete experience)과 추상적 개념화(abstract conceptualization)의 단계로 구분하였다. 또 인간이 정보를 처리하는 방식에 따라 능동적 실험(active experimentation)과 반성적 관찰(reflective observation)의 단계로 구분하여 경험학습을 네 단계 주기의 순환 과정으로 보았다. 여기서 추상적 개념화는 정보를 개념적으로, 상징적으로 이해하며, 구체적 경험은 순간순간의 운동 기능적인 특징에 의해 우선적으로 반영하는 특징이 있다. 또 능동적 실험은 적극적으로 환경을 조작하면서 배우는 반면, 반성적 관찰은 전형적으로 외부세계에 관한 내적 고찰을 통하여 학습하는 경향을 의미한다.

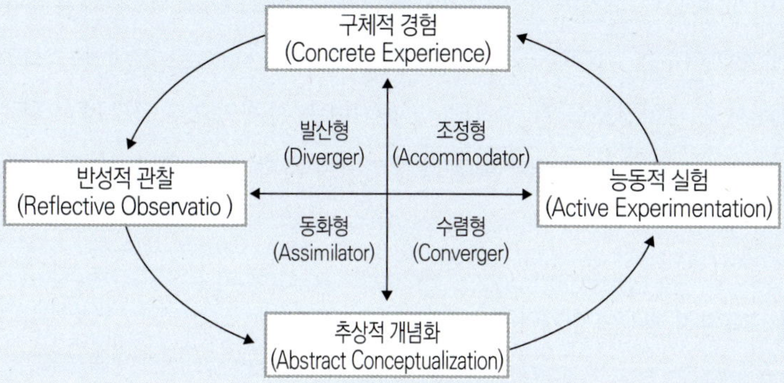


경험학습이 되기 위해서는 네 단계가 순환과정으로 진행되어야 한다. 즉, (1) 실제적으로 경험하는 구체적 경험단계, (2) 다양한 관점에서 경험을 반추하는 반성적 관찰단계, (3) 이와 같은 반성적 관찰을 이론으로 통합시킬 수 있도록 일반화하고 원리를 창출하는 추상적 개념화단계, (4) 학습한 것을 다른 구체적인 상황에 검증하는 능동적 실험단계의 순환과정이 그것이다. 즉 이 네 단계가 반드시 포함되고 상호 연계되어야 학습 또는 경험의 재구성과 변화가 일어나게 된다고 하였다. 특히 콜브(Kolb, 1984)는 경험학습이 일어나는 여러 단계 가운데에서 반성적 관찰(reflective observation)의 사고 과정을 가장 핵심적인 요소로 강조한다. 한편 경험의 순환과정에서 네 가지 서로 다른 학습양식(learning style)이 발산형(diverger), 조정형(accommodator), 수렴형(converger), 동화형(assimilator)의 순으로 나타난다고 하였다. 이는 진정한 경험학습이 일어나기 위해서는 상황에 따라 다양한 학습 스타일을 보유하고 있고 변경할 필요가 있음을 의미한다.

자료원: 전성연 외 8인(2007). 현대교수학습의 이해, 학지사, pp.318-320 요약정리.

## 2.4 교육훈련 방식의 현재와 향후 진화방향: Quo Vadis

지금까지 우리 기업들의 교육훈련 방식은 경제성장을 주도하는 과정에서 새로운 지식을 확산하고 전달하는 데 치중함으로써 모방학습을 기술추격전략의 핵심으로 간주한 것이 사실이다(Kim, 1997). 이 같은 모방학습을 위해서 우리 기업들은 [도표 8-10]에서 보듯이 지식전달 중심의 오프라인 대면교육이 기업교육의 중심이 된 것이 사실이다(cell 1). 일부 삼성, LG 및 현대기아차, 강소기업과 같은 일부 선진기업의 경우 문제해결 중심, 개인 및 조직의 지식창조 중심의 교육훈련 방식을 채택함으로써 기술축적과 제도혁신의 창조적 기업활동을 수행하여 옴으로써 명실상부 교육훈련이 기업의 혁신인프라 및 혁신문화 구축의 중요 수단이 되었다(cell 2). 그러나 최근 우리가 전대미문의 코로나19 사태를 경험하면서 기업교육 및 직업훈련은 비대면 지식전달 중심 교육으로 역행하는 상황에 접하게 된다(cell 3). 아직 많은 기업들이 온라인 비대면 교육을 하기 위한 장비나 준비가 되지 않아 당분간 cell 3의 교육방식이 교육훈련의 지배적인 방식이 될 것으로 예측된다. 우리 기업들의 교육의 패러다임이 cell 3에 머무는 기간을 줄이고 지식창조를 위한 cell 4로 진행하는 최선의 방법은 비대면 상황에서도 지식창조를 할 수 있는 교육기반을 선제적으로 구축하고 확충하는 것이다. 이를 위해서는 오프라인 상황과 마찬가지로 교수자와 교육생 간, 교육생 간 '상호작용'

**도표 8-10** 교육훈련 방식의 현재와 향후 진화방향

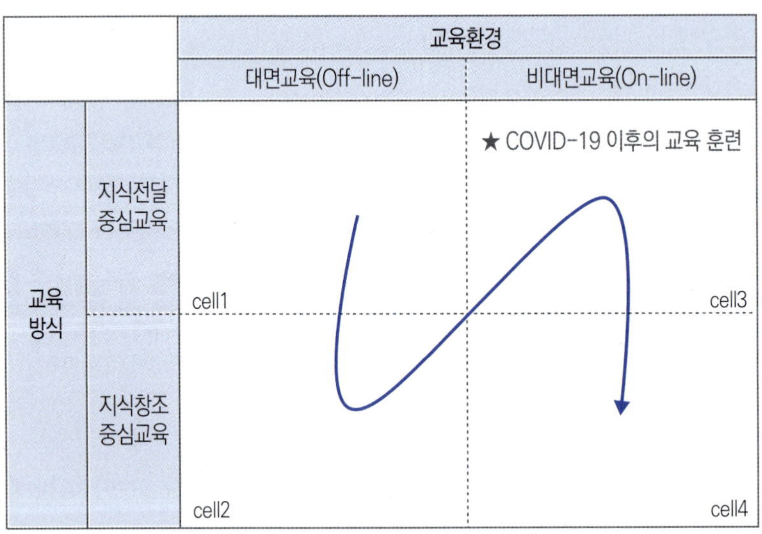

문제를 완벽하게 해결할 수 있는 장비 및 소프트웨어 예를들어, 온라인 교육이 가능하게 하는 학습관리시스템(LMS: Learning Management System), 참여자 전원이 화상회의를 가능하게 하는 구글 행아웃 미팅(Hangouts Meet)이나 줌(Zoom), 그리고 팀원들 간에 동시에, 실시간으로 협업을 통한 보고서 작업을 가능하게 하는 구글 독스(Google Docs)와 같은 소프트웨어가 설치되고 이들을 원활하게 사용할 수 있어야 한다. 동시에 비대면 상황에서의 학습동기와 몰입의 방법을 찾아 나가야 한다. 대표적으로 활용할 수 있는 기술이 '게이미피케이션(Gamification)[9]'이다. 이는 게임적 사고를 활용하여 참여자를 몰입하게 하거나, 문제를 해결할 수 있도록 만드는 과정을 의미한다(홍정민, 2020).

이처럼 참여자 간 '상호작용' 이슈가 해결될 때 우리 기업들은 온라인상에서도 지식창조를 위한 직무교육과 훈련을 할 수 있게 된다. 이때야 비로서 비대면 상황에서도 우리 기업만의 독특한 암묵지(tacit knowledge)를 창조할 수 있게 되고(Nonaka & Takeuchi, 1995) 창조된 지식을 조직의 지식(organizational knowledge)으로 확보할 수 있게 되어 종국적으로 cell 4로 안정적으로 그리고 조기에 진입하게 될 것이다.이러한 패러다임 전환이 가능할 수 있도록 정부가 우선적으로 기업들에게 지원해야 할 것이다.

## 2.5 교육훈련프로그램에 대한 평가

교육훈련프로그램의 마지막 단계는 교육훈련 및 개발을 통해 획득된 능력, 즉 지식 및 기술이 실제로 직무성과의 향상이나 행위개선으로 연결되었는가를 평가하는 것이다. 이러한 평가를 통해 나타난 결과는 [도표 8-5] 교육훈련의 체계에서 보았듯이 다시 교육훈련의 필요성을 분석하고 평가하기 위한 정보로 피드백된다. 즉 최종적인 평가기준(교육훈련의 목표)이 확정되면 훈련이 시행되기 전과 후에 측정결과를 비교함으로써 현행 교육훈련프로그램을 계속 지속시켜야 할지, 수정해야 할지, 폐지해야 할지를 결정해야 한다.

*가장 일반적으로 널리 받아들여지고 있는 교육훈련 평가는 피교육자의 반응(Reaction), 피교육자의 학습(Learning), 피교육자의 행동변화(Behavior), 교육훈련의 최종결과(Results)의 4단계에 걸쳐서 진행되고 이 4단계는 하나의 계층을 구성하고 있다(도표 8-11 참조).* 특

9) 게이미피케이션은 'Game'과 'fication'의 합성어로서 게임의 요소 중 일부를 활용하여 교육에 몰입하고 교육효과성을 높이는 과정이다(홍정민, 2020).흔히 비대면 상황에서 PBL을 적용하는데, P는 'Points'의 약자로 참가자에게 포인트를 주어 마일리지를 만드는 것이다. B는 'Badge'의 약자로서 우수성과사에게 제공하는 훈장이다. L은 'Leader Board'의 약자로서 이달의 '학습왕, 실패왕'을 선정하는 것이다.

**도표 8-11** 교육훈련프로그램 평가의 4단계

| 수준 | 질문내용 | 측정 |
| --- | --- | --- |
| 결과 | 교육훈련의 효과로 조직 및 부서가 더 나아졌는가? | 사고 발생률<br>품질<br>생산성<br>이직률<br>동기부여 수준<br>비용<br>수익 |
| 행동 | 교육훈련을 이수한 후 구성원들은 업무수행 시 변화된 행동을 보이는가? 구성원들은 교육훈련 중 습득한 지식과 기술을 사용하는가? | 상사, 동료, 고객, 부하직원에 의한 성과평가 |
| 학습 | 교육훈련프로그램 이수 이후 구성원들은 이수 전에 비해 어느 정도까지 지식 및 기술이 향상되었는가? | 필기시험<br>성과테스트<br>시뮬레이션(모의실험) |
| 반응 | 구성원들은 교육프로그램과, 교육진행자, 교육시설에 만족하는가? 구성원들은 교육과정이 유용하다고 생각하는가? 교육과정에서 어떤 점이 더 개선되어야 하는가? | 설문지 |

자료원: Mello(2011). *op. cit.*, p.394.

히 주목할 점은 하위단계는 상위단계로 진행하기 위한 선결요건이라는 것이다. 이때 하위단계에서 교육훈련프로그램이 별 효과가 없다면 상위단계에서는 자동적으로 교육훈련이 영향을 미치지 못함을 의미한다. 즉 피교육자의 좋은 반응이 없이 이들로부터 학습이 일어나지 않고, 이들의 적극적인 학습 없이 이들로부터 바람직한 행동을 기대할 수 없으며, 이들의 바람직한 행동 없이 조직의 성공적인 최종결과를 획득할 수 없는 것이다.

### 1) 피교육자의 반응단계(Reaction)

반응단계에서는 피교육자가 특정 프로그램, 교육프로그램 담당자, 교육시설 등에 대해서 느끼는 전반적인 만족도를 평가하며 그것은 설문지에 의해서 주로 진행된다. 만약 피교육자들이 해당 프로그램에 대하여 썩 좋지 못한 반응을 보인다면 그 프로그램을 경험할 다른 피교육자들도 그 프로그램에 대하여 별 가치나 관심을 갖지 않을 가능성이 높다.

### 2) 피교육자의 학습단계(Learning)

학습단계에서는 피교육자가 교육훈련을 받기 전에 비하여 더 많이 알고 이해하는지 그 정도를 평가한다. 이렇게 학습한 지식에 대한 평가는 흔히 필답시험(written-tests)에 의해 평가되고 학습한 기술에 대한 평가는 시뮬레이션이나 시현(demonstrations)에 의해 평가된다. 만약 종업원들이 교육훈련프로그램으로부터 배운 것이 없다면 직무수행 시 행동상에 어떠한 변화도 기대할 수가 없다.

### 3) 피교육자의 행동변화(Behavior)

행동변화단계에서는 교육훈련 이수 후에 종업원이 직무수행 시 무슨 행동을 하는지를 평가하는 것으로서 관리자가 주로 태도평가에서 측정한다. 이 단계의 평가는 학습전이가 발생하였는지 여부와 일처리를 과거와는 다르게 할 수 있는지 여부(기술기반의 훈련) 혹은 다른 방식으로 문제를 생각하고 해결하는지 여부(지식기반의 훈련)를 측정한다. 행동변화는 피교육자를 관찰할 수 있는 관리자나 상사, 혹은 고객이 시행하는 성과평가를 통하여 측정된다. 종업원 행동상에 어떠한 변화도 없다면, 종업원의 개선된 성과를 기대할 수 없다.

**도표 8-12** 교육훈련의 효과분석

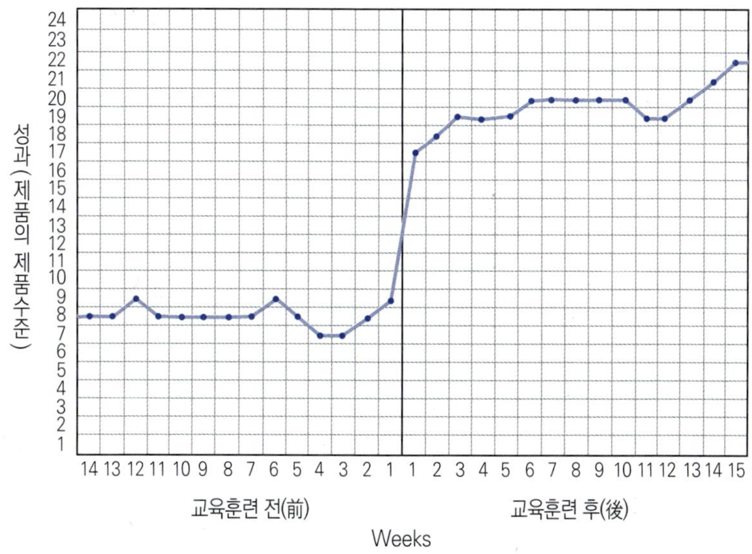


자료원; Dessler, G.(2014). *Fundamentals of Human Resource Management*(3rd Ed.), PEARSON, p.205.

### 4) 교육훈련의 결과(Results)

교육훈련의 최종결과단계에서는 교육훈련의 결과가 회사의 성과향상 즉, 생산성, 효율성, 품질, 고객만족 등에 대해서 어느 정도 기여하였는지를 평가하는 것으로서 조직의 성과지표에 해당하는 비용 및 예산절감, 생산성, 이직률, 매출액, 고객서베이 등의 측정치들이 이용된다. 그러나 교육훈련의 결과는 오랜 시간의 교육훈련을 통해 향상되는 종업원의 숙련도(proficiency)에 의해서 결정되기 때문에 즉각적으로 나타나지 않는다. [도표 8-12]는 교육훈련 전후의 성과(제품의 품질수준)의 변화추이를 종단적으로 표시한 것으로서 교육훈련 전후의 차이가 체계적으로 현격하게 나타나기 때문에 교육훈련의 효과가 있다고 판단할 수 있다.

## 2.6 교육훈련과 성과관리시스템 및 보상과의 관련성

교육훈련프로그램을 전략화하는 것의 핵심은 [도표 8-13]에서 보듯이 교육훈련의 목표를 달성했을 때 그 결과가 종업원의 성과평가와 보상으로 연결되게 하는 것이다. 예를 들어 어떤 종업원이 교육훈련을 통하여 새로운 기술과 지식을 배우려고 노력하고 또 실제 직무수행 현장에서 그 기술과 지식을 활용하여 원하는 수준의 성과를 달성하였을 때, 그에 상응하는 인센티브와 인정과 격려가 뒤따른다면 학습의 동기와 강화(reinforcement)가 발생한다. 그러나 이와는 반대로 교육훈련, 성과관리, 보상관리가 독립적으로 시행되어 교육훈련의 체계가 보다 큰 HR전략의 틀 속에서 운영되지 못한다면 배우고자 하는 동기와 강화가 일어날 가능성은 낮아지게 될 것이다(Mello, 2011, p.397)(학습목표 4).

종업원이 중요한 기술과 지식을 배워서 그것을 현업에서 적용할 때 이들이 학습한 기술

**도표 8-13** 교육훈련과 성과관리 및 보상과의 연결

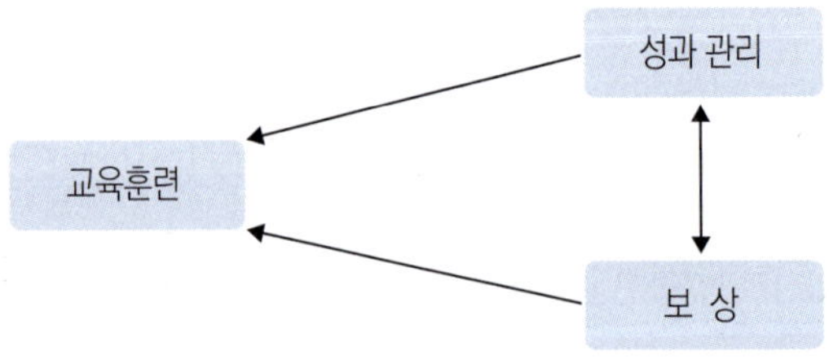


자료원; Mello(2011). *op. cit.*, p.398.

과 지식이 어느 정도로 변화되었는지가 성과평가에 반영되어야 한다. 다시 말하면, 조직전략실행상에 있어서 그 기술과 지식이 중요하면 할수록 종업원이 기술과 지식을 학습한 것에 대한 평가결과가 조직의 성과평가시스템에 반영되어야 하는 것이다. 마찬가지로 종업원이 새로운 기술과 지식을 학습하여 그것을 현업에 성공적으로 적용하여 그 결과 조직의 성과창출에 기여하였다면 그에 상응하는 보상이 주어져야 한다. 조직의 성과관리 및 보상시스템과 연결이 되어 있지 않는 교육훈련프로그램은 성공가능성이 낮으며 동시에 오래 지속할 수도 없다. 정리하면 교육훈련은 조직 전체의 전략적 맥락하에서 개념화되어야 하고 설계되어야 하고 전달되어야 하며 또한 그 성공을 위하여 CEO를 비롯한 회사 전체의 관심 대상이 되어야 한다.

## 3. 조직개발(Organizational Development)

### 3.1 조직개발의 정의와 의의

대부분의 교육훈련프로그램은 개별 종업원 혹은 소규모 집단에 대한 교육과 훈련의 필요성 때문에 진행되는 것이 일반적이다. 특히 이들 프로그램들은 기술습득(skill acquisition)과 기술개발(skill development)에 초점을 두고 있으며 종업원들에게 조직의 전략적 목표를 보다 효과적으로 달성하게 하는 지식과 기술을 제공한다. 그러나 기업조직이 급변하는 글로벌 환경변화 속에서 지속적으로 생존하고 성장하기 위해서는 대규모 조직변화를 통하여 외부환경변화에 대응할 필요가 있다. 이러한 대규모 조직변화활동 가운데 하나가 조직개발이다.

조직개발은 종업원 개개인이나 소규모 집단들을 대상으로 하기보다는 전체 조직을 대상으로 진행되는 개발활동이다. 조직개발활동은 조직의 전략을 실천하기 위한 계획된 개입(planned interventions)으로서 조직의 전반적인 효과성 개선을 그 목적으로 한다. *교육훈련과 개발이 미시적 측면(micro aspects)의 조직의 필요성과 대응에 초점을 두고 있다면, 조직개발은 거시적 관점(macro aspects)의 조직전체의 성과개선과 대응에 그 지향점이 있다*(학습목표 5).

## 3.2 조직개발과 조직변화

조직개발활동은 일반적으로 조직문화뿐만 아니라 조직과정 전반을 대상으로 한다. 즉, 전형적인 조직개발에서의 개입활동에는 문화변화(culture change), 흡수합병 촉진(facilitating merger and acquisition), 조직학습(organizational learning), 지식경영(knowledge management), 과정개선(process improvement), 조직설계와 구조(organization design and structure) 등을 포함한다(Yaeger & Sorenson, 2006). 이들 개입활동은 성과, 효율성, 수익성과 같은 이슈들을 개선하기 위해서 전개될 뿐 아니라 조직구성원도 개발의 중요한 대상으로 포함한다는 것이다. 즉, 종업원을 업무에 몰입하게 하고, 적극적으로 인정하며 그에 대한 적절한 보상을 하는 긍정적인 조직풍토를 만들어 내는 핵심가치, 규범, 태도, 관리관행 등과 더불어 존중(respect), 포용(inclusion), 진정성(authenticity), 협력(collaboration)과 같이 사람으로서 기본적으로 함양해야 할 인간적 가치(humanistic values)에 대한 개발도 포함하고 있다는 사실이다.

그러한 변화들을 시행하기 위해서는 조직 전체 차원의 이슈에 대하여 분명하게 이해하고 또 조직을 모든 기능들과 여러 과정들이 상호 연관되어 있다고 보는 개방체계(open system)로 볼 필요가 있다. 조직을 개방체계로 보는 것은 조직에 영향을 미치는 보다 넓은 외부요인들의 틀 속에서 조직을 파악하는 것의 중요성을 인식하는 것이다. 따라서 조직이 서로 다른 많은 기능과 과정들로 구성되어 있다는 사실을 감안하면, 어떠한 형태의 계획된 개입활동이라도 총체적 분석(holistic analysis)을 통하여 변화를 도모해야 하는 것이다. 다시 말하면 조직의 개입활동으로 인하여 외부 이해관계자들과 조직이 어떤 관련성을 갖게 되는지 뿐만 아니라 조직의 한 부서나 단위조직에서 시작된 변화가 조직의 다른 단위부서나 조직에 어떤 영향을 미치는지에 대한 검토도 수반되어야 하는 것이다(학습목표 6).

### 1) 조직개발과 지식경영

기업조직은 조직개발의 한 부분으로서 다양한 형태의 개입활동을 할 수 있으며 이에 필요한 여러 도구들이 있다. 개인 차원에서는 성격 파악, 코칭과 멘토링, 성과피드백, 경력계획 등과 같은 개인 자기평가(individual self-assessment)도구들이 있다. 조직 차원에서는 팀빌딩, 브레인스토밍, 갈등해결, 과정피드백 상담(process feedback consultation), 지식경영(knowledge management) 등이 조직개발의 도구로 이용되고 있다. 특히 최근 들어 기업의 지식창출과 확산이 기업경영에서의 경쟁력의 원천임이 밝혀지면서 각 기업마다 지식경영을 조직개발 차원에서 강조하고 있다(이론올레길 8-2 참조).

## 이론올레길 8-2 네 가지 지식창출모델: SECI Model

지식경영의 대가인 일본의 Nonaka 교수는 지식을 암묵지(또는 묵시지, Tacit Knowledge)와 명시지(또는 형식지, Explicit Knowledge)로 나눈 Polanyi의 지식구분을 토대로 이들 양자 간의 상호작용의 패턴에 따라 네 가지 형태의 지식창출모델을 도출할 수 있다고 하였다. (Polanyi에 따르면 암묵지는 개인적인 관점이나 노하우 등과 같이 언어, 문장으로 표현하기 어려운 주관적이고 개인에게 체화된 지식을 말하고 형식지는 매뉴얼, 책자, 자료집 등과 같이 언어, 문장으로 표현이 가능한 객관적이고 이성적인 지식을 말한다.) 이때 양 지식의 상호작용 패턴이 나선형(spiral)으로 진화할 때 기업진화가 일어난다고 하였다.

구체적으로 첫 번째는 구성원 상호 간에 서로 대화를 통하여 감정과 경험을 공유함으로써 지식을 전수하고 창출하는 방식으로서 이를 사회화(Socialization)라고 한다(암묵지에서 암묵지로). 두 번째는 한 개인의 내면에 있는 주관적인 지식을 집단 내에서 공유하는 과정에서 새로운 개념을 만들거나 언어화하는 명시지를 창출하는 방식으로서 이를 외부화(Externalization)라고 한다(암묵지에서 형식지로). 세 번째는 집단에서 도출된 명시지를 종합하여 새로운 명시지로 만드는 지식창출방식을 연결화(Combination)라고 한다(명시지에서 명시지로). 끝으로 확정된 명시지가 과연 문제해결에 있어서 작동하는지 현업에 적용하여 본인의 지식으로 만드는 지식창출 방식을 내면화(Internalization)라고 한다(명시지에서 암묵지로). 그 암묵지를 체화한 후 다른 암묵지를 보유하고 있는 타인과 다시 대화하고 의사소통하면서 사회화를 통한 지식창출과 그 이후의 지식창출방식을 나선형으로 선택하고 운영해 나갈 때 기업은 지속가능한 성장을 통한 진화를 하게 되는 것이다.

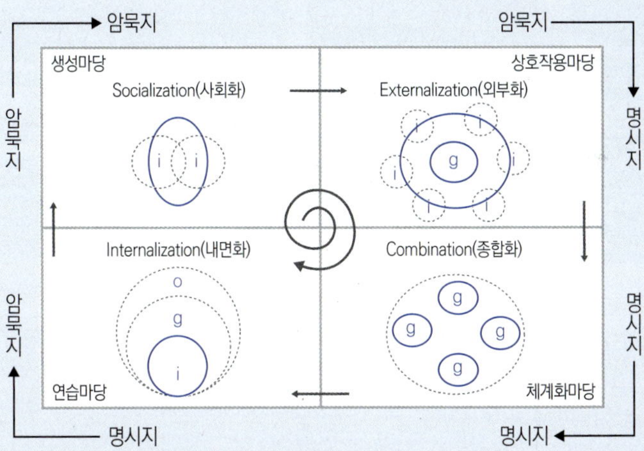


**i: individual, g: group, o: organization

한걸음 더 나아가서 Nonaka 교수는 각 지식창출모델이 가장 활성화되고 작동하기 좋은 장소 또는 마당(일본 말로 'Ba')를 제시하였는데 감정과 경험이 공유되는 사회화를 통하여 지식창출이 시작된다는 '생성마당'(Originating Ba), 외부화를 위해서는 집단 내부의 구성원 간 상호작용을 통해서 지식창출이 발생하는 '상호작용마당'(Interacting Ba), 연결화를 위해서는 원격화상회의나 인트라넷 등을 통하여 서류나 문서를 교환하고 이를 토대로 체계화함으로써 지식창출이 발생한다는 '체계화 마당'(Cyber Ba), 또 서류나 문서를 통해 획득한 정보를 실제업무에 적용하게 하여 지식창출을 하는 '연습 마당' (Exercising Ba)이 그것이다.

자료원: Nonaka, I. & Konno, N.(1998). "The concept of 'ba': Building a foundation for knowledge creation," *California Management Review*, 40, pp.40-54와 Nonaka, I. & Takeuchi, H. (1995). *The Knowledge-creating Company: How Japanese Companies Create the Dynamics of Innovation*, New York: Oxford University Press를 바탕으로 작성.

[현장올레길 8–8]에서는 이상의 네 가지 지식창출 유형이 가장 잘 발생할 수 있는 공간으로서 네 가지 마당의 실제 사례들을 제시한 것이다.

**현장올레길 8–8** 네 가지 지식창출 마당(Ba)의 실제 사례

(a)

**상호작용마당(Interacting Ba)**
**암묵지가 형식지로 만들어지는 상호작용 공간**

Google/ 회의실 '이글루'　　　　방해 받지 않는 자유로운 회의공간

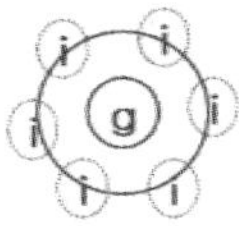


상호작용마당에서 직원들은 자유롭게 그들의 생각과 아이디어를 표출할 수 있고 동료들과 정보를 공유할 수 있다. 특히 그들의 지식과 노우하우를 보다 명료하게 전달하게 된다.

(b)

**체계화마당(Systemizing Ba)**
**기존형식지가 체계화를 통하여 새로운 형식지로 되는 공간**

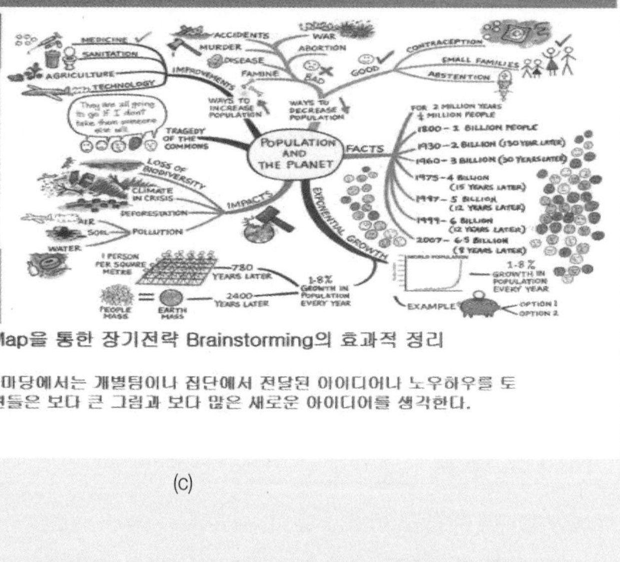


Mind Map을 통한 장기전략 Brainstorming의 효과적 정리




시스템화마당에서는 개별팀이나 집단에서 전달된 아이디어나 노우하우를 토대로 직원들은 보다 큰 그림과 보다 많은 새로운 아이디어를 생각한다.

(c)

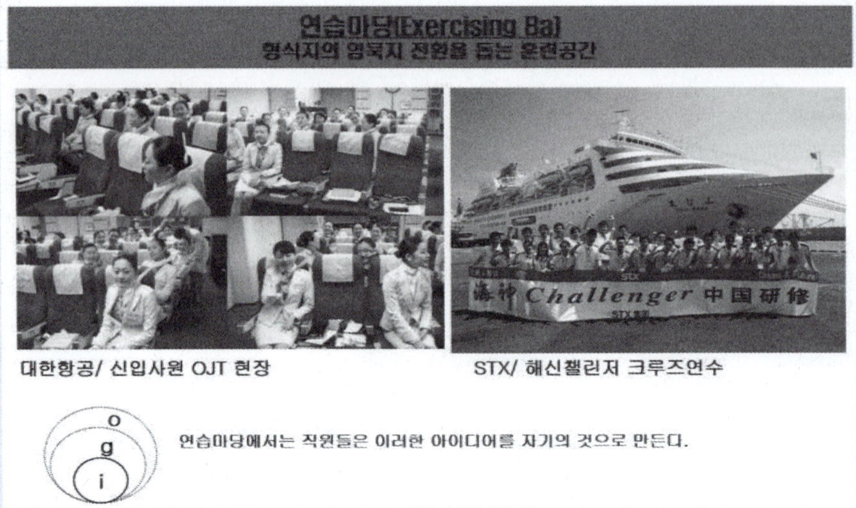


(d)

자료원: 각사 홈페이지 참조.

### 2) 리더십 개발

한편, 보다 거시적인 차원의 조직개발의 개입활동의 하나로서 향후 중책을 맡길 리더를 육성하는 리더십 개발 프로그램(Leadership Development Program)이 있다. 리더십 개발은 조직의 재무적 성과와 밀접하게 관련되어 있다. 즉 강력한 리더십 개발 프로그램을 운용하고 있는 기업은 그렇지 않은 기업에 비해 재무성과상의 큰 차이가 있음이 밝혀지고 있다(Mello, 2011, p.396). [현장올레길 8-9]에서는 영국에서 두번째로 큰 VAA(Virgin Atlantic Airlines) 항공사의 성공적인 리더십 개발 프로그램의 내용과 효과를 제시한 것이다.

**현장올레길 8-9** 영국Virgin Atlantic Airlines의 성공적인 리더십 개발 프로그램

VAA는 37대의 비행기와 9,000여 명 이상의 직원을 보유하고 있고, 매년 450만 명 이상의 탑승객을 확보하고 있는 영국에서 두 번째로 큰 항공사이다. 1985년에 창립한 이후 고객과 함께 호흡하는 회사 브랜드와 이미지를 구축하는 데 성공하여 왔다. 그러나 보다 나은 서비스에 대한 요구가 많아지면서 회사는 임원들을 충원해야 할 필요성을 절감하고 있었다. 더군다나 회사의 강한 기업문화와 내부승진의 전통에 입각하여, VAA는 경험은 없지만 젊고 열정이 넘치는 관리팀을 조속히 개발해야 할 필요성을 인식하게 되었다. 이를 위하여 VAA는 자체 내에서 리더십 개발 프로그램을 개발하게 되었다. 이 프로그램은 전략적

비즈니스 의사결정역량을 배양하는 것이 최종목표이며 이를 위하여 우선 회사의 성공에 가장 기여가 컸다고 판단되는 리더십 특성들을 파악하는 것부터 시작하여 다음으로 본인들이 속한 각 팀의 강약점에 대한 전반적인 평가를 시행하였다. 120명의 관리자들은 회사 외부의 전문기관에서 진행되는 워크숍에 참여하여 성격검사와 조직으로부터의 성과피드백에 대한 검토를 하였고 끝마칠 때에는 개별평가, 코칭세션, 개인개발계획을 수립함으로써 그 과정을 이수하였다. 또한 프로그램 이수 후에도 VAA의 기업문화와 고유가치를 6명으로 구성된 리더십 개발 프로그램의 팀 동료들에게 주기적으로 전수하였다. 즉 이들은 서로 정기적으로 만나서 각자가 리더로서의 의사결정능력 배양을 위해 시행한 여러 노력들의 진행 상황과 아이디어를 공유하였고 논의하여 왔다. 이 프로그램에 대한 실시 이후 참여자들의 동기부여는 물론이고 이직률 또한 대폭 감소하였고 또 당장 필요한 관리직의 비율 또한 증가하였다.

자료원: Mello(2011). *op. cit.*, p.385 일부 수정인용.

## 4. 경력개발(Career Development)

### 4.1 경력개발의 의의 및 중요성

#### 1) 경력 및 경력개발의 정의 및 관련 개념 간 관련성

경력개발에 대한 논의에 앞서서 경력(career)에 대한 논의부터 하고자 한다. 경력이란 '한 사람이 일생에 걸쳐 가지게 되는 모든 직위(the occupational positions a person holds over the years)를 말한다(Dessler, 2014, p.247). 이러한 개념을 기업에 적용하면 기업에서의 경력은 "개인이 종업원으로 입사하며 퇴사할 때까지의 근무기간 동안에 경험하게 되는 직무 및 직무와 관련된 모든 행동"을 의미한다고 하겠다. 따라서 경력개발(career development)이란 [도표 8-14]에서 보는 바와 같이 종업원이 원하는 경력목표(Career Goal)을 달성할 수 있도록 종업원의 경력경로(Career Path)를 사전에 미리 설정해 주는 경력계획(Career Planning)과 이러한 계획이 효과적으로 실행에 옮겨질 수 있도록 종업원을 지원하고 회사의 욕구에 맞도록 회사가 관리해 주는 것을 경력관리(Career Management)를 포함하고 있다. 다시 말하면, *경력개발은 경력계획을 수립하여 종업원이 자기의 경력경로를 선택하고 종국적으로 경력목표를 달성하도록 유도하는 체계적인 사전 계획활동인 것이다.*

[도표 8-14]는 경력목표, 경력경로, 경력계획, 경력개발의 관련성이 제시되어 있다(학습

**도표 8-14** 경력목표, 경력경로, 경력계획, 경력개발의 관련성

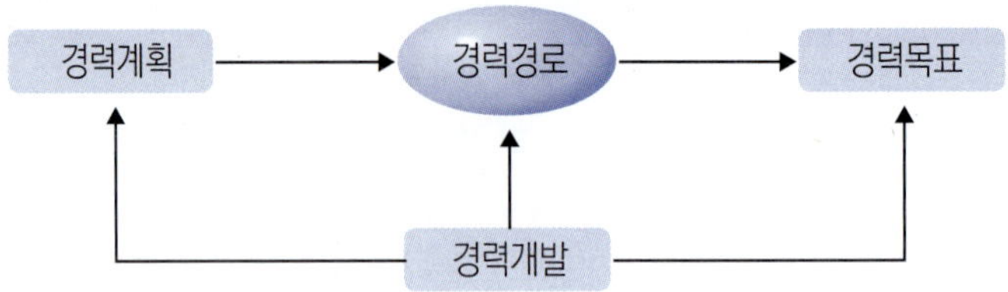


자료원: 박영배(2012). 현대인적자원관리, p.258.

목표 7). 이들 주요 개념들에 대하여 좀 더 살펴보면 다음과 같다(박영배, 2012, p.258).

- 경력목표: 종업원 개개인이 도달하려고 하는 미래의 직위나 전문능력을 의미한다.
- 경력계획: 종업원이 경력목표를 달성하는 데 도움이 되도록 경력경로와 경력개발프로그램을 설계하는 과정을 말한다.
- 경력개발: 종업원이 경력목표를 달성하기 위하여 경력경로를 선정하고 기업이 제공한 경력개발프로그램에 참여하여 경력을 관리하는 모든 활동을 의미한다.
- 경력경로: 개인이 조직에서 여러 종류의 직무를 수행함으로써 경력을 쌓게 될 때 그가 수행할 직무의 배열을 말한다.

여기서 종업원이 나름대로 본인의 희망경력에 따라 경력계획을 수립하고 또 이를 토대로 본인의 경력을 개발한다고 했을 때, 종업원 본인 스스로 할 일과 회사가 할 일이 서로 다

**도표 8-15** 경력개발에서 종업원과 회사가 해야 할 일

| 종업원이 해야 할 일 | 회사가 해야 할 일 |
|---|---|
| • 자신의 능력과 관심사, 그리고 기호와 희망 등을 정확히 인식하고 확인한다.<br>• 개발이 필요한 부분이 어느 분야이며, 어느 정도인지 파악한다.<br>• 자신의 최종 경력목표와 단계과정에 대해 상급관리자와 상담한다.<br>• 최종 경력목표와 단계과정과 거치는 시기를 확정한다 | • 직군별 경력계획의 모델을 제시한다.<br>• 상급자에게 부하 상담에 필요한 정보(회사 내 필요경력과 승진여석 등)를 제공한다<br>• 경력개발을 위한 경험과 실천의 장을 마련하고 경력기회를 제공한다(개인목표의 실현가능성에 따른 정보 제공)<br>• 직군별, 역량별 교육훈련을 확대하고, 경력훈련시설과 기회를 만들어 지원한다. |

자료원: 임창희(2014). 인적자원관리, 3판, pp.177-178과 Dessler(2014). *Fundamentals of Human Resource Management*(3rd Ed.), pp.247-248의 내용을 정리하였음.

르게 요청된다. [도표 8-15]는 종업원과 회사가 해야 할 일을 한 것이다. 한 가지 염두에 둘 것은 종업원의 상사나 회사측은 종업원의 경력에 대한 세심한 안내와 개발에 있어서 중요한 역할을 해야 하지만 종업원 스스로가 선택한 경력개발과정과 경력성공 여부는 본인 스스로가 책임을 져야 한다(Dessler, 2014, p.247).

### 2) 경력개발의 중요성

경력개발의 중요성은 기업 측의 입장과 종업원 측의 입장에서 차이가 난다. 우선 기업 측의 입장으로는 첫째, 경력개발을 통하여 종업원이 성장할 수 있는 경력비전을 제시하여 줌으로써 기업이 필요로 하는 미래인력을 효율적으로 확보할 수 있다는 점이다. 둘째, 종업원들의 경력을 체계적으로 개발시켜 주는 과정에서 회사 측과 종업원 간에 일체감이 조성되어 협동시스템을 용이하게 구축할 수 있게 된다.

종업원 측 입장에서는 첫째, 종업원의 경력개발을 위한 전 과정은 사실상 종업원들에게 '경력사다리'(Career ladder)를 제공하는 것과 다름없다. 이는 종업원들의 성장 욕구를 경력 단계별로 충족시켜 주는 것이다. 둘째, 또 종업원들의 경력을 개발시켜 줌으로써 종업원들이 전문적 능력을 획득할 수 있는 기회를 제공하는 것이며 이는 노동시장에서 개인의 경쟁력을 높여주는 것이다. 이렇게 기업 측이나 종업원 측 모두에게 중요한 경력개발의 문제를 좀 더 체계적으로 관리하여 효과적인 경력관리가 가능하도록 유도할 필요가 있다.

## 4.2 경력개발시스템(Career Development System)

기업의 경력개발시스템은 종업원이 장기적으로 의미있는 직무를 경험할 수 있도록 유도하는 체계적인 틀이다. 이는 [도표 8-16]에서 보는 바와 같이 계획 · 실행 · 통제의 3단계로 구성되어 있으며(박영배, 2012, p.259), 이 경력개발시스템을 통하여 [이론올레길 8-3]에서 소개한 바와 같은 '심리적 계약'의 수준을 올리게 되는 것이다(학습목표 8).

(1) 계획단계: 이 단계에서는 종업원의 경력욕구(희망경력이나 전문능력과 같은 경력목표)와 기업의 경력욕구(비전, 인력수급계획과 같은 경력기회)를 파악하고, 이들 두 욕구가 일치하지 않는 경우에는 조정하는 과정을 거쳐 통합해야 한다. 이러한 통합을 근거로 경력목표와 경력경로가 설계된다. 즉 다음과 같은 경력상담을 통하여 조정과 통합의 시도를 하게 된다.

**이론올레길 8-3** 심리적 계약

회사(고용주)와 종업원은 서로 근로계약을 맺는다. 그러나 이들 상호 간에는 계약서 이외에 "불문계약"(不問契約, unwritten agreement)처럼 서로 암묵적으로 기대하는 바가 있다. 이렇게 양측이 서로 기대하는 상태를 심리학자들은 "심리적 계약"(psychological contract)이라고 부른다. 예를 들면 종업원들은 "회사는 종업원들을 공정하게 처우하며 만족스런 근무조건을 제공할 것"이라고 기대한다. 반면에 회사는 "종업원들이 좋은 근무태도를 보여주고 회사의 지시에 잘 따르며 회사에 충성할 것"으로 기대한다. 이 같은 심리적 계약은 개인의 경력단계와 인생단계를 거치면서 변한다. 그것은 사람의 욕구는 시간에 따라 변하기 때문이다. 마찬가지로 조직이 개인에게 거는 기대도 직무나 역할의 변화에 따라 변하게 된다.

만약 종업원과 회사 측 간에 ① 관계적 성격이 감소하고 거래적 성격이 늘어나거나 ② 종업원들의 사회정서적 측면의 관심이 줄어들거나 ③ 금전적 이득에 더 관심을 둘 경우 상호 간에 심리적 계약위반 상태를 생각해 볼 수 있다. 또한 일반적으로 심리적 계약 위반에 대한 반응은 다음의 다섯 가지로 나타난다. ① 자기 목소리,[10] ② 침묵,[11] ③ 퇴각 행동,[12] ④ 파괴, ⑤ 퇴거가 그것이다.

경력개발시스템은 종업원과 회사 간의 심리적 계약이 장기적으로 준수될 수 있도록 양측의 기대를 분명하고 신뢰할 만하도록 유지시켜 주는 건강한 경력사다리(career ladder)인 것이다. 서로 간에 그 믿음과 기대가 깨어지는 순간 개인이나 조직의 경력욕구는 좌절되고 서로 간에 불만요소로 자리잡게 된다.

자료원: Dessler(2014). *op. cit.*, p.248와 Schein(1978). *Career Dynamics: Matching Individual and Organizational Needs*, Addison Wesley Publishing Company 의 내용을 읽고 정리하였음.

"마침 자네는 공학을 전공했고 SW 개발에 나름 전문성이 있고 또 회사로서도 연구개발직을 전략적으로 육성할 예정이네. 또 SW 개발분야는 회사에서 장기적으로도 해외기술교육을 많이 시켜 주고 임원이 되는 속도도 빠르니 SW 개발전문가로 성장해 보는 것이 어떤지 생각해 보게나." 혹은 "자네가 희망하는 마케팅담당 임원이 되기 위해서는 반드시 중국 현지 경험이 적어도 4년 이상 있어야 하는데 자네는 아이들 교육 때문에 지금 그럴 여건이 못 되지 않는가? 또 마케팅분야는 자리가 거의 없으니 차라리 이번 기회에 지원부서쪽으로 방향전환을 해보는 게 어떨까? 자네 성격이라면 그 분야에서도 능력 발휘를 충분히 잘할 것으로 보이네."

종업원과 기업의 경력욕구가 일치할 경우에는 다음의 실행단계로 넘어가는데 별 문제가

10) 위반에 대한 두려움의 표시로서 계약을 원상태로 돌려 놓으려 함. 또는 공식적인 항의는 낙인, 보복의 위협이 있으므로 교묘하게 영향력을 행사하는 전략이기도 함

11) 교묘한 영향력 행사가 성공적이지 못할 때 나타나는 현상으로서 조직에 어떠한 몰입도 하지 않는다.

12) 매사 책임회피와 수동성이 나타난다.

**도표 8-16** 경력개발시스템

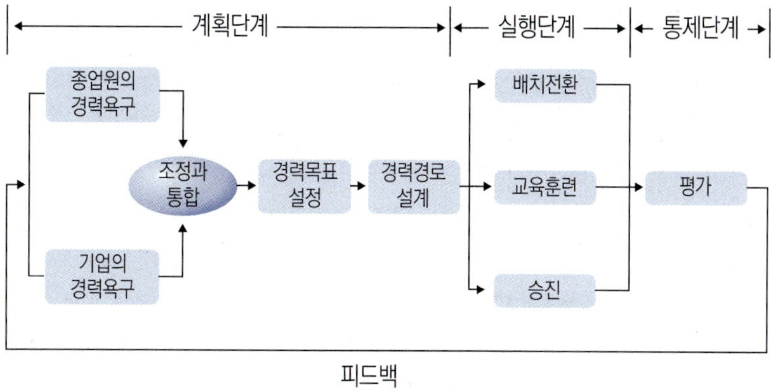


자료원: 박영배(2012). *op. cit.*, p.259 수정인용.

없으나 일치하지 않을 경우에는 종업원은 다음의 세 가지 행동전략을 취함으로써 조정과 통제를 하게 된다. 첫째, 기업에 계속 남아 있으면서 원하는 기회가 오기를 기다리거나 본인이 회사 측과 주도적인 협의를 통하여 본인의 경력욕구와 일치하는 부서업무를 찾아 간다. 둘째, 자기의 경력목표를 다시 평가해 보고 현재의 경력계획을 수정하는 것이 유리한지 불리한지를 평가하고 생각해 본다. 셋째, 자기가 옳다고 믿는 경력목표와 경력계획과 기업이 설계한 경력경로가 서로 부합하지 않는다고 판단하면 이직을 통하여 다른 곳에서 자기 꿈을 펼치게 된다.

(2) 실행단계: 이 단계에서는 배치전환 · 교육훈련 · 승진 등을 통하여 개인이 선택한 경력경로를 밟아서 경력목표에 접근하게 된다. 이 단계에서 만일 종업원이 경력경로상에 있는 직무를 수행할 능력이 있으면 바로 해당 직무로 이동하게 되지만, 그렇지 못한 경우에는 교육훈련을 거쳐 필요한 능력을 갖추도록 한다.

(3) 통제단계: 이 단계에서는 실행단계에서 이루어진 배치전환, 교육훈련, 승진 등에 대한 평가가 이루어진다. 그 평가결과는 다시 계획단계로 피드백되어 계획을 수정하거나 재계획을 수립하는 데 활용함으로써 경력개발시스템의 효율성을 극대화하게 된다(박영배, 2012, p.259).

## 4.3 경력목표

### 1) 개인의 경력욕구와 경력 닻: 정태적 접근

회사 안에서 어떤 분야에서 성공하고 싶은가? 종업원은 기업이라고 하는 조직 안에서 희망하는 경력목표를 갖게 되면 그 사람은 그 방향으로 항상 동기가 부여되며 그것과 관련된 일에 주로 관심을 갖고 그 주변을 맴돌면서 젊음을 보내게 된다. 마치 배 한 척이 어느 항구에 다다르면 닻을 내리고 거기에 정박하여 그 닻에서 멀리 떨어질 수 없는 것과 비슷하다(임창희, 2014, p. 179). 이렇게 풍랑 앞의 항구에서 배가 흔들리지 않게 고정시키는 닻이 배 안에 있는 것처럼 조직생활의 항해 속에서도 흔들리지 않게 중심을 잡아주는 것이 경력의 닻이다. 이렇게 개인을 배에, 경력목표를 항구에 최초로 비유한 학자는 샤인(E. H. Schein)이다.

그는 1978년에 수백 명의 MIT 경영대학원 졸업생을 대상으로 한 지난 10년 동안의 종단적 연구(Longitudinal study)에서 경영자의 경력개발을 위해서 경력 닻 모델(Career Anchor Model)을 소개하였으며 이 연구에서 5개 유형의 경력 닻이 있다고 제시하였다. 그에 따르면 경력 닻이란 개인이 경력을 선택하고 발전하도록 영향을 주는 욕구나 충동의 조합을 말한다. 다시 말하면 ① 개인이 지닌 재능, 기술 또는 역량 그리고 ② 개인의 동기나 욕구 내지는 삶의 목표 또 ③ 가치관을 포함하는 자아개념(Self-concept)을 일컫는다. 사람들은 흔히 이 가운데서 한두 개를 택하게 된다고 하였다. 그의 이론에 따르면 종업원의 경력개발을 위해서는 무엇보다도 개인의 경력 닻을 우선적으로 파악하는 것이 중요하며, 그에 적합한 경력계획을 세워야 한다고 강조하였다(Schein, 1978).[13]

(1) 관리자 닻(관리능력): 이 닻을 내리는 사람은 최고의 리더십을 갖추고 경영자의 위치에 오르는 것을 경력목표로 한다. 이 경로를 선호하는 사람들은 특정 전문분야에서 성공하기보다는 조직 내에서 상사들로부터 두루 인정을 받아 상위직급 또는 관리직으로 승진하는 데 관심이 많다. 따라서 이들은 관리적 행동을 선호하거나 관리능력에서 인정을 받고자 한다. 이에 해당하는 관리능력으로는 타인에게 영향력을 행사하고 그들을 감독 · 조정 · 통제하는 '대인관계능력', 불확실하고 불완전한 정보를 가지고 문제를 인식하고 해결하는 '분석

13) 샤인(Schein)이 1978년에 쓴 'Career Dynamics'에는 다섯 가지 유형의 경력 닻을 제시하였지만 1980년 이후의 연구에서는 3가지 개념 즉, 서비스 혹은 봉사(service or dedication to a cause), 순수한 도전(pure challenge), 라이프 스타일(life style)의 세 차원이 더 추가되었다(Schein, 1996). 또 그의 2008년 연구에서는 기업가적 창의성(entrepreneurial creativity)을 기업가 정신(entrepreneurship)과 창의성(creativity)으로 구분하여 총 9개의 차원을 제시하였다(Danziger, Rachman-Moore and Valency, 2008).

능력', 감정적인 위기상황이나 혼돈상황 속에서도 흔들림 없이 침착하게 상황에 대처하는 '감정조절능력' 등이 포함된다. 이들은 회사 내에서 여러 분야의 경험을 쌓기를 원하며 빠른 승진을 목표로 하는 경향이 있고 이들이 선호하는 보상형태는 승진 혹은 어떤 형태로든지 그들의 능력 및 성과를 인정받는 것이다.

(2) 전문가 닻(기술적 · 기능적 능력): 이 닻을 내리는 사람들은 주로 기술직 또는 기능직 전문가가 갖게 되는 경력욕구를 강하게 가지고 있다. 이들은 기술 및 기능적 역량을 갖추기 위해 해당 분야의 전문지식을 획득하는 일에 심혈을 기울인다. 단순반복적인 일은 싫어하는 반면에 일의 처음부터 끝까지 능숙하게 처리하고자 하는 즉, 일의 내용에 대한 정체감(task identity)을 중요하게 생각한다. 또 해당 분야의 신기술이나 신지식의 연구개발에 몰입하기를 원하는 성향이 강하다. 예를 들어 생명공학분야의 전문가, 정보보호권위자, 국가 간 협상전문가 등이 이들의 경력목표가 되며 그 어떤 보상보다 해당 전문분야의 동료들로부터 인정을 받는 것을 중요한 보상이라 생각한다. 또 이들의 기술이나 지식이 필요하지 않은 부서에서 승진하기보다는 차라리 이들의 연구능력을 인정해 주는 조직으로 쉽게 떠날 수 있다.

(3) 조직인 닻(안정성): 이 닻을 내리는 사람들은 무엇보다도 특정 조직 안에서의 안정을 가장 중요하게 생각한다. 이들은 기술적인 전문가가 되든지, 관리역량을 배양하여 경영진으로 성장하든지 상관없이 한 번 입사한 그 조직에 충성을 다하고 그 회사에서 뿌리내리기를 원한다. 또 이들은 조직의 가치와 규칙에 쉽게 적응하며 잦은 출장이나 직무의 순환배치를 싫어한다. 연구를 하더라도 새롭고 다양한 프로젝트를 진행하기보다는 하나의 프로젝트를 지속적으로 오래 가져가는 것을 선호한다.

(4) 기업가 닻(기업가적 창의성): 이 닻을 내리는 사람들은 어떤 조직이나 누군가에 의존하지 않고 무언가 새로운 것을 만들어 내고자 하는 욕구가 강하다. 흔히 예술가, 발명가, 소설가 등의 사람들이 선호하는 경력 닻이다. 이들은 자신의 연구경험을 바탕으로 창업을 통한 사업화의 길을 모색한다. 또 이들은 하나의 프로젝트가 장기간 지속되면 싫증을 느끼기 때문에 프로젝트에서 다른 프로젝트를 동시에 추구하거나 다른 프로젝트로 이동하는 것을 선호한다. 이들은 확실하고 완성된 것을 관리하기보다는 불확실한 새로운 일에 도전하는 것을 선호한다.

(5) 자유인 닻(자율성과 독립성): 이 닻을 내리는 사람은 조직에 제약되어 일하기보다는 최대한의 자유가 보장되는 자유직업인으로 성장하고자 한다. 이들은 스스로 작업일정을 계획하고 작업속도도 조절하기를 원한다. 때로는 더 많은 자유를 위하여 승진기회를 기꺼이 포기하기도 하고 자기 일만 있으면 전 세계 어디라도 가서 일할 수 있는 자유로운 영혼이다.

이러한 예로서 프리랜서, 컨설턴트, 컴퓨터프로그래머, 전문여행가 등이 해당된다.

- 샤인의 경력 닻 모델의 의의: 그가 제시한 다섯 가지 차원의 경력 닻 모델은 조직의 직무와 개인의 적성이 맞는지 판단하는 데 매우 유용한 개념이다. 또, 그의 모델은 개인욕구와 조직욕구의 조화를 위한 기초를 제공한다는 점에서 현실적 가치가 있다. 뿐만 아니라 개인은 경력 닻을 중심으로 자신에게 맞는 일이 무엇인지 파악하여 조직에게 이를 전달하는 것이 필요하다. 한편 조직은 개인의 자기개발을 장려하고 경력경로의 설정에 융통성을 주어 경력 닻을 기초로 적재적소를 실현함으로써 개인의 자아실현과 능력 발휘를 통한 조직경쟁력의 극대화를 기할 수 있게 된다.

### 2) 개인의 경력단계: 동태적 접근

앞서서 샤인이 인간의 경력 닻을 정태적으로 유형화하였다면 홀(Hall)은 인간이 나이가 들어 성장하고 쇠퇴하기까지를 탐색단계(Exploration), 정착단계(Establishment), 유지단계(Maintenance), 쇠퇴단계(Decline)의 4단계로 구분하는 동태적 접근을 시도한다(도표 8-17 참조). 또 그는 각 단계마다 경험하게 되는 경력욕구를 경력단계별로 규명하고 있는데 탐색단계에서는 정체성(Identity)을, 정착단계에서는 친교성(Intimacy)을, 유지단계에서는 생산성(Generativity)을, 쇠퇴단계에서는 통합성(Integrity)의 경력욕구가 중요하다고 하였다(Naoum, 2001).

**도표 8-17** Hall의 개인의 경력단계와 단계별 경력욕구

자료원: Naoum, S.(2001). *People and Organizational Management in Construction*, Thomas Telford Publishing, p.243.

(1) 탐색단계: 이 단계에서 개인들은 스스로의 정체성을 찾기 위한 노력을 한다. 본인 스스로의 성격을 이해하려 하고 경력 가운데서 여러 역할을 시도해 본다. 이 단계에서 종업원들은 그의 경력에 있어서 상대적으로 불안하다. 자기에게 맞는 직업을 찾느라 직업을 자주 바꾸기 때문에 생산적이지도 못하다(정체성의 경력욕구).

(2) 정착단계: 이 단계에서 종업원들은 특정 직무에 정착하면서 그 직무에서 안정을 추구하려 한다. 동료들과 좋은 관계를 유지하기 위하여 그들과 상호작용을 한다. 따라서 조직에 대한 소속감과 동료들에 대한 친교성 혹은 친밀감을 경험하게 된다. 종업원의 생산성은 이 단계에서 증가하기 시작한다(친교성의 경력욕구).

(3) 유지단계: 이 단계에서는 종업원은 생산적으로 활동하려 하고 그 결과 생산성이 최고조에 이른다. 또 항상 의미있는 무언가를 창출하려고 애쓴다. 또 그 사람은 다음 세대를 위해 무언가를 기여해야 할 필요를 느낀다. 그래서 부하들의 멘토 역할을 함으로써 타인을 지도하고 개발하는 역할을 하기도 한다. 한편 이 단계에서는 중년의 위기(Mid-career crisis)가 나타난다. 개인은 노력 여하에 따라 이 위기를 극복하고 다시 성장할 수도 있고 여기서 쇠락의 길로 접어들 수도 있다(생산성의 경력욕구).

(4) 쇠퇴단계: 이 단계에서는 개인은 육체적으로나 정신적으로 능력이 쇠하여 한 개인의 목표의식과 경력욕구는 떨어진다. 그 결과 한 개인의 생산성은 쇠퇴하기 시작한다. 이 단계에서 개인들은 자신이 걸어온 인생과 경력을 뒤돌아보며 의미를 부여한다. 또 인생 전반을 정리하고 그의 삶에서 옳은 결정을 했다고 스스로를 확신시키려 한다(통합성의 경력욕구).

- 홀(Hall)의 경력단계모델의 의의: 홀의 경력단계모델의 의의는 기본적으로 나이가 들어감에 따라 개인의 경력단계가 구분되어질 수 있고 또 경력단계별로 경력의 욕구가 달라진다는 사실을 개념화하였다. 경력상담을 함에 있어서 개인은 어느 경력단계에 와 있고 현재 종업원의 경력욕구가 그 단계에서 지배적인 경력의 욕구와 적합관계를 이루는지를 판단할 수 있게 된다. 또 앞서 샤인의 경력 닻 모형과 함께 연결하여 생각해 보면 개인은 어떤 경력단계에 와 있고 그 경력단계에서 어떤 경력 닻을 내리고 있으며 그 경력 닻과 그 단계의 경력욕구가 과연 조화를 이루고 있는지 아니면 어떻게 하면 조화를 이룰 수 있는지 경력에 대한 코칭과 멘토링이 가능해진다(학습목표 9).

## 4.4 경력경로의 설계

기업에서 개인 및 조직의 경력욕구가 적절히 조정되고 통합되면 경력경로를 설계하게 된다. 앞서 살펴본 바대로 경력경로란 개인의 경력목표를 달성하기 위해 여러 종류의 직무를 수행함으로써 경력을 쌓게 될 때 수행하게 될 직무들의 배열을 의미한다. 경력경로를 설계한다는 것은 경력경로의 형태를 어떤 모습을 가져갈 것인가를 결정하는 것이다.

### 1) 경력경로의 형태

일반적으로 기업의 경력경로는 전통적 경력경로와 네트워크 경력경로 그리고 이중 경력경로로 크게 구별된다.

(1) 전통적 경력경로(TCP: Traditional Career Path): 전통적 경력경로는 종업원 개인이 경험하는 조직 내 직무들을 수직적으로 배열하는 경우이다. 예를 들면, 직무분석–임금산정–인사평가–인력계획–인사팀 대리–인사팀 과장–인사팀 팀장–인사팀 상무–인사팀 전무(CHO)처럼 특정 분야의 전문성이 축적되는 구조이다. 이 경력경로의 구조는 개인이 하나의 직무를 수행한 다음에 같은 수준의 유사한 직무가 아닌 더 높은 등급의 다른 직무를 수행하게 하는 구조이다.

전통적 경력경로의 장점은 첫째, 그 분야에서의 오랜 직무경험으로 인하여 해당 직무분야에서 전문성을 축적할 수 있다는 점이다. 둘째, 수직적으로 배열된 직무경험을 하기 때문에 개인들은 자신이 걸어가야 하는 미래경력에 대한 높은 예측가능성을 가지고 대비를 할 수 있다는 점이다. 이에 반하여 단점도 있다. 첫째, 중간계층이 너무 많아 조직 전체가 비대해지고 의사결정의 속도가 느려 환경변화에 적응을 못하게 되는 관료제의 폐해를 경험할 수 있다. 둘째, 고위직에 올라가도 자기 전문분야만 알기 때문에 전체적인 관리능력이 부족해지기 쉬운 단점이 있다.

(2) 네트워크 경력경로(NCP: Network Career Path): 네트워크 경력경로는 개인이 경험하게 되는 직무들을 수직적 뿐만 아니라 수평적으로도 배열하는 경우이다. 즉 해당 직급 내 여러 직무를 개인이 수행한 후 상위직급으로 이동하는 경우이다. 예를 들어 대리 1~2년차에 회계 및 재무관리 분야의 업무를 수행하다가 3년차에 인사팀에서 선발채용업무를 맡다가 대리 4년차에 영업분야의 일을 맡는 경우에 해당한다.

네트워크 경력경로의 장점은 종업원이 직급별로 다양한 직무를 경험하게 하도록 함으로써 인력배치의 유연성을 가져올 수는 있지만 해당 직무에서의 체류기간이 수직적 경로에서보다 짧고 여러 상이한 직무를 수행하기 때문에 직무의 전문성을 기대하기는 쉽지 않다.

(3) 이중 경력경로(DCP: Dual-ladder Career Path): 이중 경력경로는 앞서의 두 경력경로처럼 일반적인 경력경로는 아니지만 연구개발이나 기술직과 같은 전문직에서 해당 직종 안에

서 연구관리직이나 기술관리직으로 성장하고자 하는 경력경로로서 최근에 나타나고 있는 형태이다. 즉, 연구개발직 혹은 기술직으로 입사한 종업원은 연구개발직이나 기술직으로 성장하다가 연구개발의 직무가 본인에게 맞지 않다는 사실을 깨닫고 관리직으로의 경력경로에 대한 이동을 생각하게 된다. 그렇다고 해서 출발이 전혀 다른 직종에서의 관리직으로 가서 그 분야에서 경력경쟁을 한다는 것도 승산이 없다. 이럴 경우를 위해서 기업들은 연구관리직 혹은 기술관리직으로의 성장을 위한 경력경로를 마련하고 있는 것이 최근의 추세이다. 즉 이중 경력경로는 연구개발직 / 기술직으로 성장하다가 한계를 느끼는 어느 시점에 가서는 연구 / 기술관리직으로 전환하여 성장할 수 있는 경력경로를 말한다(학습목표 10).

## 2) 경력경로의 실제 사례

[현장올레길 8-10]은 인천공항공사의 경력경로 관련 내부자료를 이론을 설명하기 위해 수정한 것이다. (a)는 전통적 경력경로를 나타낸다. 특히 특수직 성장(Specialist Track)의 경우 입사부터 시작해서 팀장에 이르기까지 한 직무에서 수직적으로 성장하는 '완전한 의미'의 전통적 경력경로이다. 더불어 탐색기에서 특정 직무에서 수직적인 경력경로를 택한 (a)′

**현장올레길 8-10** 인천국제공항공사의 경력경로의 형태

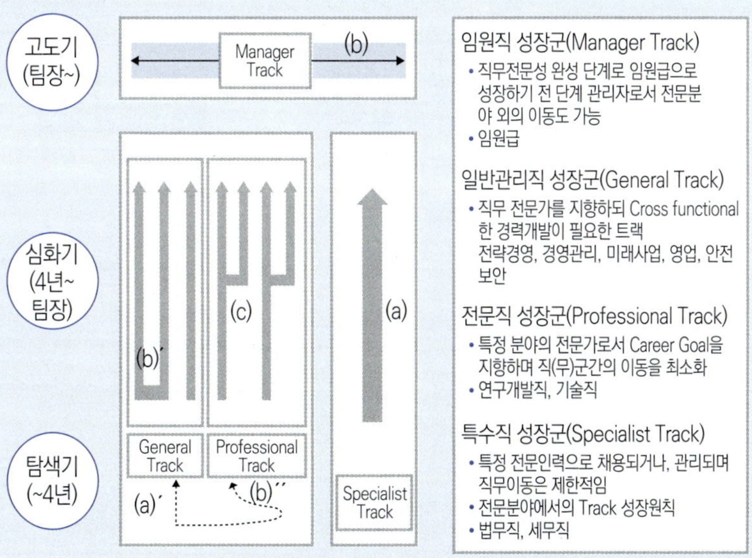


자료원: 인천국제공항공사 인적자원개발 내부자료(2015) 수정인용.

도 넓게 보면 전통적 의미의 경력경로이다. 한편 고도기 단계의 팀장들을 대상으로 하는 임원직 성장군(Manager Track)인 (b)는 임원급으로 성장하기 전 단계의 관리자로서 전문분야 이외의 이동도 가능한 완전한 형태의 '네트워크 경력경로'이다. 그러나 일반관리직 성장군(General Track) 안에서도 직군 범위를 크게 벗어나지는 않지만 서로 다른 직무를 수행할 수 있게 수평적으로 경력이동을 가능하게 한 (b)'나 탐색기 동안에 어떤 직군이나 직종에도 소속되지 않고 직무를 넘나들며 성장하는 경력경로를 택한 (b)"의 경우도 넓게 보면 네트워크 경력경로이다. 한편 (c)는 연구개발 / 기술직과 같은 전문직 성장군(Professional Track)에서 수직적인 성장을 하다가 전문관리직으로도 성장할 수도 있도록 이중 경력경로를 마련한 것이다.

한편 [현장올레길 8-11]은 경력경로의 유형을 토대로 경영혁신 전문가가 경력목표인 경우 거쳐야 할 세부적인 직무를 경력단계별로 제시한 한국남동발전㈜의 사례이다. 한국남동발전 종업원 가운데 경영혁신 전문가가 되려고 하면 탐색기에서 발전운전, 공정혁신(PI: Process Innovation), 경영혁신, 발전설비정비 관련 직무를 경험해야 되고 4.5에서 배울 배치전환도 이 가운데서 해야 한다. 승진을 하여 성장기로 수직 이동하였을 경우, 바로 기획업

**현장올레길 8-11** 한국남동발전㈜의 경력경로와 역량경로

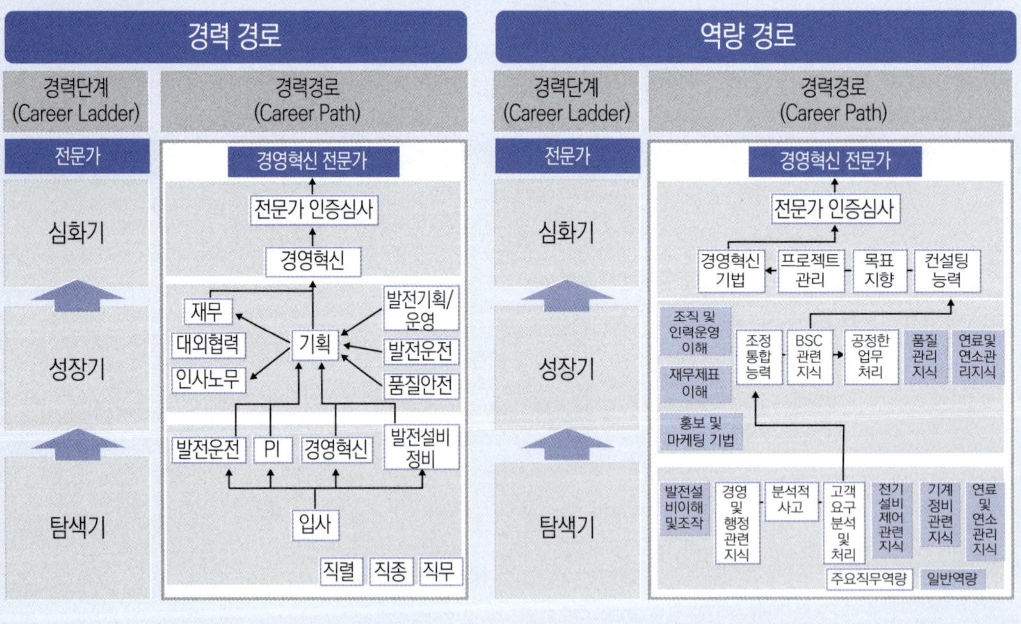


자료원: 한국남동발전㈜ 인적자원개발 관련 내부자료(2015).

무를 맡을 수 있고 아니면 발전기획 / 운영, 발전운전, 품질안전을 경험하고 기획업무를 맡을 수도 있다. 또 기획업무를 경험한 종업원은 재무, 대외협력, 인사노무업무를 맡을 수도 있다. 이러한 직무경험을 한 다음 심화기 단계로 승진을 하여서는 경영혁신업무를 반드시 경험한 뒤 경영혁신 전문가가 되기 위해서는 전문가 인증심사를 반드시 받도록 체계화 되어 있다.

[현장올레길 8-11]에서는 경영혁신 전문가가 되기 위한 세부 경력경로와 함께 이때 경험 가능한 직무를 확정하고 있다. 또 이들 직무를 수행하는 과정에서 요구되는 역량은 무엇이며 직무이동 과정에서 동시에 요구되는 역량이동의 과정은 어떻게 전개되어야 하는지 그로드맵(Roadmap)을 제시하고 있다. 예를 들어 탐색기에서는 주요(필수)역량으로 경영 및 행정 관련 지식, 분석적 사고 그리고 고객요구 분석 및 처리 역량에 대한 개발이 필수적으로 요구된다. 또한 성장기에서는 조정 / 통합능력, BSC 관련 지식, 공정한 업무처리가 필수 요구역량이다. 심화기에서는 컨설팅능력, 목표지향, 프로젝트 관리 그리고 경영혁신 기법 등의 역량개발이 필수적으로 요구된다. 이상의 역량을 체득한 뒤에서야 비로소 전문가 인증심사를 통과한 뒤 경영혁신 전문가가 될 수 있다.

## 4.5 배치전환

배치전환(Transfer)은 종업원이 한 직무에서 다른 직무로 수평 이동을 하는 것을 말한다. 흔히 기업에서는 '전배'(전환배치)라고 줄여서 얘기한다. 직무의 수평적 이동은 새로운 직무가 권한 · 책임 · 보상 측면에서 현재 직무와 별다른 차이가 없다. 이러한 배치전환은 종업원의 입장에서는 경력경로를 따라 다양한 직무를 경험할 필요성에 의해서, 그리고 기업의 입장에서는 특정 직무에 대한 인력수요와 종업원의 전문능력을 배양할 목적에서 이루어진다(박영배, 2012, p.270).

그러나 배치전환이 반드시 종업원의 경략개발의 목적을 위해서만이 이루어지는 것은 아니다. 예를 들면 배치전환은 주거지역, 배우자의 직장 위치, 자녀교육 혹은 종업원의 직무적성 등 종업원의 개인 사정을 감안하여 배려의 차원에서 이루어지기도 한다. 필자가 박사학위를 끝내고 SK Telecom 전략기획실에서 선임연구원으로 근무하던 시절, 주로 한 일이 요금정책팀에서 한 통화당 원가분석을 하고 통화요금 정책을 개발하는 일이었다. 그러나 이 직무는 전공도 맞지 않았을 뿐만 아니라 필자의 관심을 끌지 못하였다. 직무적합도가 떨어지고 '적재적소'에 배치가 되지 않았음을 지속적으로 팀장과 회사측에 알린 결과 필자는 같은 전략기획실의 전략기획팀으로 이동하여 회사의 중장기 전략을 수립하고 조직문화를 개발하는 일을 맡게 되었다. 이 일들은 너무 재미있어서 신나게 일할 수 있었고 나중에는 경영혁신 업무까지 도맡게 되었다. 이 같은 이동을 하는 과정에서 선임연구원으로서의 권한, 책임, 보상의 수준이 달라진 것은 전혀 없었다. 경력개발의 일환으로 전개되는 배치전

**이론올레길 8-4** 왜 종업원들을 이동시켜야 하나 … 더 깊은 이유들 …

왜 종업원들을 이동시켜야 하나? 적재적소가 실현되고 있다면 이동은 불필요할 것처럼 보인다. 그럼에도 불구하고 기업현장에서는 여러 가지 다양한 이유로 이동이 진행되고 있다. 실제로 금융기관이나 공무원 조직의 경우 부정(不正)의 조짐 발견이 이동목적의 일부로 되어 있는 경우도 있지만 대부분의 기업에 공통된 목적도 있다.

① 지나칠 정도로 전문화(專門化)되는 것을 억제하는 것이다. 전문화는 장점과 동시에 단점을 가지고 있다. 지나치게 전문화가 진행되면 부문 간의 소통이 어렵게 되거나 직무전환이 어렵게 되어 기술이나 환경변화를 따라갈 수 없게 되는 수도 있다. 또 개인의 승진경로도 제약되고 만다. 따라서 사람들에게 승진이라는 인센티브를 부여하는 것이 어렵게 된다.

② 네트워크 재산의 축적이라는 효과이다. 사람들이 배치전환되어 직무를 바꿈으로써 여러 가지 인적 유대가 형성된다. 이렇게 형성된 인적 네트워크는 공식적인 정보전달 경로를 보완하는 중요한 역할을 하는 경우도 있다. 정보 가운데는 흐르지 않는 혹은 흐르기 어려운 정보도 있다. 이 경우 그 정보 주변의 인물과 네트워크 관계가 설정되어 있다면 훨씬 정보나 상황이해나 판단이 빠르고 효율적일 것이다. 예를 들어 서로 다른 부서에서 일하고 있는 입사 동기들은 훌륭한 네트워크 재산이다. 이들 간에 비공식적으로 서로 연락을 취하여 회사의 공식적인 정책의 이면이나 숨은 얘기들을 들으면서 정보해석이나 상황판단의 범위를 넓힌다. 마찬가지로 전환배치를 통하여 만나고 경험하게 되는 새로운 동료들은 훌륭한 네트워크 재산이 되는 것이다.

③ 적성의 발견이라는 목적이다. 본인 스스로도 인사담당자들도 사람의 능력과 적성을 완전히 알고 있는 것은 아니다. 이동을 통해서 사람의 능력의 발견, 적성의 발견이 진행된다.

④ 인센티브 효과이다. 이동이 승진을 동반할 경우에는 이 효과는 분명해진다. 그러나 승진이 아니더라도 누구나가 주목하는 기획조정실 및 비서실과 같은 요직(要職)으로 이동시키는 것도 중요한 인센티브 효과를 갖는 수가 있다.

⑤ 인력배치의 고정화를 방지한다는 목적이다. 고정화되면 전문화는 진척되겠지만 그만큼 타성도 생긴다. 타성이 쌓인 전문화 집단이 형성되면 그 내부에서는 전문적인 지식이 우선되어 때로는 상식이 통하지 않게 된다. 또 지나치게 전문화되어 있어 알아차리기 힘든 문제도 생긴다. 이러한 폐해를 막기 위하여 전문화 집단을 외부와 접촉하게 하는 것이 필요하다. 프로젝트팀을 편성하여 배치의 변경을 시도하는 것이나 횡단적인 인사이동으로 초심자를 참여시킴으로써 과도한 고정화를 방지할 수 있다.

자료원: 한형일 역(1991). 日本企業의 經營原理(원저자:伊丹敬之와 加護野忠男, 1990), 비봉출판사, pp.367-368.

환에는 다음의 몇 가지 원칙이 있다(박영배, 2012, p.270)(학습목표 11).

(1) 적합성의 원칙: 배치전환은 종업원의 능력과 직무 그리고 시간의 세 차원이 적합관계를 이루어진 상태에서 진행되어야 한다. 이것은 적재(right people) 적소(right place) 적시(right time)의 원칙을 일컫는 말로서 적절한 자격요건을 갖춘 사람을, 그에 알맞은 직무를 찾아서, 적절한 시기에 배치하여야만 경력개발의 효과가 나타난다는 것을 의미한다.

(2) 인재육성의 원칙: 배치전환은 종업원의 능력을 배양하고 육성할 수도 있어야 한다는 점이다. 종업원의 새로운 지식과 기술을 교육훈련을 통해 직접 습득할 뿐만 아니라 새로운 직무를 수행하는 과정에서 자연스럽게 학습할 수도 있어야 한다. 따라서 배치전환은 새로운 직무에 대한 학습을 통하여 개인의 능력범위를 확장하고 심화시키는 인재육성의 의미가 있어야 한다는 점이다. 그런데 이 원칙은 적재적소를 강조하는 적합성의 원칙과 모순되는 경우도 있다. 즉 야구팀의 경우 금년의 우승을 생각한다면 훈련을 하지 않고도 바로 좋은 성적을 낼 수 있는 베테랑을 투입 해도 되지만 장기적인 전력의 충실화를 생각한다면 신인에게 실전경험을 쌓게 하는 편이 좋을 수도 있다(한형일 역, 1991). 그렇게 보면 적재적소의 배치는 단기적인 일의 효율을 결정하는 원칙이며 그리고 인재육성의 문제는 장기적인 효과를 고민할 때 해당되는 원칙이라 하겠다.

(3) 균형의 원칙: 배치전환은 또한 종업원의 능력과 기업의 직무요구 사이에 적합관계를 유지하면서 그 효과를 극대화하는 방식으로 이루어져야 한다. 아무리 능력이 출중해도 그 능력이 직무가 요구하는 능력이 아니라면 종업원은 심각한 좌절감에 빠지고 그 직무를 통하여 개인은 성장욕구를 발현할 수 없게 된다. 따라서 종업원의 능력을 발휘할 수 있는 배치전환을 통하여 개인의 능력과 직무요구 사이에 균형을 유지할 필요가 있는 것이다.

## 4.6 교육훈련

종업원이 경력경로에 따라 이동을 하는 과정에서 새로운 직무에 배치전환을 하게 된다. 또 그 새로운 직무에 적응하기 위해서는 그 직무가 요구하는 직무역량에 대한 교육훈련체계가 뒷받침되어야 한다. 이러한 교육훈련체계가 뒷받침될 때 개인의 경쟁력 개발 및 고용가능성은 제고되고 사내 · 외 고객에 대한 서비스 나아가서 기업 자체의 경쟁력 강화도 가능해진다.

특히 [현장올레길 8-12]는 한국남동발전㈜ 6개 직렬 가운데 발전설비정비 직종에서 51개 직무 가운데 하나인 터빈제어 설비직무를 맡을 경우 어떤 교육과정의 로드맵을 이수해야 하는지를 보여주고 있다. 즉 터빈제어 설비직무를 맡은 이상 기초과정, 중급과정, 고급과정

**현장올레길 8-12 한국남동발전㈜의 역량개발 로드맵을 지원하는 교육과정**

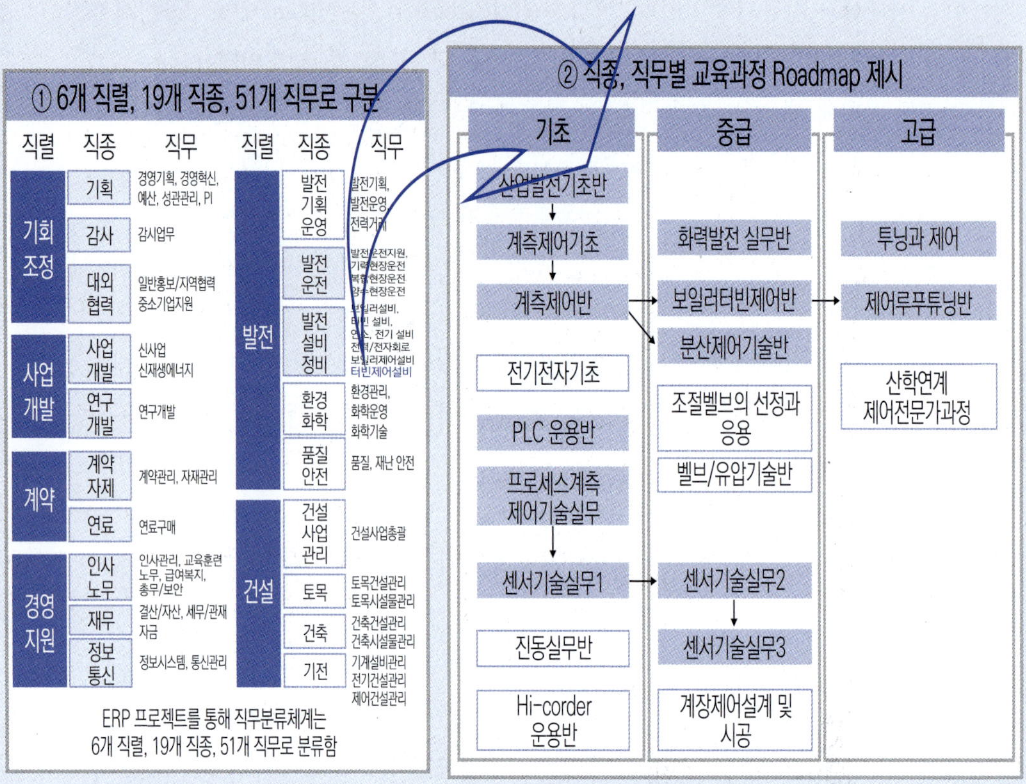


자료원: 한국남동발전㈜ 인적자원개발 내부자료(2015).

에서 필수과목으로 이수해야 하는 과목들을 음영처리하고 있다. 예를 들면 기초과정에서는 신입발전기초반, 계측제어기초, 계측제어반, PLC운용반, 프로세스 계측제어 기술실무, 센서기술실무1을 반드시 이수해야 한다.

## 4.7 승진(Promotion)

### 1) 승진의 의의

승진은 종업원이 경력경로상에서 수직으로 이동하는 것을 의미한다. 이것은 배치전환과는 달리 직무이동 후에 이전에 비해 직무에 관한 권한 · 책임 · 보상이 증대한다. 참고로 [고

**고전올레길 8-2** **조선의 고소득 전문직 여성 '궁녀' … 입궁 후 제조상궁 되기까지**

궁녀는 크게 '상궁 · 나인 · 애기나인'으로 구분된다. 보통 6~7세에 입궁해 18세 정도가 되면 관례를 치르고 정식 궁녀(나인)가 되었다. 나인이 된 뒤에는 15년이 지나야 상궁이 되었으며, 같은 정5품의 상궁도 소속 부서의 격에 따라 지위가 달랐다. 궁녀의 최고 수장인 제조상궁은 단 1명이 임명되었는데 남자 양반의 정2품 관료 녹봉에 해당하는 높은 월급을 받았다. 제조상궁은 드라마나 영화에서 왕 옆에서 허리를 숙이고 있는 제조상궁은 별 힘이 없어 보인다. 하지만 이들은 실제로 상당한 권력을 갖기도 했다. 재상들은 왕의 의중을 알기 위해 제조상궁에게 청탁을 하기도 했다.

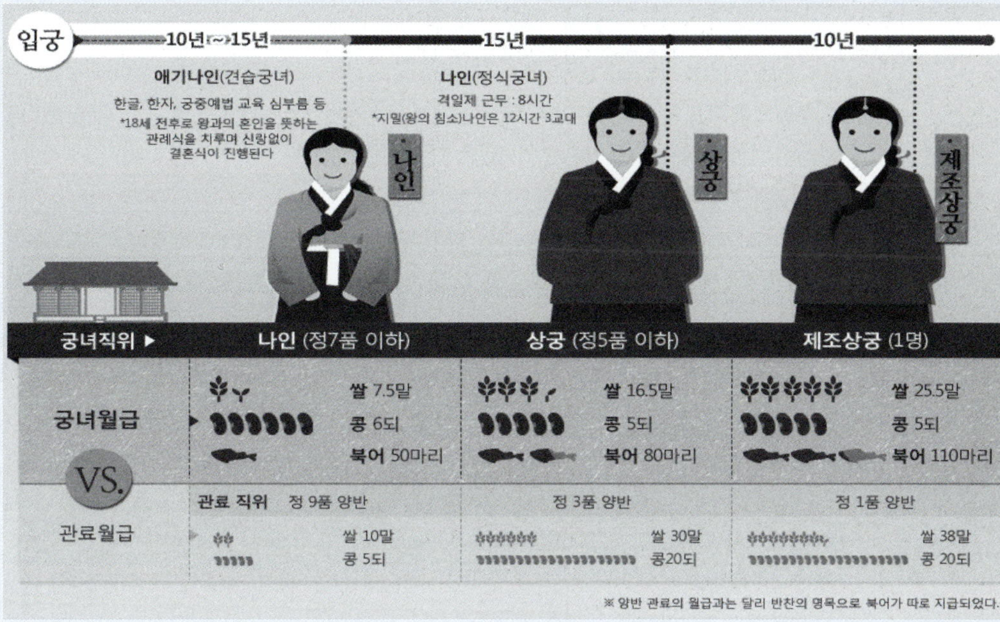


자료원: 조선일보, 2015.5.30.

전올레길 8-2]와 같이 조선의 궁녀가 입궁하여 제조상궁으로 승진하기까지 권한 · 책임 · 보상이 어떻게 증가하는지를 보여주고 있다.

승진 또한 개인과 기업 차원에서 시사하는 바가 차이가 난다. 우선 개인 차원으로는 승진은 권한과 책임이 증가한 직무를 수행하는 것만으로 생각하지 않는다. 승진은 직장에서 직위가 높아지는 것뿐 아니라 사회적 지위상승이라는 보다 중요한 의미가 있다. 종업원들은 이를 통해 자신의 존재를 확인하고 가장 고차원적인 자아실현욕구를 충족하게 된다. 기업의 입장에서도 승진이라는 과정을 통해 핵심인력을 양성하게 되고 이들의 능력과 태도 여하에 따라 기업의 성패가 달려 있기 때문에 승진에 대해 신중을 기하지 않으면 안 된다(박영배, 2012, p.271). 비록 '일시적인' 지위상승일지라도 직원들에게 돌아가면서 일주일 동안

**현장올레길 8-13** 돌아가며 '1주일 부장 · 국장'… 중국 지방당 실험 효과 만점

중국 남부 윈난(雲南)성 취징(曲靖)시 뤄핑(羅平)현 공산당 당위원회의 교육 등 7개 부서에는 '일주일 부장제' '일주일 국장제'란 이색 제도가 시행되고 있다. 부서 규모에 따라 중간 간부 이상 또는 모든 직원이 돌아가면서 일주일 동안 총책임자 역할을 맡는 것이다. 이 제도가 도입된 이후 직원들의 책임감과 조직의 업무 효율성이 높아지자 중앙정부도 큰 관심을 보이고 있다. 매우 흥미로운 실험이기 때문이다.

시작은 당위원회 간부 두 사람의 농담에서 비롯됐다. 올해 5월 말 천보(陳波) 뤄핑현(縣) 당 조직부장과 쉬훙량(許洪亮) 조직부 인사과장이 교외로 출장을 나갔다. 두 사람은 돌아오는 차 안에서 각 부문의 지도력 부재로 조직에 활력이 떨어지고 있다는 얘기를 나눴다. 이때 돌연 천 부장이 웃으며 "그렇다면 우리 부서 친구들부터 돌아가면서 지도자를 시켜보면 어떨까. 한 사람이 일정 기간 부장을 해 보는 거야. 모두 간부가 돼서 지혜를 모을 수 있으니 일이 한층 더 잘되지 않을까"라고 제안했다. 농담 같던 얘기는 즉각 현실이 됐다. 천 부장은 다음날 출근하자마자 전체 회의를 소집한 뒤 이 안건을 토론에 부쳤다. 그 결과 실행 방안이 마련됐다. 결론은 '일주일 부장제'였다. 전 간부가 돌아가면서 일주일간 조직부장 일을 맡아 보자는 얘기다. 우선 한 달만 실험적으로 시행해 보기로 했다. 실험기간이 끝나갈 즈음 '일주일 부장제'는 큰 파문을 일으켰다. 저마다 '일주일 천하'를 적극 활용해 창의(創意) 넘치는 구상을 내고 이것이 정책으로 실현되도록 노력했기 때문이다. 평가가 좋게 나오자 뤄핑현 당위원회는 7월 15일 전체 회의를 열어 '일주일 부장제'를 '일주일 국장제'로 확대해 현(縣) 정부 내 교육 · 건설 · 교통국 등 7개 부서에 확대 실시한다"고 결정했다. 부서원 총수가 25명을 넘어설 경우 중간 간부 이상만, 25명에 미달할 경우 전 직원이 '일주일 국장'이 될 수 있도록 결정했다. 말단 직원이라도 일주일 간은 국장이 될 수 있게 된 것이다. 주민 반응도 호의적이다. 성이 류(劉)인 한 농민은 "대민 업무의 효율이 높아지고 공무원 사회의 기강을 해치지 않는다면 좋은 시도"라고 말했다. 뤄핑현 가오양(高陽) 당 서기(현지 서열 1위)는 "이 제도는 간부들의 종합적인 자질과 사고 능력을 높이기 위해 도입한 것"이라며 "여러 가지 문제는 있지만 취지를 잘 살려 나간다면 굳어진 조직에 활력을 불어넣을 수 있을 것"이라고 말했다.

자료원: 중앙일보, 2008.10.17.

'부장', '국장'을 맡겨 보았더니 중국지방 정부에서의 혁신의 가능성을 발견하였다는 보도는 사회주의 체제하의 공직생활에서도 대다수 인민들의 자아실현 문제가 조직관리의 중요 현안으로 대두되고 있음을 알 수 있다(현장올레길 8-13 참조)(학습목표 12).

### 2) 승진의 인사 철학적 지향성: 연공주의 vs 능력주의

이상에서 본 바와 같이 기업에서 승진의 문제는 개인이나 기업 모두에게서 중요한 관심사항임은 분명한 사실이다. 그러나 이 승진의 문제는 승진의 기준을 연공으로 할 것인가 아

니면 능력으로 할 것이냐 즉 인사 철학의 관점에 따라서 다르게 이해된다. 승진에 대한 두 인사 철학은 각기 서로 다른 승진메커니즘(promotion mechanism)을 보유하고 있다(학습목표 13).

승진의 연공주의 관점은 기업에 오래 근무한 사람부터 먼저 승진시켜야 한다는 관점이다. 여기서 연공이란 기업에서 종업원이 근무한 기간, 즉 근속연수를 의미한다. 연공주의하에서는 특정 직장에서 근속기간이 길수록 종업원의 능력과 직무숙련도도 높을 뿐 아니라 조직에 대한 충성심이나 몰입도가 높고 부하통솔력도 뛰어날 것이라는 전제가 깔려 있다. 우리나라와 일본의 기업에서는 연공에 학력을 포함시켜 학력이 높고 근속기간이 긴 사람을 더욱 우대하는 관행이 전통적으로 지속되어 왔다(박영배, 2012, p.272). 따라서 예측가능성이 있고 안정적인 장점이 있지만 대졸 이상의 학력을 갖고 근속연수만 채우면 자동으로 승진하는 상황이 전개되는 등 무사안일의 기업문화가 배태될 수밖에 없는 구조인 것이다.

한편 승진의 능력주의 관점은 지식과 기술 등과 같은 직무수행능력이 뛰어난 사람을 우선적으로 승진시켜야 한다는 관점이다. 이 관점은 근속기간이 길수록 직무수행능력이 좋을 것이라는 연공주의의 가정에 정면으로 배치된다. 이는 무사안일과 무능으로 조직생활을 영위하게 하는 연공주의에 대한 반성에서 비롯된 것이다. 특히 급변하는 첨단산업에 종사할수록 개인의 능력은 근속연수보다는 개인의 변화에 대한 학습능력이나 적응능력에 달려 있기 때문에 오늘날과 같은 치열한 경쟁환경 속에서는 연공이 능력을 더 이상 대변하지 않는다.

기업의 승진정책에 있어서 이 두 관점 가운데 어떤 관점을 취할 것인가는 최고경영자의 의지, 기업의 전략, 기업문화 등의 요소를 감안하여 결정되어야 하겠지만 분명한 사실은 글로벌 경쟁하에 놓여있는 최근의 기업들의 추세는 능력주의적 요소가 적극적으로 반영되고 있으며 많은 비중을 차지하고 있다는 점이다(Bae & Rowley, 2003). 심지어 가장 최근에는 능력주의도 부족하여 개인이 보유한 능력이나 연공에 관계없이 발현되거나 현재화(現在化)된 '결과'(結果)나 '실적'(實績)으로 평가받는 성과주의로 그 승진정책의 무게중심이 옮겨가고 있다.[14] 직무수행과정이 어떠하였건, 또 근속년수가 길든 짧든, 학사학위 취득 여부를 떠나서 승진을 포함한 회사가 줄 수 있는 인센티브는 성과를 내는 사람 중심으로 재배열되고

14) 흔히 능력이 좋은 사람은 성과도 잘 낼 것이라 생각하지만 반드시 그렇지는 않다. 인간의 능력은 잠재된 능력(latent ability)과 발현된 능력(realized ability)으로 구분된다. 잠재된 능력이 발휘가 되면 될수록 그때야 비로소 장단기에 걸쳐서 성과가 나타난다. 따라서 능력이 좋은 사람이라 불리지만 성과를 못 내는 사람은 잠재된 능력은 많은지 모르지만 능력 발현이 안 되어 성과를 내지 못한 사람인 것이다. 즉, 성과를 잘 내는 사람은 잠재되었던 능력까지도 충분히 발현되어 결실을 맺은 것이다. 따라서 "능력주의 ≠성과주의"임을 알 수 있다. 따라서 "어떻게 하면 종업원의 잠재된 능력을 발휘하게 하여 성과를 만들어 낼 것인가?" 하는 것이 관리자의 핵심적인 역할 가운데 하나가 되는 것이다.

있는 것이 오늘날의 실정이다.

### 3) 승진의 원칙[15)]

향후 승진정책은 능력주의 나아가서 성과주의로 진행해 가는 것은 거역할 수 없는 추세임은 분명하다. 이러한 추세 속에서 기업이 승진정책을 운용함에 있어서 다음의 세 원칙은 기업측 입장에서는 승진의사결정의 질을 높이고 이를 기반으로 핵심인력의 운용을 통한 경쟁력을 확보할 수 있게 된다. 또 종업원측 입장에서도 종업원이 승진결과를 쉽게 수용할 수 있고 이를 수용한 종업원은 개인의 경력과정을 통한 조직 내 성장을 하게 된다. 다음의 세 원칙에 대한 확고한 준수는 회사측이 종업원들에게 제공하는 경력개발의 틀을 공고히 하게 되는 수단이 되기도 한다(학습목표 14).

(1) 승진의 적정성: 승진의 적정성 원칙은 종업원에게 어느 정도의 승진기회를 부여할 것인가 하는 문제와 관계가 있다. 기업에서 승진하는 사람이 너무 적으면 종업원의 사기가 저하되고 불만이 증가하는 동시에 기업의 인력수급에도 문제가 될 수 있다. 이와는 반대로 승진기회가 지나치게 많으면 능력이 부족한 사람도 승진대열에 합류하게 되면서 조직분위기가 느슨해질 뿐 아니라 기업에 부담으로 작용하게 된다. 따라서 적정인력을 승진시키는 것이 쉽지는 않겠지만 기업의 과거 승진패턴, 경쟁기업과 해외 동종산업의 승진패턴 그리고 무엇보다 기업의 인력수급을 위한 인적자원계획을 치밀하게 수립하는 것이 필요하다.

(2) 승진의 공정성: 승진의 공정성 원칙은 능력과 자격이 갖추어진 사람에게 승진의 기회가 주어졌는가 하는 문제이다. 능력과 자격이 충분함에도 불구하고 승진에서 탈락된 종업원은 깊은 좌절에 빠지게 되고 조직에 대해서 부정적인 태도를 취하게 된다. 심지어 경쟁기업으로 이직을 하는 경우뿐만 아니라 핵심기술을 유출하는 경우도 있다. 따라서 정당한 이유 없이 승진자격을 갖춘 사람이 승진에서 제외되는 경우는 없도록 세심한 주의를 기울여야 한다.

3) 승진의 합리성: 승진의 합리성 원칙은 어떤 평가요소를 승진의 기준으로 삼을 것인가 하는 것이다. 승진결정을 위하여 종업원을 평가하는 데 있어서 지연, 학연, 혈연이 진정한 직무수행능력, 직무성과 그리고 공헌도 등을 대신하게 해서는 안 된다. 따라서 승진의 합리성을 확보하기 위해서는 종업원의 업적평가를 객관적으로 할 필요가 있고 이에 대해서는 다음 제9장의 성과관리에서 자세히 다룰 예정이다.

이런 세 원칙을 기준으로 할 때 [현장올레길 8-14]에서 논의되고 있는 마이다스의 경우

---

15) 승진의 세 원칙에 대해서는 박영배(2012, pp.273-273)를 참조하였음을 밝혀둔다.

**현장올레길 8-14** 이형우 마이다스IT 대표, "직원 간 경쟁을 없앴더니 회사가 더 성장하더라"

흔히 '신의 직장'이라 불리는 공기업 신입사원 채용 경쟁률은 100대 1이 넘는다. 지난 해 10월 치러진 삼성그룹 채용 경쟁률은 20대 1, 9급 공무원 경쟁률은 19.2대 1로 비슷했다. 그런데 바늘구멍같다는 이런 공기업보다 취직하기가 더 어려운 중견기업이 있다. 지난해 입사 경쟁률 500대 1을 기록해 화제가 된 중견기업 마이다스IT다. 이 회사는 현재 건설과 기계분야의 구조해석 및 설계용 SW 시장에서 글로벌 1위를 차지하고 있다.

이 기업의 실적을 보면 더욱 놀랍다. 건설과 기계분야의 구조해석 및 설계용 SW 개발·판매를 주로 하는 이 기업은 국내시장에서 95%의 점유율을 기록하고 있다. 이들이 만드는 소프트웨어는 세계 110여 개 나라에 수출된다. 부르즈 할리파, CCTV 타워 등 내로라하는 세계적인 건물은 이 기업의 소프트웨어를 사용해 설계했다. 건설 구조 분야 소프트웨어 시장에서 단연 세계 1위다. 2000년 15억 원 매출에서 2012년 777억 원의 매출을 올려 12년간 매출이 52배 성장하였다. 이러한 기적을 만든 주인공은 엔지니어 출신의 이형우 대표이다. 그의 '인간 중심'의 경영이 업계의 비상한 주목을 받고 있다.

"글로벌 1위 기업으로 성장한 원동력이 뭔가?"라는 기자의 질문에 CEO는 "성장이나 돈이 아닌 사람 중심의 경영을 해야 한다"고 알 듯 모를 듯한 답변을 했다. 이뿐만이 아니다. 이 기업은 '무스펙, 무징벌, 무상대평가, 무정년'이라는 '4무 원칙'을 내세우면서도 매년 성장을 거듭하고 있다. 그는 회사를 운영하는 철학부터 바꿨다. 매 순간 온 신경을 매출에 집중하는 CEO에서 '사람을 어떻게 하면 키울까'를 고민하는 경영자로 변신했다. "365일 매일 직원들을 어떻게 성장시킬까 고민한다"고 말할 정도다.

그렇게 해서 기업의 경영철학을 '자연주의 인본경영'으로 정했다. 사람을 과학적으로 이해하면서 사람과 세상의 행복을 추구하는 경영을 하겠다는 의지의 표현이었다. 이 대표는 직원들을 수단이 아닌 목적으로 바라봤다. "구성원들이 잠재력을 발휘할 수 있도록 자발성과 자율성에 기초한 조직문화를 만들려고 노력했다"고 설명했다.

구체적으로 그는 회사 시스템을 전면적으로 바꿨다. 우선 경쟁을 없앴다. 4년마다 직원들은 누구나 승진을 하도록 했다. 사원에서 대리→과장→차장→부장→이사보까지 직원들은 4년마다 자동적으로 승진하게 된다. 성과를 내는 이들에게는 특별 승진을 할 수 있는 자격을 부여한다. "능력이 있는 직원들은 2년마다 조기 승진할 수 있는 자격을 준다"고 말했다. 마이다스IT의 또 다른 특징은 '무정년' 원칙이다. 정년퇴직을 할 나이에도 역량이 있으면 더 오래 일할 수 있게 하는 것이다. 그래서 '고문위촉제'를 활용하고 있다. 이 대표는 임직원 선발 때도 '무스펙'을 내세운다. 스펙 대신 열정(50%), 전략적 사고(30%), 관계능력(10%), 가치관(5%), 지식(5%)으로 직원을 평가하고 있다. 직원채용은 필기부터 CEO면접까지 5단계를 거치는데, 아무리 적게 잡아도 3개월이 걸린다. 2010년에는 '행복기금'이라는 이름으로 우리사주조합을 설립했다. 직원들이 마이다스IT의 주주가 되는 것이다. 2013년 현재 행복기금의 마이다스IT 지분점유율은 13%로 2대 주주다.

"우리 기업에는 50여 명의 핵심인재가 육성되고 있다. 이들은 기회만 주어지면 100억 원에서 200억 원까지 매출을 올릴 수 있는 사람들"이라며 "경쟁을 없애면서 조직원 사이에 시너지가 생기고 있다. 직원들끼리 경쟁을 시키는 것이 손쉽고 편하지만, 그것은 한계가 있다. 기업경영의 패러다임을 바꿔야 지속성장을 할 수 있을 것"이라고 설명했다. [성과주의에 몰입해 있는 대부분의 한국의 기업들 가운데서 인간 중심의 경영을 실천하고 있는 마이다스IT의 이형우 대표를 발견한 것은 미래 우리 기업들의 인적자원관리의 방향을 제시하였다는 점에서 큰 기쁨이자 가능성이었다(저자 주)]

자료원: 중앙시사매거진, 2015.3.23.

는 사원에서 대리 → 과장 → 차장 → 부장 → 이사보까지 4년마다 누구나 승진을 하도록 하여 내부의 경쟁을 없앰으로써 승진의 적정성과 공정성 문제를 근원적으로 해결하고 있다. 또 능력 있는 직원들은 합리적인 평가체계를 바탕으로 2년마다 조기승진할 수 있도록 하여 승진의 합리성까지 추구하고 있음을 알 수 있다.

## 5. 창조경영 구현을 위한 전략적 시사점

교육훈련, 조직개발, 경력개발의 각각에 대하여 창조경영 구현을 위한 몇 가지 제언을 하고자 한다. 첫째, 교육훈련에 대해서는 교육훈련의 내용과 방법 측면에서 간략히 제언을 하고자 한다. 우선, 교육훈련의 내용에 대해서는 최고의 인재를 뽑아 놓고도 이들에 대한 시의적절한 교육훈련을 제공하지 못하면 이들의 지식이나 사고체계는 진부화된다. *창조경영의 정착을 위해서는 무엇보다도 '창의적 문제해결'(creative problem solving)이나 '지속적인 고객마인드 교육'을 전사적인 교육훈련 프로그램에 반영해야 한다.* 또한 교육훈련의 방법에도 변화가 필요하다. *교육훈련과정이 전통적인 강사나 퍼실리테이터 중심의 강의실 교육 중심에서 현실적인 기업의 전략상의 문제나 기술상의 문제를 해결하기 위한 집단학습(group learning) 중심으로 옮겨가야 한다.* 이 같은 집단학습은 지속적인 상호작용을 통하여 지식의 폭과 깊이를 확대시킬 수 있는 매우 유효한 장점이 있다. 이는 행동학습(Action Learning)이나 실체공동체(CoP) 중심의 집단학습이 지금보다 더 강조되어야 함을 의미한다. 교육을 통하여 고객마인드를 집단학습을 통하여 함양한 예로서 텍사스 인스트루먼츠(Texas Instruments)를 들 수 있다. 이 회사는 반도체 칩을 만드는 회사 속성상 구성원들의 기술 지향적 마인드가 강했다. 이에 기술 중심 풍토를 해소하고 고객 관점의 제품개발을 촉진하기 위해 '고객충성도 함양캠프'(Customer Loyalty Boot Camp)라는 교육프로그램을 2002년부터 가동하였다. 구성원들에게 고객의 니즈를 피부로 느끼고 반추하는 기회를 제공하자는 취지에서이다. 이 캠프에 참석한 구성원들은 몇 개의 분임조로 나뉘어 약 2~3일 동안 모의신제품 개발을 하게 된다. 이때 노텔(Notel) 등 동사의 실제 고객들이 제기한 불만을 비디오로 시청하면서 고객 관점에서 문제의 해결책을 논의하게 된다(최병권, 2007).

둘째, *창조경영의 실천을 위한 조직개발 노력의 핵심은 학습문화(learning culture) 구축에 있다.* 학습문화란 "조직의 환경적응력을 증대시키기 위하여 새로운 지식, 신념, 가치, 능력을 탐색, 창출하고 활용하는 과정에서 조직학습을 원활히 하도록 촉진시키는 조직구성원들의 공유가치(shared value)와 믿음(belief)"이다(Watkins & Marsick, 2003). 학습문화를 이해하기 위해서는 기본적으로 두 종류의 학습을 이해하고 그것을 구분하는 것이 중요하다. 첫 번째는 기존 패러다임하에서의 연속적, 점진적 학습으로서 이것을 '패러다임 내부에서의 학습' 또는 '단일고리학습'(single-loop learning)이라 부른다. 생산성을 향상시키기 위하여 six sigma기법을 꾸준히 연마하는 학습행위가 여기에 해당한다. 두 번째는 패러다임의 전환이나 창조를 동반하는  불연속적, 비약적, 혁신적인 학습이다. 예를 들어 피처폰(Feature phone)[16] 개발의 패러다임에서 스마트폰 개발의 패러다임으로의 변화에 성공하였다면, 이는 기본적인 사고의 구조변화를 동반하는 학습의 결과로써, '패러다임 전환을 동반하는 학습' 또는 '이중고리학습'(double-loop learning)이라 부른다.

*특히 창조경영에서 중요한 학습패턴은 기존의 행동을 지배하는 가치나 가정에 근본 의문을 제기하고 그것들을 변화시키는 후자의 이중고리학습이다. 이중고리학습이 기업 내에서 작동할 때 기본적으로 패러다임의 전환을 통한 새로운 질서의 구축이 가능해진다.* 이때

16) 피처폰이란 스마트폰보다 성능이 떨어지는 저성능의 폰을 말한다. 피처폰의 특징은 CPU 연산처리능력이 낮으며 스마트폰처럼 어플을 마음대로 설치하거나 삭제할 수는 없지만 필요한 어플은 설치가 되어 나온다.

중요한 것은 새로운 패러다임 구축을 위한 학습에 앞서서 과거의 패러다임을 포기하기 위한 '버림의 학습 혹은 폐기학습(unlearning)'이 우선적으로 요구된다. 왜 과거의 패러다임을 포기하고 새로운 패러다임을 개발해야 하는지에 대한 설명과 납득이 전제될 때 구성원들은 새로운 패러다임 전환작업에 동참하기 때문이다. *즉 우선 버리지 않고서는 새로운 것을 채울 수 없는 것이다. 따라서 과거의 학습결과를 어떻게 제거할 것인가를 근원적으로 고민하지 않고서는 새로운 학습은 이루어지기 어려운 것이다*(Argyris & Schön, 1978).

IBM의 초대 CEO인 Watson 사장은 IBM360을 개발하기 위하여 사력을 다하였고 마침내 IBM360을 개발하게 되었으며 그 후 IBM360 시리즈를 연달아 개발하였다. 부사장이었던 Kerry가 사장자리에 오르자 가장 먼저 한 일은 IBM360 시리즈를 만드는 데 사용되었던 프로그램을 철폐하는 일이었다. 참모들이 수익의 원천인 IBM360 시리즈의 핵심프로그램을 철폐하는 이유를 묻자 신임 사장은 "그 프로그램으로는 훌륭한 IBM360 시리즈를 만들 수 있지만 그보다 더 훌륭한 컴퓨터는 만들 수 없다. 그래서 철폐하고자 하는 것이다"라고 이야기함으로써 '버림의 학습'의 중요성을 일깨워 주었다(김상수, 전상길, 강견현, 최은지, 2008, p.94). 따라서 최고경영진은 창조경영을 위한 이중고리학습을 조직 내에 구현하기 위해서 조직 외부에 대해서 실험정신을 바탕으로 현상에 대한 부단한 도전을 하며, 그 과정에서 실수를 용인하고 비판을 적극적으로 수용하며 고객의 입장에서 변화를 긍정적으로 받아들이고 동시에 빠르고 유연한 의사결정을 할 수 있어야 한다.

셋째, *창조경영의 실천을 위한 경력개발 노력의 핵심은 제도운영의 '유연성'(flexibility)에 있다*(Brown & Williams, 2003, p.22). 이를 위하여 첫째, 이중 경력제도(dual career system) 운영을 보다 활성화해야 한다. 이는 전문인력의 경력경로를 업무영역과 권한범위에 따라 전문직과 관리직으로 이원화한 제도이다. 그 분야가 본인의 적성이나 경력개발방향에 부합한다면 전문가로서 경력개발의 사다리를 타고 올라가고, 전문가로서보다는 관리직의 적성이 맞다면 해당 전문분야의 관리직으로 수평이동이 가능하도록 해야 한다. 흔히 연구직에서 성장의 한계를 느낀 연구원들에게 연구관리직으로 성장하도록 길을 열어주는 것이 여기에 해당한다. 둘째, 이중 경력제도의 또 다른 차원으로서 부부가 같은 회사에서 근무하는 것(dual careers)이 허용되어야 한다. 과거에는 많은 기업에서 남편이 근무하는 회사에 부인이 취업을 하기 힘든 풍토였다. 그러나 앞으로는 입사만 할 수 있다면 부부가 같이 근무하여 '직장과 가정의 양립'(Work and Life Balance)의 문제가 보다 원활하게 해결되어야 한다(Ivancevich, 2007, p.464).

넷째, *유리천장(glass ceiling)을 조속히 제거해야 한다.* 아직도 많은 사람들은 여성은 효과적인 관리자가 되기에는 부족한 능력이나 리더십스타일을 가지고 있다고 생각하고 있는 것 같다. 2015년 기준 한국의 10대 그룹 전체의 여성임원 수는 114명이고 이는 전체 인원수의 1.7%에 불과하다(매경이코노미, 2015). 능력과 열정이 있는 여성들이 마음껏 일할 수 있도록 그 경력 성장을 막는 모든 장애물들은 철폐되어야 할 것이다. 다섯째, *개인이 사업부나 기능부서를 넘나드는 경력을 쌓으면서 다양한 아이디어들이 혁신으로 연결될 가능성을 높이도록 하는 것이 중요하다*(Network경력의 활성화). 여섯째, 또 창의적인 사람이 지속적으로 그 창의성을 유지하기 위해서 계층의 질서를 필요로 하는 관리자의 역할과 책임을 맡기기보다는 *계층의 논리를 필요치 않는 비계층적 승진*(nonhierarchical promotions) *—예를 들어 'creativity champion', 'idea champion'— 을 적용하여 조직 안에서의 영예를 주는 관행을 만들어야 한다*(학습목표 15).

## 단원 이해를 위한 질문

Q1 교육, 훈련, 학습 그리고 개발의 개념정의와 이들 개념 간의 관련성을 설명해 보라.

Q2 [고전올레길 8-1] '플라톤의 동굴의 비유'를 읽고 답하라.

q2-1 플라톤에 있어서 교육의 본질은 무엇인가?

q2-2 인간이 안다고 하는 것의 한계가 무엇인가?

q2-3 인간이 지각하는 것과 사물의 실재(reality)사이의 갭을 줄이기 위해서는 조직과 개인은 무엇을 해야 하는가?

Q3 교육훈련 및 개발의 전략적 중요성에 대하여 논하라.

Q4 교육훈련 체계의 전반에 대하여 설명해 보라.

Q5 기업 간 합병에 있어서 e-learning의 중요성에 대하여 [현장올레길 8-5] Hewlett-Packard의 Compacq 인수사례를 들어 설명해 보라.

Q6 학습장애와 학습전이의 방해요인을 제거하는 방법을 제시해 보라.

Q7 OJT와 OFF-JT 가 학습전이가 잘 일어나는 상황은 어떤 상황인가?

Q8 "High Tech requires High Touch"의 의미를 논해보고 이런 경우 어떤 교육훈련방식을 선택하는 것이 적절한가?

Q9 한국기업의 교육훈련방식의 현황과 향후 진화방향을 설명해 보라.

Q10 교육훈련프로그램 평가의 4단계에 대하여 설명해 보라.

Q11 교육훈련, 성과관리 그리고 보상과의 관계성을 논해보라.

Q12 다음의 도표를 보고 답하라.

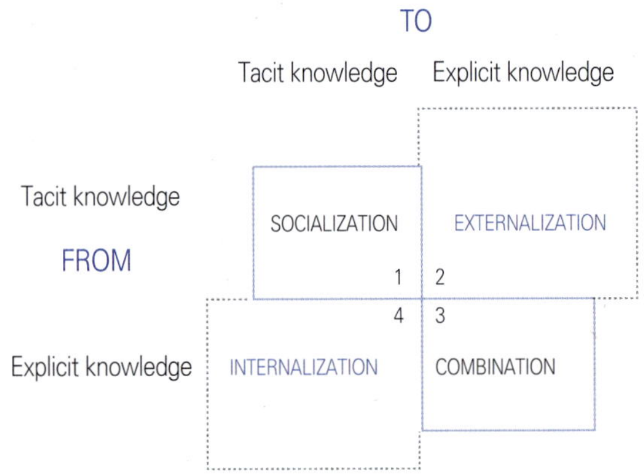


자료원: Mann, P.(2007). in Human Resource Management: *Issues in Developing Countries* edited by Analoui, F., Ashgate, p.81.

q12-1 "한국기업의 기술혁신을 위해서는 cell 2의 외부화(Externalization)에 의한 지식창출이 중요하다"라는 주장을 평가해 보라.

q12-2 한국기업의 교육훈련에 있어서 cell 4의 내부화(Internalization)에 의한 지식창출방법이 왜 중요한지 설명해 보라.

q12-3 각 cell이 활성화되기 위한 마당(ba)을 기업사례를 통하여 제시해 보라.

q12-4 교육훈련에 있어서 cell 1과 cell 3이 왜 중요한가?

q12-5 학습조직의 개념은 어느 cell에 해당하는가? 왜 그렇다고 생각하는가?

Q13 경력목표, 경력경로, 경력계획, 경력개발의 관련성에 대하여 논하라.

Q14 종업원 측 입장에서 회사 측 입장에서 경력개발의 중요성을 설명해 보라.

Q15 경력개발시스템의 전체 틀을 설명해 보고 이 틀 속에서 '심리적 계약'이 어떻게 연결되는지 나름대로 설명해 보라.

Q16 경력 닻 모형과 경력단계 모형을 비교설명해 보라.

Q17 전통적 경력경로, 네트워크 경력경로 그리고 이중 경력경로를 비교설명해 보라.

Q18 배치전환원칙과 중요성을 논해보라.

Q19 연공주의와 능력주의에 있어서 승진의 메커니즘이 어떻게 다른가? 그리고 연공주의에 의한 승진은 버려야 할 구시대의 유물인가?

## 참고문헌


- 김상수 · 전상길 · 강견현 · 최은지(2008). 창조경영의 원리와 추진전략, K-books.
- 매경이코노미집계(2015). "10대 그룹 여성 임원 비중".
- 박영배(2012). 현대인적자원관리, 도서출판 청람.
- 인천국제공항공사 인적자원 개발 내부자료. 2015.
- 임창희(2014). 인적자원관리, 제3판, 비앤엠북스.
- 장영란(2009). 플라톤의 교육-영혼을 변화시키는 힘, 살림출판사.
- 전성연 외 8인(2007). 현대교수학습의 이해, 학지사.
- 조선일보, "조선의 고소득 전문직 여성 '궁녀' … 입궁 후 제조상궁 되기까지", 2015.5.30.
- 조선일보. 김대리의 뒷담화: "만만했던 후배의 고속승진, 직급 안 부르는 만년 과장", 2014.11.6.
- 중앙시사매거진. "이형우 마이다스IT 대표, "직원 간 경쟁을 없앴더니 회사가 더 성장하더라", 2015.3.23.
- 중앙일보. "돌아가며 '1주일 부장 · 국장' … 중국 지방당 실험 효과 만점", 2008.10.17.
- 최승준 · 고수일 · 백윤정 · 장은미 · 정진철 · 한주희(2005). 인적자원관리론, 학술정보.
- 포커스뉴스. "동국실업, 유럽부품업체 흑자기업으로 탈바꿈", 2015.11.9.
- 한국경제신문. "유능한 공무원, 삼성 · 현대차 근무한다", 2015.9.1.
- 한국남동발전㈜ 인적자원 개발 내부자료.
- 한형일 역(1991). 日本企業의 經營原理(원저자: 伊丹敬之와 加護野忠男, 1990), 비봉출판사.
- 현대경제연구원(2014). '개방형 온라인 대학(MOOC)' 확산의 의미와 시사점, 588호.
- 홍정민(2020), "넥스트 노멀시대의 HRD", *Public HRD*, vol. 90, summer, 10-14.
- 히라마쓰 요이치(2005). 일본 최고의 가게는 다르다(장미화 옮김), 랜덤하우스 중앙.
- Analoui, Farhad(2007). *Strategic Human Resource Management*, Thomson Learning.
- Argyris, C., & Schön, D. A.(1978). *Organizational Learning: A Theory of Action Perspective*, Reading, Mass.: Addison-Wesley.
- ASTD(2010). "Training Industry FAQ", http://www.astd.org/ASTD/aboutus/trainingindustry FAQ/htm.
- Bae, J., & Rowley, C.(2003). "Changes and continuities in South Korean HRM", *Asia Pacific Business Review*, 9(4), 76-105.

- Brown, J., & Williams, L.(2003). "The 21st Century Workforce: Implications for HR," in *Human Resources in the 21[st] Century*, Edited by Effron, M. Gandossy, R., & Goldsmith, M., John Wiley & Sons, Inc., pp.19–24.
- Brown, K. G., & Sitzman, T.(2011). "Training and Employee Development for Improved Performance", in S. Zedeck(ed.), *APA Handbook of Industrial and Organizational Psychology*, Vol.2(Washington, DC: American Psychology Association), pp.469–503.
- Danziger, N. Rachman–Moore & Valency, R.(2008). "The construct validity of Schein's career anchors orientation inventory", *Career Development International*, 13(1), 7–19.
- Dessler, G.(2014). *Fundamentals of Human Resource Management*(3[rd] Ed.), Pearson.
- http://digital1.blog.me/150187469128."삼성의료원 이야기", 2014.3.24.
- http://imbisang8.blog.me/100102413044
- http://ksc12545.blog.me/220343401061, "3시간 직원교육에 600만 달러를 투자한 CEO", 곽숙철의 혁신이야기.
- http://www.heihachi.co.jp.
- Ivancevich, J. M.(2007). *Human Resource Management*(1[0th] Ed.), McGraw–Hill Irwin.
- K–MOOC인포그래픽(2015).
- Kumar, J. A., & Ganesh, L. S.(2011). "Balancing knowledge strategy: Codification and personalization during product development", *Journal of Knowledge Management*, 15(1), 118–135.
- Launder, J.(2007). "Training and transfer of learning: international dimensions", in *Human Resource Management: Issues in Developing Countries*, edited by Analoui, F., Ashgate, pp. 107–122.
- Lepak, D., & Gowan, M.(2010). *Human Resource Management: Managing Employees for Competitive Advantage*(2[nd] Ed.), Prentice Hall.
- Mello, Jeffrey A.(2011). *Strategic Management of Human Resources*(3[rd] Ed.), South–Western Cengage Learning.
- Nadler, L.(1974). "Implications of the Human Resource Development Concept: Broading the Scope of Training and Development", *Training and Development*, May, pp.3–13.
- Naoum, S.(2001). *People and Organizational Management in Construction*, Thomas Telford Publishing.
- Noe, R. A., Hollenbeck, J. R., Gerhart, B., & Wright, P. M.(2006). *Human Resource Man-*

agement: *Gaining A Competitive Advantage*, McGraw–Hill Companies.

- Nonaka, I., & Konno, N.(1998). "The concept of "ba": Building a foundation for knowledge creation", *California Management Review*, 40, 40–54.
- Nonaka, I., & Takeuchi, H.(1995). *The Knowledge–creating Company: How Japanese Companies Create the Dynamics of Innovation*, New York: Oxford University Press.
- Schein, Edgar H.(1978). *Career Dynamics: Matching Individual and Organizational Needs*, Addison Wesley Publishing Company.
- Schein, Edgar H.(1996). "Career anchors revisited: Implications for career development in the 21st century", *Academy of Management Perspectives*(The Academy of Management Executive) 10, pp.80–88.
- Watkins, K. E., & Marsick, V. J.(1999). Make learning count! Diagnosing the learning culture in organizations, *Advances in Developing Human Resources*, 5(2), 221–243.
- Werner, S., Schuler, R. S., & Jackson, S. E.(2012). *Human Resource Management*(11th Ed.), South–Western, Cengage Learning.
- Yaeger, T., & Sorenson, P.(2006). "Strategic Organization Development: Past to Present", *Organization Development Journal*, 24(4), 10–17.

## 김치가 되려면[16)]

이창수

살다 배추가 김치로 변신하려면
여러 번의 죽음을 거쳐야 한다.
밭에서 뽑혀 뿌리 잘릴 때
배 갈려 두 쪽으로 찢어질 때
소금에 절이고 양념으로 숨 죽일 때
제 잎에 돌돌 말려
통에 갇히고 딤채에 잠길 때
이렇게 여러 번 죽은 후
그러고도 자성의 긴 시간을 지나며
썩지 않은 싱싱함을 지녀야
비로소 깊은 맛의 김치가 된다.

16) 2013년 시민공모작.

# 제 9 장

# 창조경영을 위한 성과관리

## 깨달음의 명언

- "목표에 도달하는 가장 확실한 방법은 그 목표가 아니라 그 너머의 더 야심찬 목표를 향해 나아가는 것이라는 점은 역설적이지만 참되고 중요한 인생의 원칙이다." – 아놀드 토인비[1] –
- 승자는 눈을 밟아 길을 만들지만 패자는 눈이 녹기를 기다린다. – 탈무드 –

## 학습목표

1. 성과관리의 정의와 전략적 · 관리적 · 개발적 목적의 전략적 중요성에 대해서 학습한다.
2. 기대이론을 이용하여 성과관리 전반에 대한 개관을 이해한다.
3. 효과적인 성과평가시스템의 기준으로서 전략적 적합성, 타당성, 신뢰성, 수용성, 구체성의 기준을 이해한다.
4. 전략적 선택으로서 성과관리시스템 설계의 틀–누가 평가하는가, 무엇을 평가하는가, 어떤 방식으로 평가할 것인가, 피드백은 어떻게 할 것인가–을 이해한다.
5. 조직 차원의 성과평가(Balanced Scorecard)의 내용과 구성요소를 학습한다. 특히 기업의 성과를 재무적 관점, 고객 관점, 내부 프로세스 관점, 학습 및 성장관점의 네 관점에서 종합적으로 조명함으로써 조직의 장단기 경영성과를 '균형 있게' 관리하는 것의 의미를 학습한다.
6. 창조경영 구현을 위한 전략적 시사점을 익힌다.

---

1) 영국의 역사가이자 문명비평가로서 필생의 역작 「역사의 연구」에서 독자적인 문명사관을 제시했다. 문명 그 자체를 하나의 유기체로 포착하고, 그 생멸(生滅)이 역사이며, 그 생멸에 일정한 규칙성, 즉 발생 · 성장 · 해체의 과정을 주기적으로 되풀이하는 것으로 보았다. 또 26개의 문명권을 병행적 · 동시대적으로 나열하고, 이들 모두가 규칙적인 주기(週期)를 가지고 있다는 것을 규명하였다. 또, 문명의 추진력이 고차문명의 저차문명에 대한 '도전'과 '대응'의 상호작용에 있다고 주장했다. 19세기 이후의 전통 사학에 맞서 새로운 역사학을 개척했다고 평가받는다.

## 도입사례 9 일본 명남(明南, Meinan)회사의 '이상한' 성과관리

일본 도쿄에서 신칸센을 타고 서쪽으로 달리다 보면 나고야(名古屋) 역에 닿기 바로 전에 메이난 기계제작소가 보인다. 이 회사는 목재나 합판을 절단하는 기계들을 만든다. 1953년에 창립하여 2007년 말 현재 종업원수 114명, 자본금 9천만 엔(한화 약 9억 원), 매출액 6,129억 엔(한화 약 6조 2천 억), 이 회사를 이끌고 있는 회장은 초등학교 학력이 전부이지만 사물의 이치를 깊이 생각하는 것이 몸에 베인 하세가와. 하세가와가 이끄는 메이난에는 '이상한 일'들이 한두 가지가 아니다. 지금은 전 세계 기업인들의 산업시찰 장소가 될 만큼(http://www. meinan.co.jp) 세계적으로 그 '이상한' 현상들이 알려져 있다. 몇 가지 '이상한' 일들을 정리해 보면 다음과 같다.

- 회사의 사시(社是)가 뉴턴역학의 제2법칙인 F=ma라는 점(회사 정문에도 이 사시가 붙어 있다).
- 경영계획이 없다 ! 이익계획도 없다 ! 창사 이래 돈 벌라는 얘기한 적 없다 ! 그런데도 40년간 적자낸 적 없다.
- 전 사원이 매주 4시간씩 물리학을 공부, 모두 개발 엔지니어로 변신했다는 점(40여 년간 물리학습)
- 부장이니 차장이니 과장이니 하는 직책이 없다는 점(1963년에 폐지).
- 5년 이상 된 사원은 모두 주주이며, 주주총회에서 1인 1표의 신임투표로 사장과 임원을 선출한다는 점.
- 명령이라는 게 일체 없고, 일하기 싫으면 일 년 내내 빈둥거리면서 지내도 된다는 점(빈둥거리는 것을 생각을 숙성시킨다고 보고 있다. 숙성을 더 오래 시킬 뿐이다).
- 제품이 모두 독창적이라는 점.
- 담당부서는 자신들이 정하고, 능력이 있는 사원은 얼마든지 겸임할 수 있다는 점(하겠다고 나서는 사람이 리더)
- 급료는 일본 최초로 차원급.

이런 이상한 일들이 가능해지려면 회사는 기계를 만드는 제작소가 아니라 인격을 형성하는 수련장이 된다. 특히 직원들에 대한 성과관리는 이 회사가 1999년도 일본 전경련(全經聯)에서 '올해의 경영대상'을 받는 결정적 계기가 되기에 충분하다. 전문대 출신이 대부분인 전 직원이 현재도 미국의 MIT대학교 물리학과 박사과정 교재로 매주 월요일 오전 8부터 12시까지 물리공부를 할 만큼 물리학 공부야말로 이 회사 성장의 밑거름이다. 직원들에 대한 성과평가 및 보상을 함에 있어서 그대로 물리학이 적용된다. 일본은 물론이고 전 세계 어느 기업에도 없는 '차원급'(次元給)[2] 개발이 그것이다. 급여를 공정하게 줄려다 보니 그 전 단계로 직원들에 대한 공정한 평가가 전제되어야 했다.

하세가와 회장은 "살아 있는 인간이 다른 인간을 평가한다는 것은 극히 어려운 일이며 그렇게 평가하자면 자연히 평가에 주관이 끼여 들어 객관성을 잃게 된다. 평가를 공정하게 하려면 인간을 재는 척도가 공정해야 한다. 이 때문에 고과자 훈련을 한다든가 상위자가 조정을 한다든가 하는데 또 지나치게 조정하면 차이점이 없어져 평가의

2) 물리학에서의 차원은 같은 현상도 차원에 따라서 다르게 보인다. 낮은 차원에서는 서로 이질적이어서 별개의 존재로 보이는 것도 높은 차원에서 보면 하나로 통합되어 보인다. 점의 차원에서는 하나의 선도 무수하게 다른 점들로 나누어지고, 선의 차원에서는 하나의 면이 서로 다른 선들로 구성되어 있는 것으로 보인다. 면의 차원에서는 하나의 입체 모양이 무수하게 많은 면들로 이루어져 서로 다른 것으로 보인다. 3차원 공간에서는 제 각각의 형상이 서로 다른 것으로 여겨지지만 이보다 높은 차원에서는 입체의 형상이 독립된 단위로 구분되지 않고 통합되어 보일 수 있다. 고차원에서는 하나로 통합되어 보이는 것이 그보다 낮은 차원에서 인식하면 관점에 따라서 서로 다른 것으로 분별되고, 분별된 것이 곧 실체화되어 그들 사이에 소통할 수 없는 경계가 만들어진다.

의미가 퇴색하게 된다." 직원들 상호평가를 통하여 서로를 돌아보자는 의미에서 차원급을 도입한 것이다.

| 차원 | 점수 | 대략적인 기준 |
|---|---|---|
| 0차원 | 0.0 | 젖먹이 유아이며 원숭이 단계 |
| 0.5차원 | 0.5 | 아직 자기 역량을 충분히 발휘하지 못하고 있다. 남의 일에 간여할 여유라곤 전혀 없다. |
| 1차원 | 1.0 | 자기 일만을 그런대로 해내는 사람 |
| 1.5차원 | 1.5 | 선배 한 명이 같이 협조해 준다면 주어진 일을 장기간에 걸쳐 처리할 수 있는 사람 |
| 2차원 | 2.0 | 5, 6명을 자신의 개성적 경험과 약간의 논리로 단단히 리드할 수 있는 사람 |
| 2.5차원 | 2.5 | 10~20명을 논리적, 행동적으로 납득시켜 리드할 수 있는 사람 |
| 3차원 | 3.0 | 3차원 이하 사람들에게도 고도의 인간성 지도를 할 수 있는 사람 |
| 4차원 | 4.0 | 3차원의 사람을 리드할 수 있는 사람 |
| 5차원 | 5.0 | 4차원의 사람을 리드할 수 있는 사람 |

- 자기 차원을 먼저 매기고 발표한 후 사원들이 이를 산정
- 차원이 낮은 후배가 많은 것은 선배의 책임이며 선배의 차원 문제
- 같은 동일한 차원이라도 50세까지는 연령에 따라 급여액이 상승곡선
- 중도채용자는 3년 동안 차원을 평가하지 않음(∵ 3년 정도 일해 보지 않으면 그 사람을 정확히 평가할 수 없기 때문)
- 회장이나 사장의 차원도 사원들이 정함(사장은 4차원 사원 중 최고는 2.9차원)
- 월 급여=기본급 × 2n(n은 차원)

* 기본급은 표준생계비와 물가지수 반영

** 월급에 주택수당과 식비 일부 외에 어떤 수당도 없음

직원들 간의 상호토론을 통하여 차원에 대한 정의를 위에서처럼 하기로 하였고 현재까지도 이 기준은 변동이 없다. 이 같은 평가방식은 서구에서처럼 한 개인의 평가를 창의성, 혁신성, 자기주도성 등 한 사람에 대한 특징이나 역량들을 쪼개서 평가하여 합치는 것이 아니라, 그 사람을 전체적으로 종합적으로 판단하게 한다. 복잡하지 않고 매우 간단하다. 그러나 개인별로 차원을 평가받는 과정은 그리 간단하지 않다. 연말에 회사 강당에 모여 전 직원들이 자기가 생각하는 본인들의 차원을 먼저 매기고 발표한 후 사원들 간에 그 차원을 주는 것이 맞는지 객관적으로 공정하게 토론한다. 처음에는 자존심이 상하여 회사를 그만둔 사람도 있었지만 지금은 하나의 제도로서 완전히 정착하였다. 팀장에 대한 평가는 별도로 하지 않는다. 그 팀에 차원이 낮은 후배가 많으면 그 팀의 평균 차원은 낮아지기 마련이다. 그것이 팀장의 차원이다. 중도채용자는 3년 동안 차원을 평가하지 않는다. 그것은 3년 정도 일해 보지 않으면 그 사람을 정확히 평가할 수 없기 때문이다. 회장이나 사장의 차원도 사원들이 정한다. 하세가와 회장은 현재 4차원이며 사원 중 최고는 2.9차원이다. 월 급여는 기본급(표준생계비와 물가지수 반영)에 2n(n은 차원)을 곱하여 내년도 매월 받는 월급이 되며 그 월급에 12를 곱하면 내년도 받게 될 연봉이 된다. 전 세계에서 가장 간단명료한 연봉제이다. 하세가와 회장은 메이난이 정한 차원이야 말로 "사람과 시간, 주의 및 주장을 초월한 보편성 있는 척도"로 보고 있다. 또 그는 "인간은 사는 보람을 느끼면서 자주적으로 일하려고 한다. 따라서 이 같은 자주성이 신장되는 삶을 부추겨 주는 경영이야말로 참된 경영이 아니겠는가." "인간의 가치는 내부에 있음에도 불구하고 지금까지는 외부에 나타나는 자질구레한 부분들만을 가지고 평가해 온 것은 아닐까. 각자 자신들에게 주어진 업무 이외에 타 부서나 타인에게 끼친 영향력을 좀 더 보아야 되지 않을까. 즉 사물을 보는 시각을 바꾸고, 양적 평가를 질적 평가로 바꾸며, 일면적이 아니라 다면적 입체적으로 보려는 것이다. 이는 다름 아닌 차원의 차이를 가리키는 말이다. 바로 이런 생각에서 인간의 차이점을 차원의 차이로 파악, 급여도 차원에 따른 차원급으로 지급하면 어떤가 하는 발상을 하게 된다. 급여형태도 이런 방향으로 나가는 것이어야 한다"는 사상이 깔려 있다. 메이난 기계제작소는 이상과 같이 차원 중심의 성과관리 과정을 통하여 '사람을 보는 눈'(眼目)을 키우는 것이다.

자료원: 가마다 마사루(김욱 옮김)(1997). 이상한회사, 세경북스의 요약.

## | 이 장을 시작하며 |

누군가가 저자에게 인적자원관리 분야에서 가장 중요한 것이 무엇이냐고 묻는다면 저자는 서슴지 않고 '성과관리'라고 말한다. 그만큼 성과를 정확하게 평가하고 적절하게 유지관리하는 것은 어렵게 유치한 인재들을 조직의 목표에 적극적으로 동참하게 하고, 전문성을 보다 심화 및 확대하는 데 핵심적인 역할을 한다. 또 그것은 성과평가 이후 진행되는 보상관리, 복지후생, 교육훈련의 내용과 수준을 결정하기도 한다. 그러나 반대의 경우는 시장경쟁의 전개를 방해할 정도로 조직의 문화를 비롯한 모든 유형의 조직심리는 악성으로 바뀌고 결국에는 조직이 와해되는 수순으로 접어들게 된다. 그래서 대부분의 기업들은 조직의 성과평가를 객관적으로, 합리적으로, 전략적으로 수립하는 데 막대한 컨설팅 예산을 투자한다. 그럼에도 불구하고 성공하였다는 얘기를 듣기가 쉽지 않다. 왜 그럴까? [도입사례 9]에서는 직원들 간의 치열한 '차원평가'를 통하여 한 개인의 현상과 사물을 보는 눈을 키워주고 자주적인 행동을 유도해 내며 살아가는 보람을 만들어 내는 메이난 기계제작소의 하세가와 회장의 경영철학을 읽을 수 있다. 차원평가에 내재해 있는 그의 경영철학에는 성과관리가 인간성을 존중하고 조직에 혁신과 활력을 줄 수 있다는 확신을 부여하게 한다. 그렇기 때문에 그의 철학은 분명히 이 시대를 살아가는 경영자들과 학자들에게 성과평가 및 그 관리의 진정한 모습을 일깨운 고귀한 지적 고뇌의 산물임이 틀림없다. 이하에서는 성과평가의 기초이론과 현실의 다양한 모습을 살펴보고자 한다.

# 1. 성과관리의 정의 및 전략적 중요성

## 1.1 성과관리의 정의

일반적으로 조직의 목표를 달성하기 위하여 종업원 개개인의 행동을 평가하고 조정하는 것을 성과평가 또는 업적평가(Performance Appraisal)라고 하고 이러한 구성원의 성과평가 결과를 인적자원관리의 체계와 연계시키는 것을 성과관리(Performance Management)라고 한다. 성과평가의 경우 전통적으로 인사고과라는 이름으로 개인의 업적, 능력, 태도를 상급자가 연 1회 정기적으로 평가하여 왔으며 [도표 9-1]에서 보듯이 부하들의 업적, 능력, 태도를 탁월(S), 우수(A), 보통(B), 미흡(C), 매우 미흡(D)의 5등급으로 구분한다.

**도표 9-1** 전통적 인사고과표

| 평가요소 | 평가항목 | 가중치 | 평가척도 | | | | |
|---|---|---|---|---|---|---|---|
| | | | 탁월(S) | 우수(A) | 보통(B) | 미흡(C) | 매우미흡(D) |
| 업적 | 업무기여도 | | | | | | |
| | 업무난이도 | | | | | | |
| 능력 | 기획력 | | | | | | |
| | 업무추진력 | | | | | | |
| 태도 | 협조성 | | | | | | |
| | 성실성 | | | | | | |

자료원: 정종태(2013). 인사관리: 기본과 실제, 시그마프레스. p.106.

그러나 이러한 인사고과는 상급자가 부하직원을 평가함에 있어서 분명한 평가기준이나 근거 없이 상급자의 주관적인 판단에 따라 결정되기 때문에 평가 자체가 동기부여나 생산성제고에 부작용을 일으키는 경우가 많았다(정종태, 2013, p.106). 특히 연공주의 문화가 강한 한국기업의 경우 능력이나 성과에 관계없이 나이나 근속연수에 따라 업적, 능력, 태도가 결정되는 경우가 많아 인사고과의 폐해는 더욱 컸었고 그 결과 원래의 취지와는 동떨어져서 운영된 것이 사실이다. 그러다가 1980~1990년대 이후 역량(competency)이 기업의 인적자원관리에 활용되고 특히 역량평가라는 개념이 등장하면서 평가는 업적평가와 역량평가로 구분되고 역량모델링에 의하여 구체적인 행동을 평가하는 방식으로 개선되었다(정종태, 2013, p.106).

최근 들어 평가는 단순히 종업원들의 성과를 판단하고 등급을 매기는 것이 아니라 이들의 성과향상을 위한 성과관리에 초점을 두고 있다. 이를 위해서 성과관리는 성과평가결과를 인적자원관리의 체계와 연계시키는 것이 필수적이라 하겠다.

## 1.2 성과관리의 전략적 중요성: 성과평가를 왜 하는가?

성과관리시스템의 전략적 중요성은 전략적 목적, 관리적 목적, 개발적 목적의 세 차원에서 그 중요성을 파악할 수 있다(Noe et al., 2006, pp.332–336; Mello, 2011, p.428)(학습목표 1).

### 1) 전략적 목적(Strategic Purpose)

성과관리의 전략적 목적은 효과적인 성과관리를 통해 조직이 사업목표를 달성하도록 하게 하는 것이다. 즉, 성과관리는 종업원성과에 대한 측정결과가 조직의 목표와 전략적 방향에 연계되도록 하고, 또 목표와 성과에 대한 피드백이 종업원들에게 제대로 전달될 때 비로소 전략적 목표를 달성하는 것이다. 결국 조직의 전략적 목적에 적합한 평가제도는 개개인의 이해와 조직 전체의 이해를 일치시켜 종업원으로 하여금 회사의 전략목표에 부합하는 행동을 하도록 유도하는 것이다. 이렇게 보면 조직의 성과관리 문제는 과거 그 어느 때보다 더 전략적 이슈가 되고 있다. 이 주제는 나중 제9장 4. 조직 차원의 성과평가(BSC)에서 다시 구체적으로 다룰 예정이다.

### 2) 관리적 목적(Administrative Purpose)

성과관리의 관리적 목적은 평가결과를 임금, 승진, 해고, 복리후생 등의 관련 인적자원관리제도에 활용하기 위함이다. 즉, 성과관리는 종업원의 보상에 직접적인 관련성을 지닌다고 하겠다. 성과관리는 이와 같은 관리적 차원의 의사결정을 지원하기 때문에 성과평가는 종업원의 미래에 크게 영향을 미치게 된다. 평가결과가 부정적이어서 해고되거나 급여 삭감이 예상될 경우 평가자들은 성과평가를 꺼리게 되거나 이것이 두려워 피평가자 모두를 좋게 평가하거나 비슷하게 평가해버리는 오류를 범하는 경우가 많다. 따라서 관리적 목적으로 성과관리를 하는 것은 회사의 관리목적으로 중요하고 의미가 있지만 여기에만 의존할 경우 성과평가 자체를 '필요악'(necessary evil)으로 만들게 될 수도 있다.

### 3) 개발적 목적(Developmental Purpose)

성과관리에는 종업원의 지식과 기술을 개발하고 발전시킬 목적도 있다. 성과피드백(performance feedback)을 성과평가 결과에 대한 피드백을 낮게 받았을 경우 그것이 종업원의 능력이 부족한 탓인지, 의욕이 부족한 탓인지 아니면 과업환경의 어떤 장애요인 때문인지 그 원인을 어디로 돌리느냐(歸因, attribution)에 따라 회사 차원의 동기부여 전략이 달라지게 된다(이론올레길 9-1 참조). 성과평가 결과 종업원의 능력이 부족하다는 결론이 나오면 능력개발을 위한 교육훈련을 지원해야 하고 의욕이나 동기가 부족하다면 비전을 제시하는 리더 밑에 배치를 시켜야 하며 과업환경 때문에 성과를 낼 수 없었다고 판단되면 장애요인을 적절히 제거하는 지원을 해야 한다. 또 좋은 피드백을 받았다면 종업원 스스로의 강점을

**이론올레길 9-1** 귀인이론(歸因 理論, Attribution Theory)과 귀인오류: "잘되면 내 탓 못되면 조상 탓"

귀인이론이란 자신이나 다른 사람들의 행동의 원인을 찾아내기 위해 추론하는 과정을 설명하는 이론이다. 우리는 다른 사람의 행동이나 자신의 행동을 행위자의 기질이나 성격 특성과 같은 내부 요소로 원인을 돌릴 수도 있고, 상황적인 외부 요소로 원인을 돌릴 수도 있다. 귀인이론의 아버지로도 불리는 프리츠 하이더(Fritz Heider, 1896-1988)는 1958년에 출판한 저서 『대인관계의 심리학(The Psychology of Interpersonal Relations)』에서 다른 사람의 행동의 원인을 그 사람의 내적인 요소(예: 기질, 성격 특성, 태도 등)에 귀인하는 것을 내부 귀인(internal attribution)이라고 하고, 상황적 요소(예: 외부 압력, 사회적 규범, 우연한 기회 등)에 귀인하는 것을 외부 귀인(external attribution)이라고 이분해 설명했다. 예를 들어, 연인 또는 배우자로부터 갑작스럽게 선물을 받은 상황에서 상대방(연인 또는 배우자)의 행동에 대해 내부 귀인을 한다면 '그(녀)는 정말 다정한 사람이야', 또는 '그(녀)는 정말 나를 사랑하는구나'로 생각하고 상대방에 대한 호감이 더 커질 수 있을 것이다. 그러나 상대방의 행동에 대해 외부 귀인을 한다면 '다른 사람에게 좋은 인상을 심어주기 위해 선물하는구나', 또는 '본인에게 필요없는 물건을 나한테 떠넘기는구나'로 생각하게 되고, 상대방에 대한 호감이 증가하기보다는 부정적인 인상을 형성할 것이다.

인간은 이러한 귀인 과정에서 오류를 범하게 된다. 예를 들어 피평가자나 타인에게 부정적인 결과가 나왔거나 불리한 사건이 발생한 경우, 우리는 타인의 행동에 영향을 주는 상황요인을 충분히 고려하지 않고 대신에 그 타인의 성격, 태도, 의도 등 그 사람의 내부적 요소에 귀인하는 강한 경향이 있다. 즉 그를 둘러싼 외부 상황의 역할을 과소평가하는 것이다. 이러한 편향성은 타인을 판단, 평가하는 데 매우 보편적으로 나타나는 인간의 기본적인 귀인 오류이다. 그러나 이러한 오류는 본인을 평가할 때는 반대로 나타난다. 즉 본인에게 불리한 결과나 사건이 발생한 경우 그 원인을 내부 상황에서 찾는 내적 귀인을 하기보다는 타인이나 외부 상황에 귀인을 하게 된다. 재미있는 현상은 본인에게 긍정적인 결과나 유리한 사건이 발생하였을 때는 타인과 자신에 대한 귀인의 방향이 부정적인 사건과는 정반대로 나타난다는 점이다. 본인을 둘러싸고 있는 환경이나 상황으로 그 원인을 돌리기보다는 본인의 능력이나 판단력, 창의성과 같은 내적 특성으로 원인을 돌려버리는 강한 경향이 있다. 그야말로 "잘 되면 내 탓 못되면 조상 탓"이라는 우리 속담이 틀린 말이 아니다.

자료원: 심리학용어사전, 2014.4., 한국심리학회.

인식하게 하고 그들이 성장할 수 있는 영역을 가르쳐주기도 한다. 즉, 성과관리는 종업원의 동기부여와 생산성 향상에도 그 중요성이 있다고 하겠다. 이상의 세 가지 내용은 [현장올레길 9-1] LG전자의 성과평가시스템을 보면 보다 쉽게 이해할 수 있다.

[현장올레길 9-1]에서 보듯이 LG전자의 성과관리시스템은 목표설정, 목표수행, 성과평가, 보상의 네 단계로 이루어져 있음을 알 수 있다. 목표설정에서는 회사 전체의 전략목표

**현장올레길 9-1** LG전자의 성과평가시스템

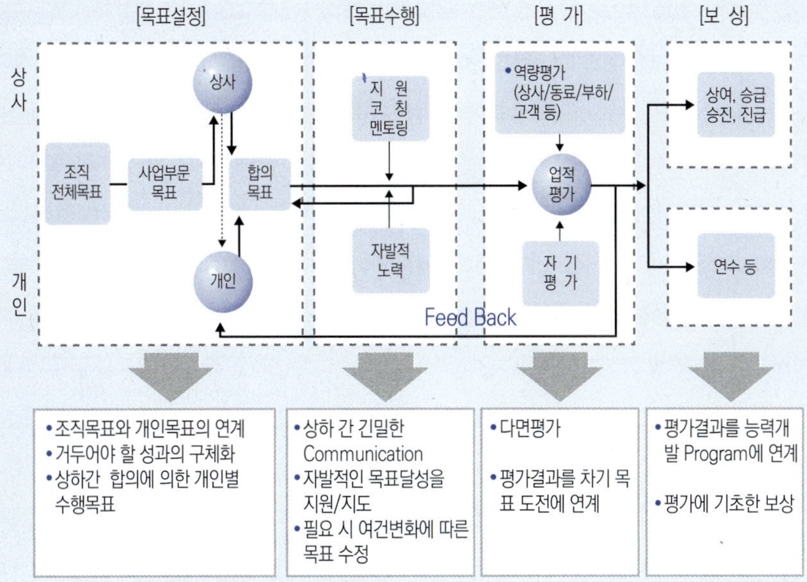


자료원: LG전자 내부자료(2015).

와 사업부문목표에 대하여 상사와 종업원 간에 상호대화를 통하여 목표합의를 함으로써 목표설정을 한다. 여기서 회사의 전략과 개인 행동의 일치가 일어나게 된다(전략적 목적 충족). 또 회사는 종업원이 합의된 목표를 달성할 수 있도록 이들의 목표달성을 지원하고, 코칭하고, 멘토링하여 개인의 자발적 목표참여를 유도함으로써 목표수행을 하게 한다(전략적 목적 충족). 다음으로 목표수행의 결과 업적에 대한 평가를 하게 되면 그 평가결과를 토대로 승진 및 승급, 상여금 등 평가에 기초한 보상을 하고(관리적 목표 충족), 나아가서 능력개발을 위한 연수 및 교육훈련프로그램에 연계를 시키는 피드백을 제공한다(개발적 목적 충족). 특히 [도표 9-2]의 기대이론을 토대로 한 성과관리의 이해모델은 이상의 세 가지 목적을 다 포괄하고 있다는 점에서 대단히 현실 설명력이 높은 유용한 이론이라고 하겠다. 더불어 이 세 목적을 충족시키는 과정에서 이 이론이 종업원에게는 동기부여를, 조직에게는 생산성 향상의 과정을 설명하고 있다.

**도표 9-2** 종업원 동기부여를 위한 성과관리의 이해모델: 기대이론을 중심으로

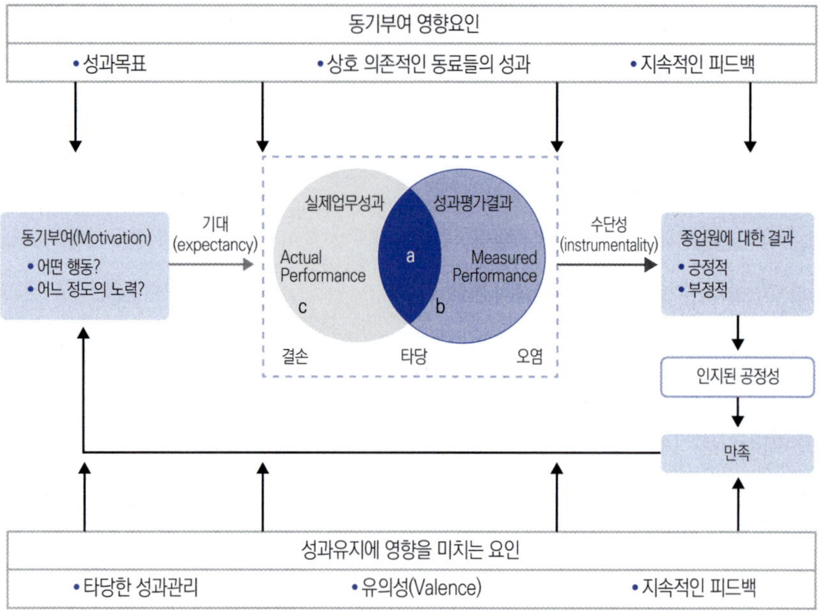


자료원: Werner et al.(2012). *op. cit.*, p.287.

## 1.3 기대이론과 성과관리

성과관리의 전략적·관리적·개발적 목적을 충족하기 위하여 기업은 종업원의 동기부여와 생산성을 동시에 추구해야 한다. 이것을 적절히 설명하는 이론적 틀로서 기대이론(Expectancy Theory)을 들 수 있다(학습목표 2).

### 1) 기대이론(Expectancy Theory)

[도표 9-2]는 기본적으로 기대이론에 토대를 두고 있다. 표에서 보는 바와 같이 동기부여(motivation)는 많은 요인들이 상호 관련되어 있는 복잡한 현상이다. 특히 개인의 동기부여는 첫째, 어떤 행동에 대하여, 둘째, 어느 정도의 노력을 쏟아야 하는지에 대한 두 가지 의사결정을 내려야 한다. 대개 효과적인 직무성과를 위해서는 종업원은 직무가 요구하는 적절한 행동에 대하여 상대적으로 높은 수준의 노력을 투입한다. 보다 구체적으로 사람들은 그들의 행동과 노력이 성과개선에 어느 정도 도움이 되는지 여부와 그것이 바람직한 결과(예

를 들어, 인정과 보상 등)에 어느 정도로 연결되는지를 고려한 다음에야 비로소 그들의 행동과 노력의 수준을 선택한다. 즉, 직장에 나가야 할지 아니면 아프다고 전화를 해야 할지 혹은 퇴근시간에 맞추어 나가야 할지 아니면 좀 더 책상에 앉아 있다가 퇴근할지 혹은 최선을 다하여 전력투구를 할지 아니면 적당히 시간만 때울지 등과 같은 행동선택은 결국은 과업의 동기부여(work motivation) 문제를 반영한 것이다. 기대이론에 따르면 종업원들은 그들이 개인적으로 가치 있다고 생각하는(예를 들어 승진과 직장안정 등) 혹은 바람직한 결과를 얻는 데 도움을 주는 행동을 선택하며 또 바람직하지 않은 결과(예를 들어 강등, 비난 등)가 예상되는 행동들은 회피하는 경향이 있다. 이상의 내용을 기대이론에서는 종업원이 선택하고자 하는 행동 및 노력의 정도에 대한 의사결정은 기대(expectancy), 수단성(instrumentality) 그리고 유의성(valence)에 달려 있다고 개념화하고 있다

### 2) 기대이론에서 성과측정의 중요성

기대(Expectancy)란 개인이 노력을 하면 의도하였던 성과나 업적을 낼 수 있을지에 대한 확률치이다. 즉 노력과 성과의 관련성을 의미한다. 따라서 동기부여되어 노력을 쏟는 종업원들에게는 그러한 노력들이 성과로 연결될 것이라고 기대를 가지고 있는 것이다. 더구나 종업원들이 그들이 가지고 있는 기술이나 능력에 대한 확신을 가지면 가질수록 그들의 노력이 성과로 전환될 가능성에 대한 기대는 더 높아질 것이다. 효과적인 선발과 교육훈련 그리고 성과에 대한 적절한 피드백이 주어진다면 종업원들은 그들의 업무수행 능력에 대한 확신을 더 가지게 될 것이다. 그러나 조직의 성과측정이 제대로 되지 않으면 이 기대치가 낮아질 수 있다. 즉, 종업원은 성과개선을 할 수 있다고 강하게 믿고 있어도 만약 조직이 불합리한 성과측정을 한다면 종업원들의 과업동기부여는 그다지 크지 않게 된다. [도표 9-2]에서 보듯이 *'실제 종업원이 만들어 낸 성과'(actual performance)와 '측정된 성과'(measured performance)가 중첩된 부분(a)이 '성과측정의 정확도'(adequacy of the performance measures)를 의미한다.* 이 중첩된 부분은 타당한 정보로서, 그 중첩된 면적이 넓어질수록 그 성과측정으로 제공되는 정보는 종업원의 성과를 보다 객관적으로, 보다 합리적으로 반영하고 있으며 성과평가시스템의 타당성은 높다고 하겠다.

한편, *평가를 하였지만 잘못된 정보를 얻었다면 그것은 오염(contamination)에 해당한다(b).* 예를 들어 판매원들이 고객에게 얼마나 많은 전화를 하였는가에 따라 판매원들의 성과를 평가하는 것은 오염된 측정치일 수 있다. 전화를 많이 한다고 해서 반드시 판매율이나 고객만족으로 이어지지 않기 때문이다. *또 실제 성과 관련 내용이나 측면을 모두 측정하지*

*않는 경우를 성과측정치의 결손(deficiency)을 의미한다(c)*. 예를 들어 원래 의도가 종업원이 효과적으로 일하는지를 보는 것인데 종업원들의 출근율만을 측정하였다면 성과측정의 결손이 발생한 것이다. 따라서 성과평가는 종업원의 실제업무성과를 가급적 그대로 반영할 수 있도록(중첩범위를 넓힐 수 있도록) 오염과 결손을 최소화해야 한다.

수단성(Instrumentality)이란 산출된 성과가 종업원이 원했던 바람직한 결과로 연결될 확률치를 의미한다. 성과가 임금 및 인센티브, 승진, 교육훈련 기회 등의 토대로 이용되는 인적자원관리 시스템하에서는 업무수행 실적이 높은 종업원에게 그러한 혜택이 돌아간다. 이 경우는 성과가 바람직한 결과를 얻는 데 강한 수단이 되고 있는 것이다(높은 수단성). 그러나 그와 같은 결과가 종업원이 산출한 성과에 의해서 결정되는 것이 아니라 나이나 근속연수, 사적인 인간관계, 연고주의 등과 같이 실제 성과와는 다른 요인에 의해서 결정된다면 그 성과는 종업원이 바람직한 결과를 얻는 데 수단이 되지 못하는 것이다(낮은 수단성). 특히 낮은 수단성의 문제는 [현장올레길 9-2]에서 보듯이 개발도상국이나 후진국에서 흔히 직면하는 심각한 문제이기도 하다.

유의성(Valence)이란 행동과 연관된 결과에 대해서 어느 정도 가치를 두는가를 의미하는 것으로서 사람마다 같은 결과에 대해서도 서로 다른 가치를 부여하기 때문에 지극히 개인적인 문제이다. 예를 들어 탁월한 성과를 내어 저조한 성과를 낸 사람들과는 다른 결과(승진, 임금인상 등)를 얻어도 당사자가 이 결과에 대해서 가치를 두지 않는다면 직무수행을 위한 노력을 쏟아부어야 할 동기는 생기지 않는다. 실제로 공무원조직에서는 먼저 승진하면 왕따를 당하기 십상이라는 이유 때문에 승진을 거부하는 공무원조직의 풍토를 질타하는 삼성 출신 초대 이근면 인사혁신처장의 일갈(조선일보, 2015.2.27)이나, 실적에 대한 스트레스나 건강상의 이유로 임원승진을 포기하는 최근의 현상(오마이뉴스, 2015.4.25)이나, 비록 일부이기는 하지만 책임연구원으로 승진할 경우 노조에서 자동 탈퇴되어 노조의 울타리 속에서 각종 혜택과 보호를 받지 못하기 때문에 승진거부를 공식적으로 선언하고 있는 현대·기아차연구원(http://cafe.naver.com/manzom/10471)들은 승진이라는 결과에 대해 그다지 높은 가치를 두지 않는 것이다. 이는 승진이라는 결과에 대해서 낮은 유의성을 보이는 개인적인 태도인 것이다. 반면에 결과에 대한 가치를 매우 높게 생각하고 있다면 종업원은 그 결과를 획득하기 위하여 많은 노력을 투여할 동기가 생기게 되는 것이다. 결과에 대해 화폐적 가치(예, 보너스)가 있든 비화폐적 가치(예, 인정)가 있든 어떤 사람에게는 매우 높은 유의성이 있지만 또 어떤 사람에게는 매우 낮은 유의성이 있는 것이다. 종업원을 효과적으로 동기부여시키는 조직은 종업원이 가치 있게 생각하는 것이 무엇인지를 알고 있는 것이다. [도표 9-2]는 동기부여와 성과 간의 관계에 관련되어 있는 많은 요인을 규정하고 있다. 설

### 현장올레길 9-2 1980년대 초 사우디 정부가 인력정책에 실패한 이유

1980년대 초 사회과학 분야 한국 최고의 씽크 탱크(Think Tank)인 한국개발연구원(KDI: Korea Development Institute)에서는 사우디 정부가 발주한 인력개발정책프로젝트를 수행하게 되었다. 인구수 약 2천 7백만(2013년 현재, 세계 46위), 면적 약 215만 제곱 킬로(세계 14위), 종교는 이슬람 국가인 사우디 정부는 현재까지도 국민들의 인력개발문제로 고민하고 있지만, 당시 인력개발정책에 있어서 중요한 고민 가운데 하나는 국민의 85%가 유목민으로 살아가는데 이 유목민을 어떻게 건전한 산업인력으로 전환하여 육성하는가 하는 것이었다. 그리하여 사우디 정부는 두 단계 접근을 쓰게 된다.

첫째는 일단 유목생활을 하는 유목민들을 도시로 이주시켜 직업교육을 시키는 것이었다. 둘째는 성공적으로 직업교육을 마치게 한 후 이들을 도시에 정착시켜서 산업인력으로 지속적으로 육성하는 것이었다. 이를 위하여 직업교육을 희망하는 사람들에게 아파트를 무료로 제공하며 직업교육을 받는 데 드는 비용은 물론 그 기간 동안의 평균적인 생활비까지 정부가 제공하는 등 파격적인 지원을 하였다. 또 이들의 직업교육을 위하여 최고의 전문 기술자들을 독일 및 스위스 등에서 스카웃하여 많은 직업학교에 배치하여 기술을 가르쳤지만 이 정책은 실패로 끝났고 사우디 정부는 그 원인을 알지 못하였다. 사막을 방랑하며 유목생활을 하던 이들은 정부가 제공한 아파트 안에서 텐트를 치고 살았고, 사막에서 모닥불 피워놓고 둘러앉아 식사를 하는 베두인족의 버릇을 버리지 못하고 아파트 거실바닥에 모여 앉아서 식사를 하는 등 현대적 생활에 적응하지 못하였다. 결국 대다수의 직업훈련생들은 직업훈련 기간을 채우지 못하고 사막으로 돌아가 유목민 생활을 다시 하게 되었으며 그 누구도 그 이유에 대해서 알지 못하였다. 그러나 한국개발연구원의 최종보고서는 그 비밀을 푸는 일단의 설명을 담고 있었다.

이 보고서에 따르면 당시만 하더라도 사우디를 포함한 많은 중동국가들은 오일달러 덕분에 세계의 부를 거머쥐고 있었고 이 막대한 돈으로 사회인프라를 건설하기 시작하였다. 한국을 비롯한 여러 국가들이 이 중동의 건설 붐에 참여하게 되는데 사우디 정부의 입장에서는 어느 국가의 어느 기업과 함께 이 건설사업을 추진할 것인가가 중요한 이슈였다. 따라서 사우디 정부와 참여기업을 연결시켜 주는 공식적인 브로커가 필요하였으며 이 브로커는 정부 측과 참여기업 측 양측 모두로부터 커미션(commission)을 암암리에 받게 된다. 그런데 이 브로커는 아무나 될 수 있는 것이 아니라 왕족과 피가 섞인 일가 친척들 중에서 선임이 된다. 이들은 한 번의 계약으로 적게는 수천만 원에서 많게는 수십억 원을 벌게 되고 상상을 초월하는 풍요로운 생활을 영위한다. 별 노력 없이도 왕족과 피가 섞였다는 이유로 원하는 부와 풍요를 손쉽게 얻을 수 있었다.

그러나 왕족과는 한 방울의 피도 섞이지 않은 대부분의 유목민들은 정부가 아무리 돈과 아파트를 제공받고 열심히 일한다고 해도 신분상의 차이로 그들이 원하는 수준의 보상을 받지 못한다고 생각한 나머지 산업인력으로 귀화하는 것을 거절하는 심리가 있다는 것이다. 즉 노력하면 직업교육의 성과를 낼 수 있는 어느 정도의 기대치는 있을지언정 신분상의 제약으로 원하는 만큼의 돈을 벌지 못하는 현실 즉 성과가 바람직한 결과로 연결되는 수단성을 매우 낮게 생각하였기 때문에 산업인력으로 되고자 하는 동기 자체를 포기하는 것이었다. 그래서 한국산업개발연구원의 최종보고서에서는 '사우디 사회시스템의 공정성을 높이지 않는 한 사우디 인력정책은 실패로 끝날 가능성이 매우 높다'고 결론 내리고 있다.

자료원: Kim Linsu(1980). *Motivation Survey in Saudi Arabia*, KDI Press.

### 고전올레길 9-1 음서제도

음서제도란 조상이 나라를 위해 특별한 공을 세웠다거나 부모가 높은 관직에 있을 때 그 자손들을 별도의 과거 시험을 치르지 않고 관직에 등용시켜 주는 제도를 말한다. 오늘날로 치면 부모가 고위 공무원이면 그 자녀를 공무원으로 특별 채용해 주는 제도인 셈이다. 신분제 사회였던 삼국시대에는 국가에 공로가 있는 사람의 자손에게 벼슬을 주는 경우가 적지 않았다. 이런 관습을 문음(門蔭) 또는 음직(蔭職)이라 불렀는데, 조상의 음덕(蔭德) 덕택에 벼슬자리에 오를 수 있었다는 말이다. 특히 신라는 혈연을 중심으로 하는 '골품제도'가 중심이었기 때문에, 이러한 신라사회를 무너뜨리고 세워진 고려는 음서제도를 통해 왕족 대신 관료 중심의 세습체계를 만들려고 한 것이었다.

고려 제4대 왕 광종은 중국 후주 출신 귀화인인 쌍기의 건의를 받아들여 과거제도를 실시했다. 국가가 실시하는 시험을 통해 공평하고 공정하게 관료를 뽑아야 유능한 인재를 확보할 수 있을 거라고 믿었기 때문이었다. 그러나 과거제도가 실시된 후에도 음서제를 통해 벼슬에 오르는 이들이 적지 않았다. 제6대 왕 성종 때 문신(文臣)인 최승로는 임금이 중요하게 해야 하는 일 28가지를 뜻하는 '시무(時務) 28조'를 써서 임금에게 올렸는데 그중에는 음서제에 대한 내용도 있었다.

"청컨대 여러 차례 공신(功臣)의 자제들에게 은혜를 내리신 대로 그들 공신의 등급에 따라 그 자손들을 채용하고…."

성종은 이 같은 최승로의 건의를 받아들여 5품 이상의 관리들을 대상으로 한 음서제도를 마련했고 이것이 목종 때 본격적으로 실시된 것이었다. 그 범위도 5품 이상 관리의 경우 친가와 외가 자손들에게까지 적용돼 대상 범위가 매우 넓었다. 3품 이상 고위 관리인 경우엔 자식뿐 아니라 양자로 삼은 아들, 사위, 조카에게까지 그 혜택이 미쳤다. 고려 제11대 왕 문종은 5품 이상 관리들에게 '공음전(功蔭田)'이라는 땅을 지급하는 제도도 마련했다. 이 토지는 자손에게 상속을 해줄 수도 있었다. 이 같은 제도에 힘입어 고려는 부와 권력이 고위 관료와 귀족들에게 집중되고 이것이 대대로 세습되는 '문벌 귀족 국가'가 되었다.

이들은 개인의 능력과 상관없이 오직 가문의 힘으로 갖가지 지위와 혜택을 누렸고, 서로 혼인 관계를 맺으면서 더욱 막강한 세력을 일구었다. 문벌 귀족들이 이런 식으로 나라의 주요한 자리를 독점하자 이에 불만을 품은 무신(군인)들이 쿠데타(1170년 무신정변)를 일으켜 문벌 귀족 사회는 결국 몰락하고 말았다.

자료원: 조선일보, 2018.3.27.

명이 필요한 세 가지 요인들에 국한하여 보충하고자 한다.

- 성과목표(Performance Goal): 목표는 종업원 동기부여에 중요한 영향을 미친다. 제대로 설정된 성과목표는 생산성을 증대시키기 때문이다. 분명하고, 힘들긴 하지만 달성 가능하며 종업원이 수용한 목표는 생산성과 성과에 긍정적인 영향을 미친다. 즉,

성과목표는 도전적이어야 하고 달성 못 할 정도로 어려워서는 안 된다. 쉬운 목표에 대해서는 종업원이 추가적인 노력을 해야 할 어떤 이유가 없는 것이다. 그러나 목표가 달성하기 너무 어렵다면 종업원들은 그 목표달성이 불가능한 것으로 간주하고 굳이 애써서 목표달성을 하려 하지 않게 되는 것이다.

- 상호 의존적인 동료들의 성과(Performance of Independent Others): 상호의존적인 타인들의 성과는 종업원의 동기부여에 영향을 미치는 또 다른 요인이 된다. 종업원이 서로 협업하여 직무수행을 하는 상황에서, 도움을 준 동료가 돕기는 하였지만 성과를 내지 못하였다면, 의욕이 넘쳐 있는 종업원 본인도 저조한 성과밖에는 얻지 못하게 된다. 성과가 본인의 노력과 기술에 의해서 충분히 발휘되지 못하였기 때문에 동기부여 자체가 약해지는 것이다.
- 지각된 공정성과 만족(Perceived Fairness and Satisfaction): [도표 9-2]에서 보듯이 종업원의 만족은 종업원이 받는 금전적 · 비금전적 보상이 공정한지 여부에 달려 있다. 만족한 종업원은 지속적으로 의욕이 충만되어 있다. 반면에 불만족한 종업원은 노력도 덜 하게 되고 그 결과 업무성과도 저조하게 된다.

## 2. 효과적인 성과평가시스템의 기준

조직이 보유하고 있는 성과평가시스템이 효과적이라고 판단하기 위해서는 [도표 9-3]에서 보는 바와 같이 전략과의 적합성, 타당성, 신뢰성, 수용성, 구체성의 다섯 가지 요소가 충족되어야 한다(학습목표 3).

### 2.1 전략적 적합성(Strategic Congruence)

조직의 성과관리시스템은 그 조직의 전략, 목표, 문화와 상호 부합하도록 설계되어야 한다. 어떤 회사가 고객 만족을 강조한다면 성과관리시스템은 고객 만족을 유발하는 행동들을 정의하고 있어야 한다. 만약 회사가 효율적인 운영을 강조한다면 생산성 향상이나 비용절감 관련 행동이나 성과가 성과지표에 적극적으로 반영되어야 한다. 전략적 적합성이 강

**도표 9-3** 효과적인 성과평가시스템의 기준

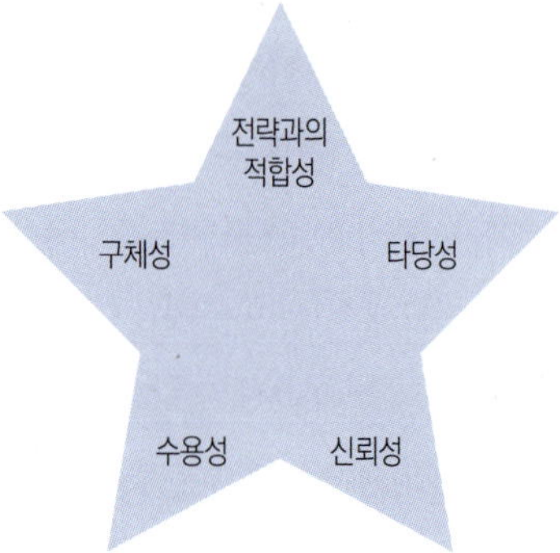


자료원: Noe et al.(2006). *op. cit.*, p.337.

조하는 것은 개별 종업원들이 조직 차원의 성공을 자신의 성공으로 여길 수 있도록 성과평가시스템이 뒷받침되도록 설계되어야 한다는 점이다. 따라서 조직의 전략이 변한다면 성과평가 및 성과관리시스템 또한 변화되어야 한다. 그것은 성과평가시스템의 변화는 종업원의 행동변화에 결정적인 영향을 미치기 때문에 전략변화에 따라 그에 걸맞은 종업원의 행동변화를 기대한다면 성과평가시스템 또한 전략변화와 함께 개편되어야 한다. 그러나 실제 기업의 현실은 전략이 변화되었음에도 불구하고 평가시스템은 잘 변하지 않고 설사 변화되었더라도 그 속도는 대단히 느리다.

## 2.2 타당성(Validity)

타당성이란 평가도구가 측정하고자 하는 것을 정확하게 측정하는 정도를 말한다. 성과평가와 관련하여 성과와 관련된 모든 측면이 평가에 적절히 포함되어 있어야 하고 또 동시에 성과와 관련 없는 부적절한 내용은 평가에 포함되지 않을 때 성과평가에 타당성이 있다고 말할 수 있다. 이 때문에 성과평가의 타당성은 주로 내용타당성(content validity)을 의미한다. 성과와 관계없는 부적절한 내용들이 성과측정에 포함되는 경우를 평가측정치의 오염영역(도표 9-2의 b에 해당)이라 하고, 성과 관련 내용이나 측면을 모두 측정하지 않는 경우를 평가측정치의 결손영역(도표 9-2의 c에 해당)이라 한다. 따라서 종업원의 성과와 관련된 모든 측면이 실제성과측정에 가급적 많이 반영될 때 [도표 9-2]의 a의 면적이 넓어지게 될 것이고 타당한 평가시스템이라고 할 수 있다.

따라서 타당성 있는 성과평가시스템을 구축하기 위해서는 '일을 잘하는 것'이 무엇을 의미하는지 분명히 정의되어야 하고(도표 9-2의 a확보) 평가항목에는 이와 관련된 핵심적인 질문들이 모두 들어가야 하고(도표 9-2의 c의 제거 또는 축소), 일과 상관없는 요소들은 가급적 배제되어야(도표 9-2의 b의 제거 또는 축소) 한다. 예를 들어 대학교수를 평가한다면 대학교수가 해야 할 일들을 정의한다. 뛰어난 교수란 연구, 강의, 교내 · 외 봉사, 산학협력의 네 가지 측면에서 높은 성과를 올리는 사람이라고 한다면 좋은 평가제도는 이 네 가지를 빠짐없이 그리고 이 네 가지만을 가지고 교수를 평가해야 한다. 만약 이 가운데 한두 가지 평가요소만으로 평가한다거나 외모나 옷맵시와 같이 실제 평가와는 관련 없는 요소를 포함시켜 평가한다면 타당성을 갖추지 못한 평가제도라 하겠다(현장올레길 9-3에서 자세히 설명).

## 2.3 신뢰성(Reliability)

성과평가와 관련하여 신뢰도는 성과측정이 일관된 결과를 나타내는 정도를 의미한다. 성과평가에서는 특히 복수의 서로 다른 사람이 특정인을 대상으로 평가를 하였을 때 평가자 사이의 일관된 평가결과가 중요하다. 같은 사람을 평가하는 데 있어서 단지 평가자가 다른 사람이라는 이유로 전혀 다른 결과가 나온다면 이 평가시스템은 신뢰성이 결여되었다고 할 수 있다. 물론 평가자가 상관일 때와 동료 또는 하급자일 때에는 대상자를 보는 관점과 함께한 경험이 다르기 때문에 평가결과가 크게 다를 수 있다. 그러나 조직 내에서 같은 위치의 평가자들이라면 한 평가대상자에 대하여 일관된 결과가 나와야만 이를 신뢰성 있는 평가제도라 할 수 있다(전수환, 2012, p.134).

## 2.4 수용성(Acceptability)

수용성이란 타당성이나 신뢰성과는 별개로 측정결과에 대하여 평가자나 피평가자인 종업원이 받아들일 수 있어야 한다. 대부분의 정교한 성과측정 도구들은 타당하고 신뢰성이 높지만, 우선 관리자들의 시간을 적지 않게 소비하기 때문에 관리자들이 꺼려하게 된다. 또 종업원들도 평가결과의 공정성(justice)을 믿지 못한다면 평가시스템의 수용성은 떨어지게 된다. 따라서 평가를 하는 사람도 평가 자체를 시간낭비라고 믿지 않아야 하고 피평가자인 종업원들을 위해서 평가의 절차적 공정성(procedural justice)과 분배적 공정성(distributive

**이론올레길 9-2** **현대사회의 정의의 원칙은 절차의 공정성에 있다**

미국의 사회철학자인 존 롤스(John Rawls, 1921~2002)는 사회계약설의 전통을 오늘날에 다시 부활시키고 그 관점에서 공리주의(功利主義)의 취약점을 보완시킨 새로운 정의론(正義論)을 제시하였다. 그는 프린스턴대학과 코넬대학을 졸업한 후, 1950년 프린스턴대학에서 박사학위를 취득하였다. 1962년에는 하버드대학의 철학교수가 되었고 1974년에는 미국 철학학회 회장으로 활약하였다. 1971년에 출판된 그의 저서 「정의론(正義論)」은 공정한 사회를 이룩하기 위한 하나의 체계적이고 규범적인 이론을 제시하여 큰 반향을 불러일으켰으며, 현재 실천 철학적 논의의 한 초점이 되고 있다.

그는 '최대 다수의 최대 행복'으로 대표되는 벤담(Jeremy Bentham)의 고전적 공리주의에 대한 비판을 다음의 세 가지로 요약하였다. 첫째, 개인이 얻는 만족이나 쾌락을 측정하는 것이 불가능하고, 둘째, 각각의 다른 쾌락의 정도를 비교하는 것이 어렵다는 것이다. 셋째, '최대 다수의 최대 행복'을 주장하면서 결국 다수의 이익을 위해서 다수에 포함되지 않은 소수의 희생을 정당화할 가능성이 있기 때문에 분배의 정의에 위배되는 원리를 공리주의 안에 내포하고 있다는 것이다.

이러한 비판을 토대로 그가 제시한 정의론의 핵심적 내용을 정리하면 현대사회의 정의의 핵심적 내용은 '절차적 공정성'에 있다고 보았다. 한 사회 내에서 사회구성원들이 자신의 사회를 운영해 나갈 법과 제도를 합의한다고 할 때 법과 제도의 정의는 그것이 정해지는 절차가 정의로운가에 달려 있다고 하였다. 예를 들어 하나의 파이를 나누려는 여러 사람이 있다고 하면, 이 파이를 가장 공정하게 나누는 방법은 한 사람에게 파이를 나누게 한 다음, 파이를 나눈 사람이 맨 나중에 자신의 몫을 선택하게 하는 것이다. 파이를 나눈 사람이 합리적이라면 자신이 맨 나중에 선택해야 한다는 것을 알고 있기 때문에 자신의 몫을 최대한 크게 하는 방법이란 최대한 공정하게 나누는 것이다. 이 방법은 파이를 나누는 절차가 결과의 공정성을 보장한다. 이 사실은 절차적 공정성이 확보되면 분배적 공정성은 자연히 달성됨을 의미한다.

자료원: John Rawls(1971). *A Theory of Justice*, Harvard University Press.

justice)[3]을 확보하기 위한 제도적 노력이 필요하다. 평가시스템의 공정성이 확보될 때 종업원은 성과평가의 피드백을 수용하게 되고 성과 향상을 위한 자기계발의 동기를 발견하게 될 것이다(이론올레길 9-2 참조).

3) 흔히 조직공정성(Organizational Justice)은 조직의 구성원들이 조직으로부터 받는 대우의 공정성을 의미한다. 여기에는 조직으로부터 받는 성과나 결과의 공정성을 따지는 분배적 공정성(distributive justice)과 구성원이 받는 성과를 결정하는 절차에 대한 공정성을 의미하는 절차적 공정성(procedural justice)으로 대별된다. 절차적 공정성이 지켜지기 위해서는 의사결정과정에서 이해당사자 참여자들에게 발언 기회가 주어지고 자신의 의사를 표현할 수 있는 기회가 보장되는 것이 중요하다.

## 2.5 구체성(Specificity)

구체성이란 성과측정의 결과를 종업원에게 피드백으로 제공할 수 있을 정도로 구체화된 정도를 의미한다. 성과측정 관련 정보가 구체적일수록 성과관리를 통해 기업전략 실행과 인력개발을 지원할 수 있다. 측정결과를 통하여 종업원은 조직의 목표달성을 위하여 무엇을 해야 하는지 또 종업원은 성과를 어떻게 개선할 수 있는지에 대하여 알 수 없다면 성과평가시스템으로서 한계가 있는 것이다.

# 3. 성과관리시스템의 전략적 선택

[도표 9-4]에서 보듯이 *성과관리시스템을 설계하기 위해서는 첫째, 누가 평가하는지(Who Evaluates), 둘째, 무엇을 평가하는지(What to Evaluate), 셋째, 어떻게 평가하는지(How to Evaluate), 넷째, 피드백은 어떻게 주어야 하는지 등 적어도 네 가지 전략적 요인들에 대하여 대답을 해야 한다*(Mello, 2011, pp.429-442 응용)(학습목표 4). 이런 전략적 선택을 통하여 만들어진 평가체계는 보상과 적절히 연계되어야 하고 사업의 속성에 따라 유연

**도표 9-4** 성과관리시스템 구축을 위한 전략적 선택

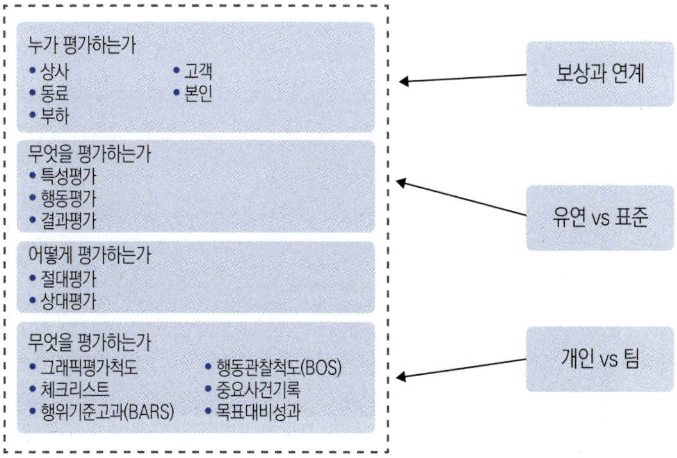


자료원: Mello(2011), *op. cit.*, p.430.

하게 혹은 전사적으로 표준화되어 운영되기도 하며 개인이나 팀에게도 적절히 적용할 수 있다.

## 3.1 누가 평가하는가

종업원이 산출한 성과를 측정하기 위해서는 평가 관련 정보를 수집할 사람이 누구인지를 우선 결정해야 한다. 전통적인 접근으로는 직속상사나 관리자들이 성과에 관한 자료를 모아 평가하는 것이 일반적이었지만 이들에게만 의지하였을 경우에 발생하는 평가상의 다양한 오류로 인하여 평가의 주체를 다양하게 하여 보다 객관적이고 타당한 평가를 할 필요가 있는 것이다(도표 9-5 참조).

**도표 9-5** 종업원 평가의 다양한 원천

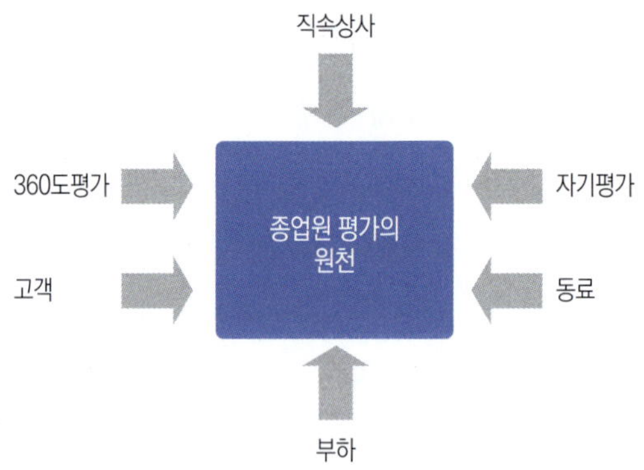


자료원: Werner et al.(2012). *op. cit.*, pp. 303-306 응용.

### 1) 직속상사(Supervisor)

일반적으로 종업원의 평가 관련 정보를 가지고 있는 사람은 그 종업원이 속한 조직의 직속상사이다. 관리자는 해당 종업원의 직무에 관한 의무와 책임 등의 직무수행요건에 대한 정보를 가지고 있으며, 종업원을 충분히 관찰할 기회가 있는 것이 보통이다. 또 관리자의 업무성과가 종업원의 성과에 토대를 두고 있기 때문에 종업원의 행동을 정확히 관찰하고 적절한 피드백을 통해 성과향상을 도모하게 된다.

**현장올레길 9-3** "교수의 외모가 학생들의 강의평가에 영향을 미친다"

By Christopher Shea

이제 대학교수들이 학생들로부터 좋은 강의평가를 받으려면[4] 외모에 신경을 써야 할 것 같다. 이탈리아의 한 대학교의 학부 학생들을 대상으로 교수에 대한 강의평가와 교수의 외모 간 상관관계를 연구하는 실험을 하였다. 그 결과 강사의 외모가 강의평가에 크게 영향을 주는 것으로 나타났다. 이러한 영향이 외모가 매력적인 교수가 더 높은 수준의 강의를 제공하기 때문인지 아니면 게리 베커[5]가 제시한 고객차별(customer discrimination)과 같은 현상 때문인지, 즉 교수들을 외모에 따라 차별하는 것인지를 판단하기 위해 연구팀은 간단한 이론적 틀을 제시하고 또 강의 실력 측정방법을 고안해 강의평가에 대한 경험적 모델에 적용했다. 그 결과 강의 실력을 통제했을 때도 외모가 강의평가에 영향을 미친다는 결론이 나왔다. "외견상 멋지고 아름답다는 것이 강의평가 결과를 설명하는 핵심요소인 것이다."

"게리 베커가 제시한 고객차별과 같은 현상"은 매력적인 문학교수를 뚫어져라 쳐다보는 행동에 대한 완곡한 표현이라 할 수 있을 것이다.

자료원: *The Wall Street Journal*, "Shocking: Attractive Professors Get Better Student Evaluations", April, 10, 2012.

그러나 직속상사가 평가를 하였을 경우에 다음의 몇 가지 문제가 있다. 첫째, 직무에 따라서는 직속상사가 종업원의 성과를 정확하게 평가할 만큼, 매일매일의 일상생활을 충분히 관찰할 수가 없다. 예를 들면 많은 영업사원을 총괄하는 영업관리자가 모든 영업사원들과 함께 고객을 방문할 수는 없는 것이다. 또 영업관리자가 며칠 동안 동행한다 하더라도 관리자가 함께 있는 동안만 최선을 다한다면 관리자가 없는 상황에서는 어떻게 업무수행을 할지 관찰할 수 없게 된다(Noe et al., 2006, p.359). 둘째, 종업원 과업의 기술적인 차원의 문

4) 참고로 미국에는 다양한 강의평가사이트가 있다. RateMyProfessors.com 외에도 askthealumni.com이 있으며 지역마다 다양한 평가사이트가 있다. 이 중 RateMyProfessors.com이 가장 학생들에게 영향력이 있으며 현재 미국, 캐나다, 영국, 스코틀랜드, 웨일즈에 있는 전문대학교 포함 모든 대학교수들의 교수법, 교재정보, 수업방식은 물론 정량적 · 정성적 강의평가결과가 제시되어 있다. 학생들은 9월 신학기 수강신청 전에 꼭 이 사이트들을 참고한다.

5) 1992년 노벨 경제학상을 수상한 시카고대학교 경제학과의 게리 베커(Gary Becker) 교수는 집단에 대한 편견이 소득과 고용 등에 차별을 가져온다고 하였다. 베커 교수는 이를 '선호에 의한 차별'(Taste for Discrimination)이라고 하였으며 이는 그의 시카고대학교 박사학위 논문의 핵심주제였다. 예를 들어 베커 교수의 실험에서 흑인과 함께 일하며 시급 10달러를 받는 것보다는 8달러를 받아도 백인과 일하는 것을 선택한다는 사실을 발견하였다. 또 다른 실험에서 행인에게 길을 물어 보면 그 행인은 젊은 백인 여성에게 가장 호의적이었고 흑인 남성에게 가장 불친절했다. 단 흑인 남성도 옷을 잘 차려 입으면 차별을 덜 당했다. 2014년 5월 3일 83세의 나이로 이 행동경제학의 대가는 별세하였다(1930~2014).

제에 대해서는 상사가 최근에 변화된 기술내용까지 잘 알지 못하는 경우가 많다. 그 경우는 상사보다는 동료, 고객이나 아니면 다른 외부기관에서 평가를 하는 것이 더 정확할 수가 있다. 셋째, 성과평가 자체는 기본적으로 상사의 주관적인 선입견이 작동하는 주관적인 과정이기 때문에 늘 평가오류는 수반되게 되어 있다. 이러한 오류들을 다음에 제시하였다.[6]

(1) 후광효과(Halo Effects)와 뿔 효과(Horn Effects): 피평가자가 지니고 있는 하나의 좋거나 혹은 나쁜 특성(trait)이나 결과(outcome)가 다른 평가에도 그대로 영향을 미치는 것을 후광효과라고 한다. 예를 들어 준수한 외모가 다른 분야의 긍정적인 평가에 영향을 미치는 경우이다(현장올레길 9-3 참조). 즉, 인상이 좋은 사람이 유능하고 지적이며 성품도 어질다고 평가받는 현상을 지칭한다. 취업을 앞두고 취업지망생들이 성형수술에 연연하는 것도 이 후광효과를 은연중에 기대하기 때문이다. 흔히 후광효과는 외모에만 국한된 것이 아니고 학력이나 출신성분에도 적용된다. 학력이나 출신성분이 좋으면 보다 지성적이며 인맥의 수준이 높고 교양미가 넘칠 것으로 생각되어 여러 경쟁에서 우위를 점하게 되는 것도 후광효과가 자리하기 때문이다. 따라서 한국사회에서 성형이 유행하고 학력위조나 학력세탁을 하는 것도 고학력이 지니는 후광효과의 속성을 이용하고자 하는 심리가 녹아 있다. 반면에 실력과 능력은 겸비했지만 어떤 특정 행동이나 특성(더딘 동작, 빈약한 외모나 낮은 학력 등)으로 인해 평가에 손해를 보는 경우도 허다하다. 이를 부정적 후광효과 또는 뿔 효과라고 한다. 예를 들어 어떤 사람이 동작이 매우 느리다고 할 때 평가자가 동기부여가 없다거나 야심이 없다거나 실행능력이 떨어지는 것으로 평가하는 경우이다. 정리하면 어떤 특성이나 결과에 의하여 더 좋은 성과평가를 일관되게 받으면 후광효과(halo effect), 더 나쁜 성과평가를 일관되게 받으면 뿔 효과(horn effect)의 오류에 빠져 있다고 정리할 수 있겠다.

(2) 고정관념(Stereotyping Bias): 종업원의 업무성과보다는 종업원의 특성 즉 성(sex), 인종(race), 나이(age) 등과 같은 종업원의 특성을 기반으로 성과에 대한 판단을 하는 오류이다. 예를 들어 고령자이기 때문에 업무처리능력이 떨어지거나 변화에 대한 저항이 클 것이라는 고정관념을 갖고 평가에 임한다면 고령자들은 좋은 평가를 받기가 힘들어진다.

(3) 대비효과(Contrast Effects): 평균적인 성과를 내는 종업원도 성과가 매우 저조한 종업원과 대비되면 탁월한 성과를 낸 것으로 착각을 일으키게 된다. 반대로 평균적인 성과를 낸

6) 흔히 후광효과는 평가의 정확성에 대한 정의가 애매모호하기 때문에 발생한다. 이에 Lord(1985)는 평가의 정확성을 분류 정확성(classification accuracy)과 행동 정확성(behavioral accuracy)으로 구분하고 후광효과에 대처하기 위해서는 행동 정확성을 강조하는 방안을 제시하였다. 행동 정확성은 특정 평가기준에 부합하는 직무 행동과 평가 기준에 부합하지 않는 직무 행동을 정확하게 구분하는 정도를 말한다. 행동 정확성은 구체적인 피드백을 주거나 부하를 육성하고자 할 때 구체적인 조언을 할 수 있고 또 직무수행의 차원을 세부적으로 판단하기 때문에 후광효과 오류를 현저히 줄일 수 있다(한태영, 2013, p.130).

종업원이 매우 탁월한 성과를 낸 종업원과 비교되면 그 사람도 저성과자로 낙인 찍히게 되는 것과 같은 논리이다. 그래서 남성이나 여성이나 자기보다 외모가 떨어지는 사람과 같이 다니고자 하고, 면접시험에서도 능력이 떨어지는 사람이 앞서서 면접을 하거나 같은 면접 팀의 일원으로 있다면 본인은 평균적인 능력의 소유자임에도 불구하고 선발 시 유리한 입장에 서게 되는 것이다.

(4) 초두효과(Primacy Effects): 종업원 평가 시 처음 제시되는 정보가 나중에 제시된 정보보다 기억에 훨씬 더 큰 영향을 줄 때 발생하는 오류를 말한다. 흔히 첫인상이 중요하다는 말도 여기서 유래한다. 첫인상이 좋으면 시간이 흘러서 인식교정이 있다 하더라도 그 사람을 끝내 좋은 사람으로 생각하게 되고, 첫인상이 나쁘면 역시 인식교정이 있더라도 결국에는 그 사람은 나쁜 사람으로 인식되는 것이다.

(5) 최신효과(Recency Effects): 피평가자의 과거 성과나 사건보다는 최근에 일어난 일(실적이나 사건 등)에 더 많은 영향을 받음으로써 범하게 되는 오류를 말한다. 연초에는 좋은 성과를 내던 종업원이 연말에 가서 실수가 잦은 경우와 연초에는 그저 평범한 실적을 보이던 종업원이 연말 업적평가 기간을 앞두고 부쩍 열심히 하는 경우 평가자는 평가를 앞두고 인상적인 태도와 업적을 보이는 후자의 종업원에게 더 높은 점수를 줄 경우 최신오류에 빠지게 되는 것이다.

(6) 중심화 오류(Central Tendency Errors): 실제 성과결과는 분포가 있음에도 불구하고 모든 피평가자들을 평균점수로 평가해 버리는 경우에 범하게 되는 오류이다. 이 오류는 평가자가 통제의 범위(span of control)가 너무 넓거나 종업원의 행동을 일일이 관찰할 수 없는 경우, 평가정보가 매우 부족한 경우, 평가자가 평가정보를 충분히 숙지하지 못한 경우, 평가작업을 무난하고 안전하게 끝내려 하거나, 피평가자들로부터 비난받지 않으려 하다가 흔히 저지르게 되는 오류이다(Cascio & Aguinis, 2005). 이 오류의 경우는 피평가자들 간의 차이를 구별할 수 없기 때문에 평가결과가 가지는 정보의 양이 크게 줄어 인사평가 자체의 의미를 상실하게 된다. 뿐만 아니라 평가결과를 통한 보상이나 승진, 교육훈련 등의 활용에도 부정적인 영향을 미친다. 따라서 단기적인 처방으로는 강제할당을 통하여 평가점수를 분산시키는 방법도 있지만 보다 근원적으로는 평가자 훈련을 통하여 인사평가제도의 구조와 평가방법을 숙지하고 더불어 지속적으로 피평가자들을 관찰하는 것이 필요하다(한태영, 2013, p.125).

(7) 관대화 및 가혹화 오류(Leniency and Strictness Errors): 모든 종업원들을 실제로 평가받아야 하는 것보다 의도적으로 높게 평가하였을 경우 관대화 오류를 범하게 되고, 반대로 실제로 평가받아야 하는 것보다 의도적으로 낮게 평가하였을 경우 가혹화 오류를 범하게 된

다. 관대화 오류는 객관적인 평가보다는 관대하게 평가하려는 평가자의 평가성향이나 종업원에 대한 평가과정에서 상사로서 불성실하였을 경우 흔히 발생한다. 반면에 가혹화 오류는 평가자의 종업원에 대한 기대수준이 지나치게 높은 경우에 나타난다.[7] 관대화 오류 및 가혹화 오류를 막기 위해서는 평가점수의 분포가 왜곡되는 것을 막는 것이 필요하다. 이를 위하여 강제할당법과 같은 평가방법을 도입하거나 통계적 방법에 의한 평가점수 조정을 통하여 피평가자의 점수를 정상분포가 되도록 하는 것이 필요하다. 예를 들어 기획팀 직원들의 평가점수가 전체 평균보다 일관되게 높다면 그들의 점수를 일정하게 하향조정하거나, 가중치를 1 이하의 특정 숫자로 곱해서 평가점수를 환산하거나, 해당 평가단위에 해당하는 전체 직원들의 평가점수를 함께 고려하여 표준점수 단위로 변환하는 것이다(한태영, 2013, p.122).

### 2) 동료(Peers)

동료들의 평가는 성과정보의 또 다른 원천이다. 동료들은 관리자들과는 달리 매일의 일상적 활동을 같이 경험하기 때문에 종업원을 면밀히 관찰할 수 있는 기회가 많다. 따라서 동료들은 상사들이 보지 못하는 다른 관점의 평가정보를 제공할 수 있다. 그러나 동료평가는 다음과 같은 이유로 조심스럽게 접근해야 한다. 첫째, 동료에게 낮은 점수를 매겨야 본인이 승진하고 인센티브를 더 받게 된다는 경쟁적 기업문화 하에서는 동료평가는 갈등을 증폭시킴으로써 조직에 대혼란을 줄 수 있다. 이는 조직의 사기와 팀워크를 심각하게 손상시킬 수 있으며 회복하기도 쉽지 않다(Mello, 2011, p.432). 실제로 모든 평가 가운데서 동료간 평가가 가장 낮게 나오는 것도 경쟁 관계에 있는 동료에 대한 라이벌의식 때문이다(The Wall Street Journal, 2012.8.6). 둘째, 동료들을 평가한다는 사실이 자신에게 미칠 영향 때문에 평가를 매우 불편하게 생각하고 그래서 실제 업적보다는 더 좋게 동료를 평가하는 관대화 경향도 나타나고 있다.

---

7) Noe et al.(2006). p.365에 따르면 (6) 중심화 오류나 (7) 관대화 및 가혹화 오류는 피평가자들의 업적에 대한 객관적인 분포를 무시함으로써 발생하는 오류들인데 이 오류들은 흔히 두 가지 문제를 제기한다고 하였다. 첫째는 한 사람의 평가자에 의해 평가된 종업원들 사이에서의 성과 구분이 어려워진다는 점이다. 따라서 승진이나 인센티브 지급 비율에 대한 중요한 결정이 상사와 부하 간에 평소의 친소관계나 학연 또는 지연으로 흘러버릴 가능성이 있다. 둘째는 한 평가자는 관대하고 다른 평가자는 가혹하다면 가혹한 점수를 받는 종업원들은 관대한 점수를 받은 종업원들에 비해 비교할 수 없을 정도의 낮은 보상과 기회를 가지게 된다. 부서 간에 이런 오류들이 발생할 경우 문제는 더 커지게 된다. 관대하게 평가받은 어떤 부서직원들은 승진대상자 전원 승진한 반면 가혹한 평가를 받은 부서의 직원들은 승진대상자 전원 탈락하게 되는 경우도 왕왕 있다.

**현장올레길 9-4** 2020년을 마무리하며 어느 부하직원의 직장 상사 평가

2020년도가 지나가고 이제 2021년이다. 벌써 8일이나 지나고 있는 시점에 2020년도에 내가 겪었던 내 상사 평가를 해보려고 한다. 혹자는 그럴 것이다. 네가 뭔데 상사를 평가하느냐고. 너는 얼마나 잘난 사람이길래 남을 평가하느냐고. 난 말하고 싶다. 이런 식으로라도 스트레스를 풀고 싶다고. 물론 내게 평가되어지는 상사가 누구인지는 밝히지 않을 것이며 한 명을 평가하는 것이 아니다. 그리고 없는 거짓말을 하지는 않을 것이다.

# 기본적인 워드프로세싱 능력이 제로

여기서는 마치 내가 엑셀이나 파워포인트의 신(God)처럼 느껴진다. 엑셀에 수식을 하나 입력해서 자동으로 뭔가 이루어지면 다들 오오~. 파워포인트 깔끔하게 만들면 다들 오오~. 독수리타법은 기본이요, 손으로 써서 워드로 쳐달라는 부탁은 일상다반사다. 그나마 그 손 글씨도 못 알아봐서 짜증은 두 배 기쁨은 마이너스.

엑셀의 수식이라고 하면 덧셈, 뺄셈, 나눗셈, 곱셈에서 크게 벗어나지 않지만 대부분 어려워한다. 파워포인트? 기본이라도 하자. 보고서인지 PPT용으로 만든 자료인지 구분도 안 되고 워터마크 찍힌 이미지들과 맞춤법 오류 등, 당신들이 만든 자료를 보고 있자니 울컥한다.

# 술자리 매너 제로

여자직원들을 반강제로 근처로 불러서 술 먹이는 건 예사. 성적인 농담도 개의치 않는다. 19금으로 끝날 정도의 이야기가 아니라 차마 여기에 적지 못하겠다. 술을 끊었다고 해도 마시라고 대리비 준다고 권하는 상사가 있다. 몸이 좋지 않아서 술자리에 참석 못하겠다고 해도 잠깐이라도 들려서 얼굴을 비추라고 압박이 들어온다.

# 누구도 책임지지 않는다

일을 진행하다 보면 잘 될 때도 있고 잘못 될 때도 있다. 하지만 책임은 사원이 지는 것이 아닌데도 불구하고 결제는 사원이 들어가게끔 압박을 준다. 물론 사원이 책임질 일도 있다. 어느 정도 책임감도 있어야 하고. 하지만 높은 직위에 있는 사람이 왜 월급을 더 받는다고 생각합니까? 바로 의사결정에 대한 책임이 있기 때문입니다. 하지만 제가 쭉 지켜봐 온 바로는 의사결정도 사원이나 다른 사람에게 물어보고 스스로 결정하는 경우는 없으며 (대부분) 그로 인하여 여러 부서에서 많이 힘들어하고 있습니다.

# 조삼모사

당장의 차이에만 신경을 쓴다. 길게 생각하고 장기적으로 계획을 세워서 진행하는 일에 낯설다. 당장의 결과에 급급하다 보니 아침에 했던 말이 저녁에 와서 뒤집히는 것은 일상이다. 하지만 결과는 매한가지. 누구 하나 툭 튀어나와서 뭔가 하려고 하면 다들 툭 튀어나온 부분을 때리기 시작한다. 그리고 툭 튀어나온 부분은 버티지 못하고 둥글게 변한다. 아니면 쏙 들어가 버리든지.

더 쓰고 싶지만 쓰다보면 머리만 더 아플 것 같다. 이만 줄여야겠다.

굿 바이 2020년.

자료원: 익명의 회사직원의 가공자료임.

### 3) 부하(Subordinates)

부하들로부터의 평가는 관리자의 대인관계나 리더십 역량을 평가할 수 있는 유용한 정보를 제공한다(현장올레길 9-4 참조). 그러나 상하 간 관계에 따른 두 가지 문제가 있을 수 있다. 첫째, 부하들은 상급자에 대해 부정적으로 평가하기가 쉽지 않다. 만약 부정적으로 평가하였을 경우 혹시 있을지도 모를 보이지 않는 보복이나 불이익으로 인해 객관적인 평가가 어려운 것이 사실이다. 그래서 가급적 익명으로 평가를 하는 경우가 대부분이다. 반면에 실명으로 평가할 경우는 상사에게 최고 점수를 주는 오류를 범할 수가 있다. 둘째, 상사가 부하들로부터 평가받을 경우 효율적인 업무처리나 생산성보다는 부하들의 환심을 사려하거나 부하들의 만족을 강조하는 분위기가 형성되는 수가 있다. 따라서 부하평가는 형식적인 평가가 아니라 실제적인 개선 및 개발의 목적으로 진행할 때 효과를 발휘한다. 또 종업원들을 보호하기 위하여 그 과정은 익명으로 진행해야 하고 한 사람의 관리자를 평가하기 위해서 최소 3명 이상의 부하들이 평가하도록 하여 평가에 대한 심리적 부담을 1/n로 나누는 것이 필요하다.

### 4) 자신(Self)

성과평가 시 본인의 성과에 대해서 스스로도 평가를 한다. 자기평가는 종업원 본인 중심의 이기적인 편향성(self-serving)에 기인하여 스스로에게 후한 점수를 주는 단점도 있지만 다음의 두 가지 중요한 이점이 있다. 첫째는 자신의 업적을 스스로 평가하게 함으로써 자신의 성과에 대해서 생각하게 되고 본인의 평가와 타인들의 평가 사이에 불일치하는 부분을 의미 있게 조명하게 된다. 둘째, 자기평가는 종업원에 대해서 제한된 시간의 관찰과 상호작용을 하는 직속상사의 평가나 동료 평가보다는 통찰력, 좋은 본보기 그리고 보다 전체적인 성과평가를 구체적으로 제공할 수 있다. 특히 종업원 개인은 본인이 효과적으로 수행한 일들을 그들의 상사보다도 정확하고 분명하게 기억할 수 있고 당시 어떤 행동과 실적이 있었는지에 대해 평이하게 언급하고 있는 상사보다도 구체적으로 제시할 수 있어서 전체적인 평가가 가능한 것이다(Mello, 2011, p.432).

### 5) 고객(Customer)

제조업 중심에서 서비스업 중심으로 산업의 중심축이 옮겨가면서 기업의 핵심적 전략이슈로 고객서비스가 강조되고 있다. 따라서 종업원 성과에 대한 고객의 평가가 차지하는 비

현장올레길 9-5 **아마존의 비밀병기… 600만 업체 대상 '무자비한' 평점관리**

2019년 미국의 조지타운대학교와 뉴욕대학교가 공동으로 미국에서 가장 신뢰받는 조직을 조사하였으며 최종적으로 '미군(美軍)'과 테크대기업인 '아마존'을 선정하였다. 세계 최강의 미국 군대에 대한 국민의 신뢰는 이해할 수 있지만, 이윤을 목표로 하는 사기업이 최고 수준의 신뢰를 받는다는 사실은 언뜻 이해가 되지 않는다. 이 선정결과의 비밀은 놀랍게도 일명 아마존의 비밀병기라고 하는 '구매자들의 객관적인 제품평가'에 있다. 고객이 잘 모르는 제품이거나 처음 사는 종류의 제품일수록 고객은 이전 구매자들이 남긴 평가에 의존하게 된다. 하지만 사이트의 댓글 관리보다 힘든 것이 제대로 된 상품 평을 유지하는 것이다. 거대한 상거래 사이트에서 돈 받고 써주는 제품 평과 조작된 별점을 잡아내는 것은 거의 불가능에 가까운 작업이다. 하지만 아마존은 인력과 알고리즘을 동시에 사용해 600만 개의 입점 매장들이 받는 별점을 조사해서 조작을 잡아낸다. 그런 아마존의 작업이 얼마나 인정사정없는지를 보여주는 사례들이 있다. 아마존 사이트에서 같은 종류의 제품을 판매하는 상인들은 경쟁 상인을 공격할 때 그들에게 고객을 가장해서 낮은 별점을 주는 게 아니라, 오히려 최고의 별점을 쏟아 붓는다는 것. 짧은 시간 안에 대량의 최고 별점을 받으면 아마존이 곧바로 조사에 들어가고, 진짜 고객이 남긴 별점이 아닌 경우 가차 없이 아마존 내 매장을 폐쇄하기 때문이다. 아마존의 이런 무자비한 단속으로 판매자들은 하루아침에 파산하기도 하지만, 소비자 입장에서는 아마존의 별점은 믿을 수 있게 되는 것이다. 아마존이 별도의 사법체계를 가진 유사 국가처럼 작동한다는 비판을 받는 것도 이 때문이다. 아마존은 온라인 매장에서 고객들이 원하는 것이 무엇인지 파악했고, 그것을 소비자에게 정확하게 전달해서 국가기관보다 더 나은 신뢰를 얻었다. 초기에 아마존이 미국인들의 관심을 끈 것이 최저가였다면, 그들의 신뢰를 받게 된 것은 가격이 아닌 서비스였다. 약속한 날짜에 제품이 도착하는 것은 물론이고, 어떤 인터넷 매장보다 많은 제품과 쉬운 검색, 비교로 '물건을 사려면 구글보다 아마존 검색이 빠르고 편리하다'는 것이 상식이 되었다. 제품에 대한 객관적인 상품 평을 유지하는 것이야말로 최저가가 주는 효익보다 더 중요해 졌다. 아마존은 경쟁우위의 위치(locus of competitive advantage)이동에 성공하였다

(사진설명) 아마존 창업자인 제프 베조스가 냅킨에 그린 최초의 비즈니스 모델

자료원: 조선일보, 2019.8.13 수정인용과 https://pando.com/2014/01/22/tristan-walker-why-combing-technology-with-black-culture-is-the-greatest-economic-opportunity-of-our-lifetime/

중이 커지고 있다. 대부분의 경우 고객들은 어떤 편견에 사로잡히지 않고 평가피드백을 제공할 수 있다. 고객들은 서비스를 제공하는 종업원들을 평가한다고 해서 불이익을 당하지 않아 평가에 자유로울 수 있기 때문이다. 또 고객들로부터의 평가는 종업원 개발과 적절한 보상을 시행하는 데 있어 매우 중요하다. 전자회사나 통신회사의 경우 수리기사들에 대한 평가는 고객들이 한다. 본사는 이들이 얼마나 완벽하고 그리고 친절하게 서비스를 제공했는지 전화로 고객에게 평가의뢰를 한다. 저조한 평가를 받은 기사들은 교육훈련을 별도로 받거나 인센티브를 적게 받게 된다.

### 6) 360도 평가

360도 성과평가는 흔히 다면평가(多面評價, Multirater Performance Appraisal)라고도 한다. 한 명을 평가정보의 출처로 할 경우, 앞서 살펴본 다양한 형태의 오류를 범하게 되어 있다. 그만큼 평가자 한 사람의 관점은 제한되어 있기 때문이다. 따라서 최대한 정확한 평가를 하기 위해서는 가능한 모든 평가의 주체로부터 평가정보를 확보할 필요가 있다. 이들이 평가한 결과를 당사자에게 피드백해 줌으로써 스스로가 부족한 부분을 개발해 나갈 수 있도록 유도해야 한다.

## 3.2 무엇을 평가하는가

성과평가시스템을 구축하는 데 있어서 다음번 해결과제는 무엇을 평가할 것인지 평가의 내용에 관한 것이다. 이와 관련하여 성과평가는 종업원의 과업성과(task performance)와 맥락적 성과(contextual performance)를 측정해야 한다. 과업성과는 직무의 핵심적인 기술적 과정(core technical process)과 관련되고 맥락적 성과는 직무가 처한 상황, 예를 들면 직무가 수행되는 조직적, 사회적, 심리적 환경과 관련되어 있다. 과업성과와 맥락적 성과를 측정할 때, 일반적으로 특성평가(Traits–based Appraisals), 행동평가(Behavior–based Appraisals) 그리고 결과 또는 산출물평가(Results or Outcomes–based Appraisals)의 세 유형의 성과평가기준을 사용할 수 있다(Werner et al., 2012, p.297).

### 1) 특성평가(Traits–based Appraisals)

특성평가는 종업원의 일반적인 능력과 특성에 평가의 초점을 맞춘다. 예를 들어 조직에 대한 충성심, 의사결정능력, 솔선수범, 리더십 등을 평가하는 것이다. 종업원의 특성을 토대로 평가시스템을 구축하는 것은 그리 어려운 일은 아니지만 종업원의 특성과 성과 간의 직접적인 관련성이 있다고 확신하기 어렵기 때문에 평가의 타당성이 의문시된다. 예를 들면 평소 공격적이고 거친 사람이라도 고객을 대할 때는 매우 친절한 사람으로 돌변할 수 있기 때문이다. 또 특성에 대한 평가는 평가하는 사람이 누구냐에 따라서 결과에 차이가 날 수 있기 때문에 신뢰성에도 문제가 있을 수 있다. 특성평가를 하는 방법 가운데 대표적인 방법으로는 [도표 9-6]에서와 같이 그래픽 평가척도(graphic rating scale) 방법이 있다.

**도표 9-6** 그래픽 평가척도의 예

| 성과차원 | 평 점 | | | | |
|---|---|---|---|---|---|
| | S | A | B | C | D |
| 의사소통 | 5 | 4 | 3 | 2 | 1 |
| 판단력 | 5 | 4 | 3 | 2 | 1 |
| 팀워크 | 5 | 4 | 3 | 2 | 1 |
| 대인관계능력 | 5 | 4 | 3 | 2 | 1 |
| 창의성 | 5 | 4 | 3 | 2 | 1 |
| 문제해결능력 | 5 | 4 | 3 | 2 | 1 |
| 전문지식 | 5 | 4 | 3 | 2 | 1 |

자료원: Noe et al.(2006), p.344.

### 2) 행동평가(Behavior-based Appraisals)

특성평가의 단점을 극복할 수 있는 방법은 종업원의 일이 어떻게 수행되는지(how work is performed) 그 행동을 평가하는 것이다. 행동평가의 장점은 서로 다른 직무에 적용가능하고 관리자들이 종업원의 직무수행에 영향을 주는 요인들을 감안할 수 있고 행동을 관찰하기가 쉽다. 한편 행동평가의 단점은 평가의 주관성에 따른 평가오류의 가능성이 있다는 점이다.

흔히 행동평가는 과업 관련 행동(Task-related Behaviors)과 조직시민행동(OCB: Organizational Citizenship Behaviors), 또는 결근, 지각, 부주의와 같은 비생산적 업무행동(Counterproductive Behaviors) 등을 포함하고 있다(Werner et al., 2012, p.298). 과업 관련 행동은 직무분석을 통하여 결정된 직무 관련 행동들로서 예를 들어 고객서비스 직무의 경우 대인간 접촉이 매우 중요하기 때문에 직원들의 '친절성'을 측정하게 된다. 조직 시민 행동은 과

**현장올레길 9-6** 온라인 운동화 판매회사, 자포스 콜센터직원의 고객감동 사연: 조직 시민 행동(OCB)

대부분의 온라인 회사들은 콜센터 직원들의 모든 순간을 모니터링하고 컴퓨터 사용내역을 감시하기 위해 애쓰고 있지만 자포스는 완전히 반대다. 자포스는 콜센터 직원에게 최고가 아닌 최선의 성과를 내는 데 필요한 모든 방법을 스스로 정하게 한다. 어느 날 자포스 콜센터로 전화가 걸려왔다. 한 여성 고객이 지난번에 구매한 남성 신발 한 켤레를 반품하겠다고 했다. 전화를 받은 콜센터 직원은 고객의 목소리가 떨리는 것을 느끼고는 무엇이 잘못되었는지를 물었다. 고객은 신발을 선물하려고 했던 남편이 교통사고로 사망했다는 말을 했다 그것이 반품의 이유였다.

콜센터 직원은 친절한 말투로 그녀에게 아무 걱정도 하지 말고 그저 집 앞에 신발을 내놓기만 하라고 말했다. 물론 이것은 표준 업무절차가 아니다. 하지만 그러면 자포스가 직접 그 신발을 수거해서 반품처리를 하겠노라고 말한 것이다. 그렇게 고객 응대를 마친 후, 상담직원은 시간을 좀 더 할애하여 인터넷을 뒤져(많은 콜센터에서 엄격하게 금지하고 있는) 추모식이 열리는 장례식장으로 자포스 이름의 꽃다발을 보냈다. 추모식에 참석했던 한 사람이 이 꽃다발 사진을 트위터에 올렸고, 이 트윗은 입소문을 타고 엄청나게 퍼져나갔다. 결국, 자율권을 갖고 최선을 다해 고객을 대했던 콜센터 직원 덕분에 자포스는 엄청난 홍보 효과를 얻을 수 있었다. 1,300여 명의 직원을 둔, 이제 10년 된 회사 자포스는 경기불황에도 2009년 아마존에 12억 달러(약 한화 1조 3천억)에 인수되었다. '조화(弔花)사건'은 자포스의 놀라운 경제적 가치를 만들어내는 일부에 불과했다.

자료원: 퓨처디자이너스 옮김(2012). 굿컴퍼니: 착한 회사가 세상을 바꾼다. 틔움출판사.

업성과가 발생하는 사회적 · 심리적 환경을 구축하고 지원하는 행동들로서 조직의 규칙수용, 타인 돕기, 어려운 여건하에서도 불평 없이 인내하기, 직무기술서가 요구하는 역할 외의 행동에 자원하기, 열정적이 되기, 예의 바르게 처신하기 등의 행동들이 그 예이다. 이 행동들은 조직의 비용절감과 이직뿐만 아니라 생산성, 효율성, 고객 만족 측면에서 긍정적인 효과를 유발한다(현장올레길 9-6 참조). 그동안의 연구결과에 따르면 높은 조직 시민 행동 수준을 보이는 종업원들은 높은 성과평가와 보다 많은 보상을 받았으며, 결근, 지각, 조직을 해치는 비생산적인 행동들을 덜 하는 것으로 나타났다(Reilly & Aronson, 2009). 행동평가를 하는 방법으로는 흔히 체크리스트법, 중요사건기록법, 행위기준고과법, 행동관찰척도법 등이 있다.

### (1) 체크리스트법(Checklist Method)

체크리스트법은 평가를 위한 몇 가지 표준행동을 구체적으로 기술한 문장을 소정의 리스트에 작성하고, 종업원의 능력이나 행동, 근무상태 등에 대하여 리스트와 대조하고, 해당 사항이 있으면 체크한 후 일정한 채점기준표를 통하여 등급을 매기는 방법이다.

### (2) 중요사건기록법(CIM: Critical Incident Method)

중요사건기록법은 평가 기간에 작업조직에 결정적인 영향을 미쳤던 효과적 혹은 비효과적인 행동 내지는 업적을 관찰 및 기록해 두었다가 이것을 토대로 평가시점에 정리하여 평가하는 방법이다. 이런 구체적인 방법으로 성과를 평가하는 것은 종업원에게 그들이 무엇을 잘하고 무엇을 잘못하는지를 피드백할 수 있게 해준다. 그러나 매일 혹은 매주 주요사건을 기록해 두는 것은 상당한 노력을 요구한다. 또한 평가 기간에 특별한 행동이 없었다면 관련 정보를 획득하기가 어렵다.

### (3) 행위기준고과법(BARS: Behaviorally Anchored Rating Scale)

행위기준고과법은 주요사건기록을 기반으로 성과차원을 구체화하고 차원별 성과를 구체적 행동으로 묘사한 다음, 종업원에게 나타나는 실제의 행동을 평가하는 방법이다. 전통

**도표 9-7** 행위기준고과법(BARS)

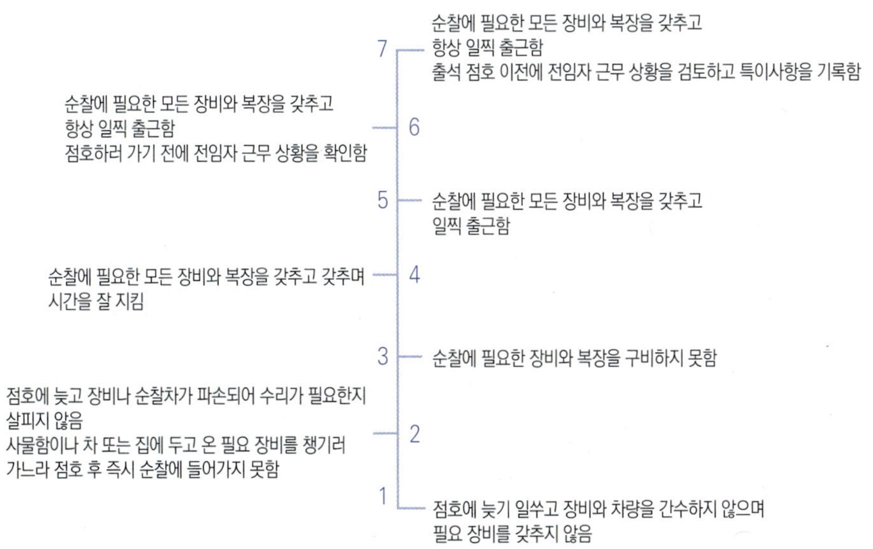


자료원: Noe et al., *op. cit.*, 2006, p.348과 Harvey, R.(1991). "Job Analysis" in *Handbook of Industrial & Organizational Psychology*(2nd ed.) M. Dunnette and L. Hough(Palo Alto, CA: Consulting Psychologists Press), p.331.

적인 인사평가에서는 후광효과, 관대화 경향 등의 주관적 오류를 극복하기가 힘들었고 미래행위에 대한 개선 효과도 없었다. 이러한 취약점을 극복하기 위하여 종업원이 업무수행 과정에서 실제로 보이는 행동을 기준으로 평가를 함으로써 평가의 객관성과 공정성을 높이고 종업원의 바람직한 행동을 유도하기 위한 '행위 기준'에 초점을 맞춘 평가기법이 행위기준고과법이다. [도표 9-7]은 순찰경관의 행위기준고과법의 예이다.

### (4) 행동관찰척도법(BOS: Behavioral Observation Scale)

행동관찰척도는 행위기준고과법(BARS)의 변형으로서 주요사건기록을 기반으로 설계되지만 행위기준고과법이 평가척도를 만들어 내면서 수집사례들을 범주화하는 것과는 달리 행동관찰척도는 효과적인 모든 행동을 보다 구체적으로 정의하기 위해 많은 사례들을 이용한다. 또 관리자로 하여금 평가 기간 동안에 보여준 각 행위의 빈도를 평가하게 한다는 점이다. 행동관찰척도는 관리자가 평가 기간 동안 종업원이 각각의 행동을 얼마나 자주 하는지 기억해야 하고 이것은 평가대상자가 한 명이라도 힘든 작업이다. 그럼에도 불구하고 이 행동관찰척도(BOS)가 그래픽평가척도나 행위기준고과법에 비하면 성과 차등화, 객관성 유지, 피드백 제공, 교육훈련의 필요성 등의 차원에서 보다 선호되는 기법이다. [도표 9-8]은

**도표 9-8** 행동관찰척도(BOS)

변화 저항 극복

지시사항: 각 행동의 빈도를 5점 척도로 표시하시오.

1. 구성원들에게 변화에 관한 세부사항을 설명한다.
   거의 그렇지 않다 1　　2　　3　　4　　5 거의 항상 그렇다
2. 왜 변화가 필요한지 설명한다.
   거의 그렇지 않다 1　　2　　3　　4　　5 거의 항상 그렇다
3. 변화가 구성원에게 어떤 영향을 미칠 것인지 토론한다.
   거의 그렇지 않다 1　　2　　3　　4　　5 거의 항상 그렇다
4. 구성원들의 관심사에게 귀 기울인다.
   거의 그렇지 않다 1　　2　　3　　4　　5 거의 항상 그렇다
5. 변화 활동에 구성원의 협조를 요청한다.
   거의 그렇지 않다 1　　2　　3　　4　　5 거의 항상 그렇다
6. 필요한 경우, 구성원 관심 사항에 답하기 위한 후속 미팅 일정을 잡는다.
   거의 그렇지 않다 1　　2　　3　　4　　5 거의 항상 그렇다

| 점수 | 평가 |
|---|---|
| 6~10 | 미흡함 |
| 11~15 | 적당함 |
| 16~20 | 충분한 |
| 21~25 | 우수함 |
| 26~30 | 탁월함 |

점수: 총득점= ____________

점수는 경영진이 부여함

자료원: Noe et al.(2006). *op. cit.*, p.349.

"변화 저항 극복 행동"을 측정하기 위해 단순화된 행동관찰척도의 예이다.

### 3) 결과평가(Results-based Appraisals)

결과평가는 객관적이고 측정 가능한 업무수행의 결과를 관리하는 데 초점이 있다. 따라서 주관성을 최대한 배제할 수 있다. 이때 사용되는 결과에는 판매율, 비용, 생산성 등이 포함된다. 가장 흔히 사용되는 결과평가방법은 생산성 측정과 목표관리(MBO: Management By Objectives)이다.

#### (1) 생산성 측정

생산성은 한정된 자원으로 가능한 많은 산출물을 얻거나 동일한 산출물을 얻기 위하여 가급적 적은 자원을 쓰는 경우로서 회사의 성공에 있어서 중요한 지표이다. 생산성은 생산직 종업원들의 결과물을 평가할 때 주로 쓰지만 직무수행의 결과측정에서도 사용된다.

#### (2) 목표관리(MBO: Management By Objectives)

목표관리는 기업에서 많이 사용하는 성과평가 방법의 하나로서 다음의 과정을 통하여 진행되기 때문에 엄밀한 의미에서 성과평가 도구라기보다는 성과관리의 도구라고 보아야 한다. 앞서 [현장올레길 9-1] LG전자의 성과평가시스템에서 보았듯이 첫째, 종업원은 자신의 상사와 다음 평가 기간 동안 달성할 목표에 대하여 상의하고 서로 간에 합의를 통하여 목표에 대한 확정을 한다.[8] 둘째, 주어진 기간 동안 종업원은 자율적으로 목표달성을 위해 노력하며, 상사는 지원, 코칭, 멘토링을 하면서 종업원의 목표달성을 후원한다. 셋째, 약속 기간이 끝난 후 종업원과 상사는 다시 만나 정했던 목표를 얼마나 달성하였는지를 평가하고 새로운 목표를 설정한다(도표 9-9 참조).

MBO의 장점은 전략적 목표와 개인성과와의 연계 가능성이 매우 높아 조직의 성과가 높아지고 주관성이 배제되며 수용성이 높다. 그러나 오염부분과 결손영역이 발생할 가능성이

8) 일반적으로 목표설정을 할 때는 SMART의 기준을 따른다. S(Specific): 목표는 구체적이고 명확하게 기술되어야 한다. M(Measurable): 목표는 측정 가능해야 한다. 정량적이든 정성적이든 성과평가 후 달성 여부를 측정할 수 있어야 한다. A(Attainable): 목표는 달성 가능한 정도의 난이도를 지녀야 한다. R(Result-oriented): 목표는 결과 지향적이어야 한다. T(Time-bounded): 목표는 마감 시한이 있어야 한다. 이 기준에 따르면 예를 들어 '영어 인증점수 획득하기'가 아니라 '3학년 말까지 토익 900점 획득하기'로 이를 위해 '영어학원 수강하기(5월~8월/1일 2시간)' 혹은 '1일 2시간 개인학습 교재 00페이시~00페이시' 등으로 정할 수 있다.

**도표 9-9** MBO Worksheet의 예

| Sam Speedy | | 일반 관리자 | 경과 리뷰 |
|---|---|---|---|
| 팀장/부문장의 심사 | 날짜 | 직무 명칭 | 1st ______ |
| | | | 2nd ______ |
| Harry Slow | | 생산 | 3rd ______ |
| 직속상사의 심사 | 날짜 | 직무 명칭 | 날짜 |

| 주요 직무 목적 | % 근무시간 | 측정지표 | 성과 기준 | 결과 | | 일정 | |
|---|---|---|---|---|---|---|---|
| | | | | 목표 | 실제 | 목표 | 실제 |
| 1. 제품 배달 (제품별 세분화 될 수 있음) | 25% | a. 정시 배달 비율 | 94% | 94% | | 8/31 | |
| | | b. 월별 주문 대비 고객 불평 비율 | 4% | 3% | | 9/31 | |
| 2. 제품품질 (제품별 세분화 될 수 있음) | 30% | a. 총 월별 판매량 대비 반품 비율 | 6% | 4% | | 7/31 | |
| | | b. 공장의 월별 생산 시간 대비 정비 시간 | 7% | 4% | | 9/31 | |
| | | c. 보증기간 중 무상 서비스 숫자 | 73% | 86% | | 10/31 | |
| 3. 운영 효율성 | 25% | a. 월별 산출량 대비 비용 | 32.25$ /unit | 35.5$ /unit | | 2/1 | |
| | | b. 월별 장비 가동률 | 86% | 95% | | 11/15 | |
| 4. 기타 주요 목적 | 20% | | | | | | |

자료원: 배종석(2006). 사람기반 경쟁우위를 위한 인적자원론, 홍문사, p.238.

있고 측정되는 성과에만 종업원들이 신경쓸 가능성이 농후하다. 따라서 피드백이 그들의 행동변화에 좋은 지침 역할을 하지 못할 수도 있다(배종석, 2006, p.241).

### 4) 성과평가방법 종합

#### (1) 5대 평가기준

우리는 앞서 본 장 2.에서 효과적인 성과평가시스템의 기준으로서 전략과의 적합성, 타당성, 신뢰성, 수용성, 구체성 등의 다섯 가지를 살펴보았다. 이 다섯 기준이 측정대상인 특성평가, 행동평가, 결과평가에 따라 어떻게 차이가 나는지 살펴보면 [도표 9-10]과 같이 정리할 수 있다.

**도표 9-10** 5개 평가 기준에 비추어 본 성과평가방법 종합

| 측정대상 | 평가기준 | | | | |
|---|---|---|---|---|---|
| | 전략과의 적합성 | 타당성 | 신뢰성 | 수용성 | 구체성 |
| 특성 | L | L | L | H | VL |
| 행동 | H | H | H | M | VH |
| 결과 | VH | H | H | H | L |

주) VH: 매우 높다 H: 높다 M: 보통 L: 낮다 VL: 매우 낮다

자료원: 전수환(2012). *op. cit.*, p.142.

### (2) 평가내용과 평가 기준

한편 지금까지 살펴본 평가기법은 무엇을 평가의 내용이나 기준으로 할 것인가(평가내용)와 잠재되어 있는 보유능력을 평가대상으로 할 것인지, 아니면 발휘된 능력을 평가대상으로 할 것인지(평가기준)에 따라서 [도표 9-11]에서와 같이 정리할 수 있다.

**도표 9-11** 평가내용과 평가기준에 따른 평가기법의 분류

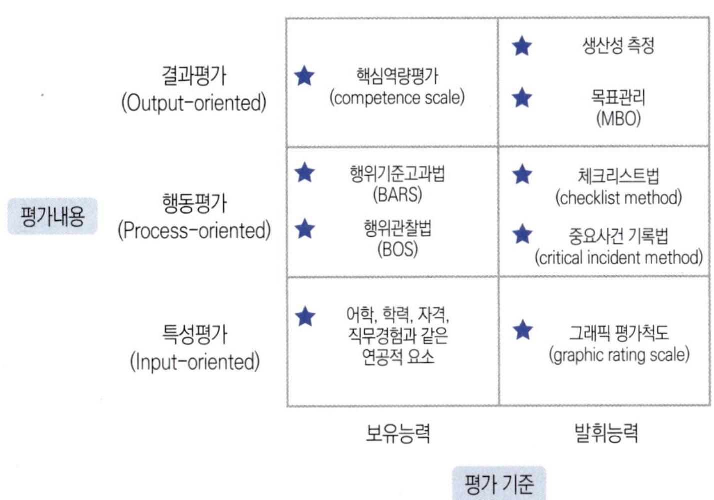


자료원: http://web.sungshin.ac.kr/~parkcom/class/ocu/chap11/21101_1.html 수정인용.

## 3.3 어떤 방식으로 평가할 것인가

평가방식의 문제는 크게 평가를 상대평가방식(Comparative Formats)으로 할 것인가 아니면 절대평가방식(Absolute Standards Format)으로 할 것인지를 결정해야 한다. 그러나 기업현장에서는 성과평가 시에는 절대평가로 하고 그것을 인사팀에서 활용할 경우에는 상대평가로 전환하여 사용하는 경우가 일반적이다. 이하에서는 상대평가방식과 절대평가방식을 비교하고자 한다.

### 1) 상대평가방식(Comparative Formats)

상대평가방식은 한 개인의 평가결과(혹은 고과(考課))를 다른 사람의 평가결과와 비교하여 평가하는 방법이다. 흔히 누가 이 일을 가장 잘 했는가? 혹은 누가 가장 업적이 낮아서 해고 대상자가 되어야 하는가?와 같은 질문에 대한 해답으로서 적합한 평가방식이다. 이 같은 상대평가방식에는 평가대상인 개인이나 팀들을 최고점수부터 최하위 점수까지 나열하여 서열을 매기는 서열법(Straight Ranking Method)과 [도표 9-12]에서 보듯이 강제로 평가대상자들의 인원분포를 할당하는 강제 배분법(Forced Distribution Method)이 있다.

**도표 9-12** 강제 배분법의 예

| 최저 성과자 | 저 성과자 | 보통 성과자 | 우수 성과자 | 최고 성과자 |
|---|---|---|---|---|
| 10%(5명) | 20%(10명) | 40%(20명) | 20%(10명) | 10%(5명) |

자료원: Werner et al.(2012). *op. cit.*, p.307.

### 2) 절대평가방식(Absolute Standards Format)

절대평가방식은 상대적인 비교가 아닌 개인의 절대적인 성과를 평가하는 방식이다. "내가 승진하려면 교육훈련에서 몇 점을 더 따야 하지? 연구논문을 몇 편을 더 써야 하지?" 등의 질문에 적절한 평가방식이다. 예를 들어 A, B, C, D, E평가등급 가운데 등급별로 몇 명의 인원이 할당되어도 상관없다. 극단적으로는 A에 모든 평가대상인원이 다 할당되어도, E에 다 할당하여도 무방하다. 피평가대상자들이 각 평가등급별 기준치만 통과하면 된다. 이와 같은 절대평가방식에 따라 적용하는 평가수단은 앞서 본 장 3.2에서 살펴보았던 그래픽 평가척도, 체크리스트법, 중요사건기술법(CIM), 행위기준고과법(BARS), 행동관찰척도(BOS)

등이다. 이들 평가방법에 대해서는 이미 논하였기 때문에 여기서는 별도의 언급은 하지 않기로 한다.

### 3) 상대평가방식과 절대평가방식: 무엇을 쓸 것인가

두 평가방식은 각기 나름의 장단점을 지니고 있다. [도표 9-13]에서 보는 바와 같이 절대평가의 경우 평가기준이 정해져 있으며, 상대적이지 않기 때문에 피평가자가 무엇을 얼마만큼 학습을 해야 하는지 능력개발이나 태도개발과 같이 개발목표 및 방향이 뚜렷하다. 따라서 인재육성적 측면에서 활용할 수 있는 장점이 있다. 반면에 평가자의 평가기준 설정이 어렵고 뿐만 아니라 평가자 간의 평가기준의 차이는 평가결과를 수용할 수 없는 이유가 되기도 한다. 또 관대화 경향이나 중심화 경향 혹은 평가자의 인성이나 높은 기대수준에 따라 가혹화 경향과 같은 평가오류도 나타날 수 있다. 또 평가점수의 통계적 활용도 어려운 것이 사실이다. 또 상대평가의 경우는 다른 피평가자와 비교를 해야 할 상황에서 적합하다. 따라서 업적고과나 임금인상 그리고 정원(T/O: Table of Organization)이 있는 승진제도에 활용할 수 있는 장점이 있다. 그러나 일률적으로 강제할당을 하는 과정에서 열심히 노력을 하여 능력 신장을 하였지만 낮은 평가를 받을 경우 동기저하(demotivation)가 생긴다. 또 협업을 해야 하고 정보 공유가 필요한 상황에서 상대평가는 그것을 어렵게 한다. 왜냐하면 상대방이 나보다 못해야 내가 좋은 평가를 받고 승진이나 임금인상의 대상자가 되기 때문이다. 이런 이유들 때문에 Microsoft는 상대평가제도를 폐지하였다(현장올레길 9-7 참조).

**도표 9-13** 절대평가와 상대평가의 장단점

| | 절대평가 | 상대평가 |
|---|---|---|
| 장점 | • 능력 및 태도개발 같은 인재육성에 유리 | • 서열을 매기거나 비교를 해야 할 상황에 유리<br>• 임금인상이나 정원이 있는 승진 결정에 활용 |
| 단점 | • 평가자(간)의 기준 설정이 어려움<br>• 평가결과의 수용성이 떨어짐<br>• 관대화 및 중심화 등의 평가오류 가능성 높음<br>• 평가점수의 통계적 활용도 어려움 | • 노력을 해도 원하는 결과를 얻지 못하여 동기저하의 가능성 높음<br>• 협업이나 정보 공유가 필요한 상황에서 불리 |

그렇다면 이 두 가지 평가방식 가운데 어떤 것을 선택해야 하는가? 최근 한국의 교육부는 학생들의 취업을 위하여 대부분의 학생들에게 B 이상의 학점을 주어 '학점인플레이션'을 유발하여 왔던 한국 대학가의 폐해를 더 이상 방치할 수 없다고 판단하고, 대학구조개혁 차

**현장올레길 9-7 "Microsoft가 상대평가제를 폐지한 이유"**

By Shira Ovide & Shira Ovide

Microsoft 전(前) CEO, Steve Ballmer

마이크로소프트(MS)가 '스택랭킹'(stackranking)으로 알려진 직원평가보상 시스템을 폐지한다. 이 제도는 한때 인기를 모았던 경영기법이었으나, 이 시스템에서는 MS직원 10만 명 중 일부가 성과를 내지 못하는 직원으로 분류될 수밖에 없으며, 관리자들 사이의 권력투쟁, 동료들 사이의 불건전한 경쟁을 초래하는 등 논란을 불러일으키기도 했다. 이 시스템하에서 성과가 좋지 않은 직원들은 사직을 권고받기 때문에 종종 'rankandyank' (순위를 매기고 해고하라)라고 불렸다.

MS는 강제적 순위평가시스템을 폐지한 기업들 중 하나가 됐다. MS관리자들은 순위제도를 버리는 대신, 직원들에게 성과에 대한 피드백을 더욱 자주 제공할 것이며, 보너스도 더욱 융통성 있게 분배할 수 있게 된다.

이번 제도 개선은 발머 CEO가 퇴임 전 회사전략과 문화를 계속 재편하고 있다는 사실을 보여 준다. 그는 지난 여름부터 전면적 조직개편을 추진하고, 노키아의 휴대폰 사업을 인수하는 등 전략변화를 꾀했다. MS인사담당 부사장 브러멜은 발머 CEO의 새 전략에서 팀워크를 중시하기 위해 평가시스템을 수정한 것이라고 설명했다. 사무엘 컬버트 UCLA앤더슨 경영대학원 교수는 연례평가는 경영진의 시간을 낭비하는 일이며, MS같은 기업이 오래 전에 버렸어야 할 제도라고 말했다. 그는 "직원평가는 상사가 할 일이 아니다", "그가 할 일은 모든 직원들이 최고 성과를 내도록 만드는 것이다"라고 덧붙였다.

자료원: *The Wall Street Journal*, "Microsoft Abandons 'StackRanking'of Employees", Nov, 12, 2013.

원에서 절대평가에서, 엄정한 성적제도를 운영하도록 상대평가제도로의 변화를 유도하고 있다(조선일보, 2015.5.13). 또 [현장올레길 9-7]에 따르면 MS는 상대평가로 인하여 임직원들 사이에서 나타나는 권력투쟁과 불건전한 경쟁이 남발하고 결국에는 상대평가제는 조직의 협력체제를 와해시키고 나아가서 경쟁력을 약화시키는 제도로 간주하고 이를 폐지한다. 즉, 한국의 대학가는 절대평가에서 상대평가로, MS는 상대평가에서 절대평가로 전환된다. 평가 대상 조직은 다르지만 평가방식에 있어서 균형잡힌 제도 적용을 위해서는 어느 조직이든 양 제도의 장점을 취하는 혼합형을 권하고자 한다(정종태, 2013, p.109). 즉, 예를 들어 평가등급을 S, A, B, C, D의 5단계로 유지하되, S와 A등급을 20%, B등급을 60%, C와 D등급을 20%로 인원배분을 정하고 S와 D등급을 절대평가로 하는 방법이 그것이다.

## 3.4 피드백은 어떻게 할 것인가

일단 종업원의 성과를 측정하여 평가를 마쳤다면 종업원 개인별로 적절한 피드백을 제공해야 한다. 피드백을 제공할 때에는 종업원의 능력이나 동기부여의 수준에 따라서 전략적인 접근을 할 필요가 있다(도표 9-14).

**도표 9-14** 피드백은 종업원의 능력과 동기부여수준에 따라 "전략적으로"

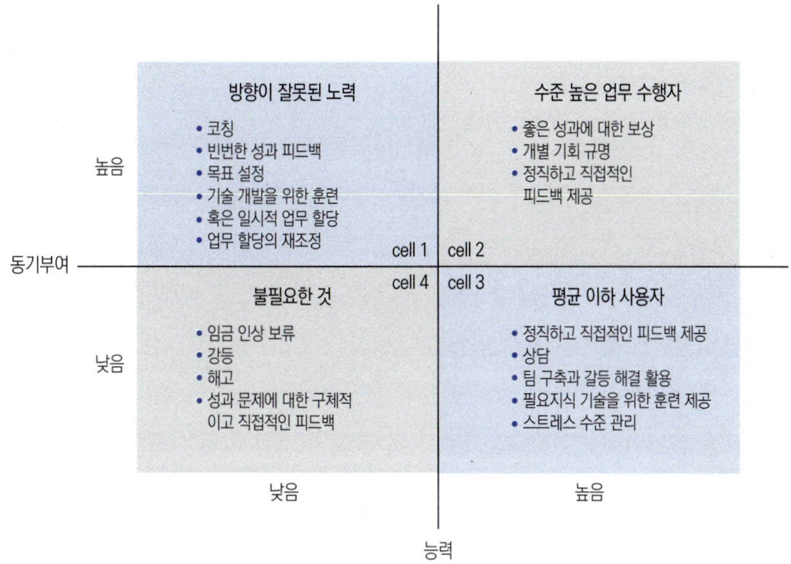


자료원: 최승준 외(2005). 인적자원관리론, 학술정보, p.181.

### 1) cell 1(동기부여 고(高) / 능력 저(低))

이 경우는 해당 종업원이 의욕은 높으나 업무 관련 지식이나 기술, 문제해결능력이 낮아 방향이 잘못된 노력을 하고 있는 상황이다. 의욕적으로 열심히 일해도 문제해결의 전체적인 큰 틀을 잡지 않고 일하는 경우로서 많은 시행착오를 범하고 또 이 과정에서 의욕과잉에 따른 조직에 큰 부담을 줄 수 있다. 따라서 이 경우는 목표설정을 분명히 해주고 직무수행

과정을 수시로 점검하는 등 빈번한 성과피드백을 줄 필요가 있다. 더불어 필요한 부분에 적절한 코칭과 교육훈련을 받도록 해 줄 필요가 있다. 이러고도 성과가 나지 않을 경우 현재의 직무가 해당 종업원에게 적합하지 않기 때문이며 업무조정을 통하여 업무를 재구성하거나 다른 직무로 이동을 시켜 줄 필요가 있다.

### 2) cell 2(동기부여 고(高) / 능력 고(高))

이 경우는 능력이 뒷받침되는 종업원이 높은 의욕까지 보여주는 상황으로서 조직 내에서 가치를 만들어 내는 보배 같은 직원이다. 이러한 종업원에게는 적절한 유 · 무형의 보상과 함께 향후 리더가 되기 위한 개발기회를 적극적으로 제공할 필요가 있다. 이런 종업원에게는 리더 양성 프로그램에 참여시키거나 국내 · 외 연수나 학위프로그램에 참여할 기회를 주는 것이 필요하다.

### 3) cell 3(동기부여 저(低) / 능력 고(高))

이 경우는 능력은 뛰어나나 무슨 이유인지는 모르나 일에 대한 의욕이 매우 떨어져 있는 상황이다. 부서나 회사 전체에 대해서 비전을 발견하지 못하거나 불공정한 제도로 인하여 신나게 일할 동기를 발견하지 못하고 있는 상황이다. 따라서 고민이나 갈등 해결을 위한 코칭이나 교육훈련프로그램을 이수시킬 필요가 있다. 또 업무에 적극적으로 참여할 만큼 의욕을 보이고 적정한 성과를 낼 때마다 칭찬과 같은 긍정적인 피드백을 제공하는 것도 중요하다. 또한 이런 종업원의 경우 업무 자체나 회사 내 인간관계에 따른 높은 스트레스를 경험하고 있기 때문에 스트레스를 관리하는 다양한 힐링프로그램(healing program)도 제공할 필요가 있다. 현재와 같이 낮은 동기부여로는 새로운 학습의 기회를 스스로 포기할 가능성이 높다. 또 현재 알고 있는 지식이나 기술은 곧 진부화되기 때문에 새로운 것을 학습하고자 하는 동기부여에 코칭이나 상담의 초점을 맞출 필요가 있다.

### 4) cell 4(동기부여 저(低) / 능력 저(低))

이 경우는 동기부여도 형편없고 능력도 매우 부족한 종업원의 상황이다. 조직 내 말라 죽은 고목(枯木) 같은 사람이다. 생산성도 없고 가치도 못 만들어 내고 해고가 안 될 정도의 일만 하고 월급만 타가는 직원이다. 보통 성과가 강조되는 조직에서는 이런 직원들은 구조조정의 대상 1순위로 오르게 된다. 그러나 이 경우도 직무가 부적합하게 할당되어 능력발휘를 못하는 것이 의욕까지 약화시키는 결과를 초래했을 수도 있기 때문에 직무의 재구성이나 타 직무로 전환을 시켜보는 것도 생각해 볼 필요가 있다. 성과에 대한 객관적인 상황을 알려 줄 필요가 있고 상여금이나 인센티브를 주지 않는 피드백을 제공할 경우 성과를 다시 올릴 수도 있다. 그럼에도 불구하고 성과향상이나 창출에 별 관심을 안 보인다면 새로운 직장이나 직업을 찾을 수 있도록 도와주고 준비시켜 주는 퇴직프로그램(Outplacement Program)을 권하는 것이 필요하다.

## 4. 조직 차원의 성과평가: BSC(Balanced Scorecard)

이상의 개인 차원의 성과평가체계와 더불어 최근에는 조직 전체의 전략과 개별 사업단위 및 기능부서의 목표를 연결하기 위한 균형성과표(BSC: Balanced Scorecard)의 개념이 도입되어 조직 차원의 성과평가체계로 자리 잡고 있다(학습목표 5).

### 4.1 BSC의 배경

1992년에 Harvard대학교 경영대학 Robert Kaplan 교수와 컨설턴트인 David Norton 박사는 전략을 수립하는 기업의 90%가 전략실행에 실패하는 이유를 다음의 네 가지 장벽(barriers)으로 제시하였다(도표 9-15 참조). 첫째, 단지 5%의 직원만이 조직의 비전과 전략을 이행하고 있다(비전장벽, Vision Barrier). 둘째, 단지 25%의 관리자만이 전략과 연계된 성과보상을 받고 있다(사람장벽, People Barrier). 셋째, 60%의 조직은 전략과 예산수립과정을 별개로 가져가고 있다(운영장벽, Operational Barrier). 넷째, 85%의 고위경영자가 1개월 중 불과 1시간 정도를 전략구상에 할애하고 있다(학습장벽, Learning Barrier).

이들 네 장벽에 대한 극복을 위해서 이들은 균형성과표(BSC)를 개발하였는데 이 균형성과표를 이용하여 조직 차원의 전략계획이 개인 단위에서 적극적으로 실행될 수 있는 실천가능한 개념적 틀이 마련되었다.

**도표 9-15** 전략실행에 대한 네 가지 장벽

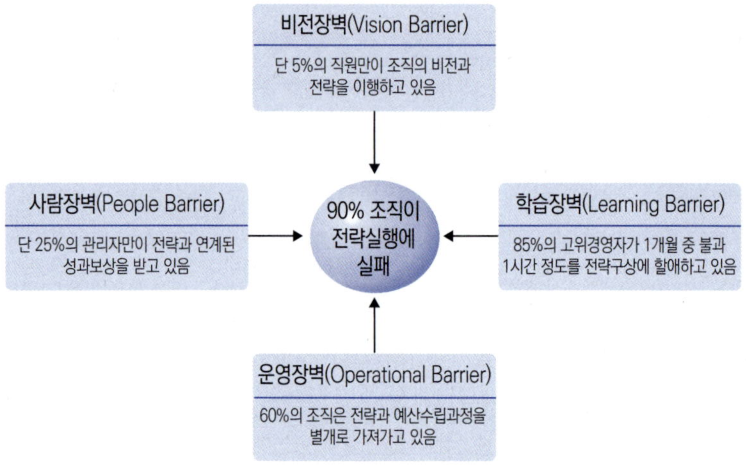


자료원: Kaplan, R & Norton, D.(1996). *The Balanced Scorecard*, Harvard Business School Press.

## 4.2 BSC의 내용 및 구성요소

기업이 성공적인 BSC를 도입하기 위해서는 BSC의 네 관점에 대한 이해와, 전략지도 설정, 그리고 핵심성과지표에 대한 이해가 요구된다.

### 1) BSC의 네 관점에 대한 이해

[도표 9-16]에서 보는 바와 같이 BSC는 기업의 성과를 기본적으로 재무적 관점, 고객 관점, 내부프로세스 관점, 학습 및 성장관점의 네 관점에서 종합적으로 조명함으로써 조직의 장단기 경영성과를 '균형 있게' 관리하는 것이다.

- 우리 회사는 주주들에게 어떤 모습을 보여야 하는가?(재무적 관점)
- 기업이 목표달성을 위해서 고객들에게 어떻게 보여야 하는가?(고객 관점)
- 고객을 만족시키기 위해 어떤 프로세스에서 탁월해야 하는가?(내부프로세스 관점)
- 프로세스의 성과를 잘 내기 위해서는 직원들을 어떻게 학습시키고 성장시킬 것인가?(학습과 성장의 관점)

이를 통하여 기업은 첫째, 재무적 지표와 비재무적 지표의 균형, 둘째, 원인지표와 결과

**도표 9-16** 균형성과표(BSC)의 네 관점과 상호관련성

자료원: Kaplan, R. and Norton, D.(1992). "The Balanced Scorecard-Measures That Drive Performance," *Harvard Business Review*, Jan-Feb, pp.71-79 응용.

지표의 균형, 셋째, 단기지표와 장기지표의 균형, 넷째, 외부지표와 내부지표의 균형을 추구할 수 있게 된다. 성공적인 BSC를 위해서는 재무적 관점을 종착점으로 하여 각 관점들이 상호 연결되고 강화(mutual reinforcing)되어야 한다. 다시 말하면 기업의 비전이나 전략목표는 재무적 관점을 통하여 최종적으로 달성되어야 하며, 재무적 관점의 성과는 고객 관점의 성과를 통하여 달성되어야 한다. 또 고객 관점의 성과는 내부프로세스 관점을 통하여 달성되어야 하고 내부프로세스의 관점은 학습 및 성장관점을 통하여 달성되어야 한다.

(1) 재무적 관점: 재무적 관점은 기업이 재무적으로 성공하기 위해 주주에게 어떤 모습을 보여야 하는가에 관한 관점으로서, 사업단위에 투자된 자본에 대해 더 높은 수익률을 얻으려는 조직의 장기적 목표를 나타낸다. 따라서 기업들은 회사 전체의 재무적 목표를 분명히 제시하고 성장 · 유지 · 수확 단계의 사업단위들도 자신의 위치에 적합한 재무적 목표를 제시하게 된다. 흔히 사용되는 재무적 관점의 측정지표로는 기업가치평가의 핵심지표인 총자산수익률(ROA: Return On Assets) 혹은 자기자본이익률(ROE: Return On Equity)이나 매출액성장률(Sales Growth Rate) 등을 사용하고 있다.

(2) 고객 관점: 고객 관점은 기업이 전략목표를 달성하기 위해 고객에게 어떻게 보여야 하는가에 관한 관점이다. 이는 재무관점에서의 재무적 성과는 회사의 제품에 만족하는 고객의 충성도와 유지 정도에 의해 창출되기 때문에 목표시장과 고객의 대상에 따라 고객 만족, 고객유지, 신규고객확보, 적시인도(on time delivery), 짧은 조달기간 등의 지표 등이 사용된다.

(3) 내부프로세스 관점: 내부프로세스 관점은 고객을 만족시키기 위해 기업은 어떤 내부프로세스에서 탁월해야 하는지를 규정하는 관점이다. 이는 고객의 가치를 창출할 수 있는 경쟁력 있는 가치사슬(Value Chain)을 발견 또는 유지할 수 있는 기업의 핵심역량에 해당한다. 내부프로세스 관점에서의 성과는 제품출시 소요기간, 제조 사이클 타임(cycle time), 낮은 불량률, 높은 수율(收率, yield rate)[9] 등의 지표가 사용된다.

(4) 학습 및 성장관점: 학습 및 성장관점은 고객과 주주들에게 가치를 부여하는 탁월한 내부프로세스 능력을 개선하기 위하여 직원들을 어떻게 학습시키고 성장시켜야 하는지에 관한 관점이다. 이 관점은 재무적 관점, 고객 관점, 내부프로세스 관점 등은 궁극적으로는 개인 및 조직의 학습과 성장역량에 달려 있다고 보기 때문에 종업원 만족, 이직률, 교육 이수율, 정보시스템 가용성 등의 지표가 활용된다.

### 2) 전략지도(Strategy Map) 설정

전략체계도란 앞서 살펴본 네 가지 관점별로 회사가 추구할 전략과제(전략적 목표)를 도출하고 이들 전략과제(혹은 전략목표)들 간의 인과관계(causal relationship)를 명시적 다이

**현장올레길 9-8 미국 Rock Water사의 전략지도(Strategy Map)**

〈Rock Water사 전략지도〉

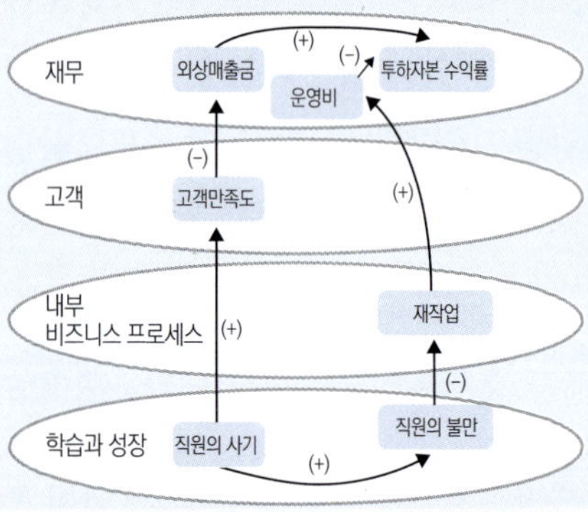


가설: 1) If 직원사기 up(+), Then 직원제안 up(+): + 상관관계
2) If 직원제안 up(+), Then 재작업 down(-): - 상관관계
3) If 재작업 down(-), Then 운영비 down(-): + 상관관계
4) If 운영비 down(-), Then 투하자본이익률 up(+): - 상관관계
5) If 직원 사기 up(+), Then 고객만족도 up(+): + 상관관계
6) If 고객만족도 up(+), Then 외상매출금 down(-): - 상관관계
7) If 왜상매출금 down(-), Then 투하자본이익률 up(+): - 상관관계

자료원: Kaplan & Norton(1996). *The Balanced Scorecard*, Harvard Business School Press. p.255.

9) 수율(收率, yield rate)이란 투입량 대비 완성품 비율. 일반적으로 웨이퍼 장당 생산되는 양품(제대로 된 제품) 개수를 기준으로 한다. 웨이퍼 한 장에 4백 개의 64메가D램을 설계했으나 3백 개의 양품이 나왔을 경우 수율은 75%이다. 신제품 개발 초기의 수율은 보통 10~20%선이지만 장비가 안정되고 기술이 향상되면 50% 이상 높아진다. 수율은 회사의 생산기술수준을 알 수 있는 척도이므로 비밀이다.

**현장올레길 9-9** Zerox가 발견한 핵심인과관계

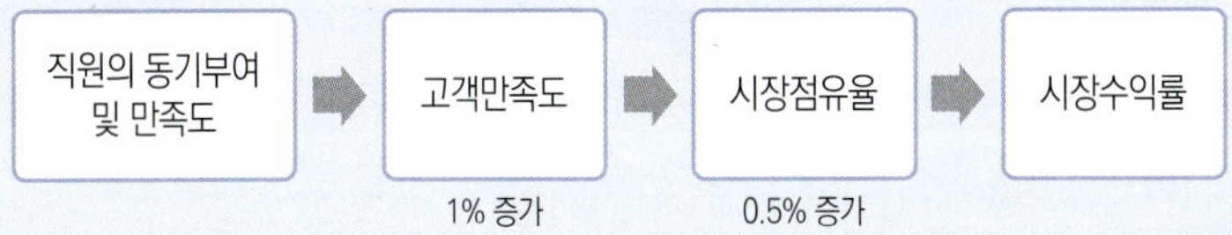


자료원: Kaplan & Norton(1996). *op. cit.*, p.257.

어그램으로 표현한 것이다. 전략지도를 통하여 전략과제 간 'if–then' 가설적 인과관계 파악을 쉽게 할 수 있고 따라서 목적의 명확화가 가능해진다. [현장올레길 9–8]은 미국 Rock Water사의 전략지도이다.

이에 따르면 직원사기가 오르면 직원제안이 많아지고[직원사기와 직원제안(+)상관], 직원제안이 많아지면 재작업의 빈도는 떨어지며[직원제안과 재작업의 (+)상관], 재작업의 빈도가 떨어지면 운영비가 절감되고[재작업과 운영비의 (+)상관], 운영비가 절감될수록 자본수익율은 증가하고[운영비와 자본수익률 간의 (–)상관], 또 직원의 사기가 오를수록 고객만족도는 증가하고[직원사기와 고객만족도의 (+)상관], 고객만족도가 증가할수록 외상매출금은 줄어들고[고객만족도와 외상매출금 간의 (–)상관], 외상매출금이 줄어들수록 자본수익률은 올라간다(외상매출금과 자본수익률의 (–)상관).

전략지도상의 인과관계는 전략이 내포하는 일련의 가정들을 가시화하는 것으로서 기업전략의 전체적인 줄거리를 알 수 있다. 만약 가설적 관계로 결과가 나오지 않는다면 경영자는 어느 관계에서 문제가 발생했는지, 어떤 전략과제가 문제를 유발하는지, 대처방안은 어떠해야 하는지 앞서 논의한 네 관점에서 종합적인 판단을 내릴 수 있다. 한 걸음 더 나아가서 [현장올레길 9–9]에서 보는 바와 같이 Zerox의 경우 고객만족도 1% 증가 시 시장점유율이 0.5% 증가한다는 사실을 발견하고 선행지표인 직원의 동기부여 및 만족도, 고객만족도, 시장점유율 그리고 자산수익률(ROA)을 가장 중요한 핵심적인 전략과제 및 지표로 선정하여 체계적인 관리를 하고 있다.

### 3) 핵심성과지표(KPI: Key Performance Indicator)에 대한 이해 및 실행계획 작성

전략목표들 간에 인과관계가 설정되면 전략목표들의 달성 여부를 판단할 수 있는 핵심성과지표(KPI: Key Performance Indicator)를 마련해야 하고 핵심성과지표별 목표달성수준

**도표 9-17** 전략목표-KPI-목표치-실행과제 도출의 실례

달성해야 할 전략목표와 성공의 핵심요인 / 성공에 대한 측정(KPI) / 성과기대 / 목적달성을 위한 핵심적 실행과제

| | 과거 | 측정 | 목표 | 실행과제 |
|---|---|---|---|---|
| Financial | 수익 다변화 | 수익믹스 | 10% 제품 A<br>40% 제품 B<br>50% 제품 C | • 적극적 판촉활동<br>• 새 유통망 구축 |
| Customer | 고객 만족증가 | 고객유지 | 90% | • 수시로 고객행사 |
| Internal | 신제품개발 | 신제품 수익비중 | 2016-15%<br>2017-50%<br>2018-60% | • R&D 투자증대<br>• 고객 Mailing |
| Learning & Growth | 전략적 스킬 개발 | 스킬 사용 정도 | 90% | • 고객훈련<br>• 지식 Library 구축 |

자료원: Kaplan & Norton(1996). *op. cit.*, p.260.

에 해당하는 목표치(Target)와 목표치를 달성하기 위한 예산을 포함한 일련의 실행계획(Initiatives)이 작성되어야 한다. [도표 9-17]은 전략목표-핵심성과지표(KPI)-목표치-실행과제 도출의 예가 제시되어 있다.

특히 국내 · 외를 불문하고 많은 기업들은 성공적인 BSC정착을 위하여 핵심성과지표(KPI) 도출에 주력해 왔다. 핵심성과지표란 기업전략을 달성하기 위한 활동의 성과를 측정하는 지표로서 KPI가 구체적인 경우 비록 성과가 미진하더라도 그 원인과 신속한 대처가 가능하지만 이것이 불분명하거나 잘못 설정될 경우 성과부진의 원인탐색에 실패하게 되고 구성원들의 사고와 행동의 초점을 잘못된 방향으로 이끌게 되며, 궁극적으로 구성원들의 의욕을 저하시키고 기업 전체의 성과도 저하되는 결과를 초래하게 된다(정종태, 2013, p.135).

## 5. 창조경영 구현을 위한 전략적 시사점

공정하고 수용성이 높은 평가체계를 만드는 것은 기업인들이나 종업원 모두의 바람이지만 현실은 늘상 괴리가 있다. *시장과 고객으로부터 기회와 발상의 원천이 존재하고 이를 통*

*하여 새로운 사업의 전략적 창*(strategic window)*이 열리기 때문에 창조경영의 기반구축에 있어서 고객가치의 창출관점에서 인재를 육성하는 시각을 갖는 것은 전략적으로 매우 중요하다고 하겠다*(김상수, 전상길, 강견현, 최은지, 2008). *따라서 창조경영의 구현을 위한 기업들의 평가체계는 고객가치창출 관점이 높은 비중을 차지해야 한다.* 고객이 무엇을 원하는지 정확하게 파악하고 이를 제품 / 서비스로 만들어 낼 수 있는 전문가를 육성해 내야 한다. 이를 위해서 두 가지 점을 제언하고자 한다. *첫째는 고객가치를 충족시켜 줄 수 있는 고객역량에 대한 정확한 평가가 필요하다. 둘째는 고객가치를 증진시킨 창의적인 사람들이 승진을 포함한 조직의 여러 형태의 보상을 받을 수 있는 확률이 높도록 평가체계가 설계되어야 한다는 점이다.* 이것이 작동하지 않으면 평가체계가 오히려 창의적인 인재를 말살하는 부정적인 결과를 초래하게 된다.

고객역량평가와 관련하여 우선적으로 구성원 개개인이 보유하고 있는 고객역량을 정확히 진단하고 강약점을 파악하여 고객 전문가의 육성 활동에 연계해야 한다. 마이크로소프트(Microsoft)는 20개 이상의 핵심역량을 선정하여 정기적으로 진단하고 있는데, 그중 하나가 '고객중시'(Customer Focus)이다. 구성원들의 고객중시 역량을 평가하기 위하여 다음과 같은 세 가지 질문을 던지며 심층인터뷰를 한다. ① 당신은 고객 니즈를 어떻게 파악하고 충족시켰는가? ② 당신은 고객만족도를 어떻게 조사하고 활용하는가? ③ 당신의 고객과의 관계형성의 노하우는 무엇인가? 이처럼 실제 업무과정에서 부딪칠 수 있는 상황에 대한 심도있는 질문들을 던짐으로써 구성원들의 고객 문제해결역량을 진단하게 된다(최병권, 2007).

다음으로 고객의 문제를 창의적으로 해결한 사람들은 창의적 역량을 성과로서 입증한 사람으로서 이런 종업원들이 좋은 평가를 받도록 하는 것과는 별도로 다른 종업원들의 혁신성을 키워주거나 육성하는 데 기여한 사람의 공헌도 승진이나 업적평가에서 간과되는 일이 없도록 해야 한다. 단적인 예로 혁신을 위해 성실한 위험을 선택한 인재가 실패하였을 경우 그 실패를 보호하고 포용하는 '실패포용시스템'이 구축되어야 한다. '올해의 최고실패상' 제도를 도입하든지, 한 번 실패로 모든 것이 끝나는 것이 아니라 세 번까지 기회를 주는 '삼진아웃제'도 그 예에 해당한다. *최근 비브 골드스타인 GE 글로벌 혁신촉진사업부 부사장은 "새로운 전략이 도입되려면 직원들이 새로운 실험이나 실패를 편안하게 받아들이도록 하는 것이 중요하다"고 강조한 바 있다*(조선일보, 2016.6.8). 따라서 고객가치를 충족시켜 줄 수 있는 창의성에 대한 폭넓은 행동측정지표뿐만 아니라 창의성의 구체적인 산출물도 평가대상에 포함되어야 할 것이다(Brockbank, 1999, p.345)(**학습목표** 6).

## 단원 이해를 위한 질문

Q1 [도입사례 9]의 메이난 기계제작소의 차원평가방식을 9.2 효과적인 성과평가시스템의 다섯 가지 기준 즉, 전략적 적합성, 타당성, 신뢰성, 수용성, 구체성의 관점에서 평가해 보라.

Q2 성과관리가 왜 중요한가?

Q3 [현장올레길 9-1] LG전자의 성과평가시스템의 특징은 무엇인가?

Q4 타당하고 정확한 성과측정이 왜 중요한지 기대이론을 중심으로 설명해 보라.

Q5 [현장올레길 9-2] 사우디 정부의 인력 정책상의 문제점은 무엇인가?

Q6 효과적인 성과평가시스템의 기준에 대해서 설명해 보라.

Q7 [고전올레길 9-1]의 음서제도를 기대이론으로 평가해 보라.

Q8 여기 하나의 파이가 있다고 가정하자. 여러 사람이 파이를 나누려고 한다면 이 파이를 가장 공정하게 나누는 방법은 무엇인가? 절차적 공정성과 분배적 공정성의 관점에서 답해보라.

Q9 종업원 평가의 원천은 무엇이며 이중 동료평가의 의의를 제시하여 보아라.

Q10 여러분이 [현장올레길 9-6] 온라인 운동화 판매회사, 자포스의 감동을 준 콜센터직원을 특성평가, 행동평가, 결과평가의 관점에서 평가해 보라.

Q11 상대평가와 절대평가는 상호보완적인가 아니면 상호배타적인가? 왜 그렇다고 생각하는가?

Q12 [현장올레길 9-7] 여러분이 MS의 CHO라면 Microsoft가 상대평가제를 폐지한 이유를 회장에게 어떻게 보고하겠는가?

Q13 런던 비즈니스 스쿨의 마이클 해머 교수는 BSC가 지난 100년 동안에 인간이 개발한 경영기법 가운데 가장 기념비적인 제도라고 하였다. 왜 그렇다고 생각하는가?

## 참고문헌


- 가마다 마사루(김욱 옮김)(1997). 이상한 회사. 세경북스.
- 박영배(2012). 현대인적자원관리, 도서출판 청람.
- 배종석(2006). 사람기반경쟁우위를 위한 인적자원론, 홍문사.
- 심리학용어사전, 2014.4., 한국심리학회.
- 오마이뉴스. "빨리 승진해 봤자 … 왜 이렇게 살았지?", 2015.4.25.
- 이데일리. "대학구조개혁 평가지표 확정 … 특명! A학점을 줄여라", 2014.12.28.
- 임창희(2014). 인적자원관리, 제3판, 비앤엠북스.
- 장영란(2009). 플라톤의 교육-영혼을 변화시키는 힘, 살림출판사.
- 전수환(2012). 에센스 인적자원관리, 세경.
- 정재훈(2011). 인적자원관리, 제3판, 북넷.
- 정종태(2013). 인사관리: 기본과 실제, 시그마프레스.
- 조미옥(2015). 성공하는 기업의 문화적 DNA, 넥서스BIZ.
- 조선일보. "A 받던 학생들이 B, C … '學點거품' 꺼지자 대학 들썩", 2015.5.13.
- 조선일보. "똑똑하고 젊은 공무원 조차도 왜 일을 벌이냐며 투덜 … 왕따될까봐 승진거부도", 2015.2.27.
- 퓨처디자이너스 옮김(2012). 굿 컴퍼니: 착한 회사가 세상을 바꾼다, 틔움출판사.
- 한태영(2013). 인사평가와 성과관리, 시그마프레스.
- Analoui, Farhad(2007). *Strategic Human Resource Management*, Thomson Learning.
- ASTD(2010). "Training Industry FAQ", http://www.astd.org/ASTD/aboutus/trainingindustry FAQ/htm.
- Brockbank, Wayne(1999). "If HR were really strategically proactive: Present and future directions in HR's contribution to competitive advantage", *Human Resource Management*, 38(4), 337-352.
- http://cafe.naver.com/manzom/10471
- http://web.sungshin.ac.kr/~parkcom/class/ocu/chap11/21101_1.html
- http://www.askthealumni.com
- http://www.careernote.co.kr/2146, 정철상의 커리어 노트
- http://www.gore.com/ko_kr/news/FORTUNE-2011.html
- http://www.RateMyProfessors.com
- Kaplan, R., & Norton, D.(1992). "The Balanced Scorecard-Measures That Drive Performance", *Harvard Business Review*, Jan.-Feb., 71-79.
- Kaplan, R., & Norton, D.(1996). *The Balanced Scorecard*, Harvard Business School Press.

- Kim Linsu(1980). *Motivation Survey in Saudi Arabia*, KDI Press.
- LG전자의 성과평가시스템(2015).
- Lord, R. G.(1985). "Accuracy in behavioral measurement: An alternative definition based on raters' cognitive schema and signal detection theory", *Journal of Applied Psychology*, 70, 66-71.
- Mael, F. A., & Ashforth, B. E.(1995). "Loyal from Day One: Biodata, Organizational Identification, and Turnover among Newcomers", *Personnel Psychology*, 48, 309-333.
- Mello, Jeffrey A.(2011). *Strategic Management of Human Resources*(3rd Ed.), South-Western Cengage Learning.
- Noe, R. A., Hollenbeck, J. R., Gerhart, B., & Wright, P. M.(2005). *Fundamentals of Human Resource Management*, McGraw-Hill Companies.
- Rawls, J.(1971). *A Theory of Justice*, Harvard University Press.
- Reilly, R. R., & Aronson, Z. H.(2009). "Managing Contextual Performance", In J. W. Smither & M. London(eds.), *Performance Management: Putting Research into Action*(San Francisco: Jossey-Bass, pp.297-328).
- *The Wall Street Journal*, "Microsoft Abandons 'Stack Ranking' of Employees", Nov, 12, 2013.
- *The Wall Street Journal*, "Peer Performance Reviews Take Off," August, 6, 2012.
- *The Wall Street Journal*, "Shocking: Attractive Professors Get Better Student Evaluations", April, 10, 2012.
- Werner, S., Schuler, R. S., & Jackson, S. E.(2012). *Human Resource Management*(11th Ed.), South-Western, Cengage Learning.

## 바람에게

신혜솔

자작나무 숲에 머물면
반짝이는 소리가 들려
뜨겁던 여름 오후도 물러 가고
찌릉대던 매미울음 잦아들 때
잠시 머물러 그 소리 들어봐

네 손을 잡으려 출렁이는
푸른 잎들의 부대낌
아득하지 않은 오늘의 소리에
귀 기울여봐

# 제 10 장
# 창조경영을 위한 보상관리 I (기본급 임금구조의 설계)

## 깨달음의 명언

- "돈은 최선의 종이요 최악의 주인이다." - 프란시스 베이컨 -
- "사막이 아름다운 것은 어딘 가에 샘을 숨기고 있기 때문이다." - 쌩떽쥐빼리 -

## 학습목표

1. 보상의 정의 및 보상관리의 전략적 중요성에 대하여 학습한다.
2. 효과적인 임금관리의 기준으로서 임금수준(적정성), 임금체계(공정성) 그리고 임금형태(합리성)에 관한 이론을 학습한다.
3. 직무급, 연공급, 직능급, 그리고 성과급의 장단점을 살펴본다.
4. 연봉제의 배경과 의미 그리고 유형에 대해 살펴본다.
5. 임금구조 설계에 관한 이론적 학습을 한다.
6. 인적자원에 대한 세분화와 보상전략을 학습한다.
7. 창조경영 구현을 위한 전략적 시사점을 익힌다.

## 도입사례 10 高비용구조, 수출 경쟁력 악화

"소규모 섬유업은 인건비 경쟁인데 국내에서는 더 이상 경쟁력이 없어요. 최저임금 인상에 주 52시간제까지…. 임금을 감당할 수 없어서 동남아로 나갈 수밖에 없습니다." 섬유업체 대표 A씨는 "값싼 중국산이 시장에 쏟아지는 판에 급격한 임금 인상까지 겹쳐 더 이상 국내에서는 사업을 할 수가 없다"며 "2017년엔 100억 원어치를 수출했지만, 작년엔 70억 원으로 줄었고, 올해는 50억 원에 그칠 전망"이라고 말했다. A씨는 최근 베트남으로 공장을 옮겼다. 직원을 절반으로 줄이면서 긴축 경영을 해봤지만, 치솟는 인건비와 인력 수급 문제를 감당할 수 없었기 때문이었다.

한국 경제의 버팀목인 수출이 7개월 연속 마이너스를 기록했다. 미・중 무역 분쟁 장기화로 세계 교역이 위축된 영향이 컸다. 또 수출 효자 품목인 반도체・석유화학 등의 글로벌 업황 부진으로 수출 단가가 급락한 탓도 컸다. 전체 수출의 21%를 차지하는 반도체는 글로벌 IT 기업의 데이터센터 투자 지연, 스마트폰 수요 하락 등으로 단가가 전년 동기 대비 33.2% 폭락하면서 수출이 25.5% 감소했다. 석유화학 제품은 유가 하락 등의 영향으로 단가가 17.3% 떨어지면서 수출도 24.5% 줄었다. 특히 중국의 성장 둔화가 계속됨에 따라 대중 수출은 24.1% 감소하면서 지난 2009년 5월(−25.6%) 이후 최대 감소폭을 기록했다.

그러나 이 같은 외적 상황 외에도 국내의 고(高)비용 산업구조가 수출 경쟁력을 약화시킨다는 지적도 나온다. 성태윤 연세대 경제학부 교수는 "미・중 무역 갈등이 영향을 미치긴 했지만, 근본적으로는 반도체 이외의 경쟁력을 가진 산업이 거의 없다는 점과 고비용 산업구조로 인해 우리 기업의 국제 경쟁력이 크게 떨어지고 있다는 점이 수출 부진의 주요 원인"이라고 진단했다. 최저임금의 급격한 인상과 엄격한 근로시간 단축 시행 등이 전반적인 노동비용 상승을 초래해 국제 경쟁력을 약화시켰다는 것이다.

골드만삭스는 지난달 28일 "근무시간 단축에 따라 한국 기업들은 35만 명의 직원을 새로 고용해야 하고, 이로 인한 추가 인건비는 2021년 말까지 연간 9조 원에 달할 수 있다. 엄격한 근무시간 단축 시행이 내년 한국의 경제성장률을 0.3%포인트 떨어뜨릴 수 있다"는 경고를 담은 보고서를 내기도 했다.

자료원: 조선경제, 2019.7.2.

## | 이 장을 시작하며 |

최근 한국의 제조업은 강성노조와 더불어 임금수준(인건비)이 지나치게 올라가 산업의 국제경쟁력이 심각하게 추락하고 있고 국내 진출한 해외기업들이 임금수준이 훨씬 싼 중국이나 인도로 아시아의 거점을 옮기고 있다. 또한 [도입사례 10]에서 보듯이 한국의 기업들도 지나치게 올라버린 국내의 높은 임금수준으로 베트남과 동남아시아 등지로 생산기지를 옮기고 있다. 또한 산업별로 수출이 큰 폭으로 하락하고 있다. 이 같은 위협적인 외부 환경하에서도 국내의 고비용 산업구조는 우리 기업들의 입지를 더욱 벼랑 끝으로 몰고 있다. 그 결과 기업들은 앞 다투어 인력 및 사업에 대한 구조조정과 긴축경영에 주력하고 있고 젊은 청년들의 일자리는 갈수록 줄어들고 있는 실정이다.

이러한 경영환경 속에서 기업이 지속적인 성장과 발전을 영위하기 위해서는 첫째, 기업역량을 최적화할 수 있는 올바른 경영전략 방향제시와 둘째, 미래를 위한 명확한 의사결정을 내리는 경영자와 조직임직원들의 역할이 무엇보다 중요한 이슈라 하겠다. 따라서 제시된 경영전략과 그 전략실행을 담당할 우수한 인적자원을 확보하고 유지하기 위해서는 기업의 경영전략 및 핵심가치와 연계된 보상프로그램의 구축이 필수적이다.

과거의 보상제도에서는 같은 해 입사한 동기들이 해가 지나도 같은 보상을 받는 연공급 형태를 구현하였다면, 글로벌 경영환경과 기업경쟁력 강화 측면에서 연공급 형태의 보상제도는 더 이상 우수한 인재의 확보 및 유지를 할 수 없게 되었다. 핵심인재들에게 내재화 되어 있는 창의적 아이디어를 외부화할 수 있도록 또 그것이 지속적이 될 수 있도록 이들의 창의적 역량과 성과물들을 최대한 공정하고 객관적으로 평가하여 그 결과로서 적절한 보상체계가 뒷받침되지 않고서는 이제는 경쟁우위 확보, 나아가서 국제경쟁력 확보는 요원할 것이다. 이런 문제의식하에 본 장에서는 이들을 위한 적절한 보상체계 마련의 가장 기초단계로서 기본급을 결정하는 임금구조설계에 초점을 두고, 제11장에서 성과급에 대한 논의를 하고자 한다.

# 1. 임금의 정의 및 보상관리의 전략적 중요성

## 1.1 임금 및 보상 관련 용어의 정의

### 1) 임금의 정의

일반적으로 임금이란 '사용자가 노동의 대가로 근로자에게 지불하는 금전'을 말한다.[1] 그런데 오늘날 임금에 대한 해석이 단순히, 제공된 노동에 대한 경제적 / 금전적 대가인 총보상(Total Compensation)이라는 좁은 의미에서 승진 / 승격과 같은 경력상의 보상이나 칭찬, 인정, 보람 등과 같은 감정적 보상까지도 포함하는 즉, 비경제적 / 비금전적 대가까지 포함하는 총보상(Total Rewards)이라는 넓은 의미로 발전되고 있다(Kantor, 2003). 즉, *총보상이란 '근로자가 제공한 노동에 대한 대가로서 경제적(화폐적 또는 금전적) 및 비경제적인(비화*

**도표 10-1** 보상의 분류 I (경제적 보상/비경제적 보상)

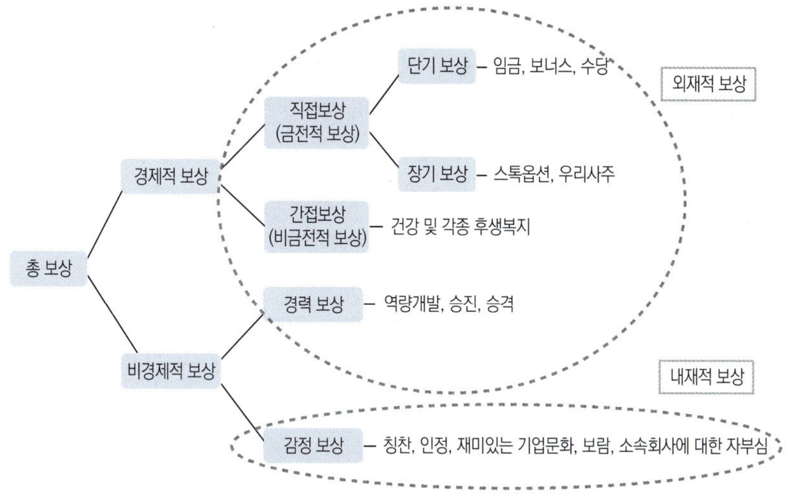


1) 근로기준법 제18조에는 '임금이란 사용자가 근로의 대상으로 근로자에게 임금, 봉급, 기타 어떠한 명칭으로든지 지급하는 일체의 금품을 말한다'라고 정의되어 있다. 사용자가 근로자에게 지불하는 것으로 하고 있기 때문에 고객이 지불하는 팁 등은 아니다. 또 근로의 대상이기 때문에 임의적이거나 은혜적인 것, 가령 경조위문금은 임금이 아니지만 지급조건이 명확한 것은 임금이다. 노사 간에 미리 지급조건이 명확하게 정해지는 퇴직금은 임금이다. 그리고 직무수당, 가족수당, 통근수당 등이 명칭이라도 근로의 대가로 지급되는 것은 임금에 해당한다(정종태, 2013, p.148).

**이론올레길 10-1** **왜 재미있게 하던 일도 돈을 주면 하기 싫어질까: 과잉정당화 효과 (Overjustfication Effect)**

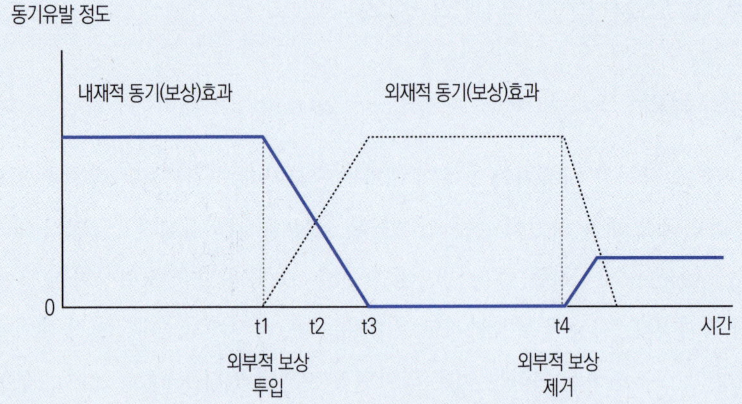


사람들은 대부분 자신이 한 행동에 대한 보상이 많으면 많을수록 그 행동을 더 자주 하게 될 것이라고 생각한다. 그런데 이런 생각은 정말 옳은 것인가? 미국 로체스터대(University of Rochester) 심리학과 교수인 Edward Deci는 이와 관련하여 한 가지 실험을 하였다. 그는 학생들을 두 집단으로 나누어 그중 한 집단은 퍼즐을 풀 때마다 보상을 주었고, 나머지 한 집단에게는 퍼즐을 풀어도 보상을 주지 않았다. 이렇게 퍼즐을 몇 번 풀게 한 후에 학생들을 실험실에서 내보내고 다시 퍼즐을 할 기회를 주었다. 두 집단이 학생들 중 어떤 학생들이 퍼즐 놀이에 많이 참여했을까? 보상 없이 퍼즐을 풀었던 집단의 학생들은 대부분 퍼즐 놀이를 한 반면, 보상을 받고 퍼즐을 풀었던 학생들은 퍼즐 놀이에 별로 참여하지 않았다. 이 실험은 다른 심리학자들에 의해서 다양한 조건으로 변형되어 반복되었고 그때마다 거의 비슷한 결과가 나타났다.

위의 실험은 내적 동기나 내적 보상(intrinsic motivation 또는 intrinsic reward)으로 인해 하고 있던 일에 외적 보상이 주어지면 내적 동기가 약화되면서 흥미를 잃게 된다는 사실을 보여주고 있다. 자기 행동의 원인을 보상으로 정당화시키는 것인데, 보상에 의한 정당화가 어느 시점에 이르면 과도하게 된다는 의미에서 '과잉정당화 효과'(overjustification effect)[2]라고도 불린다(Ryan & Deci, 2000, pp.54-67).

위의 도표에서 보듯이 내재적 동기부여에 의하여 외부 보상 없이도 일을 하다가 t1 시점부터 외부보상이 주어지면서 내재적 동기부여는 줄어들기 시작하면서 동시에 돈을 주어야 일을 하기 시작하는 외재적 동기부여가 서서히 증가하기 시작한다. 그러나 t2 시점에 이르기까지는 직무수행에 있어서 그래도 내재적인 동기가 외재적인 동기보다도 큼을 알 수가 있다. 그러나 t2 시점이 지나면서 외재적인 동기가 내재적인 동기보다도 커짐을 알 수 있고 이는 t3 기간까지 계속됨을 알 수 있다. t3에 가까워질수록 사람들은 내재

2) 과잉정당화 효과는 '과다합리화 효과' 또는 보상이 오히려 역효과를 낸다는 점에서 보상의 '구축 효과'(crowding-out effect), 또는 보상이 내적 동기를 약화 또는 손상시킨다는 점에서 '언더마이닝 효과'(undermining effect)라고도 불린다.

적 동기나 보상보다는 외재적 보상에 의해 과업수행의 동기를 찾게 되는데 t3 이후부터 t4에 이르기까지는 내적 보상이 외적 보상에 의해 완전하게 대체되는 즉 '외부보상이 주어지기 전까지는 좀처럼 일하려 들지 않는' 구간이다. 즉 이 구간에서는 사람들에게서 어떠한 자발성과 같은 내재적 동기부여도 기대하기 어렵게 되어 외부보상에 의한 과도한 과잉정당화 효과가 영향력을 미치고 있다. 다시 말하면 t1에서 t2에 이르는 구간은 자기 행동의 원인을 외부보상으로 정당화시키는 것이 자발성을 해치지 않는 수준이나 t2 시점이 지나면서부터는 자기 행동의 원인을 외부보상으로 정당화시키는 것이 서서히 강화되다가 t3를 지나 t4에 이르기까지는 자기 행동의 원인을 외부보상으로 정당화시키는 것이 지나치게 되어 '이제는 돈을 주지 않으면 일을 하지 않는' 구간이 된다. 결국 t3~t4구간은 본격적으로 과잉 정당화 효과가 영향을 미치는 영역이라 하겠다. 그러다가 t4 이후에서 외부보상을 제거하면(돈을 주지 않으면) 내재적 동기는 일정수준 올라가지만 외재적 동기부여는 급격히 떨어짐을 알 수 있다. 이때의 자발성과 같은 내재적 동기는 t1 시점에 이르기까지 보여주었던 내재적 동기와는 비교할 수 없을 정도로 반감됨을 알 수 있다.

결국 Deci가 주장한 '과잉정당화 효과'는 내재적인 만족을 주는 과업을 수행할 때에 외재적 보상을 제공하는 것은 행동의 원인이나 동기를 내부에서 외부로 옮기게 되는 것이니 내재적 동기부여를 잃지 않는 선에서 적절한 외재적 보상을 이상적으로 결합하여 보상을 하는 것이 중요하다고 하겠다.

*폐적 또는 비금전적) 보상을 포함'하고 있다.*[3)]

보상의 문제를 좀 더 구체적으로 살펴보면, 보상을 우선 경제적 · 비경제적 보상으로 나눌 수 있다. 여기서 경제적 보상은 직접보상과 간접보상으로 구분된다. 또 직접보상에는 기본급, 수당, 각종 인센티브, 우리사주(company ownership)와 같은 총보상의 가장 기본이 되는 금전적 보상이 이에 해당된다. 이 가운데 통상 1년 이내의 단기적인 성과에 대한 대가로 받는 임금, 보너스, 수당과 같은 보상을 단기보상으로, 스톡옵션(stock option)이나 우리사주와 같이 장기적인 성과를 기대하고 지급받는 보상을 장기보상으로 구분할 수 있다. 이에 반하여 간접보상은 직접 현금이나 추후에 현금화할 수 있는 주식으로 받는 것은 아니지만 그 서비스를 회사 밖에서 이용하면 현금을 지불해야 하는 건강 및 각종 복리후생을 말한다.

한편 비경제적 보상이란 개인 성장 및 역량개발 그리고 조직승진 및 승격 등의 기회와 같은 경력상의 보상과 칭찬이나 인정, 그리고 직장생활 속에서 경험하는 재미있는 기업문화, 소속회사에 대한 자부심이나 보람과 같은 사회 · 심리적, 혹은 감정적인 보상을 포함한다(도표 10-1 참조).

---

3) 일부의 학자들은 노동의 대가로서 경제적 및 비경제적인 대가까지 포함한 보상을 총 보상(Compensation refers to the monetary and nonmonetary rewards offered to employees)이라고 정의하고 'Total Compensation'이라고 표현한다(Werner et al., 2012, p.330).

한편 앞서의 경제적/비경제적 보상은 각각의 보상이 외부에서 종업원에게 지급되느냐 아니면 종업원 개인이 본인 스스로에게 지급하느냐에 따라 외재적(外在的) 보상(extrinsic reward)과 내재적(內在的) 보상(intrinsic reward)으로 구분이 가능하다. 즉, 총보상의 유형을 [도표 10−1]에서 보는 바와 같이 경제적−비경제적 그리고 외재적−내재적 보상으로 개념화 할 수 있다.

한편 총보상의 구성을 [도표 10−2]처럼 보상의 구성요소 모두를 하나의 스펙트럼상에서 조명해 볼 수도 있다. 특히 [도표 10−2]의 총보상의 구성이 중요한 것은 이 구분을 통하여 우리가 흔히 언급하는 통상임금, 평균임금, 노동비용(인건비), 인센티브 등의 개념을 분명히 할 수 있다는 점이다.

[도표 10−2]에 따르면 총보상을 금전적(경제적) 보상(a+b+c+d+e+f+g)과 비금전적(비경제적) 보상(h)으로 구분한다. 이 중 기본급(a)[4]과 통상적 수당(b)[5]을 합친 임금을 통상임금[6]이라고 한다. 또한 통상임금에 기타수당(c)과 상여금(d)을 합친 금액을 평균임금이라고 한다. 또한 평균임금에 성과배분금(e)과 복리후생비(f)를 합친 금액을 우리가 흔히 통칭하는 '임금' 혹은 '보수'라고 한다. 특히 상여금(d)과 성과배분금(e)만을 합친 금액을 인센티브 또는 성과급이라고 표현한다. 한편 흔히 인건비라고 표현할 때는 통칭 '임금' 혹은 보수에 채용 및 교육훈련비(g)까지를 포함한 것을 의미한다. 그러나 우리가 총보상이라고 할 때는 앞

---

4) 기본급이란 고용관계를 유지하는 데 필요한 최소한의 임금수준으로서 최저생계비보다는 높은 수준이 바람직하며 흔히 본봉이라고 한다. 기본급은 연공급, 직무급, 직능급 등의 형태로 지급된다.

5) 통상적 수당이란 흔히 법정수당과 비법정수당으로 구분된다. 법정수당은 근로기준법에서 그 금액의 산출과 지급기준에 대해 명기해 놓은 수당으로서 회사가 반드시 지켜야 하는 법률적 구속력이 있다(예: 초과근로수당, 특근수당, 연차수당, 산전후휴가수당 등). 이에 반해 비법정수당은 회사와 노조와의 협의 또는 취업규칙 상으로 명기해 놓은 수당으로서 회사와 근로자 간의 계약성격을 지니고 있다(예: 직무수당, 직책수당, 위험수당, 가족수당, 근속수당 등). 따라서 법정수당을 회사가 지급하지 않는다면 근로기준법 위반으로 형사처벌의 대상이 되지만 비법적 수당의 경우에는 민사적 사항이 된다. 한편 법정수당을 제외한 나머지 비법정수당을 좀 더 단순화할 필요가 꾸준히 제기되고 있다(http://cafe.naver.com/ak573/410792, 인사쟁이가 보는 실무까페).

6) 통상임금이란 근로자에게 정기적, 일률적, 고정적으로 소정 근로 또는 총 근로에 대하여 지급하기로 정하여진 시간급 · 일급 · 주급 · 월급 또는 도급금액을 말한다. 즉, 1 근로시간 또는 1 근로일에 대하여 지급하기로 노사계약에 명시한 통상적인 임금액을 말한다. 통상임금은 해고예고수당, 시간 외 · 야간 · 휴일근로 시의 가산수당, 연차유급휴가수당, 퇴직금의 산출기초가 된다. 통상임금에 포함되기 위해서는 ▲ 노사계약에 명시된 근로에 대한 대가로 받는 돈이고, ▲ 정기적 지급(정기적), ▲ 모든 근로자에게 일률 지급(일률성), ▲ 사전에 확정한 금액(고정성)이라는 요건을 갖춰야 한다. 따라서 기본급뿐만 아니라 직책수당 · 기술수당 · 위험수당 · 근속수당 · 물가수당 등 정기적 · 일률적 · 고정적으로 지급되는 것은 통상임금에 산입된다. 그러나 연장 · 야간 · 휴일근로에 대한 임금, 출근자 또는 일정한 근무성적을 올린 자에게만 지급되는 성과급 등 실제 근로에 따라 변동되는 임금은 소정근로시간에 대한 임금이 아니므로 제외된다(시사상식사전, 2015, 박문각출판사).

**도표 10-2** 보상의 분류 II(총보상의 구성요소)

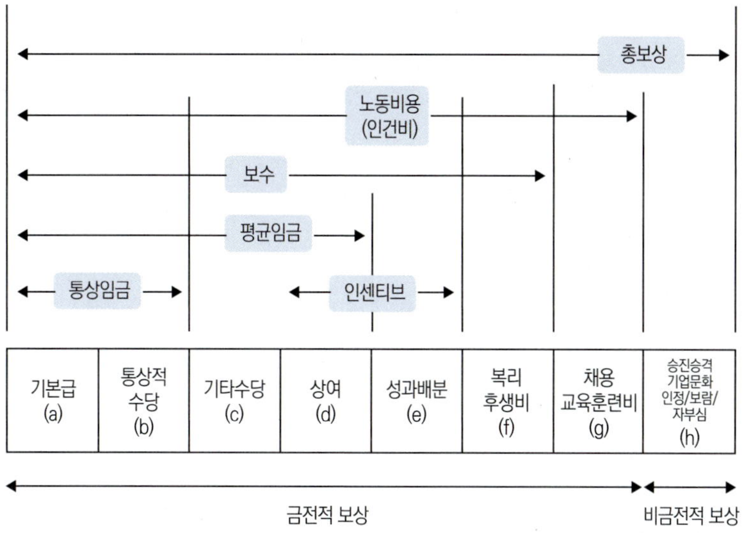


자료원: 삼성경제연구소, CEO Information, 2002.7.

서 논의한 바와 같이 승진승격, 건강하고 재미있는 기업문화, 인정이나 보람, 자부심(h)과 같은 비금전적 보상까지를 모두 포함한다.

여기서 한 가지 주목해야 할 사실은 통상임금이나 평균임금 등과 같이 경제적 · 금전적 보상을 지급할 여력이 없는 대기업이나 중소기업은 좋은 칭찬이나 보람, 소속감, 자부심을 불러일으키는 '좋은' 기업문화를 육성하여 현금보상을 대체할 수 있다는 사실이다. 돈은 적게 받지만 존경받고 자부심을 느끼는 회사에서 근무한다는 사실 자체가 종업원들에게 보상이 되도록 하는 것이 중요하다. 따라서 *경쟁이 치열해지고 종업원에게 지급할 수 있는 금전적 보상자원의 지불여력에 한계가 있고 이것이 기업에 압력요소가 될수록 보상의 개념을 협의의 금전적 총보상(Total Compensation)에서 비금전적 보상까지 포함한 광의의 총보상(Total Rewards)개념으로 확대해야 한다*(Kantor, 2003).

### 2) 보상 관련 개념들의 용어정리

보상과 관련하여 다양한 개념들이 외국서적 및 언론에서 소개되고 있다. 이에 대한 정리가 필요하여 [도표 10-3]에서처럼 정리하였다.

**도표 10-3** 보상 관련 개념들의 용어정리

- Income: 근로의 대가로 정기적으로 받는 모든 수입을 총칭(all the money that you receive regularly for work, or for any other reason), 흔히 1년 단위의 총수입을 의미하며 연봉(annual income)이라 부른다.
- Wage: 일반적으로 생산직 근로자가 정기적으로 받는 주급, 월급 등의 임금을 의미한다.
- Allowance: 복리후생 차원에서 정기적으로 지급되는 수당 또는 공제(income tax allowance: 소득세액공제)를 말한다.
- Salary: 일반적으로 사무직, 전문직 근로자가 매달 받는 월급을 말한다.
- Compensation: 고용관계의 일부로서 근로를 제공한 대가로 받게 되는 모든 금전적 대가와 유형적인 서비스 및 혜택까지 포함하는 모든 유형의 반대급부를 말한다.
- Earnings: Income에 비해 좀 더 공식적인 용어로 소득을 의미(가계소득: household earnings)
- Gain: 일을 통해 벌어들인 이익, 수익, 생산성 절감을 통해 얻은 이익을 말한다(집단성과배분: Gain Sharing)
- Profit: 금전상의 이득, 이윤(총 이익금: Gross Profit, 이익배분: Profit Sharing)
- Pay: 근로를 통해 벌어들인 돈(the money that you earn by working).
- Remuneration: 문어체에서 임금을 의미(the amount of money that they are paid for the work that they do).
- Reward: 경제적, 사회적, 심리적 보상을 총칭하는 개념으로서 요즘은 보상과 복리후생(Compensation & Benefits)이란 말 대신에 Total Rewards(총보상)라는 용어를 많이 쓰고 있음.
- Benefits: 복리후생을 통칭한다.
- Fee: 수임료 (the money paid to a lawyer, doctor, or similar skilled worker for a piece of work)

자료원: 각각 Wikipedia 참조.

## 1.2 보상관리의 전략적 중요성[7)]

임금을 포함한 보상은 기업의 입장에서 보면 원가(혹은 비용)를 구성하는 중요한 요소인 반면에 근로자의 입장에서 보면 소득의 원천이 된다. 특히 한국기업의 경우 제조원가에서 차지하는 인건비의 비중이 높기 때문에 회사가 어려울 때 임금을 비롯한 인건비의 절감에 경영의 최우선 순위를 두는 경향이 있다. 반면에 노동조합의 경우 단체교섭에서 임금인상을 가장 중요한 의제로 선정하는 만큼 임금을 두고 양자 간의 이해는 늘 첨예하게 대립되는 경향이 있다.

따라서 기업은 회사나 근로자 양측 모두의 상충된 욕구를 지혜롭게 해결할 보상정책 혹은 보상관리가 필요하다. 그런데 기업의 보상 관련 정책이나 보상관리는 기업의 전략적 목

7) 보상관리와 관련해서는 경영학뿐만 아니라 심리학, 경제학, 사회학 등 여러 학문분야에서 활발하게 연구되어 왔으며 특히 심리학과 경제학에서 구체적으로 정리하고 있다. 이 내용을 R. J. Heneman(1992). Merit Pay: Linking Pay increases to Performance Ratings, Addison Wesley HRM Series, pp. 37-42에 양 학문분야의 연구성과를 통합하고 있다. 또 본 저서의 초판(2016), pp. 470-477(도서출판 창명)에 제기된 보상관련 이론들과 통합내용을 간략히 정리하고 있다.

적을 달성하는 수단이 될 수도 있고 오히려 방해가 될 수도 있다. 예를 들어 기업의 혁신전략을 추진하는 데 기여가 큰 직원에게 적절한 보상이나 인센티브를 제공하는 경우 앞으로 환경변화가 있어도 새로운 혁신전략 추진을 기대할 수 있지만 전략실행에 대한 기여와는 관계없이 연공형으로 보상을 제공할 경우 더 이상의 혁신전략 실천은 기대하기 어렵다. 연구결과에 따르면 기업의 보상전략을 설계하고 관리하는 HR전문가들에게 가장 중요한 역량은 '전략적 사고'(strategic thinking)인 것으로 밝혀지고 있다. 따라서 기업의 보상에 관한 정책이나 방침 혹은 보상전략은 다음의 세 가지 전략적 목적을 뒷받침할 수 있도록 경영자 혹은 HR담당자들은 전략적 사고를 해야 한다[8](학습목표 1).

- 지속가능한 경쟁우위를 확보하는 데 필요한 핵심인재에 대한 유인, 동기부여 그리고 유지 목적
- 경쟁전략 실천을 위한 심리적 에너지 도출 목적
- 생산성 향상 목적

### 1) 핵심인재에 대한 유인, 동기부여 그리고 유지

기업이 회사가 필요로 하는 핵심인재를 확보하기 위해서는 '제대로 된 직무에, 제대로 된 인재를, 제때에 선발할 수 있을 정도의 보상'(Reward that are sufficient to attract the right people at the right time for the right jobs)을 제공할 수 있어야 한다. 또 이들이 그들 직무에 대해서 최선의 노력을 다하여 수행할 수 있도록 동기부여를 제공할 수 있어야 한다. 만약 총보상이 내부적으로 공정하다고 인식이 되지 않거나 외부적으로도 경쟁력이 없다고 지각된다면 이들 핵심인재는 조만간에 타 회사로 옮겨가게 될 것이다. 따라서 보상은 대외적으로는 대외경쟁력이 있을 만큼의 적정성이, 대내적으로는 공정성이 있어야 할 것이다.

대부분의 경영자들은 보상의 공정성의 전략적 중요성을 이해하고 있고 그들의 회사의 임금체계는 공정하다고 생각하지만 종업원들은 공정하지 않다고 인식하는 것이 일반적이다. 왜 경영자와 종업원 간에는 임금설계에 있어서 이 같은 인식의 차이가 있을까? 이와 관련하여 적어도 다음의 세 가지 요인이 숨어 있다(Werner et al., 2012, p.332).

(1) 저임금(Low Pay): 입사후보자들이 어느 회사를 갈지를 결정할 때 전체 보상패키지의 여러 측면을 고려한다. 어떤 지원자들은 임금수준을, 어떤 이들은 후생복지를, 또 어떤 이들은 향후 받게 될 잠재적인 임금수준을 우선적으로 고려하는 등 개인에 따라 그 선호의 우선순위는 다를 것이다. 일단 입사하게 되면 종업원들은 나름대로 그들이 받는 임금의 다양

8) 이하의 내용은 Werner et al.(2012). *op. cit.*, pp.330-337의 내용을 요약하였다.

한 측면들을 지속적으로 평가하게 된다. 이때 그들이 어떤 보상에 주된 관심을 두는지 여부에 관계없이, 회사의 전체 보상이 경쟁기업이 제공하는 총보상보다 적다고 판단하면 그들은 실망하게 될 것이다. 반면에 경쟁기업보다 더 많은 보상을 받고 있거나 시장 평균과 비슷한 수준으로 보상을 받고 있다고 생각하는 종업원들은 그렇지 않은 종업원에 비해 공정한 보상을 받고 있다고 느끼게 될 것이다. 한편, 그들은 특정 연도에 얼마나 많은 보상을 받는가에 관심을 갖는 것뿐만 아니라, 해마다 어느 정도의 임금인상이 되는가 즉, 임금인상의 규모에 대해서도 관심을 기울이고 있다. 따라서 경영자들은 종업원들의 임금수준과 임금인상의 규모가 시장에서 늘 비교가 되고 있음을 분명히 이해할 필요가 있다. 다시 말하면, 회사의 임금이나 총보상수준이 저임금으로 평가되어 핵심인재를 유치하고 유지하는 데 실패하는 일이 없도록 해야 할 것이다.

(2) 임금 비밀주의(Pay Secrecy): 자기가 받는 임금이 공정하지 못하다고 지각하는 것은 종업원들이 부정확하고 불완전한 정보를 가지고 있기 때문에도 발생한다. 흔히 누가 얼마를 받는지 비밀에 부치는 것이 일반적인 에티켓이고 규범이다. 관리자의 입장에서 이러한 '임금 비밀주의'가 여러 장점이 있지만,[9] 회사가 공정하게 임금을 지불하지 않을 때는 임금에 대해서 개방적으로 논의하는 것이 필요하다. 이런 경우 개방성과 투명성(Openness and Transparency)이 보장된다면, 경영자와 종업원 간에 서로 신뢰를 쌓을 수 있고, 성과에 따라 적절한 보상을 실현하는 '성과주의 문화'(Performance-Based Culture)와도 부합한다. 보상에 대한 낮은 주의와 경각심 그리고 이에 대한 잘못된 이해야 말로 종업원이 임금에 대하여 불만족을 느끼게 하고 나아가서 이직을 비롯한 부정적이고 반기업적인 행동을 하도록 촉발하게 된다. 따라서 경영자가 임금체계를 공정하게 설계하려고 애쓴다면, 종업원들과 임금 관련 정보를 공유하는 것이 이들이 부당하게 대접받고 있다는 생각을 덜 하게 된다는 사실을 인식할 필요가 있는 것이다.

(3) 경영자 보상(Executive Compensation): CEO를 포함한 임원진 보상은 오랜 시간 동안 뜨거운 논쟁거리가 되어 온 것이 사실이다. CEO들은 종업원 평균임금보다도 수백 배의 임금을 받는다. 최근의 조사결과에 따르면 미국의 200대기업 CEO들의 평균연봉은 700만 달러(한화 약 72억 원)에 이르고 있으며 이러한 금액에 대하여 80%의 미국인들과 90%의 기관투자가들은 CEO가 너무나 많은 임금을 받고 있다고 믿는다. 이렇게 막대한 규모의 CEO보상에 대한 분노는 그들이 받는 천문학적인 금액 때문만은 아니다. 문제는 CEO가 받는 고액

9) 관리자의 입장에서 임금을 비밀로 부치게 되면 개개인이 얼마를 받아야 하는지 일일이 설명하거나 정당화할 필요가 없기 때문에 관리자들은 임금 비밀주의를 선호한다.

현장올레길 10-1 직원 연봉 820만 원 오를 때 임원은 9,369만 원 올랐다

갈수록 커지는 임직원 간 연봉 격차

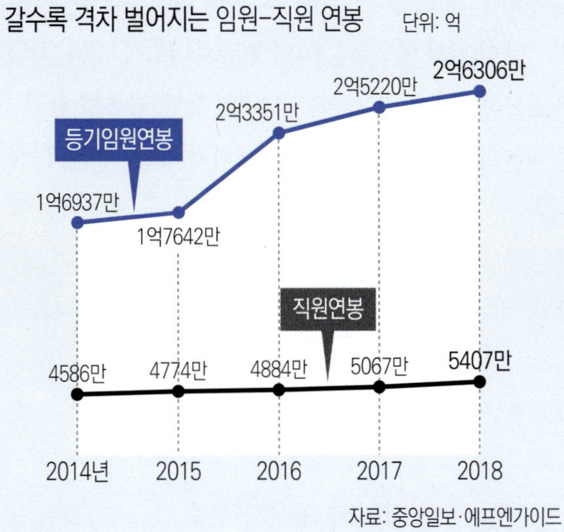


최근 5년간 등기임원의 연봉 인상금액이 평직원 인상분의 11배가 넘는 것으로 나타났다. 등기임원과 일반 직원의 연봉 격차가 벌어지면서 근로자의 '부익부 빈익빈' 현상도 심화하고 있다. 또 같은 기업집단에 속해 있더라도 업종에 따라 지급 급여의 편차도 컸다. 중앙일보와 에프앤가이드가 최근 5년간 전체 상장사 연봉을 전수조사한 결과, 2018년 상장사에 재직한 평직원의 평균급여는 5,406만 원이었다. 5년 전(4,586만 원)과 비교하면 연봉이 17.9% 정도 올랐다. 같은 기간 물가상승률(6.4%)과 비교하면 3배 정도 높다. 이에 비해 상장사 등기임원 평균연봉(1억 6,937만 원→2억 6,306만 원)은 같은 기간 55.3% 올랐다. 평직원보다 급여 인상률이 3배 높고, 물가상승률과 비교하면 8.6배 정도 높다. 금액으로 보면, 직원연봉이 820만 원 상승할 때 등기임원 연봉은 9,369만 원 올랐다. 평직원보다 등기임원 연봉 인상 금액이 11.4배 많아지면서, 임직원 간 연봉 격차가 크게 증가했다.

자료원: 중앙일보, 2019.6.17.

연봉, 과도한 연금, 부러울 정도의 판공비, 그리고 엄청난 스톡옵션(stock option) 등의 여러 혜택들이 그들이 기업의 성과에 기여하여 그 결과로 받는 것이라고 믿을 만한 분명한 인과관계가 보이지 않는다는 점이다. 이에 일부의 CEO들은 이러한 현상이 심각한 국가 사회적 문제가 될 수 있음을 자각하고 본인들 스스로 연봉삭감에 나서기도 하고, 보너스를 종업원들에게 나누어 주기도 하고 또 보다 적극적으로는 그들의 보상과 회사의 성과 간에 분명한

연계를 만들기도 하였다. Citi Group의 CEO인 Vikram S. Pandit 회장은 그의 연봉 3,800만 달러(한화 약 400억 원)를 회사의 주가가 93% 빠지자 1달러로 삭감하였다. Best Buy의 CEO인 Brad Anderson 회장은 그가 받은 인센티브를 종업원들에게 회사의 주식형태로 나누어 주었다. 또 GE 전임회장인 Jeffrey R. Immelt는 회사의 미래성과에 대하여 책임 있는 자세를 보여주기 위해 6백만 달러(한화 약 61억 원)의 현금보너스를 성과연계주식(Performance-Linked Shares)으로 전환하기도 하였다. 또 지난 3년 동안 자동차 판매 대수 세계 1위를 차지한 일본의 토요타자동차의 토요타 아키오 사장의 연봉은 5,000만 엔(한화 약 4억 5천만 원)에 불과하다(참고로 경쟁업체인 폭스바겐의 마틴 빈터콘 회장 연봉이 1,502만 유로(한화 약 188억 원)이다)(뉴스1, 2015).[10] 경영진들의 연봉에 대한 종업원의 불공정성 인식이 종업원들의 행동과 태도에 어느 정도로 영향을 미치는지에 대한 연구결과는 알려지지 않았지만 분명한 사실은 적어도 그와 같은 불공정성을 인지하는 종업원들에게는 일하고 싶은 동기부여와 열망을 꺾고 있다는 사실을 유념할 필요가 있다.

### 2) 경쟁전략의 실천을 위한 심리적 에너지 도출

기업이 어떤 형태의 경쟁전략을 성공적으로 실천하기 위해서는 일선의 종업원들이 수준 높은 고객서비스를 제공해야 하는 것은 필수적이다. 왜냐하면 높은 수준의 서비스를 직원으로부터 받은 고객들은 비싼 비용을 지불하고서라도 상품이나 서비스의 구매를 하려 하기 때문이다. 그렇기 때문에 선발 및 채용의 여러 관행, 사회화 과정 그리고 교육훈련 프로그램을 통하여 종업원들은 예의 바르고 친절한 행동을 하도록 학습하게 된다. 더불어 회사의 보상전략은 종업원들이 이러한 행동을 보일 수 있도록 동기부여시키는 지원구조(supporting structure)를 제공한다. 다시 말하면 사업전략의 초점이 고객서비스에 있든, 혁신에 있든, 품질개선에 있든, 비용절감에 있든 효과적인 보상전략은 종업원의 만족을 증대시키면서 동시에 사업전략을 실천하는 데 필요한 행동들이 자연스럽게 나타날 수 있도록 유도하는 것이다. 또한 적절한 보상을 통하여 사업전략과 일관된 회사의 기업문화, 예를 들어 다양성과 포용, 강한 윤리의식, 안전제일주의, 권한 위양 등을 뒷받침하는 종업원의 행동을 강화하기도 한다. 따라서 성과주의 문화(Performance-driven Culture)로 기업문화를 바꾸려 하는 회사들이 우선적으로 취하는 조치가 실적에 따라 보상을 하는 성과 중심의 보상체계

10) 1990년대 중반 토요타 경영진은 경영위기 속에서 고통 분담 차원에서 임원 평균임금을 노동자 평균임금 대비 3배 이내로 줄이기로 약속한 이후 현재까지 그 약속이 지켜지고 있다. 대신에 노조는 1962년 '무파업선언'과 함께 파업권을 회사에 반납하고 64년 연속 무파업으로 보답하였다(뉴스1, 2015.8.27).

개편인 것도 이러한 사실에 기인한다. 이럴 경우 기업에서는 성과를 내는 사람이 중요하고 이들이 대접을 받는 문화가 뿌리를 내리게 되며, 나이가 많다고 근속연수가 길다고 대접받는 과거의 문화는 약화되기 마련이다.

### 3) 생산성 향상

기업에서 임금교섭을 놓고 회사와 근로자 간에는 늘 첨예한 갈등상황에 놓이게 된다. 회사 측은 가급적 적게 지불하려 하고, 근로자 측은 한 푼이라도 더 받아내려 한다. 종업원의 노동의 대가로 받아야 할 임금이라는 파이는 한쪽이 많이 받으면 다른 한쪽은 적게 받아야만 하는 제로섬 게임(zero-sum game)이다. 어느 한 편은 불만일 수밖에 없다. 따라서 기업과 종업원이 함께 만족하기 위해서(plus-sum game)는 종업원에게 줄 수 있는 임금이라는 파이 자체를 키우는 것이 필요하다. 따라서 생산성 향상은 기업이 지속적으로 추구해야 할 절체절명의 과제이다.

한편, 생산성 향상을 위해서는 임금이나 보상을 기업의 재무성과나 생산성 지표에 연동하여 지급하는 보상전략이 필요하다. 이 경우 종업원이 비용을 보다 절감하고, 보다 많은 수익을 창출하는 새로운 방법을 발견하는 등 생산성 향상에 관심을 가질 수밖에 없게 된다. 결국, 임금이 생산성에 토대를 둘 경우 생산성은 오르기 마련이다. 종업원이 열심히 일하기 때문인지 아니면 보다 스마트하게 일하기 때문인지는 알 수 없지만 효과적인 보상은 종업원이 그들의 에너지를 조직의 성공에 가장 중요한 활동에 쏟을 수 있도록 유도한다.

## 2. 효과적인 임금관리의 기준

우리는 앞에서 임금은 기업의 입장에서 보면 비용이지만 근로자의 입장에서 보면 소득의 원천이기 때문에 기본적으로 양측 간에 갈등의 소지가 있다고 하였다. 이러한 갈등을 창조적으로 해결하기 위한 본원적인 방법으로서 생산성 향상의 중요성을 강조하였다. 따라서 효과적인 임금관리의 기준 또한 기업의 생산성을 제고해야 한다는 전제로 첫째, 임금수준에 대한 관리, 둘째, 임금체계에 대한 관리, 셋째, 임금지불형태에 대한 관리의 세 가지 관점에서 접근하고자 한다(도표 10-4 참조)(학습목표 2).

**도표 10-4** 임금관리의 체계

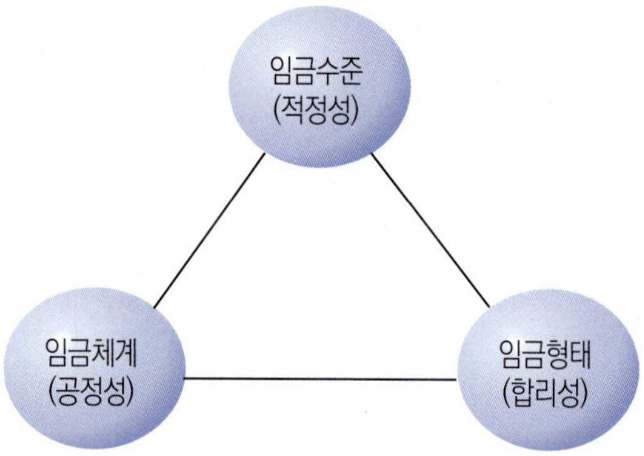


자료원: 정재훈(2011). 인적자원관리(3판), 북넷, p.333.

## 2.1 임금수준(Pay Level): 외부공정성을 통한 대외경쟁력 확보

### 1) 임금수준의 결정요인

*임금수준은 다른 조직의 유사한 직무와 비교하는 개념으로서 외부적인 공정성이 있어야 한다(external equity).* 즉 특정 직무의 임금수준이 동종 타사의 임금수준이나 동일 지역 내 비슷한 규모의 기업의 임금수준과 비교해 볼 때 너무 높거나 너무 낮을 때 기업이나 종업원 측에 문제가 발생하기 마련이다. 임금수준이 너무 높게 되면 기업의 인건비 부담으로 경쟁력에서 뒤지게 되고, 너무 낮게 되면 유능한 인재를 확보하기도, 유지하기도 곤란하게 된다. 따라서 임금수준은 '적정성'을 지키는 것이 대단히 중요하다. 이것이 지켜질 때 외부적인 공정성이 있다고 하겠다.

적정 임금수준을 도출하기 위해서는 [도표 10-5]의 임금수준 결정요인들(환경적 요인, 노동적 요인, 경영적 요인)과 허용범위에 대한 이해가 선행되어야 한다. 우선 환경적 요인으로는 최저생계비, 물가, 사회일반의 임금수준, 정부의 임금정책, 단체교섭 등의 요인을 검토해야 한다. 노동적 요인으로는 노동생산성을 들 수 있다. 그리고 경영적 요인으로는 기업의 지불능력 요인이 있다. 또 이들 요인들 간에는 상호 관련되어 있다. 예를 들어 노동생산성의 상승은 노동의 성과로서 임금상승의 원인이 됨과 동시에 기업의 지불능력을 증가시켜 임금상승을 가능하게 한다. 또 물가상승은 최저생계비의 상승을 가져와 임금상승의 압력으로 작용함과 동시에 단체교섭 시 노조 측 임금인상 요구율의 산정에도 영향을 미치게 된다(정재훈, 2011, p.335).

**도표 10-5** 임금수준결정의 결정요인과 허용범위

자료원: 정재훈(2011). 인적자원관리(3판), 북넷, pp.335-337 수정응용.

이러한 임금수준 결정요인에서 기업의 지불능력(경영요인)을 임금수준의 상한선으로, 그리고 최저생계비(환경요인)를 임금수준의 하한선으로 하고 이 범위 안에서 나머지 결정요인들을 기업 실정에 맞게 감안하여 적정의 임금수준을 결정한다. 이 과정에서 기업은 임금수준의 사회적 균형을 도모하게 되고 이를 통하여 핵심인력을 확보 및 유지함으로써 대외적 경쟁력을 갖도록 한다(도표 10-5 참조).

### 2) 임금수준의 조정

기업은 물가변동, 최저생계비 인상, 근속연수 증가, 인사평가 결과로 인하여 매년 임금수준을 조정할 필요를 느낀다. 임금수준을 조정하는 데에는 첫째, 승급(昇給), 둘째, 기본급인상(흔히 Base-up이라 한다), 셋째, 승급과 Base-up의 병행의 세 요인에 의해 조정된다.

(1) 승급(昇給): 승급이란 미리 정해진 임금기준선을 따라서 연령이나 근속연수 또는 능력향상에 따라서 기본급을 증액시키는 것을 말한다. 이 승급의 경우 기본급의 서열은 변하지 않으며 급내승급과 승격승급이 있다.

- 급내승급(級內昇給): 동일 직급 내의 승진에 따라 지급되는 것으로서 작은 상승 폭의 승급(昇給)[11]이 있게 된다. 예를 들어 부장 2급에서 부장 1급으로 승급(昇級)함에 따라 오르는 금액이다. 일반적으로 직무 및 직능의 질은 변하지 않으며 연공에 따라 연 1회

11) 이를 호봉인상이라고도 하며 회사에 따라서 1년에 1호봉 또는 2호봉씩 승급(昇給)을 하기도 한다.

## 현장올레길 10-2 최저임금, 대폭인상 약인가 독인가

최저임금제 인상에 따른 기업 측에 주는 부작용이 심상치 않다. 문재인 정부는 2020년까지 최저임금(시급) 1만 원을 공약으로 제시하고((a) 참조) 집권 이후 2018년 적용 최저임금을 7,530원(전년대비 16.4% 인상)으로 하였고 2019년 최저임금은 8,350원(전년대비 10.9%)으로, 그리고 2020년에는 8,350원(전년대비 2.9%)으로 확정하였다. 지난 2018~2019년 집권 2년 동안 27.3%의 최저임금 대폭상승을 가져왔다((b) 참조). 2018년의 16.4% 2019년의 10.9%의 고수준, 고강도의 최저임금 인상은 기업의 실질적 지불능력을 넘어서 기업에서는 감당하기 어려운 현실이 되어 자영업자 및 소상공인들은 직격탄을 맞게 되었다. 또 애초의 정책 의도와는 달리 최저임금 1% 인상에 일자리 1만 개가 사라지는 결과를 초래하였다.

(a)

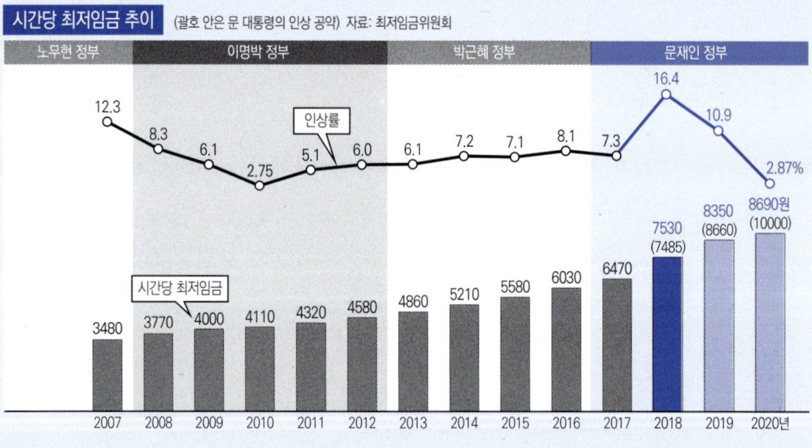


(b)

자료원: 한겨레. "내년 최저임금 시급 2.87% 인상 8690원", 2019.7.12, 중앙일보. "최저임금 1% 올릴 때 마다 일자리 1만 개씩 사라졌다", 2019.5.21, 연합뉴스. "최저임금 동상이몽 … 구직자 · 업주, 업종 · 세대 인식차", 2015.6.1.

**도표 10-6** 보상수준 조정의 세 유형

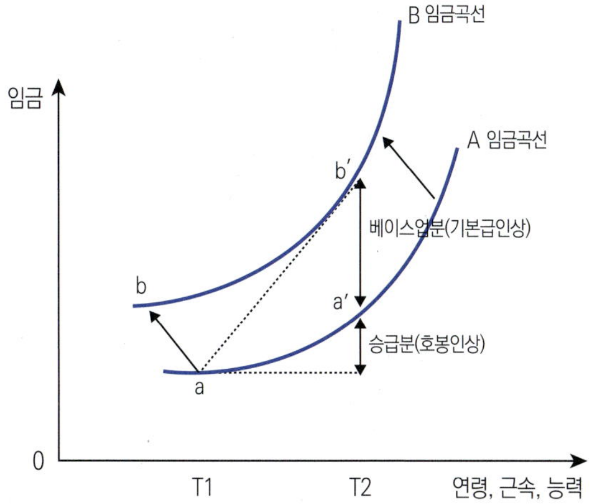


자료원: 정재훈(2011). *op. cit.*, p.342 수정인용.

실시한다. 급내승급을 하는 이유는 같은 일에 대해 기능이나 능력이 향상되었다고 보기 때문이다.

- 승격승급(昇格昇給): 차상위 직급으로의 승진과 관련되어 지급되는 것으로서 직무나 직능의 질이 향상되었다고 보기 때문에 행해진다. 예를 들어 과장에서 차장으로 승진함에 따라 오르는 금액이다.

[도표 10-6]에서 보듯이 급내승급이든 승격승급(승진)이든 아래 곡선의 a에서 a'로 승급(昇給, 호봉인상)이 있게 되어 임금수준 인상이 된 상황이다.

(2) 기본급인상(Base-up): 기본급인상은 일반적으로 노사 간에 임금교섭과정에서 임금수준의 보전을 목적으로 물가상승분만큼을 모든 직급의 종업원들에게 일률적으로 지급되는 동일금액의 임금인상을 의미한다. [도표 10-6]에서 보듯이 연령이나 능력이 동일한 상황에서 임금 곡선 자체가 A에서 B로 상향이동함으로써 a'→ b'로 임금상승이 있게 된다. 미국의 경우 베이스업의 기준이 되는 것은 생계비지수 상승에 따른 생계비조정비용인 COLA(Cost Of Living Adjustment)와 QOLA(Quality Of Living Adjustment) 같은 지표들이 있다(http://www.calculatedriskblog.com).

또 한 가지 생각해 볼 것은 정기적, 일률적, 고정적 성격의 정기 상여금을 통상임금에 포함시키는 것은 기본급인상(Base-up)의 효과가 있다는 사실이다. 이는 생계비조정뿐만 아니라 생산성 향상에 따른 성과급적 요소 또한 기본급인상에 반영된다고 보기 때문이다. 따

**현장올레길 10-3** 일본, 올해 임금 평균 8,502엔 인상 … 인상 폭 21년만에 최고

일본의 경제단체연합회(게이단렌)는 16일 2015년 임금 협상(春闘)의 회답・타결 상황의 제1차 집계 결과(대기업 62개사)를 발표했다. 정기 승급과 기본급인상 등 베이스 업(base up)을 합친 조합원의 평균 월급 인상액은 8,502엔으로, 2014년 실적을 859엔 웃돌았다. 제1차 집계 시점에서 보면, 1994년(8,800엔) 이후 21년만의 최고 수준이다. 제1차 집계 시점의 임금 인상률은 평균 2.59%로, 2014년보다 0.20%p 상승했다. 전년에 이어 2%를 초과한 것은 1999년 이후 두 번째다. 일반적으로 대기업이 정기 승급만 했을 경우의 평균임금 인상률은 1%대 후반이 되므로, 베이스 업분은 1% 미만 정도로 보인다. 업종별로는 자동차(9,835엔, 임금 인상률 2.91%), 기계금속(8,641엔, 동 2.95%) 등 엔화 약세에 힘입어 실적이 호전되고 있는 업종이 대폭 인상한 것으로 나타났다.

자료원: 글로벌 이코노믹, 2015.4.17.

라서 기본급이 인상하게 되면 평균임금 상승과 퇴직 시 퇴직금 상승의 효과를 지니게 된다. 이런 이유로 기업들은 상여금을 지급하더라도 가급적 고정적 성격의 상여금을 줄이고 일시적, 변동적 성격의 상여금을 지급하려 한다. 그렇게 해야 전체 인건비와 추후의 퇴직금 비중을 줄일 수 있기 때문이다.

(3) 승급(昇給)과 기본급인상(Base-up)의 절충형: 승급과 기본급인상의 절충형은 임금수준의 조정효과가 가장 큰 방법이다. 승급은 연령이나 근속연수에 따라 지급되는 연공급적 성격을 지니고 기본급인상은 물가상승률에 따른 생활급적 요소와 생산성 향상에 따른 성과급적 요소를 동시에 포함하고 있다. [현장올레길 10-3]의 일본의 경우가 여기에 해당한다. [도표 10-6]에서 보는 바와 같이 승급과 기본급인상의 절출형은 a → b'로 임금수준이 인상된 경우이다. 이는 a → a'(승급)와 a' → b'(기본급인상) 각각의 독립적 효과를 합산한 효과이다.

### 3) 임금수준 조정의 현안 문제: 임금피크제(SPS: Salary Peak System)

최근 한국사회는 임금조정과 관련하여 큰 현안문제에 봉착해 있다. 한참 일할 수 있는 베이붐시대(1955~1963년생) 출생했던 사람들에게 정년이 다가오면서 '조기퇴직'의 압력을 받으면서 사회문제가 되고 있다. 또 이들은 주로 연공형 임금제의 적용을 받아 왔던 세대들이기 때문에, 고령 근로자의 증가는 기업으로서는 막대한 인건비 부담을 안을 수밖에 없었다. 따라서 이들의 고용 안정성은 심각하게 위협을 받게 되었다. 이에 한국사회는 중고령층 근로자의 조기퇴직 압력을 완화하고 기업의 생산성도 올리는 수단으로서 '임금피크제'라는 중고령층 대상 임금수준을 조정하는 독특한 제도를 마련하게 되었다.

### (1) 정의

임금피크제란 근로자가 특정 연령(또는 호봉)에 도달하면, 그 이후로는 임금을 삭감하는 제도다. 임금피크제라는 용어는 일본 기업에서 1990년대부터 시행되던 고용과 임금을 교환하는 다양한 형태의 연령에 따른 임금조정 방식('연령–임금 프로파일')을 우리나라에 도입하는 과정에서 만들어진 용어로, 우리나라에서만 사용되고 있다(김준, 2015).

### (2) 배경[12)]

주지하다시피 우리나라에서는 1997년 외환위기 이후 고용불안이 확산·심화되었다. 그 가운데서도 특히 '사오정', '오륙도'[13)]라는 말이 유행어가 될 정도로 중고령층 근로자의 조기퇴직이 큰 사회문제가 되었다. 이에 2000년대 중반부터 일부 민간대기업과 공기업을 중심으로 노사가 합의하여 조기퇴직의 대안으로 임금피크제를 도입하는 사례가 늘어나면서 임금피크제가 주목받게 되었다. 임금피크제가 주목받은 배경은 다음과 같이 설명할 수 있다.

첫째, 급속한 고령화 추세 속에서 고령 근로자의 고용안정이 중요한 사회적 과제로 등장했다. 1993년 약 45만 명(전체의 9.2%)이던 50대 근로자가 2003년에는 약 67만 명(전체의 10.5%), 2010년에는 약 153만 명(전체의 17.7%)으로 증가했고, 특히 2000년대 중반 이후 베이비붐 세대의 '생애 주된 일자리'로부터의 퇴직이 본격화되었기 때문이다.

둘째, 우리나라의 지배적인 임금체계가 연공형 임금제이기 때문에, 고령근로자의 증가는 고령 근로자의 고용 안정성을 위협한다. 연공형 임금제는 근속연수가 증가함에 따라 임금이 비례적으로 증가하는 구조를 가지고 있다. 즉 임금체계가 생애주기에 따른 생계비 증가를 고려하여 설계되어 있는 것이다. 따라서 일정 시점까지 근로자는 자신의 직무능력이나 업무실적보다 낮은 임금을 받고, 그 이후에는 그보다 높은 임금을 받는 경향이 있다(도표 10–7 참조).

이러한 임금구조는 고령 근로자를 퇴출시키고 청년근로자를 채용하고자 하는 사용자의 유인을 증가시킨다.[14)] 또 반면에 일정 연령 이후 임금을 단계적으로 삭감하는 임금피크제

12) 임금피크제의 배경과 관련하여 김준(2015). '임금피크제의 쟁점과 입법·정책적 시사점' 이슈와 논점, 제1025호를 주로 참고하였음을 밝혀둔다.

13) 사오정은 "45세 정년", 오륙도는 "56세까지 직장에 다니면 도둑"이라는 뜻으로서 경쟁이 치열해지고 정년도 갈수록 짧아지면서 나온 시대상에 대한 자조적인 표현이다.

14) 실제로 교통안전공단의 경우 신규채용인건비를 정년일 기준 임금피크제 절감재원으로 충당한다는 원칙으로 신규채용규모를 결정하기로 하여 고령층의 고용안정과 청년층의 실업문제를 동시에 해결하는 '창의적' 임금피크제 도입에 앞장서기도 하였다(교통안전공단, 2015.7).

**도표 10-7** 임금피크제 개념도

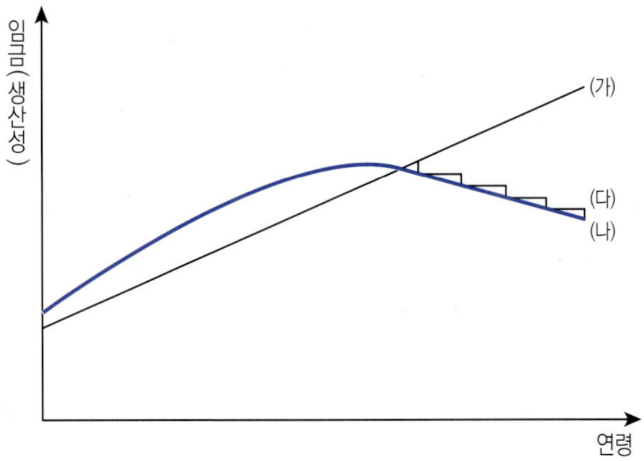


자료원: 선 (가)는 연공형 임금제에서의 연령(근속)에 따른 임금 증가를, 선 (나)는 연령에 따른 생산성을, 선 (다)는 임금피크제를 실시할 경우의 임금의 단계적 감소를 각각 개념적으로 표현한 것임.

는 사용자의 고령 근로자 퇴출유인을 감소시킬 수 있다. 바로 이러한 가능성 때문에 임금피크제가 고령자 고용안정을 위한 대안으로 주목받게 된 것이다.

### (3) 임금피크제의 유형

임금피크제는 일반적으로 정년보장형, 정년연장형, 고용연장형으로 나누어진다. 첫째, 정년보장형은 현재의 정년을 보장하되 정년 이전 일정 시점부터 임금을 조정하는 것을 말한다. 둘째, 정년연장형은 현재의 정년을 연장하는 조건으로 정년 연장 기간만큼 정년 전의 임금을 조정하는 것을 말한다. 예를 들어 정년을 3년 연장하면 정년 3년 전부터 임금을 조정하는 경우이다. 셋째, 고용연장형은 정년 퇴직자를 계약직으로 재고용하되 정년 이전부터 임금을 조정하는 것을 말한다.[15]

이러한 임금피크제 도입의 필요성에도 불구하고 실제 [현장올레길 10-4]에서 보듯이 이 제도를 도입한 금융권으로부터는 크게 찬사를 받지 못하고 있는 실정이다.

15) 임금피크제의 도입절차 및 설계방향은 정종태(2013). *op. cit.*, pp.183-188을 참고하길 바란다.

**현장올레길 10-4** 은행권 임금피크제 10년 … "정년 못 채우고 퇴직금만 줄었다"

### 금융권 임금피크제 도입 현황

| | 55세 이후 임금지급률(%) | 도입시기 |
|---|---|---|
| 국민은행 | 50-50-50-50-50(250) | 2008년 |
| 우리은행 | 70-60-40-40-30(240) | 2005년 |
| 하나은행 | 70-60-40-40-40(250) | 2006년 |
| 산업은행 | 90-75-50-40-35(290) | 2005년 |
| 기업은행 | 90-60-40-40-30(260) | 2005년 |
| 외환은행 | 50-50-40-30(170) *56세부터 적용 | 2008년 |
| 한국은행 | 90-80-70(240) *57세부터 적용 | 올해 7월 |
| 삼성생명·삼성화재 | 90-80-70-60-50(350) | 2016년 예정 |
| 롯데손해보험 | 90-85-80-70-50(375) | 2016년 예정 |

※ 임금지급률은 임금피크제가 적용되는 직전 연도의 연봉에서 삭감되는 비율

예) 54세에 연봉 1억원인 직원이 55세부터 임금피크제를 적용해 매년 10%씩 임금이 줄어드는 구조라면 55세에는 9000만원, 56세에는 8000만원을 받게 된다.

〈자료: 각사〉

2016년부터 60세 정년 의무화를 앞두고 정부가 공공기관을 중심으로 임금피크제 전면 시행을 발표했다. 정부는 비교적 일찍 임금피크제를 도입한 금융권이 모범이 되라고 주문했지만, 정작 금융권에서도 임금피크제가 제대로 정착하지 못한 것으로 나타났다. 제도는 있지만 기대 소득이 적거나 조기 퇴직 관행 때문에 제도가 유명무실했다. 구체적인 실행안 마련이 시급하다는 지적이다.

서울신문이 28일 10대 주요 은행(국민 · 신한 · 우리 · 하나 · 농협 · 산업 · 기업 · 외환 · 씨티 · SC)의 임금피크제 도입 현황을 조사한 결과 국민 · 우리 · 하나 · 외환 · 산업 · 기업 등 6개 은행이 임금피크제를 시행하고 있다. 현재 은행권 정년은 산업은행과 기업은행(60세)을 제외하고 58세이다. 대개 55세부터 임금피크제가 적용되고 60세까지 정년을 보장받는 식이다. 하지만 임금피크제를 적용받는 사람은 극소수에 불과했다. 기업 · 외환은행은 임금피크제를 선택하거나 적용받은 직원이 대상 직원의 10%도 안 됐고, 하나은행은 단 한 명도 없었다. 우리은행은 40%, 국민은행과 공공기관인 산업은행만 대부분 임금피크제를 적용받는다고 답했다. 임금피크제 적용 시점에 임금피크제를 선택하지 않은 사람들은 명예퇴직 등으로 나갔다는 의미다.

이는 현행 임금피크제의 연봉 감액률이 높아 차라리 희망퇴직을 하는 게 더 낫다는 계산이 있다. 임금피크제 적용 시 5년간 받을 수 있는 임금은 직전 임금의 240~290% 수준이다. 이 때문에 기대소득이 줄어드는 것보다 희망퇴직을 통해 일시에 보상받는 게 훨씬 낫다고 판단하는 것이다. 또 임금피크제를 고르면 '뒷자리'로 물러나야 한다는 심리적 압박도 선택을 어렵게 만든다. 최근 국민은행 역시 임금피크제 개선안을 마련하는 과정에서 임금피크제 대상 직원에게 은행 출납업무를 맡기는 문제로 노사 간에 갈등을 겪기도 했다. 전문가들은 청년층 일자리 확대와 중장년층 고용 보장을 위해 임금피크제 도입이 필요하지만, 실질적인 정년 보장과 정교한 프로그램 없이는 실효성이 없다고 지적한다.

자료원: 서울신문, 2015.6.29.

## 2.2 임금체계: 내부공정성 확보

### 1) 임금체계관리의 의미

*임금체계는 임금의 총액을 배분함에 있어서 종업원 개인 간의 임금격차를 두는 기준 또는 방식의 문제이다. 따라서 임금체계를 설정할 때는 공정성의 원칙이 가장 중요하며 절실하다.* 만약 임금격차를 두는 기준이 공정하지 못하면 종업원들은 임금에 대한 불만을 해소할 수 없고 나아가서 우수한 핵심인재들이 조직을 떠나기도 한다.

[도표 10-8]에서 보듯이 보상의 공정성은 제9장 성과관리에서도 논의한 바와 같이 크게 절차의 공정성과 분배의 공정성으로 대별된다. 절차의 공정성 문제는 '보상액을 결정하기까지의 절차가 공정했는가?'의 문제이고 분배의 공정성 문제는 '보상액의 분배 크기가 공정했는가?'의 문제이다. 또 분배공정성은 다시 내부공정성('보상액의 분배 크기를 내부구성원들과 비교하면?')과 외부공정성 문제('보상액의 분배 크기를 다른 외부조직과 비교하면?')로 나뉘어지는데 외부공정성 문제는 2.1에서 논의한 보상수준의 이슈이다. 여기서 논의하고자 하는 임금체계의 문제는 내부공정성의 문제에 초점을 맞춘 것이다.

임금체계의 내부공정성 문제는 Porter & Lawler(1968)의 기대이론(Expectancy Thlory)에 기반을 두고 있다. 이 이론에 따르면 임금이 공정한지 여부를 조직 속의 개인은 자신이 투자한 투입(input: 노력, 성별, 경력, 직위, 교육 정도 등)과 여기서 얻어지는 결과(outcome: 연봉, 승진, 교육기회, 칭찬, 인정 등)를 다른 개인이나 집단의 그것들과 상대적인 비교를 함으로써 결정한다. 이 같이 상대방과의 사회적 비교를 통하여 비슷하다고 지각하면 만족을 느

**도표 10-8** 공정성의 형태

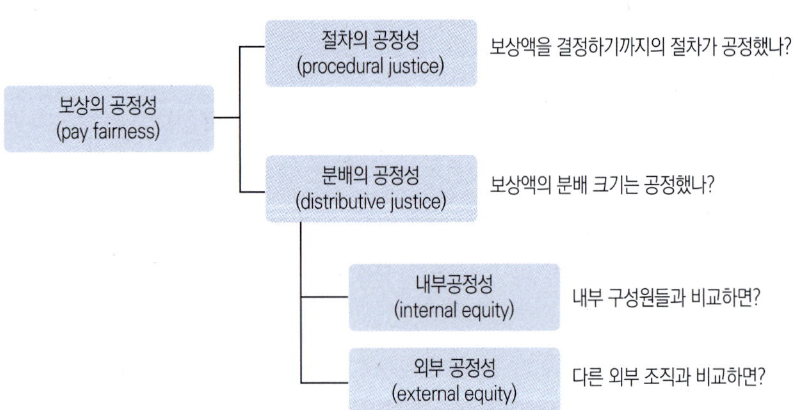

끼고 불공정성을 지각하면 공정성을 회복하는 쪽으로 어떤 행동을 하게 된다는 것이다. 따라서 절대적 기준하에서는 적절히 대우받고 있다고 생각하는 사람이라도 다른 사람과 비교해서 상대적으로 대우받지 못하고 있다고 생각하면 공정성 긴장이 생기고 이는 곧 공정성 긴장을 해소하고자 하는 동기부여로 이어진다. 공정성 긴장은 과소보상(underrewarded)과 과대보상(overrewarded) 모두에게서 발생하며 투입(input)과 산출(outcome)을 조정하는 전략적 행위를 통하여 공정성 긴장을 해소하게 된다.

(1) 과소보상 지각 시의 전략: 종업원이 과소보상의 상황을 지각하였을 경우에는 공정성을 회복하기 위하여 흔히 조직에 해가 되는 행위들을 하게 된다. 임금인상을 요구하거나 임금을 못 받은 만큼 회사의 물품이나 기기들을 집으로 가져가거나, 산출물 생산을 위한 노력을 덜 하거나, 불량품을 줄이려는 노력을 의도적으로 하지 않게 된다(투입물을 줄이려는 전략). 혹은 받은 임금도 많이 받은 것이고 이에 대해 감사하게 생각하기도 한다(인지왜곡을 통한 산출물을 늘리는 전략). 심지어 공정한 보상을 해주는 직장으로의 이직하는 경우도 발생한다(비교집단의 변경을 통한 산출물을 늘리는 전략). 이 모든 행위들은 과소보상 상태에서 공정성 긴장을 회복하고자 하는 동기에서 비롯된다.

(2) 과대보상 지각 시의 전략: 과대보상의 감정은 그리 흔치는 않지만 일단 과대보상 상황이 발생하면 종업원은 더 나은 직무수행을 위해서 노력을 경주하거나(투입물을 늘리는 전략) 혹은 받은 돈의 일부를 동료들과 회식을 통하여 나누거나(산출물을 줄이는 전략) 본인을 적은 보상을 받은 종업원과는 능력 면에서 질적으로 다르며 따라서 과대보상처럼 보이지만 오히려 당연히 받아야 하는 보상이고 내 능력에 비하면 그것도 적게 받는 것이라고 왜곡하여 생각함으로써(인지 왜곡을 통한 산출물을 줄이는 전략) 공정성 긴장을 해소하려 한다.

중요한 것은 이와 같은 종업원의 행동과 태도를 결정하는 것은 절대적인 보상의 수준이 아니라 유사한 상황의 동료들과의 상대적 비교라는 점이다. 예를 들어 골드만 삭스(Goldman Sachs)에서 고임금을 받던 주식 트레이더가 갑자기 회사를 그만두었는데 그 이유가 탈진이 되도록 열심히 일했지만 동료 트레이더에 비해 적게 받았다는 이유인데 전년도에 그는 7천만 달러(한화로 약 710억 원)을 받았었다(Wall Street Journal, 2007, Aug. 18–19). 이 예는 객관적으로는 높은 보상을 받음에도 불구하고 동료와의 상대적 비교를 통하여 과소보상을 지각하고 스스로 이직을 선택함으로써 나름의 공정성 확보전략을 택한 것이다.

이상의 논의는 조직구성원들이 조직으로부터 받는 보상의 크기에 대한 공정성 인식의 정도를 의미하는 분배적 공정성(distributive justice)에 관한 논의이다. 그런데 조직구성원들이 자신들이 받는 보상에 대해서 어떻게 반응할 것인가를 이해하기 위해서는 분배공정성과 더불어 그러한 보상의 크기를 결정하기 위해 적용되는 과정에 대한 공정성 인식의 정도를 의미하는 절차적 공정성(procedural justice)을 고려해야 한다. 특히 염두에 두어야 할 사실은 개인의 직무만족에 가장 큰 영향을 미치는 것은 분배적 공정성이지만, 조직 충성도나 몰입, 상사에 대한 신뢰 등은 산출물의 분배가 얼마나 공정한 과정을 통해 이루어지는지 그 절차적 공정성에 의해 좌우된다는 것이다. 투명하고 공정한 과정을 거쳐 보상이 주어진다면 다소 부당한 급여를 받고 있거나 승진이 부적절하게 되었다고 생각하는 사람도 조직과 상사에 대해 긍정적으로 보려 한다. 분배의 공정성과 절차의 공정성을 동시에 고려하여 상호작용효과를 파악할 때 공정성이 조직효과에 미치는 영향을 보다 정확히 파악할 수 있을 것이다(Folger & Konovsky, 1989).

### 2) 임금체계의 종류: 인적자원을 보는 두 철학적 기반

앞서 논의한 바와 같이 임금체계는 종업원 개인 간의 임금격차를 두는 기준 또는 방식의 문제라고 한 바 있다. 그런데 임금격차의 기준은 '기본급의 지급원리를 어떻게 할 것인가'로 집약된다. 즉, [도표 10-9]에서 보듯이 기본급 지급체계를 '일의 가치'에 두고 직무급체계('무슨 일을 할 것인가)로 갈 것인지, '종업원의 가치'에 두고 연공급체계(누가 하는가) 또는 직능급체계(잘 하는가)로 갈 것인지 아니면 '업적성과의 가치'에 두고 성과급체계(얼마나 했는가)로 갈 것인지를 결정하는 문제이다.

이는 인적자원에 대한 철학의 문제로서 연공급 및 직능급체계(종업원의 가치 중심)의 기반이 되는 '속인 중심의 철학'과 직무급체계(일의 가치 중심)의 기반이 되는 '직무 중심 철학'의 문제인 것이다. 전자는 임금의 체계 결정에 있어서 종업원이 보유하고 있는 자격(나이, 근속연수, 능력, 지식, 경험 등)을 중심으로 기본급을 결정하며 한국과 일본 등의 기업에서 흔히 발견된다. 이에 반해 후자는 종업원이 담당하는 직무를 근거로 기본급을 결정하며 따라서 임금체계 결정에 있어서 직무에 대한 평가가 대단히 중요한 역할을 한다. 흔히 미국이

**도표 10-9** 기본급의 지급원리에 따른 임금체계의 종류

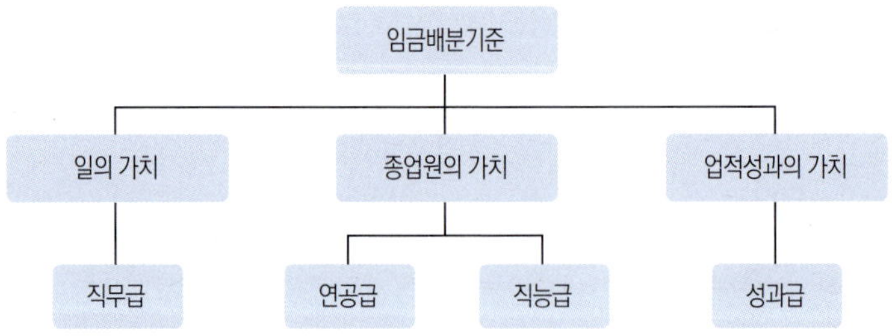

나 영국 등의 서구 선진국가들의 기업들에게서 볼 수 있다.[16)]

(1) 직무급(Job-based Pay): 직무급이란 직무평가에 의하여 각 직무의 상대적 가치를 평가하고, 이에 따라 등급화된 직무등급에 의거하여 임금수준을 결정하는 임금체계로서 이미 제5장 4절에서 논의한 직무평가가 전제조건이다. 즉, 조직 내에서 해당 직무가 갖는 상대적 가치의 크기에 따라서 임금격차를 두는 방식이다. 직무급 체계는 '동일노동에 동일임금을 지급하는 원칙'(同一勞動, 同一賃金)에 입각하고 있으며 이는 같은 가치를 지닌 노동에 대해서는 성별 · 연령 · 신분 등에 따라 차별하지 말고 같은 임금을 줘야 한다는 의미이다. 정확한 직무평가가 된다면 직무별로 적정한 임금수준의 산정과 각 직무 간에 공정한 임금차이 유지가 가능하다. [도표 10-10]에 직무급의 장점과 단점을 정리하였다.

**도표 10-10** 직무급의 장점과 단점

| | |
|---|---|
| 직무급의 장점 | ① 동일노동에 동일임금이 지급되기 때문에 개인별 임금격차에 대한 불만을 해소할 수 있다.<br>② 높은 직무평가를 받는 고난이도의 직무를 수행하는 전문기술인력의 확보가 용이하다<br>③ 결과적으로 능력 위주의 풍토를 조성할 수 있다.<br>④ 직무별로 구체적이고 세세한 규율확립 · 교육훈련 · 작업능률의 증진이 용이하다. |
| 직무급의 단점 | ① 공정하고 철저한 직무분석과 직무평가를 실시하기가 어렵다. 특히 직무평가의 주관성이 개입할 여지가 크다.<br>② 또 높은 직무평가 비용이 든다.<br>③ 임금수준이 종업원의 생활을 보장할 수 있을 만큼 높지 않을 경우에는 적용이 곤란하다.<br>④ 연공 중심의 풍토에서 오는 저항감이 강할 경우 적용이 곤란하다. |

**현장올레길 10-5** "일한 만큼 받을게요"… 실용주의 밀레니얼 세대가 '연공서열' 깬다

주 52시간제가 도입되고 실용주의를 추구하는 밀레니얼 세대의 문화가 직장에 퍼지면서 직무급제를 도입하는 회사가 늘고 있다. 연차에 따라 급여가 오르는 연공서열과 달리 직무급제는 일의 중요도 · 난이도 · 책임 정도에 따라 급여가 결정된다. 급여를 더 받지만 일이 힘든 보직에서 일할지, 돈은 덜 받지만 편한 업무를 할지 각자 성향에 따라 선택하길 원하는 젊은 직장인들은 직무급제를 환영하는 분위기다. 근로시간 단축으로 생산성을 높이는 것이 더 중요해진 기업들이 유연한 조직문화를 만들기 위해 내놓은 방책이다. '하는 일'에 따른 합리적 평가를 원하는 시대, 최근 이 같은 흐름에 따라 공공기관에서도 호봉에 따라 급여가 오르는 이른바 '철밥통'을 깨뜨리고 직무급제를 도입하려는 움직임이 나타나고 있다

코트라는 58년 만에 호봉제를 폐지하고 올 상반기 중 전 직원에 대해 직무급제를 도입하기로 했다. 40단계에 이르던 호봉제 대신 직원의 업무를 일의 난이도, 중요성, 책임 범위 등을 기준으로 나눠 16등급

16) 성과급을 기본급으로 하는 경우는 지극히 드묾으로 여기서는 논외로 한다.

으로 분류했다. 신(新)시장 개척이나 중소기업의 지원 요청이 많은 해외무역관 근무자는 같은 직급 중에서 도 더 많은 급여를 받게 된다.

코트라 관계자는 "직원 79%가 직무급제 도입에 찬성했다"며 "직무급제로 변경해도 근로기준법과 노조 요구 등에 따라 기존에 높은 호봉이던 직원들의 연봉이 낮아지지는 않겠지만, 연차에 따른 임금 차는 크게 줄어들 것"이라고 했다. 또 "같은 부장 직급 간부여도 성과급 격차는 두 배까지 벌어질 수 있다"고 했다. 코트라에 다니는 6년차 직원은 "하는 일에 따라 평가받으니 남과 비교하면서 불평하지 않고 자신의 직무에만 집중하지 않겠느냐"며 "젊은 동료를 중심으로 직무급제에 우호적인 여론이 높았다"고 했다. 직원 1000명이 넘는 공공기관이 직무급제를 도입하는 건 코트라가 처음이다. 공공기관 10여 개가 올해 안에 직무급제를 신규 도입하려는 계획을 세우고 있는 것으로 알려졌다.

자료원: 조선경제, 2020.1.12.

(2) 연공급(Seniority-based Pay): 연공급이란 개인의 학력, 연령, 근속연수 등의 인적 요소를 기준으로 임금수준을 결정하는 임금체계이다. 일반적으로 낮은 초임에서 출발하여 연령이나 근속연수에 따라 정기호봉 승급(昇給)을 한다. 개별 노동자의 직무별 작업강도나 난이도, 생산성 기여도와 무관하게 임금이 상승한다는 점에서 성과급이나 직무급과 대비된다. 연공급체계는 근로자의 연령에 따른 생활보장의 성격이 강하고 장기고용을 전제로 하고 있기 때문에, 근로자가 근로의 대가로 받는 임금이라고 하는 경제적 유인과 근로자가 조직에 공헌하는 가치 사이에 장기적 균형을 유지하는 보상체계라고 할 수 있다. 연공급체계는 사회적으로 노동이동률이 낮고 직무의 난이도의 격차가 적으며, 기업 내의 배치전환이 용이하고 기업풍토, 경영층의 의식, 업무내용 등에서 보수성이 강한 기업에 적절하다. [도표 10- 11]에는 연공급의 장점과 단점을 정리하였다.

**도표 10-11** 연공급의 장점과 단점

| | |
|---|---|
| 연공급의 장점 | ① 근속연수에 따른 정기승급에 의해 임금이 증가하므로 고용의 안정과 노동의 정착이 진전된다는 데 있다.<br>② 근로자의 기업에 대한 귀속의식이 고양될 뿐만 아니라 근로자에 대한 교육훈련의 효과를 높일 수 있다<br>③ 동양적 기업풍토에서는 질서확립과 사기유지에 도움이 된다. |
| 연공급의 단점 | ① 동일노동에 동일임금의 지급이 불가능하다.<br>② 전문기술인력의 확보가 어렵다.<br>③ 고령층이 많은 기업의 경우, 인건비 부담이 가중된다.<br>④ 능력개발 및 동기부여 효과가 미약하여 종업원들의 소극적 · 무사안일적 · 경직적 근무태도를 야기하기 쉽다. |

(3) 직능급(Skill-based Pay): 직능급이란 종업원의 직무수행능력에 따라 차별적으로 임금을 지급하는 임금체계로서 인적요소 기준의 연공급과 직무요소 기준의 직무급을 절충한 임금체계이다. 즉, 직능급은 모든 종업원은 동일한 임금수준에서 출발하지만, 자신이 습득한 기술, 지식, 능력이 증가함에 따라 임금이 상승하도록 설계한 임금체계이다. 보다 구체적으로는 직무수행능력을 등급화하여 직능등급을 정하고(직무급적 속성), 이를 다시 세분화하여 호봉의 등급을 정하는데(연공급의 속성), 호봉은 근무연수 등의 연공적 요소를 포함하고 있다. [도표 10-12]에 직능급의 장단점을 제시하였다.

**도표 10-12** 직능급의 장점과 단점

| | |
|---|---|
| 직능급의 장점 | ① 직무수행능력에 따라 임금이 결정되기 때문에 근로자의 불평과 불만이 해소가능하다.<br>② 인재확보와 근로자의 능력개발에 유리하다(학습조직분위기 조성).<br>③ 완전한 직무급의 도입이 어려운 경우에 적합하다.<br>④ 직무수행능력이 올라갈수록 직무 다양성이 실현되고 동기부여가 되고 이직률이 감소한다.<br>⑤ 적극적인 직무 간 횡단적 훈련으로 유연한 조직화가 가능해진다. |
| 직능급의 단점 | ① 일상업무수행은 소홀히 하는 반면, 능력개발을 위한 시간투자를 늘리게 되는 측면이 있다.<br>② 능력개발기회가 상실된 근로자의 의욕상실이 예상된다.<br>③ 직능의 표준화와 직능분류가 충분하지 못한 조직에는 적용에 어려움이 있다. |

(4) 성과급(Performance-based Pay): 성과급이란 개별 구성원이 올린 성과나 능률에 따라서 차별적으로 지급되는 임금을 말한다. 예를 들어 영업사원에게 판매단위당 수수료를 지급하거나 생산직 직원에게 월간 생산목표를 달성하게 될 때 보너스를 지급할 수는 있지만 이러한 보상은 기본급 이외의 추가급이다. 따라서 기본급에서는 거의 적용되지 않기 때문에 제11장에서 별도로 추가급에 대해 심도 있게 다루고자 한다(학습목표 3).

한편 [도표 10-13]에 따르면 수직선의 왼편 끝에 '속인 중심' 철학을 기본으로 하는 연공급(근속연수 혹은 나이 기준), 직능급(직무수행능력 기준)과 역량급(역량 기준)이 위치하며 오른쪽 끝에는 '직무 중심' 철학을 기본으로 직무평가에 의한 순수직무급(직무 가치 기준)과 비슷한 상대적 직무가치를 갖는 직무들을 넓게 등급화한 브로드밴드(Broad-band)형 직무급(직무 가치 기준)[17]이 위치함을 알 수 있다. 또 가운데는 최근 정년 60세시대 주목을 받

17) 브로드밴드형 직무급은 순수직무급이 모든 직무에 대해서 서로 다른 상대적 가치를 평가하여 개개의 직무급을 설정한다는 것은 직무관리상 비효율을 낳기 때문에 직무성격이 다르더라도 비슷한 직무평가 점수를 받는 직무들을 가급적 넓게 등급화하여 인재운용을 유연하고 효율적으로 할 수 있는 장점이 있어서 최근의 추세이며 대세이지만 기본적으로 직무급을 기반으로 하고 있다. 따라서 본서에서는 직무급을 중심으로 설명하고자 한다.

**도표 10-13** HR의 양대 철학에 따른 기본급의 유형 분류

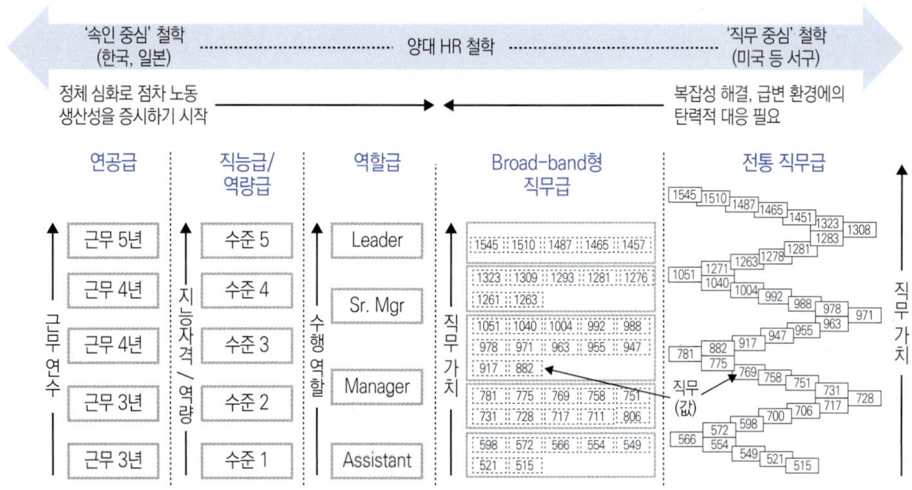


자료원: 송계전(2011). "People Solution & Change Management," People Solution 강의안 수정인용.

고 있는 '역할급'이 위치하고 있다. 역할급은 맡은 역할과 책임의 무게에 따라 임금을 지급하는 임금체계로서 속인 중심의 속성(종업원이 어떤 역할[직무+직책]을 수행하는가)에 성과지향성을 감안한 임금체계라 하겠다. 특히 Leader의 역할을 맡으며 그 역할에 따른 연봉을 받다가, 능력이 안 되면 역할을 내려놓고 다시 Sr. Manager로 내려갈 수 있다. 이때는 Sr. Manager에 따른 연봉을 받게 된다. 이는 종업원들의 역할을 직무수행능력에 따라 동태적으로 조정함으로써 연공성 완화에 크게 기여할 수 있다. 일본은 이렇게 역할이 강등되는 것을 수용할 수 있는 기업문화가 있기에 굳이 우리나라처럼 임금피크제를 도입할 이유가 없는 것이다. 임금피크제 도입에 난항을 겪고 있는 한국기업에 시사하는 바가 크다(중앙일보, 2015.3.9).[18]

18) 경희대 박우성 교수는 역할급 도입방안으로 첫째, 기존의 직급체계를 역할등급으로 바꾸어서 정비하는 방안, 둘째, 역할급을 기본급 체계의 결정요인이 아니라 수당의 개념으로 활용하는 방안, 셋째, 기본급을 역할급 하나로 단일화하지 않고 생활급이나 능력급을 동시에 고려하는 병존형 기본급체계를 운영하는 방안을 제시했다(중앙일보, 2015.3.9).

## 2.3 임금(지불)형태: 합리성 지향

### 1) 임금형태의 개요

임금의 지불형태는 종업원에게 지불해야 할 금액이 확정되었다면 이를 어떤 방식으로 지급하는가 그 지급방식에 관한 것으로서 흔히 임금이 지불되는 형태로는 시간 단위로 지급되는 시급(時給), 한 주 단위로 지급되는 주급(週給), 월 단위로 지급되는 월급(月給), 연 단위로 지급되는 연봉(年俸)의 형태가 있다. 예를 들어 화이트칼라 종업원에게 주어야 할 돈이 연 5천만 원이라면 이것을 월별로 균등 배분하여 줄 수도 있고[19] 기본급을 4천만 원으로 정해놓고 성과가 좋을 때마다 인센티브로 나누어 줄 수도 있다. 또 앞서 [도표 10-2] 총보상의 구성요소에서 보았듯이 금전적 보상과 후생복지와 같은 비금전적 보상을 어떤 비율로 지급하는지에 따라 임금지불형태가 달라진다. 이렇듯 임금의 지불형태에 따라서 기업의 유효성이 달라지고 종업원들의 경제적 이익이나 근로 태도가 달라지기 때문에 조직의 문화나 생산방식의 특성 그리고 구성원들의 선호 등을 반영한 합리성이 확보되어야 한다.

### 2) 임금형태의 혁신: 연봉제(年俸制)

#### (1) 연봉제의 개요 및 정의

연봉제는 명목상의 개념과 실제 개념으로 구분해 볼 수 있다. 명목상으로는 앞서의 임금형태에서도 살펴본 바와 같이 일급, 주급, 월급과 같이 시간 단위에 따라 임금을 지급하는 형태로서, 1년 단위로 임금을 지급하는 임금지급방식이다. 반면에 실제적으로는 연봉제는 1년 단위로 개별 근로자의 성과를 기준으로 평가하여 총액임금을 결정하는 임금제도로 받아들여지고 있다. 보다 구체적으로는 연봉제란 첫째, 복잡한 급여의 구성항목들을 단순하게 통합하고, 둘째, 급여계산방식을 월 단위에서 연 단위로 변경하고, 셋째, 급여의 인상을 모든 종업원에게 획일적으로 적용하는 것이 아니라 업적과 능력에 비례하여 개인별로 차등 결정하는 것을 말한다(정종태, 2013, p.163).

19) 화이트칼라 종업원에게 이 정도의 금액을 시급(時給)이나 주급(週給)으로 주는 것은 합리적이지 못하다.

**현장올레길 10-6** 옆집 아빠 에쓰오일 다닌대⋯ 부럽네요, 1억 3,759만 원

### 시총 100대 기업 평균 연봉 분석

지난해 국내에서 직원 평균 급여가 가장 높았던 기업은 에쓰오일로 조사됐다. 취업 포털 사이트 잡코리아가 2일 국내 시가총액 상위 100개 기업 가운데 2018년 사업보고서를 공시한 80개 기업을 대상으로 연봉 현황을 분석한 결과다. 전체 직원 숫자가 소규모인 금융지주 등 지주사는 분석에서 제외했다. 지난해 에쓰오일 직원 1인당 평균 급여는 1억 3,759만 원으로 전년보다 14% 뛰었다. 정유 부문 남자 직원의 경우 평균 1억 4,454만 원을 받았다. 분석 대상 기업의 1인 평균 급여(8,100만 원)의 1.7배다. 에쓰오일 관계자는 “장치산업의 특성상 사업 규모에 비해 직원 수가 적고, 직원 평균 근속 연수도 16년으로 상대적으로 긴 것도 한 요인”이라고 말했다. ‘억대 연봉 직장’ 명단에 이름을 올린 기업은 조사 대상 80곳 중 13곳이었다. 이 중 취업 준비생들이 선호하는 금융권 기업이 6개 포진하며 강세를 보였다.

자료원: 조선비즈, 2019.4.3.

> **현장올레길 10-7** 지난친 성과주의, 도리어 '화' 부른다
>
> 연봉제로 대표되는 성과주의 임금체계는 최근 수년간 기업들이 가장 적극적으로 받아들이는 급여제도다. 5천 명 이상 대기업의 80% 이상이 연봉제를 택했고, 중소기업의 절반 이상이 시행 중이거나 도입을 서두르고 있다. 기업들이 앞 다퉈 연봉제를 택하는 이유는 간단하다. 일 잘하는 사람에게 더 많은 보상을 제공해, 직원 간 선의의 경쟁을 유도하자는 취지다. 이를 통해 능력・성과주의 문화를 확산하고, 기업 생산성을 동시에 높이자는 복안도 깔려 있다. 장기불황과 함께 도래한 무한경쟁 시대에 성과주의 인사관리는 기업 생존의 필수요소로 인식된 지 오래다.
>
> 그러나 연봉제 효과를 확신하기에는 아직 이르다. 곳곳에서 한계와 부작용이 속출하고 있다. 연봉제는 개별 직원에 대한 능력・성과를 평가해, 연간 임금액을 차등 결정하는 보수체계다. 합리적이고 투명한 평가기준을 마련하는 것은 연봉제 성공의 최대 관건. 하지만 '성과 있는 곳에 보상이 따른다'는 기본적 논리에서부터 이상과 현실 사이에 괴리가 발생한다. 실제로 일부 대기업을 제외하면 대부분 고과평점의 객관성을 담보할 제대로 된 근거를 마련하지 못하고 있다. 중소기업들이 연봉제 도입에 선뜻 나서지 못하는 이유 또한 여기에 있다. 중소기업중앙회 조사결과, 응답 기업의 70%가 실적 평가제도 설계의 어려움을 성과주의 임금체계의 가장 큰 난관으로 꼽았을 정도다. 적절한 성과 평가가 이뤄지지 않을 때, 회사와 직원 간의 신뢰관계는 여지없이 무너진다. 당사자 간 믿음이 사라지면, 연봉제의 원 취지인 동기부여는 고사하고 오히려 업무 의욕 저하로 연결되기 쉽다. 조직 전체의 시너지 차원에서도 심각한 문제가 발생할 수 있다. 과도한 성과지상주의는 구성원들 간 과다경쟁을 유발해, 동료를 적으로 인식하는 왜곡된 개인주의로 이어진다. 연봉제의 기본 속성이 집단보다는 개개인의 업무 성과에 따라 급여가 결정되기 때문이다.
>
> 자료원: 이코노미 21, 2007.10.4.

### (2) 한국기업에서의 연봉제의 배경

1997년 IMF경제위기 이후 한국의 기업들은 그 이전까지의 '연공형 임금체계'에서 '능력형 임금체계'로 전환하지 않으면 안 되는 상황에 처하게 된다. IMF(International Monetary Fund, 국제통화기금)는 구제금융을 제공하는 조건 가운데 하나로서, 한국정부와 한국기업에 살아남기 위한 강도 높은 구조조정을 요구하였다. 특히 기업부문에 있어서 재벌의 해체를 포함한 지배구조개선과 노동시장의 유연성과 기업의 투명성을 요구는 기업의 임금체계 관행에 대한 일대 혁신을 요구하는 것이었다(남덕우, 2007, pp.45-47).

경제위기 이전에는 성과나 능력에 관계없이 학력, 나이, 근속연수에 따른 연공급의 임금체계였다. 이러한 임금체계하에서는 "임금은 일을 하거나 안 하거나 똑같고, 일을 많이 하든 적게 하든 똑같고, 일을 잘하나 못하나 똑같다." 따라서 종업원의 성과나 능력발휘에 관계없이 조직에 누가 오랫동안 근무하느냐가 가장 중요한 관심일 뿐, 종업원으로부터 능력

**도표 10-14** IMF경제위기 이후 임금체계 변화의 의의

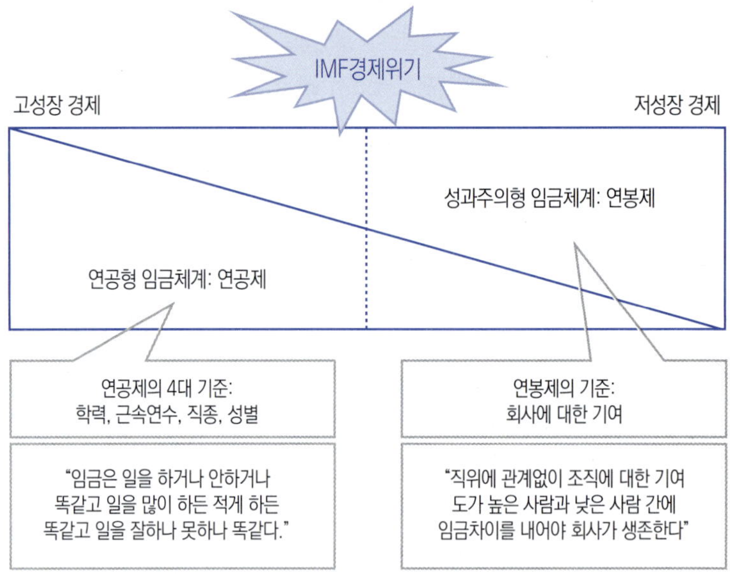


자료원: 전상길(2007). '한국적 연봉제의 이론과 실제', 세종대 AGMP과정 강의안.

이나 성과를 도출할 동기는 전혀 없는 것이었다. 국내 · 외적으로 수요가 충분하여 고성장이 가능한 경제체제하에서는 연공형 임금체계가 지니는 문제는 숨겨질 수 있었다.[20] 그러나 한국의 경제위기 이후 전 세계는 저성장경제로 진입하여 공급은 넘쳤고 수요는 혁신을 통하여 창조하지 않으면 안 되는 상황이 도래하였다. 숨겨졌던 연공형 임금체계의 문제는 기업이 견디기 힘든 재무적 부담으로까지 되었으며 새로운 차원의 혁명적 관리혁신을 필요로 하였다. 이에 각 기업마다 구조조정에 착수하였고 임금체계 또한 성과로 회사에 기여한 사람에게 더 많은 임금을 주는 것에 대한 사회적 합의가 조성되기 시작하였다. "직위에 관계 없이 조직에 대한 기여도가 높은 사람과 낮은 사람 간에 임금차이를 내어야 회사가 생존한다"라는 절박감이 우리 사회에 연봉제를 정착시키는 계기가 된 것이다(도표 10-14 참조)(학습목표 4).

이렇듯 IMF경제위기 이후 우리 사회는 연봉제를 필두로 성과주의가 확산되었지만 성과관리에 대한 객관적이고 납득할 만한 제도정비 없이 진행되는 과정에서 그 부작용도 만만치 않게 노출되고 있다(현장올레길 10-7 참조).

20) 연공급의 장단점에 대해서는 [도표 10-12]에 상술되어 있다.

### (3) 연봉제의 유형[21)]

우리나라 기업들이 도입하고 있는 연봉제의 유형은 크게 세 가지로 구분할 수 있다. 첫째는 연봉의 일정항목을 성과급으로 구분하고 이를 평가에 따라 차등하는 방식이다(성과급 차등연봉제). 둘째는 기존의 모든 임금항목을 합하여 기본연봉으로 통합하고 이를 평가에 따라 차등하는 방식이다(순수연봉제). 셋째는 연봉을 기본연봉과 성과연봉으로 구분하고 평가에 따라 기본연봉과 성과연봉을 모두 차등하는 방식이다(혼합형 연봉제).

① 성과급 차등연봉제: 성과급 차등연봉제는 기존의 호봉제 임금체계에서 월급과 상여금을 통합하여 연봉으로 하고, 연봉을 다시 기본급과 성과급으로 구분한다. 통상적으로 연봉의 70% 정도를 기본급으로 하고 30% 정도를 성과급으로 한다. 그리고 기본급은 직급별로 단일임금으로 설정한다. 즉 기본급은 매년 증가하는 것이 아니고 승진할 경우에 상위직급의 기본급으로 인상되는 구조이다. 반면에 매년 평가 결과에 따라 성과급을 차등한다. 성과급은 직급별 기준성과급을 기준으로 평가등급에 따라 차별적으로 인상된다. 이런 경우에 성과급은 비누적적인 방식으로 운영된다(도표 10-15(a) 참조). 성과급 차등연봉제는 IMF 경제위기 이후 기업들이 인건비를 인상하기 곤란한 경우에 평가에 따라 인건비의 추가부담 없이도 기업의 성과를 창출할 수 있는 임금 차등방식이다. 즉 성과급을 '제로섬'(Zero-sum)[22)]으로 운영할 경우 기업은 인건비의 추가 인상이 필요 없이도 성과를 낸 사람에게 동기부여를 제공할 수 있고 저성과자를 자극할 수 있게 된다.

② 순수연봉제: 순수연봉제란 기존의 호봉제 내에 있는 다양한 급여항목을 하나의 기본연봉으로 통합하고 평가에 따라 연봉을 차등인상하는 임금제도를 의미한다. 순순연봉제에서 연봉인상은 개인별 평가등급에 따라 매년 연봉인상률을 누적적으로 적용한다. 즉 2019년의 기본연봉이 5천만 원인 직원이 연말의 성과평가에 서 S등급을 받았다면 S등급에 해당하는 연봉인상률(예: 7%)을 2019년 기본연봉에 곱하면 2020년 연봉이 결정되는 것이다(5천만 원×1.07=53,500,000). 순수연봉제는 평가에서 하위등급을 받더라도 연봉의 감소가 없는 경우가 일반적이다. 따라서 이 방식으로 연봉제를 도입하면 인건비 상승을 초래하게 된다(도표 10-15(b) 참조).

③ 기본연봉 + 성과연봉 차등연봉제(혼합형 연봉제): 우리나라 대부분의 기업은 '기본연봉'

---

21) 연봉제의 유형은 정종태(2013). *op. cit.*, pp.164-167의 내용을 요약정리하였다.

22) 평가결과에 따라 S등급과 A등급은 성과급을 인상하고, C등급과 D등급은 성과급을 감소시켜 인건비 인상을 '0'으로 하는 차등방식을 말한다. 그러나 이와는 반대로 S나 A의 높은 성과를 낸 사람에게는 더 높은 성과급 인상률을 그리고 C나 D처럼 낮은 성과를 내더라도 전년도에 비해 조금이라도 많은 성과급을 받는다면 플러스섬(Plus-sum) 성과급체계라 할 수 있다.

**도표 10-15** 연봉제의 유형

(a) 성과급 차등연봉제

**임금구성**

| 연봉 | | |
|---|---|---|
| 연봉 | 기본급 | 70% |
| | 성과급 (능력급) | 30% |

**임금결정방식(예)**

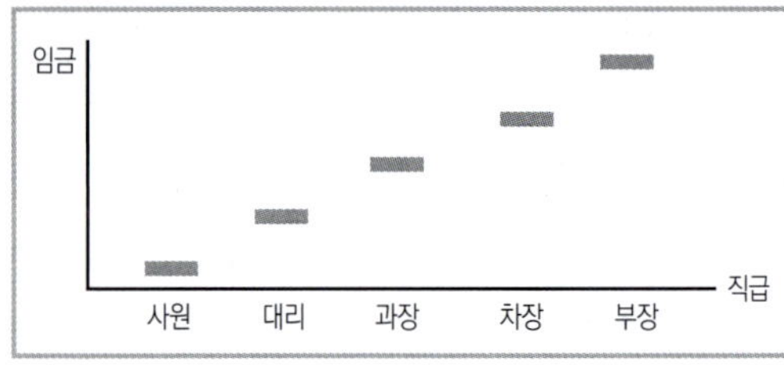


| 평가등급 | S등급 | A등급 | B등급 | C등급 | D등급 |
|---|---|---|---|---|---|
| 성과급 인상률 | +30% | +20% | 0% | -20% | -30% |

(b) 순수연봉제

**임금구성**

기본연봉

**임금결정방식(예)**

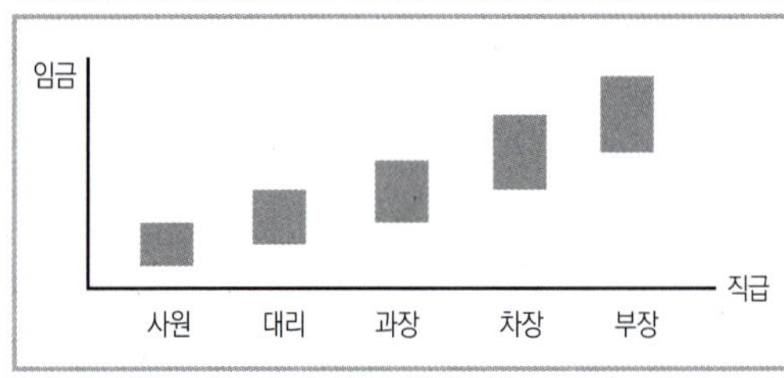


| 평가등급 | S등급 | A등급 | B등급 | C등급 | D등급 |
|---|---|---|---|---|---|
| 기본연봉 인상률 | 7~8% | 5~6% | 3~4% | 1~2% | 0% |

(c) '기본연봉+성과연봉' 차등연봉제(혼합형)

**임금구성**

| 연봉 | |
|---|---|
| 연봉 | 기본연봉 |
| | 성과연봉 (업적연봉) ※ 비누적방식 적용 |

**임금결정방식(예)**

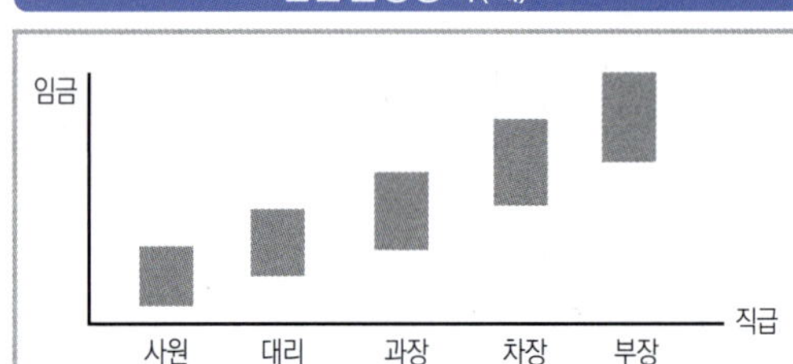


| 평가등급 | S등급 | A등급 | B등급 | C등급 | D등급 |
|---|---|---|---|---|---|
| 기본연봉 인상률 | 4~5% | 3~4% | 2~3% | 1~2% | 0% |

| 평가등급 | S등급 | A등급 | B등급 | C등급 | D등급 |
|---|---|---|---|---|---|
| 성과급 인상률 | +30% | +15% | 0% | -15% | -30% |

자료원: 정종태(2013). *op cit.*, pp. 165-167.

과 '성과연봉'을 각각 차등하는 방식의 혼합형 연봉제를 도입하고 있다. 이는 기본의 월급과 상여금의 일부(예를 들어 상여금이 600%인 회사에서 상여금 300%)를 기본연봉으로 하고, 기본연봉에 포함하지 않은 나머지 상여금을 성과연봉으로 구성한다. 이를 기초로 하여 매년 평가등급에 따라 연봉을 차등함에 있어서 기본연봉은 순수연봉제와 같은 누적방식을 적용하고, 성과연봉은 성과급 차등연봉제의 차등방식(주로 제로섬 방식)을 적용한다. 그래서 이 연봉제를 혼합형 연봉제라고 한다(도표 10-15(c)참조). 혼합형 연봉제는 연봉제 도입으로 인한 과도한 인건비 부담을 완화하고 종업원들에게도 임금저하에 따른 불안감을 감소시킬 수 있는 특징이 있다. 즉, 기본연봉은 순수연봉제처럼 누적적으로 인상하고 하위 평가등급에 대해서 연봉을 삭감하지 않는다. 또 순수연봉제처럼 연봉인상률을 높게 하지 않음으로써 기업에 과도한 인건비 부담을 주지 않는다. 그러나 혼합형 연봉제는 순수연봉제에 비하여 연봉항목과 연봉인상방법이 이원화되어 있어 다소 복잡하다는 것이 단점이다.

**현장올레길 10-8** 사내정치 없앤 이 회사의 연봉공식

페이스북, 트위터, 구글플러스, 링크드인 등 각종 소셜미디어를 한 번에 관리할 수 있도록 해주는 서비스를 제공, 원하는 게시물을 예약시간에 맞춰 공유해 주고 얼마나 도달했는지 데이터 분석도 해주는 회사, '버퍼'(Buffer)(http:// buffer.com). 이 회사는 2011년에 창업하였으며 직원은 65명인데 이들은 5개 대륙, 14개 도시에서 흩어져 근무하고 있다. 이들이 만들어 낸 기업의 가치는 6천만 달러(약 727억 원).

이 기업은 몇 가지 독특한 기업문화를 가지고 있다. 첫째는 본사가 없이 모든 직원이 원격으로 근무한다는 점이다. 공동창업자인 두 명은 샌프란시스코에서 근무한다. 하루 종일 집에서 근무하는 직원도 있으며 1년 내내 배낭여행하면서 근무하는 직원도 있다. 이 경우 정해진 시간에 화상채팅으로 만나 일을 진행하며 대신 1년에 세 번 직원 전체가 해외여행을 겸해 모인다. 둘째, 정해진 연봉 공식에 따라 연봉을 지급한다. 즉, 이 회사의 연봉공식은 다음과 같다.

회사의 연봉공식 [(직책 x 경력) + 부양가족 + 선택사항] x 충성도

해 설

1) 직책(Role) = [기본급 + 거주지 + 생활비] x 직책가치
- 기본급(Overall base): 기업정보 사이트에서 제공하는 직무 평균 연봉
- 거주지(Location base): 거주하는 도시의 집값을 고려해 차등 지급
- 생활비(Cost of living): 거주지 물가에 근거해 최대 연 8,000달러까지 추가 지급(거주지와 생활비와 관련해 전 세계를 4개 그룹으로 나눠 비용을 산정한다. 대도시일수록 더 많이 준다.)
- 직책가치(Role value): 회사에서 더 필요한 직책의 경우 가중치를 준다.

2) 경력(Experience)
- 초심자(Beginner), 중급자(Intermediate), 상급자(Advanced), 마스터(Master) 등 4단계로 나눠 곱하기 1.0~1.3으로 산정

3) 부양가족(Dependents)
- 부양가족 1명당 3천 달러(약 364만 원)씩 추가 지급(부양가족이 3명이면 9천 달러)

4) 선택사항(Choice)

- 1만 달러(약 1,200만 원)을 연봉에 추가하거나, 30% 더 회사 주식을 나눠 받는 것 둘 중 선택

5) 충성도(Loyalty)

- 버퍼에서의 근무햇수에 0.05를 곱한 값(매년 연봉이 5%씩 기본적으로 인상)

셋째, 전 직원의 연봉은 물론 입사날짜와 거주지역을 홈페이지에 공개한다. 직원의 수가 늘어나고 직원 간 정보격차가 생기면서 사내정치가 생기고 갈등이 생겼다. 따라서 앞서의 연봉계산공식에 따라 연봉을 투명하게 공개하도록 함으로써 연봉 산정에 있어서 상급자의 자의가 개입될 여지가 별로 없게 되었다. 즉 정성적 평가가 거의 없이 객관적이고 투명한 연봉산정이 가능하게 된 것이다. 그 결과 직원들은 사내정치보다 일에만 집중하게 되었고, 동시에 사고가 개방된 사람들이 회사에 지원하게 되었다. 버퍼에서 일하고 싶은 누구든 홈페이지에서 접속해 거주지와 경력 등을 입력하면 자신이 받게 될 연봉을 알 수 있다. 예를 들어, 자녀 2명에 남편 1명을 둔 케이프타운에 거주하는 상급 경력 엔지니어가 주식배분을 받는 조건으로 입사를 원한다면

$60,662X1.20+$9,000+$0=

$81,794(약 9,915만 원)

| | | | | |
|---|---|---|---|---|
| Colin | Backend/Frontend Developer | 2013-02-22 | Cambridge, UK | $122,670 |
| Phil | Backend/Frontend Developer | 2015-02-09 | New York, NY, USA | $128,740 |
| Jim | Product Creator | 2015-04-16 | Nashville, TN, USA | $134,215 |
| Dan | Backend/Frontend Developer | 2014-02-24 | New York, NY, USA | $139,463 |
| Carolyn | CHO | 2012-09-01 | New York, NY, USA | $140,932 |
| Michael | Backend/Frontend Developer | 2014-05-04 | Santa Cruz, CA, USA | $151,078 |
| Andy | iOS Developer | 2012-06-01 | San Francisco, CA, USA | $168,550 |
| Sunil | CTO | 2012-09-18 | Boston, MA, USA | $182,089 |

성과급 없이 동기부여가 안 될 것 같지만 이는 직책가치로 해결한다. 직책가치는 더 필요한 직책에 대해 가중치를 주는 것인데 6개월에 한 번씩 모두 모여 토론으로 결정한다. 연봉인상이 필요하다고 판단되면 자신이 맡은 일이 얼마나 가치가 있는지 설득하면 된다.

"창업 때는 우리도 비공개였다. 그런데 직원의 수가 늘어나고 직원 간 정보격차가 생기면서 사내정치가 생기고 갈등이 생기기 시작했다. 그래서 모든 정보를 공개하기로 했다. 처음에는 연봉공개에 대한 저항도 있었다(공동창업자 조엘 개스코인, 2016.1.8. 비즈니스 인사이더). 그러나 지금 모두가 만족하는 이유는 계산방식이 투명하기 때문이다. 이런 방식을 받아들이고, 사내정치보다 일에만 집중할 열정이 있는 사람들, 사고가 개방된 사람들이 우리 회사에 지원하게 되었다(공동창업자 레오 위드리치, 2016.1.8)."

자료원: http://www.ttimes.co.kr/index.html?no= 2016011814227780917.

## 3. 임금구조(Pay Structure)의 설계

직무급을 기본급의 구조로 할 경우, 우수 인력을 유치하고 유지가능하기 위해서는 적정 수준의 임금수준과 공정한 임금체계 구축이 필요하다. 이 같은 임금구조를 설계하기 위해서는 [도표 10-16]에서 보는 바와 같이 다음의 순서에 따른다. 우선 이를 위해서 직무분석을 기반으로 한 직무평가가 선행되어야 한다(1단계). 다음으로 구성해야 할 임금구조의 수를 결정한다(2단계). 즉 기술직, 영업직, 경영지원직 등 직군에 따라 또 생산공장, 서비스센터, 그리고 지사와 본사와 같이 지역별로 몇 개의 임금구조를 가져갈 것인지를 결정해야 한다. 다음으로 직무급을 결정하기 위하여 타 기업과 비교하기 위한 기준직무를 결정한다(3단계). 직무평가결과에 따른 직무평가점수와 타기업들의 해당 직무 임금의 관련성을 고려해 시장임금선(Market Pay Policy Line)을 결정한다(4단계). 다음으로 회사의 임금에 대한 입장을 표현하는 임금정책선(Organization Pay Policy Line)을 결정한다(5단계). 다음으로 직무평가점수를 기반으로 몇 개의 임금등급(Pay Grade)과 임금등급별 임금범위(Pay Range)를 결정해야 한다(6단계). 끝으로 임금구조설계에 대한 평가를 통하여 조정을 한다(7단계). 여기서는 직무평가가 되어 있고 임금구조의 수와 기준직무도 결정되어 있다고 가정하고 4단계인 시장임금선 결정부터 세부적인 논의를 하고자 한다(**학습목표 5**).

**도표 10-16** 임금구조의 설계과정

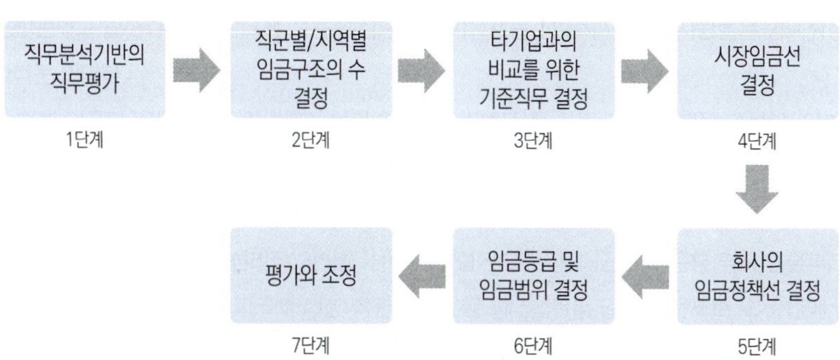


### 3.1 시장임금선(Market Pay Policy Line) 결정

[도표 10-17]은 어느 소프트웨어 회사의 여러 직무들의 상대적 평가결과(회사측 평가)와

임금에 대한 두 번의 시장조사결과 그리고 시장임금[23] 자료를 약식으로 정리한 표이다

[도표 10-17]의 시장조사결과를 토대로 [도표 10-18]에서 보는 바와 같이 시장임금선을 도출하게 된다.

**도표 10-17** 직무평가 자료와 시장임금조사 자료

| 직무 | 기준직 무여부 | 직무이름 | 직무평가점수 | 조사1(S1) | 조사2(S2) | 시장임금 (1/2XS1+1/2XS2) |
|---|---|---|---|---|---|---|
| A | Yes | 시스템디자인 엔지니어 | 930 | $98,244 | $95,506 | $96,875 |
| B | Yes | 시니어시스템분석가 | 770 | $73,469 | $70,281 | $71,875 |
| C | Yes | 시니어프로그래머 | 570 | $78,040 | $75,086 | $76,563 |
| D | Yes | 프로그래머(기초응용) | 485 | $45,100 | $42,900 | $44,000 |
| E | Yes | 프로그래머(마이크로서브 시스템) | 290 | $37,560 | $32,440 | $35,000 |
| X | No | 임금분석가 | 560 | - | - | $55,000(추정) |

[도표 10-18]에 따르면 직무 A, 직무 B, 직무 C, 직무 D, 직무 E, 직무 X를 대상으로 시장에서의 임금조사를 하였으며 점수법(point rating method)을 사용하여 개별 직무에 점수를 할당하고 있다. 즉, 직무 E는 290점, 직무 B는 770점 등이다. 또 해당 직무들의 평균임금은 수직축에 제시되어 있다. 직무 E는 평균적인 시장임금이 $35,000, 직무 B는 $71,875이다.

그런데 여기서 한 가지 던질 수 있는 질문은 왜 기업은 시장임금선을 도출해 내어야 하는가? 그것은 기업 내의 모든 직무에 대하여 시장 데이터를 확보할 수가 없기 때문이다. 다시 말하면, 어떤 직무는 기업특수적인 직무(firm-specific job)라서 다른 기업의 직무와 비교할 수가 없는 경우가 있다. [도표 10-18]의 직무 X의 경우 그 경우에 해당한다. 따라서 이럴 때는 다른 기업들은 그 직무에 어느 정도의 임금을 주는지 알 필요도 없이 시장임금선을 기준으로 직무 X의 화폐적 가치를 부여할 수 있다. 따라서 직무 X의 경우 $55,000의 평균임금의 가치가 있다고 본다(Werner et al., 2012, p.356). 한편 [도표 10-18]는 직무평가를 통한 직무의 상대적 가치를 X축에 점수로 표시하였지만 직능급의 경우는 직무수행능력을 점수화할 수도 있고 연공급의 경우는 근속연수를 기준으로 점수화할 수도 있는 것이다

23) 임금에 대한 두 번의 시장조사에 대한 가중치의 결정은 회사가 어떤 시장조사에 더 비중을 두는지에 따라 결정하면 된다. 여기서는 편의상 각각의 조사에 대하여 50%의 비중으로 동등한 비중을 두었다.

**도표 10-18** 시장임금선의 도출

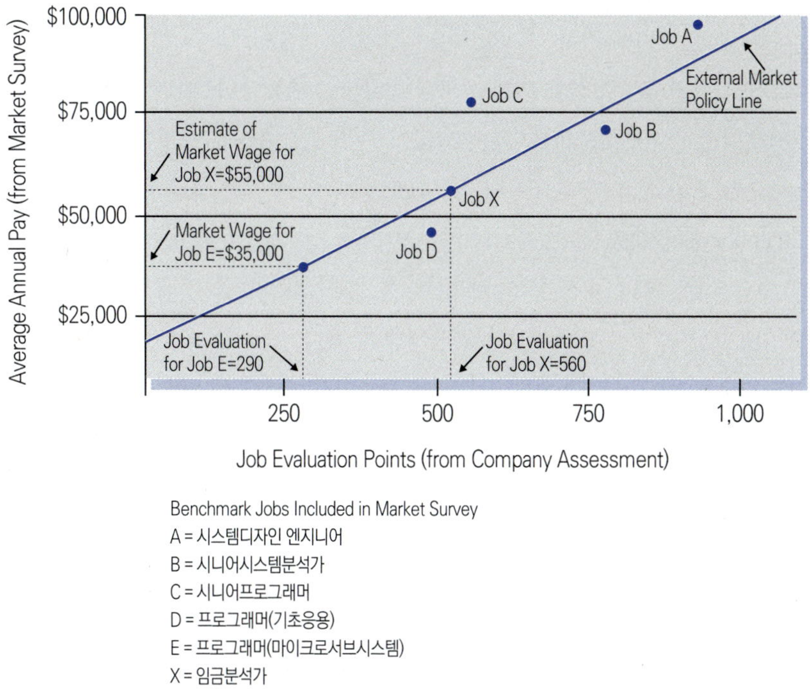


자료원: Werner et al.(2012). *op. cit.*, p.357.

## 3.2 임금정책선(Organization Pay Policy Line) 결정

기업의 임금정책선을 결정한다는 것은 해당 기업의 임금수준을 규정하는 것이다. 만약 기업이 회사의 임금수준을 직무별 시장 임금수준에 맞추겠다고 하면, 회사의 임금정책선을 시장임금선과 일치시키면 된다. 그러나 회사는 직무별 임금수준을 시장의 임금수준보다 더 많이 줄 수도 있고 시장에 비하여 더 적게 줄 수도 있다. 이에 대한 선택은 경쟁기업의 임금수준, 조직의 지불여력, 핵심노동 인력의 수급 상황, 조직발전의 단계, 노조의 요구의 강도, 기업문화 등의 여러 요인에 의하여 결정된다(Werner et al., 2012, p.357).

다른 기업보다도 더 높은 수준의 임금을 제공하는 임금선도정책(Lead Policy)을 적용할 경우, 우수한 핵심인재들을 유치하고 유지시킬 수 있는 회사의 능력을 극대화하게 되며, 동시에 임금에 대한 종업원의 불만족을 극소화할 수 있게 된다. 연구에 따르면 임금선도정책을 쓰는 기업들은 보다 높은 노동생산성, 종업원 사기, 그리고 고객 만족을 보인다. 빈면에

이 정책은 기본적으로 기업의 노무비를 증대시키고 만약 높은 임금을 제공하고 얻는 이익이 노무비를 상쇄하지 못한다면 기업의 생산현장이나 일선의 직원들에게 별 도움이 되지 않는다. 지나친 인건비에 따라 언제든지 인력조정의 대상이 될 수 있기 때문이다. 대부분의 기업들은 회사의 임금수준을 대개 시장의 임금수준에 맞춘다. 이러한 접근은 해당 기업에게 경쟁우위를 주지는 않지만 기업의 노무비 측면에서 불리한 상황은 아닌 것은 분명하다(Werner et al., 2012, p.357). 다른 기업보다도 더 낮은 수준의 임금을 제공하는 임금추종정책(Lag Policy)을 적용할 경우, 특별한 다른 배려(고용안정, 후생복지, 직무내용 등)가 있지 않는 한, 기업은 우수한 인재를 유치하기도 또 유지하기도 어려운 것이 현실이다.

[도표 10-19]에 따르면 당회사의 임금정책선은 시장임금수준의 105%선에서 각 직무의 임금수준을 정한 결과이다. 즉 모든 직무에서 시장임금보다도 5% 정도 높은 임금을 제공하고 있다. 5% 더 높은 임금수준이 임금선도를 할 만큼 다른 모든 기업에 비해서 높은 임금수준일 수는 없겠지만 적어도 기업이 원하는 우수인재를 확보하고 유지하겠다는 신호를 노동시장에 보내고 있는 것이다.

**도표 10-19** 임금정책선의 결정

| 직무 | 기준직무여부 | 직무이름 | 직무평가점수 | 시장임금 | 임금정책선 (시장임금의 105%) |
|---|---|---|---|---|---|
| A | Yes | 시스템디자인 엔지니어 | 930 | $96,875 | $101,719 |
| B | Yes | 시니어시스템분석가 | 770 | $71,875 | $75,469 |
| C | Yes | 시니어프로그래머 | 570 | $76,563 | $80,391 |
| D | Yes | 프로그래머(기초응용) | 485 | $44,000 | $46,200 |
| E | Yes | 프로그래머(마이크로서브시스템) | 290 | $35,000 | $36,750 |
| X | No | 임금분석가 | 560 | $55,000 | $57,750 |

## 3.3 임금등급(Pay Grade)과 임금범위(Pay Range) 결정[24)]

회사의 임금정책선이 결정되면 회사의 임금구조를 도출할 수 있다. 임금구조는 같은 임금등급에 포함되는 직무 종사들에게 동일한 임금이 지급된다. 이는 조직 내에서 비슷한 가

24) 이하의 내용에 대해서는 Werner et al.(2012). op. cit., pp.358-360의 내용을 바탕으로 전개하였다.

치의 직무를 수행하는 종업원들은 대략 비슷한 임금을 지급받게 되어 있어 내부공정성(internal equity)을 일정수준 충족시키게 된다. 또한 조직이 종업원에게 지불하는 임금은 같은 노동시장에서 인재확보 경쟁을 하는 경쟁기업이 지불하는 임금수준과도 비슷하기 때문에 외부공정성(external equity) 또한 충족시키게 된다. 뿐만 아니라 임금구조는 종업원들 개개인에게 임금이 어떻게 결정되었는지 그 근거를 설명할 때에도 경영자들에게 가이드라인을 제공한다.

### 1) 직무급의 임금등급과 임금범위(Job-Based Pay Grade and Pay Range)

[도표 10-20]의 전통적인 직무급 구조에서 보듯이 개별 네모상자는 직무평가점수의 구간으로 정해지는 임금등급(pay grade)을 의미한다. 또 임금범위(pay range)는 각 임금등급에서 개인이 받을 수 있는 최대금액과 최소금액의 차이를 의미한다. 여기서 임금등급에 포함되는 직무들은 비슷한 직무평가점수를 갖지만 직무내용은 완전히 다를 수도 있음을 알 수 있다. 임금구조를 구성하는 임금등급은 같은 크기일 수도 있고 혹은 폭과 높이에 있어서 같은 비율만큼 체계적으로 증가할 수 있다.

또 임금의 범위를 설정함에 있어서 일반적으로 회사의 임금선은 임금범위의 중간점(mid-point)을 지나게 된다. 즉 [도표 10-20]에서 알 수 있듯이 회사의 임금선은 시장임금의 105%선에서 설정되었고 이 회사의 임금선은 각 임금등급별 임금범위의 중간점을 지나고 있다. 이 중간점에서 상하 몇 %만큼 각 등급에서 받을 수 있는 최대금액과 최소금액

**도표 10-20** 전통적인 직무급의 구조

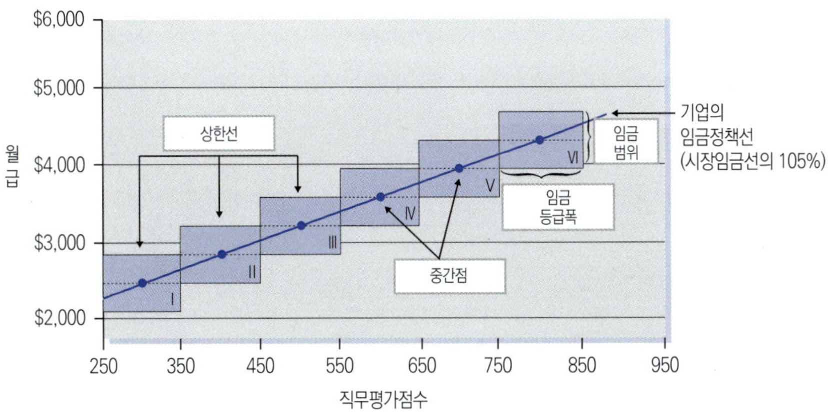


자료원: Werner et al.(2012). *op. cit.*, p.359.

을 설정할 수 있다. 흔히 임금범위는 임금등급이 올라갈수록 최대임금과 최소임금 간에 차이를 크게 설정하는데 그것은 직무의 상대적 가치가 높은 고난이도의 직무일수록 기업 전체의 성과에 가장 큰 영향을 미치므로 이들에 대한 임금범위는 보다 넓어야 하기 때문이다. 또 동일 임금등급하에서 임금범위가 크면 클수록 보다 높은 종업원성과가 나타났는데 이 경우에는 기본급 인상이 반드시 성과와 연동되는 경우에 한해서이다(Kepes, Delery and Gupta, 2009).

한편, 어느 임금등급에서의 최고임금이 차상위등급의 최저임금보다도 높게 되도록 임금범위를 일부 중첩시키는 것이 보통이다. 범위를 중첩시키게 되면 직무 간 인력 이동에서 유연성을 확보하게 된다. 반면에 중첩되는 부분을 작게 할수록 임금수준을 높이기 위해서는 승진을 하는 것이 중요해진다. 기업이 승진을 통해 종업원들에게 동기부여 시키기를 원하고 승진기회를 충분히 줄 수 있다면 기업은 등급 간의 중첩부분을 줄이려 할 것이다.

[도표10-20]에서 보듯이 동일한 구간을 갖는 6개의 임금등급을 보여주고 있다. 각각의 임금등급은 100points의 임금등급 폭을 가지고 있고 $800의 임금범위를 가지고 있다. 또 특정 임금등급의 최고임금이 차상위임금등급의 중간점에 다다르게 해서 임금의 중첩수준을 50%로 높게 설정하고 있다. 임금등급 II에서 임금범위는 월 $2,400(최저)에서 $3,200(최고)의 범위를 지니고 있다. 중간점은 월 $2,800에 해당한다. 이 등급에 속하는 직무들의 종사자들이 받을 수 있는 연봉은 최대 $38,400 ($3,200×12개월)을 넘지 않으며 최소 $28,800($2,400×12개월) 이상은 받게 된다.

**도표 10-21** 등급체계에서 브로드밴드 체계로 전환

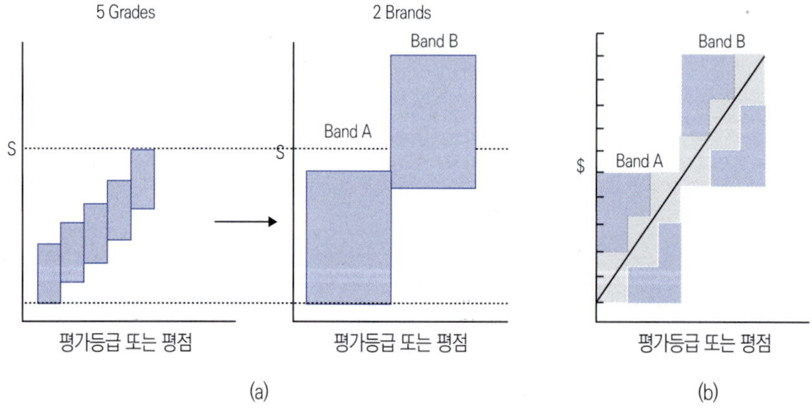


자료원: Dessler, G.(2014). *Fundamentals of Human Resource Management*(3rd Ed.), Pearson, p.297과 Milkovich & Newman 9Ed. Compensation Ch8. 응용.

한편 최근 들어 [도표 10-20]의 전통적인 직무급에서의 여러 개의 임금등급(pay grades)가 [도표 10-21]에서 보듯이 소수의 광대역 임금밴드(broad pay band) 형태로 통합되고 있다. (a)는 전통적인 임금등급이 광대역 임금밴드로 변해가는 과정을 제시한 것이고 (b)는 보다 이해를 쉽게 하기 위하여 이 과정을 하나로 통합한 그림을 제시한 것이다. 이러한 전환배경에는 인적자원의 승진, 이동 및 배치에 있어서 관리자들이 보다 유연하게 대응할 수 있게 하는 인적자원에 대한 폭넓은 관리의 자유도(managerial degree of freedom on human resources)를 제공하는 것의 필요성이 커지기 때문이다. 특히 부서나 팀을 넘나들며 직무를 수행해야 하는 과업들이 늘어나면서 브로드밴드형 임금등급체계가 정착되고 있는 추세이다(Milkovich & Newman, ch8).

### 2) 역량기반의 임금구조(Competency-Based Pay Structure)

역량기반의 임금구조는 역량평가의 결과를 토대로 하고 있다(흔히 역량급이라고도 한다). 역량기반의 임금은 종업원이 현재 담당하고 있는 직무와는 상관없이 보유하고 있는 역량의 범위와 수준에 따라 임금이 결정되는 제도이다. 역량기반의 임금구조는 직무급 기반의 임금구조와 매우 유사하다. 일반적으로 임금등급과 임금범위가 위로 갈수록 연속선상에서 넓어지고 있다. 그러나 역량기반의 임금구조는 수평축의 평가점수가 역량에 할당된 가치를 반영한다. 따라서 수평축의 맨 왼쪽은 조직에서 상대적으로 덜 가치가 있는 역량들을 필요로 하는 직무들이 위치한다. 또 오른쪽 끝은 보다 중요한 역량들을 필요로 하는 직무들이 위치한다. 달리 말하면, 역량기반 모델과 직무기반 모델 간의 핵심적인 차이는 직무기반 모델이 임금구조를 설정하는 데 있어서 직무평가점수가 적용되지만 역량기반 모델은 직무별로 요구되는 역량들에 대한 가치를 점수화하여 몇 점이 해당 직무에 할당되는가 그 차이인 것이다.

### 3) 직능급 기반의 임금구조(Skill-Based Pay Structure)

직능급이란 종업원의 직무수행능력에 따라서 직능등급을 설정하고 이에 따라 차등급여를 지급하고 직능등급이 올라갈수록(즉, 직무수행능력이 향상될수록) 임금을 증가시켜 주는 임금형태를 말한다. 즉, 직능급 기반의 임금구조에서는 임금은 직무 자체의 상대적 가치에 따라 결정되는 것이 아니라 종업원이 보여준 직무수행능력의 가치에 따라 결정된다. 직능급 기반의 임금구조하에서는 임금수준은 개인의 직무수행능력에 연동되어 있는 것으로서 직무에 토대를 두고 있는 직무기반 모델이나 역량기반 모델과는 달리 개선된 능력을 발휘하는 '사람'에게 임금구조의 토대를 두고 있다. 전형적으로 처음에는 모든 종업원들이 거의 비슷한 고정 임률(fixed rate of pay)로 시작하지만 시간이 지날수록 직무수행능력의 숙련도(proficiency)를 보여줄수록 임금인상이 진행되는 것이다.

## 3.4 임금구조의 평가와 조정: 내부 및 외부공정성 간의 균형과 콤파율(Compa-ratios) 확인

임금체계설계의 마지막 단계는 임금수준의 내 · 외부 공정성 간의 균형을 점검하고 임금구조상 개인 임금의 상대적 위치를 파악하는 콤파율(Compa-ratio)을 확인하는 것이다.

### 1) 임금수준의 내 · 외부공정성 간의 균형

임금구조를 개발하는 것은 적지 않은 투자를 필요로 한다. 따라서 대부분의 기업들은 다른 중요한 사업전략과 같은 변화를 뒷받침할 경우에만 임금구조의 변화를 시도한다. 사업목적의 달성을 위하여 어떤 임금구조라도 효과적으로 작동되기 위해서는 내부 및 외부의 공정성(internal and external equity) 간의 균형을 유지하기 위한 조정(adjustments)이 필요하게 된다.

앞서 살펴보았듯이 임금구조를 만들기 위하여 직무에 대한 상대적 가치를 알아보기 위하여 외부시장조사와 내부조직의 자료들을 이용하였다. 직무평가결과 특정직무에 경쟁기업과 비슷한 상대적 가치가 부여되었다면 기업의 직무평가결과는 시장임금과 밀접하게 연계되어 있다. 그러나 때때로 특정 직무에 부여된 가치가 그 직무의 시장임금에 비해 훨씬 벗어나는 경우가 있다. [도표 10-18]로 다시 돌아가서 보는 바와 같이, 시니어프로그래머(직무C)의 경우를 보자. 직무평가결과 이 직무에 570points가 할당되었으며 이 경우 시장임금선에 따르면 연 $60,000 이 지급되어야 한다. 그러나 시장조사결과 시니어 프로그래머에 대한 실제 시장임금은 $75,000을 초과하고 있다. 만약 이 기업에서 실제 시장임금보다도 적게 지불할 경우 탁월한 시니어 프로그래머를 유인하거나 유지하는 데 어려움을 겪게 될 것이다. 그러나 이 기업이 이렇게 $75,000을 초과하는 실제 시장임금을 지불할 경우 사실상 그 직무가 조직의 목적에 기여하는 가치 이상의 돈을 쓰는 셈이다(내 · 외부 공정성의 불균형).

이 문제를 어떻게 풀어야 할 것인가? 때때로 시장임금과 직무평가결과 간의 차이는 해당 직무를 평가하고 외부시장에서의 직무의 가치를 파악했을 때 행해졌던 판단을 재검토할으로써 수정될 수 있다. 이 직무평가와 임금조사데이터에 대한 객관적인 검토 후에도 이 차이가 계속 나타난다면 그것은 노동수요의 흔치 않은 변화를 유발하는 일시적인 노동시장의 불규칙성(a temporary labor market irregularity that is causing an unusual change in the demand for labor)에 기인하는 것이다. 이와 같은 노동시장의 불규칙성에 대비하기 위해서 기업에서는 해당 직무가 속한 임금등급에서의 최고수준의 임금의 규모를 일시적으로 더 늘려서 지급하는 그림자 범위(shadow range)를 설정할 필요가 있다. 그림자 범위는 특정 직무를 수행할 노동의 공급에 비해서 노동의 수요가 폭등하여 그 직무를 수행할 노동력이 절대 부족할 경우(labor shortage)에 그 직무를 수행할 종업원에게 높은 임금을 주어 그 사람을 확보하고자 할 때 유효하게 쓸 수 있다. 하지만 노동력 부족 문제가 해결되어 노동시장의 불균형이 어느 정도 해소가 되면 그림자 범위는 없어지게 된다(Werner et al., 2012, p.360).

### 2) 콤파율(Compa−ratios) 확인

콤파율(Compa−ratios)이란 comparative ratio의 줄인 말로서 비교 대상에 따라서 다양한 비율분석을 할 수 있지만 기업에서 보상경쟁력 유무를 판단할 수 있는 근거를 제공한다. 예를 들어 비교 대상을 임금범위의 중간값(midpoint) 대비 개인 직원의 상대적 임금수준으로 할 경우 현 임금구조 안에서 조직 내 개인 임금의 상대적 위치를 파악할 수 있게 해 준다. 또 비교대상을 직원들의 임금수준과 시장에서의 평균임금 수준으로 한다면 개인 임금의 시장에서의 상대적 위치를 알 수 있게 해 준다.

- ▶ 개인의 조직 내 상대적 임금수준 파악을 위한 콤파율(Compa−ratios) = 개인 직원의 임금수준 / 임금범위의 중간점 … (1)
- ▶ 개인의 임금수준(Compa−ratios)의 시장에서의 위치파악을 위한 콤파율 = 개인 직원의 임금수준 / 시장 평균 임금수준 … (2)

(1)의 경우 콤파율이 1보다 크면 본인이 받는 임금수준이 조직 내 평균임금보다 많이 받고 있는 것이며 1보다 적으면 조직 내 평균임금보다 적게 받는 것이며 1이면 평균임금과 동일한 수준임을 의미한다. (2)의 경우 콤파율이 1보다 크면 본인이 받는 임금수준이 시장 평균임금보다 높으며(시장 선도 전략의 경우) 1보다 적으면 시장 평균임금보다 적게 받는 것이며(시장 추종 전략의 경우) 1이면 시장평균임금과 동일한 임금을 본인이 받고 있음을 의미한다(시장 수준 전략). 이와 같은 논리는 집단수준에서 집단콤파율(Group Compa−ratios)

을 구하는 데도 적용할 수 있다. 즉 특정 그룹(기능별, 부서별, 직군별 등)과 전체 조직 또는 타 그룹 간의 보상수준의 비교를 통하여 특정 그룹의 임금수준의 위치를 알 수 있는 것이다. 이 같은 비교를 통하여 해당 그룹의 보상수준을 적정범위 내로 조정하기 위한 준거점으로 활용하거나, 기업 전반의 보상정책 수립 시 그룹별 수준 결정 및 보상 관련 예산의 계획 및 통제의 목적으로도 활용할 수 있다.

## 4. 인적자원에 대한 세분화와 보상전략: 자원기반관점[25)]

보상전략을 실행함에 있어서 인적자원의 특성을 구분하여 그 특성에 따른 보상전략이 주목을 받고 있다. 이는 자원기반 관점(Resource-based view)을 통한 경쟁우위 전략으로서 최근의 연구흐름이다. 어떤 기업 전체 혹은 팀이나 부서, 혹은 개인이라도 지적자본을 확보하는 것이 중요하고 조직 내부의 지적자본을 고객의 가치로 전환시키는 것이야말로 경영자의 중요한 역할 가운데 하나이다. 지적자본을 확충하기 위해서는 역량(Competence)의 수준과 몰입(commitment)의 수준을 적극적으로 관리하는 것이 필요한데, Ulrich(1998)은 인적자원에 대한 다섯 가지 유형화와 이에 따른 보상전략을 통하여 조직의 역량을 증대시키는 이론적 틀을 제공하고 있다.

[도표 10-22]를 보다 구체적으로 설명하면, 기업 내부에는 특유의 기술과 경험을 지속적으로 축적할 필요가 있는 인적자원이 있는가 하면 외부 노동시장에서 획득하는 것이 더 쉽고, 싸고, 유용한 인적자원도 있다. 전자는 대체가능성(혹은 필요성)이 낮은 자원이고, 후자는 대체가능성이 높은 자원이다. 한편 종업원이 직무를 수행함에 있어서 전문성이 요구되는 직무가 있는가 하면 직무의 전문성이 별로 요구되지 않는 단순하고 정형적인 직무도 있다. 노동시장에서의 인력의 대체가능성과 기업 내에서의 인력의 직무 전문성 등의 개념을 적용하여 인적자원을 분류하면 다음과 같이 네 가지 유형으로 구분해 볼 수 있다.

높은 업무 전문성을 보유하면서 내부 노동시장보다는 외부 노동시장에서 획득하는 것이 더 유용한 직무에 종사하는 '구입형' 인적자원(Buy), 높은 업무 전문성을 지니면서도 지속적

25) 보상전략에 있어서도 Hall(1980)이나 Porter(1980)가 주장하고 있는 경쟁우위 확보를 위한 시장특성 중심의 경쟁전략 즉, 원가우위 전략, 차별화 전략, 집중화 전략에 따라 보상전략을 다르게 가져갈 수 있지만 본서에서는 일관되게 흐르고 있는 자원기반 관점에서 논하고자 한다.

**도표 10-22** 인적자원의 유형화와 보상전략

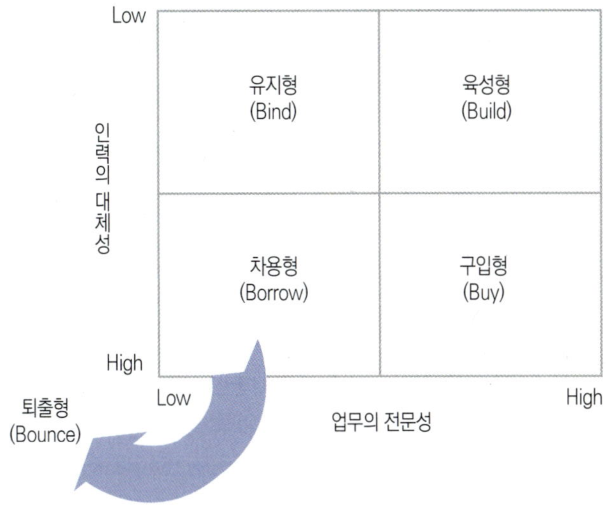


자료원: Ulrich, D.(1998). "Intellectual Capital = Competence x Commitment," *Sloan Management Review*, 39, pp.15-26와 박준성의 미출간 논문(2008), "노동유연화 시대의 보상전략" 참조.

인 기술과 경험의 축적이 필요하여 내부에서 육성하는 것이 더 유용한 직무에 종사하는 '육성형' 인적자원(Build), 전문성이 낮고 정형적인 직무이면서 대체가능성이 높은 직무에 종사하는 '차용형' 인적자원(Borrow), 전문성은 낮으나 지속적인 경험과 기술축적이 필요하여 내부에 두는 것이 더 유용한 직무에 종사하는 '유지형' 인적자원(Bind), 그리고 직무가치가 소멸하거나 불요불급한 직무에 종사하는 '퇴출' 인적자원(Bounce)으로 구분할 수 있다(학습목표 6).

성신여대 박준성 교수(2008)에 따르면 차용형 인적자원은 언제든지 해고가 가능한 수량적 유연성이 필요하고, 구입형 인적자원은 전환배치가 가능한 질적인 유연성이 필요하다. 그리고 업무의 전문성과 직무가치가 낮은 인적자원은 단일 직무급이 필요하고, 전문성과 직무가치가 높은 인적자원은 범위 직무급(브로드밴딩 직무급)이 유용하다. 또 요컨대 차용형 인적자원은 비정규직으로 관리하고, 구입형 인적자원은 전문직으로 관리하고, 유지형 인적자원은 장기근속형으로 관리하고, 육성형 인적자원은 핵심인력으로 관리하는 것이 필요하다. 또 비정규직은 업무량과 근로시간 및 직무의 시장임금 가치를 기준으로 한 보상전략이 필요하고, 유지형 인적자원은 안정적인 연공적 보상전략이 필요하고, 내부육성이 필요한 핵심인력은 능력급 성격의 기본급을 기초로 하면서 적절한 수준의 인센티브를 지급하는 성과주의 보상전략이 필요하다. 또 질적인 유연화가 필요한 전문직은 기본급의 비중을 줄이고 인센티브의 비중과 폭을 확대하는 성과주의 보상전략이 필요하다고 하였다. 이러한 관점에서 사무기술직은 물론 생산직 가운데서도 핵심적이고 전문적인 직무를 수행하는 인력은 성과주의 보상전략을 적용하는 것이 바람직하다고 하였다.

## 5. 창조경영 구현을 위한 전략적 시사점

창조경영 구현을 위해서 창의적인 인재를 위한 보상전략의 중요성은 아무리 강조해도 지나치지 않다. 이 문제와 관련하여 다음의 세 가지 사항을 제언하고자 한다(학습목표 8).

*첫째는 창의적 성과에 대한 전사차원의 보상이 필요하다.* 이와 관련하여 우리 기업들은 다음의 세 질문에 분명하게 답할 수 있어야 한다. ① "우리 기업은 종업원들의 창의적 기여에 대해 인정하고 보상하는 공식적인 메커니즘이 있는가" ② "또 그 메커니즘은 회사 전체에 혁신의 중요성을 시그널링(signaling)하고 있는가" ③ "혁신에 대한 보상은 개인과 팀 모두의 기여를 인정하고 있는가"(Brockbank, 1999). 정리하면 창의적인 성과를 회사 차원에서 적극적으로 인정하고 격려하며 전사적으로 그와 같은 문화가 뿌리내리도록 세심한 배려가 필요하다. 또한 그 보상은 개인뿐만 아니라 팀이나 집단 모두의 협력의 결과임을 인식시켜 줄 수 있어야 한다.

*둘째는 직무급 기반의 회사의 경우는 브로드밴딩 직무급의 활성화를, 연공급 기반의 기업의 경우는 역할급 혹은 역량급의 도입을 적극 검토해야 한다.* 창의적인 인재는 다양한 형태의 다기능팀에서 일하거나 다양한 직무기술을 배우는 것을 선호한다. 이것이 가능하도록 뒷받침하는 제도가 브로드밴딩 직무급제도이다. 예를 들어 특정 기술을 연마하거나 학습하기 위하여 기존과는 달리 다소 낮은 수준의 직무(lower level job)를 수행하는 데 시간을 보내야 할 필요가 있는 종업원도 그 직무가 브로드밴딩 직무등급 안에 포함되어 있다면 기존에 받던 직무급과 별 차이 없이 임금을 받으면서 새로운 기술을 연마할 수 있게 된다(Dessler, 2014, p.296). 또 다른 기능부서에서 일하더라도 해당 직무의 직무평가 점수만 비슷하다면 같은 직무등급에 속하고 따라서 그에 준하여 임금을 받을 수 있기 때문에 핵심인재에 대한 인력운영을 매우 폭넓고 유연하게 할 수 있다 이는 전통적인 직무급체계하에서는 불가능한 일이다(Ivancevich, 2007, p.316).

한편 연공급체계하에서는 직위가 낮거나 근속연수가 적은 창의적인 인재는 성과에 대한 보상이 상사나 근속연수가 긴 사람들에게 돌아간다는 것을 깨닫게 되면 이들은 심각한 대외적·대내적 불공정성을 지각하기 때문에 공정성을 회복하기 위하여 이직을 생각하기 쉽다. 이 경우 맡은 역할(직무+책임)에 따라 보상이 주어지는 역할급을 도입하여 창의적인 인재에게 중요한 역할을 맡기는 것이 필요하다. 혹은 현재 담당하고 있는 직무와는 상관없이 보유하고 있는 역량의 범위와 수준에 따라 보상을 지급하는 역량기반의 보상(역량급)을 도입하는 것도 창의적 인재에게는 적용할 만하다.

*셋째, 지나친 단기업적주의를 경계해야 한다. 파괴적인 혁신을 이룰만한 제품과 기술이 탄생하기 위해서는 '인내'도 '실패'도 투자의 범위에 포함되어야 한다.* 기다려줄 줄 알아야 한다. 연구성과가 나오지 않는다고 당장에 현금흐름이 나타나지 않는다고 실패했다고 성급하게 밀어붙여서는 '세계가 두려워할 만한' 작품이 나올 수가 없다(김인수, 2001). 이들에게 대해서는 평가기준을 달리 해서라도 단기업적의 조급함의 함정에 빠지지 않도록 제도적 장치를 마련해 두어야 한다.

## 단원 이해를 위한 질문

Q1 얼마 전 POSCO의 인사담당 임원이 다음처럼 술회(述懷)한 적이 있다. 이 장에서 학습한 '과잉정당화이론'으로 다음의 현상을 설명해 보라.

"우리 POSCO임직원들은 제철보국(製鐵報國) 정신으로 조국 근대화의 앞장서 왔습니다. 참 다들 열심히 땀 흘리고 일했습니다. 나보다는 회사였고 조국이었습니다. 그러나 최근 들어 돈이나 인센티브를 주지 않으면 더 이상 일하려 않는데 그 이유를 정말 모르겠습니다."

Q2 왜 경영진과 종업원 간에는 임금에 대한 공정성에 있어서 서로 다른 인식을 보일까?

Q3 효과적인 임금관리의 기준에 대해 설명해 보라.

Q4 임금수준이 결정되는 메커니즘에 대해 설명해 보라.

Q5 다음의 최저임금에 대한 2015년도 경총의 견해에 대한 여러분의 의견은?

"최근 경총은 최저임금 인상에도 반대하고 있다. 최저임금 인상이 기업부담으로 작용해 일자리가 줄어들어 노동자에게도 도움이 안 된다고 주장하고 있다. 보다 구체적으로는 최저임금 인상으로 인해 최저임금 근로자의 99%를 고용하는 영세-중소기업에게 최저임금 인상에 따른 부담이 집중 되고 있는 상황이라는 것이며, 영세-중소기업이 과도한 최저임금 인상으로 인한 인건비 부담이 고용보호법제와 통상임금-정년연장 등 노동시장 환경 변화와 중첩돼 고용시장에 오히려 부정적인 영향을 미칠 가능성이 높다는 것이다."

Q6 임금피크제의 개념과 배경 그리고 한국적 적용의 문제점을 설명해 보고 그 대안을 제시해 보라.

Q7 임금(보상)의 공정성의 유형에 대해 설명해 보고 절차의 공정성이 왜 중요한지 설명해 보라.

Q8 임금체계의 종류에 대해서 설명해 보라. 그리고 각 임금체계별 장단점에 대해 논해 보라.

Q9 왜 브로드밴드형 직무급을 도입하게 되었나?

Q10 연봉제 도입배경이 무엇인가?

Q11 연봉제의 유형과 특징을 설명해 보라.

Q12 성과주의의 폐해는 무엇이며 이를 막는 방법에 대해서 아이디어를 제시해 보라.

Q13 임금구조의 설계과정에 대하여 설명해 보라.

Q14 임금구조의 조정에서 적용되는 콤파율(Compa-ratios)의 의미를 설명해 보라.

## 참고문헌


- 가마다 마사루(김욱 옮김)(1997). 이상한 회사. 세경북스.
- 강준만의 칼럼방, 왜 재미있게 하던 일도 돈을 주면 하기 싫어질까?: 과잉정당화효과, 2014.12.10.
- 교통안전공단. 정년연장형 임금피크제 도입컨설팅, 2015.7.
- 글로벌 이코노믹, 2015.4.17.
- 김인수(2001). 세계가 두려워할만한 미래의 한국기업, 삼성경제연구소.
- 김준(2015). "임금피크제의 쟁점과 입법 · 정책적 시사점", 이슈와 논점, 제1025호.
- 남덕우(2007). 한국 과거를 딛고 미래를 보자, 삼성경제연구소.
- 뉴스1. "폐업위기 몰렸던 토요타 세계1위 비결은? … '64년 무파업'의 힘", 2015.8.27.
- 박준성(2008). 미출간 논문, "노동유연화 시대의 보상전략".
- 배종석(2006). 사람기반경쟁우위를 위한 인적자원론, 홍문사.
- 삼성경제연구소. "총보상의 구성요소", 2002.7.
- 송계전(2011). "People Solution & Change Management," People Solution.
- 시사상식사전(2015), 박문각출판사.
- 연합뉴스. "최저임금 동상이몽 … 구직자 · 업주, 업종 · 세대 인식차", 2015.6.1.
- 오마이뉴스. "빨리 승진해 봤자 … 왜 이렇게 살았지?", 2015.4.25.
- 이코노미21. "지나친 성과지상주의, 도리어 '화' 부른다", 2007.10.4.
- 이코노미플러스. "'주사위' 던져 월급줬더니 … 직원들 '열광'; '잡식성기업' 카약의 성공비결", 2012.9.8.
- 임창희(2014). 인적자원관리, 제3판, 비앤엠북스.
- 전상길(2007). "한국적 연봉제의 이론과 실제", 세종대 AGMP과정 강의안.
- 전수환(2012). 에센스 인적자원관리, 세경.
- 정재훈(2011). 인적자원관리, 제3판, 북넷.
- 정종태(2013). 인사관리: 기본과 실제, 시그마프레스.
- 조선일보. "월마트 6년 만에 최저시급(時給) 인상", 2015.2.23.
- 중앙일보. "대졸 초임 한국이 월 81만원 많은데 부장은 147만원 적어", 2015.3.9.
- Analoui, Farhad(2007). *Strategic Human Resource Management*, Thomson Learning.
- Brockbank, Wayne(1999)."If HR were really strategically proactive: Present and future directions in HR's contribution to competitive advantage", *Human Resource Management*, 38(4), 337–352.

- Dessler, G.(2014). *Fundamentals of Human Resource Management*(3rd Ed.), Pearson.
- Folger, R., & Konovsky, M. A.(1989). "Effects of procedural and distributive justice on reactions to pay raise decisions", *Academy of Management Journal*, 32, 115-130.
- Heneman, R. J.(1992). *Merit Pay: Linking Pay Increases to Performance Ratings*, Addision Wesley HRM Series.
- http://cafe.naver.com/ak573/410792, 인사쟁이가 보는 실무까페.
- http://www.calculatedriskblog.com. "Cost of Living Adjustment: 1.7%, Contribution Base for 2015: $118,500"
- http://www.ttimes.co.kr/index.html?no=2016011814227780917. "사내정치 없앤 이 회사의 연봉공식".
- Ivancevich, J. M.(2007). *Human Resource Management*(10th Ed.), McGraw-Hill Irwin.
- Kantor, R.(2003). "Managing Global Total Rewards", in M. Effron, R. Gandossy & M. Goldsmith(ed.), *Human Resources in the 21st Century*, John Wiley & Sons, pp.157-167.
- Kepes, S., Delery, J., & Gupta, N.(2009). "Contingencies in the Effects of Pay Range on Organizational Effectiveness", *Personnel Psychology*, 62, 497-531.
- Mello, Jeffrey A.(2011). *Strategic Management of Human Resources*(3rd Ed.), South-Western Cengage Learning.
- Milkovich & Newman(2008). *Compensation*(9th Ed.) Ch.8. Designing Pay Levels, Mix, and Pay Structures, McGraw-Hill.
- Noe, R. A., Hollenbeck, J. R., Gerhart, B., & Wright, P. M.(2005). *Fundamentals of Human Resource Management*, McGraw-Hill Companies.
- Ryan, R. M., & Deci, Edward(2000). "Intrinsic and Extrinsic Motivation: Classic Definitions and New Directions", *Contemporary Educational Psychology*, 25(1), Jan, 54-67.
- Ulrich, D.(1998). "Intellectual Capital=Competence×Commitment", *Sloan Management Review*, 39, 15-26.
- *Wall Street Journal*, "S&P 500 CEOs earned $13.5mil. in 2014, 373 times the average U.S. worker, 2015, May 14.
- *Wall Street Journal*, "Why $70 Million Wasn't Enough", 2007, Aug. 18-19.
- Werner, S., Schuler, R. S., & Jackson, S. E.(2012). *Human Resource Management*(11th Ed.), South-Western, Cengage Learning.

## 10월의 어느 멋진 날에[26)]

작사: 한경혜

눈을 뜨기 힘든 가을 보다 높은 저 하늘이 기분 좋아
휴일 아침이면 나를 깨운 전화 오늘은 어디서 무얼 할까
창 밖에 앉은 바람 한 점에도 사랑은 가득한 걸
널 만난 세상 더는 소원 없어. 바램은 죄가 될 테니까
가끔 두려워져 지난 밤 꿈처럼 사라질까 기도해
매일 너를 보고 너의 손을 잡고 내 곁에 있는 너를 확인해
창 밖에 앉은 바람 한 점에도 사랑은 가득한 걸
널 만난 세상 더는 소원 없어 바램은 죄가 될 테니까
살아가는 이유 꿈을 꾸는 이유 모두가 너라는 걸
네가 있는 세상 살아가는 동안 더 좋은 것은 없을 거야
시월의 어느 멋진 날에

26) 노르웨이 출신의 2인조 혼성 밴드 Secret Garden의 “Serenade to Spring”이라는 노래를 소개합니다. 노래가사가 너무 서정적이라 시라고 불러도 손색이 없어 이곳에 소개합니다. 이 혼성듀엣은 노르웨이 출신의 작곡가이자 피아니스트인 Rolf Lovland와 아일랜드 출신의 바이올리니스트 Fionnula Sherry의 두 아티스트가 함께하는 뉴에이지 연주그룹입니다.
“Serende to Spring”이라는 곡은 원래 노르웨이를 대표하는 싱어송 라이터 중 한 사람인 Anne Vada가 부른 “Dance Towards Spring”이라는 원곡을 Secret Garden이 편곡하고 제목도 “Serenade to Spring”으로 바꿔 발표했는데, 원곡보다도 훨씬 더 인기를 얻고 있습니다. “Serenade to Spring”은 한국에서는 한경혜 씨가 가사를 붙인 “10월의 어느 멋진 날에”라는 노래도 만들어져, 여러 가지 버전으로 널리 사랑을 받고 있으며 특히 바리톤 김동규 & 임금희 혼성듀엣 버전(https://www.youtube.com/ watch?v=CcrE2YS91Ug&list=RDCcrE2YS91Ug#t=209)과 임태경 & 박소연 혼성듀엣 버전(https://www.youtube.com/watch? v=JbZk4qxt6eA)이 널리 애창되고 있습니다. 곡의 제목이 “봄을 향한 춤”에서 “봄을 향한 소야곡(세레나데)”로 바뀌고, 한국에서는 다시 “10월의 어느 멋진 날에”로 바뀐 것도 재미있는 일입니다.

# 제 11 장

# 창조경영을 위한 보상관리 II (성과기반의 보상)

## 깨달음의 명언

- "인간이 원하는 것은 욕망의 충족이다. 인간은 모름지기 자기의 욕망을 신성하게 충족시킬 수 있어야 한다고 나는 생각한다." – 로렌스[1] –
- "기쁨은 자연을 움직이게 하는 강한 용수철, 이 기쁨이야말로 저 우주시계장치의 시계바퀴를 돌리는 것이다." – 실러[2] –

## 학습목표

1. 성과기반 보상의 개념과 중요성에 대하여 학습한다.
2. 성과기반 보상의 종류로서 첫째, 개인성과에 대한 보상(Pay for Individual Performance), 둘째, 집단성과에 대한 보상(Pay for Group Performance), 셋째, 조직성과에 대한 보상(Pay for Organization Performance)에 대하여 학습한다.
3. 개인성과에 대한 보상으로 고과급(Merit Pay), 개인인센티브(Individual Incentives), 개인인센티브 플랜의 개념에 대하여 학습한다.
4. 집단성과에 대한 보상으로 생산성 이익분배제도(Gainsharing)와 집단인센티브(Group incentives)의 다양한 형태에 대하여 학습한다. 즉, 스캔론 플랜(Scanlon Plan), 럭커 플랜(Rucker Plan), 임프로쉐어 플랜(Improshare Plan)의 개념에 대하여 학습한다.
5. 조직성과에 대한 보상으로 이윤 분배제(Profit sharing), 주식소유권(Stock ownership)의 개념에 실제 사례에 대하여 학습한다.
6. 창조경영 구현을 위한 전략적 시사점을 익힌다.

---

1) 미국의 물리학자. South Dakota주 Canton 출생. 미네소타, 시카고 및 예일의 여러 대학에서 수학하고 1928년 캘리포니아대학의 부교수, 1930년 같은 대학의 교수가 되었다. 1932년 최초의 사이클로트론을 완성, 핵과학 연구에 획기적인 신무기를 제공하였다. 제2차 세계대전 중 원자폭탄 연구에 지도적 역할을 하였고, 특히 우라늄235의 동위원소 분리에 공헌한 바가 크다. 1936년 Berkeley에 Radiation Laboratory가 창설된 이후, 그 소장을 겸하였다. 전쟁 후에도 그가 이끄는 Radiation Laboratory는 원자핵, 소립자에 관한 실험적 연구에 있어 세계 제1선을 달리는 연구를 하였다. 1939년 노벨 물리학상을 수상하였다[네이버 지식백과].

2) 독일의 극시인, 미학 사상가. 폭풍노도(Sturm und Drang)의 시기에 혁명적 극작가로 등장하여 『군도』(群盜, R.äuber, 1781), 『음모와 사랑』(Kabale und Liebe, 1784) 등을 저술했다. 방랑 끝에 예나대학의 역사학 교수가 되었다. 칸트 철학을 연구하고 그의 미학 · 윤리학을 발전시켜, 괴테와 함께 고전주의 예술 이론을 세웠다[네이버 지식백과].

## 도입사례 11 "C등급 이하는 성과급 '없다' 당근과 채찍 든 LG전자

최근 LG전자가 인사·보상제도를 전면 개편하면서 '인화의 LG'서 '성과의 LG'로 변신하고 있다. 이는 기대와는 달리 그다지 성과를 내지 못한 스마트폰 부문과 자동차 전기장비 부문에 대한 책임을 물은 것이다. LG전자는 2020년부터 근무 고과에서 C등급 이하를 맞은 직원에게 성과급을 지급하지 않기로 했다. 최근 노조와 이런 내용의 인사 방침을 협의해 양해를 얻었다. 위기의 LG전자를 더 강하게 만들자는 취지다.

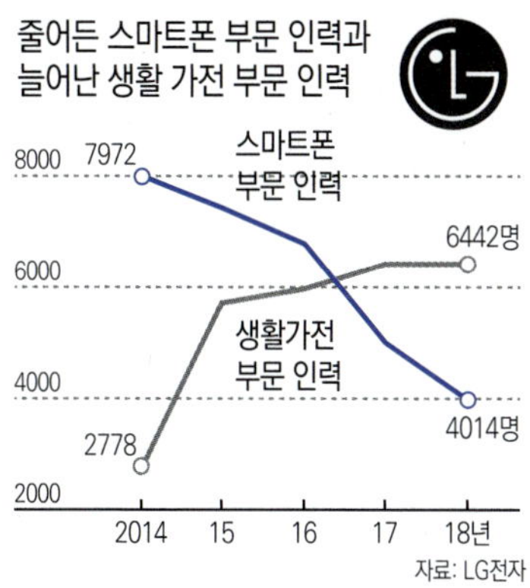


LG전자의 고과 등급은 S·A·B·C·D로 개인별 절대평가다. 현재는 D등급 고과자를 제외하고는 모두 성과급을 받았다. 이를 C등급으로 한 단계 올린 것이다. LG전자 관계자는 "그동안 직원 거의 모두가 C등급 이상이었기 때문에 기존 구분은 사실상 유명무실했다"며 "성과급 대상 등급을 높여 조직 전체에 긴장감을 불어넣기 위한 조치"라고 했다.

반면 '성과를 낸 직원은 확실히 챙긴다'는 기조는 강화하고 있다. 지난 2월 역대 최대 실적을 낸 생활가전과 TV 부문에서 기본급의 500% 성과급을 지급했다. 역대 최대 규모다. 지난해에 역대 최대였던 450%를 줬지만 이를 경신한 것이다. 건조기·세탁기·TV사업부에서 일하는 차장·부장급(책임)은 성과급 최대 2000만 원을 가져갔다. 적자를 낸 스마트폰과 자동차 전자장비 부문에선 성과급을 안 줬다. 직원들은 격려금 명목으로 150만 원을 받은 게 전부였다.

적자 부서의 직원을 감축하고 흑자 부서 직원을 늘리는 인력 조정도 과감하게 진행되고 있다. 2014년 7,900여 명이었던 스마트폰 부문 직원 수는 작년 말에 4000여 명으로 대폭 감소했다. 반면 생활가전 부문은 같은 기간 2,000여 명에서 6,400여 명으로 늘었다. LG전자는 연내 경기도 평택 스마트폰 공장에서 근무하던 생산직 750명을 전원(全員) 경상남도 창원의 생활가전 공장으로 재배치할 예정이다.

자료원: 조선일보, 2019.4.30.

## | 이 장을 시작하며 |

제10장에서는 기업에서 어떻게 고정급 성격의 기본급(임금 및 봉급)에 대한 설계와 실행을 할 것인지에 대하여 논의하였다. 그러나 경영자들은 이 같은 기본급 이외에 성과에 기반한 보상(Performance-Based Pay)을 제공하기도 한다. 즉, 기본급은 외부노동시장의 상황 및 조직 내에서의 직무의 상대적 가치를 반영하여 업무수행의 대가로 종업원에게 주어지지만 성과급은 종업원의 성과수준을 반영한다. 예컨대 기업은 생산직 종업원에게는 월별 생산목표를 달성할 경우 인센티브를 지급하기도 하고, 영업사원에게 판매단위당 수수료를 지급할 수도 있다. 대학교수들에게도 기준시간(주당 9시간)을 초과한 경우 초과강의수당이 지급되기도 한다.

[도입사례 11]에서 본 바와 같이 직원 간 화합을 우선시하던 인화(人和)의 LG가 바뀌고 있다. 주력 계열사 LG전자가 고과가 안 좋은 직원에겐 성과급을 아예 주지 않고 승진을 못하면 임금을 동결하는 성과 우선주의 정책을 연이어 내놓고 있는 것이다. 성과가 좋은 직원에겐 경쟁사 못지않게 파격 대우하는 정책도 준비하는 것으로 알려졌다. 이하에서는 인센티브로서의 성과급의 의미와 내용에 관한 이론과 실제를 학습하고자 한다.

# 1. 성과기반 보상의 정의 및 전략적 중요성

## 1.1 성과기반 보상의 정의

*성과기반의 보상(Performance-Based Pay)이란 개인이나 집단의 성과에 따라 추가적으로 지급되는 보상의 형태이다. 이 보상은 동일한 직무를 수행하는 종업원이라도 이들이 조직에 공헌하는 가치 측면에서 큰 차이가 난다는 사실을 인정하는 것이며 이들의 기여도를 극대화하기 위하여 인센티브를 제공하는 것이다*(Werner et al., 2012, p.376).[3] 이에 대한 이해를 위하여 [도표 11-1]의 두 그래프에서 보듯이 (a)는 기업성과에 상관없이 기업이 상여

3) 일반적으로 종업원의 직무성과를 객관적으로 측정할 수 있을 때 성과급(incentive pay)을 택하고, 그렇지 못한 경우 주관적 평가에 의한 고과급(merit pay)제도를 택한다. 즉, 직무성과에 대한 객관적 측정 여부가 용어선택의 기준이 된다(Werner et al., 2012, p.376).

**도표 11-1** 성과에 기반한 보상(인센티브)의 개념

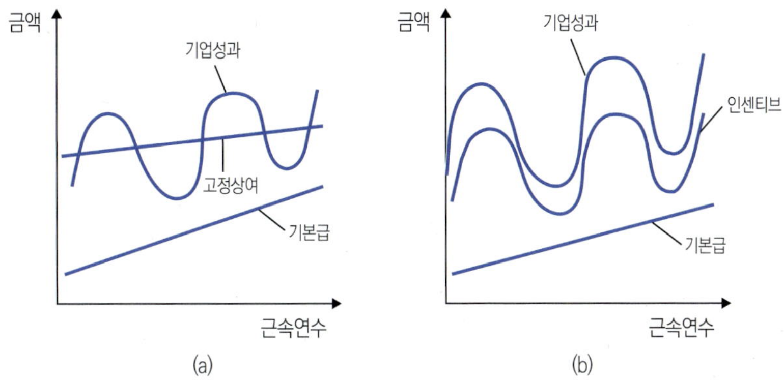


금을 고정적으로 지급하는 형태로서 환경이 안정적이고 기술축적이 필요("Make" skill)하여 내부육성(Internal Recruitment)을 하고자 하는 기업에서 흔히 취하는 보상전략이다. 반면에 (b)는 기업의 성과에 연동하여 인센티브가 변동적으로 지급되는 형태로서, 환경이 매우 불안정하고 변화의 크기도 크고 복잡하며, 기술도입이 필요("Buy" skill)하고 또 외부채용(External Recruitment)을 하고자 하는 기업들이 주로 사용하는 보상전략이다(Gomez-Mejia, Balkin & Cardy, 2010, p.63). 즉 요사이와 같이 환경변화가 극심한 경우는 기업들은 고정적인 인센티브를 변동비적 성격의 인센티브로 전환하고 있다. 본 장에서 주로 논하고자 하는 인센티브가 여기에 해당한다.

## 1.2 성과기반의 보상의 전략적 중요성

일반적으로 대부분의 기업들은 성과급(인센티브)을 첫째, 전략적 목표달성을 위한 지원을 위하여, 둘째, 노무비(인건비) 절감을 위하여, 셋째, 핵심인재의 유치와 유지의 세 목적을 위하여 도입하고 있다(Werner et al., 2012, pp.376-377)(**학습목표** 1). [도표 11-2]는 미국의 인사담당자들을 대상으로 성과급을 도입하는 목적별로 어떤 형태의 보상이 목표달성에 가장 효과적인지 복수응답의 결과를 제시한 것이다. 우선 전략적 목표달성, 비용통제, 바람직한 조직문화에 동참, 사업목표에 대한 참여 그리고 재무성과 개선 목적의 경우 단기보너스 〉 장기인센티브 〉 기본급의 순서로 효과적이었고, 핵심인재의 유인 및 유시목적의 경우는

단기보너스 〉기본급 〉장기인센티브의 순으로 효과적임이 밝혀졌다. 이 결과로부터 대부분의 성과급의 도입목적을 실현하는 데는 단기보너스 및 장기인센티브와 같은 단기 및 장기적 성과급이 유효하며 특히 우수인재 유치와 유지를 위해서는 앞 장에서 배운 기본급에 대한 조정이 중요함을 알 수 있다. 이하에서는 성과기반보상 도입의 여러 목적을 다음의 세 가지로 정리하였다.

**도표 11-2** 성과급의 목적별 효과적인 보상형태(복수응답)

| | 목표달성에 가장 효과적인 임금유형이라 생각하는 종업원의 비율(%) | | |
|---|---|---|---|
| | 장기인센티브 (Long-term Incentive) | 단기보너스 (Short-term Bonuses) | 기본급 (Base Pay) |
| ▪ 비용통제 | 53 | 58 | 52 |
| ▪ 핵심인재 유인 및 유지 | 67 | 76 | 72 |
| ▪ 핵심전략목표 달성 | 57 | 76 | 35 |
| ▪ 바람직한 문화에 동참 | 50 | 61 | 39 |
| ▪ 사업목표에 참여 | 61 | 76 | 38 |
| ▪ 재무성과의 제고 | 55 | 70 | 41 |

자료원: Werner, *et al.*, *op. cit.*, p.376.

### 1) 전략적 목적(Strategic Objectives)달성을 위한 지원

성과기반의 보상은 기업이 종업원의 매일매일의 노력이나 행동 그리고 의사결정의 내용과 방향을 기업의 전략적 목적달성에 연결시키는 데 주효하다. 보상을 전략적 목적을 반영한 성과목표(KPI: Key Performance Index)에 연결시키는 것은 조직은 무엇을 중요하게 생각하는지 또 종업원의 의욕고취를 위해서 조직은 무엇을 강조하는지에 대한 신호를 보내는 것이다. 성과목표가 기업의 성장이든 고객만족이든 그 무엇이든지 간에 보상을 업적달성 여부에 연결시키는 것은 그 분야의 성과개선에 기여하는 것은 분명한 사실이다.

- 기업의 성장(Growth): 전략적 목적이 기업의 성장이라면 이 성장목표를 달성한 종업원에게 보상을 하는 것은 당연하다. 최근의 연구에 따르면 급성장하는 기업들은 회사의 성장과 분명하게 연관된 측정치(매출액증가율 및 영업이익증가율 등)를 사용하여 종업원의 성과평가를 하는 경향이 있다(Shafer & Fischetti, 2005). 그러나 Unilever 같은 회사는 성장과 수익(growth and profit)을 동시에 중요시하는 소위 말하는 '성장에 이르는 길'(Path to Growth)이라 불리는 성과급체계를 도입하여 두 마리 토끼를

동시에 잡고자 하였다. 두 목표를 동시에 탁월하게 달성한 부서에 놀랄 만한 보너스를 제공하여 종업원들을 동기부여시켰음은 두말할 나위가 없다(Werner et al., 2012, p.377).

- 고객서비스(Customer Service): 탁월한 고객서비스를 보였던 5개의 영국기업을 조사한 연구에 따르면 이들 5개 기업들은 모두 고객서비스에 대한 성과측정치를 보상의 기본으로 하고 있었다. 특히 이 가운데 Impulse Leisure라는 회사는 고객서비스를 다양한 방식으로 측정한 다음, 종업원보너스와 시상을 고객서비스에 대한 이 성과측정치에 연결시켰다. 종업원들은 이 성과측정치를 잘 숙지하고 있으며 이 성과측정치와 그들이 받는 보상이 어떻게 연결되었는지 잘 이해하고 있다. 제9장 성과관리에서도 살펴보았지만 성과는 개인, 집단, 팀, 부서, 사업부, 조직 전체에서 측정이 가능하지만 어디에 초점을 두든 그 성과측정치가 기업의 전략적 목적과 연결이 되지 않

**현장올레길 11-1** 청년실업 문제와 생산성 향상문제 해결은 폭스바겐의 '아우토 5000'에서 배워라

청년들에게 일할 기회를 주는 문제는 10년 넘게 우리 사회의 화두다. 하지만 일자리 창출의 핵심인 경제성장은 갈수록 더뎌지고 있고 성장을 통한 일자리 창출 숫자도 갈수록 줄고 있다. 고용노동부는 청년일자리 활성화를 위해 지난 10년 간 약 3조 3,000억 원의 예산과 고용보험기금을 투입했지만 결과는 되레 청년실업자가 5만 명 가량 늘어난 상황이다. 이에 따라 전문가들은 발상의 전환을 통해 청년 일자리 대책을 내놔야 한다고 주장한다.

**'아우토 5000'에서 배워라**

폭스바겐 본사가 있는 볼프스부르크에서는 실업률이 급등하자 금속노조와 폭스바겐사, 시청 등이 사회적 합의를 통해 '아우토 5000'을 추진했다. 아우토 5000은 동종 월 5,000마르크의 일자리 5,000개를 만들어 청년실업자와 장기실업자를 취업시킨 프로젝트다. 근로자들은 일자리를 얻는 대신 일반 폭스바겐 노동자들보다 15~20% 낮은 급여와 주 28.8~42시간의 탄력적 노동시간을 적용받았다. 임금은 낮았지만 성과 연동 임금체계를 통해 생산성을 끌어올렸다. 이 덕분에 볼프스부르크의 아우토 5000 공장은 미니밴 투아란에 이어 콤팩트 스포츠유틸리티차량(SUV) 티구안의 대성공으로 폭스바겐의 핵심 생산기지로 거듭났다. 노사와 지자체까지 함께 일자리 창출에 협력함으로써 성공적인 일자리 창출을 일궈낸 것이다. 하지만 국내 기업들은 노동시장의 유연성과 생산성 부족으로 새로운 공장을 건설할 때 국내에서 일자리를 늘리기보다는 해외시장 진출을 더 고민하고 있는 상황이다.

자료원: 매일경제, 2015.6.3.

는다면 의미가 없다. 많은 국내 · 외 기업들이 성장하고 있음을 대내 · 외적으로 보여 주기 위하여 매출액 증가에 무척 신경을 쓴다. 심지어 매출거래성사 시 지급하는 엄청난 커미션(commission)을 주면서까지 사업수주를 하려 한다. 이는 매출액은 증가하였지만 남는 것은 없는 '껍데기 성장'에 불과한 것이다. 경영진의 이러한 사업행위는 수익성(profit) 증대라는 전략적 목적달성과는 거리가 있는 우리 기업들의 고질적인 문제이다. 만약 성장성이 아니라 수익성 증대가 전략적 목적이라면 기업윤리까지 어기면서 이렇게까지 무리한 사업수주는 하지 않아도 되었을 것이다.

### 2) 노무비(인건비) 절감

성과기반의 보상은 경영자들에게 다음의 두 가지 측면에서 인건비를 포함한 노무비를

**현장올레길 11-2 '배틀그라운드' 개발자 최대 50억 원 인센티브**

총싸움 게임 '배틀그라운드'의 개발진이 인센티브 '대박'을 터뜨렸다. 게임회사 블루홀은 게임을 개발한 자회사 펍지(PUBG)의 핵심 개발자에게 최고 50억 원을 인센티브로 지급하기로 했다고 30일 발표했다. '배틀그라운드'가 세계적으로 흥행한 데 따른 보상이다. '열매'를 직원들과 나누는 블루홀의 경영문화를 다시 한 번 보여줬다는 평가가 나온다.

배틀그라운드 주요 내역

| 항목 | 내용 |
|---|---|
| 개발 기간 | 1년 |
| 개발 인원 | 초기 20~30명<br>(현재 300여 명) |
| 판매량 | 4,000만 장 이상 |
| 최대 동시접속자 수<br>(스팀 기준) | 320만 명 이상 |

이번 인센티브 지급 대상자는 배틀그라운드 개발 초기부터 참여한 직원 20여 명이다. 1인당 최저 10억 원에서 최고 50억 원에 이르는 성과급을 주기로 했다. 2017년 3월 게임 출시 이후 합류한 직원에게도 평균 3,000만 원의 인센티브를 지급할 계획이다.

김창한 펍지 대표는 "회사의 성과를 직원들과 함께 공유한다는 가치를 앞으로도 지켜나갈 것"이라고 말했다. 한편 2018년 3월 미국의 PC온라인 게임 플랫폼 '스팀'에 출시된 배틀그라운드는 출시 1년 만에 4,000만 장이 넘는 판매고를 기록하며 흥행에 성공한 바 있다.

자료원: 뉴스1, 2018.4.30.

절감할 수 있도록 한다. 첫 번째는 예를 들어 어떤 기업이 매우 수익을 많이 내었다고 가정하면 그 기업은 개인 혹은 집단인센티브를 사용하여 모든 부서나 종업원 전체가 아니라 특정 부서나 특정 개개인들과 그 수익을 나눔으로써 종업원 보상에 쓰는 전체 금액을 절감하게 되는 것이다. 이러한 인센티브는 개인이나 집단이 성과목표를 달성했거나 성과기준을 통과하였을 경우 일시불(一時拂; lump sum)로 받게 되는 변동임금(variable pay)인 것이다.

두 번째로 회사의 재무적인 위험을 사측에서 종업원 측으로 이동시키는 효과가 있다. 흔히 종업원에게 일시불로 성과기반의 보상을 현금 보상하는 것은 기업의 재무상황에 따라 분기별로 또는 매년 달라질 수 있다. 따라서 이익이 실현되면 보다 많은 돈을 종업원에게 일시불로 보상할 수 있지만 이익이 하락하면 성과급을 지급해야 할 의무는 없는 것이다. 특히 이익이 하락할 경우는 성과급을 지급하지 않음으로 해서 회사의 재무적인 위험을 종업원의 재무적인 위험으로 전환시킬 수 있게 된다.

위에서 제시한 성과기반의 보상을 통한 경비절감의 중요성은 예산의 상당 부분을 인건비가 차지하는 경우에 더욱 극대화된다. 예를 들어 흔히 서비스 기업에서는 인건비가 운영예산의 80%를 차지한다. 따라서 은행, 병원, 또는 여타의 노동집약적 서비스 기업에서 인건비와 같은 보상을 적절히 통제하고 또 이것을 현명하게 운용하는 것이야말로 우선적인 경영과제인 것이다.

### 3) 핵심인재의 유인 및 유지 그리고 동기부여

성과기반의 보상은 유능한 지원자가 특정 직위에 지원할지 말지를 또 회사측의 고용제의에 대한 수락 여부에 직접적인 영향을 줄 수 있다. 즉 성과기반의 보상을 사용함으로써 회사는 좋은 성과를 내는 만큼 보상받기를 원하는 종업원에게 관심이 있다는 신호를 보내는 것이다. 이는 낮은 성과를 내는 인재보다는 높은 성과를 내는 인재들을 유치하고 싶다는 신호인 것이다.

- 핵심인재 유인(Attract): 일반적으로 창업기업들은 성과급과 같은 변동비적 임금을 사용함으로써 비용을 통제하려 하지만 동시에 최고의 인재를 유치하고자 하는 이중고를 겪는다. 특히 신생 창업기업의 경우 시장위험은 높고 매출 성장은 더디며 수익 또한 낮다. 따라서 직원들에게 낮은 기본급을 제시할 수밖에 없는 것은 당연한 일일지도 모른다. 그러나 이들에 대한 보상을 위해서 창업기업들은 회사의 성과에 토대를 둔 거액의 보너스를 제공한다. 혼신의 힘을 다해 열심히 일하고 또 위험을 피하지 않고 정면으로 도전하는 인재들에게는 회사가 성장하고 성공하면서 본인 스스로 부유

해질 수 있기 때문에 창업기업에서 일하는 것은 매우 매력적인 일인 것이다.

- 핵심인재 유지(Retain): 일단 종업원이 고용된 이상, 성과기반의 보상은 종업원의 만족과 회사에 잔류 또는 이직 결정에 영향을 미친다. 앞서 제10장에서도 논의되었듯이 공정성에 대한 지각은 종업원이 쏟아 부은 투입물, 그가 획득한 산출물 그리고 경쟁관계에 있는 타인들의 투입물과 산출물의 비교에 기반을 두고 있다. 대부분의 종업원에게는 성과(performance)는 투입물이 되고 이 성과가 보상으로 연결될 때 보다 만족한다. 높은 성과를 낸 사람은 본인은 누구보다 많은 노력(투입물)을 했지만 이에 비례한 만큼의 많은 보상(산출물)을 받지 못하였다면 이 사람은 보상에 있어서 불공정성을 경험하게 되고 불만을 가지게 된다. 이로 말미암아 종업원은 전과 같지 않게 노력을 줄이는 결과를 초래하며 틈나는 대로 다른 기업을 기웃거리게 된다. 결국 종업원의 성과에 대해서 적절한 보상을 하지 않는 것은 그들의 동기부여를 저하시키고 최고의 직원들을 소외시킨다.
- 핵심인재 동기부여(Motivate): 효과적인 성과기반의 보상은 종업원들 사이에서 수단성(instrumentality)에 대한 지각을 분명하게 한다. 제9장의 기대이론(Expectancy)에서 보았듯이 수단성은 본인이 창출한 성과가 실제로 종업원 본인이 원하는 보상을 결정한다는 믿음을 의미한다. 따라서 수단성이 높다는 사실은 성과가 높을수록 종업원이 높은 보상을 받게 되는 것이다. 또 고성과 직원이 받는 보상과 저성과 직원이

**이론올레길 11-1 "줬다 뺐어라 … 성과가 높아진다"**

시카고대학 행동경제학자 존 리스트(List · 46) 교수는 13세의 청소년을 세 집단으로 나누어 '인센티브 효과'를 실험하였다. 실험에 앞서 모든 학생들에게 20달러로 뭘 하고 싶은지 종이에 적어 내게 한 다음, A집단은 "성적이 떨어지면 이 돈을 뺏겠다"라는 단서를 달았다. B집단은 "결과가 나온 즉시 점수가 오른 학생에게 20달러를 주겠다"고 하였다. C집단은 "성적이 오른 학생에게 시험 한 달 뒤에 20달러를 주겠다"고 하였다. 어느 집단의 평균성적이 가장 높았을까? 인센티브를 주었다가 뺀은 A집단이었다. A집단에서 금전적 보상이 점수에 미친 영향은 학급당 학생 수를 3분의 1로 줄이거나 교사의 자질을 높였을 때 나타나는 효과만큼 컸다. 인센티브 효과는 A집단이 B집단보다 의미있게 더 높았다(C집단엔 나타나지 않았다). 이는 '성과를 달성하지 못하면 인센티브를 잃을지 모른다는 두려움'(Loss Framing)이 미치는 효과가 '성과를 달성하면 인센티브를 얻을 수 있다는 기대'(Gain Framing)보다 큼을 의미한다.

자료원: 안기순 역(2014).(원저자; 유리 그니지와 존 리스트), 무엇이 행동하게 하는가: 마음을 움직이는 경제학, 김영사.

받는 보상의 차이가 바로 유인가(Valence) −받은 대가가 바로 내 개인적인 목표달성에 의미가 있는 정도− 가 되도록 성과기반의 보상의 차이를 크게 하는 것이 고성과를 창출하는 핵심인재들에게는 동기부여의 원천이 되는 것이다.

## 2. 성과기반의 보상의 종류

성과기반의 보상은 크게 첫째, 개인성과에 대한 보상(Pay for Individual Performance), 둘째, 집단성과에 대한 보상(Pay for Group Performance), 셋째, 조직성과에 대한 보상(Pay for Organization Performance)의 세 가지 종류가 있다(학습목표 2).

### 2.1 개인성과에 대한 보상

#### 1) 고과급(Merit Pay)

기본급(Base Pay)이 개인의 성과수준에 따라 매년 조정되는 개인성과급제이다. 특히 고과급은 성과를 객관적으로 측정할 수 없는 사무직에서 주로 적용되고,[4] 흔히 차년도 기본급에 포함된다. 고과인상률을 공정하게 운영하기 위하여 대부분의 고과급은 고과인상표를 사용하는데 고과급의 결정은 [도표 11−3]에서 보듯이 개인의 성과평가등급과 콤파율[5] (compa−ratio: 여기서는 평균임금에 대한 상대적 비율로써 임금구조상에서의 개인의 기본급의 위치를 의미한다)의 두 가지 요인에 의해서 이루어진다. [도표 11−3]에서 보는 바와 같이 흔히 고과급의 경우 최고의 성과평가를 받으면서도(S등급) 직무에 비해 상대적으로 낮은 임금등급의 위치에 있는 종업원이 가장 높은 승급적용률을 적용받도록(승급적용률 150%) 설계된다. 이와는 반대로 낮은 성과평가를 받으면서(D등급) 상대적으로 높은 임금등급의 위치에 있는 종업원이 25%(50% × 0.5)의 가장 낮은 승급적용률을 적용받는다.

4) 앞서 본 장 1.1 성과기반 보상의 정의에서도 이미 언급하였다.

5) 제10장 3.4에서 자세히 언급하였다.

**도표 11-3** 고과급표: 평가등급 및 임금등급에서의 위치별 승급적용률

| | S등급 | A등급 | B등급 | C등급 | D등급 |
|---|---|---|---|---|---|
| 콤파율(상) | 150% X 0.5 | 125% X 0.5 | 100% X 0.5 | 75% X 0.5 | 50% X 0.5 |
| 콤파율(중) | 150% X 0.8 | 125% X 0.8 | 100% X 0.8 | 75% X 0.8 | 50% X 0.8 |
| 콤파율(하) | 150% | 125% | 100% | 75% | 50% |

자료원: 배종석(2006). *op. cit.*, p.252 수정인용.

- 고과급의 장점: 기업의 입장에서는 고과급인상률(승급률)을 경제상황이나 재무적인 여건에 따라 조정함으로써 보상정책을 유연하고 탄력적으로 운용할 수 있는 장점이 있다. 또 성과에 대한 측정이 정확하게만 된다면 고과급은 기업전략 및 사업전략이 요구

**현장올레길 11-3** "분명히 하고 갑시다"

**Q) 안녕하세요. 시험이 있어서 공부를 하는데 조금 헷갈리는 부분이 있어서요.**

Direct compensation에는 base pay(기본급), merit pay(고과급), incentive pay(장려금), bonuses(성과급), piece rates, shift differentials, etc..가 있다고 하는데요, 다 그게 그거 같아서요. 여기에 대해서 설명해 주실 분 계세요~?

**A) 저도 과거에 헷갈렸지만 이렇게 이해하면 어떨까요?**

어느 자동차 회사의 A대리의 기본급, 즉 base pay는 3천만 원일 때, A의 전해 인사고과를 반영한 실적급(또는 고과급), 즉 merit pay는 6백만 원이라면, A의 연봉은 3,600만 원인 것이고, 이를 월봉으로 나누어 받겠죠.

그런데 A의 지난달 영업실적이 좋다면 개인장려금, 즉 incentive pay를 받을 수 있을 것입니다.

임원상여(director's bonus), 퇴직금(retirement bonus), 연말보너스(the year-end bonus) 등 기본급이나 실적급 외에 받는 돈은 죄다 bonus에 속하구요.

반면 A가 인형 눈 붙이는 일을 한다면 하나 붙일 때마다 10원씩 piece rate을 받는 신세겠지요. 또 A가 1일 3개조로 운영되는 생산직원으로 일한다고 하면 A가 저녁조(evening shift, 오후 7시부터 자정까지)에 투입될 경우 주간 근무조가 받는 시급(예를 들어 시간당 9,000원)에 초과근무시간에 한하여 시간당 1,000원을 더 추가하여 오후 7시부터 자정까지는 10,000원을 받는 경우, 또 A가 야간조(night shift, 자정부터 오전 7시까지 등)로 투입된 다면 초과시간당 1,500원을 더 추가하여 자정부터 오전 7시까지는 10,500원을 받는 경우 즉 shift differential은 저녁 이후 근무시간대에 따라 차별적으로 추가되는 시급을 말해요. 단 보통 연속적으로 4시간 이상은 근무해야 합니다. 도움이 되었으면 좋겠어요.

자료원: 네이버 지식인, 2008.4.2.

하는 행위들과 보상을 적극적으로 연계할 수 있는 장점이 있다.

- 고과급의 단점: 무엇보다도 고과급의 단점은 기업의 입장에서 과도한 인건비의 지출이 발생할 수 있다. 특히 성과평가가 절대평가인 경우 관대화 오류가 작동하기 쉽고 많은 평가대상자가 좋은 성과평가 결과를 받게 될 경우 인건비지출 규모는 커지게 된다. 또 상대평가를 적용하더라도 성과평가 결과가 잘못 측정되었을 경우 낮은 평가 결과를 받은 종업원들은 심각한 불만을 가지게 된다.

### 2) 개인인센티브(Individual Incentives)

앞서의 고과급과 마찬가지로 개인인센티브는 개인성과에 대해서 보상하는 것은 동일하지만 기본급에 포함되지는 않는다. 즉, 인센티브는 성과평가 기간 때마다 정해지기 때문에 일회성이 될 수 있으며 주관적인 평가보다는 객관적인 평가를 토대로 하고 있다. [도표 11-4]는 고과급(merit pay)과 개인인센티브의 한 유형인 일회성 고과보너스(Lump sum merit pay 혹은 bonus)의 특징을 비교한 것이다.

[도표 11-4]는 10년 동안 매년 우수한 성과를 내고 있는 어느 종업원에게 전통적인 고과급을 지급하였을 경우와 고과보너스를 지급한 경우에 10년 뒤에 연수입에 있어서 어떤 차

**도표 11-4** 전통적 고과급과 보너스의 특징 비교

| | 전통적 고과급(Merit Pay) | | | 고과보너스(Lump Sum Merit Pay) | | |
|---|---|---|---|---|---|---|
| | 기본급 | 8%인상 | 연수입(연봉) | 기본급 | 8%보너스 | 연수입(연봉) |
| Year 1 | $40,200 | $3,200 | $43,200 | $40,000 | $3,200 | $43,200 |
| Year 2 | $43,200 | $3,456 | $46,656 | $40,000 | $3,200 | $43,200 |
| Year 3 | $46,656 | $3,732 | $50,388 | $40,000 | $3,200 | $43,200 |
| Year 4 | $50,388 | $4,031 | $54,419 | $40,000 | $3,200 | $43,200 |
| Year 5 | $54,419 | $4,354 | $58,773 | $40,000 | $3,200 | $43,200 |
| Year 6 | $58,773 | $4,701 | $63,474 | $40,000 | $3,200 | $43,200 |
| Year 7 | $63,474 | $5,078 | $68,552 | $40,000 | $3,200 | $43,200 |
| Year 8 | $68,552 | $5,484 | $74,036 | $40,000 | $3,200 | $43,200 |
| Year 9 | $74,036 | $5,823 | $79,859 | $40,000 | $3,200 | $43,200 |
| Year 10 | $79,859 | $6,397 | $86,256 | $40,000 | $3,200 | $43,200 |
| 총수입 | $579,357 | $46,256 | $625,713 | $400,000 | $32,000 | $432,000 |

자료원: Werner, et al.(2012)., *op. cit.*, p.397 응용.

이가 있는지를 상정해 본 것이다. 이 종업원에게 고과급을 지급하였을 경우 전년도 연봉은 차년도 연봉의 기본급이 되기 때문에 기본급인상은 연수가 늘어날수록 경영자에게 매우 부담스런 상황이 된다. 따라서 경영자가 고과급의 비용을 줄이는 한 가지 방법은 성과평가 결과를 기본급인상에 연계시키는 것이 아니라 일회적인 보너스에 연계시키는 것이다(이를 일회성 고과급(lump sum merit pay)이라고도 한다).

[도표 11-4]에 따르면 고과급의 경우 10년째가 되는 해에 기본급이 거의 $80,000(정확히는 $79,859)이지만 보너스로 받는 경우 $40,000에 불과하여 두 배 이상의 차이가 난다. 10년 동안 받는 총수입만 하더라도 고과급의 경우 $625,713, 보너스의 경우 $432,000으로써 $193,713의 차이가 난다. 일회성 고과급을 보너스로 받을 경우 매년 똑같은 연봉을 받기 때문에 이런 격차가 발생하는 것이다. 따라서 종업원들은 일회성 고과급을 보너스 형태로 받는 것을 별로 원치 않는다.

한편, 개인인센티브는 회사가 요구하는 사업전략에 따라 종업원의 사고와 행동을 유도할 수 있다. 종업원들은 판매나 생산량 등과 같은 전형적 목표달성 여부에 따라 인센티브를 받고 또 역으로 그 인센티브는 그러한 목표달성을 강화하고 유도한다. 그러나 성장이나 혁신을 중요시해야 살아남는 기업의 경우는 인센티브를 현재의 직무수행 정도와 강하게 연계하기보다는 회사의 미래성장을 위해 새로운 기술습득에 보상을 하는 것이 효과적일 수 있다(Noe et al., 2006, p.504).

이 같은 보상방식 이외에 기업은 일회적인 보너스에 의해 종업원들을 동기유발시킬 수도 있다. 예를 들어 어떤 기업이 다른 기업을 합병하고자 할 때 붙잡고 싶은 인재들이 있기 마련이다. 이들은 주로 피합병기업의 고위경영자, 엔지니어, 고성과자, 정보기술전문가들이며 이들에 대해 1회에 한하여 유지보너스(retention bonus)를 지급하기도 한다(Noe et al., 2006, p.504).

### 3) 개인인센티브 플랜

개인인센티브 플랜이란 종업원 개개인의 작업성과나 노동능률에 따라 개별성과급을 지급하는 제도이다. [도표 11-5]에서 보듯이 흔히 임률결정방식 및 생산수준과 임률 간의 관계라는 두 차원으로 접근할 수 있다.

첫째, 임률결정방식이란 시간당 몇 개를 생산하는가에 따라 임률을 결정하는 방식(시간당 생산량, 부품 조립과 같이 과업수행사이클이 비교적 짧은 과업에 적용)과 하나의 제품을 만드는 데 어느 정도의 시간이 소요되는가에 따라 임률을 결정하는 방식(생산단위당 소요시

**도표 11-5** 개인인센티브 플랜

| | 시간당 생산량 | 생산단위당 소요시간 |
|---|---|---|
| 생산량에 따라 일정한 보상<br>(고정임률) | ● 단순성과급<br>cell 1 | cell 2<br>● 표준시간급 |
| 생산량에 따라 차별적 보상<br>(변동임률) | cell 3<br>● 복률성과급 | cell 4<br>● 할증성과급 |

자료원: 전수환(2012). *op. cit.*, p.175 수정인용.

간, 자동차정비와 같이 과업수행의 사이클이 비교적 긴 과업에 적용)으로 구분된다. 둘째, 생산수준과 임금률 간의 관계는 임률을 생산수준에 관계없이 생산량과 비례적으로 지급하는 방식(고정임률)과 생산량에 따라 임률을 차별화하는 방법(변동임률)이다(학습목표 3).

(1) 단순성과급(cell 1): 단순성과급(Straight piecework plan)이란 제품 또는 작업의 단위당 고정된 단일의 임금을 정하고 여기에 실제의 작업성과(생산량 또는 판매량)를 곱하여 임금액을 산정하는 방식이다. 따라서 작업성과의 증대에 비례하여 임금이 증대된다. 이 제도는 이해하기 쉬워 종업원으로부터 수용성이 높으며 노동능률에 주는 자극도 강하다. 또 조직의 입장에서도 쉽게 노무비를 계산할 수 있다. 그러나 생산단위당 임률에 대한 합리적인 설

**도표 11-6** 다양한 형태의 성과급제도

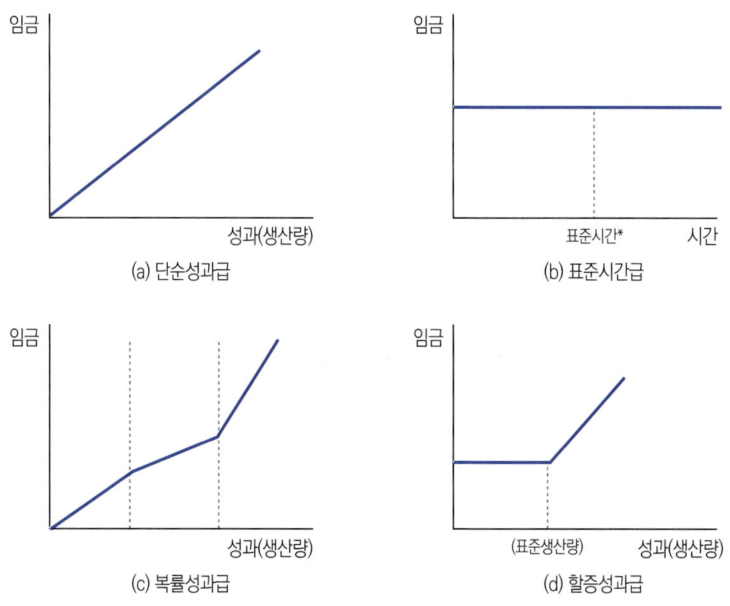

정이 어렵고 따라서 생산속도가 느린 미숙련공이나 고령자는 상당히 낮은 저임금을 받을 수도 있다. 또한 수입이 생산능률에 달려 있음으로 인해 수입이 일정치 않다. [도표 11-6]의 (a)와 같은 형태의 그래프를 나타낸다.

(2) 표준시간급(cell 2): 표준시간급(Standard hour plan)이란 표준시간급은 시간당 임률 혹은 과업단위당 표준시간을 정해두고, 과업달성시간과 상관없이 성과급을 지급하는 제도이다. 예를 들어, 자동차 수리공의 경우 엔진수리의 표준시간을 6시간으로 정하고 시간당 임률을 1만 원으로 할 때, 엔진수리를 완료하면 4시간이 걸리든 8시간이 걸리든 수리하는 데 소요된 시간과 상관없이 성과급 6만 원을 지급하는 경우가 이에 해당된다. 표준시간급은 단위당 작업시간이 비교적 길고, 비반복적이며, 많은 기술을 요하는 과업에서 이용될 수 있다. [도표 11-6]의 (b)와 같은 형태의 그래프이다.

(3) 복률성과급(cell 3): 복률성과급(Multiple piece rate plan)은 근로자의 작업능률을 보다 효율적으로 자극하기 위하여 작업성과의 고저(高低)나 다과(多寡)에 따라서 임률을 달리 적용하여 임금액을 산정하는 방식이다. 대표적으로는 테일러식 차별성과급(Taylor differential piece rate plan)과 메리크식 복률성과급(Merrick multiple piece rate plan)이 있다.[6] [도표 11-6]의 (c)와 같은 형태의 그래프이다. (b)는 시간당 임률에는 차이가 없지만(즉, 기울기가 동일) (c)의 경우 임률에도 차이가 있어서(즉 기울기가 다름) 매우 자극적으로 설계가 되어 있어 일의 생산능률을 보다 자극할 수 있다.

(4) 할증성과급(cell 4): 할증성과급(Premium plan)이란 종업원이 표준작업시간 내 표준과업량을 달성하지 못하더라도 일정한 임금을 보장해 주고, 표준작업시간 내에 과업을 달성해서 노동성과가 높은 종업원에 대해서는 기본시간급에 일정 비율의 할증임금을 추가로 지급하는 방식이다. 특히 이 제도는 작업능률의 증대로 절약된 시간에 대한 임금의 일부를 종업원에게 배분한다는 점에서 '절약 임금배분제도'라고도 한다.[7] [도표 11-6]의 (d)와 같은 형태의 그래프를 나타낸다.

---

6) 테일러식 차별성과급은 테일러(F. W. Taylor)가 1895년에 고안한 제도로서 시간연구 및 동작연구(time study and motion study)에 따라 근로자의 하루 표준작업량을 정하고 이것을 달성한 종업원에게는 정상적인 임률보다 높은 임률을, 달성하지 못한 종업원에게는 정상적인 임률보다 낮은 임률을 지급하는 방식이다. 또 메리크식 복률성과급은 메리크(D.V. Merrick)가 테일러식 차별성과급의 결함을 보완하여 임률을 세 단계로 나눈 것이다 즉, 표준생산량을 83% 이하, 83~100%, 그리고 100% 이상으로 나누어 상이한 임률을 적용하는 방식이다.

7) 절약된 시간에 대한 임금을 종업원 개인에게 어떤 비율로 배분하느냐에 따라 할시식(Halsey premium plan), 로완식(Rowan premium plan), 간트식(Gantt ptrmium plan) 등으로 구분되면 자세한 내용은 전수환(2012). *op. cit.*, p.177를 참고하길 바란다.

**현장올레길 11-4** 자동차 정비금액은 어떻게 계산되나

자동차 수리를 맡기면 누구나 늘상 궁금한 것이 자동차 정비금액이 어떤 기준으로 산정되는가 하는 것이다. 전형적으로 표준시간급을 적용한 것으로서 정비금액=(시간당 공임×표준정비시간)+부품가격에 따른다.

아래 사진에서 보듯이 배기량 2,000cc 미만의 차의 팬벨트를 1시간에 걸쳐서 교환하였다면 수리를 끝낸 시점에서 시간이 얼마나 걸렸든, 정비금액은 59,000원(2,000cc 미만의 시간당 공임)×0.7(팬벨트 교환의 표준시간)+12만원(팬벨트 부품가격)으로 161,300원이 산정되어 이 금액이 고객에게 청구된다.

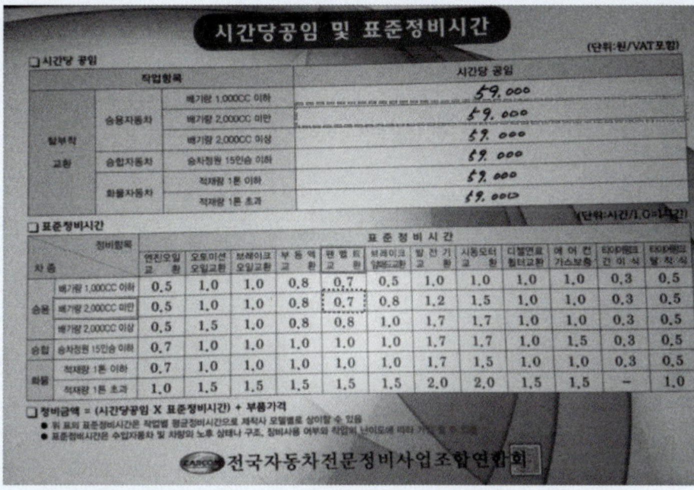


(사진설명) 위 사진은 저자가 직접 H자동차 수리센터에서 촬영한 것임.

## 2.2 집단성과에 대한 보상(Pay for Group Performance)

기업은 개인성과에 대한 보상뿐 아니라 집단의 성과에 대해서도 보상한다. 이는 개인별 직무성과를 정확하게 측정하기 곤란하고 또 개인성과제도에서 유발되는 지난친 개인 간 경쟁이 집단 전체의 협력에 저해가 된다고 판단될 때도 입할 수 있는 제도이다. 따라서 종업원들은 집단성과급을 받기 위해서는 개인적으로도 높은 수준의 목표달성을 해야 하지만 집단의 목표달성을 할 수 있도록 지식과 정보를 공유해야 한다. 집단성과에 대한 보상으로는 생산성 이익분배제(Gainsharing), 집단인센티브(Group incentives) 등이 있다(학습목표 4).

### 1) 생산성 이익분배제도(Gainsharing)

생산성 이익분배제는 기본적으로 회사가 확보한 경영성과의 일부를 종업원에게 나누어 주는 것이다. 예를 들어 어떤 공장에서 1억 원 가치만큼의 생산성이 증가했다고 가정하자. 그렇다면 회사는 사전에 정한 기준에 따라 50%인 5천만 원은 회사의 몫으로 또 나머지 50%는 종업원의 몫으로 분배된다. 이처럼 기업의 생산성 향상에 기여한 경우 종업원들은 금전적 혜택을 누릴 수 있기 때문에 종업원들은 더욱 효율적으로 일하는 방법을 찾기 위해 노력하게 된다. 이렇듯 집단성과배분이 가능해지려면 집단의 성과평가에 대한 기준을 분명히 밝혀야 한다. 집단의 성과평가기준에 따라서, 스캔론 플랜(Scanlon Plan), 럭커 플랜(Rucker Plan), 임프로쉐어(Improshare) 등의 다양한 집단성과배분제도가 있다(Noe et al., 2006, p.516).

#### (1) 스캔론 플랜(Scanlon Plan)

생산성 이익분배제도의 가장 보편적인 제도가 스캔론 플랜이다.[8] 이 계획은 기본적으로 생산성 변동에 임금을 연결시켜 산출하는 집단성과급으로서 이를 고용주, 노동자, 사내유보의 세 몫으로 나누어 분배하는 방식이다. 즉 *스캔론 플랜은 생산의 판매가치(sales value of production; 총매출액의 개념이다)에 대한 인건비 비율이 사전에 설정한 표준 이하인 경우 종업원에게 상여금(보너스)을 주는 제도이다.* 이 보너스를 받기 위해서는 인건비를 가급적 줄이고 생산량은 최대한 늘려야 한다. 그러나 불경기에는 보너스가 지급되지 않는 단점이 있다. 스캔론 플랜의 구체적 분배방식은 다음과 같다.[9]

- 인건비 비율 = 인건비총액 / 생산물의 판매가치(총매출액)
- 총인건비예산 = 해당기간 생산의 판매가치 × 인건비 비율
- 절약인건비 총액 = 총인건비 예산 - 실제 인건비 총액
- 분배방식

  절약인건비 총액 = 유보액(25%) + 분배액(75% : 회사(20%) + 종업원(80%) )

---

8) 1935년 미국철강 노조 조합의 지부 간부였고 나중에 MIT대학의 교수가 된 스캔론(Joseph N. Scanlon)이 고안한 제도임.

9) 일반적으로 기업은 차액의 전부를 즉시 근로자에게 주지는 않는다. 먼저 기업은 일부를 사내에 유보하게 되는데, 이는 비용이 높아지거나 생산량이 하락할 때, 즉 생산성이 마이너스인 경우 손실을 보전하기 위함이다. 연말이 되면 기업은 사내유보분을 제외한 나머지를 분배하게 되는데 손실이 발생하게 되면 기업이 부담하게 된다(Noe et al., 2006, *op. cit.*, p.516).

**[스캔론 플랜의 간략한 예시]**[10]

- 합의된 표준인건비 비율 = 30%
- 분배율: (회사 : 종업원 = 20 : 80)
- 예비율 = 10%(표준인건비 비율 미달시에 대비하여 연말까지 지불을 유보할 부분)
- 회사유보율 = 25%
- 생산물의 판매가격　　1,000,000
- 표준인건비　　300,000
- 실제인건비　　250,000
- 초과이익　　(300,000 - 250,000) = 50,000
- 예비비(10%)　　50,000 × 10% = 5,000
- 회사유보액　　50,000 × 25% = 12,500
- 분배액
  - 종업원 몫　　(초과이익 - 예비비) = 45,000 × 80% = 36,000
  - 회사 몫　　(초과이익 - 예비비) = 45,000 × 20% = 9,000
- 실제 인건비 대비 이익비율 = 36,000 / 250,000 = 14.4%
- 개인별 이익 지급액 : 36,000 / 300,000 = 12%

### (2) 럭커 플랜(Rucker Plan)

스캔론 플랜이 총매출액(생산성의 판매가치)에 대한 인건비 비율을 기준으로 보너스를 지급한다면, *럭커 플랜이란 총 인건비 중 부가가치의 비율을 기준으로 보너스를 지급하는 제도이다.* 이는 정해진 인건비에 비해 더 많은 부가가치를 창출할 경우 조직과 종업원이 나누어 갖는 것이다.[11] 또 이 제도는 불경기에는 보너스가 지급되지 않는 스캔론 플랜의 단점을 보완할 수 있다. 한편, 부가가치를 창출하기 위하여 원재료비 및 기타 비용을 포함한 생산원가를 현격히 줄이거나 더불어 산출물을 증대하기 위한 혁신활동을 하지 않으면 안 된다. 즉 럭커 플랜은 혁신활동에 대한 집단인센티브를 제공하는 것과 다름이 없는 것이다. 따라서 여타의 집단성과급과 마찬가지로 럭커 플랜 역시 이 같은 혁신활동을 위하여 노사간에 생산위원회와 품질관리 위원회를 두고 구성원들의 적극적인 참여와 제안시스템을 운영한다.

---

10) 본 예시는 전수환(2012), *op.cit.*, p.179를 수정하여 인용하였다.

11) 럭커 플랜은 1932년 럭커(A. W. Rucker)에 의해 개발된 제도이다.

**[럭커 플랜의 간략한 예시]**[12]

- 합의된 표준인건비 비율 = 50%(인건비 대비 부가가치 비율)
- 예비율 = 10%(표준인건비 비율 미달시에 대비하여 연말까지 지불을 유보할 부분)
- 생산물의 판매가격 1,000,000
- 자재비 및 에너지 사용료를 포함한 간접비 400,000
- 부가가치 1,000,000 − 400,000 = 600,000
- 표준인건비 부가가치 × 표준인건비 비율 = 600,000 × 50% = 300,000
- 실제인건비 250,000
- 초과이익 (300,000 − 250,000) = 50,000
- 예비비(10%) 50,000 × 10% = 5,000
- 분배가능이익 50,000 − 5,000 = 45,000
- 실제 인건비 대비 이득비율 45,000 / 250,000 = 18%
- 개인별 이익 지급액 : 45,000 / 300,000 = 15%

### (3) 임프로쉐어 플랜(Improshare Plan)

임프로쉐어(Improshare)는 'Improved Productivity Through Sharing'의 약어로서, 스캔론 플랜이나 럭커 플랜과는 달리 생산을 화폐단위로 계산하지 않고 물량을 책정하는 방식으로 표준시간급(standard hour plan)과 유사하다.[13] 이는 *제품 하나를 제조하는 데 소요되는 실제작업시간과 표준(기준)작업시간을 비교하여 구성원들의 집단적 협력을 통하여 표준작업시간을 줄인 만큼 이익으로 계산하여 회사와 종업원이 합의한 배분비율에 따라(보통 50대 50) 이익을 배분하는 제도이다.*

**[임프로쉐어의 간략한 예시]**[14]

- 합의된 기준시간 생산단위당 1.8 시간
- 분배율 (회사 : 종업원 = 50 : 50)
- 주간생산량 20,000 단위
- 기준 소요시간 20,000 × 1.8 = 36,000 시간
- 실제 소요시간 40 시간 × 700 명 = 28,000 시간

12) 럭커 플랜의 사례를 위하여 전수환(2012). *op. cit.*, p.180을 참조하였다.

13) 임프로쉐어는 1974년에 산업공학자인 M. Fein에 의해 고안된 제도이다.

14) 임프로쉐어의 사례를 위하여 전수환(2012). *op.cit.*, pp.180-181을 참조하였다.

- 절약시간 이익　　　　　　36,000 - 28,000 = 8,000 시간
- 회사 몫　　　　　　　　　8,000 × 50% = 4,000 시간
- 종업원 몫　　　　　　　　8,000 × 50% = 4,000 시간
- 실제 소요시간 대비 이익비율　　4,000 / 28,000 = 14%
- 개인별 현금이익 지급액　5.6시간 (40 × 14%) × 20 = 112(시급률 20, 주 40시간 근로시간)

이상의 세 가지 집단성과급제도에 대한 기본 특징에 대한 비교를 [도표 11-7]에서 하였다.

**도표 11-7** 세 가지 유형의 집단성과급제의 특징적 비교

| | 스캔론 플랜 (Scanlon Plan) | 럭커 플랜 (Rucker Plan) | 임프로쉐어 (Improshare) |
|---|---|---|---|
| 기본철학 | 참가적 경영 | 효율적 경영 | 효율적 경영 |
| 종업원 제안제도 | 있음 | 있음 | 없음 |
| 집단성과급 기본공식 | 총인건비/총매출액 | 총인건비/총부가가치액 | 실제생산소요시간/표준생산소요시간 |
| 성과급 지급주기 | 월별 또는 분기별 | 월별 또는 분기별 | 주기별 혹은 격주별 |
| 성과급의 일반적 분배율 (종업원 : 회사) | 80 : 20 | 50 : 50 | 50 : 50 |

### 2) 집단인센티브(Group incentives)

집단성과에 대한 보상으로 지급되는 생산성 이익분배제(Gainsharing)는 모든 종업원들을 대상으로 지급한다. 그러나 이와는 달리 집단인센티브는 측정가능한 특정목표를 달성한 소규모집단을 대상으로 보상하는 것이다. 집단인센티브는 집단구성원 간의 협력을 유도하여 목표를 달성하게 하는 장점도 있지만 집단인센티브를 얻기 위하여 집단 간 경쟁으로 비화되는 단점도 있다. 따라서 집단인센티브를 위해서는 집단의 성과목표를 신중하게 선정함으로써 비용 또는 판매에 대한 관심이 품질이나 고객 만족, 윤리적 행동 등 다른 목표들과 상충되지 않도록 주의해야 한다(Noe et al., 2006, p.517).

## 2.3 조직성과에 대한 보상(Pay for organizational performance)

앞서 살펴본 바와 같이 성과급은 개인수준에서 그리고 집단 차원에서도 지급되지만, 오늘날의 기업은 조직 전체의 목표성과달성 여부에 따라서도 성과급을 지급한다. 특히 기존의 연공급에 기초한 대부분의 한국기업의 임금체계의 경우 종업원에 대한 동기부여에 적합하지 못했으며 기업의 경쟁력 강화에 걸림돌이 되어온 것이 사실이다. 이에 기업의 경쟁력을 강화시킬 수 있는 방안의 하나로 임금을 기업성과에 연계시키는 다양한 방법을 마련하게 된다.[15] 예를 들어 지금까지 각 사업부문별 성과에 따라 보너스를 연계해 지급해 왔던 기존방식에서 탈피하여 이들에게 회사의 주식을 사도록 권하고 스톡옵션을 부여하기 시작하였다(Noe et al., 2006, p.528).

그러나 기업의 이익이나 주가는 큰 폭으로 변동가능성이 있기 때문에 이를 종업원이 받는 인센티브와 연계하면 종업원에게 위험이 따를 수 있다. 따라서 종업원이 매년 받게 되는 인센티브의 규모는 매우 불확실하게 된다. 따라서 이러한 종류의 인센티브는 지속적인 성장과 끊임없는 혁신이 중요한 벤처기업이나 혁신기업에서 대단히 효과적이라 하겠다. 왜냐하면 이들 기업에서는 경영환경에 대한 리스크를 감수하고 시장 속으로 뛰어드는 종업원들이 필요하기 때문이다(Noe et al., 2006, p.529)(학습목표 5).

### 1) 이윤분배제(Profit sharing)[16]

이윤분배제는 일반적으로 회사 순이익의 일정액 또는 일정비율을 종업원의 임금 외에 지급하는 추가급부로서 이윤의 일부를 종업원과 공유하는 것이다. 이하에서는 이윤분배제의 유형, 기대효과, 한계점 그리고 성공적인 이윤분배제의 도입방안에 대해서 살펴보기로 하겠다.

#### (1) 이윤분배제의 형태

먼저 협의로는 종업원에게 미리 정해진 일정한 임금 이외에 영업연도의 결산이익의 일

15) 조직성과 평가에 대해서는 제9장 4. 조직 차원의 성과평가(BSC)를 참고하길 바랍니다.

16) 이윤분배제의 사전적 의미는 종업원의 정기적 월급 및 보너스와 더불어 회사의 수익성에 따라서 종업원에게 직접적 혹은 간접적으로 지급되는 회사가 도입한 다양한 인센티브제도이다(Refers to various incentive plans introduced by businesses that provide direct or indirect payments to employees that depend on the company's profitability in addition to employees' regular salary and bonuses)(출처: Wikipedia).

부를 분배하는 형태가 있지만 광의로는 다양한 형태가 존재하는 것이 현실이다. 즉, 첫째, 종업원에게 시가보다 낮은 주식가격으로 주식을 분배하여 매 결산기마다 주식에 해당하는 이익에 대한 배당을 하는 형태, 둘째, 연말이나 명절 등에 계약에 의하지 않고 기업측의 자유의사에 따라 이익의 일부를 분배하는 형태, 셋째, 대리점 또는 판매부서 등에 매출액의 일부를 지급하는 형태, 넷째, 기업측이 종업원의 복리후생을 위한 공동기금에 기업이익의 일부를 출연하는 형태행위 등의 다양한 형태가 있을 수 있으며 기업의 여건이나 상황에 따라서 협의와 광의의 형태를 선택하면 된다.

### (2) 이윤분배제의 효과

기업이 이윤분배제를 채택함으로써 거는 기대효과 또한 여러 가지가 있다. 첫째, 기업이 이윤을 분배함으로써 종업원들이 "기업소유주처럼 생각"하고 또 소유주 입장에서 생산성을 올리기 위해서는 무엇이 필요한지에 대한 넓은 시각을 가지도록 유도할 수 있다. 둘째, 또 이윤분배제를 통하여 종업원들은 자기의 이익만을 추구하지 않고 동료 간 부서 간 협력의 중요성을 깨닫게 되어 지나친 경쟁의식을 약화시킬 수 있다. 셋째, 노사 간에도 생산성 향상을 위한 상호 협력의 실천 동기를 발견하게 될 것이다. 넷째, 이윤분배제는 해고나 상식 밖의 인력구조조정을 사전에 예방하는 효과가 있다. 즉 기업이 재정적으로 힘든 상황에 처해 있을 때 종업원들이 조금이라도 이윤분배의 혜택을 누리기 위해서는 어떻게 해서든 비용을 절감해야 한다. 만약 이익이 발생하지 않거나 줄어들게 되면, 인센티브를 주지 않거나 적게 주면 그뿐, 회사가 재정적으로 어렵다고 경영자들은 굳이 해고나 상식 밖의 인력구조조정을 단행하지 않아도 되는 측면이 있다. 그 밖에 종업원의 장기근속을 필요로 하는 기업의 경우 배분율을 근속연수와 연결하여 종업원의 장기근속을 유도할 수도 있다.

### (3) 이윤분배제의 한계

이윤분배제에서 가장 중요한 문제 가운데 하나는 이윤을 배분하는 과정에 대한 신뢰성의 문제이다. 회사측이 제공하는 회계자료가 신뢰할 수 없다면 종업원은 받아야 할 성과배분도 제대로 받지 못하게 되는 상황이 발생한다. 따라서 회사는 신뢰할 만한 회계정보를 공개할 필요가 있고 이를 토대로 노사가 합의 내지는 동의할 수 있는 객관적인 성과지표를 운용해야 한다. 그것은 투명하지 못한 경영상태에서 이윤분배제를 도입할 경우 종업원의 입장에서는 오히려 불확실성과 위험을 제공하고 회사에 대한 불신감만 키우기 때문이다.

또 한국의 경우 복잡한 임금체계가 가지는 이윤배분제의 기본적인 한계가 있다. 한국기업은 기본급의 비중이 낮기 때문에 이를 보완하기 위하여 각종 수당과 매년 정기적으로 지급되는 보너스가 실제로는 고정적 성격을 띠고 있다. 만약 이윤배분제의 도입이 고정적 보너스의 하나로 인식된다면 그 기대효과는 사라질 것이다(Noe et al., 2006, pp.212–213).

### 2) 주식소유권(Stock ownership)

이윤분배제가 종업원들에게 '기업소유주처럼 생각하도록' 유도하는 효과가 있다면 주식소유권은 실제로 종업원들을 '기업의 소유주'로 만들어 주는 것이다. 이에는 스톡옵션(stock option), 스톡그란트(stock grant), 종업원지주제(ESOP: Employee Stock Ownership Plan) 그리고 가공주식보상제(phantom stock)가 있다.

#### (1) 스톡옵션(Stock option)[17)]

*스톡옵션이란 기업이 근로의욕을 고취시키기 위하여 임직원들에게 자사의 주식을 일정한도 내에서 시세보다 훨씬 적은 금액을 지불하고 매입할 수 있도록 권리를 부여하고, 일정기간이 경과하면 임의대로 처분할 수 있는 권한을 주는 제도를 말한다.* 주식매입선택권 또는 주식매수선택권으로 불리기도 한다. 경영능력이 뛰어난 경영자를 외부에서 영입할 때 연간 봉급 외에 스톡옵션을 주는 경우가 흔히 있으며, 초기에 자금부족으로 급여를 제대로 주지 못하여 인력을 확보하는 데 어려움을 겪는 벤처기업 등에서 우수인력 유치수단으로 적극 활용하고 있다. 미국의 경우 유력기업의 75% 이상이 스톡옵션을 실시하고 있다(네이버 지식백과). 이에 대한 이해를 위하여 [현장올레길 11–5]에서 보는 바와 같이 유니콘기업 토스의 스톡옵션을 통한 성과급을 받은 사례를 참고하길 바란다.

예를 들어 1년 뒤 주식 1만 주를 현재의 시세인 1만 원에 살 수 있는 스톡옵션을 받은 경우, 회사 경영이 잘 되어 1년 뒤 주가가 2만 원이 되었다면 스톡옵션을 받은 사람은 1만 주

---

17) 우리나라에서는 지난 1997년 4월 '증권거래법'이 개정되면서 도입되었고, 2000년부터는 주식매수선택권제도 확대로 상장 · 등록법인과 벤처기업으로 제한되었던 스톡옵션제도가 모든 주식회사로 확대되어 비상장 · 비등록 중소기업도 이 제도를 이용할 수 있게 되었다. 스톡옵션은 그 동안 발행주식 총수의 10% 안에서 주주총회의 특별결의를 거쳐야 줄 수 있었으나, 2001년 7월 7일부터 총 발행주식의 1~3% 범위까지는 이사회 결의만으로 부여할 수 있게 되었다. 즉, 자본금 1,000억 원 미만 기업은 주식발행 총수의 3%, 1,000~3,000억 원 미만은 3% 또는 60만 주 중 적은 수량, 3,000억 원 이상은 1%까지 이사회 결의만으로 줄 수 있다. 2012년 현행 규정에는 전체 발행주식의 15% 내에서 스톡옵션을 줄 수 있으며 1인당 한도는 제한이 없다. 주주총회 혹은 이사회의 부여 결의 후 2년 이상 재직하여야 이를 행사할 수 있으며, 스톡옵션 권리를 행사할 경우 연 3,000만 원 한도 내에서 행사이익 기준 연 3,000만 원까지 비과세 혜택을 받는다. 또한 스톡옵션은 사망 시 상속 이외는 타인에게 양도할 수 없다.

**현장올레길 11-5** 토스, 전 직원에 1억씩 스톡옵션

간편 송금 서비스 '토스'를 운영하는 비바리퍼블리카가 전 직원에게 1억 원 상당의 스톡옵션(주식매수 선택권)을 지급하기로 결정했다고 13일 밝혔다. 연봉도 일괄적으로 50% 인상한다. 비바리퍼블리카는 지난해 12월 8000만 달러(약 900억 원) 규모의 투자를 유치해 기업 가치 1조 원 이상 스타트업을 뜻하는 유니콘 기업 반열에 올랐다.

비바리퍼블리카 관계자는 "이달 말 전 임직원 180명에게 각각 5,000주씩 1억 원 상당의 스톡옵션을 지급한다"고 말했다. 총 180억 원에 달하는 규모다. 스톡옵션은 지급받은 시점을 기준으로 2년 뒤 절반을 행사할 수 있고 4년 뒤부터는 전부 행사할 수 있다. 기업 가치에 따라 현재 주당 가격 2만 원인 5,000주는 1억 원의 가치에 해당한다. 행사시점에 주식이 몇 배로 오른다면, 행사할 수 있는 스톡옵션의 가치는 오른 만큼 늘어나게 된다. 예를 들어 4년 뒤 두 배로 오른다면 2억 원어치 주식을 매수할 수 있다는 뜻이다. 이 회사는 또 향후 새로 채용하는 직원들에게도 입사 후 일정 기간이 지나면 스톡옵션을 5,000주씩 일괄 지급한다는 방침을 세웠다. 비바리퍼블리카 관계자는 "직원이 총 300명이 될 때까지 스톡옵션을 제공할 것"이라고 말했다. 이 회사는 또 입사 시점이나 근속 기간에 상관없이 모든 임직원의 연봉을 현재 기준 50%씩 인상하기로 했다. 새로 채용하는 직원에게도 인상된 연봉을 기준으로 임금을 지급한다.

비바리퍼블리카가 2015년 2월 출시한 토스는 현재 가입자 1,100만 명을 확보했고 누적 송금액 30조 원을 돌파했다. 누적 투자 유치액은 2,200억 원이다. 매출은 2016년 35억 원에서 2017년 200억 원으로 늘었고 2018년에는 560억 원을 달성했다. 현재 이 회사의 기업 가치는 약 1조3,000억 원으로 평가받는다.

자료원: 조선비즈, 2019.1.14.

를 1만 원에 사서 2만 원에 팔 수 있게 되는 것이다. 1주당 1만 원의 차액을 챙기는 것이므로 1억 원의 보너스를 별도로 주는 것과 같은 효과를 낸다. 주가가 1만 원 이하로 떨어지면 스톡옵션은 행사하지 않아도 된다. 그리고 스톡옵션은 직급이나 근속연수 등과 관계없이 오로지 능력을 중심으로 제공된다는 점에서 직급이나 근속연수를 바탕으로 하는 우리사주조합제도와는 차이가 있다. 또한 자사주를 매입한 임직원에게 매입 비율에 따라 일정 주식을 무상으로 지급하는 스톡퍼처스(stock purchase, 종업원 자사주구매제) 제도와도 차이가 있다. [도표 11-8]은 스톡옵션에 대한 개념을 도식화한 것이다.

그러나 임직원의 근로의욕을 고취시키기 위하여 도입한 스톡옵션제도의 경우 부작용도 속출하고 있는 것이 현실이다. 즉, 임직원들이 자신의 이익을 극대화하기 위하여 기업경영을 단기성과 위주로 가져갈 수 있다. 또 임직원들이 주가에만 관심을 갖다보니 윤리적 행동을 비롯한 다른 목표를 등한시하는 경우도 왕왕 발생하고 있다.

사상 유례없는 분식회계로 기업의 신용을 포장하고 건실한 기업으로 위장하여 투자 유치

**도표 11-8** 스톡옵션(주식매입선택권)의 개념

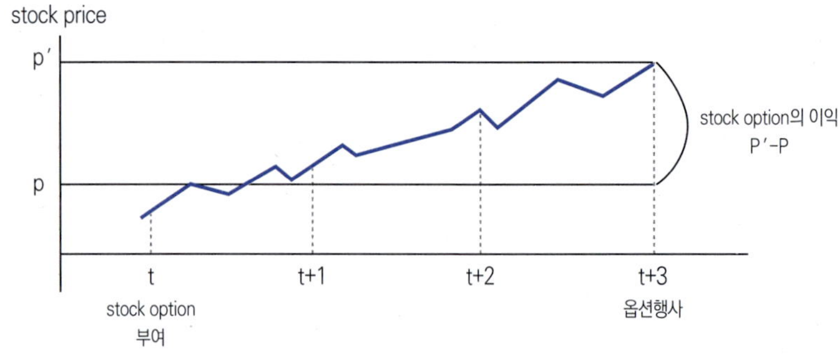


자료원: 전수환(2012). *op. cit.*, p.183.

를 성사시켜 오다 결국에는 도산하게 된 엔론 사태[18]나 의도적으로 배기가스를 조작하여 전 세계적으로 1,100만 대를 대량 리콜하여 한화 21조 원에 달하는 벌금을 물게 된 폭스바겐 사태[19]는 모두 단기실적 및 주가에 집착한 임직원들의 비윤리적 행동의 결과이다.

이러한 문제를 예방하기 위해 기업에서는 [이론올레길 11-2]에서 보듯이 대리인 문제(Agency Problem)를 해결하기 위해 다양한 방법을 모색하고 있다. 경영자들은 어디까지나 혁신, 효율, 고객 만족과 같은 가치창조를 통하여 주가 상승을 이끌어야 한다. 투자자들을 속여 기업이 실제보다 더 가치가 있고 수익성이 있는 것처럼 눈속임을 하여 주가를 부풀리는 기업들의 패악은 자본주의 체제를 근원적으로 와해시키는 요인이 될 것이다.

18) 엔론(Enron Corporation)은 미국 텍사스 주 휴스턴에 본사를 둔 미국의 에너지, 물류 및 서비스 회사였다. 2001년 12월 2일 파산 전까지 엔론은 약 2만 명의 직원을 보유하고 2000년 매출 1,110억 달러를 달성한 세계 주요 전기, 천연가스, 통신 및 제지 기업의 하나였다. 《포춘》지는 엔론을 6년 연속 "미국에서 가장 혁신적인 기업"으로 선정했다. 2001년 말, 엔론의 부실한 재정상태가 반복적이며 체계적이고도 치밀하게 계획된 방식의 회계부정으로 은폐되어 왔다는 사실이 내부고발자에 의해 밝혀졌으며, 이것이 잘 알려진 엔론 사태이다. 이때부터 엔론은 계획적인 기업 사기 및 비리의 대표적인 사례로 꼽히게 되었다. 이 사태는 2002년 기업에 대한 회계 관련 법안인 사베인즈옥슬리 법안(Sarbanes-Oxley Act)의 제정에 결정적인 영향을 끼쳤다. 또한 엔론의 회계감사를 담당했던 미국의 거대 회계법인이었던 아서앤더슨이 해체되는 결과를 낳으면서 업계 전반에 걸쳐 큰 파장을 낳았다(http://wikipedia.org).

19) 미국에서 2009년부터 2015년까지 생산된 폭스바겐의 차량 비틀, 제타, 골프, 파사트 등 4실린더 디젤엔진이 들어간 폭스바겐 차량들에 대해서 폭스바겐이 고의적으로 ECU에 특정 소프트웨어를 넣어 배기가스 검사 모드일 때는 배기 컨트롤을 최대로 가동시켜 오염물질 배출을 낮추고, 그 외의 일반적인 주행 상황에서는 컨트롤을 무시하고 배기가스를 전부 뿜어내도록 만들어 의도적인 조작을 한 사실이 발각되었다. 게다가 이 정도가 미국 배연기준(U.S. emission standards)의 규제를 무려 약 40배를 초과하는 수준이라 아예 규제를 통과하지도 못할 차량을 팔아오다 적발된 것이다(글로벌 오토 뉴스, 2015.9.25).

### 이론올레길 11-2 대리인 문제와 대리인 비용

본인-대리인 문제(Principal-agent problem)는 1976년 젠센(M.jensen)과 맥클링(W.Meckling)이 발표한 대리인이론(代理人理論, agency theory)에서 처음으로 제기된 것으로 한마디로 본인(위임자)과 대리인 사이에 발생하는 문제를 말하며 흔히 대리인 문제 또는 대리인 딜레마(agency dilemma)라고도 한다. 이는 기업경영에서 주주로부터 기업의 경영을 위탁받은 대리인인 전문경영자의 주주의 이익에 반하는 행동을 통칭하는 말로써, 개인 또는 집단이 의사결정 과정을 다른 사람에게 위임할 때 이 대리인 관계가 성립된다. 그런데 이들 간에는 정보의 불균형, 감시의 불완전성 등으로 인해 도덕적 해이(moral hazard)[20], 역선택(adverse selection)[21] 등의 문제가 발생할 수 있다. 예를 들어 자신의 편의를 위해서 회사의 자금으로 별장이나 자가용 비행기를 구입하거나, 기업의 자금을 마치 자신의 돈인 것처럼 사용하거나, 위험을 수반하는 투자를 회피하거나, 자신의 사회적 위신을 위해 수익성이 없는 사업으로 다각화하여 기업규모를 키우는 데 주력하는 등의 행위를 말한다. 경제적 합리성을 추구하는 인간관, 즉 인간은 자신의 경제적 이득을 최대화하려고 노력한다는 관점에서 주주가 더 많은 배당을 요구하고, 주가를 올리도록 경영진을 압박하는 것과 경영자가 자신의 근무환경개선이나 사적인 업무수행, 위험을 감수하지 않으려는 등의 행동을 보이는 것은 지극히 당연한 일이다. 그러나 이러한 주주와 경영자의 이해관계 불일치는 다음과 같은 대리인 비용을 발생시키므로 어떤 식으로든지 해결되는 것이 바람직하다.

- 감시비용(Monitoring cost): 주주는 대리인이 자신의 권익을 보호하기 위한 경영을 하고 있는지를 감시해야 하는데 이에 소요되는 비용을 감시비용이라고 한다. 외부회계감사, 사외이사제도, 성과급제도, 주식매입선택권(stock option) 등의 운용에 소요되는 비용이 이에 해당된다.
- 확증비용(Bonding cost): 대리인인 경영자가 자신의 경영활동과 의사결정이 주주를 위한 것임을 주주

20) 도덕적 해이는 미국에서 보험가입자들의 부도덕한 행위를 가리키는 말로 사용되기 시작했다. 윤리적으로나 법적으로 자신이 해야 할 최선의 의무를 다하지 않은 행위를 나타내는데, 법 또는 제도적 허점을 이용하거나 자기 책임을 소홀히 하는 행동을 포괄하는 용어로 확대됐다. 한마디로 정리하면, 정보를 갖지 못한 측의 입장에서 볼 때 정보를 가진 측이 최선을 노력을 다하지 않는 현상을 말한다. 대표적인 예로 기업들이 대출을 과다하게 하여 기업을 키워 놓은 경우, 정부가 그 기업을 섣불리 망하도록 내버려두지 못한다는 예가 있다. 도덕적 해이를 막기 위해서는 대리인이 최선의 결과를 실행할 수 있도록 성과급의 유인책을 제시하는 것이 일반적인 방법이다. 예를 들어 변호사의 성공보수비, 근로자의 성과급, 보험시장의 보험금 할인제 등이 그것이다(http.://www.wikipedia.org).

21) 역선택이란 의사결정에 필요한 정보가 충분하지 않아서, 불리한 선택을 하게 되는 것을 말한다. 예를 들어 중고차를 살 때 안 좋은 차를 비싸게 구입하는 경우, 대리인(최고경영자)의 능력에 비해 높은 임금을 지급하거나, 대리인을 선택함에 있어 능력이 부족한 쪽을 선택하는 경우에서 볼 수 있다. 이를 최초로 제기한 학자는 2001년 노벨경제학상을 수상한 미국 UC Berkeley의 조지 애컬로프(George A. Akerlof) 교수이다. 그에 따르면 역선택은 경제적 거래 이전에 소비자의 불충분한 정보로 인해 발생한 것이므로 생산자는 광고와 같은 신호발송을 통하여 상품의 유형을 정확하게 소비자에게 알리거나 좋은 평판을 쌓는 것과 같은 선별장치 통해 역선택으로 인한 사회적 후생의 감소를 막아야 한다고 말했다(http.://www.wikipedia.org).

들에게 증명하는 데 소요되는 비용을 말한다. 예를 들면 대리인이 기업의 재무상황을 보고하고, 제3자에게 기업의 재무상황을 공인받는 데에 소요되는 비용을 말한다.

- 잔여손실(Residual cost): 잔여손실은 확증비용과 감시비용이 지출되었음에도 대리인 때문에 발생한 주주의 재산손실을 뜻한다. 즉, 감시비용이나 확증비용 외에 경영자가 기업을 위한 최적의 의사결정을 하지 않음으로써 발생하는 주주가 감수해야 하는 부의 감소나 기업가치손실을 말한다.

자료원: http.://www.wikipedia.org와 전수환(2012). *op. cit.*, pp.184-185의 내용을 정리한 것임.

### (2) 스톡그랜트(Stock grant)

스톡그랜트는 스톡옵션과 마찬가지로 주식을 주고 유능한 인재를 스카우트할 때 쓴다. 이는 '주식(Stock)을 부여, 보장(Grant)한다'는 의미로서 이 용어는 *유능한 인재를 영입하기 위해 스톡옵션 대신 회사주식을 직접 '무상'으로 주는 인센티브방식을 말한다.* 스톡옵션과는 달리 정관변경 등 복잡한 절차를 거치지 않고 활용할 수 있다. 스톡그랜트의 경우 현재 회사가 보유하고 있는 주식을 직접 받기 때문에 자신의 몸값을 확실하게 보장받을 수 있으며 즉시 현금으로 교환할 수 있는 장점이 있다. 반면 스톡옵션은 일정기간 후 주식으로 바꿀 수 있는 권리를 부여하는 것이기 때문에 현금화하는 데 상당기간이 필요하고 주식가치의 미래가 불확실하며, 경영상태가 나빠지거나 대규모 유무상증자를 하면 주식가치의 하락이 불가피하다는 단점이 있다. 이것은 최근 일부 IT업체 인력들의 몸값이 치솟으면서 나타난 현상 중 하나이며, 코스닥시장이 침체에 빠지면서 미래의 기대수익인 스톡옵션에 대한 매력이 줄어들어 스톡그랜트를 도입하는 업체가 늘어나고 있는 추세이다. 지금까지는 벤처비즈니스에서만 볼 수 있는 현상이었지만 일부 대기업의 경우 우수인력을 끌어들이기 위해 스톡그랜트를 제시하기도 한다.

### (3) 종업원 지주제(ESOP: Employee Stock Ownership Plan)

*종업원 지주제는 근로자의 자본참가의 대표적인 유형으로서 종업원에게 자사 주식을 취득하게 하고 장기보유하게 함으로써 종업원들을 기업의 이익배당에 참여시키는 제도이다*(네이버 지식백과). 스톡옵션이 주로 최고경영진이나 기여도 높은 직원을 대상으로 사용되는 반면, 종업원 지주제도는 주로 일반 종업원을 대상으로 한다. 종업원 지주제도는 종업원이 회사의 지분을 소유함으로써 회사의 경제적 이익배분에 참여하고 주주로서 회사의 일과 경영에도 적극적인 참여를 유도한다는 측면에서 경영 참가제도로서 의미가 있다(전수환,

2012, p. 278).

종업원 지주제도는 회사 입장에서는 안정적인 주주를 늘리게 되고 또 종업원의 저축을 회사의 자금원으로 활용할 수 있고 종업원 입장에서도 근로자의 재산형성과 같은 경제적 혜택은 물론 노사협조의 증진, 종업원들의 조직에 대한 애착과 자부심을 느끼게 하는 장점이 있다. 그러나 기업의 성과가 지속적으로 하락하여 주가가 지속적으로 떨어지거나 정체 상태에 있게 되거나 회사가 부도가 날 경우 투자원금을 날리거나 투자원금보다 훨씬 못 미치는 수익밖에는 얻을 수 없어 애초의 기대와는 달리 재산형성을 하지 못하는 리스크 상황이 있을 수 있다.

### (4) 가공주식(Phantom stock) 보상제

*가공주식 보상제란 기업이 주요 경영자들에게 일정수의 주식단위, 즉 가공주식을 인센티브로 제공하고 추후에 주가와 가공주식의 기준가격의 차이에 주식단위의 수를 곱한 금액을 산출해서 이를 현금으로 지급하는 것을 말한다.* 가공주식 보상제의 장점은 실제적으로 지분을 나눠주지 않아도 경영자들에게 많은 동기를 부여한다는 것이다. 가공주식을 지급함으로써 주요 경영자들은 회사에 대한 책임과 의무가 늘어나고 따라서 기업에 대한 확신을 줄 수 있다. 이와 같은 이유 때문에 다른 인센티브 플랜과 같이 쓰인다면 경영자들을 실질적인 주주로 만들지 않으면서 주요 경영자들을 기업이 머무르게 할 수 있다. 이 플랜의 단점은 핵심 경영자들에게 확신을 주기 위한 리스크가 크다는 것이다. 만약에 가공주식을 10년 후에 지급하기로 했다고 했을 때, 기업의 초기 불확실한 성장단계에 기업을 나가는 경영자들이 생길 수도 있다. 이 경우 기업에 필요한 인재를 잃게 되고 그렇게 되면 기업에 손실이 있을 수도 있다.

## 3. 창조경영 구현을 위한 전략적 시사점

성과기반의 보상(Performance-Based Pay)이란 개인이나 집단의 성과에 따라 추가적으로 지급되는 보상으로서 동일한 직무를 수행하는 종업원이라도 이들이 조직에 공헌하는 가치 측면에서 큰 차이가 난다는 사실을 인정하는 것이며 동시에 이들의 기여도를 극대화하기 위하여 인센티브를 제공하는 것이다. 창의성을 바탕으로 조직에 기여한 개인이나 집단에게 현실적으로 '수용가능하고' '기억에 남을 만큼 의미있는' 인센티브를 제공하는 것은 창의성을 보다 적극적으로 유도할 수 있는 훌륭한 제도적 장치이다. 그럼에도 불구하고 이러한 성과기반의 보상이나 인센티브를 제공하는 데 있어서 적어도 다음의 네 가지 형태의 딜레마 즉 ① 의욕이 왕성한 사람과 풀이 죽은 사람간의 딜레마, ② 경쟁과 협조 간의 딜레마, ③ 리스크와 노력 간의 딜레마, ④ 과거와 미래 간의 딜레마를 경험하고 있다(한형일 역, 1991, pp.293-296).

*첫째, 의욕이 왕성한 사람과 풀이 죽은 사람 간의 딜레마:* 어떤 평가시스템하에서라도 의욕이 생기는 사람이 있으면 풀이 죽은 사람도 반드시 나오기 마련이다. 그 평가시스템은 분명히 높은 성과를 달성한 사람의 의욕이나 동기부여를 제고하기 위하여 만들어졌겠지만 평가의 객관성이나 공정성 측면에서 완벽한 평가시스템은 없다. 따라서 일시적인 패자가 생기게 마련이다. 완전하지 못한 평가시스템에 의하여 평가받은 결과이기 때문에 한 번의 패자가 영원한 패자가 되어서는 안 된다. 따라서 일시적인 패자에 대한 구제나 배려가 평가시스템에 내재화되어 있어야 한다. 특히 부단한 시행착오를 하기 쉽고 실패할 확률이 높은 일에 뛰어들기를 좋아하는 창의적인 사람에게 한 번의 실패로 패배자를 만들어 버리는 것은 창조경영과는 정면으로 배치되는 조직의 실패이다. 전통적인 인적자원관리는 주어진 시스템하에서 생산성을 향상한다는 이유로 너무도 지나치게 실수나 실패에 대한 예방(prevention), 탐지(detection), 수정(correction)에 집착하였다. 그러나 Hrebiniak(1978, p.235)는 실패야말로 기업이 불확실성을 대처하는 과정에서 회피할 수 없는 부산물(unavoidable by-product)이기 때문에 지식의 학습과정에서 필수적인 요소로서 간주되어야 한다고 하였다(Snell, 1999). 따라서 실패포용시스템(error-embracing system)을 평가제도에 내재화를 하는 것이 창조적인 생각과 아이디어를 보다 활성화하고 또 나아가서 파격적인 지식창조를 가져올 수 있는 기반구조가 될 것이다. 예를 들어 '올해의 가장 큰 실패상'을 만든다든지, 신규사업이나 해외사업을 맡은 보직자의 경우 매년 하던 평가를 3년에 한 번씩 한다든지, 기업의 목적달성을 하려다 저지른 사소한 실수나 실패를 자연스럽게 넘어가는 등 실패를 포용하는 제도개발이 창조경영을 구현하려는 기업이라면 그 어느 때보다도 필요하다.

*둘째, 경쟁과 협조 간의 딜레마:* 이 문제는 개인평가 및 집단평가의 이율배반적인 속성에 대해 어떤 균형을 잡을 것인가에 관한 고민이다. 개인평가 결과에 대하여 인센티브를 많이 지급하고 그것을 위해 개인이 경쟁하도록 만드는 것은 조직의 심리적 에너지를 높이기 위한 수단이다. 그러나 조직인 이상 구성원으로서 협력과 협조가 반드시 필요하다. 이는 집단의 인센티브 보상에 눈을 돌리지 않으면 안 된다는 것을 의미한다. 실제로 집단평가에 의한 집단인센티브가 없다면 나에게는 별로 중요하지는 않지만 팀 동료들이나 타 부서에게는 매

우 중요한 정보를 굳이 공유하거나 전달할 이유가 없다. 더구나 타인이 그 정보를 입수함으로써 타인의 업적이 올라가는 것이 자기에게 불리하다고 판단되면 더더욱 그 정보를 공유하거나 전달하려는 의욕은 생기지 않게 된다. 새로운 지식창조를 위해서는 무엇보다도 집단구성원 간의 상호작용을 통한 정보 및 지식공유가 필수적이기 때문에 개인평가 및 집단평가의 인센티브에 있어서 균형을 잡을 필요가 있다. 따라서 집단의 평가는 좋지 않지만 개인평가가 탁월한 사람이 보호받아야 하는 것처럼 개인평가는 낮더라도 집단평가가 높게 나온 경우 조직을 위해 희생한 사람들의 노력도 간과되어서는 안 된다.

*셋째, 리스크와 노력 간의 딜레마*: 이 딜레마는 단기업적과 성과급과 같은 인센티브를 어느 정도로 연동시킬 것인가에 관한 것이다. 종업원들이 단기업적 달성에 매진하기를 원한다면 업적에 인센티브를 연동하는 정도를 많게 함으로써 자극을 크게 줄 수 있다. 그러나 업적이라는 것은 사람들의 노력만으로 정해지는 것이 아니라 불확실한 환경요인에 의해 변동되는 경우가 많다. 그렇다면 업적과 인센티브와의 연동이 높다는 것은 사람들에게 많은 리스크를 부담시키는 셈이다. 따라서 창의적인 기술개발을 해야 하는 연구원들이나 장기적으로 성과가 나는 일을 하는 종업원들이 단기업적 결과로 많은 성과급이 지급되는 제도하에서는 대단히 불리하게 된다. 또 지역적으로 매출을 일으키는 고객의 절대 수가 부족하여 업적이 나지 않는 지역에서 근무하는 직원들의 경우나, 천재지변으로 특정 사업부의 성과가 저조하게 나온 경우도 마찬가지로 불리한 구조이다. 이런 이유 때문에 사람들은 장기적인 대형과제나 창의적인 과제에 도전을 꺼리게 되고 당장 실적이 나오는 연구주제에만 매달리게 된다. 또 고객이 많은 지역으로 배치를 받으려고 애쓰게 된다. 따라서 이런 경우를 감안하여 단기업적과 인센티브의 연동을 느슨하게 하는 장치를 해 두어야 억울한 실패자가 나오지 않고, 사람들이 보수적으로 되지 않고 창의적 사고를 지속하게 된다. 그런 차원에서 단일평가 기준(예: 매출액, 매출신장률 등)으로 모든 지사나 점포를 평가하는 것이 아니라 지역 특성별로 유사한 단위조직을 같은 평가군에 포함시켜 다양한 평가군으로 구분짓는 것이 공정한 평가제도인 것이다.

*넷째, 과거와 미래 간의 딜레마*: 대부분의 성과급과 같은 인센티브는 과거의 성과결과로 주어지지 미래를 준비한 사람들의 노력은 별로 보상받지 못하고 있는 실정이다. 당장에 가시적인 성과가 나타나는 평가기준에는 반응을 하지만 미래고객들의 정보를 DB화하였거나 목표에는 없지만 해외 마케팅 정보를 나름대로 정리하여 공유하고 미래의 수입원천 확보를 위한 노력을 한 것에 대해서는 별로 관심들이 없다. 기존의 지식과 정보를 자기만의 관점을 이용하여 세상을 재해석하고 재구축하는 과정에서 세상을 깜짝 놀라게 하는 혁신적 결과물이 나온다면 이는 창조경영이 최종적으로 지향하는 바이다. 그런 점에서 종업원들의 과거

의 노력과 미래의 노력을 모두 인정해 주는 평가시스템이 마련되어야 할 것이다.

*이상의 네 가지 딜레마 때문에 인센티브시스템의 선택에는 절묘한 균형이 요구된다.* 즉, 네 딜레마에 대한 선택을 하는 과정에서 직원들에게 모순되는 메시지를 전달하는 경우가 사실상 대부분이다. 그러나 개개의 인센티브시스템의 선택 간에는 모순적인 메시지를 보내지만 그 모순의 총체가 종합적인 균형을 지향하도록 설계되고 운영되어야 할 것이다. 그런 점에서 [도입사례 9]에서 논의된 명남(明南: Meinan) 기계제작소의 차원급은 매우 현명한 성과평가시스템이라 하겠다. 더불어 종합적인 균형을 보다 쉽게 적용시킬 수 있게 하는 가장 직접적인 방법은 기업을 성장시켜서 분배할 수 있는 파이의 크기를 넓히는 것이다. 성장은 기업이 줄 수 있는 보상의 내용과 종류를 다양하게 하여 물질적인 인센티브뿐만 아니라 후생복지, 조직의 품격, 자랑, 명예와 권위 등 또한 보상으로 지급할 수 있게 된다. *이렇게 보상의 원천이 다양하게 되면 '모순적인 인센티브의 종합적 균형'을 보다 쉽게 가져갈 수 있게 되는 것이다. 그래서 우리가 창조경영의 구현을 통하여 기업조직을 성장시켜야 하는 이유가 여기에 있는 것이다.*

끝으로 성과기반 보상과 관련하여 추가하고자 하는 것은 성과보상의 크기보다는 범위를 중요시해야 한다는 점이다. 다시 말하면 소수의 고성과자를 대상으로 큰 규모의 보상을 지급하기보다는 일인당 보상의 규모는 작더라도 다수를 대상으로 보다 많은 사람에게 성과기반 보상을 지급하는 것이 창의적인 아이디어를 보다 많이 확보할 수 있는 기회가 창출된다는 사실이다(LG경제연구원, 2007). 이는 소수의 성공자를 크게 보상함으로써 다수의 실패자를 낳기보다는 다수의 성공자를 적게 보상하더라도 소수의 실패자를 만드는 것이 창조경영의 환경으로는 더 적합하기 때문이다.

## 단원 이해를 위한 질문

Q1 성과기반의 보상이 인건비 절감에 중요한 이유는 무엇이라 생각하는가?

Q2 [이론올레길 11-1] "줬다 뺐어라 … 성과가 높아진다" 이 기업의 성과급 지급에 주는 시사점이 무엇인가?

Q3 다음은 어느 제과회사의 연말 성과상여금을 결정하는 표이다. 이 표에서 보듯이 개인의 성과와 소속사업부 성과를 합산하여 종업원에게 성과상여금을 제공한다. 성과평가결과는 가장 우수한 순서대로 S, A, B, C, D이며 괄호 안의 수치는 기본급대비 몇 %를 받는지를 표시한 것이다. 그리고 각 셀은 개인성과와 소속사업부 성과를 동시에 감안하였을 경우에 개인이 받는 성과상여금을 나타낸다. 그런데 이 회사에서 재미있는 현상은 점선 안에 들어오는 대상자들은 어떤 직위에 있든 바로 이사로 승진할 수 있는 슬라이딩 승진대상자에 속한다고 한다. 이렇게 하는 이유는 무엇일까?

| 구 분 | | 소속조직성과 | | | | |
|---|---|---|---|---|---|---|
| | | S (120%) | A( 90%) | B (60%) | C (30%) | D (0%) |
| 개인 달성 성과 | S (80%) | 200% | 170% | 140% | 110% | 80% |
| | A (60%) | 180% | 150% | 120% | 90% | 60% |
| | B (40%) | 160% | 130% | 100% | 70% | 40% |
| | C (20%) | 140% | 110% | 80% | 50% | 20% |
| | D (0%) | 120% | 90% | 60% | 30% | 0% |

Q4 단일성과급, 표준시간급, 복률성과급, 할증성과급을 비교설명하여 보아라.

Q5 생산성 이익분배제도(Gainsharing) 가운데 스캔론 플랜, 럭커 플랜, 임프로쉐어 플랜을 비교설명해 보아라.

Q6 이윤분배제의 효과에 대하여 논하라.

Q7 스톡옵션, 스톡그랜트, 가공주식은 어떻게 다른가?

Q8 스톡옵션의 부작용으로 어떤 대리인 문제가 있을 수 있는가? 예를 들어 설명해 보라.

Q9 대리인 비용에 대하여 예를 들어 설명해 보아라.

Q10 다음의 도표는 제1장에서 소개한 한국기업의 미래조직의 적응 방향을 제시한 것이다.

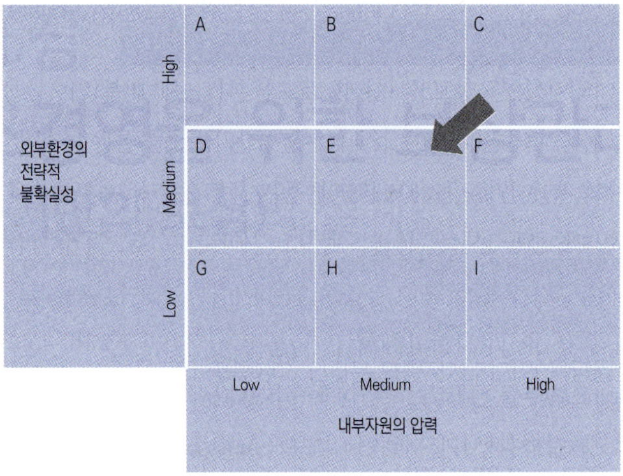


q10-1 우리 기업들이 cell C에서 cell E로 진화하는 데 있어서 어떤 보상전략을 취해야 하는가? 왜 그런가? 또 장애요인은 무엇이라고 생각하는가?

q10-2 cell G와 cell C의 보상전략은 어떻게 차이가 날 것인가?

## 참고문헌


- 글로벌 오토 뉴스. "폭스바겐 배기가스 조작사태의 끝은 어디?", 2015.9.25.
- 네이버 지식백과. 종업원 지주제도.
- 네이버 지식인. 스톡옵션, 스톡그랜트, 가공주식.
- 매일경제. "성과연동 '티구안 신화'만든 폭스바겐서 배워라", 2015.6.3.
- 전수환(2012). 에센스 인적자원관리, 세경.
- 조선일보. "사회성과연계채권(SIB: Social Impact Bond)을 통한 소외계층 아동의 학습능력 제고", 2015.2.23.
- 주간경제. "가치창조경영을 성공으로 이끄는 5가지 비결", LG경제연구원, 700호, 2007.4.5.
- 한겨레. "휴가비 받는 삼성맨들 표정 유난히 어두운데", 2014.7.8.
- 한형일 역(1991). 日本企業의 經營原理)(원저자: 伊丹敬之와 加護野忠男, 1990), 비봉출판사.
- Gomez-Mejia, L. R., Balkin, D., & Cardy, R. L.(2010). *Managing Human Resources*($6^{th}$ Ed.), Pearson.
- Hrebiniak, L. G.(1978). *Complex Organizations*, West Pub. Co.
- Noe, R. A., Hollenbeck, J. R., Gerhart, B., & Wright, P. M.(2005). *Fundamentals of Human Resource Management*, McGraw-Hill Companies.
- Shafer, P., & Fischetti, V.(2005). "Rewarding Your Pay to Double-Digit Growth", *Worldatwork Journal*($4^{th}$ Ed.), Quarter, pp.6-15.
- Snell, S. A., Youndt, M. A., & Wright, P. M.(1999). "Establishing a framework for research in strategic human resource management: Merging resource theory and organizational learning", in Ferris G. R.(Ed.), *Research in personnel and human resource management*, pp.61-90, JAI Press.
- Werner, S., Schuler, R. S., & Jackson, S. E.(2012). *Human Resource Management*($11^{th}$ Ed.), South-Western, Cengage Learn.

## 관 계

이달균

혼자 이곳까지 걸어왔다고 말하지 말라.

그대보다 먼저 걸어와 길이 된 사람들,

그들의 이름을 밟고 이곳까지 왔느니

별이 저 홀로 빛나는 게 아니다.

그 빛을 이토록 아름답게 하기 위하여

하늘이 스스로 저물어 어두워지는 것이다.

# 제 12 장
# 복리후생 및 산업안전관리

## 깨달음의 명언

- "사람은 우선이고 자동차는 차선이다." - 오영태 전(前) 교통안전공단 이사장의 슬로건 -
- "당신의 이웃집이 불타고 있으면 당신의 안전도 위태로운 것임을 알아야 한다." - 호라티우스[1] -

## 학습목표

1. 복리후생의 개념 및 전략적 중요성에 대하여 학습한다.
2. 우수한 핵심인재를 유치하기 위한 가치제안(EVP: Employee Value Proposition)의 개념과 중요성을 학습한다.
3. 선택적 복리후생제도의 개념과 내용 그리고 기존 복리후생제도와의 비교를 시도한다.
4. 산업안전과 건강관리의 중요성을 학습한다.
5. 사고가 일어나는 원인을 설명하는 이론들 즉 전통적으로는 하인리히의 도미노이론(Heinrich's Domino Theory)과 현대에 와서는 인간(Man), 장비(Machine), 정보 및 환경(Media), 조직관리(Management)의 4M이론의 내용을 학습한다.
6. 인적자원관리 관점(HRM Perspective)에서 산업안전사고에 대한 대책을 적용한다.
7. 직업병에 대한 대책의 원칙으로 SIVE 즉, 대치(Substitution), 격리(Isolation), 환기(Ventilation), 건강관리를 위한 교육(Education)의 내용을 학습한다.
8. 후생복지관리의 최신동향으로써 근로자지원 프로그램(EAP: Employee Assistance Program)을 이해한다.
9. 창조경영 구현을 위한 전략적 시사점을 익힌다.

---

1) 남부 이탈리아 베누시아에서 해방노예(解放奴隸)의 아들로 출생하였다. 로마에서 교육을 받고 아테네로 건너가 아카데미아의 학원에서 공부하였다. 카이사르 암살 후 로마의 내란이 그리스에도 파급되자 공화제(共和制) 옹호를 내세운 마르쿠스 브루투스 진영에 가담하여 필리피(Philippi) 군단사령관이 되어 싸웠으나 안토니우스 군에 패하였다. 재산을 몰수당하고 은사(恩赦)를 받아 로마로 돌아온 후 하급관리로 있으면서 시를 쓰기 시작했으며, 시인 베르길리우스 등의 소개로 문인 보호자 마에케나스를 만났다. 이때 그는 정치에 대하여 절망을 느끼고 있었으나, 악티움 해전무렵부터 차차 옥타비아누스(후의 아우구스투스 황제)의 정책에 공명해 갔다. BC 17년의 세기제(世紀祭)에는 그가 지은 합창가가 봉납(奉納)되어 사랑을 받았다. 그러나 아우구스투스로부터 비서가 되어 달라는 요청을 받았을 때는 거절한 것으로 전한다. 작품으로 「서정시집」 4권과 「서간시」 2권 등이 남아 있다(네이버 지식백과).

## 도입사례 12 세계 최고수준의 안전일터, DuPont

안전과 관련해서는 세계 최고수준의 관리를 하고 있는 DuPont. 이 기업이 어떻게 안전에 있어서 세계 최고수준의 일터가 되었는지 규명하는 것은 세월호 사건, MERS 사태 등 끊이지 않고 반복적으로 재해가 발생하고 있는 한국사회에서 주목해 볼 필요가 있다. 듀폰은 매우 체계적인 '리스크 지도'를 만들어 놓고 위기발생 시 조기경보를 울릴 수 있는 업무 프로세스와 시스템을 구현하고 있다. 즉, 회사가 영향을 받을 수 있는 리스크를 크게 사업모델(글로벌 비즈니스 전략, 아웃소싱 선정 등), 시장(신용등급 이자율 변동, 시장점유율 등), 이벤트(법규 규제, 분쟁 소송 등), 운영(시스템 중단 및 장애, 자연재해 등) 등 네 가지로 유형화하고, 수십 개에 달하는 하위 리스크들을 세부적으로 정의해 놓고 있다. 물론 체계적인 리스크 대응 매뉴얼 또한 갖고 있다. 위기상황 정의부터 위기대응팀 구성, 담당자별 행동수칙, 연락체계 등이 상세하게 짜여 있어 위기발생 시 정해진 명령체계와 명확한 가이드라인에 따라 신속하게 대처할 수 있다. 실제로 듀폰의 전 세계 모든 사업장은 다음의 사항을 준수한다.

- 모든 회의를 시작할 때에 지난 24시간 동안의 안전사항을 먼저 검토
- 사업보고 시 안전 관련 성과부터 보고(경영층의 관심사항)
- 개인의 성과측정(특히 매니저)에도 안전 경영을 반영
- 안전사고 시 24시간 내 우선보고 체계
- 안전사고 조사 시 투명하고 높은 윤리의식을 바탕으로 정확한 기록
- 전 직원에 철저한 안전교육
- 철저한 안전 점검
- 직원들의 참여 유도(사무실의 안전위원회운영)

듀폰이 오늘날 리스크 관리에 있어서 세계적으로 명성을 얻게 된 데에는 '안전'을 최우선 가치로 삼는 경영철학의 공로가 크다. 이는 당장 듀폰 사무실에만 가 봐도 쉽게 드러난다. 듀폰에선 사무실 어디에서도 문턱을 찾아볼 수 없다. 직원들이 혹시라도 문턱에 걸려 넘어지는 사고를 방지하기 위해서다. 모든 유리문에는 안전유리용 접합필름이 들어 있다. 만에 하나 태풍이 와서 유리문이 깨져도 파편이 튀지 않도록 하기 위한 배려다. 직원들을 대상으로 한 비상대피로 안내 및 안전교육은 전 세계 듀폰 사업장의 의무 사항이다. 교육내용 중엔 필통에 필기구를 꽂을 때에는 손이 찔리지 않도록 반드시 펜촉을 아래로 향해 꽂아야 한다는 등의 자잘한 사항까지 포함돼 있다. 문서로 된 정책을 현실로 실체화시킨다는 목표 아래 사소한 내용까지 정해 놓은 덕택이다. 서울 강남구 역삼동에 있는 '듀폰코리아'에 가보면 사무실 내 모든 의자의 다리가 5개다. 다리가 5개 미만인 의자는 균형이 깨져 넘어질 염려가 있다는 이유에서다. 또 사무실 문 앞에는 '위험지역' 표시가 있다. 다른 부분 바닥 카펫은 옅은 회색인데 위험지역은 짙은 회색이다. 그 안에 서 있으면 누군가 갑자기 문을 열어 변을 당할 수도 있으니 들어가지 말라는 표시다. 또 바닥이 타일로 된 화장실 입구에는 '미끄럼 주의' 표지판을 세워 놓았다. 공장이 아니라 사무실인데도 '안전, 목표는 완전 무사고(Safety, the Goal is 0)'라는 표어가 곳곳에 달려 있다. 이는 '직원의 안전'을 최우선으로 하는 듀폰의 기업이념 때문이다.

또 이 회사에 입사하면 일반 운전면허보다 훨씬 엄격한 '듀폰식(式) 운전면허'를 새로 따야 한다. 이 면허증이 없으면 업무용 차량을 몰 수 없다. 국내 기업들도 외국 기업 못지않은 안전 매뉴얼과 안전 장비를 갖추고 있다. 하지만 한국기업들이 '안전 사각(死角)지대'인 이유는 이에 상응하는 의식과 소프트웨어, 반복된 훈련이 없는 탓이다. 선진 기업들은 오너와 최고경영자들부터 '안전관리'가 기업문화로 체화(體化)돼 있다. 듀폰은 안전경영 경험을 바탕으로 99년 세계 기업에 대한 안전컨설팅 사업을 시작했다. 미국 정부기구인 에너지부, 항공우주국(NASA), 대기업인 GE · 존슨 앤드 존슨 등이 듀폰의 컨설팅을 받았다. 서울사무소는 2002년 안전컨설팅을 시작했으며, 포스코 · LG화학 · 현대산업개발 · 삼성엔지니어링 등을 자문했다.

자료원: 동아일보. "듀폰은 어떻게 세계최고의 '안전일터'가 되었나" 2014 5.8와 조선비즈. "미 듀폰 입사땐 사내운전면허 새로 따야 …" 2014.5.8, 중앙일보."18년째 사무실 무사고" 듀폰코리아 서울사무소 2005.2.17의 내용을 정리하였음.

### | 이 장을 시작하며 |

복리후생 및 산업현장의 안전문제는 기업이 제공할 수 있는 경제적 보상 가운데 간접보상으로서 최근 들어 중요한 보상의 풀(pool) 가운데 하나로 주목을 받고 있다. 특히 코로나19 사태 이후 핵심인재를 유치하려는 기업치고 이 문제에 대하여 가볍게 생각하는 기업은 더 이상 없다. 그만큼 핵심인재들은 작업현장이 안전하고 복지후생이 차별화된 기업에서 창의적인 노동력을 발휘하고자 한다. 특히 산업안전과 건강관리의 문제는 '성장'의 논리 앞에서 늘 소홀히 다루어지거나 간과되어 온 것이 사실이다. 실제로 2013년 추정 우리나라 산업재해의 경제적 손실은 19조 2,000억 원[2]에 달한다. 이 문제는 기업에 심대한 위험과 위협을 제공할 만큼 기업의 장기적 경쟁력에 영향을 미치고 있으며 더 이상 방치할 수 없는 상황에 이르렀다.

실제로 [도입사례 12]를 보면 세계의 기업들은 산업안전의 노하우에 관하여 왜 듀폰을 주목하는지 이해하게 될 것이다. 사람의 생명과 관련하여 가장 신경을 쓰고 고민하는 기업이야말로 가장 '인간 중심적인' 기업임을 알 수 있고 이러한 토대 위에 개인과 집단의 창의성도 배태될 것이다. 이하에서 복리후생의 개념 및 산업안전과 건강관리에 관한 이론과 실제의 현장을 보도록 하자.

# 1. 복리후생의 개념 및 전략적 중요성

## 1.1 복리후생의 개념정의

복리후생은 제10장 1.1에서 이미 언급한 바와 같이 경제적 보상 가운데 간접보상에 해당하며 비화폐적 보상 가운데 외재적 보상에 해당함을 알 수 있다. 즉 *복리후생이란 회사가 종업원이 제공한 노동력에 대하여 제공하는 금전적인 보상인 임금을 제외한 모든 비금전적인 보상을 의미한다.* 복리후생은 간접보상으로서 과거에는 회사고용주의 온정적인 차원에서 임금에 추가적으로 제공되는 부가급적인 색채가 짙었으나 오늘날에는 점차 보상시스템에서 차지하는 비중이 커지면서 그 중요성이 커지고 있다.

2) 이 금액은 연간 노사분규 피해액(3.6조 원)의 5.3배, 명목국내총생산(1,428.3조 원)의 1.3%, 연봉 2,000만 원 근로자 채용가능수 96만 명, 자동차 수출(대당 1만 3천 달러) 138만 대에 해당하는 금액이다(조선일보, 2014.5.14).

## 1.2 복리후생의 전략적 중요성

복리후생제도는 이미 산업혁명 시기를 전후하여 가부장적 인사관리시대에 도입되기 시작하였다. 기업주가 사원과 그 가족을 보호하는 취지에서 여러 복지 제도를 만들었는데, 그 당시 공장 근로자들은 기능수준이 낮아서 생산성도 낮았고 당연히 임금도 낮아서 가족의 생활을 꾸려 나가기 어려웠다. 그러므로 이때의 복지혜택은 기업주가 사원에게 내려주는 '온정적인 은혜' 또는 '부권적인 보호' 차원으로 해석되었다(임창희, 2014, p.352). 그러나 오늘날에 이르러 복리후생이 기업조직에 주는 전략적 의미는 과거의 온정적인 시혜를 넘어서 훨씬 기업의 전략목표 달성에 시사하는 바가 크다(학습목표 1).

첫째, 차별적인 복리후생제도를 운영함으로써 회사의 결정적 기여를 할 핵심인력을 회사로 끌어들일 수 있고, 또 이들의 사기를 높이고, 회사에 대한 몰입을 높여 이직과 결근을 감소시킨다. 특히 기업들은 우수한 핵심인재를 유치하기 위하여 그 인재에게 가치제안(EVP: Employee Value Proposition)[3]을 한다(이론올레길 12-1 참조). 이와 같은 EVP를 통하

**이론올레길 12-1** 기업의 특성에 따른 EVP전략상의 차이

매력적인 회사의 고용 브랜드 이미지를 구축하기 위해서는 회사가 종업원들에게 어떤 가치를 제공할 것인지 종업원 가치 제안(EVP: Employee Value Proposition)을 분명히 하는 것이 중요하다. EVP란 "회사가 지향하는 매력적인 직장 이미지의 핵심 요인으로서, 회사가 어떤 보상 가치 요인에 초점을 두고 인재들을 처우할 것인지에 대한 '종업원 가치 제공의 소구(訴求) 포인트'를 의미한다." 예컨대, '일을 많이 시키되, 연봉을 많이 주는 회사', '연봉은 적어도 가치 있는 일을 많이 할 수 있는 회사' 등과 같은 이미지들이 대표적이라 하겠다.

이와 같은 EVP에도 논리적이고 합리적이고 분석적인 것을 중요시하는 좌뇌적 성향(Left brain firm)의 기업(예: GE, McKinsey 등)과 인간적이고 감성적이며 배려적인 것을 중요시하는 우뇌적 성향의 기업(Right brain firm)(예: 3M, Southwest항공사, Marriot International 등)에 따라 주로 사용하는 EVP전략에 차이가 있다(LG주간경제, 2005). 대부분의 기업들은 아래 소개할 네 가지 유형의 EVP전략을 다 가지고 있겠지만 예컨데 우뇌적 성향의 기업은 가정과 일의 균형을 중요시하는 유형(Work & Life Balance-oriented Type)과 삶의 질을 중요시하는 유형(Quality of Life-oriented Type)의 비중이 높다. 반면에 좌뇌적 성향의 기업은 일 중심의 유형(Work-oriented Type)과 보상 중심의 유형(Reward-oriented Type)에 대한 비중이 높다. 각 유형별 특징은 다음의 도표에 소개되어 있다.

---

3) 종업원가치제안(EVP)은 다음의 질문에 답한 내용으로 보면 이해가 쉽다. 즉 특정 회사의 특정 직무를 맡기로 한다면 내가 그 회사에 제공하는 기술(skills)과 내 직무에 쏟아 붓는 노력에 대한 대가로 나는 무엇을 받을 수 있나?(Werner et al., *op. cit.*, 2012, p.182).

| EVP 전략유형 | |
|---|---|
| **가정, 가족 지향형** | **삶의 질 중시형** |
| • 회사 위치<br>• 유연한 업무시간<br>• 출장 최소화<br>• 유아/어린이 보호시설 제공<br>• 명확한 역할 제시 | • 출장 최소화<br>• 적정한 업무시간<br>• 회사 위치<br>• 높은 기본급<br>• 우수한 관리자<br>• 풍부한 휴가 제공 |
| **일 중심형** | **보상 중심형** |
| • 최첨단의 업무 부여<br>• 도전적 업무 부여<br>• 위험 용인 문화<br>• 높은 내부 이동성<br>• 권한 이양<br>• 세계적 수준의 관리자 | • 내부형평성<br>• 성과보너스 제공<br>• 높은 기본급<br>• 시장 상위 급여 수준<br>• 스톡옵션<br>• 우수한 관리자 |

자료원: LG주간경제. "EVP전략", 2007.12.14과 LG주간경제. "좌뇌형기업, 우뇌형기업". 2005.1.12의 내용을 통합하여 정리한 것임.

여 우수인력을 확보하고 또 이들의 근로의욕을 고취시켜 동기부여를 제고하여 생산성을 향상시키게 된다. 이는 복지후생이 조직과 종업원 간의 물리적 고용관계를 정신적 · 사회적 고용관계로 승화시키는 매개체 역할을 하는 것이다(학습목표 2).

둘째, 노사 간의 협력적인 공동체 의식을 고양하여 노사관계의 안정에도 기여할 수 있으며 노사관계가 첨예한 기업에는 노동조합의 영향력을 감소시킬 수 있는 효과도 기대할 수 있다. 따라서 종국적으로는 기업의 경쟁력과 성과를 향상시키는 데에도 복리후생이 일정 부분 중요한 역할을 하는 것은 분명한 사실이다.

셋째, 국가가 하지 못하는 사회복지시설을 보완함으로써 회사의 이미지를 개선시킨다. 국가의 재정능력이 기업근로자의 노동현장의 복지애로를 해결하는 데 한계가 있을 때 이것을 기업이 대신 맡아서 해결하여 줌으로써 중장기적으로 정부의 회사에 대한 영향력도 줄일 수 있으며 근로자들에 대한 회사의 노력을 홍보함으로써 정부나 산업계에 '사람을 중히 여기는 기업'이라는 긍정적 신호를 보낼 수 있는 것이다.

## 1.3 복리후생제도의 유형

현재 우리나라 기업에서 제공되고 있는 복리후생제도는 매우 다양하게 존재하고 있다. 일반적으로 복리후생제도를 크게 법정 복리후생제도와 법정 외 복리후생제도로 구분하는데, 전자는 근로기준법에 규정된 항목으로서 일정한 기준에 해당되는 경우 기업에서 반드시 제공하여야 할 의무가 있는 제도이다. 반면 후자는 법에서 강제하는 제도가 아니라 기업이 임의적으로 제공하는 자발적인 복리후생제도를 의미한다(송호근, 1995).

**도표 12-1** 우리나라 기업의 복리후생제도 예시[4)]

| 법정복지 | 직무관련 법정 외 복지 | | 시설관련 법정 외 복지 |
|---|---|---|---|
| • 퇴직금제도 | • 유류대 | • 주차비 | • 오락 · 휴게실 |
| • 유급휴가 | • 중식 | • 건강검진 | • 도서실 |
| • 연월차휴가 | • 생명보험 | • 통근버스 | • 체육시설 |
| • 생리휴가 | • 피복비 | • 사내서클지원 | • 운동장 |
| • 산전산후휴가 병가 | • 기념품비 | • 학자금 | • 목욕탕 |
| • 휴업보상 | • 재형저축장려금 | • 경조금 | • 샤워장 |
| • 육아시간 허용 | • 당직비 | • 전임여비 | • 탁아시설 |
| • 요양보상 | • 지급임차료 | • 휴가포상 | • 의료시설 |
| • 장애보상 | • 포상 | • 주택자금 대여 | • 휴양시설(콘도) |
| • 유족보상 | • 주택구입자금 지원 | • 전월세자금 지원 | • 식당(구내/지정) |
| • 최저임금제 | • 생활자금 대여 | • 금융공제제도 | • 소비조합 |
| • 의료보험 | • 기숙사 | • 사택(임대주택) | |
| • 산재보험 | • 자사제품할인 | • 사보험지원금 등 | |
| • 국민연금 | | | |
| • 고용보험 | | | |

자료원: 유규창과 조규성(1999) 재인용. 선택적 복리후생제도. 한국노동연구원, p.6.

법정 외 복리후생제도는 다시 직무와 관련된 제도와 시설과 관련된 제도로 나누어 볼 수 있다. [도표 12-1]에서 나열하고 있는 복리후생제도는 우리나라 기업에서 제공하고 있는 복리후생제도의 전형적인 형태를 나타낸다(참고로 [현장올레길 12-1]에 제시한 사우디 국영 석유회사가 한국엔지니어를 위해 제시하는 복리후생프로그램이 복지항목에 있어서 우리와 어떤 차이가 있는지 검토하길 바란다). 그러나 최근 한국의 실리콘 밸리라 불리는 판교의 스타

4) 유규창과 조규성(1999)은 송호근(1995)의 내용을 인용하면서 [도표 12-1]을 우리나라 대기업의 복리후생의 예시라고 하였지만 최근 우리 중견중소기업들도 적지 않은 법정 외 복지항목들을 운용하고 있기 때문에 대기업의 복지후생 항목으로만 국한하지 않았다.

### 현장올레길 12-1 사우디국영 석유회사가 한국엔지니어를 위해 제시하는 복리후생프로그램

퍼크로프트 코리아(Fircroft Korea)는 사우디국영 석유회사(사우디 아람코)의 한국 인력채용을 위한 공식 리쿠루팅 협력업체로서, 영국에 본사를 두고 1970년부터 전 세계 약 60개국에서 Branch Office를 운영하고 있는 Oil & Gas, Automotive, Power & Energy, Mining & Minerals, Engineering 분야에 특화된 업계 1위의 Technical Recruitment 전문업체이다. 2014년도에 사우디 국영 석유회사인 사우디 아람코는 이 퍼크로프트 코리아 회사를 통하여 다음의 조건으로 한국인 프로젝트 엔지니어를 채용하겠다고 모집공고를 내었다.

1. 구인회사 명: 사우디 아람코(Saudi National Oil Company)
2. 모집요강: Civil/Mechanical/Electrical/Chemical/Control System/Telecommunication Engineering/Piping Engineering/Process Engineering 각 부문에서 에너지 플랜트 관련 업계 7년 이상 경력자 Project Engineer: 00 명
3. 근무지: 사우디아라비아 내 본사 또는 지사
4. 근무조건

| 계약형태 | 사우디 아람코 직속 정규직 / 정년 60세 |
|---|---|
| 근무시간 | Sunday-Thursday, 7AM-4PM (포지션에 따라 다름) |
| 기본연봉(BaseSalary) | Group G(한국), 1억 4천만 원~2억 원 |
| 외지근무보너스<br>(Standard Overbase) | 외국인 엔지니어에게만 지급되는 보너스로 연봉의 40% |
| 월보험 및 저축지원금<br>(Monthly Benefits Supplement) | 현금으로 지원되는 개인보험, 저축 등의 지원금으로 평균 연봉의 약 18% |
| 퇴직금지원금<br>(Deferred Benefits Supplement) | 직원의 기본급에서 8%의 contribution fee를 징수하여 퇴직 시 받게 되는 일종의 퇴직금개념의 복리후생<br>• 3년 이하는 1×근속연수×최종월급<br>• 3~6년 이하는 2×근속연수×최종월급<br>• 6~12년 이하는 3×근속연수×최종월급<br>• 12~20년 이하는 3×근속연수×최종월급+0.5×(근속연수-12)×근속연수 |
| 인센티브 플랜 | (11~14년 경력의 한국인 엔지니어의 경우)<br>월급×1.6×개인성과등급(0~125%)×회사성과등급 |
| 자녀학자금 지원 | 세계최고시설과 교육시스템을 자랑하는 캠프 내 인터내셔널 학교에서의 9년 과정 전액 지원, 세계 어느 나라에 관계 없이 5명의 자녀의 미국 또는 영국 유학비 90% 지원 |
| 여행지원금 및차량유지비 | 여행: 매년 한화 2천 2백만 원 지원<br>차량 혹은 리스비 지원: 월급×0.5(차 한대당 최고 $5,000, 최대 두 대) |
| 휴일 | 30~52일까지, 가족 등급에 따라 차등지급, 국경일의 경우에도 paid leave로 제공 |
| 숙소(호텔수준의 숙소) | Family house: 1,500~2,000 Ft 2층 주택 제공, 모든 가구, utility 사용<br>Town house: 415~700 Ft, 모든 가구, utility 사용 |
| 캠프시설 | 병원, 승마, 골프, 요가교실, 볼링, 수영장, 헬스장, 독서실 사용 무료 |

자료원: http://cafe.naver.com/kisa/90820.

**현장올레길 12-2 '판교식' 깨알 복지모델**

168만 시간. 판교 테크노밸리에서 일하는 7만 여 명 인재들의 하루 시간을 모은 산술적 총합이다. 이 곳에 있는 1,200여 개 기업은 매일 축적되는 직원들의 168만 시간을 세상을 깜짝 놀라게 할 새로운 기술과 제품으로 바꾸기 위해 고군분투하고 있다. 직원 수가 제한적일 수밖에 없는 스타트업이 많아 직원 한 명 한 명이 가진 시간자산의 상대적 가치는 남다를 수밖에 없다. 수천 명, 수만 명 인력을 동원할 수 있는 기존 대기업과는 직원의 시간을 다루는 DNA 자체가 다르다는 얘기다.

그래서 한국의 실리콘밸리, 판교에선 "직원의 시간을 회사가 아껴준다"는 말이 나온다. 업무 외 분야에서 회사가 직원들 시간의 누수를 최대한 줄여 업무 집중도와 효율을 높이는 방식이 표준으로 자리잡고 있기 때문이다. 회사도 좋고 직원도 좋은 이른바 '판교식 직원복지 모델'은 그렇게 탄생했다.

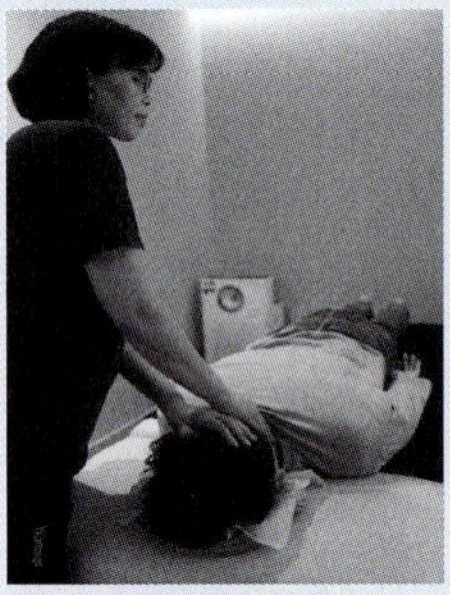

(a) 펄어비스는 사내에서 전문 안마사의 안마를 30분간씩 받으며 피로를 풀 수 있다.

(b) 카카오게임즈는 사내 카페테리아에서 벨기에 맥주인 스텔라 아르투아를 마음껏 마실 수 있다.

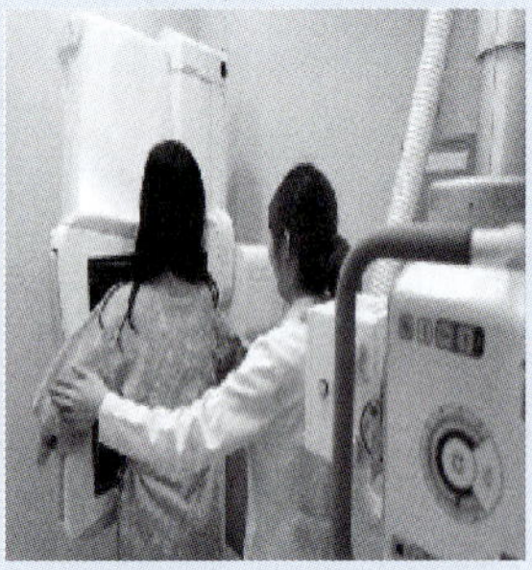

(c) 엔씨소프트는 사내에 전문의사와 간호사가 배치된 자체 메디컬 센터를 운영하고 있다.

(d) 마이다스 아이티에서는 매일 5성급 호텔 뷔페를 아침 1,000원 점심 4,000원 저녁 무료로 식사할 수 있다(마이다스 아이티 제공).

자료원: 중앙일보, 2019.1.14.

트업 기업을 중심으로 복리후생에 새로운 바람이 불고 있다. 공장 굴뚝 하나 없는 이곳에 1,200여 개 기업, 7만여 명의 인재들이 한국판 구글 · 페이스북을 꿈꾸며 일한다. 한국 제조업은 휘청거리지만, 판교 기업들은 기술과 아이디어로 미래를 바꾸려 한다. 이들 기업들은 우수한 인재들을 선발하고 유지하기 위하여 '판교식 복지모델'을 정착시키고 있다(현장올레길 12-2).

한편 우리나라 기업의 복리후생제도의 경우 지난 수년간 짧은 기간 동안에 매우 빠른 속도로 비용상승이 이루어진 반면, 비용대비 효과는 오히려 미미한 것으로 나타나고 있다. 특히 노동조합이 있는 제조업의 경우에는 복리후생비용의 지출과 기업의 이윤이 부정적인 관계(부의 관계)를 보여주고 있다(송호근, 1995). 물론 복리후생제도의 효율성이 기업의 이윤과의 관계만으로는 표시될 수는 없다 하더라도 우리나라 기업의 복리후생제도의 개선이 필요한 시기가 된 것이다. 이러한 측면에서 다음에서 소개될 선택적 복리후생제도는 향후 우리나라 기업의 복리후생제도 개선방안의 하나로서 중요한 역할을 할 것으로 보여진다(유규창과 조규성, 1999, p.5).

## 1.4 복리후생제도의 새 조류: 선택적 복리후생제도[5)]

### 1) 선택적 복리후생제도의 개념

*선택적 복리후생제도(flexible benefits plan)는 종업원으로 하여금 복리후생제도를 각자의 필요에 따라 자유롭게 선택할 수 있도록 한 제도이다.* 식당에서 자기가 좋아하는 음식을 골라 먹듯이 기업이 제공하는 복지항목 중 필요항목을 선택할 수 있어 일명 카페테리아 플랜(cafeteria plan)이라 불리기도 한다. [도표 12-2]에서 보듯이 전통적인 복리후생제도가 종업원들 각자가 그것을 이용하든지 이용하지 않든 관계없이 모든 종업원에게 획일적으로 똑같은 복리후생제도를 제공하는 것이라면, 선택적 복리후생제도는 종업원이 자신의 생활패턴을 고려하여 자신의 복리후생을 설계하고, 이를 토대로 다양한 복리후생제도의 종류 가운데 종업원이 원하는 복리후생항목을 스스로 선택할 수 있도록 하는 제도이다.

5) 선택적 복리후생프로그램(flexible benefit plans)은 1963년 미국 캘리포니아 대학 심리학자였던 Stanley M. Nealey 가 GE사를 대상으로 실시한 연구에서 처음 창안하였다(유규창과 조규성, 1999 재인용, p.7).

**도표 12-2** 기존 복리후생제도와 선택적 복리후생제도 비교

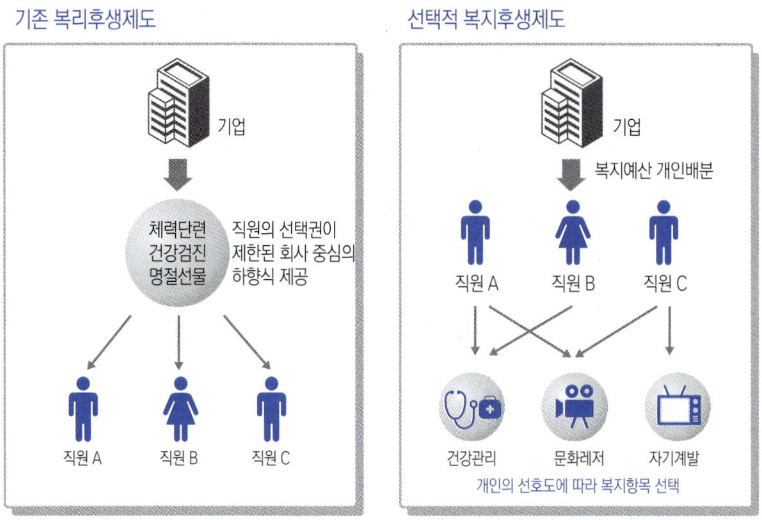


자료원: 아시아경제, 2010.3.7.

## 2) 선택적 복리후생제도의 장단점

어떤 제도도 마찬가지이겠지만 이러한 선택적 복지후생제도는 종업원 측이나 기업 측에 제공하는 장점과 단점이 공존한다(Milkovich & Newman, 2008; 유규창과 조규성, 1999). 장단점이 공존한다는 사실은 어떤 인적자원관리의 제도라도 일방적으로 일률적으로 적용될 수 없으며 기업 혹은 해당 산업의 여건이나 특징, 그리고 종업원의 특성 등에 따라 장점을 극대화하고 단점을 극소화하는 입장에서 제도적용이 되어야 함을 의미한다. 이하에서는 선택적 복리후생제도의 장단점을 정리하였다(도표 12-3 참조).

**도표 12-3** 선택적 복리후생제도의 장단점

| | 종업원 측 | 기업 측 |
|---|---|---|
| 장점 | ① 복리후생에 대한 종업원의 만족도 제고<br>② 복리후생에 대한 다양한 욕구를 시의적절히 반영<br>③ 가족참여를 통한 자율과 책임 역량 강화 | ① 적은 비용으로 복리후생의 선택의 폭 넓힘<br>② 노동비용의 증가 억제 및 안정적인 통제<br>③ 노사 간 협력증진 |
| 단점 | ① 필요한 복지를 선택 못할 수 있음<br>② 제도설계에 많은 비용과 시간소요 | ① 관리운영상의 비용과 인사부서의 업무부담 (HRIS 도입의 전제)<br>② 예상비용보다 실제 비용이 더 들 수 있음 |

자료원: Milkovich & Newman, 2008과 유규창과 조규성(1999)의 내용을 바탕으로 작성.

### (1) 선택적 복리후생제도의 장점

우선 종업원 측면에서 다음과 같은 장점이 있다. 첫째, 종업원들이 자신의 필요와 욕구에 가장 잘 맞는 복리후생제도를 선택할 수 있기 때문에 종업원의 복리후생에 대한 만족도를 높일 수 있다. 둘째, 종업원의 특성과 구성이 다양하게 변화함에 따라 발생하는 복리후생에 대한 다양한 욕구를 시의적절하게 반영할 수 있다. 셋째, 종업원과 그들의 가족이 복리후생제도의 설계에 참여함으로써 복리후생에 대한 이해를 높일 수 있을 뿐만 아니라 복리후생 설계능력을 배양시킴으로써 종업원들의 자율과 책임역량을 강화할 수 있다.

한편, 기업 측면에서도 매우 의미있는 장점이 있다. 첫째, 추가적인 많은 비용 없이도 새로운 복리후생제도를 쉽게 도입함으로써 종업원에게 복리후생의 선택 폭을 넓혀줄 수 있다. 둘째, 종업원의 필요는 충족하면서도 총복지비용의 수준을 제한함으로써 노동비용의 증가를 억제할 수 있고, 복리후생비용의 사전예측이 어느 정도 가능하기 때문에 노동비용의 안정적인 통제가 가능하다. 셋째, 노동조합 혹은 근로자대표를 선택적 복리후생제도의 계획에서부터 실행 및 사후 평가과정에 참여하게 함으로써 노사 간의 협력을 증진시킬 수 있다.

### (2) 선택적 복리후생제도의 단점

종업원 측면에서는 첫째, 전문가가 아닌 종업원들 스스로에게 복리후생제도 선택에 대한 판단을 맡김으로써 종업원이 정작 필요한 복지를 선택하지 못할 수도 있다. 둘째, 선택적 복리후생제도의 설계는 많은 비용과 시간이 든다는 점이다. 한편, 기업 측면에서는 첫째, 관리 운영상의 비용과 인사부서의 업무 부담이 증가할 수 있다. 따라서 선택적 복리후생제도의 도입에는 반드시 인적자원정보 시스템(HRIS: Human Resource Information System)의 도입이 전제가 되어야 관리비용을 현격히 줄일 수 있다. 둘째, 종업원들 스스로가 실제로 사용할 복지항목만을 선택하기 때문에 실제로 활용하는 복리후생항목은 전통적인 체제하에서 보다 늘어날 수 있으며, 이로 인해 복리후생의 실제 비용은 설계단계에서의 예상비용보다 증가할 수도 있다.

## 3) 선택적 복지제도의 유형

선택적 복리후생의 유형은 크게 세 가지 유형으로 나뉘게 되는데 선택항목추가형(Core Plus Option), 패키지형(Benefit Package Plan), 소비계정형(Flexible spending account)이 그

**도표 12-4** 선택적 복리후생제도의 유형

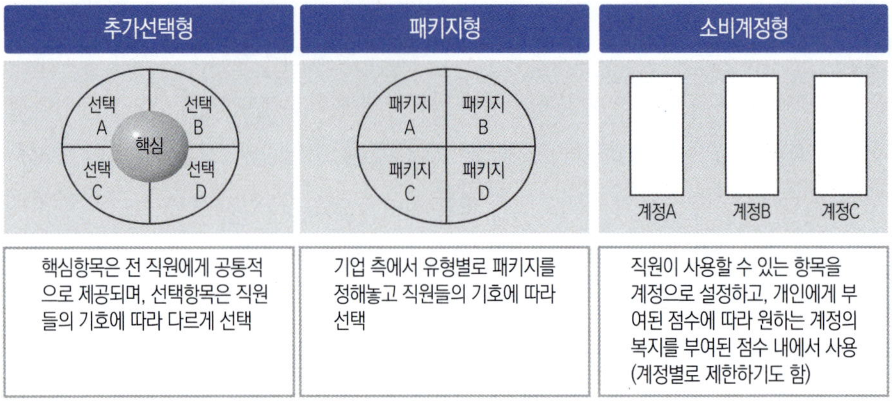


자료원: 정종태(2013). *op. cit.*, p.196.

것이다.[6] 각각의 유형을 쉽게 하기 위하여 [도표 12-4]에서와 같이 정리하였다(**학습목표** 3).

### (1) 선택항목추가형(Core Plus Option)

선택항목추가형은 가장 많은 기업들이 도입하고 있는 유형으로서 핵심항목(core항목)의 경우 전 직원들에게 공통적으로 제공되며, 선택항목은 개인에게 부여된 일정점수(credit) 한도 내에서 직원들의 기호에 따라 자유롭게 별도항목(option)을 선택할 수 있는 제도를 의미한다. 이 유형은 흔히 복지포인트 차감방식이라고도 하는데, 근무연수 · 직급 · 부양가족 수 등에 따라 일정금액을 포인트로 환산해 직원들에게 1년 단위로 배정한다. 직원들은 의료 · 건강 · 문화 · 레저 · 자기계발 · 가족친화 등의 정해진 선택항목 내에서 별도의 복지전용카드를 이용하거나 일반 신용카드로 결제한 후에 전표를 제출하고 정산해 사용금액을 환불받는다.

선택항목추가형은 핵심항목과 같은 기본적인 복리제공에 따른 안정감과 직원의 선택권을 보장하고 상대적으로 복리설계가 단순하다는 장점을 지닌다. 그러나 항목선택 시 특정 항목에 편중되고 운영 관리상의 복잡성이 해결되어야 하는 한계점도 있다. 따라서 특정 복리항목에 치우치지 않도록 제도도입 전에 충분한 준비기간과 교육을 실시하여 종업원의 선택능력을 제고해야 한다. 더불어 제도의 효율적인 운영을 위해서는 인적자원정보 시스템

6) 선택적 복리후생제도의 유형은 정종태(2013). *op.cit.*, pp.195-197과 유규창과 조규성(1999). *op.cit.*, pp. 14-17의 내용을 참조하였다.

**현장올레길 12-3** 한국가스공사(KOGAS)의 선택적 복리후생제도(선택항목추가형)

| 구분 | 부여기준 | 부여포인트 |
|---|---|---|
| 기본 포인트 | 전 직원 공통 | 1,200포인트 |
| 근속 포인트 | 근속 1년당 | 35포인트 |
| 직급 포인트 | 일반직원(최저~최고)<br>기능직원(최저~최고)<br>청원경찰(최저~최고) | 130~880포인트<br>130~400포인트<br>130~550포인트 |
| 가족 포인트 | 배우자<br>자녀 | 100포인트<br>50포인트 |

한국가스공사(KOGAS)의 경우 복지 항목 및 비용의 지속적 증가에도 불구하고 노조와 직원들이 이에 대해 잘 실감하지 못하고 복지혜택 확대를 계속 요구하는 상황에서 1999년 1월부터 선택적 복지제도를 도입하여 현재까지 이 제도를 유지하고 있다. 그 결과 선택적 복지에 대한 직원들의 만족도가 높고, 생산능률도 올랐다. 제도 유형은 선택항목추가형으로 의료보상, 재해보장, 건강진단 등을 기본항목으로 놓고, 추가 선택항목으로 건강관리 및 의료, 생활복지, 자기계발, 문화생활 등의 네 가지 분야와 하위 항목으로 이뤄졌다.

매년 1월 1일부터 12월 31일까지 1년 단위로 운영되며 상임이사를 제외한 전 직원에게 1포인트당 1,000원에 상당하는 복지포인트를 제공했다. 기본포인트 1,200점은 전 직원에게 공통적으로 부여하고, 추가로 근속 1년당 차등 지급되는 근속포인트, 직급에 따라 차등 부여되는 직급포인트, 부양가족에 따라 부여되는 가족포인트를 나눠줬다. 중도 입사자에 대한 포인트 부여기준은 분기를 기준으로 분할하여 적용했고, 휴·퇴직자는 사유 발생일로부터 지급을 중지했다. 포인트는 1년이 지나면 소멸되는 게 원칙이지만, 자율항목은 1년에 한해 이월 가능하도록 했다.

자료원: 아시아경제, 2010.3.7.

(HRIS: Human Resource Information System)의 구축은 필수적이라 하겠다.

### (2) 패키지형(Benefit Package Plan)

패키지형은 기업체에서 제공하는 다양한 복리항목을 하나의 묶음형태로 패키지화 또는 모듈화하고, 그중에서 하나를 선택하는 형식이다. 일반적으로 패키지 간에 복리후생제도의 종류에 차이는 없고 각각 수준만이 서로 다르게 구성된다. 복리후생 총비용의 합계는 패키지 간에 차이가 없다. 이 유형은 종업원의 복리후생 욕구를 사전에 분류하여 제공하고 있기 때문에 직원의 선택이 용이하고 특정항목 편중현상을 방지할 수 있고 관리하기가 용이한 장점이 있다. 그러나 복리후생항목이 경직될 우려가 있고 패키지 설계의 어려움 등이 단점으로 지적된다. 이 유형은 종업원들이 선택적 복리후생제도에 대한 이해도가 낮고 자신에게 적합한 복리제도를 설계할 능력이 떨어지는 초기에 도입하는 것이 바람직하다. 또 종업원 특성별 그룹이 명확하게 나뉠 경우 유용하게 사용할 수 있는 유형이다.

### (3) 소비계정형(Flexible spending account)

소비계정형은 복지항목(account)을 크게 분류해 그 항목을 계정으로 하면 임직원이 자신에게 할당된 한도 내에서 필요로 하는 계정에 점수를 나누어 사용할 수 있다. 임직원이 미리 각 계정별 지원대상으로 결정된 다양한 상품이나 서비스를 구매 혹은 이용할 때, 필요한 비용청구 절차를 밟으면 회사 측은 계정별 할당점수 범위에서 그 비용처리를 해준다. 소비계정형의 가장 큰 특징은 추가선택형이나 패키지형처럼 각 항목별로 미리 설정된 가격에 따라 사용 여부를 선택하는 것이 아니라 임직원이 필요로 하는 복지항목을 직접 구매함으로써 복지후생의 수준을 직접 결정할 수 있다는 점이다. 소비계정형은 복지항목뿐만 아

#### 현장올레길 12-4 어느 중소기업의 선택형 복리후생제도(소비계정형)

어느 중소기업은 사용가능한 복지항목(account)을 만들고, 직원 개인별로 포인트를 부여하여 부여된 포인트 범위 내에서 복리후생항목들을 사용하게 한다. 부여된 포인트로 사용할 수 있는 복지는 건강, 자기계발, 문화 및 레저로 구분하고, 각 계정안에서 다양한 항목들을 도입하여 운영하고 있다(표 A 참조). 직원들은 입사연도, 직책, 평가등급 등에 따라 포인트를 부여받는다. 예를 들어 입사 7년 차인 팀장은 근속포인트 1,750포인트(근속 1년에 250포인트), 직책포인트 1,000포인트, 평가A등급에 따른 평가포인트 100포인트를 합하여 2,850포인트를 받는다. 따라서 이 팀장은 금액으로 2,850,000원의 복지비용을 활용할 수 있다(1포인트는 1,000원).

| 건강 | 자기계발 | 문화 및 레저 |
|---|---|---|
| • 건강검진<br>• 치과<br>• 안경<br>• 헬스<br>• 요가 등 | • 온/오프라인 강의<br>• 도서구매 등 | • 국내외 여행비<br>• 놀이공원<br>• 공연문화 등 |

(A) 복리계정 및 항목

| 기본 | 기본포인트 750포인트 (1포인트당 1,000원) |
|---|---|
| 차등 | • 근속 1년: 250 포인트<br>• 직책: 1,000 포인트<br>• 평가: 0~200 포인트<br>• 제안: 50~200 포인트 |

(B) 복지포인트 지급기준

자료원: 정종태(2013). *op. cit.*, pp.196-197.

니라 그 수준까지 임직원들이 일일이 선택하게 함으로써 항목별 혜택수준을 개인의 니즈에 따라 세밀하게 차별화할 수 있다는 장점이 있다. 기업 입장에서는 복지항목 하나하나의 가격을 제시해 주지 않고 단지 비용처리 가능한 상품이나 서비스를 나열해 주기만 하면 되기 때문에 설계가 단순한 반면 반대로 개인은 의사결정이 필요하기 때문에 많은 스트레스를 받기도 한다.

### 4) 선택적 복리후생제도의 새로운 모델: 사내근로복지기금을 통한 위탁 운영

앞에서 선택적 복리후생제도의 세 유형에 대하여 살펴 보았다. *세 유형의 공통점은 복리*

**도표 12-5** 복지시스템 위탁 운영 프로세스

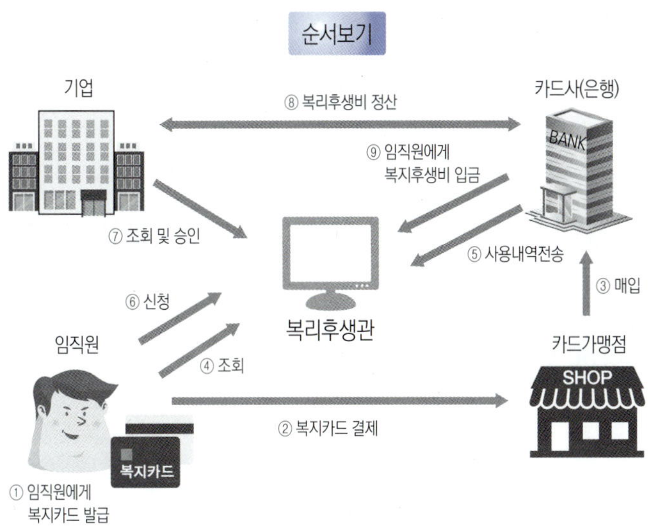


① 기업에서 복지카드사 선정, 카드사는 임직원에게 기업코드로 등록된 복지카드 발급
② 임직원은 신용카드 가맹점에서 자유롭게 복지카드 사용
③ 카드사(은행)는 카드 가맹점으로부터 매입데이터 전송 받음
④ 임직원은 온라인(복리후생관)시스템에서 조회기간을 설정한 후 복지카드 사용내역을 조회신청
⑤ 카드사(은행)에서 복리후생관 시스템으로 복지카드 사용내역 전송
⑥ 임직원은 사용내역을 조회하여 복리후생비 결제 신청
⑦ 운영부서는 임직원이 신청한 결제 내역 승인
⑧ 기업과 카드사(은행)간 복지카드 비용 정산
⑨ 카드사(은행)는 임직원에게 복리후생비 신청 금액을 입금

자료원: 아시아경제, 2010.3.7.

*후생항목의 선택에 있어서 획일적 · 일률적 복리후생 제공보다는 종업원 개인이나 가족의 라이프스타일을 반영한 '맞춤형' 제도로 정착되어 가고 있다는 점이다.* 이러한 추세변화는 관리비용의 증가를 요구하여 기업에게 적지 않은 부담이 되고 있는 것도 현실이다.

최근 노사가 모두 동의하고 복리후생 관련 관리비용을 줄일 수 있는 대안으로서 선택적 복지제도의 재원을 회사의 소멸성 일반경비에 해당하는 복리후생예산이 아니라 사내근로복지기금으로 하고, 운영주체도 전문업체에 위탁 운영하자는 의견이 급물살을 타고 있다(아시아경제, 2010.3.7). 기업이 기금에 출연한 금액은 손비로 처리돼 법인세 면제 및 수혜근로자에게는 증여세가 면제되는 등 세제혜택이 주어진다. 제도운영은 사내에 운영부서를 두고 수기로 정산하는 방식과 전문업체에 위탁운영하는 방식이 있지만, 첫 번째 방식은 선택복지항목 인정 시 직원들 사이의 마찰이 발생할 수 있고 실무부서의 잡무가 증가하기 때문에 외부전문업체에 위탁하는 두 번째 방식이 선호된다. 운영방식은 다소 복잡하나 대개 아래의 순서를 따른다(도표 12-5 참조).

## 2. 산업안전과 건강관리의 의의와 전략적 중요성

### 2.1 산업안전과 건강관리의 의의

종업원을 위한 기업의 복리후생에 관한 고민에 앞서서 우선적인 고민은 "어떻게 하면 종업원들을 안전한 일터에서 건강하게 일하게 할 것인가" 즉 산업안전과 건강관리(workplace safety and health)의 문제를 고민하는 것이다. 특히 고도 경제성장을 경험한 우리 기업들의 경우 기업의 성장에만 집착한 나머진 성장을 이끈 주역들의 산업현장에서의 안전과 건강의 문제는 언제나 후순위였고 뒷전이었다. 그러나 1인당 국민소득(GDP) 3만 달러를 목전에 두고 있는 이 시점에서 더 성숙한 선진국의 대열에 참여하기 위해서라도 이제 직장의 안전과 종업원들의 건강관리의 문제는 더 이상 양보할 수 없는 기업혁신의 새로운 가치라고 하겠다.

일반적으로 *직장에서의 안전관리는 '생산성의 향상과 손실의 최소화를 위하여 행하는 것으로 비능률적 요소인 사고가 발생하지 않는 상태를 유지하기 위한 활동, 즉, 재해로부터 인간의 생명과 재산을 보호하기 위한 계획적이고 체계적인 제반 활동'*을 말한다.[7)]

7) 재난 및 안전관리 기본법 제3조(정의) 제4항에서 안전관리란 "시설 및 물질 등으로부터 사람의 생명 · 신체 및 재산의 안전을 확보하기 위하여 하는 모든 활동"이라고 정의하고 있다

## 2.2 산업안전과 건강관리의 전략적 중요성

산업안전과 건강관리의 문제는 '성장'의 논리 앞에서 늘 소홀히 다루어지거나 간과되어 온 것이 사실이다. 그러나 이 문제는 기업의 장기적 경쟁력에 영향을 미치는 중요한 요인이 될 정도로 그 중요성이 커졌다. 실제로 미국의 노동자들을 대상으로 한 조사에 따르면 80% 이상의 노동자들이 직장안전문제가 최저임금보장이나 산후조리휴가나 병가보다도 더 중요한다고 응답하고 있다(EHS Today, 2010). 왜 산업안전과 종업원건강의 문제가 중요한가? 사람의 생명과 건강만큼 중요한 것은 없다는 본원적인 이유 외에도 이 문제를 적극적으로 대처하지 않으면 기업이 부담해야 할 비용이 막대하기 때문이다. 막대한 비용뿐만 아니라 나아가서 기업의 장기적 경쟁력과 보다 심할 경우 생존에도 영향을 미칠 수 있기 때문이다 (Dessler, 2014, p.403)(학습목표 4).

비용문제를 좀 더 들여다 보면 흔히 산업재해나 직업성 질병과 관련한 비용은 눈에 보이는 직접비용과 눈에 보이지 않는 간접비용으로 구분된다. [도표 12-6]에 따르면 산업재해

**도표 12-6** 산업재해예상비용

| | | |
|---|---|---|
| 직접비용 | 산재보험보상 | • 장례비<br>• 유족보상비<br>• 휴업보상비<br>• 요양치료비 |
| | 회사보상 | • 요양비<br>• 의료보험비<br>• 합의비용 |
| 간접비용 | 인건비 | • 종업원 결근에 따른 손실시간<br>• 타인 영향손실시간 |
| | 물적 손실 | • 건물 및 기계손실<br>• 원재료 및 제품손실<br>• 소모품 손실 |
| | 생산손실 | • 생산저하 및 작업중단<br>• 작업시간 연장 |
| | 기타비용 | • 간병, 방문, 교통비<br>• 경영자 결손시간<br>• 기업 대외 이미지 실추<br>• 종업원 사기저하 등 |

자료원: 임창희(2014). *op. cit.*, p.371와 박영배(2012). *op. cit.*, p.343의 내용을 정리하였음.

**현장올레길 12-5** 코로나19에 대한 각국의 대응

(a)

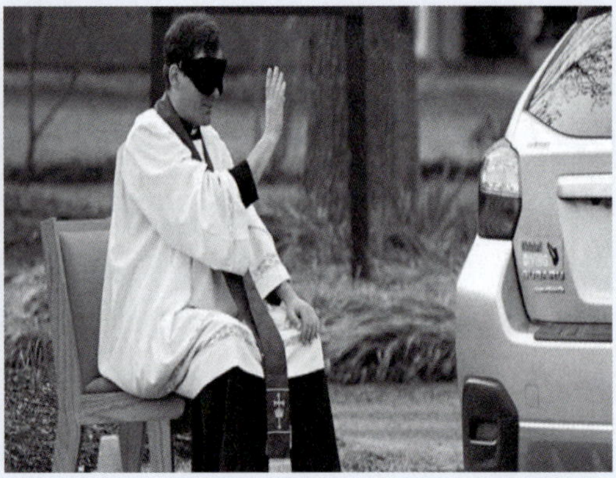

(b)

(c)

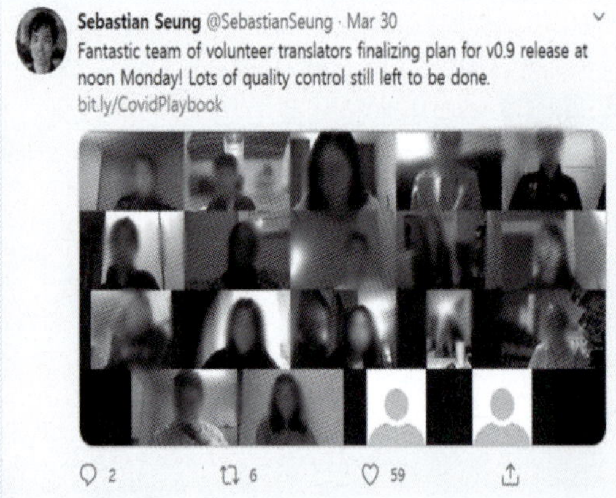


(d)

(a) (사진설명) 람브로기니 마스크: 코로나19가 급속도로 확산되고 있는 이탈리아에서 슈퍼카 브랜드 람브로기니가 자국 공장생산라인에서 자동차 대신 의료용 마스크와 보호장구를 만든다(출처: 중앙일보, 2020.4.3.).

(b) (사진설명) 미국 매릴랜드 주의 성당 주차장에 마련된 야외 고해실에서 한 운전자가 '드라이브 스루 고해성사'를 하고 있다(출처: 중앙일보, 2020.3.27.).

(c) (사진설명) 경각심을 주기 위해 코로나19 헬맷 쓰고 행진한 인도 경찰들(출처: 연합뉴스, 2020.4.3.).

(d) (사진설명) 번역이 생명을 살릴 수 있다(Translation can save lives): 미국의 한국계 뇌과학자 세바스찬 승(Sebastian Seung · 한국명 승현준) 프린스턴대 교수는 지난달 28일 자신의 트위터에 "다음 주 월요일까지 한국의 코로나 행동지침을 번역해 생명을 살리자"는 글을 올리자 88명의 자원봉사자들이 75페이지의 번역본을 3일만에 완성했다. 번역본이 올라와 있는 홈페이지((https://covidtranslate.org)도 개설했다(출처: 중앙일보, 2020.4.1.).

관련 예상되는 직 · 간접비용을 정리한 표이다. 이들 두 종류의 비용은 모두 기업에서 발생하는 안전사고와 직업성 질병과 관련된 비용들이다. 이렇듯 직장안전에 문제가 발생하게 되면 기업이 치러야 할 비용은 적지 않으며 사건에 따라서는 실로 천문학적인 액수에도 이를 수 있다. 예를 들어 땅콩회항 사건으로 촉발된 국내 모항공사의 피해만 보더라도 검찰수사가 시작된 2014년 12월 12일부터 12월 18일까지 6일 동안 시가총액 2,500억여 원이 증발하였고, 약 한 달간 해당노선 운항정지에 따른 손실 370억 원, 또 뉴욕퀸즈 한인회와 뉴욕한인학부모협회 그리고 국내의 금융소비자원 등 시민단체의 이 항공사에 대한 불매 운동, 30여 개 신문사 1면에 사과문 게제에 따른 수십 억대의 광고료, 그리고 피해당사자인 사무장과 여승무원 각각이 뉴욕지방법원에 수백 억원대의 손해배상청구소송 등 계산할 수도 없는 해당 항공사의 유 · 무형의 이미지 손실이 발생하였다(Business Post, 2014. 12.18). 이 정도 수준이면 고객과 일반 국민으로부터 기업 이미지를 회복하는 것은 물론 종전의 현금흐름을 유지하는 것조차도 많은 시간과 뼈를 깎는 각고의 노력이 필요한 상황이다.

또 2015년 상반기 한국사회를 강타하였던 중동호흡기증후군(MERS: Middle East Respiratory Syndrome)이나 2019년 말에 중국 후베이(湖北)성 우한(武漢)에서 발생한 신종코로나바이러스 감염증(코로나19)[8]이 끼친 손실 규모는 계산이 불가능할 정도로 심각한 손실을 우리 사회에 입혔다. 두 전염병 모두 초동방역체계만 철저히 하고 정보공개만 제대로 하였더라도 이러한 재앙 수준의 결과는 오지 않았을 것이다. 따라서 산업안전과 직원들의 건강을 위해 사전에 예방을 철저히 하는 것은 그 어떤 경영혁신보다도 우선되어야 할 미래투자인 것이다(현장올레길 12-4 참조)

우리는 로마인들과 [도입사례 12]에서 보았듯이 안전에 관한 세계 최고수준을 자랑하는 DuPont사로부터 배워야 한다. 로마인들은 새로 다리가 완공돼 다리를 받치기 위해 임시로 설치한 나무 지지대를 제거할 때면 해당 다리를 설계한 기술자들을 다리 아래 서 있도록 했다. 만일 다리가 무너지면 다리를 설계한 기술자는 죽는다고 한다. 이런 조치를 취한 이유는 다리를 설계한 사람이 책임감을 가지고 다리를 만들게 하기 위해서다. 당시 완성된 다리들은 2000년이 지난 지금까지도 끄떡 없이 유지되고 있다.

---

8) 코로나19는 2019년 12월 31일 중국 후베이성 우한에서 원인불명 폐렴환자 27명이 세계보건기구에 보고되면서 세상에 처음 알려졌다. 초기에는 중국 전역, 아시아지역에서 확산되다 3월 들어 이탈리아를 중심으로 유럽 전역으로 퍼져나갔다. 3월 하순부터 미국 전역으로 확산되어 3월 29일 기준 미국(14만 1854명),이탈리아(9만 7689명), 중국(8만 1439명), 스페인(8만 110명), 독일(6만 2095명), 프랑스(4만 174명), 이란(3만 8309명), 영국(1만 9522명), 스위스(1만 4829명), 네덜란드(1만 866명)의 확진자를 보이고 있다. 한국은 우수한 방역체계와 의료진의 헌신, 국민들의 자발적인 '사회적 거리두기' 운동에 참여함으로써 초반 중국에 이어 최다감염국에서 10위권 밖으로 밀려났다(문화일보, 2020.3.30.)

## 2.3 무엇이 사고를 일으키나: 재해(사고)발생이론

### 1) 하인리히의 도미노이론(Heinrich's Domino Theory): 전통적 접근

산업재해 발생원리의 최초이론으로 1930년대 초 미국의 한 보험회사 관리자인 하인리히(H. W. Heinrich)의 저서 「산업재해방지론」(Industrial Accident Prevention)에서 이른바 '사고발생의 연쇄성'을 강조한 이론이다. [도표 12-7]에서 보는 바와 같이 그의 도미노 모델에 따르면 "① 상해나 사망과 같은 산업재해는 사고에 의해서 생기고, ② 사고는 인간의 불안전한 행동 또는 불안전한 상태에 의해서 일어나게 되고, ③ 인간의 불안전한 행동이나 상태는 인간의 잘못과 같은 개인적 결함에 의해서 발생하며, ④ 개인적 결함은 유전과 같은 가계적 성질이나 사회적 환경과 같은 개인적 결함에 의해서 생긴다"라는 것이다. 이렇듯 일련의 인과관계를 가진 5가지 재해요인이 연쇄적으로 작동하여 재해가 생긴다는 것이다(학습목표 5).

**도표 12-7** 하인리히의 도미노이론

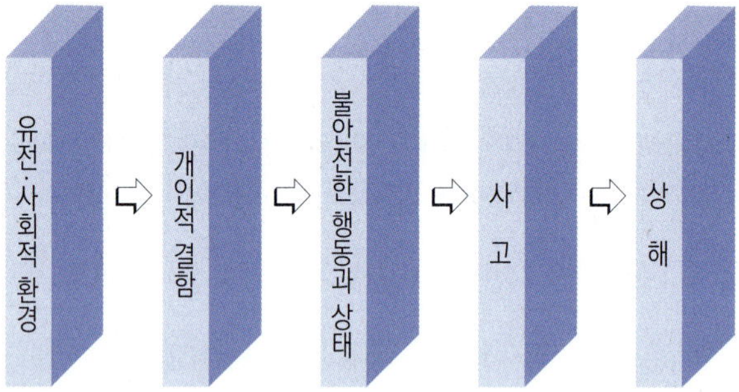


또 하인리히는 [도표 12-8]에서 보듯이 사고발생 구성비율이 1 : 29 : 300 법칙에 따라 발생함을 주장하였다. 다시 말하면 대형사고가 발생하기 전에 이와 유사한 소형사고가 29회 발생하고, 소형사고가 발생하기 전 이와 비슷한 유사 징후가 300회 발생한다고 주장하였다.

한편, 도미노이론을 구성하는 5가지 요소 즉, 선천적 결함(사회적 환경 및 유전적 요소), 개인적 결함(인간의 결함), 불안전한 행동과 불안전한 상태(물리적, 기계적 위험), 사고, 재해로 이어지는 일련의 사고발생 과정 중 [도표 12-9]에서 보듯이 아무리 앞의 두 요인 즉, 선천적 결함(사회적 환경 및 유전적 요소), 개인적 결함(인간의 결함)이 있어도 불안전한 행동

**도표 12-8** 하인리히 법칙(Heinrich Law)

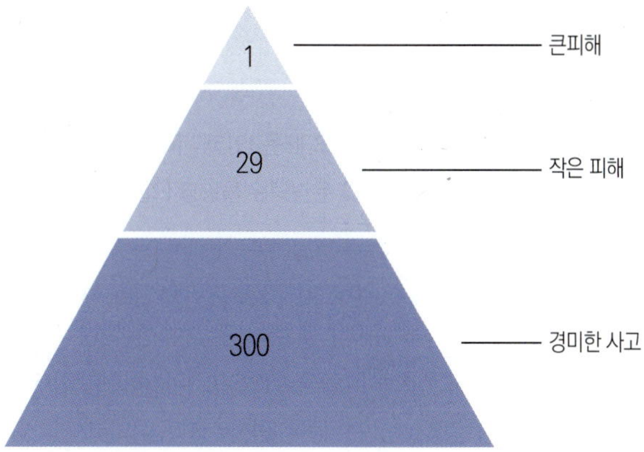


자료원: http://www.hyundaicardcapital.com.

과 불안전한 상태를 제거함으로써 사고예방이 가능하다고 보았다. 그에 따르면 인간의 불안정한 행동과 불안전한 상태를 제거하는 것이 사고예방을 가장 효과적으로 하는 수단이 된다는 것이다. 이러한 사실은 직장안전의 핵심은 인간의 불안전한 행동과 불안정한 상태에 대한 철저한 관리에 있다는 사실을 의미한다.

**도표 12-9** 하인리히의 사고예방원리

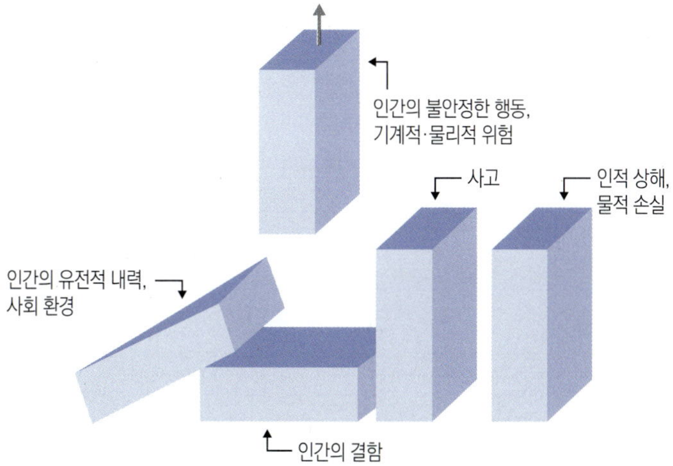


자료원: http://www.hyundaicardcapital.com.

### 2) 재해의 기본원인 4M: 현대적 접근

안전을 과학적으로 진행시키기 위해 인간의 실수에 대하여 과학적으로 이해하지 않으면 안 된다. 오늘날 재해분석의 방법에서 가장 효과적인 것으로 평가받고 있는 '4M접근법'이 있다. 이 접근법은 미 공군에서 개발하여 미국 연방교통안전위원회(NTSB: National Transportation Safety Board)[9]가 채택하고 있으며 안전의 근본원인을 규명하는 방법이다. 이 접근법에 의하면 재해라는 최종결과에 이르게 한 사항의 전부를 조사하고 분석하여 재해 발생의 연쇄관계를 명확히 하고 그 결과를 검토하는 키워드로 4개의 M을 규정하였다(http://

**도표 12-10** 재해의 원인: 4M

| 재해의 기본원인으로서의 4M | |
|---|---|
| 인간<br>(Man) | ① 심리적 원인: 망각, 걱정거리, 무의식행동, 위험감각, 생략행위, 억측판단, 착오<br>② 생리적 원인: 피로, 수면부족, 신체기능, 알코올, 질병 등<br>③ 직장원인: 직장내 인간관계, 리더십, 팀워크, 커뮤니케이션 등 |
| 장비<br>(Machine) | ① 기계 및 설비의 설계상의 결함<br>② 기자재의 불량<br>③ 인간공학적 배려의 부족<br>④ 표준화의 부족<br>⑤ 점검정비의 부족 |
| 정보 및 환경<br>(Media) | ① 작업정보의 부적절<br>② 작업자세 및 작업동작의 결함<br>③ 작업방법의 부적절<br>④ 작업공간의 불량<br>⑤ 작업환경 조건의 불량 |
| 조직관리<br>(Management) | ① 관리조직의 결함<br>② 규정 및 매뉴얼의 불비, 불철저<br>③ 안전관리 계획의 불량<br>④ 교육훈련의 부족<br>⑤ 부하에 대한 지도 및 감독의 부족<br>⑥ 적성배치의 불충분<br>⑦ 건강관리의 불량 |

자료원: http://www.ntsb.gov.

9) 미국 연방교통안전위원회(NTSB; http://www.ntsb.gov)는 1967년 4월 1일 5인의 위원으로 구성된 대통령 직속 교통사고조사위원회이다. 이 위원회에서는 항공기 사고, 고속도로 사고, 선박 사고, 수송관 사고, 독극물 요소 사고, 철도 사고 등에 대한 모든 사고를 관리, 대처하며, 특히 국외 항공사고에 대해 특별 조사관을 투입하기도 한다. 위원회의 가장 중요한 결과물은 안전권고문(Safety Recommendation)이다. NTSB는 설립 이래 13,000여 개의 안전권고를 하였다. 이러한 권고는 각 분야의 개인과 단체들에게 대부분이 수용되었다. NTSB 권고는 교통안전의 향상에 크게 일조한 바 있다(Wikipedia).

**도표 12-11** NTSB의 4M 요소별 재해발생의 연쇄관계

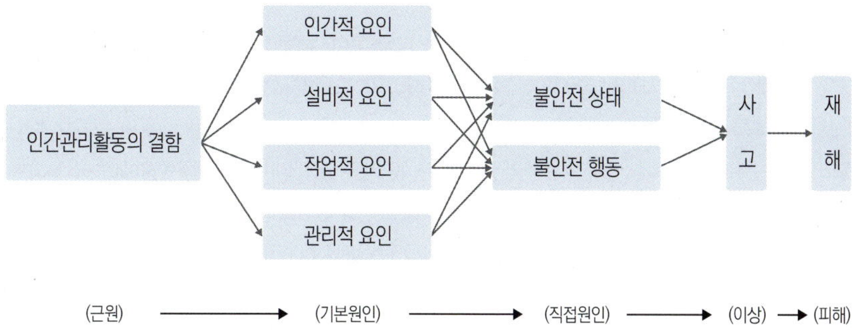


자료원: http://www.ntsb.gov.

www.ntsb.gov.).

즉, 인간의 직접적인 불안전한 상태나 불안전한 행동을 발생시키는 재해의 기본원인을 4M−[인간(Man), 장비(Machine), 정보 · 환경(Media), 조직관리(Management)]−의 네 가지 요소로 파악한 이론이다. 재해의 기본원인 4M의 각 요소를 구체적으로 설명하면 [도표 12−10]과 같다(학습목표 5).

미국 연방교통안전위원회(NTSB)에서는 재해발생의 각 요인별 연쇄관계를 [도표 12−11]과 같이 제시하였다.

## 2.4 산업안전과 직업병 어떻게 대처할 것인가

재해나 안전사고가 발생하면 앞서 살펴본 4M에 따라 철저한 원인규명을 하고 그것을 체계적으로 제거하는 것이 매우 중요하다. 여기서는 산업안전 사고(Occupational Accidents)와 직업병(Occupational Diseases)에 대한 예방대책을 중심으로 살펴보고자 한다. 특히 산업안전 사고에 대한 대책은 인적자원관리 관점에서 접근하고자 한다(학습목표 6).

### 1) 산업안전사고에 대한 대책 1: 인적자원관리 관점(HRM Perspective)

(1) 선발과 채용: 재해나 각종 안전사고를 근원적으로 막을 수는 없지만 발생확률을 원천적으로 현저하게 줄일 수 있는 방법의 하나는 선발 및 채용 시 신중을 기하는 것이다. 즉 누구나 의도하지 않은 실수를 할 수는 있지만 안전사고와 관련된 부주의하고 부적절한 행동

**현장올레길 12-6** **허드슨강의 영웅, 설렌버거의 인터뷰**

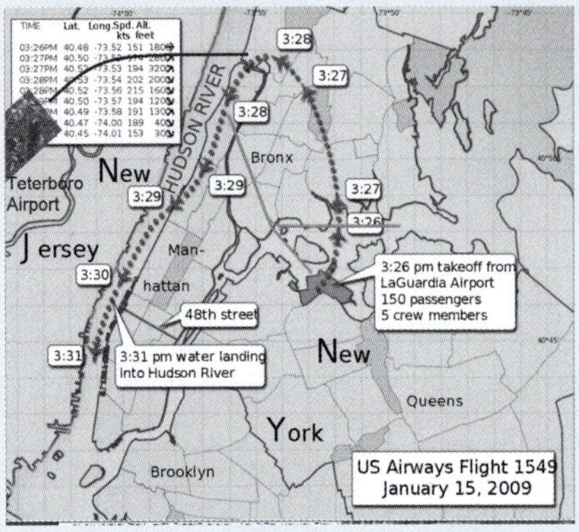


(a)

(b)

2009년 1월 15일, 승객 155명을 태운 US Airway1549편 여객기가 미국 뉴욕의 라과디아공항(Guardia Airport)에서 샬롯(Charlotte)으로 돌아가기 위해 이륙 중 비행기 엔진에 거위 떼가 두 차례에 걸쳐 들어가 1분 만에 두 개의 엔진 모두 멈추는 사고가 발생하였다.

(a)에서 보듯이 공항 근처는 뉴욕 도심이었고 자칫 잘못하면 대형 참사를 피할 수 없는 일촉즉발의 상황이었다. 이 사고는 CNN뉴스를 통해 생중계되었다. 처음에 관제사는 뉴저지에 위치한 소공항으로 항공기를 유도하려 했으나 기장 설렌버그는 순간적인 상황에서 소공항으로의 접근은 불가능하다고 판단하고 허드슨강으로 기수를 돌렸다. 사고의 발생에서 허드슨강에 착륙하기까지 걸린 시간은 불과 4분. 이륙은 3시 26분에 실시했고, 사고 발생은 1분 후인 3시 27분이었으며 허드슨강에 착륙시간은 3시 31분이었다. 설렌버그의 명판단이 아니었다면 결과는 정말 참혹했을 것이다. 수면 착륙도 생각보다 절대 쉽지 않다. 물의 표면장력으로 자칫하면 항공기의 동체가 대파될 수 있는 가능성이 있기 때문이다. 하지만 (b)에서 보듯, 설렌버그 기장의 훌륭한 착륙으로 승객과 승무원 155명 모두 무사했다. 그 이후로 설렌버그 기장은 미국의 영웅이 되었다.

당시 언론은 '기적'이라고 말했지만 설렌버거 기장은 다음처럼 이야기하였다. "수없이 많은 연습과 훈련을 했기 때문에 나에겐 일상적인 일이었다. 잘 갖춰진 재난대응시스템과 반복된 훈련이 가져온 최선의 결과라고 말할 수 있지요." US Airway의 항공기 조종사들은 비행시뮬레이터 훈련을 할 때 수평비행이나 수직비행 훈련을 하는 것으로 훈련시간을 보내지 않는다. 그들이 비행시뮬레터로 훈련을 할 때는 모든 종류의 비상상황에서 안전한 비행을 하는 방법을 훈련할 뿐이다. 심지어 모든 비상상황은 반복적으로 훈련되었을 경우에는 또 다른 훈련절차의 하나에 불과하다.

자료원: U.S.News & World Report, "How Sullenberger Really Saved US Airway Flight 1549" Feb.3, 2009.

을 하는 것은 개인마다 정도 차이가 있다. 따라서 사고행동을 할 성향이 높은 사람을 사전에 선발에서 제외하는 것이 바람직할 것이다. 예를 들어 작업에 맞는 성격의 소유자를 선발하는 것이 중요하며, 특별히 안전을 요하는 곳에서는 남자보다 여성을, 젊은 층보다는 경험 많은 노년층을 선발하는 것이 재해를 줄이는 방법 가운데 하나이다.

(2) 교육훈련: 직장안전에 대해서는 지위고하를 막론하고 끊임없는 실효성 있는 교육과 훈련이 필요하다. 교육을 통해서 안전법규의 숙지, 안전조치의 이행, 위험가능성의 발견 등을 하였다면 훈련과정을 통하여 사전예방과 비상시 대처에 익숙해야 한다. 교육훈련에 대해서는 그 어떤 분야보다도 배운 것을 작업현장에서 실천할 수 있는 '학습의 전이효과'가 필요하다. [현장올레길 12-6]은 승객 155명을 태우고 허드슨강에 착륙한 US Airway 1549편 기장, 설렌버거의 인터뷰 내용은 안전사고 예방에 교육훈련이 얼마나 중요한지 알 수 있다.

(3) 안전수칙과 제도적 정비: 직장안전을 위해서는 직원 개개인들이 지켜야 할 안전수칙을 분명히 하고 이해할 수 있도록 하는 것이 중요하다. 또 이를 위하여 소책자나 작업 시 안전 매뉴얼을 만들어 교육 및 홍보의 수단으로 해야 한다. 그러나 이보다 중요한 것은 안전문제를 시스템적으로 관리하고 책임을 맡을 안전관련 특별위원회를 두어 사고의 예방부터 사고 시 후속 대처를 담당하고 안전관련 전문연구와 안전관련 제안을 도출하게 해야 한다. [현장올레길 12-7]은 듀폰 미국의 본사는 "기본을 지키자(Back to the Basics)"라는 주제로 전세계 90여 개 국가의 210개 사업장에 근무하는 6만여 종업원에게 주기적으로 안전관련 수칙을 제공한다. 이러한 사실들을 통하여 듀폰은 얼마나 종업원들의 안전문제에 세세하게 관심을 가지고 있는지를 알 수 있다. 또 재난이 많은 일본 정부는 2011년 2월 일본 정부는 풍수해, 화산, 지진 등 모든 재해 및 재난에 대한 방재수칙을 정리한 재해방재백서를 발표하였다. 특히 백서는 재난 발생 시 '즉각 대피하고', 대피 시에는 '스스로의 힘에 의지'해야 하

**현장올레길 12-7** 듀폰직원들에게 제공되는 안전수칙 하나

- 항상 안전벨트 착용이 가능한 앞 좌석에 탑승할 것
- 두 명 이상인 경우 호텔이나 회사에서 제공하는 차량 등(불가능한 경우 택시도 해당)이라도 뒷좌석 안전벨트 착용이 가능한 차량을 미리 알아보고 이용할 것
- 상기 두 가지가 불가능한 경우 한 명은 앞 좌석에 탑승하여 안전벨트를 맬 것(앞 좌석 탑승자가 먼저 하차할 경우) 뒷좌석 탑승자는 앞 좌석으로 이동

자료원: 듀폰 내부자료(2015).

지만, '서로 도와야 더욱 효율적이라는 점을 강조하고 있다(日本 內閣部, 2011).[10]

(4) 보상: 안전사고나 재해를 사전적으로 예방하는 것은 기업에 엄청난 경제적 이익을 가져다 준다. 따라서 부서별로, 작업집단별로 안전사고 발생빈도를 비교 평가하여 집단인센티브에 반영하면 종업원의 불안정하고 부적절한 작업행동을 예방하는 데 크게 도움이 될 것이다. 또 나아가서 [도입사례 12]에서 살펴본 바와 같이 듀폰에서처럼 개인의 성과평가에

**현장올레길 12-8 한화그룹의 안전경영의 역사**

(사진설명) 김승연 한화그룹 회장이 2014년 12월 광어회 600인분을 항공기에 싣고 이라크 비스마야 신도시 건설 현장을 방문해 현지 직원들을 격려하고 있다. 김 회장은 "현장 근로자들이 안전을 확보하기 위해 최선을 다해 달라"고 당부했다./한화그룹 제공

한화그룹의 안전경영은 1952년 창업과 함께 시작됐다. 그룹의 모태인 한국화약은 국내 최초로 다이너마이트를 생산한 기업이다. 고(故) 김종희 창업주가 생전 가장 강조했던 것이 안전이었다. 그는 "화약은 1%의 불안전 요소만 있어도 폭발할 수 있다. 99%가 아닌 100% 완벽해야 한다"며 안전수칙을 정확히 준수할 것을 입버릇처럼 강조했다. "화약인(人)에게 정확성은 곧 생명"이라며 "첫 번째도 안전, 두 번째도 안전을 생각하라"고 했다.

이런 역사를 가진 한화그룹은 안전경영에서도 앞서가고 있다. 1991년 국내 기업으로는 처음으로 실행한 그룹 차원의 환경 캠페인(ECO-2000운동)을 바탕으로 2000년 환경·안전·보건 경영을 주요 경영이념으로 채택한 '환경안전보건방침(ECO-YHES)'을 선포했다. 한화그룹 계열사들은 업종에 따라 특화된 사고 대응 매뉴얼을 갖추고 있다. 건설이나 서비스업은 화재·정전 등 10여 개, 화학 등 제조업은 화재·폭발·누출 등 위험도에 따라 20여 개의 가상 재난 상황을 상정해 교육과 훈련을 반복한다. 안전한 작업환경 관리를 전문적으로 담당하는 '환경연구소'도 운영한다. 한화 관계자는 "관련 법규 수준을 뛰어넘는 엄격한 사내 기준을 적용해 재해 발생 요인을 사전에 제거하고 안전시설을 보완한다"고 말했다.

· 자료원: 조선일보, 2015.6.23.

10) http://www.bousai.go.jp/kyoiku/pdf/saigaipanf_k.pdf 에는 2011년 2월 일본내각부(日本 內閣部)에서 발표한 '일본의 재해대책(日本の 災害對策)'백서의 일본어 원문과 우리말 번역문이 동시에 게제되어 재해안전관리에 일본의 대응전략을 전체적으로 볼 수 있다.

서 안전경영을 반영하는 것도 필요하다.

(5) 경영방침: 직장안전이나 재해방지에 관해서 가장 중요한 것은 최고경영진이 이 문제에 대해서 얼마나 세심한 관심을 갖느냐 하는 것이다. 나아가서 기업경영의 방침으로 안전문제를 본격적으로 다루는 것이고 종업원의 안전을 도외시한 채 얻은 성과나 경제적 이익은 의미가 없다는 가치를 임직원이 공유하는 것이다. [현장올레길 12-8]에서 보듯이 한국에서는 한화그룹이 안전경영에 관해서 가장 오랜 역사를 가지고 있다.

### 2) 산업안전사고에 대한 대책 2: ICT를 이용한 안전관리

한편 인적자원관리관점에서 산업안전관리에 대처하는 것은 나름대로 기여하는 바가 적지 않으나 최근 들어 건설산업을 중심으로 ICT기반의 안전관리가 도입되고 있다. 이는 산

**현장올레길 12-9** "ICT로 건설현장의 무재해에도 전한다", SK텔레콤, 대우건설과 'ICT+건설' 안전솔루션 협약

안전보건공단 산업재해통계에 따르면 건설산업의 사망자가 전체 산업 중 가장 많고, 고용노동부 분석에 따르면 건설산업의 재해로 인한 직·간접적 경제적 손실액이 4.8조 원('14년)에 달할 정도로 건설현장의 안전관리는 매우 열악하다. 이러한 건설산업에도 ICT가 접목되면서 건설현장의 스마트 안전이 확산되고 있다. SK텔레콤은 ICT와 건설을 융합한 '스마트 건설' 솔루션 사업을 추진하기로 대우건설과 협약(MOU)을 체결했다.

'스마트 건설'이란 건설현장의 구조물에 진동센서, 가스 센터, 콘크리트 양생 센서, 지능형 감지 CCTV 등을 설치하여 다양한 안전관련 정보를 실시간으로 통합 관리하고, 작업자 또한 스마트 밴드나 스마트 태그를 착용하여 주변 상황과 유기적으로 소통함으로써 재해를 줄이고 사고 발생 시 즉각적 대응이 가능토

록 한 신개념 건설현장관리 솔루션이다. 이날 스마트 건설 시연에서는 ▲ 근로자 위치 확인, 위험지역 출입, 비상대피자 확인, 재해자 위치 확인 등 위치기반 공사 관리와 ▲ 심박수 등 근로자 건강확인, 유해가스 확인, 위험지표 관리, CCTV 영상관리, 비상대피 알람 등 건설현장 안전관리 ▲ 스마트폰 도면 검색, 스마트폰 공정 기록, 스마트폰 검측 보고서 작성 등 도면기반 공정관리 등을 진행했으며, 이를 기반으로 한 평가 및 보완 의견을 반영하여 보다 업그레이드된 시범 서비스를 제공할 계획이다.

양사는 '17년부터 국내외 주요 건설현장을 대상으로 '스마트 건설' 솔루션을 구축할 계획이며, 이를 건설현장 안전관리의 세계적인 대표 모델로 육성키로 했다. SK텔레콤 권송 IoT솔루션부문장은 "국내 대표 건설기업의 세계 최고수준의 토목, 건축 및 엔지니어링 기술과 SK텔레콤의 무선 통신 기반 IoT기술 등을 상호 접목하여 이종 산업 간 기술 융합으로 새로운 차원의 미래 서비스를 선보이게 되었다"며, "향후 건설 현장뿐 아니라 각종 산업 현장에서 ICT를 접목한 다양한 융합 안전 서비스를 개발, 확산시킬 계획"이라고 말했다.

(사진설명) 22일 SK텔레콤과 대우건설은 SK텔레콤 서울 을지로 본사에서 ICT와 건설을 융합한 '스마트 건설' 솔루션 사업 추진 협약(MoU)을 체결했다. 이날 행사에는 SK텔레콤 권송 IoT솔루션부문장(사진 오른쪽 5번째)과 대우건설 소경용 경영지원본부장(사진 오른쪽 7번째)이 참석했다.

자료원: 애플경제, 2016.3.22.

### 3) 직업병에 대한 대책

#### (1) 직업병의 종류별 질환과 증세

일반적으로 직업병(Occupational Diseases)이란 직업이 가지고 있는 특정한 요인에 의해 그 직업에 종사하는 사람에게만 발생하는 특정질환을 의미한다. 여러 가지 유형의 직업병이 보고되고 있지만 [도표 12-12]에서 보는 바와 같이 대표적인 6가지의 직업병과 관련 질환 및 증세를 정리하였다.

**도표 12-12** 대표적인 6대 직업병과 관련 질환 및 증세

| 직업병의 종류 | 질환과 증세 |
|---|---|
| ① 고온장애(열중증) | • 열경련: 고온환경에서 심한 근육운동 시 지난친 발한에 의한 체내 수분 및 염분의 손실이 원인(맥박상승, 이명, 현기증, 사지마지 증세)<br>• 열사병: 고온다습한 환경에서 태양열을 머리로 직접 쬐게 되는 심한 육체노동 시 뇌막혈관의 충혈과 체온조절 부조화로 인한 체온조절 중추기능의 장애가 원인(체온의 이상상승(41℃~43℃) 증세)<br>• 열허탈증: 고온환경에서 장기간 노출 시 말초혈액 순환의 부전으로 나타나는 혈관신경 부조절, 심박출량 감소, 탈수 등이 원인(두통, 현기증, 혈압강하 증세)<br>• 열쇠약증: 고온에서 작업 시 만성적 체열소모로 비타민 $B_1$의 결핍이 원인(식욕부진, 위장장애, 빈혈 증세) |
| ② 저온장애 | • 동상: 신체조직이 동결되어 세포구조에 기계적 파탄이 원인(국소조직의 괴사, 수포형성에 의한 염증 증세)<br>• 침수족: 직접 동결상태에 이르지않더라도 한랭에 장시간 노출되고 지속적으로 습기나 물에 잠기게 되면 발생(기억장애, 지속적인 피로감, 팔다리의 시한 떨림 증세) |
| ③ 이상 기압에 의한 직업병 | • 잠함병(감압병): 고압환경에서 작업을 하다 급격히 기압이 감소되면서 체내로 유입된 질소기체가 질소기포를 형성하여 혈액순환을 방해하면서 발생(척추마비, 혈액순환 및 호흡기장애, 사지관절통 등의 증세) |
| ④ 방사선에 의한 직업병 | • 방사선에 자주 노출될 경우에 발생하는 질환(적혈구 및 백혈구, 혈소판의 감소로 백혈병, 피부암 정신장애, 기형, 난청 등의 유전적 장애, 탈모, 지문소실, 백내장 등의 증세 |
| ⑤ 작업장 분진에 의한 직업병 | • 규폐증: 유리규산($SiO_2$)분진을 장기간 흡입하여 발생하는 질환으로 허파에 만성섬유증식을 유발(폐결핵 증상)<br>• 석면폐증: 석면의 지속적 흡입으로 발생(폐암, 섬유화 현상, 결핵 증세) |
| ⑥ 공업중독 | • 납중독: 중금속인 납이 들어 있는 물질에 장기간 노출됨으로써 신체에 납이 축적되어 발생하는 유해질환(뇌신경증상, 당뇨, 피부창백, 빈혈, 복통, 구토, 난청, 정신장애 증세).<br>• 수은중독: 수은이나 수은화합물의 흡입, 복용 또는 접촉을 통해 노출되고 기준치 이상의 수은이 몸에 축적되어 생기는 질환(혀, 목구멍의 종창, 설사, 단백뇨, 구강궤양, 신장염, 관절염, 근육마비 증세) |

자료원: 이형수(2013). 공중보건학, 범문에듀케이션과 Naver지식백과.

### (2) 직업병에 대한 대책

한국기업들은 급속한 산업화의 덕분으로 선진국의 경계를 넘었지만 산업화의 이면에 그간 간과되어 왔던 산업재해 그리고 특히 직업병의 문제에 대해 정직한 대책마련을 하지 않으면 엄밀한 의미에서 선진국에 진입하였다고 보기 어렵다. 국가 차원에서도 종합적인 대응책 마련을 해야겠지만 여기서는 기업 차원에서 직업병 예방을 위한 작업환경관리 원칙으

로 SIVE(Substitution, Isolation, Ventilation, Education)에 대하여 살펴보고자 한다(학습목표 7).

① 대치(Substitution): 직업병 대책의 가장 근본적인 방법으로서 물질의 변경, 공정의 변경, 시설의 변경을 통한 예방책이다. 실제로 대치에 의한 방법을 통하여 작업현장의 환경을 개선하고 특히 유해물질이 우려되는 공정을 제거한다든지, 유해물질 탐지장치나 시설을 설치하여 안전상황을 늘 점검할 수 있도록 해야 한다.

② 격리(Isolation): 격리란 작업자와 유해인자 사이에 방호벽(barrier)이 놓여 있는 상태를 말하는 것으로서, 격리대상은 저장물질, 시설, 공정 및 작업자에 대하여 실시한다. 2015년 한국사회를 강타하였던 중동호흡기증후군(MERS)의 경우도 초동단계부터 메르스 감염의심자와 감염확진자를 외부 및 일반환자들과 격리를 제대로 하지 않아 사태가 악화되었던 경험이 있다(한국일보, 2015.6.2). 다음의 [현장올레길 12-10]은 전 세계적으로 '사회적 거리두기'(Social Distancing)를 실천하는 모습을 담았다.

**현장올레길 12-10** 세계적인 '사회적 거리두기'(Social Distancing)의 실천

(사진설명) 사회적 거리두기를 실천하기 위하여 미국 워싱턴 미슐랭 레스토랑 'Inn at Little Washington'에서는 1940년대 의상과 분장으로 꾸며진 마네킹들을 식당에 앉히고 있다.

(a)

자료원:조선비즈, 2020.5.15.

(사진설명) 2020.5.5일 어린이날.경기도 수원케이티위즈파크에서 열린 2020 KBO리그 프로야구 롯데 자이언츠와 KT WIZ의 경기에서 어린이가 비접촉 시구를 하고 있다.

(b)

자료원:연합뉴스 제공

(사진설명) 영국 북동부 휘틀리 베이 해변에 작은 돌탑들이 세워져 있다. 이 돌탑은 코로나19 확산을 막기 위해 사회적 거리 두기를 하는 동안 매일 이곳을 산책하는 시민들이 하나둘 쌓은 것이다.

(c)

자료원:중앙일보. 2020.5.2.

③ 환기(Ventilation): 환기는 보통 실내의 공기를 창밖의 공기와 교환하는 뜻으로 사용된다. 창문이나 환기통 등을 이용하는 자연환기와 송풍기나 환풍기를 사용하는 기계환기(강제환기)로 나눈다. 일반적인 환기의 목적은 더러워진 공기의 갱신(更新)과 열이나 습기 등의 제거이다. 여기서 말하는 더러워진 공기라고 하는 것은 그 장소의 사용목적상 부적당한 냄새 · 연기 · 먼지 · 세균 · 습기 · 가스 등이 일정한도 이상 포함된 공기를 말하며 흔히 실내의 공기상태의 좋고 나쁨의 판단에는 그 공기 중의 탄산가스(이산화탄소)의 농도를 지표(指標)로 사용한다. 공기 중 탄산가스 농도가 4~5% 이상일 때는 위험하다. 유해가스가 발생하는 장소에는 탄산가스의 농도가 한도 이하라도 안전하지 않다. 예를 들면, 난방 중인 실내에서는 일산화탄소에, 먼지가 많이 발생하는 작업장에서는 그 먼지의 농도에 주의하여 환기를 해야 한다. 박테리아의 제거는 먼지를 제거하는 것이 효과적이다(네이버 백과사전).

④ 종합적 건강관리를 위한 교육(Education): 직업병을 포함하여 모든 질병은 조기발견이 중요하다. 따라서 회사는 이를 위하여 첫째, 정기적인 건강진단을 실시하여 조기에 건강이상을 발견할 수 있도록 강제적인 제도화와 이에 대한 교육을 지속적으로 해야 한다. 둘째, 사원들 자신과 가족의 건강을 예방한다는 차원에서 건강프로그램 교육을 상시적으로 제도화해야 한다. 셋째, 현대인의 질병의 원인이 정신적인 스트레스에 있는 경우가 많다. 흔히 이런 스트레스의 원천이 4S, 즉 상사(supervisor), 임금(salary), 직장의 안정성(security), 안전(safety)이 그것이다. 한국인의 경우 극히 소수를 제외하고 이 네 가지 S 모두로부터 정신적인 스트레스를 경험하고 있다. 뿐만 아니라 직장 밖의 가정문제, 사회생활문제까지 복잡하게 엮이면서 현대인의 직장생활은 정신적 스트레스에 심각하게 노출되어 있다. 따라서 정신적 · 감정적 쇠약을 극복할 수 있는 코칭 및 심리상담 프로그램이 상시적으로 운영되어야 할 것이다.

# 3. 복리후생관리의 최신 동향: 근로자지원 프로그램[11)]

## 3.1 EAP(Employee Assistance Program)란 무엇인가

*EAP란 서구 선진기업에서 근로자의 근로의욕을 향상시키고, 정신건강 관리를 돕기 위해 시행하는 각종 지원 프로그램을 의미한다.* 1차적으로 임직원의 성향과 욕구를 파악한 뒤 심층상담 및 심리검사를 거쳐 진로 설정, 경력 관리, 대인관계 설정, 스트레스 관리요령을 컨설팅해 준다. 적극적으로는 개인적인 고민이나 법률·재무적 문제까지 회사가 일정 부분 책임지고 해결해 주며, 프로그램 시행으로 인한 업무성과 개선 여부를 수시로 피드백하고 보완한다. 1920년대에 미국에서 도입될 때에는 주로 알코올중독의 치료에 중점을 두었지만, 거의 100년에 가까운 EAP서비스는 이제 직원들의 정신건강, 스트레스, 인간관계갈등, 개인의 진로, 직장 부적응 문제뿐만 아니라, 직원들의 가족들에게까지 서비스가 다양해지고 확대되고 있다. 미국에서는 Fortune 500대 기업의 약 80%, 1,000명 이상 사업장의 76%, 50명 이상 사업장의 35%가 EAP서비스를 활용하고 있다고 한다.

**현장올레길 12-11** "오늘 회식 빠지는 사람은 알지"... 직장갑질입니다.

국내 한 대기업 차장 A(43)씨는 최근 저녁 회식에서 가까운 후배에게 "왜 이렇게 술을 안 먹어"라고 했다가, "다음 달부터 이러면 '괴롭힘 금지법'에 걸립니다"라는 말을 들었다. '의사와 상관없이 음주를 강요하는 행위'라는 것이다. A씨는 "나는 그런 얘기를 숱하게 들으며 살았는데 이제는 정말 조심하지 않으면 큰일 나겠다는 생각이 들었다"고 했다. 이른바 '직장 내 괴롭힘 금지법' 시행을 한 달 앞두고 기업에 비상이 걸렸다. 이 법은 간호사의 집단 따돌림 사건, 중견 기업 대표의 직원 폭행 사건 등 사회적 이슈를 타고 올 2019년 1월 근로기준법에 신설된 조항이다. 상시 근로자 10인 이상의 모든 기업이 대상으로, 6개월간의 유예기간을 거쳐 다음달 16일 공식 시행된다. 기업은 법 시행 전까지 각 회사의 취업 규칙에 '직장 내 괴롭힘 금지'에 대한 내용을 반영해야 한다. 그렇지 않으면 500만 원 이하의 과태료를 내야 한다. 회사는 피해 신고가 들어오면 반드시 조사하고, 결과에 따라 가해자에게 징계나 근무지 변경 등의 조처를 해야 한다.

자료원: 조선비즈, 2019.6.18.

11) 이 부분은 한국산업심리건강센터 대표로 있는 최장일 박사의 내용을 바탕으로 수정 보완하였다(http.//blog.naver.com/heart spirit/150153782456).

## 3.2 EAP의 필요성

첫째로 기업 등 조직의 구성원들은 가장 중요한 자산이며, 이들의 심리건강이 경영에 치명적인 영향을 미치기 때문이다. 특히 리더들의 심리건강과 마음경영은 수천, 수만 명의 직원들뿐만 아니라, 고객들에게 절대적인 영향을 미치고 있기 때문에 항상 정확하고 신속한 의사결정을 할 수 있는 상태를 유지해야 한다. 직원들의 내면적인 문제로 인하여 업무능력이 저하되고, 조직갈등이 심화되며, 고객과의 마찰로 이어지는 사례는 얼마든지 찾아볼 수 있다. 조직구성원들의 심리 건강을 지원하는 것은 이제 경영의 핵심요소가 되었다. 이제는 자기들이 만드는 제품과 서비스의 품질관리만으로는 충분하지가 않다. 종업원들의 건강한 심리상태가 기업이나 공공기관의 제품과 서비스에 직결되기 때문이다.

둘째로 EAP를 통한 직원들의 심리건강지원은 종업원 만족도를 높여주어 업무능력 향상 및 장기근속 등에 기여하고 있다. EAP를 통해 업무효율성이 향상되고, 종업원 만족도가 높아지는 것이다. 한 조사에 따르면 General Motors는 연간 3,700만 달러의 비용을 절감한다고 한다. 이를테면 EAP심리건강지원서비스에 1달러를 투자하여 9달러의 원가절감 효과를 거두는 셈이다. 3M의 경우 근로자의 80%가 출근율 및 생산성이 향상되고, 가족 및 지역사회와의 관계성이 증진되었다는 보고가 있다. 특히 직원가족들에게도 혜택을 주는 이 서비스는 직원들의 복지 차원에서 환영받고 있는 추세이다. 부부문제, 자녀문제, 육아문제, 교육문제, 고부갈등 등의 해소를 통해 가정의 평화가 확보되면 그것은 바로 그 개인의 업무실적 향상으로 연결되기 때문이다(학습목표 8).

## 3.3 국내의 EAP 현황

미국 기업들뿐만 아니라, 글로벌기업 등은 60% 이상이 EAP를 서비스를 시행하는 것으로 알려졌다. 특히 한국에 지사나 법인을 둔 글로벌기업들은 대부분 EAP를 시행하고 있다. 현재 한국기업들의 경우 아직도 기업의 경영자나 조직의 리더들이 EAP에 대한 지식과 정보가 부족한 것은 사실이다. 그러나 국내 기업에서도 이제 본격적으로 EAP가 도입되고 있다. 물론 삼성 등 대그룹들이 본격적인 EAP 시행보다는 심리상담사를 채용하여 내부에서 이 서비스를 제공하고 있는 곳이 많은 형편이다. 그러나 내부에 심리상담사를 채용하여 직원들의 상담서비스를 시행하는 경우, 한국기업의 정서상 같은 회사의 직원에게 상담한다는 것은 매우 어려운 일이다. 개인의 고민이나 문제가 자칫 회사에 알려질 수 있다는 피해의식 때문이다. 그래서 수백 명을 채용한 모대기업 그룹은 심리상담사를 활용하지 못해 전직시키거나 다른 업무에 배치하여 상담사들이 퇴사하는 경우가 많다고 한다. 이미 채용된 심리상담사들의 처리문제가 골치 아파진 상황이라고 한다.

물론 한국의 기업이 미국의 기업들처럼 본격적인 EAP를 시행하는 것은 지금부터라고 본다. 미국에서 시행되는 EAP는 외부의 EAP기관에서 철저하게 비밀보장이 되는 심리건강 상담서비스를 지원하는 것이다. 어느 직원이 무슨 문제로 상담했는지 회사는 알려고 하지도 않는 것이다. 여기에는 수십 년이라는 기간 동안 EAP를 시행해 왔던 미국 등지에서 이미 검증되고 정착된 시스템인 것이다. EAP를 시행하는 기업들의 경우 직원들의 10% 정도가 EAP 서비스를 활용하다는 것이 정설로 자리잡아서 대부분 10%의 인원에 대한 심리건강 상담서비스 비용을 지불하는 것이 관례이다.

## 4. 창조경영 구현을 위한 전략적 시사점

창조경영 구현을 위하여 복리후생 및 산업안전과 관련하여 다음의 네 가지 제언을 하고자 한다. *첫째, 개인들이 자유롭게 선택한 선택적 복리후생제도의 패키지에 관한 정보를 모든 직원들이 공유할 수 있도록 해야 한다.* 실제로 폐암치료제 개발로 유명한 제약회사인 아스트라제네카(Astra-Zeneca)사[12)]에서는 모든 직원들이 자유롭게 선택한 복리후생의 다양한 패키지에 관한 정보를 서로 공유할 수 있도록 하였다. 이런 정책을 통하여 비슷한 입장에 있는 다른 동료들이 어떤 조합의 선택을 하였는지 비교하게 하여 합리적인 선택을 하도록 유도하고 있다(Gratton, 2003). *둘째, 경영자들은 산업안전경영에 회사의 명운을 걸어야 한다.* 흔히 창의적인 인재들은 정신적으로 육체적으로 회사로부터 가급적 완벽하게 보호를 받을 때 회사가 이들을 최고의 조건으로 대접한다는 사실을 자부심으로 알고 회사의 목표에 참여할 수 있다. *셋째, 안전의 문제가 관리의 범위에 적극적으로 포함되는 것이 비용효과적(cost effective)인 측면에서도 유리하다.* 방치해 두어서 절약할 수 있는 금액보다 사고가 터져서 수습하는 데 비용은 비교할 수 없을 정도로 심각하다. 그런 의미에서 안전경영만큼은 듀퐁을 학습하길 바라고 듀퐁에서 '이 정도면 되었다'고 할 때까지 배우고 실천하길

12) 아스트라제네카( Astra-Zeneca)사는 영국과 스웨덴의 합작회사로서 폐암치료제 개발로 명성을 얻고 있는 글로벌 제약회사이다. 본사는 영국에 있다(https://www.astrazeneca.com).

권고한다. *넷째, 근로자지원 프로그램(EAP)을 더욱 활성화해야 한다.* 선진 기업에서는 근로자들의 근로의욕을 향상시키고 심신의 건강관리를 돕기 위해 시행하고 있는 근로자지원 프로그램이 아직도 한국의 기업에는 일부 소수 선진기업들을 제외하고는 대단히 취약한 상황이다. 특히 창조과정은 극도의 정신적인 스트레스를 안고 있는 과정이기 때문에 종업원들이 철저하게 비밀보장이 되는 심리건강 상담을 받을 수 있도록 해야 한다.

## 단원 이해를 위한 질문

Q1 세계 최고수준의 안전일터라고 하는 듀폰의 안전에 관한 관행을 정리해 보라[도입사례 12 참조].

Q2 복리후생이 중요한 이유가 무엇인가?

Q3 EVP전략에 대하여 설명해 보라.

Q4 선택적 복리후생제도의 배경과 장단점을 설명해 보라.

Q5 선택적 복리후생제도의 유형과 그 유형별 특징을 설명해 보라.

Q6 왜 산업안전과 종업원 건강관리 문제에 신경을 써야 하는가?

Q7 사고가 일어나는 원인을 하인리히의 도미노이론으로 설명해보라. 또 재해의 원인을 4M관점에서 설명해 보라.

Q8 산업안전사고에 대한 대책을 인적자원관리 관점(선발과 채용, 교육훈련, 안전수칙과 제도적 정비, 보상, 경영방침)에서 설명해 보라.

Q9 직업병에 대한 대처를 SIVE(Substitution, Isolation, Ventilation, Education) 의 관점에서 설명해 보라.

Q10 근로자지원 프로그램(EAP: Employee Assistance Program)의 필요성에 대해서 논해 보라.

## 참고문헌


- 글로벌 이코노믹, 2015.4.17.
- 나우뉴스. "부러우면 지는 것이다", 2016.3.6.
- 뉴데일리경제. "메르스 한달, 한국경제 그로기 "20조 손실–성장률 2%대 우려", 2015.6.18.
- 동아일보. "듀폰은 어떻게 세계최고의 '안전일터'가 되었나", 2014.5.8.
- 박영배(2012). 현대인적자원관리, 도서출판 청람.
- 세계일보. "근로자 21만명 '불임 공포' 떤다", 2015.5.7.
- 송호근(1995). 한국의 기업복지연구, 한국노동연구원.
- 시사상식사전(2015). 박문각출판사.
- 아시아경제. 선택적 복지제도, 2010.3.7.
- 아시아투데이. "메르스 경제손실 … 사스 · 세월호 넘어서나", 2015.6.15.
- 안전보건공단. 중대사고사례, 2015.7.3.
- 애플경제. "ICT로 건설현장의 무재해에 도전한다", 2016.3.22.
- 유규창 · 조규성(1999). 선택적 복리후생제도, 한국노동연구원.
- 이형수(2013). 공중보건학, 범문에듀케이션.
- 日本內閣部(2011). 日本の 災害對策.
- 임창희(2014). 인적자원관리, 제3판, 비앤엠북스.
- 정재훈(2011). 인적자원관리, 제3판, 북넷.
- 정종태(2013). 인사관리: 기본과 실제, 시그마프레스.
- 조선비즈. "미 듀폰 입사땐 사내운전면허 따로 따야 …", 2014.5.8.
- 조선비즈. "안전은 남는 장사다", 2014.5.14.
- 조선일보. "99% 아닌 100% 완벽하라 … 매달 셋째주 금요일은 '안전의 날'", 2015.6.23.
- 중앙일보. "18년째 사무실 무사고" 듀폰코리아 서울사무소 2005.2.17.
- Business Post, "조현아 사건, 대한항공이 입은 손실은 얼마나 될까", 2014.12.18.
- Dessler, G.(2014). *Fundamentals of Human Resource Management*(3rd Ed.), Pearson.
- EHS Today. "Workers Rate Safety Most Important Workplace Issue", 2010, Oct., p.17.
- Gratton, L.(2003). "Free to Choose: Fostering the Innovative Organization", in *Human Resources in the 21st Century*, Edited by Effron, M, Gandossy, R. & Goldsmith, M., John Wiley & Sons, Inc. pp.129–134.

- http://blog.naver.com/heartspirit/150153782456
- http://cafe.naver.com/ak573/410792, 인사쟁이가 보는 실무까페.
- http://cafe.naver.com/kisa/90820
- http://wired.jp/2013/10/21/google-bus-driver-shortage
- http://www.bousai.go.jp/kyoiku/pdf/saigaipanf_k.pdf
- http://www.calculatedriskblog.com. "Cost of Living Adjustment: 1.7%, Contribution Base for 2015: $118,500"
- http://www.hyundaicardcapital.com
- http://www.ntsb.gov
- Kantor, R.(2003). "Managing Global Total Rewards", in M. Effron, R. Gandossy & M. Goldsmith(ed.), *Human Resources in the* $21^{st}$ *Century*, John Wiley & Sons, pp.157-167.
- LG주간경제(2005). "좌뇌형기업, 우뇌형기업", 2005.1.12.
- LG주간경제. "EVP전략", 2007.12.14.
- Milkovich, G. T., & Newman, J. M.(2008). *Copmpensation*($9^{th}$ Ed.), McGraw-Hill.
- U.S. News & World Report. "How Sullenberger Really Saved US Airway Flight 1549", Feb.3, 2009.
- Werner, S., Schuler, R. S., & Jackson, S. E.(2012). *Human Resource Management*($11^{th}$ Ed.), South-Western, Cengage Learning.

## 둥근달[13]

정병식

춥다고 웅크리며

땅만 보고 걸었지 싶어

모처럼 밤하늘을 쳐다 보았지요.

웬일인가요?

이렇게 추운데 달이 떴네요.

둥근 달이 환히 반기며 이릅니다.

환하게 살려면 둥근 마음을 갖으라고

둥근 마음을 갖으려면 환하게 살라고

오늘 하루도, 참

잘 참았지 싶습니다.

달아, 둥근 달아!

---

13) 2013 시민공모작.

# 찾아보기
INDEX

## ㅇ

## ㅈ

ㅊ



ㅋ



ㅌ



ㅍ

# 저자 소개
AUTHOR

[학력 및 경력]
- 고려대학교 경영학과 졸업 (경영학사)
- 고려대학교 대학원 경영학과 졸업 (경영학 석 · 박사, 인사/조직)
  (지도교수: 김인수, 학위논문제목: 리더십과 조직문화의 관련성에 관한 연구 -기술의 조절 효과를 중심으로-)
- 캐나다 Victoria대학교 경영대학 초빙 및 교환교수
- SK Telecom 선임연구원(전략기획실 근무)
- 現 한양대학교 ERICA 캠퍼스 경상대학 경영학부 교수

[교내 봉사]
- 한양대학교 기획조정실장 역임

[정부부문 봉사]
- 現 인사혁신처 자문위원
- 現 KBS경영평가위원
- 現 국가연구개발사업 심의위원(KISTEP)
- 現 국가공무원인재개발원 자문위원
- 現 경제인문사회연구회소속 출연(연)경영평가위원
- 現 해양경찰청 인사자문위원 등

[학회봉사]
- 한국인적자원개발학회 회장 역임
- 現 한국인사조직학회 및 한국인사관리학회 부회장
- 現 한국중견기업학회 부회장

[민간부문 봉사]
- 영국Aon Hewitt Associates의 BEA(Best Employer in Asia) 심사의
  Korean Panel 및 한국최고의 직장 심사위원장 역임
- 現 미국 캘리포니아주 오렌지카운티 한인 상공회의소(KACCOC) 경영자문 교수
- 現 한국의 경영대상 전문심사위원(KMAC)

[주요 저역서 및 논문]
- 창조경영을 위한 인적자원관리, 길을 묻다(도서출판 창명)
- 창조경영의 원리와 추진전략(공저), K-books.
- 핀란드 의회의 지식경영(공역), 미래경영연구원.
- 조직이론과 설계(공역), 한경사.
- 지식과 학습 그리고 혁신(공저), SIGMA INSIGHT 외 다수
- International Journal of Management:Theory & Application, The International Journal of Learning, 한국경영학회, 한국인사조직학회 등 주요 국내외 학술지에 50여 편의 논문게제

[주요 수상실적]
- LG연암재단 해외파견교수 선임(LG연암재단)
- 한양대 특별공로상(한양대 총장)
- 한양대 학술상(도서부문)
- 한양대 강의혁신상(한양대 총장)
- 전국대학 · 대학원PBL 최우수상(한양대 총장)

창조경영을 위한

**인적자원관리,** 길을 묻다(제2판)

2016년 8월 12일 1판1쇄 발행
2024년 8월 09일 2판3쇄 인쇄
2024년 8월 23일 2판3쇄 발행

**저 자** 전상길

**발행인** 김사설

**발행처** 도서출판 **창영**
12946 경기도 하남시 미사대로 540 AA동 8층 33호(한강미사2차)
전화 (031)795-1214
팩스 (031)5175-8033
이메일 kimsaseol@hanmail.net

**출판등록** 2016년 5월 20일
**등록번호** 제131-93-14552호

정가 35,000원 ISBN 979-11-88109-18-0